suhrkamp taschenbuch
wissenschaft 2372

Politische Epistemologie benennt eine anspruchsvolle Aufgabe: Um den internen Beziehungen zwischen Wahrheit und Wissen einerseits sowie Politik und Gesellschaft andererseits gerecht zu werden, muss sie die Konzepte sowohl der Erkenntnistheorie als auch der Sozial- und politischen Theorie reformulieren. Für den Begriff des Wissens bedeutet das, die Wahrheit und die Wirksamkeit von Wissen gleichermaßen zu berücksichtigen. Frieder Vogelmann zeigt in seinem grundlegenden Buch, welche weitreichenden Konsequenzen sich daraus ergeben: für die gegenwärtige Debatte über Unwahrheiten in der Politik, für die möglichen Formen von Gesellschaftskritik und für die Reflexion der Philosophie auf sich und ihre Geschichte.

Frieder Vogelmann ist Professor für Epistemology and Theory of Science an der Albert-Ludwigs-Universität Freiburg.

Frieder Vogelmann

# Die Wirksamkeit des Wissens

*Eine politische Epistemologie*

Suhrkamp

Klimaneutral
Druckprodukt
ClimatePartner.com/14438-2110-1001

Erste Auflage 2022
suhrkamp taschenbuch wissenschaft 2372
Originalausgabe

Umschlag nach Entwürfen
von Willy Fleckhaus und Rolf Staudt
Druck und Bindung: C. H. Beck, Nördlingen
Printed in Germany
ISBN 978-3-518-29972-2

www.suhrkamp.de

# Inhalt

# Einleitung: Wirksames Wissen?

Das Epistemische ist politisch und das Politische ist epistemisch. Dieser harmlos anmutende Chiasmus spricht die ganze Ambition der politischen Epistemologie aus – jedenfalls dann, wenn wir das aufstrebende Forschungsfeld als doppelt transformative philosophische Herausforderung begreifen: Dann darf politische Epistemologie weder die traditionelle Erkenntnistheorie noch die klassische politische Philosophie ungebrochen fortsetzen, sondern muss durch die Verschränkung beider Perspektiven beide Seiten verändern. Gründe dafür gibt es zuhauf: Einerseits versteht die traditionelle Epistemologie die Wissenden als isolierte Subjekte und begreift in der Folge sowohl ihre Grundbegriffe wie Wissen, Wahrheit und Erkenntnisprozesse als auch ihre philosophischen Reflexionen auf diese Begriffe von vornherein als individuell, unpolitisch und sozialen Praktiken enthoben. Dass diese methodologische Vorentscheidung selbst zu einer einseitig politisch informierten Erkenntnistheorie führt, wird in der Folge ebenso ignoriert wie Analysen des Verhältnisses der eigenen philosophischen Wissensproduktion zur Gesellschaft. Andererseits schwankt die politische Philosophie zwischen epistemischer Naivität, Konservatismus und Dogmatismus, wenn sie über erkenntnistheoretische Fragen schweigt und damit Selbstreflexion als erkenntnisproduzierende Praxis verweigert, die politisch prädisponierten Grundbegriffe traditioneller Epistemologie unbesehen übernimmt oder Epistemologie durch politische Ontologie ersetzt, weil sie sich keine andere als die traditionelle Erkenntnistheorie vorstellen kann.

Politische Erkenntnistheorie beginnt dagegen mit der Einsicht, dass Erkenntnistheorie ohne politische Philosophie idealistisch, politische Philosophie ohne Erkenntnistheorie dagegen dogmatisch ist. Idealistisch ist jede Erkenntnistheorie, die Wissen vom Standpunkt eines apolitischen und asozialen Subjekts erläutert – vor allem dann, wenn sie dennoch glaubt, auf dieser Basis über reale Praktiken der Wissensproduktion urteilen zu können. Dogmatisch ist jede politische Philosophie, die glaubt, die skeptische Frage »Ist das wahr?« unberücksichtigt lassen zu dürfen oder als unpolitisch denunzieren zu müssen – vor allem dann, wenn sie dennoch glaubt, ihre eigene Rolle als theoretische Praxis in der Gesellschaft reflektieren zu können.[1] Im Gegensatz dazu fängt politische Epistemologie mit der ernüchternden Erkenntnis an, sowohl die Grundbegriffe der Erkenntnistheorie mithilfe politischer Reflexionen neu durchdenken zu müssen als auch die Grundbegriffe der politischen Philosophie mithilfe epistemologischer Reflexionen. Einen Begriff von Wissen zu formulieren, der dieser Verschränkung gerecht wird, weil er die Wirksamkeit von Wissen und seinen Bezug auf Wahrheit zugleich fassen kann, ist eine der Kernaufgaben politischer Epistemologie. Sie versuche ich im vorliegenden Buch zu erfüllen, indem ich den Begriff eines aktiven oder eigenständig wirksamen Wissens ausarbeite.

Am Rande der Philosophie war und ist diese Idee oft zu finden. Wie ich im ersten Teil des Buches in drei philosophiegeschichtlichen Lektüren herausarbeiten werde, ist die Annahme, es gebe wirksames Wissen in dem Sinne, dass die Kraft dieses Wissens nicht den Subjekten entspringt, die es besitzen oder sich aneignen, durchaus geläufig. Wir finden sie sogar dermaßen häufig in der Philosophiegeschichte, dass sie auszublenden bedeuten würde, das philosophische Archiv bedenklich eingeschränkt zu konsultieren. Ich gehe nur auf drei auch für meine systematischen Absichten interessante Fälle ein, in denen uns die Annahme von der Existenz wirksamen Wissens begegnet: in Platons Dialogen, in der ersten Generation der Frankfurter kritischen Theorie und in der zeitgenössischen analytischen politischen Philosophie.

Was gewinnt man, wenn man die randständige Annahme, es gebe eigenständig wirksames Wissen, ins Zentrum rückt? Wissen gleichursprünglich als wahr und (eigenständig) wirksam zu begreifen, formuliert den für eine politische Epistemologie notwendigen Grundbegriff des Wissens und erschließt uns damit ungewohnte,

1 Max Horkheimer wirft in einer Diskussion über den Begriff der Tatsache Theodor W. Adorno vor, die politische Dimension des Begriffs zu verkennen: »Wenn man zu Unrecht verhaftet wird, muß man doch die Tatsachen feststellen.« (Max Horkheimer, *Nachgelassene Schriften 1931-1949. Gesammelte Schriften*, Bd. 12, Frankfurt/M. 1985, S. 474). Adorno rudert nach seiner heftigen Polemik gegen jeden Begriff der Tatsache in diesem einen Punkt zurück – jedoch nur in diesem: »Vielleicht hat nur in diesem politischen Sinne der Tatbestand seinen Sinn. Der Nachweis eines Unrechts, also nur in der Negativität […].« (Ebd., S. 475.) Es ist nicht unwichtig festzuhalten, dass das Gespräch am 3. Februar 1939 stattfand.

aber erhellende Perspektiven, so argumentiere ich im zweiten Teil des Buchs. Beispielsweise führt uns der Begriff zu einem anderen Verständnis von Wahrheit und Unwahrheit in der Politik. Wenn Wissen von sich aus wirkt, kann Wahrheit nicht außerhalb politischer Kämpfe lokalisiert und diesen entgegengesetzt werden, sei es erfreut, endlich einen unpolitischen Halt gefunden zu haben, sei es besorgt über die apolitische Diktatur von Wahrheit. Philosophisch wird damit ein nichtsouveränes Verständnis von Wahrheit erforderlich, das zeitdiagnostisch anstatt zur Idealisierung »der Wissenschaft« gegen ein vermeintliches »postfaktisches Zeitalter« zu einem realistischen Bild wissenschaftlicher Praktiken und ihrer Rolle in der Politik führt. Auch die Debatte um den Begriff von Kritik verändert sich durch die neuen epistemologischen Grundlagen. Der Begriff wirksamen Wissens pluralisiert unsere Vorstellungen von der Tätigkeit des Kritik-Übens und gestattet die Ausarbeitung des Modells emanzipierender Kritik, das eine besondere Art wirksamen Wissens schafft, welches gegen seine eigenen Existenzbedingungen ankämpft. Nicht zuletzt ermöglicht der Begriff wirksamen Wissens eine selbstreflexive Wendung auf die Philosophie: Wie eigentlich kann ihr Wissen beschrieben werden und welche Mittel sind dazu erforderlich? Der Blick auf die Wirksamkeit philosophischen Wissens und die für seine ungestörte Entfaltung verwendeten Exklusionstechniken zeigt, wie Philosophiegeschichte als Genealogie des philosophischen Wissens geschrieben werden kann.

All das steht freilich unter dem Vorbehalt, einen präzisen Begriff von eigenständig wirksamem Wissen ausarbeiten zu können. Die dazu notwendige Auseinandersetzung mit der (analytischen) Erkenntnistheorie sowie der Praxistheorie und dem Pragmatismus findet im dritten Teil des Buches statt. Keiner der beiden Debatten gelingt es derzeit, Wissen zugleich wahrheitsbezogen und eigenständig wirksam zu denken; sie reduzieren Wissen entweder auf seine alethische oder auf seine dynamische Dimension. Mein Vorschlag lautet, Wahrheit als Kraft zu verstehen, die aus prekären Situationen emergiert, vergleichsweise schwach ist und mit historisch disruptiven Sperrklinkeneffekten exklusiv auf Subjektivitäten wirkt; darauf aufbauend lässt sich Wissen als mediatisierte Kraft der Wahrheit begreifen. Beide Thesen müssen sich dahingehend bewähren, dass sie sowohl der alethischen als auch der dynamischen Dimension von Wissen gerecht werden können.

Mit diesen Überlegungen stehe ich keineswegs isoliert da. Affinitäten bestehen erstens zur sozialen, feministischen und postkolonialen Epistemologie. Diese Zugehörigkeiten sind allerdings stets bedingte, weil beispielsweise in einem großen Teil der sozialen Epistemologie eine traditionelle, individualistische Vorstellung von Wissen vorherrscht und die sozialen Wirkungen von Wissen als Zusammenspiel isolierter, autonomer Wissenssubjekte beschrieben werden.[2] Aus der sozialen Epistemologie sind daher nur solche Projekte mit meinem kompatibel, welche die erkenntnistheoretischen Grundbegriffe so umarbeiten, dass sie zwei Anforderungen zugleich gerecht werden:

> dem Bedürfnis nach einer normativen Theorie von Wissen, die epistemische Rechtfertigungen für evaluative Unterscheidungen zur Verfügung stellt, die wir zwischen konkurrierenden Behauptungen machen sollten (und können), sowie dem Bedürfnis nach einer normativen Theorie von Wissen, die sich der Querverbindungen zwischen Wissen, Macht und Begehren bewusst ist.[3]

Ähnliches gilt für die feministische und die postkoloniale Epistemologie, wobei die Abgrenzung zu immer noch zu traditionellen Ansätzen in diesen Bereichen weniger wichtig ist als die kritische Frage, inwiefern die epistemischen Grundbegriffe nicht einfach über Bord geworfen werden. Der feministischen Epistemologie schließlich fühle ich mich insofern am direktesten verbunden, als ich später (in Kapitel 6) eine Reihe von Argumenten und konzeptuellen Ressourcen aus der feministischen Standpunkttheorie übernehmen werde – wenngleich wiederum nicht unkritisch.

Zweitens gibt es Affinitäten zu Positionen aus der politischen Philosophie. Offensichtlich mache ich Anleihen bei einer Reihe französischer Autoren – allen voran Michel Foucault und Gilles

2 So z. B. die einflussreiche Position von Alvin I. Goldman, der soziale Epistemologie lediglich als Erweiterung traditioneller analytischer Erkenntnistheorie versteht und nicht als Transformation. Vgl. Alvin I. Goldman, *Knowledge in a Social World*, Oxford 1999, sowie die Kritik daran von Martin Kusch, »Social Epistemology«, in: Sven Bernecker, Duncan Pritchard (Hg.), *The Routledge Companion to Epistemology*, New York 2011, S. 873-884, hier S. 874 f.

3 Linda Martín Alcoff, *Real Knowing. New Versions of the Coherence Theory*, Ithaca/NY 1996, S. 2. Im Folgenden zitiert als RK. Sofern nicht anders angegeben, stammen alle Übersetzungen englischer Texte von F. V.

Deleuze –, die von einer engen Verknüpfung von Politik und Wahrheitsproduktion ausgehen. Zugleich haben sie unser Verständnis von Politik enorm geweitet, indem sie auf die ubiquitären, fortdauernden politischen Kämpfe jenseits der und quer durch die Institutionen hinweisen, statt den Begriff Politik auf diese Institutionen einzuschränken. Doch für die epistemologische Reflexion ihrer Voraussetzungen haben sie sich zumeist nur so weit interessiert, dass sie ihre Konzepte für die jeweils anstehenden Analysen absichern konnten. Eine systematische Ausarbeitung der Position, die sie im Rahmen einer politischen Epistemologie damit beziehen, findet sich bei ihnen nicht – und zumeist auch nicht bei jenen, die in der politischen Philosophie an sie angeschlossen haben.

Ich erwähne diese verwandten Arbeiten, um den falschen Eindruck zu vermeiden, ich würde in solipsistischer Manier einen anderen Weg beschreiten wollen, ohne zu realisieren, wer diesen vielleicht vor mir gegangen ist oder an wessen Seite ich mitlaufe. Das Gegenteil ist der Fall, und ich werde immer wieder die Gelegenheit nutzen, auf andere Projekte zu verweisen, sei es, um meine eigenen Argumente zu stärken, sei es, um Unterschiede zu markieren. Doch werde ich keinen erschöpfenden Überblick über das noch so junge und so schlecht sortierte Feld der politischen Epistemologie geben, denn die entsprechenden Abgrenzungen zu rechtfertigen, ohne den verschiedenen Ansätzen und ihren jeweiligen Traditionen Unrecht zu tun, würde ein eigenes Buch erfordern.[4]

Stattdessen werde ich im Rest dieser Einleitung den Grundgedanken beschreiben, der den Begriff »wirksames Wissen« trägt. Dazu werde ich drei Einwände diskutieren, die prinzipiell bezweifeln, dass es philosophisch fruchtbar ist, von einer eigenständigen Wirksamkeit des Wissens zu sprechen. Anhand dieser drei Einwände werde ich präzisieren, wie ich wirksames Wissen *nicht* erläutern möchte; sie dienen also dazu, die unvertraute Vorstellung eines eigenständig wirksamen Wissens als besonderes Phänomen zu konturieren. Ich beginne mit dem naheliegenden Einwand, wir würden die Wirksamkeit von Wissen sehr gut kennen: sie heiße »handeln«. Dieser erste Einwand reduziert die Wirksamkeit von Wissen und kann weder seine Eigenständigkeit noch seine »selbst-

4 Eine mögliche Version dieses Buches ist Alireza Shomali, *Politics and the Criteria of Truth*, Basingstoke 2010.

formende«[5] Kraft fassen (1). Der zweite Einwand knüpft an den ersten an: Dramatisiert meine Rede von einer eigenständig selbstformenden Wirksamkeit des Wissens nicht lediglich ganz normale Prozesse des Überlegens? Ist also die selbstformende Wirksamkeit von Wissen nichts anderes als die Kraft der praktischen Vernunft? Um diesem Eindruck entgegenzutreten, werde ich das Verhältnis von Wissen und Subjektivität vorläufig umreißen und damit zugleich einige Überlegungen zum Begriff des Selbst vortragen, um späteren Missverständnissen vorzubeugen (2). Im Anschluss werde ich gegen den dritten Einwand argumentieren, der mein Projekt als rhetorisches (miss)versteht und hartnäckig behauptet, Wahrheit und Wirksamkeit von Wissen ließen sich nicht gemeinsam denken (3).

Auf alle drei Einwände werde ich nicht mit direkter Kritik reagieren, sondern mit einer abstrakten Beschreibung meines Vorhabens darstellen, inwiefern die (impliziten) Voraussetzungen dieser Einwände uns daran hindern, eigenständig wirksames Wissen zu denken. Auch stelle ich meine Arbeit in dieser Einleitung in ihren eigenen Begrifflichkeiten vor und motiviere sie nicht aus kanonischen oder gegenwärtigen Debatten. Der Grund für diese möglicherweise sonderbar anmutenden Entscheidungen ist, dass der Vorschlag eines anderen Bildes von Wissen ein philosophisches Verfahren benötigt, das Gary Gutting »einleuchtende Ausarbeitung« [*persuasive elaboration*][6] philosophischer Bilder genannt hat.

Philosophische Bilder sind unbestimmter als philosophische

5 Ich gebrauche »selbstformend« im Sinne von »ein Selbst formend«. Gemeint ist also nicht, dass die selbstformende Wirksamkeit eine Kraft ist, die sich selbst formt (wie immer man dies verstehen könnte). Mir scheint »selbstformend« weiter und weniger voraussetzungsreich als die naheliegende Alternative »subjektivierend«, denn der Begriff des Selbst ist weiter als der des Subjekts: So können wir sagen, dass es in der antiken Philosophie Diskussionen um das Selbst gibt, ja dass die antike Philosophie als »Lebensform« gedeutet werden kann, der es um die Arbeit am eigenen Selbst zu tun ist (vgl. Pierre Hadot, *Philosophie als Lebensform. Antike und moderne Exerzitien der Weisheit*, Frankfurt/M. 2005), auch wenn wir daran zweifeln, ob wir von einem »Subjekt« in der antiken Philosophie sprechen sollten.

6 Gary Gutting, *What Philosophers Know. Case Studies in Recent Analytic Philosophy*, Cambridge 2009, S. 77 f. Im Folgenden zitiert als WPK. Wir werden Guttings Argumentation im Kontext meiner Behauptung, dass wirksames Wissen eine neue Perspektive für die Philosophiegeschichte bereitstellen kann, in Kapitel 4 wiederbegegnen.

Theorien, deren Hintergrund sie formen. Sie leiten die philosophische Theoriebildung an, meist ohne selbst explizit im Fokus zu stehen; gestritten wird vielmehr über die Theorien, in denen philosophische Bilder ihren konkreten Niederschlag finden. Beurteilt werden sie im Hinblick auf ihre Kraft:

> Die Brauchbarkeit eines Bildes hängt nicht von der Wahrheit irgendeiner seiner theoretischen Formulierungen ab, sondern von den Ressourcen, die es für die Erschaffung (und Überarbeitung angesichts von Kritik) von Theorien über einen weiten Bereich philosophischer Fragen bereitstellt. (WPK, S. 78)

Neue philosophische Bilder überzeugen weniger durch die Argumente gegen bestimmte Theorien, so Gutting, als durch ihre »einleuchtende Ausarbeitung«, die zeigt, inwiefern das alte philosophische Bild kraftloser, ja irreführend ist.

Das bedeutet nicht, dass man auf überzeugende Argumente verzichten dürfte. Guttings Fallstudien wichtiger, die Diskussion in bestimmten philosophischen Feldern nachhaltig umorientierender Beiträge zeigen zwar, dass deren Argumentation nicht (allein) ausschlaggebend für ihre Wirkungen war, aber daraus können und sollten wir keinesfalls schließen, dass wir keine Argumente benötigen (und Gutting tut dies auch nicht; vgl. WPK, S. 224-231). Vielmehr macht es uns darauf aufmerksam, dass der begriffliche Kontext philosophischer Argumente, ihr Level an Abstraktion und ihr Versprechen weiterführender Ergebnisse eine wichtige Rolle spielen und selbst argumentativ zu berücksichtigen sind, will man dem eigenen philosophischen Bild Kraft verleihen. Aus diesen Überlegungen speist sich die Tonlage und die Gliederung dieses Buches, worauf ich in meinem Überblick über den Gang der Argumentation in dessen neun Kapiteln zurückkommen werde (4).

## 1. Wirksamkeit und Handeln: Passiv und Aktiv

Wirksames Wissen vorerst als Chiffre für den gesuchten Begriff von Wissen zu verwenden, der die alethische und die dynamische Dimension von Wissen gleichberechtigt konzipieren kann, also sowohl die eigenständige Wirksamkeit von Wissen als auch dessen notwendigen Bezug zur Wahrheit umfasst, trifft auf eine Reihe von naheliegenden Einwänden und Bedenken. Der erste Platz gebührt der grundsätzlichen Frage, ob nicht unmittelbar klar ist, wie Wissen wirkt, nämlich indem es uns zu anderen Überzeugungen und in der Folge zu anderen Handlungen bringt. Was könnte die bestenfalls metaphorische und schlimmstenfalls mystische Rede von einer »eigenständigen Wirksamkeit des Wissens« dem hinzufügen?

Richtig ist daran, dass der Begriff wirksames Wissen *mehr* meinen muss als die Umsetzung von Wissen in Handeln. Das ist eine häufige Wirkung von Wissen – nur erschöpft sich die Wirksamkeit von Wissen nicht im Handeln, und vor allem führen die Voraussetzungen, die mit dem Handlungsbegriff einhergehen, leicht dazu, Wissen von vornherein als etwas Passives zu verstehen. Der Beispielsatz »Wenn ich gewusst hätte, was sie vorhatte, hätte ich ihr das Geld nie geliehen« bringt die Idee, die dem Einwand zugrunde liegt, in der Verneinung klar zum Ausdruck: Nur weil ein bestimmtes Wissen über die Pläne der unbekannten Person fehlte, wurde eine Handlung (Geld verleihen) ausgeführt. Wäre dieses Wissen vorhanden gewesen, hätte es diese Handlung verhindert und wäre damit wirksam geworden. Anderes Wissen, andere Handlungen.

An dem Beispiel ist so wenig rätselhaft, dass unverständlich bliebe, warum man der Wirksamkeit von Wissen Aufmerksamkeit schenken sollte. Wäre mit dem Begriff »wirksames Wissen« nicht mehr als der Konnex von Handlungen und Wissen gemeint, bliebe nur zu diskutieren, warum Wissen so häufig ohne Wirkung auf unsere Handlungen bleibt (das Phänomen der Willensschwäche)[7] und wie wir den »Umsetzungsmechanismus« von Wissen in Handlungen verstehen müssen, der offensichtlich nicht immer greift.

Aber Wissen wird so von vornherein passiv verstanden: Es ist ein Element, auf das ein handelndes Subjekt reagiert – wenn es reagiert. Wirksam wäre Wissen demnach nur, weil es einen »Umsetzungsmechanismus« gibt, den wir praktische Vernunft (oder *phronesis*) nennen. Um die Wirksamkeit von Wissen so zu erklären und dem verbreiteten Phänomen der Willensschwäche (*akrasia*) gerecht zu werden, muss also ein aktives Subjekt vorausgesetzt werden, das

7 Dirk Setton, *Unvermögen. Die Potentialität der praktischen Vernunft*, Zürich, Berlin 2012, demonstriert, welche Einsichten in die Verfasstheit rationaler Vermögen und deren notwendiges immanentes Moment von Irrationalität man der Diskussion um Willensschwäche abringen kann.

dem passiv vorgestellten Wissen erst Wirksamkeit verleiht, indem es dieses Wissen dank seiner praktischen Vernunft in Handlungen umsetzt (oder nicht). Den Zusammenhang von Wissen und Handeln stellen wir uns in diesem Bild gerade *nicht* so vor, dass Wissen eigenständig wirksam ist.

Aus der Perspektive der Handlungstheorie kommen wir einen Schritt näher an die Vorstellung eines eigenständig wirksamen Wissens, das nicht als passives Element allein aufgrund der praktischen Vernunft eines aktiven Subjekts Wirksamkeit entfaltet, wenn wir Ian Hackings historistische Wendung der analytischen Handlungstheorie betrachten. Der von Elisabeth Anscombe formulierten und von Donald Davidson maßgeblich weiterentwickelten Handlungstheorie zufolge sind absichtliche Handlungen solche Ereignisse, die unter einer bestimmten Beschreibung von einem Akteur beabsichtigt wurden.[8] Zwar fällt jedes Ereignis unter sehr unterschiedliche Beschreibungen – Davidsons klassisches Beispiel ist das Einschalten des Lichts, das sowohl als »Beleuchten des Raums« als auch als »Alarmieren des Einbrechers« beschrieben werden kann[9] –, aber die meisten dieser Beschreibungen treffen nicht die Intention derjenigen, die möglicherweise gehandelt hat. Nur wenn es mindestens eine Beschreibung gibt, die als Beschreibung ihrer Absicht wahr ist, haben wir es mit einer Handlung dieser Handelnden zu tun.[10]

Der Zusammenhang zum Wissen und seiner Wirksamkeit zeigt sich, wenn wir Hackings Schlussfolgerung aus Anscombes und Davidsons Handlungstheorie ernst nehmen, wonach die uns und den Handelnden zur Verfügung stehenden Beschreibungen einen

8 »Jemand ist der Urheber einer Handlung, sofern sich, was er tut, unter einem Aspekt beschreiben läßt, durch den sein Tun zu einem absichtlichen wird.« (Donald Davidson, »Handeln«, in: ders., *Handlung und Ereignis*, Frankfurt/M. 1985, S. 73-98, hier S. 77.) Vgl. auch G. E. M. Anscombe, *Absicht*, Berlin 2011, § 23 und § 26.

9 Vgl. Donald Davidson, »Handlungen, Gründe und Ursachen«, in: ders., *Handlung und Ereignis*, Frankfurt/M. 1985, S. 19-42, hier S. 21.

10 Weil es mir auf Hackings unorthodoxe Übernahme ankommt, unterschlage ich die Komplikationen, die sich mit Davidson ergeben, weil zwar »das Kriterium des Handelns […] im semantischen Sinne intensional [ist]« (Davidson, »Handeln«, S. 78) – jemand handelt, wenn es eine Beschreibung seines Tuns als absichtliches Tun gibt –, aber Handlungen als Ereignisse in einer kausalen Beziehung zu den jeweiligen Urheber*innen von Handlung stehen und diese Relation unabhängig von allen Beschreibungen ist.

historischen Index tragen:[11] Andere Wissensbestände – insbesondere andere Begriffe – erlauben bzw. erzwingen andere Beschreibungen und damit andere Absichten. Weder verfügten Akteure in der Vergangenheit über alle unsere heutigen Beschreibungen, noch stehen uns alle Beschreibungen zur Verfügung, die einstmals zur Verfügung standen.[12] Damit hat Wissen eine gewaltige Wirkung auf unsere Handlungsmöglichkeiten:

> Wenn neue Beschreibungen zugänglich werden, in Umlauf kommen oder gar zu etwas werden, was richtigerweise zu sagen oder zu denken ist, dann gibt es neue Dinge, die zu tun man sich entscheiden kann. Wenn mir neue Intentionen eröffnet werden, weil mir neue Beschreibungen und neue Begriffe zugänglich werden, dann lebe ich in einer neuen Welt von Möglichkeiten.[13]

Wissen wirkt also auch, so könnten wir mit Blick auf den Zusammenhang von Handlungen und Beschreibungen sagen, indem es uns neue Intentionen auszubilden ermöglicht und damit absichtliche Handlungen denkbar macht, die zuvor gar nicht im Raum möglicher Handlungen enthalten waren.

Diese mit Anscombe *cum* Davidson *cum* Hacking gewonnene These zum Zusammenhang von der Wirksamkeit von Wissen und Handlungen kommt dem hier untersuchten Begriff wirksamen Wissens bereits ein großes Stück entgegen. Denn in ihr hängt die

11 Vgl. Ian Hacking, *Multiple Persönlichkeit. Zur Geschichte der Seele in der Moderne*, Frankfurt/M. 2001, S. 303-333.

12 Hackings Beispiel für den ersten Fall ist die Beschreibung von Handlungen als »sexuelle Belästigung«, das demonstriert, wie hoch die politischen und ethischen Einsätze hier sind (vgl. ebd., S. 314-316). Für den zweiten Fall gibt er kein Beispiel, aber wir können an Paracelsus' medizinischem Wissen erahnen, welche Handlungsbeschreibungen wir heute nicht mehr intendieren können (vgl. Ian Hacking, »Michel Foucaults unreife Wissenschaft«, in: ders., *Historische Ontologie*, Zürich 2006, S. 105-118, hier S. 115). – Zur jüngsten Diskussion von Hackings Schlussfolgerungen, die Vergangenheit sei unterbestimmt, vgl. Wes Sharrock, Ivan Leudar, »Indeterminacy in the Past?«, in: *History of the Human Sciences* 15 (2002), S. 95-115, und Kevin McMillan, »Under a Redescription«, in: *History of the Human Sciences* 16 (2003), S. 129-150. Hacking selbst schreibt inzwischen gegen eine Verallgemeinerung seiner These an: vgl. Ian Hacking, »Indeterminacy in the Past. On the Recent Discussion of Chapter 17 of *Rewriting the Soul*«, in: *History of the Human Sciences* 16 (2003), S. 117-124.

13 Hacking, *Multiple Persönlichkeit*, S. 305.

beschriebene Wirksamkeit des Wissens – dem Raum möglicher Handlungen andere Formen zu geben – nicht am »Umsetzungsmechanismus« in den Köpfen der Subjekte. Allerdings erfolgt dieser Schritt von Seiten der Handlungstheorie aus: Nur weil wir absichtliches Handeln als Handeln unter einer Beschreibung verstehen, können wir den Zusammenhang zu unserem Wissen über mögliche Handlungsbeschreibungen herstellen. Damit ist aber noch nichts über die eigenständige Wirksamkeit von Wissen gesagt, die sich nicht in ihrer Auswirkung auf (mögliches oder wirkliches) absichtliches Handeln erschöpft. Wir können insofern die Anscombe-Davidson-Hacking-These zwar als aus der Handlungstheorie entgegenkommendes Angebot zur Kenntnis nehmen. Wir sollten aber nicht versuchen, die Wirksamkeit von Wissen von vornherein auf seine Wirkung auf Handlungen bzw. Handlungsmöglichkeit zu reduzieren.

Wenn sich die eigenständige Wirksamkeit von Wissen nicht im Handeln erschöpft, worin besteht sie außerdem? In ihren Auswirkungen auf das Selbst der Wissenden. Das klingt nur so lange unspektakulär, wie man das Wörtchen »eigenständig« vernachlässigt. Wenn wirksames Wissen von sich aus auf das Selbst Einfluss nimmt, also nicht unter der Kontrolle dieses Selbst steht, dann bedeutet jeder Erwerb neuen Wissens möglicherweise, jemand anderes zu werden. Um ein Beispiel zu nehmen, auf das ich im ersten Kapitel zurückkommen werde: Platons Sokrates warnt genau aus diesem Grund vor dem leichtfertigen Kauf von »Wissensgütern«. Denn anders als bei Nahrungsmitteln müsse man sie nach dem Bezahlen sofort »in der Seele selbst durch Lernen aufnehmen, bevor man weggeht; und da ist der Schaden oder der Nutzen bereits eingetreten«.[14] Eigenständig wirksames Wissen macht Andere aus uns – es ist eigenständig *selbstformendes* Wissen.

## 2. Wissen und Selbst: Das Standardbild

Bevor wir den nun naheliegenden zweiten Einwand diskutieren können, der auf die praktische Vernunft zurückkommt, weil sie uns doch durch Reflexion erlauben würde, selbst zu bestimmen,

14 Prot. 313a–314b, in der Übersetzung von Bernd Manuwald, *Protagoras. Platon. Werke. Übersetzung und Kommentar*, Bd. VI.2, Göttingen 1999.

ob und welche Wirkung Wissen auf uns hat, müssen die Begriffe des Wissens und des Selbst sowie ihr Verhältnis zueinander ein wenig schärfer konturiert werden. Keine der folgenden Bemerkungen sollte als Versuch einer abschließenden Erklärung missverstanden werden: Der Begriff des wirksamen Wissens wird uns schließlich das ganze Buch über beschäftigen, und über Subjektivität möchte ich nur so viel sagen, wie unbedingt nötig ist. Es wäre in meinen Augen unangemessen anzunehmen, ein Begriff von (wirksamem) Wissen setze zwangsläufig eine ausgearbeitete Theorie der Subjektivität voraus. Zwar gibt es einen Zusammenhang zwischen Wissen und Subjektivität, aber es wäre überraschend, wenn nicht problematisch, entpuppte sich die Verbindung zu (wirksamem) Wissen als so eng, dass kein Raum für verschiedene Auffassungen von Subjektivität bliebe.[15]

Was »Wissen« angeht, so konzentriere ich mich in diesem Buch auf explizites, propositionales Wissen, das klassischerweise in Satzform vorliegt oder in Satzform gebracht und sprachlich kommuniziert werden kann. Damit will ich nicht behaupten, es gebe keine anderen Wissensformen oder alles Wissen lasse sich auf dieses explizit propositionale Wissen reduzieren. Aber die Sprengkraft meiner These, dass es eigenständig wirksames Wissen gibt, lässt stark nach, wenn man sie nicht für propositionales Wissen plausibilisieren kann, das ihr stärker zu widersprechen scheint als beispielsweise Wissen im Sinne von Fertigkeiten (*know-how*). In Kapitel 8 werde ich auf die (neo)pragmatistische Strategie eingehen, alles explizit-propositionale Wissen in *know-how* aufzulösen, aber grundsätzlich interessiere ich mich in diesem Buch für Wissen im Sinne von Wissen-dass (*knowing-that*).

Damit ist allerdings noch nicht gesagt, dass wirksames Wissen auf die für die (analytische) Erkenntnistheorie kanonische Formel »S weiß, dass *p*« reduziert werden kann. Denn diese Vorstellung beruht auf einer Reihe bezweifelbarer Prämissen. Zunächst trifft die Annahme, man könne propositionales Wissen auf diese Weise verstehen, eine weitreichende Vorentscheidung über die Kompositionalität von Wissen.[16] Wenn man glaubt, alles propositionale

15 Man überlege einmal, ob man bereit wäre zu verlangen, die Epistemologie müsse eine Theorie der Subjektivität liefern, weil ihre Analyse des Konzepts Wissen auf den Begriff der Überzeugungen rekurriert.

16 Das Kompositionalitätsprinzip wird gerne auf Frege zurückgeführt, jedenfalls in

Wissen über die Form »S weiß, dass *p*« begreifen zu können, muss man annehmen, dass jedes propositionale Wissen, das in mehreren Sätzen mitgeteilt wird, sich auf eindeutige Weise über logische Verknüpfungen zu einer Proposition zusammenfügen lässt. Dabei setzt man voraus, einzelne Propositionen könnten beliebig kombiniert werden, ohne ihren Gehalt zu verändern. Doch diese scheinbar unschuldige Prämisse wird schnell strittig, nimmt man einen semantischen Holismus an: Wenn propositionaler Gehalt nicht so verstanden werden kann, dass es voneinander unabhängige »Bedeutungsatome« gibt, sondern die Bedeutung einer Proposition von ihren Beziehungen zu anderen Propositionen konstituiert wird,[17] dann darf auch für propositionales Wissen nicht einfach vorausgesetzt werden, dass es in jedem Fall anhand der Formel »S weiß, dass *p*« verstanden werden kann. Vielmehr sollte man umgekehrt erwägen, ob nicht diese Formel ein abgeleiteter Sonderfall ist, weil propositionales Wissen normalerweise nicht als einzelne Proposition, sondern als Netz aus Propositionen vorliegt. Darauf aber kommt es mir an dieser Stelle noch nicht an; festhalten möchte ich nur, dass die Festlegung auf propositionales Wissen keine Festlegung darauf bedeutet, dieses über atomare, bedeutungsinvariant kombinierbare Propositionen verstehen zu müssen, wie es die Formel »S weiß, dass *p*« nahelegt.

Eine zweite Einschränkung, die bereits zur Sprache kam, ist die Bindung von Wissen an Wahrheit: Es gibt falsche Meinungen oder falsche Überzeugungen, aber kein falsches Wissen. Eine der besonderen Herausforderungen des Buchs liegt darin, an dieser traditionellen These festzuhalten und zugleich Wahrheit zu pluralisieren. Plakativ gesagt: Es gibt zwar kein falsches, aber widerstreitendes Wissen. Das aber wird erst im zweiten und dritten Teil von Bedeutung sein. Vorläufig reicht es mir, Wissen als propositional, explizit und wahr (wenngleich fallibel) aufzufassen.

seiner Form für die Bedeutung sprachlicher Ausdrücke. Vgl. Gottlob Frege, »Gedankengefüge«, in: ders., *Logische Untersuchungen*, Göttingen 1976, S. 72-91, hier S. 72; dazu Markus Werning, Viviana Haase, »Kompositionalität«, in: Nikola Kompa (Hg.), *Handbuch Sprachphilosophie*, Stuttgart 2015, S. 326-333.

17 Diese Formulierung des holistischen Grundgedankens scheint mir alle seine Varianten abzudecken. Zu diesen vgl. die Beiträge in Georg W. Bertram, Jasper Liptow (Hg.), *Holismus in der Philosophie. Ein zentrales Motiv der Gegenwartsphilosophie*, Weilerswist 2002.

Wenn Wissen nicht nur dadurch wirkt, dass wissende Subjekte es in Handeln umsetzen (können), sondern auch, indem es auf ihre Subjektivität oder ihr Selbst einwirkt, besagt das zunächst nichts anderes, als dass unser Selbst von Wissen (mit)konstituiert wird. Nicht jedes Wissen wird dabei die gleiche Signifikanz haben – und welche Bedeutung welches Wissen besitzt, hängt sowohl von uns als auch von anderen bzw. von den sozialen Praktiken ab, in denen wir uns wiederfinden. Zudem ist die Signifikanz nie endgültig fixiert. Zu wissen, dass Polizist*innen in der BRD so gut wie nie für Straftaten belangt werden, mag für mich persönlich viel bedeutsamer sein als zu wissen, dass Porsche seinen Stammsitz in Stuttgart-Zuffenhausen hat. Der Spott über mein fehlendes Wissen über Autos und Autobauer auf einer Stuttgarter Abendveranstaltung demonstriert jedoch, dass andere die Signifikanz anders einschätzen – und mag eventuell sogar in mir den Wunsch wecken, weniger ignorant zu erscheinen, so dass ich einer Menge von zuvor als belanglos erachtetem Wissen plötzlich mehr Bedeutung zuschreibe.

Dass Wissen konstitutiv für meine Subjektivität ist, heißt nicht, dass es allein diese Subjektivität konstituiert. Affekte, Leiblichkeit, soziale Praktiken – wir können viele weitere Faktoren nennen, die unsere Subjektivität bestimmen. Wenn ich im Folgenden allein auf Wissen eingehe, so nicht, weil ich behaupten will, es sei der wichtigste Faktor, sondern weil mich die selbstformende Wirksamkeit von Wissen im Hinblick auf den Wissensbegriff interessiert. Weder kann noch will ich eine vollständige Theorie von Subjektivität liefern. Mein Ziel ist es, die These zu verteidigen, dass Wissen eigenständig wirksam ist und dass diese Wirksamkeit auf die Subjektivität gerichtet ist; welche Wirkungen inhaltlich spezifisches Wissen entfaltet, ist eine Konkretion, mit der ich mich nicht beschäftigen werde. Doch nur eine solche Konkretion verlangt, mehr über Subjektivität zu sagen, als dass Wissen und Subjektivität in einem bestimmten Zusammenhang stehen, und selbst sie erfordert keine ausgearbeitete Theorie der Subjektivität.

Trotzdem möchte ich, um Missverständnisse zu vermeiden, den möglichst schwachen Begriff von Subjektivität oder dem Selbst vorstellen, mit dem ich im weiteren Verlauf arbeiten werde. Er besagt nicht mehr, als dass das Selbst als Resultat eines praktischen Bezugs auf sich zu verstehen ist. Indem ich mich auf mich beziehe, entsteht, was wir Selbst oder Subjektivität nennen können. Wie ich diesen Bezug herstelle, auf welche Aspekte von mir er sich stützt, mit welchem Ziel und aus welchen Gründen – all das ist variabel. Mit Michel Foucault können wir vier Dimensionen der Selbstbeziehung oder des Selbstverhältnisses unterscheiden, nämlich die Techniken zur Herstellung des Selbstbezugs (Asketik), die davon verarbeitete »Materie« meiner selbst (Ontologie), die Gestalt, in die sie gebracht werden soll (Teleologie), und die Gründe, Einladungen und Zwänge, derentwegen ich daran arbeite (Deontologie).[18] Dabei verfügt das Subjekt nicht souverän über die Techniken, Materie, Ziele und Gründe der praktischen Arbeit am Selbstverhältnis, genauso wenig wie es determiniert wird von den sozialen Praktiken und den Formen des Selbstbezugs, die sie ihm ansinnen. Das Zugleich von Bestimmen und Bestimmenlassen, von Selbst- und Fremdbestimmung lässt sich deskriptiv als »relative Autonomie« so fassen: Wollen wir etwas über den Selbstbezug erfahren, reicht es weder, allein das Individuum und seine Selbsttätigkeit zu betrachten, noch allein die sozialen Praktiken, in denen es sich bewegt.[19]

Verstehen wir Subjektivität oder das Selbst als durch die Arbeit am praktischen Selbstbezug hervorgebracht, kann Wissen auf verschiedene Weise eine konstitutive Rolle spielen, weil es für alle vier Aspekte der formalen Heuristik relevant sein kann: Es kann Teil der »Materie« sein, auf die sich die Selbstbeziehung stützt und die sie formt, weil es für ein bestimmtes Selbstverhältnis entscheidend sein mag, inhaltlich spezifisches Wissen zu haben. Es kann die Techniken, mit denen ich diese »Materie« forme, durch ein anderes Verständnis dieser Techniken, durch neu entdeckte bzw. erlernte Techniken oder durch den Verlust der Kenntnis von Techniken verändern. Wissen kann die Interpretation des Ziels und damit die Teleologie der Arbeit am Selbstbezug beeinflussen, und ebenso kann es die Gründe für die Arbeit am Selbstbezug transformieren. Wir können darüber hinaus annehmen, dass diese Fälle nicht isoliert

18 Vgl. Michel Foucault, *Der Gebrauch der Lüste. Sexualität und Wahrheit 2*, Frankfurt/M. 2004, S. 36-45; dazu Frieder Vogelmann, *Im Bann der Verantwortung*, Frankfurt/M., New York 2014, Kapitel 2.1.3.

19 Dieses Zugleich von Selbst- und Fremdbestimmung erfasst sehr schön in etwas anderem Vokabular Martin Seel, »Sich bestimmen lassen. Ein revidierter Begriff der Selbstbestimmung«, in: ders., *Sich bestimmen lassen*, Frankfurt/M. 2002, S. 279-298.

auftreten, sondern Wissen häufig zu verschiedenen Veränderungen in mehreren Dimensionen der Arbeit am Selbstbezug führt. Doch detaillierte Untersuchungen dazu werde ich nicht anstellen.

Entscheidend ist, dass dieses äußerst dünne Raster zur Beschreibung, wie Subjektivität als praktisches Selbstverhältnis entsteht, abstrakt genug ist, um nicht nur ganz unterschiedliche Ausprägungen zu erfassen (zum Beispiel gegenwärtige und antike Selbstverhältnisse), sondern auch, um neutral gegenüber verschiedenen zeitgenössischen Theorien des Selbst zu bleiben. Allerdings gehen zwei Einschränkungen mit dieser Beschreibung einher: Der vorgestellte Begriff von Subjektivität ist materialistisch und nichtsouverän.

Subjektivität als Resultat des praktischen Selbstbezugs in sozialen Praktiken zu verstehen, ist materialistisch, da Subjektivität dann keine den Praktiken vorausgehende, (quasi-)transzendentale Bedingung sein kann, keine ideale, autonome, sinnstiftende Entität jenseits der Praktiken. Subjektivität materialistisch zu denken ist eine schwache, negative Anforderung, die lediglich idealistische Subjektkonzeptionen ausschließt. Sie beharrt allein auf der Forderung, kein (noumenales) Reich jenseits unserer (phänomenalen) Welt anzunehmen, das Autonomie und Freiheit garantiert. Wenige gegenwärtige Theorien reklamieren dies explizit; einige mehr verbergen ihren Anti-Materialismus leicht verschämt hinter der Sprache von Normativität.[20] Ich gehe jedoch davon aus, dass die meisten gegenwärtigen philosophischen Theorien von Subjektivität oder vom Selbst zu Recht für sich beanspruchen, in dem schwachen Sinne materialistisch zu sein, dass sie keinen Dualismus zwischen einer immateriellen Subjektivität und ihrer Verkörperung in historisch konkreten sozialen Praktiken annehmen.

Die zweite, ebenfalls negative Anforderung, dass Subjektivität nicht als souverän gedacht wird, folgt aus dem schwachen Materialismus: Wenn Subjektivität das Ergebnis von Praktiken ist, verfügt das resultierende Selbst nicht vollständig über sich. Ohne sich auf die Vorgaben, Angebote und Zwänge der sozialen Praktiken und der für die Herstellung des Selbstbezugs bereitgestellten Techniken, Ziele, Begründungen und Bestimmungen des zu bearbeitenden

20 Mit Blick auf diese Theorien mag meine schwache Bedingung schon zu stark erscheinen, doch wenn dem so sein sollte, verbirgt sich dahinter ein Problem mit diesen Theorien des Selbst bzw. der Subjektivität.

Teils an sich selbst reduzieren zu lassen, ist das Selbst nicht frei, sie nach Belieben anzunehmen oder abzulehnen. In diesem – wiederum: schwachen – Sinne ist das resultierende Selbst nichtsouverän, selbst wenn das Selbstverhältnis eines sein mag, das um den Wert der Souveränität kreist. Abermals gehe ich davon aus, damit allenfalls Extrempositionen in Bezug auf das Selbst auszuschließen; die meisten Theorien von Subjektivität werden diese (so lange nach Freud) nicht als sich selbst völlig einsichtig und vollständig unter der eigenen Kontrolle konzipieren.

Mit diesen Erläuterungen möchte ich auf den Einwand zurückkommen, wir sollten uns die selbstformende Wirksamkeit von Wissen ganz undramatisch als Prozess des Überlegens vorstellen, so dass ich sehr wohl kontrollieren könnte, wie Wissen auf mich einwirkt. Richtig daran ist, dass wir das Selbst nicht als rein passiv auffassen sollten, dem Wissen bloß geschieht. Falsch verstanden aber wäre dieses Eingeständnis, wenn man daraus ableiten wollte, das Selbst sei nie passiv und Wissen könne nie etwas sein, das ihm geschieht, ohne dass das Selbst Anteil daran hat. Genau darauf aber scheint mir das Standardbild der Wirksamkeit von Wissen hinauszulaufen: Es versteht die Wirksamkeit von Wissen als die Veränderungen, die neues Wissen in den Wissens- und Meinungsreservoirs eines Selbst auslöst. Diese Veränderungen werden durch rationale Prozesse des Abgleichens und Erwägens produziert, die selbst dem Selbst zugehören. Die Wirksamkeit des Wissens wird also in den rationalen Fähigkeiten des Subjekts verortet und diese werden zum unwandelbaren Kern epistemologischer Subjektivität erklärt, da sie selbst durch Wissen nicht zu verändern sind: sie ermöglichen ja in ihrer (bewussten oder unbewussten) Ausübung erst die Formbarkeit des Selbst durch Wissen. Der Einwand rekurriert so auf die Vorstellung eines passiven Wissens, das von einem aktiven Subjekt »verarbeitet« wird. Analog zu einem Computer beschreiben wir das wissende Subjekt damit als eine Instanz, die Wissen als passive Daten mit den bereits vorhandenen abgleicht und entweder diese oder die neu hinzukommenden Daten anpasst, um ihre logische Konsistenz zu wahren. Dabei müssen wir ein rationales Kernselbst voraussetzen, das jenseits jedes möglichen Wandels durch Wissen liegt. Wissen wirkt demnach *nicht eigenständig* und *nicht auf das ganze Selbst*; es bietet dem Subjekt allenfalls eine Gelegenheit, neue Erkenntnisse mithilfe seiner rationalen

Fähigkeiten zu verarbeiten, die jedoch als Kern der Subjektivität davon unberührt bleiben.[21]

Meine These von der eigenständig selbstformenden Wirksamkeit des Wissens widerspricht dieser Vorstellung passiven Wissens, dem ein aktives Subjekt erst Wirksamkeit verleiht, und die ich als »Standardbild« bezeichne. Dagegen argumentiere ich in allen Teilen dieses Buches, wenngleich auf unterschiedliche Weise: Im ersten Teil begnüge ich mich damit zu zeigen, inwiefern eine solche Interpretation den drei Beispielen nicht gerecht wird, anhand derer ich die Existenz der Annahme eigenständig selbstformend wirksamen Wissens in der Philosophiegeschichte demonstriere. Man kann Platon, Adorno und Horkheimer oder Rawls so deuten, aber man verliert dann etwas – was genau, wird jeweils zu zeigen sein. Im zweiten Teil argumentiere ich indirekt gegen das Standardbild der nichteigenständigen Wirksamkeit von Wissen und die Immunität des rationalen Kernselbst gegen diese Wirksamkeit, indem ich die Fruchtbarkeit der Gegenthese einer eigenständigen Wirksamkeit von Wissen belege. Im dritten Teil schließlich wende ich mich direkt gegen die Epistemologie, die dieses Standardbild zugrunde legt; mein Argument wird lauten, dass die Frage nach der Wirksamkeit von Wissen so nur unzureichend beantwortet werden kann, obgleich diese Frage auch für die traditionelle (analytische) Erkenntnistheorie von Bedeutung ist.

## 3. Wahrheit und Rhetorik: Überzeugen und Überreden

Ist dieser Fokus auf die eigenständige selbstformende Wirksamkeit von Wissen nicht – Rhetorik? So lautet ein dritter Einwand, der in zwei Varianten daherkommt. In der ersten, schroffen Fassung geht

21 Klar erkennbar skizziert beispielsweise Robert Brandom das Standardbild im Zuge seiner Kant-Deutung: Das rationale Kernselbst ist jener Teil des Selbst, der mit den drei Aufgaben beschäftigt ist, die eigenen Wissensbestände kritisch von Widersprüchen zu säubern, sie um die daraus zu ziehenden Konsequenzen zu erweitern und sie gegebenenfalls mit Gründen zu rechtfertigen (vgl. Robert B. Brandom, *Wiedererinnerter Idealismus*, Berlin 2015, S. 27-30). Aus diesen drei Aufgaben besteht Brandom zufolge die Aktivität, in der die ursprünglich-synthetische Einheit der Apperzeption konstituiert wird: »ein Selbst bzw. Subjekt« (ebd., S. 28).

er mit einer disqualifizierenden Aufteilung einher, an der mein Projekt zerschellen würde. Über die eigenständige Wirksamkeit von Wissen nachzudenken, besagt er dann, überschreite die Grenze zwischen Philosophie und Rhetorik, denn nur letztere kümmere sich um die (nichtargumentativen) Folgen von Wahrheiten. Philosoph*innen würden sich dadurch auszeichnen, diese Grenze nicht zu übertreten; den Freund*innen der Weisheit gehe es allein um die Erkenntnis von Wahrheiten – und möge die Welt darüber zugrunde gehen.[22]

Neben dieser schroffen Fassung des Einwands gibt es eine freundschaftlich-einladende Formulierung, die darauf hinweist, dass die Rhetorik definitorisch mit der »Wirksamkeit der Rede«[23] und ihrer subjektivierenden Machtwirkung[24] beschäftigt ist. Von hier aus liegt es nahe, die Wirksamkeit des Wissens zu bedenken, das als explizit-propositionales ja ohnehin in sprachlicher Form vorliegen muss. Beide Varianten des Einwands setzen mein Vorhaben mit Rhetorik gleich: die erste, um es abzulehnen, die zweite, um es als überflüssig zu bezeichnen. Beide Gleichsetzungen möchte ich daher auf Distanz halten – die erste schroff, die zweite freundschaftlich. Denn durch die Identifikation mit Rhetorik spalten sie von meiner These, dass Wissen eigenständig selbstformend wirksam ist, jeweils einen wesentlichen Teil ab.

Es gibt viele Formulierungen der schroffen Fassung des Einwands. Ihr gemeinsamer Kern lässt sich so zusammenfassen: Die Konzentration auf Wirkung statt auf Wahrheit ordne Rhetorik vor

22 Diese Vorwürfe finden sich insbesondere in Randbemerkungen, Rezensionen oder öffentlichen Stellungnahmen. »Schöne« Beispiele sind der Brief gegen die Verleihung der Ehrendoktorwürde an Jacques Derrida durch die University of Cambridge (vgl. Barry Smith, »Letter against Derrida's Honorary Degree«, *The Times*, 9. Mai 1992) oder die Besprechung eines Richard Rorty gewidmeten Sammelbandes von Simon Blackburn, »The Professor of Complacence«, in: *The New Republic* 225 (2001), S. 39-42. Zur Geschichte des Konflikts zwischen Philosophie und Rhetorik vgl. die Übersicht von Samuel Ijsseling, *Rhetorik und Philosophie. Eine historisch-systematische Einführung*, Stuttgart-Bad Cannstatt 1988.

23 Andreas Hetzel, *Die Wirksamkeit der Rede. Zur Aktualität klassischer Rhetorik für die moderne Sprachphilosophie*, Bielefeld 2011, S. 10-13. Im Folgenden zitiert als WR.

24 Vgl. Bernhard Taureck, »Rhetorik und Philosophie im klassischen Griechenland«, in: Andreas Hetzel, Gerald Posselt (Hg.), *Handbuch Rhetorik und Philosophie*, Berlin, Boston 2017, S. 23-52, hier S. 26 f.

Logik, ebne gar den »Gattungsunterschied[] zwischen Philosophie und Literatur« ein und beraube das »philosophische Denken [...] nicht nur seines Ernstes, sondern seiner Produktivität und Leistungsfähigkeit«.[25] Philosophie wird nicht nur spaßig und unökonomisch, sie verliert zudem ihre identitätsstiftende Unterscheidung zwischen Überreden und Überzeugen.

Die abwertende Differenz, die der schroffe Einwand zwischen Rhetorik und Philosophie zieht, stellt Wahrheit und zwanglose Argumentation gegen bloße Wahrscheinlichkeit und manipulative Sprachkunst. Sie trifft mein Projekt frontal, weil sie kategorisch die Möglichkeit verneint, Wahrheit und Wirksamkeit zusammenzudenken; aus ihrer Perspektive kann der Begriff »wirksames Wissen« nur rhetorisches Blendwerk sein. Deshalb sollte man der schroffen Fassung des Einwands ebenso unfreundlich entgegentreten. Die klassische Erwiderung von Seiten der Rhetorik verweist auf die Unmöglichkeit der strikten Trennung zwischen Rhetorik und Philosophie angesichts der peinlichen Lage der Philosophie, selbst rhetorische Mittel gebrauchen zu müssen, sowohl in ihrem Alltagsgeschäft als auch in ihrer Rhetorikkritik. Als einzige Alternative bliebe ihr sonst, zur schweigenden Wahrheitsschau zu schrumpfen, die gerade den vielgepriesenen Anspruch auf argumentative Nachvollziehbarkeit und den freien Austausch von Kritik und Gegenkritik aufgäbe. Die von philosophischer Seite nachgeschobene Präzisierung, es gehe um eine nichtmanipulative, a-rhetorische Sprache allein für die Erkenntnisgewinnung, die von »sprachlichem Schmuck« absieht, scheitere ebenso wie die Versuche, die in der Alltagssprache allgegenwärtige Rhetorizität zugunsten einer reinen Kunstsprache der Logik zu verlassen.[26]

Doch dieser unerquickliche Austausch gegenseitiger Vorwürfe hilft mir nicht weiter. Korrigiert werden muss vielmehr das Missverständnis des schroffen Einwands, wonach das Interesse für die Wirksamkeit von Wissen dessen Bezug auf Wahrheit leugnen muss.

25 Jürgen Habermas, *Der philosophische Diskurs der Moderne. Zwölf Vorlesungen*, Frankfurt/M. 2004, S. 246.

26 Vgl. zu dieser Diskussion Gerald Posselt, Andreas Hetzel, »Rhetorisches Philosophieren«, in: Andreas Hetzel, Gerald Posselt (Hg.), *Handbuch Rhetorik und Philosophie*, Berlin, Boston 2017, S. 1-20, hier S. 1-3; Georg W. Bertram, »Rhetorik und Argumentation in der Philosophie«, in: Andreas Hetzel, Gerald Posselt (Hg.), *Handbuch Rhetorik und Philosophie*, Berlin, Boston 2017, S. 451-471.

Gerade diese Voraussetzung möchte ich mithilfe des Begriffs wirksamen Wissens entkräften. Selbst in der Vorstellung, die sich der schroffe Einwand von Philosophie macht, ist diese ja keineswegs an unwirksamer Wahrheit interessiert – das wird in den drei Kapiteln des ersten Teils mehr als deutlich werden. Insofern lohnt es sich, die Sorge näher zu betrachten, die Anlass für die schroffe Fassung des Einwands gibt: Wenn die Philosophie nicht unwirksame Wahrheit will,[27] so will sie doch Wirkung nicht um jeden Preis und nur mit rationalen Mitteln. Auf diese Kompromissformel reduziert, kann der Streit darum, welche Rationalität es sein soll und wie hoch der Preis werden darf, auf fruchtbarere Weise ausgetragen werden. Auf der einen Seite räumt also die Philosophie ein, dass Wahrheit Kraft besitzt, die sich in der eigenständigen selbstformenden Wirksamkeit von Wahrheit entfaltet – und nichts anderes soll der Begriff wirksames Wissen zu ergründen helfen. Auf der anderen Seite erkennen wir an, dass der Sorge hinter dem schroffen Einwand Rechnung getragen werden und also die eigenständige Wirksamkeit von Wissen von bloßer (Sprach)Gewalt unterscheidbar bleiben muss.

An dieser Stelle kehrt der Einwand in sanfter, verführerischer Gestalt zurück: Ist nicht all das bereits geleistet? Hat die Rhetorik, wenn man sie nicht als Gefahr für die Philosophie missversteht, die Wirksamkeit von Wissen nicht längst ergründet?

Wie die schroffe Fassung des Einwands übergeht auch die freundschaftlich-verlockende einen wichtigen Aspekt meiner These. Die schroffe Fassung bestreitet kategorisch jede Möglichkeit, Wahrheit und Wirksamkeit zugleich zu bedenken. Die freundschaftliche Fassung vernachlässigt stattdessen gezielt, dass ich nicht die Wirksamkeit von Sprache (oder »der Rede«; vgl. zum Unterschied WR, S. 9-21), sondern von Wissen untersuche. Damit halte ich an der Signifikanz von Wahrheit fest, die von der Rhetorik abgeschwächt wird. Was das bedeutet, möchte ich an drei Überlegungen aus der Rhetorik verdeutlichen, die meinem Projekt entgegenkommen und

27 Das gilt noch für die schweigend-kontemplative Wahrheitsschau: Nicht einmal ein quietistisch gelesener Wittgenstein hält die Idee durch, die Philosophie lasse alles so, wie es ist – denn sie befreit ja uns Fliegen (Ludwig Wittgenstein, *Philosophische Untersuchungen. Werkausgabe*, Bd. 1, Frankfurt/M. 2000, §124 und §309). Dass auch Rhetorik nicht Wirkung um jeden Preis will, merkt Christof Rapp, »Rhetorik und Philosophie in Aristoteles' Rhetorik«, in: *Rhetorik* 18 (1999), S. 94-113, hier S. 101, in Bezug auf Aristoteles an.

insofern besonders geeignet sind, die freundschaftliche Fassung des Einwands überzeugend erscheinen zu lassen. Anders als bei der schroffen Fassung des Einwands werde ich die drei Überlegungen nicht zurückweisen, sondern den Unterschied zu meinem Projekt markieren, um seine Eigenheit herauszustellen und ihm Raum zu verschaffen.

Die erste aus der Rhetorik mir entgegenkommende Überlegung erklärt die selbstformende Wirksamkeit von Wissen unverblümt als einen Effekt der Rede. In diesem Sinne fasst beispielsweise Bernhard Taureck das Rhetorikverständnis von Platon und Aristoteles zusammen: »Rhetorik geschieht als Subjektivierung des Hörers und kann zu einer Machtbeziehung werden, wenn der Redner ein für die Hörer nicht überblickbares Begründungswissen verwendet.«[28] Redner*innen üben Macht über ihre Zuhörer*innen aus, lassen ihnen aber die Chance, durch Beobachtung der Wirkungen rhetorischer Macht auf sich selbst – der Subjektivierung – ihr eigenes Selbst im Kontrast besser zu erkennen und zu behaupten.[29] Die Kraft der Rede – gerne als »performativ« analysiert[30] – macht also andere Subjekte aus uns, sofern wir nicht aktiv dagegen andenken und -sprechen, und die Rhetorik ist die Wissenschaft, die diese selbstformende Kraft der Rede reflektiert.

Indem die Rhetorik nicht das Wissen, sondern die Rede als Quelle der selbstformenden Wirksamkeit sieht, emanzipiert sie sich vom Wahrheitsbegriff. Vielfach beruft sie sich dabei auf Aristoteles, der Philosophie und Rhetorik schiedlich-friedlich nebeneinanderstellt, indem er Wahrheit und Wissen auf Seiten der Philosophie, Wahrscheinlichkeit und Überredungskraft auf Seiten der Rhetorik verortet: Denn »darüber, was wir wissen oder bereits entschieden haben, braucht es ja keine Rede mehr«.[31] Die Abkehr der Rhetorik

28 Taureck, »Rhetorik und Philosophie im klassischen Griechenland«, S. 27.

29 Auch wenn die Ansichten darüber, ob die Subjektivierung der Rede notwendig die Befähigung zur Selbstbeobachtung und damit zur kritischen Wendung gegen diese Subjektivierung mit sich führen muss, auseinandergehen, teilen viele die rhetorische Deutung von Sprache bzw. Rede als subjektivierende Kraft: vgl. z. B. Felix Trautmann, »Entgegnungen der Rede«, in: *Rhetorik* 32 (2013), S. 58-70.

30 Vgl. z. B. ebd., S. 63; WR, S. 38.

31 Aristoteles, *Rhetorik*, Stuttgart 2007, 1391b; vgl. Rapp, »Rhetorik und Philosophie in Aristoteles' Rhetorik«. In der Folge erklärt beispielsweise Kopperschmidt: »Rhetorik hat es theoretisch mit Verständigungsproblemen zu tun unter Bedingungen fehlender Wahrheitsevidenz *und* notwendiger Handlungskooperation.«

von einer als überzogen wahrgenommenen philosophischen Fixierung auf Wahrheit – vor allem im Sinne einer ewigen, unwandelbaren Wahrheit, die gerne mit Platons »Reich der Ideen« verbunden wird – mag vielfach befreiend wirken, ja sie mag zwingend erscheinen, sobald die Philosophie den Fallibilismus der anderen Wissenschaften teilen muss, weil sie nicht länger plausibel für sich reklamieren kann, im Besitz solcher ewigen und unveränderlichen Wahrheiten zu sein.[32] Doch die Rhetorik gibt die Begriffe von Wissen und Wahrheit vorschnell auf, wenn sie sie als irrelevant (oder verfehlt) betrachtet und der Philosophie überlässt. Meine Absicht ist es dagegen, um diese Begriffe zu ringen: Wissen und Wahrheit können zwar in der Tat nicht als ewig und unwandelbar konzipiert werden, aber die Philosophie ist auch nicht dazu gezwungen; diese Unterstellung ist eine (rhetorische) Übertreibung, die allenfalls zur Polemik taugt. Die Rede von eigenständig selbstformend wirksamem Wissen will an der Wahrheit von Wissen festhalten *und zugleich* die sich im wirksamen Wissen entfaltende selbstformende Kraft denken. Insofern verfehlt der Einwand auch in seiner freundschaftlichen Gestalt mein hier verfolgtes Projekt.

An dieser Stelle könnte ich noch immer freundlich, aber bestimmt darauf hingewiesen werden, dass die bereits angesprochene Erwiderung der Rhetorik auf die Philosophie sich nun gegen mich richtet: Muss nicht propositionales Wissen, wie ich es hier betrachte, stets artikuliert werden? Inwiefern kann ich dann noch zwischen der performativen Kraft der Rede und der eigenständigen Wirksamkeit von Wissen unterscheiden? Fällt nicht mein Projekt deshalb mit Rhetorik zusammen, weil die Unterscheidung, mit der ich es verteidigt habe, gar nicht existiert?

Dieser zweiten Überlegung liegt die These zugrunde, dass es keine a-rhetorische Sprache gibt; sprachlich explizites propositionales Wissen muss daher zwingend mit rhetorischer Kraft (wie minimal auch immer) geäußert werden. Eine eigenständige Wirksamkeit des Wissens anzunehmen ist also unnötig. Doch genau besehen wie-

(Josef Kopperschmidt, »Das Ende der Verleumdung. Einleitende Anmerkungen zur Wirkungsgeschichte der Rhetorik«, in: Josef Kopperschmidt (Hg.), *Rhetorik*, Bd. 2: Wirkungsgeschichte der Rhetorik, Darmstadt 1991, S. 1-33, hier S. 15.)

32 Vgl. Hans Blumenberg, »Anthropologische Annäherung an die Aktualität der Rhetorik«, in: Josef Kopperschmidt (Hg.), *Rhetorik*, Bd. 2: Wirkungsgeschichte der Rhetorik, Darmstadt 1991, S. 285-312, hier S. 292 f.

derholt man damit nur die Behauptung, die Wahrheit von Wissen aufgeben zu müssen, will man die selbstformende Kraft der Rede ernst nehmen. Ansonsten stünde es uns ja frei zuzugestehen, dass die Rhetorik über eine eigene Kraft verfügt, ohne zugleich annehmen zu müssen, dass diese Kraft mit der eigenständigen Wirksamkeit von Wissen identisch sein müsste.

Genau diesen Weg werde ich einschlagen. Ohne Zweifel lässt sich die selbstformende Wirksamkeit von Wissen durch geglückte Formulierungen steigern und durch weniger geglückte vermindern, doch warum sollte uns das zwingend davon abhalten, die dem Wissen eigenständige Kraft überhaupt anzunehmen? Allenfalls legt uns das Außerkraftsetzen der Voraussetzung darauf fest, die Differenz zwischen zwei Kräften – der Rede und des Wissens – erklären zu können.

Wir stoßen damit auf eine Forderung, die von der Philosophie bereits in ihrer schroffen Fassung des Einwands erhoben wurde: Es muss möglich bleiben, die eigenständige selbstformende Wirksamkeit des Wissens von der performativen Kraft der Rede abzuheben. Erstens ist das erforderlich, weil ich behauptet hatte, so die Bedenken ausräumen zu können, die der philosophisch-schroffen Fassung des Einwands zugrunde liegen, zweitens (so sehen wir jetzt), um der rhetorisch-verlockenden Fassung des Einwands zu begegnen, weil wir ansonsten den Bezug zur Wahrheit zu verlieren drohen.

Wir müssen also dafür sorgen, die Unterscheidung zwischen Überreden und Überzeugen beibehalten zu können. An dieser Stelle meldet sich die freundschaftliche Fassung des Einwands ein drittes Mal zu Wort: Nach dem bisher Gesagten ist klar, dass wir die Unterscheidung zwischen Überreden und Überzeugen nicht mit der einfachen philosophischen Strategie ziehen können, zwischen rein rationaler Argumentation und anderem Sprachgebrauch zu differenzieren.[33] Wir müssen diese Unterscheidung anders treffen – und die (Neue) Rhetorik, so greift uns der Einwand freundschaftlich unter die Arme, hat dies bereits erledigt: So zeigen beispielweise Chaim Perelman und Lucie Olbrechts-Tyteca, wie sich der Unterschied mit Bezug auf die Adressat*innen der jeweiligen Argumentation definieren lässt.[34] Eine Argumentation

33 Klassisch: Platon *Gorg.* 453a–455a.

34 Vgl. Chaim Perelman, Lucie Olbrechts-Tyteca, *Die neue Rhetorik. Eine Abhandlung über das Argumentieren*, Bd. 1, Stuttgart 2004, § 6, S. 37.

versucht, ihre Hörer*innen zu überreden, wenn sie auf eine »partikulare Hörerschaft« abgestimmt ist; sie versucht zu überzeugen, wenn sie die »universelle Hörerschaft« adressiert. Im Kontrast zu Kants Unterscheidung zwischen Überreden und Überzeugen, die Perelman und Olbrechts-Tyteca vor Augen haben, sind vor allem zwei Differenzen erwähnenswert. Kant nennt ein Führwahrhalten Überzeugung, wenn es für jedes vernunftbegabte Wesen gültig ist, und »Überredung«, wenn der Grund »in der besonderen Beschaffenheit des Subjekts«[35] liegt. Der erste Unterschied zu Perelman und Olbrechts-Tyteca besteht darin, dass zwar auch für Kant die intersubjektive Überprüfbarkeit der Argumentation ein wichtiger Test ist, weil so »die bloße Privatgültigkeit des Urteils«[36] leicht aufgedeckt werden kann, doch reicht sie seiner Meinung nach nicht aus. Für Überzeugung statt Überredung (und damit für Wissen statt Meinung oder Glauben) brauche es objektiv hinreichende Gründe im Unterschied zu bloß subjektiv gültigen. Perelman und Olbrechts-Tyteca nehmen also den Wahrheitsbegriff aus dem Spiel, indem sie allein die adressierten Hörer*innen und damit die Beschränkungen, die Redner*innen sich auferlegen, zur Basis der Unterscheidung machen.[37]

Zweitens ist die universelle Hörerschaft für Perelman und Olbrechts-Tyteca keine feststehende Größe:

> Die universelle Hörerschaft wird von jedem danach konstruiert, was er über Mitmenschen weiß, die ihm ähnlich sind, wobei er über einige, ihm bewußte Gegensätze hinwegsieht. In diesem Sinne haben jede Kultur und jedes Individuum ihre eigene Konzeption von einer universellen Hörerschaft, und die Erforschung ihrer Metamorphosen wäre sehr lehrreich, denn sie ließe uns erkennen, was die Menschen im Lauf der Geschichte als *wirklich*, *wahr* und *objektiv gültig* erachtet haben.[38]

Ob das jeweils als universell vermeinte Publikum einer Rednerin anerkannt wird, hängt davon ab, ob eine konkrete, partikulare Hörerschaft ihr diese Konstruktion abnimmt; allerdings bleibt es der Rednerin stets unbenommen, an eine über die partikulare Hörerschaft hinausgehende, andere Hörerschaft zu appellieren, das heißt

35 Immanuel Kant, *Kritik der reinen Vernunft*, Hamburg 1998, A820/B848.
36 Ebd., A821/B849.
37 Vgl. Perelman, Olbrechts-Tyteca, *Die neue Rhetorik*, § 6, S. 38 ff.
38 Ebd., § 7, S. 44 f.

das Urteil ihres konkreten Publikums über ihre Konstruktion der universellen Hörerschaft nicht anzuerkennen.[39] Es gibt also die legitime Möglichkeit, über die Gestalt der universellen Hörerschaft zu streiten, und Perelman und Olbrechts-Tyteca halten es für einen Vorteil, dass ihre Unterscheidung zwischen Überreden und Überzeugen daher nicht fixiert werden kann, sondern in der konkreten Situation bestimmt werden muss und hinterfragbar bleibt.[40]

Es dürfte kaum überraschen, dass diese rhetorisch definierte Unterscheidung zwischen Überreden und Überzeugen Kritik hervorgerufen hat.[41] Doch unabhängig davon, ob die rhetorische Differenzierung überzeugt oder nicht, sehen wir, dass sie abermals durch einen Verzicht auf den Begriff der Wahrheit gewonnen wird: Wissen und Wahrheit werden kampflos und in hypostasierter Form »der« Philosophie überantwortet. Das ist kein Vorwurf an die Rhetorik – es zeigt vielmehr, dass mein Projekt, den Begriff »wirksames Wissen« zu prägen, nicht in ihr aufgeht und wir uns insofern aus der Umarmung der freundschaftlichen Fassung des Einwands lösen müssen.

Allerdings sind wir bereits einen Schritt weitergekommen, da wir jetzt nicht nur wissen, dass wir die Unterscheidung zwischen Überreden und Überzeugen bewahren müssen, wir wissen auch, dass diese Unterscheidung eine zwischen zwei Arten von Kräften sein muss: zwischen der performativen Kraft der Rede und der eigenständigen selbstformenden Wirksamkeit des Wissens. Das bedeutet, dass wir zwischen Überreden und Überzeugen weder über die adressierte Hörerschaft (Perelman und Olbrechts-Tyteca) noch anhand der Geltungsbasis von Gründen (Kant) oder mit Blick auf die epistemische Modalität der Argumente (Aristoteles) unterscheiden sollten, sondern krafttheoretisch.

Diese Forderung kann freilich erst erfüllt werden, wenn wir mehr über die Wirksamkeit des Wissens wissen, denn erst dann lässt sich eine hinreichend genaue Beschreibung der Kraft der Wahrheit geben, die sich darin entfaltet. Wie angekündigt, will ich im Rahmen

39 Vgl. ebd.

40 Vgl. ebd., § 6, S. 39.

41 Vgl. z. B. Lisa S. Ede, »Rhetoric versus Philosophy. The Role of the Universal Audience in Chaim Perelman's *The New Rhetoric*«, in: *Central States Speech Journal* 32 (1981), S. 118-125; John W. Ray, »Perelman's Universal Audience«, in: *Quarterly Journal of Speech* 64 (1978), S. 361-375.

dieser Einleitung nur als Adäquationsbedingung festhalten, dass die Differenzierung zwischen der performativen Kraft der Rede und der eigenständig selbstformenden Wirksamkeit des Wissens eine Bringschuld meines Projektes ist, die ich am Ende einlösen muss. Aber wir können vorwegnehmend Folgendes sagen: Wenn wir mit Hetzel annehmen, dass »als Rede [...] diejenige Kraft gelten [kann], die Welt und Bewusstsein (unter anderem grammatisch) voneinander trennt und damit zuallererst auf einander bezieht« (WR, S. 69), müssen wir die Wirksamkeit von Wissen innerhalb dieses enorm weiten Verständnisses von Rede bzw. Sprache platzieren. Die Unterscheidung zwischen der Kraft der Wahrheit und der Rede kann nur innerhalb der von der Rede aufgespannten Welterfahrung getroffen werden. Aber selbst das bedeutet noch nicht, dass jede Kraft innerhalb dieser Welt von gleicher Art ist. Ich werde Wissen als mediatisierte Kraft der Wahrheit beschreiben, als eine auf das Subjekt gerichtete Kraft, die aus der Aufteilung der Welt in wahr und falsch resultiert. Mit anderen Worten: Wahrheit als Kraft entspringt einer durch soziale Praktiken gestifteten Trennung, ist aber nicht identisch mit den Kräften, die diese Trennung erzeugen. Wie wir durch Energieumwandlung aus Wasserkraft Strom gewinnen, ohne dass Strom einfach dieselbe Kraft ist wie die kinetische Energie des Wassers, so erzeugen wir Wahrheit als Kraft aus den sozialen Praktiken, die unsere Welt aufteilen. Für diese Aufteilung der Welt, ja für ihre Erschließung, ist die Rede eine wichtige, wenngleich nicht die einzige Kraft (auch bloße Gewalt und der stumme Zwang der Dinge sind zu berücksichtigen). Wissen ist die mediatisierte Form der aus dieser Aufteilung resultierenden Spannung – und hier können wir an Nietzsches hartgesottene Metaphern, aber auch an Foucaults Einrichtungen von Wahrheitsdispositiven denken. Es sind Weisen, Kraft in sozialen Praktiken so lange zu intensivieren, bis sie eine neue Qualität erreicht und als Wahrheit zur Verfügung steht, um im nächsten Schritt als Wissen in andere Praktiken transportiert zu werden. Wahrheit ist insofern konstitutiv agonal und transgressiv. – All das sind freilich Thesen, die ich erst nach entsprechender Vorbereitung in Kapitel 7 und 9 ausführen kann.

Wahrheit taucht in dieser vorläufigen Vorstellung zweifach auf, und das könnte Anlass zu Bedenken geben. Wenn Wahrheit als Kraft aus der Aufteilung der Welt in sozialen Praktiken entspringt und ich diese Aufteilung als eine in wahr und falsch bezeichne, scheinen wir im Kreis zu laufen. Für gewöhnlich wird Wahrheit nur als Kriterium der Aufteilung betrachtet; in meiner Bestimmung ist sie jedoch auch Resultat. Diese zweite Hälfte entspricht der von Nietzsche (aber auch Foucault und anderen) bekannten Umkehrung, der zufolge Wahrheit aus einer nach anderen Kriterien erfolgenden Aufteilung der Welt folgt.[42] Während Nietzsche aber die Wahrheit wiederum mit Rhetorik gleichsetzt, hält Foucault Wahrheit für eine distinkte, aber eben von anderen Mächten nicht vollkommen getrennte Kraft – ohne je zu erklären, wie das auszubuchstabieren wäre. Meine Absicht ist es, einen Schritt weiterzukommen, indem ich beide Hälften der obigen Aussage zugleich ernst nehme, Wahrheit also als Kriterium und Resultat der Aufteilung beschreibe. Wahrheit ist dann nur als vergleichsweise schwache Kraft in der Zeit zu verstehen, die aus der in sozialen Praktiken erfolgten Aufteilung der Welt resultiert und insofern auf sie zurückwirkt, dass sie zum Kriterium der Aufteilung wird. So kommt ein sich selbst verstärkender Kreislauf in Gange, in dem Wahrheit als Kraft eine Intensivierung und Transformation anderer Kräfte und ihrer selbst ist. Deshalb neigen solche Aufteilungen, die über eine gewisse Schwelle hinaus Kräfte intensiviert und den Zyklus der Wahrheit begonnen haben, dazu, sich zu verfestigen. Dass in einem solchen Wahrheitsregime Wahrheit nur noch Kriterium der Aufteilung zu sein scheint, ist ein Ergebnis dieser Verfestigung (mehr dazu in Kapitel 7).

42 »[…] die Wahrheiten sind Illusionen, von denen man vergessen hat, dass sie welche sind, Metaphern, die abgenutzt und sinnlich kraftlos geworden sind, Münzen, die ihr Bild verloren haben und nun als Metall, nicht mehr als Münzen in Betracht kommen.« (Friedrich Nietzsche, »Ueber Wahrheit und Lüge im aussermoralischen Sinne«, in: ders., *Kritische Studienausgabe*, Bd. 1, Berlin, München 1997, S. 873-890, hier S. 880 f.) – »Das Wichtige ist meines Erachtens, dass die Wahrheit weder außerhalb der Macht noch ohne Macht ist […]. Die Wahrheit ist von dieser Welt; sie wird in ihr dank vielfältiger Zwänge hervorgebracht. Und sie hat in ihr geregelte Machtwirkungen inne.« (Michel Foucault, »Gespräch mit Michel Foucault (Nr. 192)«, in: *Dits et Écrits III*, Frankfurt/M. 2003, S. 186-213, hier S. 210).

## 4. Was folgt

Drei Anforderungen an mein Vorhaben, den Begriff wirksamen Wissens so zu artikulieren, dass damit die alethische und die dynamische Dimension von Wissen zugleich gedacht werden können, sind in der vorläufigen Auseinandersetzung mit drei grundlegenden Einwänden zutage getreten: Erstens muss die *eigenständige* Wirksamkeit von Wissen so verstanden werden, dass sie nicht im Handeln oder Denken eines aktiven Subjekts mit oder durch passiv vorgestelltes Wissen aufgeht. Daraus ergab sich zweitens die Bedingung, dass wir die Existenz der Annahme eigenständig wirksamen Wissens in der Philosophiegeschichte stets mit dem Nachweis verbinden müssen, dass die entsprechenden Texte, in denen wir diese Annahme aufzeigen, nicht besser mit dem Standardbild des Selbst interpretiert werden können, weil die Annahme eigenständig wirksamen Wissens mit der These eigenständig *selbstformenden* Wissens einhergeht. Drittens müssen wir diese eigenständig selbstformende Wirksamkeit des Wissens von anderen Kräften abheben können, insbesondere von der performativen Kraft der Rede. Diesen drei Adäquationsbedingungen müssen sich die folgenden Ausführungen stellen.

Damit komme ich am Ende dieser Einleitung auf die bereits vorgestellte Gliederung zurück, die sich wie meine Antworten auf die drei Einwände aus der Aufgabe ergibt, ein anderes philosophisches Bild von Wissen zu plausibilisieren. Es geht mir nicht nur darum, die Spannung zu halten, wenn ich als Erstes die Existenz der Annahme wirksamen Wissens in der Philosophiegeschichte belege, als Zweites an drei Beispielen nachweise, dass es philosophisch produktiv und politisch relevant *wäre*, über einen präzisen Begriff eigenständig selbstformend wirksamen Wissens zu verfügen, und erst als Drittes diesen Begriff in Auseinandersetzung mit der (analytischen) Erkenntnistheorie sowie dem Pragmatismus und der Praxistheorie ausarbeite. Mit diesem Aufbau trage ich vielmehr dem Umstand Rechnung, dass die »einleuchtende Ausarbeitung« des philosophischen Bildes, das ich in diesem Buch anbiete, den kleinteiligeren Argumenten, die zur Begriffsbestimmung von »wirksamem Wissen« notwendig sind, vorgeschaltet sein muss, damit diese Argumente ihren »zwanglosen Zwang« entfalten können.

Während also die Anordnung der drei Teile diesen Überlegungen geschuldet ist, korrespondieren die ersten sechs Kapitel noch auf andere Weise miteinander: Die Kapitel aus Teil II, mit denen ich die philosophische Fruchtbarkeit und politische Signifikanz eines Begriffs von wirksamem Wissen zeigen möchte, greifen jeweils Themen aus den philosophiegeschichtlichen Kapiteln von Teil I auf. Diese zusätzliche Dimension sollte in der kurzen Vorstellung aller Kapitel der Arbeit sichtbar werden.

Der erste Teil weist die Existenz einer Annahme eigenständig wirksamen Wissens in der Philosophiegeschichte nach. Er beginnt mit Platons philosophischem Wissen als vielleicht klarstem Beispiel. In Kapitel 1 arbeite ich zunächst anhand der frühen Dialoge – insbesondere der *Apologie* und dem *Protagoras* – heraus, dass Platons Sokrates von einer unmittelbaren Wirksamkeit seines, aber auch des sophistischen Wissens ausgeht, die insbesondere letzteres überaus gefährlich macht. In der *Politeia* beschreibt Sokrates im Detail, wie das philosophische Wissen auf die Subjektivität derjenigen wirkt, die ihm ausgesetzt werden; Platons *Siebter Brief* dagegen erlaubt es, die politischen Implikationen dieses selbstformend wirksamen Wissens in den Blick zu nehmen. Existenz und Relevanz der Annahme eigenständig wirksamen Wissens zeigen sich bei Platon also daran, wie dieser das philosophische Wissen selbst bestimmt. Die im Durchgang durch die genannten Dialoge etablierte These verteidige ich im letzten Abschnitt des Kapitels gegen Einwände, die teils aus anderen Dialogen, teils aus anderen Deutungen Platons erwachsen.

In Kapitel 2 wende ich mich der kritischen Theorie der Frankfurter Schule zu. Für zwei frühe, für das Programm dieser Tradition äußerst einflussreiche Texte – Theodor W. Adornos Antrittsvorlesung »Die Aktualität der Philosophie« und Max Horkheimers berühmten Aufsatz »Traditionelle und kritische Theorie« – ist die Annahme zentral, dass es eigenständig wirksames Wissen gibt. Adorno bestimmt die spezifische Funktionsweise von Philosophie als »Deutung«, die das von ihr gedeutete Problem »zerstört«; Horkheimer argumentiert darüber hinaus, dass Wissen als nicht eigenständig wirksam zu denken ein epistemologischer Fehler und eine ideologische Verblendung ist: Nicht nur das Wissen der kritischen Theorie ist eigenständig wirksames Wissen, auch das Wissen traditioneller Theorie ist nur dann passiv, wenn man ihren Standpunkt innerhalb der bürgerlichen Ideologie teilt. Jeweils wird deutlich, dass die Annahme eigenständig wirksamen Wissens in den frühen Texten der kritischen Theorie nicht nur zu finden ist, sondern darin eine hervorragende Stellung einnimmt, weil sie das für die kritische Theorie zentrale Kritikmodell prägt.

Ein analoges Argument entwickle ich in Kapitel 3 für das (späte) Werk von John Rawls und damit für einen Gründungstext der gegenwärtigen politischen Philosophie. Zwar bringt Rawls, anders als die Autoren der beiden vorherigen Kapitel, an keiner Stelle die Annahme eigenständig wirksamen Wissens explizit ins Spiel. Doch seine Darstellung der vier gesellschaftlichen Rollen, die er seiner politischen Philosophie zuschreibt, macht implizit davon Gebrauch, weil sie ansonsten keine dieser vier Aufgaben erfüllen könnte. Anhand der immanenten Voraussetzungen von Rawls' Unterfangen lässt sich anschließend zeigen, mit welchen Mitteln er diese Wirksamkeit zu maximieren trachtet. Dabei kommt der Überzeugungstechnik der geneigt-machenden Vorwegnahme von Begriffen und konzeptuellen Unterscheidungen eine besondere Bedeutung zu, die ich anhand der bekannten Einteilung der politischen Philosophie in ideale und nichtideale Theorie erläutern werde. Wirkmächtig (und problematisch) ist bereits die Setzung dieser Differenzierung, nicht erst die Entscheidung, welche der darin unterschiedenen Seiten man bevorzugt.

Die erste Zwischenbetrachtung, mit der Teil I schließt, abstrahiert von den betrachteten Texten und Autoren, um den naheliegenden Einwand zu entkräften, es handele sich um ganz verschiedene Begriffe eigenständig wirksamen Wissens, die jeweils angenommen werden. Richtig daran ist, dass die Autoren ganz unterschiedliche Konzeptionen von Wissen haben – auf dieser Ebene lässt sich keine interessante Gemeinsamkeit finden. Doch teilen sie jeweils die Annahme, dass es eigenständig selbstformend wirksames Wissen gibt. An diese Annahme, nicht an den je verschiedenen Begriff von Wissen knüpfe ich an, und auf dieser abstrakten Ebene liefern die vier Autoren noch drei weitere Beiträge: Platon beschreibt den selbstformenden Mechanismus wirksamen Wissens, die frühe kritische Theorie demonstriert seine Allgemeinheit, und Rawls' politischer Liberalismus belegt sowohl seine Wirkmacht als auch die Tatsache, dass ein Verzicht auf die explizite Annahme nicht bedeutet, dass der Begriff nicht in Anspruch genommen wird.

Damit stellt sich die Frage, wie man mit diesem philosophiehistorischen Befund umgehen soll: Ist der Begriff eigenständig selbstformend wirksamen Wissens ein Relikt mythologischer oder religiöser Motive in der Philosophie?[43] Dann müssten wir den ersten Teil als Demaskierung der verhandelten Philosophen begreifen, die mit der Aufforderung verknüpft wäre, unser eigenes Nachdenken gründlich von diesen Spuren eines archaischen Begriffs zu reinigen. Oder ist der Begriff eigenständig selbstformend wirksamen Wissens philosophisch relevant, weil er gewinnbringend eingesetzt werden kann, sobald man ihn reflektiert gebraucht? In Teil II versuche ich nachzuweisen, dass Letzteres der Fall ist, und stelle dazu drei Fallbeispiele vor, die den Begriff eigenständig selbstformend wirksamen Wissens auf unterschiedliche Weise einsetzen. In Kapitel 4 nutze ich die von Platon gewonnene Idee, das philosophische Wissen als eigenständig selbstformend wirksames Wissen zu begreifen, um eine neue Perspektive auf die Philosophie und ihre Geschichte zu entwickeln. Philosophiegeschichte zu schreiben, stellt einen unausweichlich vor die Frage, was ihr Gegenstand ist. Die naheliegende Antwort, es sei das philosophische Wissen, profitiert in zweierlei Hinsicht davon, dieses philosophische Wissen als eigenständig selbstformend wirksames Wissen zu begreifen: Erstens lässt sich dann eine Geschichte des philosophischen Wissens schreiben, die dieses weder mit dem Gehalt von Texten identifiziert (und so seine Materialität ignoriert) noch es soziologisch reduziert (und so seinen Gehalt ignoriert). Weil die Philosophie den Anspruch erhebt, dass in ihr exklusiv die selbstformende Kraft philosophischen Wissens wirkt, kann man stattdessen die Exklusionstechniken in den Fokus rücken, die sicherstellen sollen, dass allein dieses Wissen wirksam wird, ohne dass andere Kräfte es überlagern. Sie finden sich sowohl in den philosophischen Texten als auch in den philosophischen Praktiken, in denen diese Texte entstehen, diskutiert, gelehrt und kritisiert werden.

In Kapitel 5 knüpfe ich an die Diskussion der kritischen Theorie aus Kapitel 2 an, um mithilfe des Begriffs wirksamen Wissens einen anderen Begriff von Kritik zu gewinnen. Die Betrachtung unterschiedlicher »Bilder von Kritik«, das heißt unterschiedlicher Annahmen über die Tätigkeit des Kritik-Übens, die unseren Theorien

43 Darauf läuft die Geschichte der »absoluten« Metapher einer »mächtigen« Wahrheit in Hans Blumenberg, *Paradigmen zu einer Metaphorologie*, Frankfurt/M. 1998, hinaus.

der Kritik zugrunde liegen, zeigt zunächst, dass die Diskussion um den Kritikbegriff allzu häufig auf das dominante Bild vermessender Kritik eingeschränkt wird. Lässt man sich dagegen auf die Pluralität von Bildern der Kritik ein, die jeweils eigene Vorstellungen der Normativität von Kritik mit sich führen, wird der Blick frei für das Bild emanzipierender Kritik. Dieses liegt nicht nur den frühen Texten von Adorno und Horkheimer zugrunde, es spielt auch für Foucaults Kritikbegriff eine entscheidende Rolle. Diesen heterodoxen Kritikbegriff emanzipierender Kritik zu entwickeln und dem dominanten Kritikbegriff aus dem Bild der vermessenden Kritik gegenüberzustellen, profitiert entscheidend, so werde ich zeigen, vom Rückgriff auf den Begriff eigenständig selbstformend wirksamen Wissens.

Für die politische Philosophie demonstriere ich in Kapitel 6, dass der Begriff eigenständig selbstformend wirksamen Wissens hilfreich für die Diskussion des Verhältnisses von Politik und Wahrheit ist. Letzteres ist in der modernen politischen Philosophie von zwei grundlegenden Überzeugungen geprägt: dem »Fakt eines vernünftigen Pluralismus« und der Einsicht in die bindende Kraft von Wahrheit. Während die erste Überzeugung wohl am eindrücklichsten in Rawls' politischem Liberalismus entwickelt wird (aber keineswegs auf diesen beschränkt ist), lässt sich die zweite Überzeugung beispielhaft an Hannah Arendts Überlegungen zu Wahrheit und Politik erläutern (obgleich auch sie in der ganzen modernen politischen Philosophie verbreitet ist). Beide Überzeugungen stehen jedoch in einer Spannung zueinander, deren einseitige Auflösung entweder in Relativismus oder in Autoritarismus endet. Erforderlich ist stattdessen eine Position, die beide Grundüberzeugungen gleichermaßen annehmen kann; dazu, so wird sich herausstellen, ist der Begriff eigenständig selbstformend wirksamen Wissens unverzichtbar. Mit seiner Hilfe lässt sich die Politizität von Wissen denken, weil er ein demokratisches, nichtsouveränes Verständnis von Wahrheit ins Spiel bringt.

Die zweite Zwischenbetrachtung am Ende von Teil II dient abermals dem Rückblick auf die vorangegangenen drei Kapitel von einem abstrakteren Standpunkt aus. Denn in ihnen trägt das Vokabular der Kraft sowohl die Explikation des Begriffs eigenständig selbstformend wirksamen Wissens als auch die drei exemplarischen Weisen, ihn in aktuellen Debatten gewinnbringend einzusetzen.

Daher erläutere ich den hier verwendeten Begriff der Kraft im Rückgriff auf seine Entwicklung von Spinoza über Nietzsche bis zu Foucault und Deleuze.

Teil III schließlich unternimmt die bisher aufgeschobene Präzisierung des Begriffs eigenständig selbstformend wirksamen Wissens. Nachdem dieser sich als überraschend häufig anzutreffende Annahme und als philosophisch fruchtbar erwiesen hat, soll er nun exakt bestimmt werden. In Kapitel 7 wende ich mich daher zunächst der in Teil II häufig gebrauchten Formel »Kraft der Wahrheit« zu. Wie ist Wahrheit als Kraft zu verstehen – und wie nicht? Gegenwärtig wird die Kraft der Wahrheit in der Philosophie zumeist entweder als Urteilskraft in sprachtheoretischen Überlegungen wie etwa von Frege, Habermas und Brandom erläutert oder (wie gesehen) als performative Kraft der Rede in der Rhetorik. Beide Weisen zeigen, dass es weniger absonderlich ist, Wahrheit als Kraft zu konzipieren, als es zunächst den Anschein hat, aber beide Weisen sind aus unterschiedlichen Gründen untauglich dafür, die eigenständig selbstformende Wirksamkeit von Wissen zu explizieren. Deshalb schlage ich ein anderes Verständnis von Wahrheit als Kraft vor. Wahrheit als schwache Kraft, so lautet die These, emergiert aus prekären Konfigurationen von Dingen und Menschen, wirkt exklusiv auf Subjektivitäten und hat historisch disruptive Sperrklinkeneffekte. Dieses Verständnis von Wahrheit als Kraft ist, so werde ich zeigen, eine materialistische Deutung von Wahrheit, die keine eigenständige Wahrheitstheorie artikuliert, sondern mit verschiedenen Theorien von Wahrheit als Korrespondenz, Kohärenz oder Unverborgenheit kompatibel ist, solange wir sie materialistisch ausbuchstabieren.

In Kapitel 8 setze ich mich zunächst mit der zeitgenössischen (analytischen) Erkenntnistheorie auseinander, die der wesentliche Ansprechpartner für jeden Vorschlag eines Begriffs von Wissen ist. Allerdings interessiert sie sich nicht für die Frage, wie Wissen wirkt, und die spärlichen Hinweise, die sie gibt, sind unvereinbar mit der vorläufigen Bestimmung von eigenständig selbstformend wirksamem Wissen. Die Inkompatibilität entsteht durch drei Grundzüge des philosophischen Bildes, innerhalb dessen die (analytische) Erkenntnistheorie diskutiert: Atomismus (Wissen wird ausgehend von isolierten Propositionen erklärt), Individualismus (das Subjekt des Wissens ist ein einzelnes, a-sozial gedachtes Individuum) und

Starrheit (Wissen ist unwandelbar). Sie verstellen den Blick auf die dynamische Dimension von Wissen.

Die wichtigsten Alternativen dazu sind Praxistheorie und Pragmatismus, die sich von vornherein der dynamischen Dimension von Wissen widmen. Aber auch mit ihnen ist kein Begriff eigenständig selbstformend wirksamen Wissens zu gewinnen. Kann die (analytische) Erkenntnistheorie die dynamische Dimension von Wissen nicht konzeptualisieren, scheitert die Praxistheorie bzw. der Pragmatismus an der alethischen Dimension von Wissen – so jedenfalls werde ich argumentieren. Einerseits löst der Pragmatismus Wissen in Handeln auf, so dass die Wirksamkeit von Wissen am Ende doch wieder am handelnden Subjekt hängt, andererseits legt die Praxistheorie, sofern sie nicht dieser pragmatistischen Strategie folgt, ihren Wissensbestimmungen einen heideggerianischen Wahrheitsbegriff zugrunde, der an dem bereits von Ernst Tugendhat diagnostizierten Problem scheitert, keine plausible Vorstellung von Falschheit entwickeln zu können. Zwar gelingt es den pragmatistischen bzw. praxistheoretischen Wissensbegriffen, die dynamische Dimension von Wissen in Praktiken zu konzeptualisieren, doch ihr handlungstheoretischer Subjektivismus und ihr anti-epistemologischer Reduktionismus verhindern, dass sie das Verhältnis von Wissen zur Wahrheit gleichberechtigt konzipieren können.

In Kapitel 9 wende ich diese negativ-destruktive Diskussion konstruktiv, indem ich die insgesamt fünf problematischen Grundzüge des philosophischen Bildes, die uns in der (analytischen) Erkenntnistheorie sowie dem Pragmatismus und der Praxistheorie daran gehindert haben, die dynamische und die alethische Dimension von Wissen zusammenzudenken, als Bedingungen für einen Begriff wirksamen Wissens auffasse. Demnach können wir die Wirksamkeit von Wissen nur so erläutern, dass sie nichtsubjektiv und auf Wahrheit bezogen bleibt. Mein Vorschlag lautet, Wissen als Mediatisierung der Kraft von Wahrheit zu verstehen, wobei die besondere Leistung dieser Mediatisierung in der (nie vollständigen) Abkopplung der Geltung des Wissens von der Genesis seiner Wahrheit besteht. Die aus prekären Konfigurationen emergierte Kraft von Wahrheit kann so, mediatisiert zu Wissen, einfacher transportiert und schneller verbreitet werden, darf jedoch nie ganz von der Quelle ihrer Wahrheit abgeschnitten werden.

Beide Formeln müssen an dieser Stelle unverständlich sein, und ich habe nicht vor, sie hier zu erklären. Wenn Wissen, wie ich argumentieren werde, nicht atomistisch von isolierten Propositionen her erklärt werden kann, sondern nur im Kontext vieler weiterer Propositionen, die seinen Gehalt erst konstituieren, dann lassen sich die Ausdrücke »Wahrheit als Kraft« und »eigenständig selbstformend wirksames Wissen als mediatisierte Kraft der Wahrheit« nicht vorwegnehmend definieren, sondern müssen entfaltet werden. Das aber ist die Aufgabe der folgenden neun Kapitel.

Drei Bemerkungen möchte ich vor diesen neun Kapiteln noch machen: Erstens liegt mir daran, dass ein Verständnis von Wahrheit als (vergleichsweise schwache) Kraft von Wissen, die auf die Subjekte wirkt, weil sie deren Selbst (mit)formt, auf vielleicht überraschende, vielleicht enttäuschende Weise eine altmodische philosophische Auffassung ist. Wissen als gleichermaßen wahr und wirksam zu verstehen, hat eine lange Tradition in der Philosophie. Die im zweiten Teil präsentierten drei Studien zu den Konsequenzen eines solchen Verständnisses für die Philosophiegeschichtsschreibung, den Begriff der Kritik und das Verhältnis von Wahrheit und Philosophie zeigen allerdings, wie weit uns der Begriff eigenständig selbstformend wirksamen Wissens von dem entfernt, was die Tradition damit gemacht hat. Die Genealogie philosophischen Wissens und seiner Exklusionstechnologien, der Begriff einer emanzipierenden Kritik mit ihrem sperrigen Wissen und der Übergang zu einem nichtsouveränen Wahrheitsbegriff, der die dem Wissen inhärente Politizität betont, sind nur einige der Folgen, die sich daraus ergeben, den Begriff des eigenständig selbstformend wirksamen Wissens mit seiner scheinbar so vertrauten Vorstellung von der (vergleichsweise schwachen) Kraft der Wahrheit ernst zu nehmen.

Zweitens hoffe ich, dass die Fremdheit einiger Formulierungen nicht zu abschreckend wirkt. Eine eigene Perspektive auf philosophische Fragen zu finden, bedeutet bekanntlich, ein eigenes Vokabular zu erschaffen, also oft genug mit dem Kopf gegen die Grenzen der Sprache zu rennen, um hoffen zu dürfen, die Beule möge wenigstens *einmal* an der Wand sich formen. Zum Glück darf ich diesbezüglich auf Leser*innen vertrauen, die selbst genug Blessuren von eigenen Anstrengungen davongetragen haben. Wer wie sie mit Platon und Arendt, mit Badiou und Haraway oder mit Adorno und Foucault vertraut ist, wer wie sie die Literatur über Gettier-Beispiele, feministische Epistemologie, den Begriff der Kritik oder die Methoden der Philosophiegeschichte kennt, für den ist das Folgende leichte Kost.

Drittens gibt es für eilige Leser*innen eine Reihe von Abkürzungen und alternativen Routen durch das Buch: Wen nur mein konstruktiver Vorschlag für einen Begriff eigenständig wirksamen Wissens interessiert, sollte direkt mit dem dritten Teil beginnen, verpasst dann allerdings die gesamte Erläuterung des Hintergrundes, der die dort entwickelten Thesen stützt. Wer vor allem die Konsequenzen für die politische Philosophie, die kritische Theorie oder die Selbstreflexion der Philosophie erfahren möchte, die sich aus der Anerkennung der eigenständigen Wirksamkeit von Wissen ergeben, der kann sich auf die Kapitel 3 und 6, 2 und 5 respektive 1 und 4 beschränken. Ihre volle Wirksamkeit entfalten jedoch alle Teile des Buches nur vereint.

# Teil I: Die Annahme wirksamen Wissens

Der in der Einleitung eingeführte Begriff eigenständig selbstformend wirksamen Wissens ist bisher weder klar noch deutlich. Schon die Annahme, es könnte so etwas geben, ist in hohem Maße gewöhnungsbedürftig. Deshalb beginne ich in diesem ersten Teil der Arbeit damit, diese Existenzannahme (nicht: dieses wirksame Wissen!) in der Philosophiegeschichte aufzudecken. Meine Interpretationen von Platons Dialogen, von zwei zentralen Texten der frühen kritischen Theorie von Max Horkheimer und Theodor W. Adorno sowie von der Neubegründung des politischen Liberalismus durch John Rawls sind *laterale Lektüren*: Ich fokussiere jeweils bewusst eng auf einen grundlegenden Gedanken. Ich verhandle weder Platons Philosophie noch die frühe Frankfurter Schule oder das Gesamtprojekt des politischen Liberalismus erschöpfend, sondern stelle jeweils die Annahme der Existenz eigenständig wirksamen Wissens als operativ für einen zentralen Baustein des jeweiligen Vorhabens heraus. Die hermeneutische Gewaltsamkeit, die manch eine*r darin sehen mag, wird durch den systematischen Ertrag spätestens im zweiten Teil mehr als gerechtfertigt.

In den ersten drei Kapiteln soll die Behauptung begründet werden, dass die Existenz eigenständig wirksamen Wissens in der philosophischen Tradition immer wieder angenommen wurde und wird, und dass diese Annahme eine zentrale Rolle innerhalb des jeweiligen philosophischen Denkens spielt, in dem sie gemacht wird. Damit ist nicht behauptet, wirksames Wissen spiele nur in den im Folgenden untersuchten Werken aus der Geschichte der Philosophie eine Rolle (ganz im Gegenteil wäre es leicht zu zeigen, dass die Annahme eines wirksamen Wissens weitaus häufiger gemacht wird). Ebenso wenig lässt sich voraussetzen, dass den drei Annahmen wirksamen Wissens dasselbe Phänomen zugrunde liegt. Daher muss die folgende Argumentation sowohl den beiden Anforderungen genügen, die Existenz und die Signifikanz dieser Annahme zu zeigen, als auch die dritte Bedingung erfüllen, am Ende demonstrieren zu können, dass es tatsächlich um eine unter *einen* Begriff zu fassende Annahme geht. Dabei sollte unmittelbar einleuchten, dass

Platon, Adorno, Horkheimer und Rawls nicht denselben Wissensbegriff verwenden. Die gemeinsame Annahme, die ich im Folgenden herausarbeiten möchte, abstrahiert daher von der begrifflichen Bestimmung, die diese Autoren von »Wissen« geben (wenn sie das überhaupt tun). Gemeinsam ist ihnen nicht, was sie mit Wissen bezeichnen, sondern dass dieses als Wissen Bezeichnete etwas Aktives ist: ein von sich aus Kraft ausübendes Element – eben *eigenständig wirksames Wissen.* Während die drei Kapitel dieses ersten Teils sich jeweils dem Nachweis der ersten beiden Behauptungen – dass in den Texten die Annahme von der Existenz wirksamen Wissens gemacht wird und dass sie zentral für die Argumentation der Autoren ist – widmen, gehe ich auf die übergreifende dritte Behauptung, dass damit trotz der verschiedenen Verständnisse von Wissen eine Gemeinsamkeit identifiziert ist, in der ersten Zwischenbetrachtung ein.

# Kapitel 1: Platons gefährliches Wissen

Die Annahme eigenständig wirksamen Wissens ist für Platon deshalb von großer Relevanz, weil er die Eigenart philosophischen Wissens, beispielsweise gegenüber poetischem oder technischem Wissen, anhand von dessen eigenständiger Wirksamkeit auf das Selbst derjenigen bestimmt, die diesem Wissen ausgesetzt werden. Für Platon ergibt sich diese Wendung geradezu zwingend, da er bestreitet, dass sich philosophisches Wissen inhaltlich oder über die es überliefernde Tradition definieren lässt. Die naheliegende Alternative, es stattdessen über die Methode der Wissensgewinnung zu klären, greift Platon mit dem sokratischen Prüfungsverfahren (*elenchos*) zwar auf, aber sie reicht allein nicht aus: Ohne die »selbstformende«[1] eigenständige Wirksamkeit des gewonnenen Wissens im Blick zu behalten und zu kontrollieren, wäre der *elenchos* ein bloß formales, mechanisches Sprachspiel.

Für diese These werde ich mit einer Interpretation ausgewählter Stellen aus verschiedenen Dialogen Platons argumentieren: Die berühmte Selbstbeschreibung, die Sokrates von seiner eigenen Weisheit in der *Apologie* gibt, demonstriert die Vergeblichkeit, sein Wissen inhaltlich bestimmen zu wollen. Zugleich weist sie auf die von Platon behauptete Differenz zwischen dem philosophischen Wissen und Wissen nach dem Modell der *technê* hin (1.1). Um diese erste Bestimmung zu vertiefen, bietet sich der *Protagoras* an, weil dort über die Feststellung einer Differenz zum *technê*-Wissen hinaus nach positiven Kriterien für das besondere Wissen des Sokrates gesucht wird, das in diesem Dialog zum ersten Mal als »Philoso-

1 Die klassische Antike verfügt nicht über unseren Subjektbegriff – und ob sie überhaupt ein vergleichbares oder wenigstens verwandtes Konzept kannte, ist umstritten (vgl. Friedhelm Guttandin, *Genese und Kritik des Subjektbegriffs. Zur Selbstthematisierung der Menschen als Subjekte*, Marburg 1980). Deshalb verwende ich, wie in der Einleitung angekündigt, den etwas sperrigen Begriff der »selbstformenden Wirksamkeit«, womit nichts anderes gemeint ist als ein das Selbst veränderndes, umformendes Wissen. Ein weiterer Grund für diesen Begriff ist, dass er anders als die Rede von einer »subjektivierenden Wirksamkeit« noch keine Assoziationen für oder gegen eine bestimmte Theorie des Subjekts nahelegt.

phie« bezeichnet wird.[2] Zudem beschreibt Sokrates eindrücklich die Wirksamkeit sowohl philosophischen als auch sophistischen Wissens in der Einleitung des Dialoges, denn sie macht dieses Wissen zur Gefahr für diejenigen, die ihm unvorbereitet ausgesetzt werden (1.2).

Nach diesen beiden frühen Dialogen[3] baue ich meine These über einen mittleren und einen späten Text aus: Ich deute das Höhlengleichnis aus der *Politeia* so, dass dort von der besonderen Wirksamkeit des philosophischen Wissens die Rede ist, dessen Kraft mit dem Begriff der *paideia* benannt wird und dessen Wirksamkeit auf das Selbst im siebten Buch ausführlich beschrieben wird (1.3). Platons *Siebter Brief* bietet die Gelegenheit, seinen Versuch zu analysieren, die eigenständig selbstformende Wirksamkeit philosophischen Wissens politisch einzusetzen. Platons Fehlschläge belegen paradoxerweise die Signifikanz der aus der selbstformenden Wirksamkeit philosophischen Wissens erwachsenden Verpflichtungen und erlauben es, die Bedingungen dieser Wirksamkeit in den Blick zu nehmen (1.4).[4] Der letzte Abschnitt schließlich widmet sich zwei naheliegenden Einwänden (1.5), die sich sowohl gegen die schmale Interpretationsbasis als auch gegen die systematische These richten.

Mit den folgenden Ausführungen beabsichtige ich ausdrücklich keine selbstständige Platon-Interpretation, sondern möchte allein auf die Existenz einer impliziten Annahme hinweisen, die quer

2 So Martin F. Meyer, »Formen des Wissens in Platons *Protagoras*«, in: *Bochumer Philosophisches Jahrbuch für Antike und Mittelalter* 14 (2009), S. 57-83, hier S. 77, Fn. 46.

3 Ich folge damit der Standarddatierung von Platons Dialogen, die im Detail natürlich immer noch umstritten bleibt (vgl. Joachim Söder, »Zu Platons Werken«, in: Christoph Horn u. a. (Hg.), *Platon-Handbuch. Leben – Werk – Wirkung*, Stuttgart, Weimar 2009, S. 19-59, hier S. 22-25; Michael Erler, *Platon. Die Philosophie der Antike, Band 2/2*, Basel 2007, S. 22-26). Was Platons Texte angeht, greife ich auf die Übersetzungen und Kommentare der von Ernst Heitsch und Carl Werner Müller herausgegebenen Werkausgabe zurück; für Dialoge, die noch nicht dort erschienen sind, benutze ich Platon, *Sämtliche Werke*, Reinbek bei Hamburg 2011.

4 Zur Echtheitsfrage des Briefes vgl. Söder, »Zu Platons Werken«, S. 20 f.; Erler, *Platon*, S. 309 f. Da ich mich für die Auswirkungen der Unterstellung einer eigenständig selbstformenden Wirksamkeit philosophischen Wissens in den Platon zugeschriebenen Werken interessiere, reicht es, von dem in der Rezeption konstruierten Autor »Platon« auszugehen, so dass ich im Folgenden Fragen nach der historischen Authentizität beiseitelasse. Auch wenn ich von »Sokrates« spreche, ist damit Platons literarische Figur gemeint.

durch das Werk Platons verläuft. Da er philosophisches Wissen immer wieder über seine besondere selbstformende Wirksamkeit bestimmt, muss Platon die Möglichkeit und die Existenz dessen voraussetzen, was ich wirksames Wissen nenne: eines Wissens, das eigenständig Wirkungen entfaltet. Dennoch muss meine Interpretation auf zwei Fragen antworten, die sich jeder Platon-Deutung stellen: Wie verhält sie sich zur Dialogform und wie rechtfertigt sie die Auswahl der interpretierten Dialoge?

Was die Dialogform betrifft, gehe ich wie schon Schleiermacher davon aus, dass sich (vor allem in den frühen Dialogen) der philosophische Inhalt nicht von seiner dialogischen Form abtrennen lässt, Platons Dialoge also nicht auf Lehren oder Thesen reduzierbar sind. Dass die Form in den stärker monologischen Schriften wie der *Politeia* dagegen eine weniger tragende (nicht aber: keine) Rolle spielt, dürfte ebenfalls einsichtig sein. Solange man diese Hinweise nicht so versteht, als könne man sich allein mit der Form beschäftigt, sollte die daraus resultierende Vorgehensweise wenig Anstoß erregen.[5] Daraus ergibt sich auch, dass die aporetischen Ergebnisse vieler (früher) Dialoge ebenso ernst zu nehmen sind wie die durch die Dialogsituation angezeigten, aber nicht ausgesprochenen Hinweise, zum Beispiel Sokrates' wiederholte Lüge im *Protagoras*, er habe wenig Zeit, und seine schlussendliche Destruktion der er-

5 Eine nuancierte Diskussion des Dialogs als Medium philosophischer Gedanken findet sich bei Wolfgang Wieland, *Platon und die Formen des Wissens*, Göttingen 1982, S. 50-70. Ohne alle seine Thesen zu übernehmen – für Wieland bietet der Dialog einen Ausweg, wenn man philosophisches Wissen als sich nicht in propositionalem Wissen erschöpfend begreift; eine Annahme, die auch Platons Schriftkritik zugrunde läge –, ist sein Hinweis richtig, dass die Dialogform einem nicht erlaubt, naiv nach einer »Lehre Platons« zu suchen, die z. B. von der Figur des Sokrates ausgesprochen werde. Wieland plädiert daher für jene mittlere Position, der ich mich hier anschließe: »Der Dialog ist nicht Selbstzweck; er dient aber auch nicht nur der Einkleidung einer Lehre, die seiner im Grunde gar nicht bedürfte. Mithilfe dieser Form wird etwas gezeigt, was nicht mehr gesagt wird.« (Ebd., S. 70) Da es mir allein um die Existenz einer in den Dialogen Folgen zeitigenden Annahme geht, fühle ich mich nicht verpflichtet, dazu Stellung zu nehmen, *was* jeweils über das Gesagte hinaus gezeigt wird und ob es tatsächlich, wie Wieland annimmt, in jedem Dialog dasselbe ist. Vgl. generell zur Frage der Dialogform Charles H. Kahn, *Plato and the Socratic Dialogue. The Philosophical Use of a Literary Form*, Cambridge 1996, Kapitel 2, sowie zur Differenz zwischen den frühen und späten Dialogen Charles H. Kahn, *Plato and the Post-Socratic Dialogue. The Return to the Philosophy of Nature*, Cambridge 2013, S. xi f.

reichten Überlegungen. Platon hält das negative Ergebnis, wie ein Sachverhalt nicht erläutert oder ein Begriff nicht analysiert werden kann, für eine wichtige Erkenntnis – und zumindest in dieser Hinsicht tun wir gut daran, ihm zu folgen.

Die Auswahl der Stellen ergibt sich aus zwei Erwägungen. Einerseits belege ich zunächst die Existenz und die genaue Gestalt der These, die Eigenheit der Philosophie sei in der spezifischen Wirksamkeit ihres Wissens zu suchen, anhand von vier Stellen, an denen sie unmittelbar sichtbar wird: In der sokratischen Selbstbeschreibung seines besonderen Wissens (*Apologie*), in der Auseinandersetzung mit dem gefährlichen Wissen der Sophisten (*Protagoras*), in der eingehenden Beschreibung der Kraft des Wissens (*Politeia*) und im gescheiterten Versuch, der politischen Verpflichtung nachzukommen, die aus diesem Wissen erwächst (*Epistulae VII*). Andererseits sprechen alle diese Stellen, zumindest auf den ersten Blick, gegen jeweils andere Bestandteile meiner These und setzen die Interpretation insofern von unterschiedlichen Seiten her unter Rechtfertigungsdruck. Zudem gehe ich im letzten Abschnitt auf systematische Einwände ein, die sich sowohl gegen diese Auswahl als auch gegen die These selbst richten.

## 1.1 Unbestimmt

Sokrates' Verteidigungsrede ist streng genommen nur die erste seiner drei in der *Apologie* versammelten Reden: Nur in ihr geht es um die Widerlegung der Anklagen. In der zweiten Rede (nach seiner Verurteilung und bevor das Strafmaß festgesetzt wird) versucht Sokrates seine Mitbürger davon zu überzeugen, dass er Ehrung statt Strafe verdiene, da er allenfalls schuldig sei, der Stadt einen großen Dienst erwiesen zu haben, indem er ihre Bürger von der Selbstüberschätzung ihrer Weisheit befreit habe. Nachdem das Todesurteil verkündet worden ist, beschuldigt Sokrates seine Mitbürger in der dritten Rede, ihn zu verurteilen, weil sie das vertraute Flehen um Gnade hören wollen und nicht seine Argumente.

Die Verteidigungsrede selbst gliedert sich in vier Teile: eine Einleitung, die das Vorgehen der Rede selbst erläutert, die Widerlegung zunächst älterer Gerüchte und dann der gerichtlichen Anklagen sowie einen Schluss, in dem Sokrates begründet, warum er trotz aller

Gefahren seine Tätigkeit ausgeübt hat und weiter auszuüben gedenkt. Sowohl in der Einleitung als auch im Schluss macht Sokrates klar, dass er sich nicht verstecken oder verstellen will: Weder werde er versuchen, die Richter durch rhetorische Wendungen auf seine Seite zu ziehen,[6] noch Verwandte vorschicken oder um Gnade flehen (vgl. Apol. 34c-35d). Die dazwischenliegenden Reden sollen wir also für bare Münze nehmen[7] – und damit auch Sokrates' Beschreibung seines eigenen, »menschlichen Wissens [*ousia*]« (Apol. 20d).

Auf dieses kommt er während seiner Widerlegung älterer Gerüchte zu sprechen, die seiner Meinung nach der gerichtlichen Anklage erst den Boden bereitet haben und denen er folglich entgegentreten muss (vgl. Apol. 18a-19b). Von ihm selbst in Anklageform gebracht, lauten diese Gerüchte so: »Sokrates tut Unrecht und treibt anstößige Dinge, indem er das, was unter der Erde und am Himmel ist, erforscht, die schwächere Sache zur stärkeren macht und andere eben darin unterrichtet.« (Apol. 19b) Sokrates antwortet darauf, dass er sich weder mit Naturphilosophie beschäftigt noch irgendein Wissen darüber lehrt, woraufhin er gegen sich selbst einwendet, irgendetwas müsse er ja tun, das die Menschen gegen ihn aufbringe. Die Antwort darauf besteht in der berühmten Definition seines »menschlichen Wissens« (Apol. 20e): Irritiert vom Spruch des Orakels in Delphi, es gebe niemanden Klügeres als ihn, will Sokrates seine eigene Einschätzung, »weder viel noch wenig weise [zu sein]« (Apol 21b, in der Übersetzung Schleiermachers) prüfen.[8] Die Gespräche mit Staatsmännern, Dichtern und Hand-

6 »Ihr aber sollt von mir die ganze Wahrheit hören, nicht jedoch, bei Zeus, ihr Männer von Athen, Sätze wie die meiner Ankläger, gesprochen in schönen Wendungen und Wörtern und wohlgeformt. Vielmehr werdet ihr Sätze hören, die gebildet sind aufs Geratewohl in alltäglichen Worten [...].« (Apol. 17b/c; vgl. nochmals 18a; hier und im Folgenden in der Übersetzung von Ernst Heitsch, *Apologie des Sokrates. Platon. Werke. Übersetzung und Kommentar*, Bd. I.2, Göttingen 2002.)

7 Wenngleich die Argumentation, nach der Sokrates' Ankläger nichts Wahres gesagt hätten, so dass erst jetzt »die ganze Wahrheit« (Apol. 17b) zu hören sein wird, der gängigen Einleitungsform für Gerichtsreden entspricht (vgl. ebd., S. 42 f.), dürfen wir als Interpreten einer von Platon imaginierten Gerichtsrede Sokrates beim Wort nehmen.

8 Schleiermacher übersetzt hier vorsichtiger als Heitsch, bei dem Sokrates sagt: »Ich bin mir doch bewußt, daß ich absolut nichts weiß«. Heitsch schränkt in seinem Kommentar diese starke Aussage gleich wieder ein (vgl. ebd., S. 77, Fn. 102), so dass ich hier Schleiermachers Variante vorziehe.

werkern – die jeweils ein besonderes, inhaltlich qualifiziertes Wissen über einen klar definierten Bereich besitzen, sich darum aber auch anmaßen, über anderes Bescheid zu wissen[9] – überzeugen ihn davon, dass seine Weisheit in nichts außer diesem Wissen um die Beschränkungen seines Wissens besteht. Demzufolge ist ein kluger Mensch derjenige, »der wie Sokrates erkannt hat, daß er in Wahrheit, was das Wissen angeht, nichts wert ist« (Apol. 23b).

Sokrates treibt die Negation eines eigenen, positiven Wissens so weit, dass er noch die Furcht vor dem Tod als Anmaßung von Wissen zurückweist (vgl. Apol. 29a) – obwohl er sich in der dritten Rede zutraut, Argumente dafür vorzubringen, dass der Tod ein Glück sein könnte (vgl. Apol. 40c-42a). Allerdings bleibt es bei der Begründung einer Hoffnung, auch sie ist also kein sicheres Wissen. Zwar nennt Sokrates das Verfahren der Prüfung (z. B. Apol. 22a, 22e) als ein positives Merkmal seiner menschlichen Weisheit, denn sie wirke auf die Stadt wie eine »Bremse« auf ein edles, aber träges Pferd (Apol. 30e).[10] Doch ob dieses Prüfungsverfahren – zumeist unter dem Begriff des sokratischen *elenchos* diskutiert – eine feststehende Methode genannt werden kann, ist zweifelhaft, jedenfalls wenn damit Genaueres gemeint ist als »ein Kreuzverhör, in dem den Gesprächspartnern Widersprüche entlockt werden sollen, um ihre falschen Ansprüche auf Wissen zu entlarven«.[11] Als bloße Aufdeckung von Widersprüchen reicht sie jedenfalls nicht aus, um die Spezifik von Sokrates' philosophischem Wissen zu definieren.[12]

Das philosophische Wissen wird in dem Teil der Verteidigungsrede, den Sokrates mit großem Aufwand für die ungeschminkte Wahrheit erklärt, nach dem bisher Gesagten also nicht inhaltlich bestimmt, sondern dem inhaltlich spezifischen, »technischen« Wissen der Poeten, der Politiker und der Handwerker gegenübergestellt. Mit Ursula Wolf verstehe ich den wie beiläufig vorgeführten negativen Vergleich so, dass Platon Sokrates' Wissen als nicht mit

9 Vgl. Jörg Kube, *Technē und aretē. Sophistisches und platonisches Tugendwissen*, Berlin 1969, S. 123 f.

10 Vgl. dazu Ursula Wolf, *Die Suche nach dem guten Leben. Einführung in Platons Frühdialoge*, Frankfurt/M. 2013, S. 40.

11 Charles M. Young, »The Socratic Elenchus«, in: Hugh H. Benson (Hg.), *A Companion to Plato*, Malden/MA 2006, S. 55-69, hier S. 67, vgl. auch 55 f.

12 Siehe unten und Abschnitt 1.3.

dem Wissensmodell der *technê* erfassbar darstellt[13] – und dass darin die tiefere Pointe der Ablehnung einer inhaltlichen Definition philosophischen Wissens steckt. Im Modell des *technê*-Wissens, das Platons Sokrates häufig als Maßstab einer methodologisch strengen Konzeption von Wissen heranzieht, wird Wissen als Kenntnis der Gesetzmäßigkeiten eines klar definierbaren Bereichs bestimmt, intrinsisch verknüpft mit der Fähigkeit, innerhalb dieses Bereichs den Zweck der *technê* (ihre Aufgabe: *ergon*) zu verwirklichen. Über eine *technê* zu verfügen heißt daher, sowohl die entsprechende Fähigkeit zu haben, ihren *ergon* zu realisieren, als auch darüber und über alle zu ihr gehörenden Aspekte Rechenschaft geben zu können. Dazu gehört auch normative Urteilskraft in Bezug auf den Zweck der *technê*, denn das »Wissen, das die *technê* ausmacht, enthält einen Maßstab, so dass Unterschiede in Bezug auf das *ergon* bewertet werden können«.[14]

Damit lassen sich bereits zwei Bedingungen für die Anwendbarkeit des *technê*-Wissensmodells festhalten, nämlich die Möglichkeit, den Zweck dieser *technê* zu bestimmen, und den Maßstab zu kennen, der über die gute oder schlechte Realisierung dieses *ergons* Auskunft geben kann. Wolf veranschaulicht das denkbar einfach: »Zum Beispiel besteht die Aufgabe der Hausbaukunst darin, Häuser zu bauen. Um ein Haus zu bauen, muss man wissen, was ein Haus ist, und was ein gutes Haus ist.«[15] Wenn Wissen im Sinne der *technê* das Expertenwissen meint, wie bestimmte Zwecke zu realisieren sind, und zudem beinhaltet, beurteilen zu können, ob

13 So auch Hans-Georg Gadamer, »Praktisches Wissen«, in: ders., *Griechische Philosophie 1. Gesammelte Werke*, Bd. 5, Tübingen 1985, S. 230-248, hier S. 240 f., und C. D. C. Reeve, »The Role of *Technē* in Plato's Conception of Philosophy«, in: *Proceedings of the Boston Area Colloquium in Ancient Philosophy* 16 (2000), S. 207-222. Dagegen argumentiert z. B. Kube, *Technē und aretē*, dass Platon ethisches Wissen als eine Form des *technê*-Wissens fassen möchte, das als sicheres Wissen vom guten Leben seinen *ergon* jenseits der Erfahrungswelt finden muss; er sieht Platon über den *technê*-Begriff seine spätere Ontologie entwickeln (vgl. ebd., S. 117-121). Die Rolle der *technê*-Analogie in Platons Dialogen ist insgesamt umstritten; vgl. die Übersicht bei Marcel van Ackeren, »*technê*-Analogie«, in: Christoph Horn u. a. (Hg.), *Platon-Handbuch. Leben – Werk – Wirkung*, Stuttgart, Weimar 2009, S. 334-339, hier S. 335 f.

14 Ackeren, »*technê*-Analogie«, S. 336; vgl. Wolf, *Die Suche nach dem guten Leben*, S. 68 f.

15 Ebd., S. 37.

diese Zwecke gut oder schlecht, hinreichend oder mangelhaft erreicht worden sind, dann muss das *technê*-Wissen folgerichtig das Wissen darum einschließen, wann die Aufgabe (*ergon*) gut gelöst wurde. Weil über eine entsprechende *technê* zu verfügen aber auch bedeutet, über alle Aspekte ihres Bereichs Rechenschaft ablegen zu können, also explizites Wissen widerspruchsfrei und begründet zu formulieren, beinhaltet Wissen im Sinne des *technê*-Modells auch, die »Gutheit« (*aretê*) des jeweiligen Zwecks (*ergon*) zu kennen und ausdrücklich angeben zu können.

Doch für das philosophische Wissen, wie es in der *Apologie* auftaucht, gibt es keine inhaltliche Bestimmung seines *ergon*, so argumentiert Wolf, und damit kein Wissen von seiner *aretê*. Zwar deutet Sokrates an, welchen Zweck sein Prüfungsverfahren verfolgt, wenn er seine Mitbürger warnt, sie würden schwerlich jemanden von seiner Art wiederfinden, der die Aufgabe einer Stechfliege für die Stadt übernimmt: Seine Befragungen reißen diejenigen, die weise zu sein glauben, aus diesem Glauben heraus und führen ihnen ihre Unwissenheit vor. Abgesehen vom voyeuristischen Vergnügen für die Umstehenden, das Sokrates explizit anführt,[16] bestimmt er den *ergon* seiner Tätigkeit als Besserung der Seelen der von ihm Zurechtgestutzten:

> Denn nichts anders tue ich, wenn ich umhergehe, als die Jüngeren und Älteren unter euch zu mahnen, euch nicht vor allem um leibliches Wohl und Hab und Gut zu sorgen und nicht so intensiv wie um die Seele, daß sie möglichst gut wird; wobei ich erläutere: »Nicht aus Reichtum kommt Tüchtigkeit, sondern aus Tüchtigkeit Reichtum und alle andern menschlichen Güter im Privaten und Öffentlichen.« (Apol. 30a/b)

Was aber wäre der Maßstab, an dem sich dies messen ließe – und wo gäbe Sokrates eine vollständige Auskunft darüber? Wer ein *technê*-Wissen vom guten Leben hätte, müsste über einen Maßstab für die Besserung der Seelen verfügen, so Wolf, und die Aufgabe des Menschen (sein *ergon*) kennen, also insgesamt »ein System von notwendigen Zusammenhängen [...], die das menschliche Leben

16 »Doch wie kommt es nun, daß manche gerne ihre Zeit mit mir zusammen verbringen? Ihr habt es schon gehört, ihr Männer von Athen; ich habe euch die ganze Wahrheit gesagt: Sie hören gern zu, wenn Leute geprüft werden, die zwar glauben, klug zu sein, es aber nicht sind; das ist nämlich nicht ohne Reiz.« (Apol. 33b/c)

ausmachen. Dass sich ein solches System vollständig explizit aufstellen lässt, scheint von Anfang an nicht sehr wahrscheinlich.«[17] Nach dem Modell der *technê* ist Sokrates' philosophisches Wissen nicht zu fassen, so viel scheint sich Platons *Apologie* entnehmen zu lassen.

Wenn nicht über den Inhalt, kann die Eigenheit philosophischen Wissens stattdessen über seine Methode bestimmt werden? Wäre demnach Sokrates' berühmter *elenchos* das Schlüsselmerkmal, mit dem Platon die Besonderheit des philosophischen Wissens charakterisiert?

Zu diesem Schluss kommt Wolf und bringt im Zuge dieser Argumentation ein zweites Argument dafür, dass das philosophische Wissen als ein Wissen vom guten Leben (*eudaimonia*) nicht nach dem *technê*-Modell gedacht werden kann: Jedes Wissen nach dem *technê*-Modell ist ein moralisch ambivalentes Wissen, weil es derjenigen, die über es verfügt, die Fähigkeit gibt, es für seinen eigentlichen Zweck oder diesem entgegen zu gebrauchen[18] – das klassische Beispiel ist medizinisches Wissen, mit dem man heilen *und* krank machen oder gar töten kann. Deswegen aber könne das Wissen vom guten Leben kein *technê*-Wissen sein, denn das Wissen vom guten Leben müsse immer für uns gut sein und nicht von den wechselhaften äußeren Umständen abhängen.[19] Das Wissen vom guten Leben darf kein moralisch ambivalentes, in seiner Normativität vom Gebrauch abhängiges Wissen sein und muss daher eine ganz andere Form haben, ohne deswegen die vorbildliche methodologische Strenge des *technê*-Wissens preiszugeben. Dieses ethische Wissen – das Wolf zufolge das philosophische Wissen ist,

17 Wolf, *Die Suche nach dem guten Leben*, S. 38 f.

18 Wolf arbeitet das besonders anhand der Dialoge *Ion* und *Hippias Minor* heraus: »Das *technê*-Können ist zweiseitig; ob es eingesetzt wird oder nicht, ob es zu ethisch guten oder schlechten Zwecken eingesetzt wird, hängt vom Wollen der handelnden Person ab. […] Die *technê* ist angewiesen auf ein anderes Wissen, das ethische Wissen davon, welche Ziele wir verfolgen wollen, wie und wozu wir unsere Fähigkeiten einsetzen sollen, auf das Wissen also, wie zu handeln und zu leben gut ist.« (Ebd., S. 68 f.) Vgl. auch Wieland, *Platon und die Formen des Wissens*, S. 254-263, zum Unterschied zwischen dem »ambivalenten« technischen und dem von Wieland »praktisch« genannten philosophischen Wissen.

19 Wolf, *Die Suche nach dem guten Leben*, S. 177 f.; vgl. auch Ursula Wolf, *Die Philosophie und die Frage nach dem guten Leben*, Reinbek bei Hamburg 1999, S. 37 f.

das Sokrates sucht[20] – würde deshalb die Form einer permanenten Prüfung seiner selbst und anderer annehmen:

Soweit wir überhaupt eine Antwort erhalten, verweist sie auf eine Form des Lebens, den andauernden Vollzug des *elenchos*. Diese Lebensweise ermöglicht Unabhängigkeit von äußeren Zufällen und – durch die Weitergabe an andere Menschen – eine näherungsweise Überwindung der Endlichkeit.[21]

Ich möchte an dieser Stelle weder Wolfs vorsichtige Antwort übernehmen noch in die Debatten um die genaue Natur des sokratischen *elenchos* eintauchen,[22] sondern allein die Unterstellung einer Wirksamkeit des philosophischen Wissens festhalten, die Platon hier zugeschrieben wird. Ob der *elenchos* allein ausreichend ist, die Form bzw. Eigenheit des philosophischen Wissens zu bestimmen oder nicht, Wolfs These, das philosophische Wissen habe jedenfalls nicht die Form des *technê*-Wissens, ist davon unabhängig und der für meine Fragestellung interessantere Aspekt: Wenn nämlich das philosophische Wissen deshalb nicht nach dem Modell des *technê*-Wissens konzipiert werden kann, weil dieses Wissen qua seiner Form ethisch ambivalent wirksam werden kann, dann muss das philosophische Wissen ethisch eindeutig wirken. Daher ist die entscheidende Differenz zwischen *technê*-Wissen und philosophischem Wissen als dem Wissen von der *eudaimonia*, die »ein in jeder Hinsicht und vollständiges gutes Leben bedeutet«,[23] dass es keinen Gebrauch voraussetzt, um wirksam zu werden, *weil es von sich aus und nur in einer Weise wirkt*. Würde es erst mit seinem Gebrauch durch jemanden wirksam, wäre nicht zu sehen, warum es nicht ebenfalls ethisch ambivalent wäre – aus der Kenntnis des ethischen Wissens ließe sich das gute Leben der anderen auch gezielt unterbinden.

20 Vgl. Wolf, *Die Suche nach dem guten Leben*, S. 13.

21 Ebd., S. 155; vgl. Wolf, *Die Philosophie und die Frage nach dem guten Leben*, S. 44-46.

22 Vgl. prominent Gregory Vlastos, »The Socratic elenchus. Method is All«, in: ders., *Socratic Studies*, Cambridge 1994, S. 1-29, und die Beiträge in Gary Alan Scott (Hg.), *Does Socrates Have a Method? Rethinking the Elenchus in Plato's Dialogues and Beyond*, University Park, Pennsylvania 2002. Die Regeln des *elenchos* und die von mir betonte Negativität rekonstruiert überzeugend Peter Stemmer, *Platons Dialektik. Die frühen und mittleren Dialoge*, Berlin, New York 1992, S. 96-127 und 142-151.

23 Wolf, *Die Suche nach dem guten Leben*, S. 80.

In der *Apologie* lassen sich demnach zwei Anhaltspunkte dafür erkennen, dass Platon Sokrates' philosophisches Wissen nicht über seinen Inhalt oder seine Methode bestimmt, sondern über die besondere Wirksamkeit dieses Wissens: Erstens zeigen Wolfs drei interpretative Schritte – (i) das philosophische Wissen ist (für Platons Sokrates) das Wissen vom guten Leben; (ii) letzteres ist kein *technê*-Wissen, weil es ethisch eindeutig ist; (iii) also ist das philosophische Wissen kein *technê*-Wissen –, inwiefern das philosophische Wissen kein inhaltlich bestimmbares und kein moralisch ambivalentes *technê*-Wissen sein kann. Philosophisches Wissen wird in der *Apologie* über seine Wirksamkeit charakterisiert, die unabhängig von jedem subjektiven Wollen ist. Es ist eigenständig wirksames Wissen: Wissen, das von sich aus wirkt, ohne dafür auf die Aktivierung durch ein Subjekt zu warten.

Doch selbst wenn man vor Wolfs Identifizierung des philosophischen Wissens mit dem Wissen vom guten Leben zurückschreckt und daher die Wirksamkeit philosophischen Wissens als moralisch mehrdeutig versteht (aus Gründen, die in den folgenden Abschnitten klar werden), liefert Sokrates' eigene Beschreibung seines Nichtwissens und der damit verbundenen Tätigkeit den zweiten klaren Hinweis darauf, dass sein besonderes, menschliches Wissen nur über seine Wirkung auf die Seele oder das Selbst von anderen zu definieren ist.

Diese Deutung werde ich im Folgenden an drei Dialogen plausibilisieren und verfeinern, die ihr prima facie zu widersprechen scheinen: Im *Protagoras* weist Platon das philosophische Wissen aufgrund seiner Wirksamkeit als ein gefährliches Wissen aus, was bedeuten würde, dass es eben doch ein zweiseitiges Wissen ist, das auch schaden kann. In der *Politeia* wird die Wirksamkeit des philosophischen Wissens als selbstformende Kraft näher bestimmt, die jedoch für zu junge Menschen gefährlich ist, weil sie die Erfahrung des ständigen Widerlegens zu Anarchie und Nihilismus verführt (Pol. 439b/c). Der *Siebte Brief* schließlich scheint vor allem von der Wirkungslosigkeit philosophischen Wissens zu handeln.

## 1.2 Gefährlich

Der Dialog *Protagoras* zeigt einen wenig zimperlichen, ja einen kämpferischen und mitunter unfairen Sokrates, der gegen den titelgebenden großen Sophisten um die Seele seines Freundes Hippokrates streitet und zugleich die Differenz zwischen seinem philosophischen und Protagoras' sophistischem Wissen markieren möchte.[24]

Der Dialog beginnt mit einem kurzen Vorspiel,[25] das die Rahmenhandlung vorstellt: Sokrates begegnet mehreren nicht nament-

24 Ich schließe damit sowohl an Alexander Aichele, »Verdient Protagoras sein Geld? Was der junge Hippokrates lernen könnte, aber nicht darf«, in: *Allgemeine Zeitschrift für Philosophie* 27 (2002), S. 131-147, an, der den Protagoras ausgehend von Sokrates' Vorgespräch mit Hippokrates als *agon* um dessen Seele liest, als auch an Meyer, für den das »philosophische Thema des ›Protagoras‹ [...] vom ersten bis zum letzten Buchstaben die konstruktiv problematisierende Auseinandersetzung mit den sophistischen Wissensansprüchen [ist]« (Meyer, »Formen des Wissens«, S. 58).

25 Zur besseren Orientierung lässt sich der sehr komplex aufgebaute Dialog in dreizehn Abschnitte einteilen, angelehnt an Manuwald, *Protagoras*, S. 89 f., dessen Übersetzung ich im Folgenden nutze:

(i) Rahmenhandlung: Sokrates erzählt von seinem Gespräch mit Protagoras (309a-310a).
(ii) Vorgespräch mit Hippokrates (310a-14c).
(iii) Sokrates und Hippokrates kommen zu Kallias, in dessen Haus Protagoras zu Gast ist (314c-316a).
(iv) Beginn des Gesprächs mit Protagoras, der auf die Frage antwortet, was er lehrt, und mit Sokrates über die Lehrbarkeit der *aretê* diskutiert (316a-328d).
(v) Sokrates und Protagoras erörtern die Einheit der *aretê* (328d-334c).
(vi) Es folgt eine erste Unterbrechung, weil Sokrates und Protagoras sich uneins sind, wie das Gespräch geführt werden soll (334c-338e).
(vii) Protagoras wechselt in die Rolle des Fragenden und wählt als Thema ein Gedicht von Simonides, das er und Sokrates interpretieren (338e-347a).
(viii) Es kommt zu einer zweiten Unterbrechung, da Uneinigkeit über den Fortgang der Unterhaltung herrscht (347a-348c).
(ix) Die Frage nach der Einheit der *aretê* wird wieder aufgenommen (348c-351b).
(x) Sokrates verschiebt das Thema in seiner »hedonistischen Erörterung« auf den Zusammenhang von Lust und *aretê* (351b-359a).
(xi) Die Diskussion um die Einheit der *aretê* wird beendet: es gibt nur eine Tugend (359a-360e).

lich genannten Freunden und berichtet ihnen von einer Unterhaltung mit Protagoras, die er gerade geführt hat. Protagoras ist zu dieser Zeit anerkanntermaßen der bedeutendste Sophist Griechenlands,[26] weshalb die Freunde großes Interesse an Sokrates' Gespräch bekunden. Der anschließende Hauptteil des Dialogs besteht daher aus Sokrates' Wiedergabe der Unterhaltung; die vorgeschickte Rahmenhandlung dürfte den Sinn haben, Sokrates' gegen Protagoras wiederholt vorgebrachte Behauptung, er habe keine Zeit für lange Reden, als zweckdienliche Lüge kenntlich zu machen.[27]

Sokrates erzählt von seiner Unterhaltung mit Protagoras jedoch wiederum aus einer bestimmten Perspektive, indem er nicht direkt mit dem Streitgespräch beginnt, sondern berichtet, wie es zu diesem Gespräch kam: weil Hippokrates ihn frühmorgens ersucht, Sokrates möge ihn mit Protagoras bekannt machen, damit er Unterricht bei ihm nehmen und selbst weise werden könne. Sokrates kommt diesem Wunsch schließlich nach, prüft aber zunächst, warum Hippokrates Unterricht wünscht und was er zu lernen hofft. Schnell stellt sich heraus, dass Hippokrates nicht weiß, was ein Sophist wie Protagoras eigentlich lehrt, woraufhin Sokrates ihn scharf zurechtweist, er begebe sich unwissentlich in große Gefahr. Schon der Erwerb von Nahrungsmitteln sei stets mit einem Risiko für die Gesundheit des Körpers behaftet, der Erwerb von »Wissensgütern [*mathemata*]« (Prot. 31c) aber setze unweigerlich die Seele aufs Spiel:

Denn tatsächlich ist das Risiko beim Einkauf von Wissensgütern noch viel größer als bei demjenigen von Nahrungsmitteln. Wenn man nämlich Speisen und Getränke beim Krämer oder Handelsreisenden gekauft hat, kann man sie in anderen Gefäßen mitnehmen und, bevor man sie essend und trinkend zu sich nimmt, kann man sie zu Hause deponieren und sich unter Hinzuziehung eines einschlägigen Sachverständigen beraten lassen, was man essen oder trinken soll und was nicht und wie viel und wann; daher ist das Risiko beim Kauf nicht groß, Wissensgüter dagegen kann man nicht in einem anderen Gefäß mitnehmen; vielmehr muss man den

(xii) Das Gespräch endet, weil Sokrates zeigt, dass ohne Kenntnis dessen, was die *aretê* ist, alle vorherigen Ergebnisse nicht gültig sein können. Protagoras will diese weitere Erörterung aber nicht mehr führen (360e-362a).

(xiii) Sokrates schließt das Gespräch der Rahmenhandlung ab (362a4).

26 Vgl. W. K. C. Guthrie, *The Sophists*, Cambridge 1971, S. 262-269.

27 Vgl. Manuwald, *Protagoras*, S. 91 f.

Kaufpreis entrichten und das Wissensgut in der Seele selbst durch Lernen aufnehmen, bevor man weggeht; und da ist der Schaden oder der Nutzen bereits eingetreten. (Prot. 313a-314b)

Wissen ist gefährlich, so lautet Sokrates' Argument, weil es auf uns wirkt, ohne dass wir erst entscheiden könnten, ob wir es (und welchen Teil davon wir) wirken lassen sollten.[28] Erneut sagt Sokrates nichts über den Inhalt des philosophischen Wissens, sondern beschreibt es nur über seine Wirkungen auf die Seele derer, die diesem Wissen ausgesetzt werden.

Wie passt das zur vorhergehenden Deutung der *Apologie*, gemäß der Sokrates' philosophisches Wissen sich durch seine eindeutig ethisch gute Wirksamkeit auszeichnen soll und deshalb nicht als inhaltlich bestimmtes *technê*-Wissen zu fassen ist? Dem von Wolf vorgebrachten Argument gegen die *technê*-Analogie zufolge ist das *technê*-Wissen immer moralisch ambivalent, wohingegen Sokrates' philosophisches Wissen als Wissen vom guten Leben gerade nicht »zweiseitig« sein könne, sondern stets aus sich heraus und nur zum Guten wirke. Es drängen sich also zwei Fragen auf: Wenn Protagoras' Wissen eine solche Gefahr darstellt, kann es kein ethisches Wissen vom guten Leben im oben erwogenen Sinne sein, denn dieses ist ja immer gut für diejenigen, die es haben. Entweder lässt sich das philosophische Wissen nicht so umstandslos mit dem ethischen Wissen gleichsetzen, wie Wolf annimmt, oder Sokrates spricht hier nur über das sophistische, nicht aber das philosophische Wissen. Eine dritte Möglichkeit wäre, dass nur die Wissensvermittlung problematisch ist, weil die Lernende dabei mindestens zwischenzeitlich das philosophische Wissen nicht vollständig, sondern erst bruchstückhaft besitzt. Gefährlich wäre demnach das Wissen, weil es nur als Ganzes ethisches Wissen vom guten Leben ist; wie es zu lehren wäre, ohne den Lernenden zu schaden, wäre dann eine weitere Frage, die vor allem die Lehrsituation und die Vorbereitung der Lernenden betrifft.

In der ersten Frage, ob die Identifikation von philosophischem Wissen mit dem Wissen vom guten Leben angesichts der Warnung

28 Dies scheint mir unabhängig davon zu sein, ob es mündlich oder schriftlich weitergegebenes Wissen ist: Auch ein Buch kann unvermutet auf mich wirken, obwohl ich damit das Wissen in der Tat zunächst kaufen und erst danach »konsumieren« kann. Vgl. dagegen ebd., S. 118 f.

vor dem ethischen Wissen haltbar ist, klingt die zweite Frage bereits an: Brandmarkt die Händleranalogie das Wissen, das hier als gefährlich qualifiziert wird, nicht von vornherein als bloß sophistisches Wissen? Dann ließe sich diese Stelle gerade nicht als Beleg für die Unterstellung einer Wirksamkeit philosophischen Wissens lesen, sondern würde nur die Gefahren der Sophistik zeigen.

Lesen wir den Dialog auf die Differenz zwischen sokratischem und sophistischem Wissen hin, um diese zweite Frage zuerst zu beantworten, so wird rasch deutlich, dass die immer wieder artikulierten inhaltlichen Unterschiede nicht ausschlaggebend sein können. Ob die *aretê* lehrbar ist (so Protagoras) oder nicht (so überraschend Sokrates), ob das poetische Wissen für die Bildung wichtig ist (Protagoras) oder nicht (Sokrates) und ob die *aretê* einheitlich ist (Sokrates) oder nicht (Protagoras) – alle diese Fragen werden zwar jeweils punktuell zugunsten von Sokrates' entschieden, aber dessen Beweisführungen sind einerseits so offensichtlich fehlerhaft, dass man Platon Absicht unterstellen muss[29] und es demnach nicht in erster Linie darauf ankommt, Gültigkeit für sie zu beanspruchen. Andererseits werden alle Ergebnisse der Diskussion am Ende von Sokrates entwertet, weil die Reihenfolge der Erörterung insgesamt grundfalsch gewesen sei; wolle man die Fragen ernsthaft beantworten, müsse man zuerst angeben, was die *aretê* sei (Prot. 361a-361d).

Daher rücken die formalen Differenzen zwischen den beiden Wissenskonzeptionen ins Zentrum. Allerdings bleibt die im Vorgespräch angesprochene Unterscheidung zwischen *technê* und *paideia*, zwischen allgemeiner und fachspezifischer Bildung relativ vage,[30] obwohl Sokrates Protagoras, der gegen die anderen Sophisten (vor allem Hippias) gerichtet behauptet, seine Bildung sei gerade kein »Fachunterricht« etwa in Mathematik, Astronomie oder Musik, immerhin zu dem Geständnis bewegt, er lehre letztlich das »die Tätigkeit eines Bürgers betreffende Fachwissen [*politike technê*]« (Prot. 318e-319a). Deutlicher ist der Unterschied zwischen dem sokratischen Argumentieren und der sophistischen Langrede, den Sokrates und Protagoras sowohl anschaulich darstellen als auch in

29 Vgl. ebd., S. 443, sowie die dort genannten Stellen.

30 Sokrates spricht vom Lernen »nicht zu beruflichen Zwecken, um sie als Fachmann auszuüben, sondern zur allgemeinen Bildung, wie es für den, der nicht Fachmann werden will, und für den freigeborenen Bürger passend ist« (Prot. 312b). Vgl. dazu Wolf, *Die Suche nach dem guten Leben*, S. 118.

den zwei »Gesprächskrisen« (Prot. 334c-338e und 347a-348c) direkt diskutieren, so dass Platon jeweils die Art und Weise der Gesprächsführung selbst zum Thema werden lässt. Es scheint abermals, dass keine inhaltliche Differenz Sokrates' philosophisches Wissen definiert, sondern allenfalls sein Prüfungsverfahren, die Methode des *elenchos*, der jedoch selbst nicht weiter bestimmt wird.

Ein besonders interessanter Aspekt der Signifikanz, die das Verfahren der Prüfung für Platons Sokrates hat, verweist auf die Gestalt philosophischen Wissens: Dieses ist nicht auf einzelne Sätze zu reduzieren, ja nicht einmal auf diese Sätze und ihre jeweiligen Begründungen (das werden wir am Beispiel des *Theaitetos* in Abschnitt 1.5 sehen). Nicht einzelne Propositionen und ihre Rechtfertigungen bilden Wissen; dazu braucht es vielmehr das gesamte Netzwerk von Propositionen, in dem eine einzelne Proposition erst Bedeutung hat. Außerdem gehört die Fähigkeit dazu, in diesem Netzwerk widerspruchsfrei zu navigieren. Beides, das bedeutungskonstituierende Netzwerk, in das die einzelne Aussage eingebettet ist, und die Fähigkeit, diesen Verknüpfungen gerecht zu werden, ist für Wissen konstitutiv – so jedenfalls möchte ich die Bedeutung des *elenchos* deuten.

Wenn insofern der Eindruck richtig ist, dass Sokrates' philosophisches Wissen und Protagoras' sophistisches Wissen viel miteinander gemeinsam haben, so könnte das die Widerborstigkeit erklären, die Sokrates an den Tag legt, um seine Form der Gesprächsführung und seine inhaltlichen Punkte durchzusetzen. Die Mittel dazu fassen neben Ablenkungen, um Zeit zu gewinnen (Prot. 339e-340a), auch die wiederholte Lüge, andere Verpflichtungen und deshalb keine Zeit zu haben (Prot. 335c und 362a), sowie die Drohung, das Gespräch abzubrechen (335b-c). Darüber hinaus wird der Eindruck durch die gemeinsam bekräftigte und für meine Deutung besonders wichtige im Dialog geäußerte These gestützt, dass »Wissen [*epistêmê*]« machtvoll ist und »über den Menschen herrscht« (Prot. 352c). Sokrates führt sie im Rahmen der sogenannten »hedonistischen Erörterung« (Prot. 351b-359a) ein und weiß sich darin mit Protagoras einig, wenngleich vermutlich aus verschiedenen Gründen. Angesichts dieser Einigkeit und der wenig überzeugenden Versuche, mit denen Sokrates sich bemüht, sein philosophisches Wissen grundsätzlich und nicht nur mit einzelnen inhaltlichen Thesen von Protagoras' sophistischem Wissen abzugrenzen, kann der in der zweiten Frage verborgene Einwand als entkräftet gelten: Philosophisches wie sophistisches Wissen ist wirksam. Diese Wirksamkeit ist nicht als Umsetzung von Wissen in Handeln zu verstehen – deshalb ist das Problem der *akrasia* (Willensschwäche) ein Scheinproblem, denn laut Sokrates handeln diejenigen, die (ethisch) falsch handeln, nicht wider besseres Wissen, sondern aus Unwissenheit (Prot. 352c-358a).[31]

Damit ist also klar, dass philosophisches wie sophistisches Wissen eigenständig wirksam ist. Außerdem wird die Gefahr des wirksamen Wissens schärfer bestimmt: Da sie nicht im falschen Handeln liegen kann (das nur aus dem Fehlen von Wissen resultiert), ist die Gefahr wirksamen Wissens eine andere, die schon in Sokrates' Warnung aufblitzte, Hippokrates solle sich deshalb nicht einfach einem Sophisten ausliefern, da diese so wenig wie Hippokrates selbst wüssten, »welche ihrer Waren gut oder schlecht für die Seele« seien, und Hippokrates daher ein »Risiko wie beim Würfelspiel« (Prot. 313d) einginge. Hält man sich an den Wortlaut, ist der Schaden, den Hippokrates zu nehmen riskiert, ein Schaden an seiner Seele: an seinem Selbst.[32]

Genau darauf zielt das philosophische wie das sophistische Wissen. Für ersteres hatte sich das schon in der *Apologie* gezeigt, in der Sokrates beansprucht, andere dazu anzuhalten, sich darum zu sorgen, dass ihre »Seele [...] möglichst gut wird« (Apol. 30a). Für das sophistische Wissen erhebt Protagoras denselben Anspruch, wenn er gleich zu Beginn angibt, Hippokrates dürfe von seinem Unterricht erwarten, ein »besserer« Mensch zu werden (Prot. 318a). Die Gefahr des philosophischen wie des sophistischen Wissens entsteht also dadurch, dass die Wirkungen dieses Wissens direkt das Selbst der ihm Ausgesetzten treffen. Angesichts dieser Gemeinsamkeiten

31 Eine ausführliche und textnahe Rekonstruktion dieses Arguments liefert Marcel van Ackeren, *Das Wissen vom Guten. Bedeutung und Kontinuität des Tugendwissens in den Dialogen Platons*, Amsterdam 2003, Kapitel 8. Skeptisch gegenüber diesem Schluss ist Wolf, die im ihrer Meinung nach bewusst falschen Argument einen Hinweis darauf sieht, »dass ein echtes Wissen vom insgesamt guten Leben, das handlungsrelevant ist, eine andere als rein berechnende Form haben muss, dass es anders als theoretisches Wissen affektiv-motivational verankert sein muss« (Wolf, *Die Suche nach dem guten Leben*, S. 125).

32 Wolf, *Die Philosophie und die Frage nach dem guten Leben*, S. 33, versteht Sokrates' Begriff der »Seele« als ungefähr gleichbedeutend mit dem heutigen Begriff der Persönlichkeit. Ich favorisiere im Folgenden den Begriff des »Selbst«.

– nämlich der Annahme einer Wirksamkeit von philosophischem und sophistischem Wissen sowie dem gleichen Ziel dieser Wirksamkeit – werde ich im Folgenden den Ausdruck »philosophisches Wissen« in einem weiten Sinne verwenden, der sowohl Sokrates' Wissen als auch das der Sophisten einschließt.[33] Beide zielen auf die »Seele«, das heißt auf das Selbst derjenigen, die sich philosophisches Wissen aneignen bzw. bereits haben. Die Gefahr, der man sich aussetzt, wenn man sich diesem Wissen aussetzt, besteht also darin, ein anderer zu werden – und ohne langjährige Erfahrung, so Sokrates' Warnung, kann man nicht vorab abschätzen, in welcher Weise einen das philosophische Wissen ändern wird.

Damit stellt sich allerdings umso dringlicher die erste Frage, ob das philosophische Wissen dann nicht genauso ambivalent ist wie das *technê*-Wissen und daher nicht einfach mit dem Wissen vom guten Leben identifiziert werden kann, das nicht derart »zweiseitig« sein darf. Angesichts der bisherigen Diskussion scheint es in der Tat sinnvoll, zwischen philosophischem Wissen in dem weiten Sinne, in dem es auch das sophistische Wissen umfasst, und dem ethischen Wissen als dem stets für uns guten Wissen vom guten Leben zu unterscheiden. Selbst wenn man Wolf zustimmt, dass die Frage nach dem guten Leben die Leitfrage der (antiken) Philosophie bildet,[34] muss daraus noch keine Identifizierung von philosophischem Wissen und dem Wissen vom guten Leben geschlossen werden. Mag es auch oberstes Ziel und Rahmen für alle philosophischen Erörterungen von Sokrates bilden und mögen sich daher seine Ergebnisse, soweit man solche extrahieren kann, auch nicht einfach davon ablösen lassen, so ist damit genauso wenig bereits eine Reduktion in die andere Richtung begründet.

Allerdings lag auch in der ersten Frage ein Einwand gegen meine These versteckt, das philosophische Wissen zeichne sich durch seine Wirksamkeit aus. Denn wenn wir das philosophische nicht mit dem ethischen Wissen (vom guten Leben) identifizieren, dann fällt

33 Auch Wolf muss dies annehmen, wenn sie schreibt, in Sokrates' Warnung vor Protagoras' Wissen äußere sich »Platons eigene Vorstellung vom Erwerb ethischen Wissens« (Wolf, *Die Suche nach dem guten Leben*, S. 119). Sie verknüpft das bereits an dieser Stelle beiläufig mit der in der *Politeia* beschriebenen Kraft der *paideia*: »Man wird, anders gesagt, durch ethische Belehrungen eine andere Person, die Seele wird umgewendet.« (Ebd., S. 119; siehe unten, Abschnitt 1.3.)

34 Vgl. ebd., S. 18.

auch das Argument, wir könnten *deshalb* darauf schließen, dass das philosophische Wissen eigenständig wirksam sein müsse: eben weil es als Wissen vom guten Leben unabhängig von seinem Gebrauch wirksam sei. Doch ist dies ja nur eines der Argumente, die ich aus der *Apologie* zugunsten der These angeführt habe, Platons Darstellung von Sokrates' Verteidigung beruhe auf der Annahme, dass das philosophische Wissen wirksam sei; ein weiteres hatte ich bereits Sokrates' Darstellung der Besonderheit seiner »menschlichen Weisheit« gerade durch ihre provokante Wirkung entnommen. Wenn wir außerdem zwischen philosophischem Wissen (inklusive des sophistischen Wissens) und sokratischem Wissen vom guten Leben als einem inhaltlich bestimmten Sonderfall davon unterscheiden, ist damit bereits gesagt, dass die Form dieses Wissens in beiden Fällen dieselbe sein muss oder zumindest beide Wissensformen miteinander kompatibel sein müssen; wer also mit Wolf der Überzeugung ist, das Wissen vom guten Leben könne nicht nach dem *technê*-Modell von Wissen verstanden werden, wird dies auch vom philosophischen Wissen behaupten müssen (und können). Eine Entscheidung für oder gegen diese (mir plausibel erscheinende) Differenzierung der Wissensmodelle ist jedoch nicht erforderlich, um die Existenz der Annahme eigenständig wirksamen Wissens zu belegen.

Der *Protagoras* stützt insofern die These, dass Platon annimmt, das philosophische Wissen sei ein von sich aus wirksames Wissen, selbst wenn sich bei näherem Hinsehen zeigt, dass diese Wirkung nicht uneingeschränkt gut ist, sondern auch gefährlich sein kann. Weiterhin bekräftigt findet sich die ebenfalls bereits in der *Apologie* enthaltene Präzisierung, diese Wirksamkeit richte sich auf das Selbst derjenigen, die diesem Wissen ausgesetzt sind. Neu hinzugekommen ist der Gedanke, dass es gerade das Prüfungsverfahren (der *elenchos*) ist, das bei der Beurteilung des jeweiligen Risikos hilft und davor bewahrt, unvorbereitet vom philosophischen Wissen zu einem anderen gemacht zu werden. Diese dreifache Spur der Annahme eigenständig selbstformend wirksamen Wissens, der notwendigen Vorbereitung im Umgang mit diesem gefährlichen Wissen und der Rolle des *elenchos* lässt sich am besten weiterverfolgen, indem wir Platons frühe Dialoge verlassen und uns einem, wenn nicht dem zentralen Werk aus der mittleren Phase zuwenden: der *Politeia*.

## 1.3 Bildend

Das Höhlengleichnis, und damit die bekannteste Stelle der *Politeia*, beleuchtet die besondere Wirkung philosophischen Wissens auf das Selbst der ihm Ausgesetzten.

> Sieh nämlich Menschen wie in einer unterirdischen, höhlenartigen Wohnung, die einen gegen das Licht geöffneten Zugang längs der ganzen Höhle hat. In dieser seien sie von Kindheit an gefesselt an Hals und Schenkeln, so daß sie auf demselben Fleck bleiben und auch nur nach vorne hin sehen, den Kopf aber herumzudrehen der Fessel wegen nicht vermögend sind. Licht aber haben von einem Feuer, welches von oben und von ferne her hinter ihnen brennt. Zwischen dem Feuer und den Gefesselten geht obenher ein Weg, längs diesem sieh eine Mauer aufgeführt wie die Schranken, welche die Gaukler vor den Zuschauern sich erbauen, über welche sie ihre Kunststücke zeigen. […] Sieh nun längs dieser Mauer Menschen allerlei Geräte tragen, die über die Mauer herüberragen, und Bildsäulen und andere steinerne und hölzerne Bilder und von allerlei Arbeit; einige, wie natürlich, reden dabei, andere schweigen. (Pol. 514a-515a, in der Übersetzung von Schleiermacher.)[35]

Die Situation der Gefangenen, die lediglich die Schatten der vorbeigetragenen Gegenstände sehen können, verändert sich durch die Kraft der Bildung (*paideia*),[36] auf deren Bedeutung das ganze

35 Ich setze das Gleichnis als bekannt voraus und erinnere nur an die groben Züge: Einer der Gefangenen wird befreit und aus der Höhle ans Tageslicht gezwungen; nachdem er sich schmerzhaft an das wirkliche Licht der Sonne gewöhnt hat, sieht er die wirklichen Dinge; nach seiner Rückkehr in die Höhle kann er den Schattenspielen und den Diskussionen der Gefangenen über sie nichts mehr abgewinnen, stößt aber bei ihnen auf Unverständnis und wird getötet, als er weitere zu befreien versucht. Die folgende Interpretation ist bewusst sehr eingeschränkt; weitere Interpretationen zu erkunden hilft Thomas Alexander Szlezák, »Das Höhlengleichnis (Buch VII 514a-521b und 539d-541b)«, in: Otfried Höffe (Hg.), *Platon: Politeia*, Berlin 2005, S. 205-228.

36 Vgl. grundlegend die drei Bände von Werner Jaeger, *Paideia. Die Formung des griechischen Menschen*, Berlin 1947, bes. Bd. III, S. 14-47. »Bildung« scheint mir allen Zweifeln zum Trotz die sinnvollste Übersetzung von *paideia* zu sein. Die ganze Bandbreite von Bedeutungsvarianten zeigt Michael Frede, »Wissen und Bildung in der Antike«, in: *Zeitschrift für Philosophische Forschung* 66 (2012), S. 169-186. Jedem Gedanken an Bildung abgeneigt übersetzt Martin Heidegger *paideia* dagegen mit »Gehaltenheit« (Martin Heidegger, *Vom Wesen der Wahrheit. Zu Platons Höhlengleichnis und Theätet. Gesamtausgabe*, Bd. 34, Frankfurt/M. 1988, S. 114 f.). Wie er das verteidigen könnte, wenn er auch die späteren Überlegungen zur Aus-

Gleichnis zugeschnitten ist, wie Sokrates mit einem vorausgeschickten Hinweis betont: »vergleiche dir nun unsere Natur in bezug auf Bildung [*paideia*] und Unbildung [*apeideusia*] folgendem Zustande« (Pol. 514a). Die *paideia*, welche die Gefangenen befreien und ihnen zeigen kann, was wirklich und nicht bloß Schattenspiel ist, indem sie sie von ihren Fesseln befreit und ans Tageslicht zwingt, ist die »Kunst der Umlenkung [der Seele]« (Pol. 518d), verursacht also eine »Konversion«.[37] Sie ist, so werde ich im Folgenden argumentieren, als die selbstformende Kraft des philosophischen Wissens zu verstehen, beschreibt also dessen auf das Selbst gerichtete eigenständige Wirksamkeit.

Sokrates' im Anschluss an das Gleichnis vorgetragene Deutung desselben beantwortet mit der Erläuterung der *paideia* eine Frage, die im Gleichnis selbst kunstvoll offengelassen wird: Wer oder was befreit die Gefangenen? Es ist die Kraft des philosophischen Wissens, welche die Seelen der Gefangenen »dreht«; das Wissen wirkt also auf ihr Selbst, indem es sie zur Erkenntnis zwingt und ihnen schließlich sogar die Idee des Guten zugänglich macht. Diese Deutung muss nicht leugnen, dass es einen Lehrer gibt, der zur Befreiung beiträgt,[38] doch nicht er darf den Zwang ausüben, mit dem die Gefangenen befreit – ihre Seelen umgewendet – und aus der Höhle geführt werden. Denn Sokrates sucht explizit danach, »welche unter allen Kenntnissen eine solche Kraft [hat]« (Pol. 521d), die Seele umzuwenden, und ergänzt, nachdem er und Glaukon die vier Fächer Arithmetik, Geometrie, Astronomie und Harmonielehre[39] als tauglich befunden haben, man müsse deren Unterricht

bildung der Philosoph*innen einbeziehen würde (seine Lektüre bricht vorher ab), die Sokrates eindeutig auf das Höhlengleichnis bezieht, ist mir schleierhaft.

37 »Das Wesen der philosophischen Erziehung ist also ›Konversion‹, Bekehrung in dem ursprünglichen, räumlichen Bildsinn dieses Wortes. Sie ist Umdrehung oder Umkehrung der ›ganzen Seele‹ zum Licht der Idee des Guten [...].« (Jaeger, *Paideia* III, S. 19.)

38 Für Szlezák, »Das Höhlengleichnis«, S. 224, ist aufgrund der geschilderten Tätigkeit des Lehrers, der den Befreiten herumführt und dabei, »ihm jedes Vorübergehende zeigend, ihn fragte und zu antworten zwänge, was es sei« (Pol. 515d), eindeutig, dass dieser Lehrer Sokrates sein muss.

39 Vgl. zu diesem klassisch gewordenen Kanon und insbesondere den damit durch Sokrates (und Platon) geschickt nicht beantworteten Fragen nach der Dialektik Mitchell Miller, »Beginning the ›Longer Way‹«, in: G. R. F. Ferrari (Hg.), *The Cambridge Companion to Plato's Republic*, Cambridge 2007, S. 310-344.

ungezwungen, ja »spielend« (Pol. 537a) gestalten.[40] Die Kraft der *paideia* auf die Seele kann sich offenbar nur entfalten, wenn das Wissen selbst wirken kann und nicht von einer äußeren Kraft überlagert wird. Darin liegt eine doppelte Einschränkung der Pädagogik: Erstens erklärt Sokrates sie insgesamt zu einer weit weniger »verheißungsvollen« Tätigkeit als gemeinhin angenommen, weil sie das Erkenntnisvermögen nur anleite, nicht herstelle.[41] Zweitens beschneidet er die Aufgabe der Lehrpersonen, die vor allem den Freiraum schaffen müssen, in dem die Lernenden der Kraft des philosophischen Wissens ausgesetzt werden können – denn diese, nicht die Autorität der Lehrperson soll auf ihr Selbst wirken. Weniger die Wissensvermittlung ist Aufgabe der philosophischen Lehrenden, als dafür zu sorgen, dass die Lernenden auf freie Weise in Kontakt mit dem philosophischen Wissen kommen.

Insofern Sokrates die eigenständige Wirksamkeit philosophischen Wissens in der *Politeia* also als Selbstformung durch *paideia* beschreibt, als freies Spiel, das die Lernenden der Kraft des philosophischen Wissens aussetzt, lässt sich die Praxis der *paideia* anhand der vier Dimensionen des praktischen Selbstbezugs aufschlüsseln, die ich im Anschluss an Foucault in der Einleitung (siehe dort, Abschnitt 2) vorgestellt habe: Ontologie (was am Selbst wird geformt?), Deontologie (welche Gründe hat das Selbst, sich auf diese Arbeit an sich selbst verpflichten zu lassen?), Asketik (welche Techniken stehen dem Selbst dazu zur Verfügung) und Teleologie

40 »Was nun zum Rechnen und zur Meßkunde und zu allen den Vorübungen gehört, die vor der Dialektik hergehen sollen, das müssen wir ihnen als Knaben vorlegen, indem wir jedoch die Form der Belehrung nicht als einen Zwang zum Lernen einrichten. – Warum nicht? – Weil, sprach ich, kein Freier irgendeine Kenntnis auf knechtische Art lernen muß. Denn die körperlichen Anstrengungen, wenn sie auch mit Gewalt geübt werden, machen den Leib um nichts schlechter, in der Seele aber ist keine erzwungene Kenntnis bleibend. – Richtig, sagte er. – Nicht also mit Gewalt, o Bester, sprach ich, sondern spielend beschäftige die Knaben mit diesen Kenntnissen, damit du auch besser sehen könntest, wohin ein jeder von Natur sich neige.« (Pol. 536e-537a)

41 »Wir müssen daher, sprach ich, so hierüber nachdenken, wenn das Bisherige richtig ist, daß die Unterweisung nicht das sei, wofür einige sich vermessen sie auszugeben. Nämlich sie behaupten, wenn keine Erkenntnis in der Seele sei, könnten sie sie ihr einsetzen, wie wenn sie blinden Augen ein Gesicht einsetzten.« (Pol. 518b/c) Das richtet sich gegen die von Sokrates für überzogen gehaltenen Versprechungen der Sophisten, wie die von Protagoras.

(was will das Selbst für ein Selbst werden?). Mit der so gegliederten Beschreibung kann die Wirkungsweise der selbstformenden Kraft philosophischen Wissens präziser erfasst werden.

Zuvor muss allerdings noch der Einwand ausgeräumt werden, das philosophische Wissen sei nur das *Ergebnis* der Umwendung der Seele, die durch die Kraft der Bildung in den vier genannten Disziplinen erfolgt. Demnach wäre das philosophische Wissen selbst nicht als eigenständig selbstformend wirksam anzusehen und Sokrates' Beschreibung davon in der *Politeia* stünde in einer heftigen Spannung, wenn nicht gar im Widerspruch zu den Bestimmungen des philosophischen Wissens in Platons Frühdialogen.[42]

Aber zumindest mit Blick auf die Wirksamkeit des philosophischen Wissens lässt sich diese Trennung zwischen Platons frühen und mittleren Dialogen nicht machen. Zwar ist das Argument für die Auswahl der genannten vier mathematischen Disziplinen, dass diese »die Seele von dem Werdenden zu dem Seienden« (Pol. 521d) ziehen würden, weil sie die Erkenntnis von den sinnlich wahrnehmbaren Phänomenen zur Vernunft führen. Das jedoch gilt genauso für die Dialektik, also die Philosophie, denn sie zieht »das in Wahrheit in einem barbarischen Schlamm vergrabene Auge der Seele […] gelinde hervor und führt es aufwärts, wobei sie als Mitdienerinnen und Mitleisterinnen die angeführten Kenntnisse gebraucht« (Pol. 533d). Genauer: Die anderen Disziplinen, denen Sokrates noch im selben Satz den Status echter Wissenschaften abspricht, sind nur unter der Leitung der Dialektik zur Umwendung der Seele imstande, weshalb er bei jeder darauf hinweist, dass sie zumeist nicht »richtig«, also für die Umwendung der Seele verwendet wird.[43] Nur unter Aufsicht der Philosophie kann die ihnen

42 Diese Behauptung ließe sich dann leicht mit Gregory Vlastos' Unterscheidung zweier Sokrates-Figuren in Platons Werk verbinden, die er gerade in Bezug auf ihre Konzeption philosophischen Wissens differenziert: Während der Sokrates der Frühdialoge ausschließlich Moralphilosoph ist, wird Sokrates in den mittleren Dialogen, zu denen die *Politeia* gehört, zum Sprachrohr einer vollständigen Philosophie: »In seinen mittleren Dialogen konstruiert Platon ein kühnes metaphysisches System, dessen zwei Grundpfeiler die Seelenwanderung und ihr ontologisches Korrelat, die transzendentalen Ideen sind.« (Gregory Vlastos, *Socrates. Ironist and Moral Philosopher*, Cambridge 1991, S. 53; zur These der zwei Sokrates-Figuren siehe vor allem Kapitel 2 und 3.)

43 »Sie [die Arithmetik; F. V.] mag wohl zu dem auf die Vernunfteinsicht Führenden, was wir suchen, ihrer Natur nach gehören, *niemand aber sich ihrer recht als*

innewohnende bildende Kraft nutzbar gemacht werden, indem die Dialektik, der diese Kraft der *paideia* im höchsten Maße zukommt, sie entlang ihrer eigenen Bewegung vom »barbarischen Schlamme« zum »wesenhaften Sein« ausrichtet. Die Kraft der vier mathematischen Wissenschaften ersetzt also die Wirksamkeit philosophischen Wissens nicht. Doch wie ist *paideia* als selbstformende Kraft im Einzelnen zu verstehen?

(1) *Ontologie*. Was am Selbst mittels der *paideia* geformt wird, ist ein besonderes Vermögen der Seele, das durch die Kraft philosophischen Wissens nicht erzeugt, sondern in die richtige Richtung gedreht wird. Wie bereits angesprochen, betont Sokrates, dass die Jugendbildung eine wenig aufsehenerregende Praxis ist, da sie die Seele und was in ihr bereits vorhanden ist bloß anleitet, anstatt ihr etwas Neues hinzuzufügen. Sokrates folgert daraus, dass das Vermögen zu vernünftiger Einsicht erstens angeboren und zweitens »einem Göttlichen angehört, [...], welches seine Kraft wohl niemals verliert, aber durch Umlenkung nützlich und heilbringend oder auch unnütz und verderblich wird« (Pol. 518e/519a). Vernunfterkenntnis wird hier als unverlierbare Kraft beschrieben, die von jenseits des Selbst kommt, in dem sie wirkt. Die Kraft philosophischen Wissens als *paideia* wirkt auf sie ein und leitet die göttliche Kraft vernünftiger Einsicht so an, dass sie auf das Gute gerichtet wird.

Gegen Ende des siebten Buches erklärt Platon, dass die ursprüngliche Kraft der Vernunfterkenntnis durch mangelnde oder falsche Lenkung gefährlich werden kann – und zwar sowohl dem Selbst, in dem die fehlgeleitete Urteilskraft wütet, als auch den Mitmenschen und der *polis*, gegen die sich diese Kraft entlädt. Wer zu jung bereits der dialektischen Methode des *elenchos* ausgesetzt wird, treibt Widerlegung zum Spaß und fängt an, Traditionen, Konventionen und geltende Gesetze als willkürlich, weil ebenso widerlegbar wie alles andere zu betrachten.[44] Diese wilden Philosoph*innen brin-

*eines auf alle Weise zum Sein Hinziehenden bedienen.*« (Pol. 523a, Hervorhebung F.V.). Siehe auch Pol. 525d (nochmals zur Arithmetik), 527a/b (zur Geometrie), 529a/b (zur Astronomie) und 531c (zur Harmonielehre). Zur Erziehung der Philosoph*innen insgesamt vgl. Amélie Oksenberg Rorty, »Plato's Counsel on Education«, in: *Philosophy* 73 (1998), S. 157-178, hier S. 167-176.

44 Oder in Sokrates' Worten, an Glaukon gerichtet: »Denn ich glaube, es wird dir nicht entgangen sein, daß die Knäblein, wenn sie zuerst solche Reden kosten,

gen die Philosophie selbst in Verruf, weil sie letztlich Anarchisten (»Unrechtliche[]«) und schwache Charaktere (»schmeichlerisch[]«) werden und möglicherweise andere mit sich ins Verderben reißen.[45] An dieser Stelle wird nochmals deutlich, dass der *elenchos* allein unzureichend ist, um die Wirksamkeit des philosophischen Wissens zu bestimmen. Denn die Methode des Prüfens und Widerlegens führt noch nicht selbst zur richtigen Einsicht, sondern hilft nur (immerhin!), falsche Gewissheiten zu vermeiden.[46] So wichtig der *elenchos* und die einhergehende Anerkennung des Nichtwissens ist, so unzureichend und gefährlich ist das alleinige Vertrauen auf diese Widerlegungskunst, die die noch nicht mit dem philosophischen Wissen vom Guten Vertrauten in den Abgrund des Nihilismus und des Anarchismus führen könnte – so jedenfalls die Überzeugung von Platons Sokrates, der an dieser Stelle das philosophische Wissen offensichtlich nicht mit dem Prüfungsverfahren gleichsetzt.

Das philosophische Wissen wirkt, so können wir festhalten, als selbstformende Kraft auf das angeborene Vermögen zur vernünftigen Einsicht, das jedem Menschen als göttliche Kraft innewohnt. Seine Gefährlichkeit besteht darin, diese erkennende Kraft umlenken zu können, dabei aber möglicherweise die richtige Richtung zu verfehlen. Die Gefahr wie das Versprechen philosophischen Wissens rühren also aus seiner Wirksamkeit auf die »Seele« her, deren Vernunftvermögen es umleitet – kraftvolles Umwenden einer zweiten Kraft, das ist die Operation der *paideia*, und die göttliche Kraft der Vernunft ist die »ethische Substanz«[47] des Individuums, die geformt werden muss.

damit umgehen, als wenn es ein Scherz wäre, indem sie sie immer zum Widerspruch lenken, und den nachahmend, der sie widerlegt, wieder andere widerlegen und ihre Freude daran haben, wie Hündlein alle, die ihnen nahekommen, durch die Rede zu zerren und zu rupfen.« (Pol. 539b/c)

45 Vgl. Pol. 539a. Verbindet man diese Passage mit Sokrates' Beschreibung des demokratischen Charakters (Pol. 558d-562a), könnte man folgern, diese wilden Philosoph*innen seien – Radikaldemokrat*innen.

46 Weil er, wie oben bemerkt, wesentlich negativ ist: »Der Elenchos [...] ist nicht in der Lage, positiv die Wahrheit einer These zu erweisen. Denn wenn der Fragende Erfolg hat, wird die vorgeschlagene These widerlegt, aber keine These positiv als wahr erwiesen. Und wenn der Antwortende Erfolg hat, übersteht die These einen Widerlegungsversuch. Aber das bedeutet natürlich nicht, daß sie als wahr erwiesen ist.« (Stemmer, *Platons Dialektik*, S. 143.)

47 Foucault, *Der Gebrauch der Lüste*, S. 37.

(2) *Deontologie.* Welche Gründe gibt es für das Selbst, seine Kraft der Vernunfterkenntnis derart umwenden und leiten zu lassen? Auffällig am Höhlengleichnis ist, dass es keine Verpflichtung beschreibt oder zwingende Gründe dafür liefert, sich zur Sonne/zum Guten wenden zu müssen. Stattdessen liegt eine eigentümliche Verschränkung aus Freiheit und Zwang vor: Einerseits schildert Sokrates die Befreiung von den Fesseln und den Aufstieg aus der Höhle als unvermittelt, ohne weitere Rechtfertigung erzwungen; ein Grund für die Gefangenen, warum sie sich dies wünschen oder aktiv darauf hinarbeiten sollten, nennt er nicht. Zwar liegt es angesichts der Beschreibung im Gleichnis nahe, ihre Situation als unangenehm, ja im Wortsinne als finster zu verstehen, doch gibt sich Sokrates große Mühe, die Schmerzen und Mühen zu betonen, die die Befreiung verursacht, sowie darzustellen, dass der Gewinn der Befreiten den weiterhin Gefangenen kaum zu vermitteln ist, so dass die Befreiten sich notwendig von ihren Mitmenschen entfremden (vgl. Pol. 515c-516a, 516e-517a). Auch ist der Erfolg keineswegs garantiert: Die Kraft des philosophischen Wissens verändert das Selbst derjenigen, die ihr ausgesetzt sind, aber in welcher Weise, ist nicht determiniert – wie gravierend die Gefahr des philosophischen Wissens ist, zeigt sich an den Vorsichtsmaßnahmen, die Sokrates gegen eine zu frühe Bekanntschaft mit der Dialektik trifft (vgl. Pol. 535a-536d). Und Sokrates gibt den Gefangenen im Gleichnis keinen Grund, sich dieser Kraft gegenüber empfänglich halten zu müssen. Allenfalls deutet seine Beschreibung der Auswahl derjenigen, die zu Philosoph*innen erzogen werden sollen, an, dass diese es als Privileg und Ehre ansehen sollten; sich dem Lernen zu verweigern, ist zwar ein Ausschlusskriterium, aber kein charakterlicher Makel.[48]

Andererseits kann Zwang allein keine Philosoph*innen formen. Obwohl Sokrates immer wieder betont, dass die Befreiung und die Ansicht der Wirklichkeit schmerzhaft sind, zielt der bereits erwähnte Hinweis auf ein ungezwungenes, »spielendes« Lernen der vorbereitenden mathematischen Fächer auf ein Moment von Freiheit, das notwendig ist, weil »in der Seele […] keine erzwungene

48 Nicht einmal der Verweis auf den Mythos der Erdgeborenen (Pol. 414d-415c) liefert hier einen Grund, denn er ist ja bloß eine »heilsame[] Täuschung« (Pol. 414b). – Für den Abstieg freilich gibt es einen sehr konkreten Verpflichtungsgrund, denn wen die *polis* zur Philosophin oder zum Philosophen gemacht hat, der oder die ist der *polis* etwas schuldig (vgl. Pol. 520b/c).

Kenntnis bleibend [ist]« (Pol. 536e). Doch Effektivität ist nicht der einzige Grund, warum das Lernen freiwillig erfolgen muss, es gibt auch einen politisch-ethischen Grund: Freie Menschen sollen nur auf freie Weise lernen – ein Argument, auf das Platon in seinem *Siebten Brief* zurückkommt (siehe unten, Abschnitt 1.4). Schließlich liefert das Vokabular der Kraft, in dem oben *paideia* als die Kraft philosophischen Wissens erklärt wurde, die auf die angeborene (göttliche) Kraft der Vernunft einwirkt, einen dritten Grund: Jede weitere Kraft würde das Zusammenspiel von *paideia* und Vernunft stören; die Autorität einer Lehrperson würde die Wirksamkeit philosophischen Wissens genauso überlagern wie andere Kräfte (Affekte, soziale Macht etc.) und so die »Umwendung« der Seele stören, die doch allein durch das Wissen erfolgen soll.

Zusammengenommen ergibt sich eine Art unfreiwilliger Freiwilligkeit: Wer dem wirksamen Wissen der Philosophie ausgesetzt ist, wird notwendigerweise ein anderer werden, doch muss der Kontakt freiwillig sein und diese Verwandlung darf nur von der Kraft des Wissens ausgehen – es allein darf Zwang ausüben.

(3) *Asketik.* Die Techniken, um die Seele in Richtung des Guten umzuwenden, haben wir bereits kennengelernt: Es sind die vier mathematischen Disziplinen Arithmetik, Geometrie, Astronomie und Harmonielehre, die, sofern sie im Sinne und unter Aufsicht der Dialektik gelehrt werden, die Kraft besitzen, die Seele der Lernenden »von dem Werdenden zu dem Seienden [zu ziehen]« (Pol. 521d). Über die Dialektik selbst und damit über das Wissen der Philosophie als Kraftwerk für die Konversion der Seelen erfahren wir allerdings kaum etwas. Sokrates bezeichnet die mathematischen Disziplinen als bloßes »Vorspiel« (Pol. 531d), das zwar notwendig für das Erlernen der Dialektik ist, aber in den seltensten Fällen (so Glaukon, Pol. 531e) hinreicht.

Also dies, o Glaukon, ist nun wohl die Melodie oder der Satz selbst, was die Dialektik ausführt? Von dem auch, wie er nur mit dem Gedanken gefaßt wird, jenes Vermögen des Gesichts ein Abbild ist, von welchem wir sagten, daß es bestrebt sei, auf die Tiere selbst zu schauen und auf die Gestirne selbst, ja zuletzt auch auf die Sonne selbst. So auch wenn einer unternimmt, durch Dialektik ohne alle Wahrnehmungen nur mittels des Wortes und Gedanken zu dem selbst vorzudringen, was jedes ist, und nicht eher abläßt, bis er, was das Gute selbst ist, mit der Erkenntnis gefaßt hat, dann ist er an dem Ziel alles Erkennbaren, wie jener dort am Ziel alles

> Sichtbaren. […] Die Lösung aber von den Banden und die Umwendung von den Schatten zu den Bildern und zum Licht, und das Hinaufsteigen aus dem unterirdischen Aufenthalt an den Tag […]: das ist die Kraft, welche die gesamte Beschäftigung mit den Künsten besitzt, welche wir durchgenommen haben; und solche Anleitung gewähren sie dem Besten in der Seele zum Anschauen des Trefflichsten unter dem Seienden, wie dort dem Klarsten am Leibe zu der des Glänzendsten in dem körperlichen und sichtbaren Gebiet. (Pol. 532a-d)

Glaukons Bitte, die Dialektik wie die mathematischen Fächer darzustellen, erfüllt Sokrates nur sehr zurückhaltend:[49] Die Dialektik befähigt als einzige Wissenschaft, »die Sache selbst« statt »nur ein Bild« (Pol. 533a) zu sehen, weil sie sogar ihre eigenen Annahmen, die selbst die Mathematik noch machen muss, hinter sich lässt und »alle Voraussetzungen aufhebend […] gerade zum Anfang selbst [geht], damit dieser fest werde« (Pol. 533d). Die Dialektik allein befähigt also zu *voraussetzungslosem Denken*, das gleichwohl ein *festes Fundament* für alle weiteren Wissenschaften, ja für alle Formen des Wissens zu liefern vermag.[50]

Wenn Platons Sokrates an dieser Stelle den *elenchos* als Prüfungsverfahren der Voraussetzungen allen Wissens wieder ins Spiel bringt und nur wenig später die damit einhergehenden Gefahren dieses philosophischen Wissens beschreibt, weil die fortgesetzte Zerstörung von Voraussetzungen die Möglichkeit birgt, Anarchist*in und Nihilist*in zu werden, und nicht von sich aus zu den neuen Fundamenten des Wissens führt, so hören wir abermals eine Beschreibung des philosophischen Wissens über seine Wirkungen: auf das Wissen selbst (seine Voraussetzungen infrage stellen oder begründen), auf die Subjektivität der diesem Wissen Ausgesetzten (die Philosoph*innen oder Anarchist*innen bzw. Nihilist*innen

49 Anders als Miller, »Beginning the ›Longer Way‹«, scheint mir, dass sich Sokrates Glaukons Bitte nicht vollständig verweigert (Pol. 532e-533a), wenn er bloß über die Wirkungen der Dialektik, d. h. des eigentlich philosophischen Wissens spricht. Denn meiner Interpretation nach lässt sich das philosophische Wissen ja nicht anders als über seine Wirksamkeit beschreiben.

50 Diese sehr vagen Andeutungen zur Dialektik sind eine der Stellen, auf die sich die These einer ungeschriebenen Lehre Platons stützt: Vgl. dazu das Resümee von Hans Krämer, »Zwischenbilanz der Tübinger Platon-Forschung«, in: ders., *Gesammelte Aufsätze zu Platon*, Berlin 2014, S. 220-235; einen Überblick liefert Söder, »Zu Platons Werken«, S. 29 f.

werden) und auf die *polis* (die wohlgeordnet wird, weil die Philosoph*innen herrschen bzw. die Herrscher*innen philosophieren). Inhaltlich charakterisiert Sokrates die Dialektik bzw. das philosophische Wissen nicht – weil es, wie inzwischen deutlich geworden sein sollte, nicht über seine Inhalte zu bestimmen ist.

(4) *Teleologie*. Damit sind wir bei der Diskussion des Ziels der *paideia*, denn warum sollte man die gefährliche Kraft philosophischen Wissens kultivieren? Wozu sollen diejenigen werden, deren Seelen umgewendet werden? Philosoph*innen natürlich, aber eben auch Politiker*innen (vgl. Pol. 540c/d). Wäre philosophische Bildung alles, was Sokrates erreichen wollte, wäre der Abstieg im Gleichnis zurück in die Höhle unnötig. Doch Sokrates will nicht nur diejenigen, die die nötigen natürlichen Voraussetzungen mitbringen, zu Philosoph*innen bilden, er will überdies, dass diese die *polis* lenken, obwohl sie das nicht von sich aus wünschen werden (Pol. 519d-521a). Aber sie haben eine Gerechtigkeitspflicht der *polis* gegenüber, der sie ihre Bildung verdanken:

> Euch [...] haben wir zu eurem eigenen und des übrigen Staates Besten wie in den Bienenstöcken die Weisel und Könige erzogen, [...] so daß ihr tüchtiger seid, an beidem teilzunehmen. Ihr müßt also nun wieder herabsteigen, jeder in seiner Ordnung, zu der Wohnung der übrigen und euch mit ihnen gewöhnen, das Dunkle zu schauen. Denn gewöhnt ihr euch hinein: so werdet ihr tausendmal besser als die dortigen sehen und jedes Schattenbild erkennen, was es ist und wovon, weil ihr das Schöne, Gerechte und Gute selbst in der Wahrheit gesehen habt. Und so wird uns und euch der Staat wachend verwaltet werden und nicht träumend, wie jetzt die meisten von solchen verwaltet werden, welche Schattengefecht miteinander treiben [...]. (Pol. 520b-d)

Sokrates kommt damit auf seine These der Philosophenkönige zurück (vgl. Pol. 473d), jetzt als unangenehme, aber gerechte Pflicht der Philosoph*innen formuliert: Sie dürfen sich nicht allein den Freuden des mühsam erreichten philosophischen Wissens hingeben (ohnehin erst ab dem fünfzigsten Lebensjahr: Pol. 540a), sondern müssen seine Wirksamkeit von der eigenen Seele auf die *polis* übertragen.[51]

51 Zur Diskussion, ob Platons Sokrates damit das Wohl der Einzelnen dem Wohl des Staates opfert und insofern seinem eigenen Ziel untreu wird, da er doch zeigen wollte, dass der Einzelne als Gerechter auch glücklich wird, siehe Richard

Dass »die Guten weder des Geldes wegen regieren [mögen] noch der Ehre wegen« (Pol. 347b), hatte Sokrates bereits ganz zu Beginn der *Politeia* (im ersten Buch) festgestellt:

> Denn sie wollen weder gerade heraus für ihre Amtsführung sich Lohn bedingen und Mietlinge heißen, noch, wenn sie heimlich Gewinn daraus machten, Betrüger; und ebensowenig tun sie es der Ehre wegen, denn sie sind nicht ehrgeizig. Also muß ein Zwang für sie vorhanden sein und eine Strafe, wenn sie regieren wollen [...]. (Pol. 347b/c)

Die Kraft des philosophischen Wissens auf das Selbst derer, die Philosoph*innen werden, macht aus diesen Gute *und* zwingt sie zum Regieren, denn als Gute und Gerechte können die Philosoph*innen nicht anders als anerkennen, dass sie ihr Selbst der *paideia* der *polis* verdanken, der sie folglich ihren Dienst als Staatsregent*innen schulden: Bildung verpflichtet.

Die eigenständige Wirksamkeit philosophischen Wissens ist, so können wir zusammenfassen, auf das Selbst derjenigen gerichtet, die diesem Wissen ausgesetzt sind; sie »zieht« deren Seelen aus dem »barbarische[n] Schlamm« (Pol. 533d) des Werdens zum Reich des Seins. Gefährlich ist diese Kraft des philosophischen Wissens, weil sie zuerst eine zerstörerische ist, die hinter alle Voraussetzungen zurückgeht und diese infrage stellt, um zu einem festen Grund zu gelangen, dadurch jedoch die Lernenden, die noch nicht über das Wissen vom Guten verfügen, möglicherweise ohne Begründungen und ohne begründetes Wissen als Anarchist*innen und Nihilist*innen zurücklässt.

Sowohl im günstigen wie im ungünstigen Fall geht die Wirksamkeit des philosophischen Wissens über das Selbst der Philosoph*innen hinaus: Während die »anarchistischen« Philosoph*innen, die mit dem *elenchos* wie mit einem Spielzeug umgehen (Pol. 539b), die Geltung der Gesetze schwächen und die Philosophie in der *polis* verhasst machen, zwingt die *paideia* die zum Sein aufgestiegenen »ordentlichen« Philosoph*innen auch wieder hinab. Aus der Einsicht, dort nicht verweilen zu können, weil sie jenem Staat etwas schulden, der ihren Aufstieg ermöglichte, müssen die Philosoph*innen Politik betreiben und so die Wirksamkeit philo-

Kraut, »Return to the Cave. Republic 519-521«, in: *Proceedings of the Boston Area Colloquium in Ancient Philosophy* 7 (1991), S. 43-62, mit weiteren Verweisen.

sophischen Wissens gewissermaßen durch ihr Selbst hindurch auf die Politik richten.

## 1.4 (Un)Wirksam?

Diese Verpflichtung, die Kraft des philosophischen Wissens über das Selbst der Philosoph*innen hinaus auf die *polis* wirken zu lassen, wird paradoxerweise gerade von »Platons«[52] Misserfolgen in Syrakus bekräftigt. Platon berichtet in seinem *Siebten Brief* von seinen drei Reisen nach Syrakus, die ihn als politisch wirken wollenden Philosophen zeigen.

Die erste Reise fand noch vor Gründung der Akademie in Athen statt (zwischen 390 und 388 v. Chr.; die Akademie wurde ca. 387 v. Chr. gegründet). Am Hofe des Tyrannen Dionysius des Älteren gewann Platon in dessen Schwager Dion einen Anhänger seiner philosophischen Lehren – und entzweite sich dadurch, so jedenfalls schildert es Platon, mit dem Tyrannen.[53] Die zweite Reise (ca. 366/365 v. Chr.) unternahm Platon auf Einladung Dions hin, der nach dem Tod Dionysius des Älteren glaubte, dessen Nachfolger Dionysius der Jüngere sei ebenfalls für Platons Lehren empfänglich, »so daß jetzt oder nie alle Hoffnung zur Realisierung der Vereinigung der Philosophie und der Herrschergewalt in denselben Personen bestünde« (Ep. VII, 328a). Das jedoch gelang nicht. Vielmehr endete die Reise damit, dass Platon unverrichteter Dinge abreisen musste und Dion verbannt wurde. Platons dritte Reise (361/360 v.

52 Ob dieser Brief tatsächlich von Platon ist, ist heute – nachdem er lange Zeit kategorisch für unecht gehalten wurde – wieder eine kontroverse Frage (vgl. Söder, »Zu Platons Werken«, S. 20 f.). Wie bei Sokrates reicht es für meine Zwecke, den Brief als literarischen Text zu behandeln, der von der Figur »Platon« geschrieben wurde.

53 »Denn Dion, welcher bekanntlich sehr große Lernfähigkeit hatte, war überhaupt, insbesondere aber bei dem Vortrage meiner Lehren, ein so aufmerksamer und fleißiger Zuhörer wie keiner der jungen Leute, welche ich unterrichtete, auch die Praxis seines übrigen Lebens beschloß er ganz anders einzurichten als das der meisten Italiker und Sizilier, indem er das Leben eines tugendhaften Mannes weit lieber gewann als das des sinnlichen Vergnügens und der übrigen vornehmen Üppigkeit. Daher lebte er bis zum Tode des Dionysius mit denen entzweit, welche auf die Weise fortlebten, die unter den Tyrannen eingeführt worden war.« (Ep. VII, 327b)

Chr.) erfolgte auf Bitten von Dionysius dem Jüngeren selbst, der versprach, Dion aus der Verbannung nach Hause zu lassen. Auch diesmal schlugen alle Pläne fehl, Dionysius hielt sich nicht an sein Versprechen und Platon kehrte erfolglos nach Athen zurück.[54] Auf ganzer Linie, so scheint es, blieb der Philosoph in der Politik wirkungslos.

Diesem Befund lässt sich nicht widersprechen: Platons Reisen scheitern. Doch gerade die zweifache Wiederholung führt eindrucksvoll vor Augen, wie stark die Gründe gewesen sein müssen, die Platon dazu bewegten, es immer wieder aufs Neue zu versuchen. Im Zentrum steht, so die folgende Deutung, die tief empfundene Verpflichtung, die Kraft des philosophischen Wissens über das Selbst hinaus und durch es vermittelt auf die politische Praxis wirken zu lassen.

Das wird deutlich, wenn wir auf die Überlegungen Platons blicken, aufgrund derer er die Reisen jeweils unternimmt. Platon nennt in seinem Brief eine allgemeine, objektive Bedingung, die erfüllt sein muss, damit politische Bemühungen überhaupt sinnvoll sind, und er führt eine subjektive Rechtfertigung an, warum er sich in einer Situation, in der diese notwendige Bedingung erfüllt war, genötigt sah, die Reisen anzutreten, das heißt den Versuch unternahm, sein philosophisches Wissen politisch wirksam werden zu lassen.

Die allgemeine, objektive notwendige Bedingung ist berühmt: Die Gelegenheit muss günstig sein. Von Beginn des Briefes an, in dem Platon bekanntlich einen kurzen autobiographischen Bericht gibt, warum er sich von der Politik Athens ab- und der Philosophie zuwandte, bis hin zu den Umständen der drei Reisen betont er immer wieder, dass es auf den »günstigen Zeitpunkt« [*kairos*] (Ep. VII, 326a)[55] ankommt. Solch eine Gelegenheit ist durch mindestens zwei objektive Merkmale gekennzeichnet, die der Philosoph erkennen, aber nicht von sich aus beeinflussen kann. Erstens darf das Gemeinwesen nicht so weit »verwahrlost« (Ep. VII, 326b) sein, wie Platon es vom demokratischen Athen behauptet, und zweitens muss es

54 Vgl. zu dieser knappen Darstellung Plutarch, *Große Griechen und Römer*, München 1979, Band 4; Rainer Knab, *Platons Siebter Brief. Einleitung, Text, Übersetzung, Kommentar*, Hildesheim 2006, S. 7-17; Erler, *Platon*, S. 49-51, 55 f.

55 Hier und im Folgenden nach Apelts Übersetzung in Platon, *Briefe. Sämtliche Dialoge*, Bd. VI, Hamburg 1988.

jemanden geben, der zum Zuhören bereit ist. Denn politischer Rat an eine Regierung kann wie medizinischer Rat an eine*n Freie*n nur dann gegeben werden, wenn die Bereitschaft, ihn zu befolgen, vorausgesetzt werden kann. Da der Ratgeber keinen Zwang anwenden kann, ohne den anderen zum Sklaven herabzuwürdigen, ist es besser zu schweigen, als unwillkommene Ratschläge zu geben (vgl. Ep. VII, 330d-331e). Für alle drei Reisen gab es hinreichend Anzeichen dafür, so Platon, dass beide Merkmale vorlagen und damit die objektive Bedingung für einen »günstigen Moment« erfüllt war, an dem der Philosoph als politischer Berater begründet auf Erfolg hoffen konnte.

In seiner Rechtfertigung, warum er sich angesichts der Möglichkeit verpflichtet fühlte, tatsächlich den Versuch zu unternehmen, politische Ratschläge zu erteilen, macht Platon zunächst ein rein subjektiv anmutendes Motiv geltend: »Vor allem bestimmte mich dabei die Achtung vor mir selbst: ich wollte vor mir selbst nicht so schlechthin als ein bloßer Vertreter der Theorie [*logos*] erscheinen, der sich aus freien Stücken niemals an die Tat [*ergon*] heranwage« (Ep. VII, 328c/d). Wenn das philosophische Wissen durch seine eigenständige Wirksamkeit auf das Selbst derjenigen, die ihm ausgesetzt werden, gekennzeichnet ist, wie ich im Durchgang durch Platons Werk argumentiert habe, und wenn wir der Beschreibung dieser eigenständig selbstformenden Wirksamkeit in der *Politeia* folgen, wonach sie zu einer Verpflichtung führt, dem Gemeinwesen, das den Philosoph*innen erlaubt, sich von dieser Kraft philosophischen Wissens formen zu lassen, etwas zurückzugeben, indem man das gewonnene Wissen vom Guten politisch wirksam werden lässt, dann erscheint Platons vermeintlich subjektives Motiv als zwingende Konsequenz dieser Konzeption philosophischen Wissens. Auf diesen Zusammenhang zwischen Platons Rechtfertigung für seine Reisen und seinem Verständnis von Philosophie als wirksames Wissen weist Michel Foucault in seiner vorletzten Vorlesung hin:

> Ich glaube, daß wir hier eine äußerst wichtige Mahnung vor uns haben, die in gewisser Weise […] allem entspricht, was man in den ersten platonischen Dialogen bezüglich der Philosophie findet, die nicht bloß *mathesis*, sondern auch *askesis* sein soll. Wenn es richtig ist, daß die Philosophie nicht nur im Erlernen eines Wissens besteht, […], kann auch der Philosoph […] sich nicht damit begnügen, einfach nur *logos* zu sein, nur der zu sein, der

die Wahrheit sagt, sondern er muß derjenige sein, der mitwirkt, der sich an das *ergon* heranwagt. [...]. Ich glaube, daß, wenn der *logos* sich tatsächlich auf die Bildung des idealen Staats bezieht, das *ergon*, das die Aufgabe des Philosophen gegenüber der Politik vervollständigen soll, in Wirklichkeit jene Aufgabe des politischen Beraters ist und der Entwicklung der Rationalität der wirklichen Staatsführung gilt, die über die Bildung der Seele des Fürsten verläuft.[56]

Aus Platons Bestimmung von philosophischem Wissen als eigenständig selbstformend wirksamem Wissen folgt, dass die Philosophie auf Verwirklichung dieser Wirksamkeit über das Selbst hinaus in der *polis* drängen muss. Platons Reisen mögen gescheitert sein, doch das Risiko des Scheiterns immer wieder einzugehen war für Platon notwendig, weil er sich ansonsten der Wirksamkeit des philosophischen Wissens hätte widersetzen müssen.

Dabei dürfen die Philosoph*innen nicht als Gesetzgeber*innen auftreten, weil sie dann ihre Rolle wechseln und als Politiker*innen handeln würden. Stattdessen müssen sie die eigenständig selbstformende Wirksamkeit philosophischen Wissens zur Geltung bringen. Platons Deutung, wie dies zu geschehen hat, ist einfach: Für ihn kommt es darauf an, das Selbst der Regierenden zu verändern, ohne ihnen diese Veränderungen einfach durch seine Autorität aufzuzwingen. Die Umformung des regierenden Selbst darf allein der Wirksamkeit des philosophischen Wissens entstammen. So also muss die aus der *Politeia* bekannte und im *Siebten Brief* wiederholte Forderung verstanden werden, dass die Philosoph*innen herrschen oder die Herrscher*innen philosophieren müssen (vgl. Pol. 473c/d, Ep. VII 326b): Platon entwirft damit die Philosophie als Selbstformungsprogramm, das gute Herrscher*innen erzeugt, ohne dass damit Philosophie und Politik einfach kurzgeschlossen würden.[57]

Im Hinblick auf meine These, dass Platon durchgehend die Annahme macht, das philosophische Wissen sei auf selbstformende Weise von sich aus wirksam, lassen sich zwei Ergebnisse festhal-

56 Michel Foucault, *Die Regierung des Selbst und der anderen. Vorlesung am Collège de France 1982/83*, Frankfurt/M. 2009, S. 279 f.

57 Foucault deutet diese Konzeption der Philosophie als Umformung der zunächst demokratischen Praxis der *parrhesia* in eine ethische, vgl. ebd., Vorlesungen 6-8; dazu Frieder Vogelmann, »Foucaults *parrhesia* – Philosophie als Politik der Wahrheit«, in: Petra Gehring, Andreas Gelhard (Hg.), *Parrhesia. Foucaults letzte Vorlesungen – philosophisch, philologisch, politisch*, Zürich, Berlin 2012, S. 203-229.

ten: Erstens bekräftigt der *Siebte Brief*, dass Platon diese Annahme macht, dass ihr große – existentielle – Bedeutung zukommt und dass sie die Philosoph*innen verpflichtet, ihr philosophisches Wissen auch politisch wirksam werden zu lassen. Diese Verpflichtung ist so stark, dass ihr trotz der Gefahr nachzukommen ist, in die sie die Philosoph*innen bringen kann. Das eigenständig selbstformend wirksame philosophische Wissen entfaltet seine Kraft zwar primär auf das Selbst derjenigen, die ihm ausgesetzt sind, indem es dieses Selbst umformt; es wirkt jedoch vermittelt über diese Selbstformung auch auf die *polis*, in der sich dieses Selbst wiederfindet. Dieser doppelten – direkten und indirekten – Wirksamkeit entspricht die doppelte Gefährlichkeit philosophischen Wissens: weil es diejenigen, die ihm ausgesetzt sind, zu anderen macht, und weil es daher auch der politischen Gemeinschaft gefährlich werden kann, in der die so Veränderten leben.

Zweitens ist sowohl die eigenständig selbstformende Wirksamkeit philosophischen Wissens als auch seine politische Auswirkung an Kontextbedingungen gebunden. Die Kraft philosophischen Wissens ist eine *schwache Kraft*: Nur im günstigen Moment kann sie ihre philosophische Wirksamkeit in der Politik manifestieren, und nur in sorgfältig hergestellten Situationen kann sie das Selbst der dem philosophischen Wissen Ausgesetzten umformen. Andere Kräfte wie die Autorität von Lehrer*innen oder die Affekte politischer Herrscher*innen überlagern dieses eigenständig selbstformend wirksame Wissen leicht.

## 1.5 Gegenproben

Meine Auseinandersetzung mit Platon zielt erkennbar nicht auf eine vollständige Interpretation seiner Philosophiekonzeption oder seines Wissensbegriffs. Sie soll allein die Existenz der Annahme eigenständig selbstformend wirksamen Wissens belegen und die Signifikanz dieser Annahme für Platons Verständnis von Philosophie demonstrieren. Ihre zentrale These lautet, dass das philosophische Wissen sich durch seine eigenständig selbstformende Wirksamkeit auszeichnet, dass sowohl Platons Wissens- als auch sein Philosophiebegriff unvollständig begriffen werden, wenn sie dieser Annahme nicht Rechnung tragen.

Dass mehr nicht behauptet werden muss, möchte ich knapp verteidigen, indem ich zunächst auf die naheliegende Frage eingehe, warum ich den Dialog ausgespart habe, der für die Diskussion über Wissen einschlägig ist: den *Theaitetos* (1.5.1). Im Anschluss daran behandle ich ebenso kurz die Debatte um Platons Philosophieverständnis im *Phaidon* (1.5.2). Beide Überlegungen sind defensiv: Sie zeigen, warum mich die vorgelegte Deutung nicht verpflichtet, eine vollständige Interpretation von Platons Philosophie- und Wissensbegriff vorzunehmen. Sie deuten allerdings an, welche Positionen in den Debatten über Platons Wissens- und Philosophieverständnis der gezeigten Existenz und Signifikanz der Annahme eigenständig selbstformend wirksamen philosophischen Wissens entgegenkommen.

### 1.5.1 Wissen

»[W]as denkst du, daß Wissen [*epistêmê*] ist?« (Tht. 146c), fragt Sokrates Theaitetos im gleichnamigen Dialog, der daher zum zentralen Bezugspunkt für die Frage geworden ist, wie Platon bzw. Platons Sokrates den Begriff des Wissens analysiert.[58] Warum also bin ich nicht darauf eingegangen, wenn ich die Behauptung aufstelle, dass Platons Werk von der Annahme durchzogen wird, dass das philosophische Wissen sich durch seine eigenständig selbstformende Wirksamkeit auszeichnet? Wäre es nicht entscheidend zu zeigen, dass Platon über einen Wissensbegriff verfügt, der diese dynamische Dimension des Wissens einfangen kann? Widerlegt also die Tatsache, dass im *Theaitetos* die Wirksamkeit von Wissen keine Rolle spielt, meine These?

Vielleicht sollte man dieser Frage zuerst entgegenhalten, dass der *Theaitetos* dem expliziten Dialogtext zufolge nur demonstriert, was Wissen *nicht* ist: Wissen ist weder Wahrnehmung noch wahre Meinung noch wahre Meinung mit Erklärung (Tht. 210a). Theaitetos bekennt auf Sokrates' Frage, ob er noch andere Vorschläge habe, dass dies nicht der Fall ist, und bejaht Sokrates' Abschlussfrage, die das aporetische Ergebnis des Dialoges im Rückgriff auf die eingangs eingeführte Metapher seiner »Hebammenkunst« (Tht. 148e-151d)

58 Vgl. zur Rezeptionsgeschichte und zum Stand der Forschung den Kommentar von Becker in Platon, *Theätet. Griechisch – Deutsch. Kommentar von Alexander Becker*, Frankfurt/M. 2007, S. 382-400, dessen Übersetzung ich hier verwende.

so zusammenfasst: »Und unsere Geburtshelferkunst hat von jenem allem [nämlich den genannten drei Definitionen; F. V.] gesagt, es wären nur Windeier und nicht wert, daß man sie aufziehe?« (Tht. 210b) Theaitetos jedenfalls hat erkannt, nicht zu wissen, was Wissen ist, und Sokrates ist damit zufrieden, ihm einzuschärfen, auch künftige Wissensansprüche stets kritisch zu prüfen.

Es bedarf demnach einiges an Argumentation, gerade den *Theaitetos* heranzuziehen, um Platons Wissensbegriff zu erläutern. Zwei etablierte Vorgehensweisen dazu sind, entweder die einzelnen Widerlegungen der drei Vorschläge daraufhin zu prüfen, ob sie nicht implizit erkennen lassen, was Wissen ist, wenn es jeweils nicht *dies* ist, oder das Scheitern als Hinweis darauf zu fassen, dass Wissen nur mithilfe von im Dialog ungenannten weiteren Prämissen bestimmt werden kann. Beide Vorgehensweisen erlauben es, Platons Wissensbegriff trotz des insgesamt negativen Endes des Dialogs über eine Berücksichtigung der Dialogregie zu bestimmen.[59] Sehen wir uns also die drei scheiternden Definitionsversuche kurz an.

Theaitetos' erste Definition lautet, Wissen sei Wahrnehmung (Tht. 151e). Sokrates erkennt darin Protagoras' These, der Mensch sei das Maß aller Dinge, weil aus der Definition folge, dass die Dinge so seien, wie sie dem Individuum erscheinen würden. Die erste Definition liefert Sokrates daher einen Anlass, gegen Protagoras' relativistischen Wissensbegriff zu argumentieren, was zumindest dem Umfang nach den Schwerpunkt des Dialogs bildet (Tht. 151e-186e). Sein entscheidendes Gegenargument ist, dass sogar Protagoras zugeben müsse, dass es weisere und weniger weise Menschen gebe – schon allein weil er selbst Wissensansprüche gegenüber anderen erhebe (Tht. 178b-179c). Das aber wäre unmöglich, wäre jede Wahrnehmung bereits Wissen und daher jedes Individuum stets im Besitz von Wahrheit, die dann freilich nur für das jeweilige Individuum Geltung hätte.

Daneben trägt Sokrates allerdings noch eine Reihe weiterer Argumente vor, von denen ein zweites wichtiges sich auf die Natur von Wahrnehmungen stützt: Diese würden nicht das Sein der Dinge, sondern ihre Erscheinungen erfassen, daher nichts über die

59 Die erste Strategie verfolgt z. B. Jörg Hardy, *Platons Theorie des Wissens im ›Theaitet‹*, Göttingen 2001, S. 290-301, die zweite Kahn, *Plato and the Post-Socratic Dialogue*, S. 50-52.

Wahrheit der Erscheinungen aussagen können und infolgedessen kein Wissen seien (Tht. 184b-186e).

Sehen wir auf die Dialoggestaltung, nutzt Platon also Theaitetos' fehlschlagenden ersten Definitionsversuch, um zweierlei zu erreichen: Erstens widerlegt er die relativistische Wissenskonzeption des Sophisten Protagoras und stellt damit zugleich ein Kriterium auf, an dem jede Wissensdefinition sich messen lassen muss (nämlich dass Wissen in der Wahrheit ein allgemeines Maß hat). Zweitens beschreibt er das Verhältnis von Wahrnehmungen und Wissen so, dass erstere allenfalls den Rohstoff für letzteres liefern.[60]

Ganz analog dazu beinhaltet Sokrates' Widerlegung der zweiten Wissensdefinition von Theaitetos, der diesmal vorschlägt, Wissen als wahre Meinung anzusehen (Tht. 187b), eine lange Überlegung, wie falsche Meinungen denkbar sind. Indem er verschiedene Vorstellungen erörtert, wie Irrtümer überhaupt zustande kommen können (laut Sokrates können sie weder durch den Kontrast von Wissen und Nichtwissen noch durch den von Sein und Nichtsein erklärt werden, und auch die Modelle des Verwechselns von Meinungen, die das Gedächtnis mit den Analogien zu einer Wachstafel oder einem Taubenschlag erklären, reichen nicht), zeigt er, dass die Definition voraussetzt, bereits zu wissen, was Wissen ist, um es von falscher Meinung abgrenzen zu können. Das eigentliche Gegenbeispiel gegen die zweite Definition von Wissen wird so kurzgehalten (Tht. 201a-d), dass der Verdacht naheliegt, Platons Augenmerk liege mehr auf der Frage, wie falsche Meinung zu verstehen sei und welche Folgen dies für das Verständnis von Wissen habe, als auf dem Versuch, die richtige Definition von Wissen zu finden.

Zuletzt scheitert auch Theaitetos' dritter Versuch, Wissen als gerechtfertigte wahre Meinung zu definieren, das heißt als wahre Meinung zusammen mit einer Erklärung. Sokrates' Widerlegung setzt an dem neu hinzugetretenen Element der Erklärung an und gibt ihm drei verschiedene Deutungen, die jedoch alle nicht ausreichen, um zu bestimmen, was Wissen ist: Wäre mit Erklärung nicht mehr gemeint, als einem Gedanken Ausdruck zu verleihen, fallen wir auf den gescheiterten zweiten Definitionsversuch zurück.

60 »In jenen [sinnlichen; F. V.] Eindrücken also ist keine Erkenntnis, wohl aber in den Schlüssen daraus. Denn das Sein und das wahre Wesen zu erreichen, ist, wie es scheint, nur durch diese möglich, durch jene aber unmöglich.« (Tht. 186d)

Wird Erklären dagegen als Kenntnis der einzelnen Elemente des zu erklärenden Gegenstandes aufgefasst, gibt es Erklärung zusammen mit einer richtigen Meinung, die dennoch kein Wissen bildet: Eine das Schreiben erst lernende Schülerin könnte zwar alle Buchstaben und damit alle Teile der beiden Namen »Theaitetos« und »Theodoros« kennen, und doch den Fehler machen, den ersten mit Theta und den zweiten mit Tau zu schreiben. Obwohl sie damit »Theaitetos« richtig schreiben würde und für diesen Fall über eine richtige Meinung sowie Erklärung (also Kenntnis aller Teile) verfüge, belege ihr Fehler bei »Theodoros« einen Mangel an Wissen (Tht. 207c-208b). Auch die letzte Bemühung, das Erklären als Wissen von den *differentia specifica* zu erläutern, schlägt fehl, weil die Definition dann zirkulär wird: Haben wir von diesen Unterschieden nur eine richtige Meinung, fallen wir in die erste Wissensdefinition zurück, haben wir von ihnen jedoch festes Wissen, läuft die Definition darauf hinaus, »während wir das Wissen suchen, zu sagen, es sei richtige Meinung verbunden mit Wissen des Unterschieds« (Tht. 210a). Der Schwerpunkt der dritten Widerlegung liegt also auf der Frage, was Erklären ist – wiederum nur mit negativem Ergebnis.

Man erkennt, dass sich bestenfalls aus dem Verlauf des *Theaitetos* einzelne Erkenntnisse isolieren lassen, wenngleich viele der oben genannten Resultate nur unter Voraussetzungen erzielt werden können, die Platons Figuren später aus einleuchtenden Gründen zurückweisen oder die von den Leser*innen zurückzuweisen sind.[61] Man kann den Ablauf des Dialogs auch so deuten, dass die zugrundeliegende Frage als in die Irre führend verstanden werden soll oder dass Platon demonstrieren will, dass Wissen ohne Rückgriff auf die Ideen nicht zu definieren ist.[62] Man kann jedoch keineswegs aus dem *Theaitetos* einfach einen expliziten Wissensbegriff Platons ableiten, gar noch auf die Kurzformel »gerechtfertigte wahre Mei-

61 »Selbst wenn wir nicht wissen, was Wissen ist, haben wir viel gelernt über Wahrnehmung, wahre Urteile und Erklärungen.« (Myles Burnyeat, *The Theaetetus of Plato*, Indianapolis/IN, Cambridge/MA 1990, S. 234) – Wie wichtig es ist, gegenüber den Argumenten von Platons Sokrates misstrauisch zu bleiben, demonstrieren die Kommentare von Burnyeat (ebd., S. 1-251) und Becker in Platon, *Theätet*, S. 225-429.

62 Vgl. für den ersten Fall Hardy, *Platons Theorie des Wissens*, S. 304, für den zweiten Kahn, *Plato and the Post-Socratic Dialogue*, Kapitel 2.

nung« zurechtgestutzt,[63] um dann zu argumentieren, mit dieser allgemeinen Definition von Wissen sei die Wirksamkeit des philosophischen Wissens nicht vereinbar und die hier verfolgte These also hinfällig.

Über diese rein defensive Argumentation hinaus könnte man sogar versucht sein, den Spieß umzudrehen und die These zu wagen, die Wissensdefinitionen müssten deswegen scheitern, weil sie die Wirksamkeit des Wissens unberücksichtigt lassen, die doch der Verlauf des Dialogs gerade demonstriert (analog zu der Argumentation, das Fehlen der Ideen führe in die Aporie). Denn selbst wenn die drei negativen Resultate aufgrund der teilweise problematischen Argumentation des Sokrates nicht unbedingt ihrerseits als gesichertes Wissen gelten dürfen, hält dieser doch ein am Ende erzieltes Ergebnis fest:

> Gedenkst du nun, Theaitetos, nach diesem wiederum mit anderem schwanger zu werden, so wirst du, wenn du es wirst, dann Besseres bei dir tragen, vermöge der gegenwärtigen Prüfung, wenn du aber leer bleibst, denen, welche dich umgeben, weniger beschwerlich sein und sanftmütiger, und mit Besonnenheit nicht glauben zu wissen, was du nicht weißt. Denn nur so viel vermag diese meine Kunst, mehr aber nicht, noch verstehe ich so etwas wie die andern großen und bewunderten Männer von heute und von früher. Diese geburtshelferische Kunst aber ist meiner Mutter und mir von Gott zugeteilt worden, ihr nämlich für die Frauen, und mir für begabte und ehrbare Jünglinge. (Tht. 210b/c)

Hier wird abermals klar, dass Sokrates' spezifisch philosophisches Wissen sich durch seine Wirkung auf die Seelen der ihm Ausgesetzten – hier: Theaitetos – auszeichnet: Sie macht ihn zu einem »sanftmütigen« und »besonnenen« Selbst, das angenehm für andere ist. Wie sollten also Definitionen eines Wissensbegriffs, der dieses philosophische Wissen ja als Spezialfall unter sich fassen können müsste, gelingen, wenn er diese Wirksamkeit nicht berücksichtigte?

63 Gegen solche Versuche, die Formel aus dem *Menon* zu Hilfe zu holen, argumentiert Burnyeat, *The Theaetetus of Plato*, S. 235 f., sie würden entweder nur darauf hinauslaufen, eine andere Definition für Erklärung (*logos*) zu fordern (wozu man den *Menon* nicht brauche), oder sie würden den im *Theaitetos* präsentierten Gegenargumenten zum Opfer fallen.

Wenn zumindest die defensive Antwort überzeugt, dass der *Theaitetos* keinen platonischen Wissensbegriff liefert, der meine These direkt widerlegt, wie steht es dann um Platons Philosophiebegriff?

Rekapitulieren wir, was ich bisher zum Philosophieverständnis Platons gesagt habe, beschränkt es sich auf die Behauptung, dass Platon das philosophische Wissen als eigenständig wirksames Wissen beschreibt, das auf das Selbst derjenigen abzielt, die ihm ausgesetzt sind. Dabei zeigt sich im Übergang von der *Apologie* zum *Protagoras*, dass dieses philosophische Wissen sowohl das sokratische als auch das sophistische Wissen einschließt und insofern nicht identisch mit dem Wissen vom guten Leben ist, das in Platons Dialogen, wenn überhaupt, dann nur die Philosoph*innen, nicht aber die Sophist*innen haben – hier spielt der Inhalt des Wissens eine Rolle. Das erklärt die Gefahr, die insbesondere vom sophistischen Wissen ausgeht (siehe Sokrates' Warnung an Hippokrates vor Protagoras), aber auch von einer verfrühten Bekanntschaft mit der philosophischen Dialektik (die nihilistische und anarchistische Philosoph*innen zu erschaffen droht, wie in der *Politeia* beschrieben). Die Gefährlichkeit wie die Wirksamkeit philosophischen Wissens ist jeweils eine doppelte, denn die direkte Wirksamkeit philosophischen Wissens richtet sich zwar auf das Selbst derjenigen, die ihm ausgesetzt sind, doch vermittels der Umformung des Selbst wirkt das philosophische Wissen indirekt über das Selbst hinaus auf dessen *polis*. Der *Siebte Brief* bestätigt die Signifikanz der Verpflichtung, die aus der Selbstformung durch das philosophische Wissen erfolgt, und lenkt den Blick auf die in beiden Fällen wichtigen Kontextbedingungen. Denn die Kraft philosophischen Wissens, ob auf das Selbst oder (darüber vermittelt) auf die *polis* gerichtet, ist eine *schwache* Kraft, die nur im »günstigen Moment« und nur in einem Raum frei von anderen Kräften ihre Wirksamkeit entfalten kann.

Drei Einwände lassen sich an dieser Stelle formulieren: Erstens wäre zu fragen, ob diese sehr abstrakten Formulierungen überhaupt etwas zum Verständnis von Platons Philosophiebegriff beitragen. Zweitens könnte eingewandt werden, dass ich abermals die wichtigsten Dialoge vernachlässige, vor allem den *Phaidon*, der doch klar eine andere Konzeption von Philosophie als Sterben-Lernen expliziere. Drittens schließlich ließe sich ganz generell kritisieren, die hier vorgetragene Interpretation ließe sich viel zu sehr auf einen überkommenen, maskulinistischen und elitären Philosophiebegriff ein.

Was Platon unter »Philosophie« versteht, ist, wie könnte es anders sein, umstritten. Mit Erler lassen sich zumindest drei weithin anerkannte Merkmale aufzählen: Platon versteht Philosophie erstens als eine besondere, das heißt von anderen Wissenschaften bzw. Künsten unterschiedene Tätigkeit. Philosophie ist zweitens ganzheitlich, kann also nicht in voneinander unabhängig betriebene Subdisziplinen unterteilt werden. Drittens ist Philosophieren eine exklusive Tätigkeit, die wenigen, dafür von ihrer Natur her geeigneten Individuen vorbehalten ist. Damit sind allerdings nur grobe Umrisse von Platons Philosophiebegriff gezeichnet, und Erler warnt explizit, dass Philosophie als »spezifische Tätigkeit« von Platon nirgends klar und eindeutig definiert wird, obwohl »manche kontextbedingt geprägten Formulierungen später zu Formeln geronnen [sind], die als Kernsatz oder gar Definition platonischer Philosophie tradiert wurden«.[64]

Meine These, dass Platon annimmt, philosophisches Wissen zeichne sich durch seine eigenständig selbstformende Wirksamkeit aus, schließt an die verbreitete Überlegung an, Philosophie als Tätigkeit durch ihre Resultate, also das durch sie geschaffene Wissen zu charakterisieren. Die dazu in der Forschungsliteratur am vehementesten geführte Diskussion widmet sich allerdings dem epistemischen Status dieses Wissens und schließt daraus auf den Charakter der Tätigkeit: Schafft die Tätigkeit des Philosophierens festes Wissen und hat insofern als Praxis ein erreichbares Ziel, an dem sie endet, oder ist die Praxis der Philosophie eine unendliche, die nie ans Ziel gelangen kann, weil ihr Ziel unerreichbar, nur vorübergehend erreichbar oder der Weg selbst ist?[65] Zu dieser Fragestellung

64 Erler, *Platon*, S. 350, vgl. insgesamt S. 349-354.

65 Letztlich wird in diesem Streit zwischen »Finitismus« und »Infinitismus« (Maria Schwartz, *Der philosophische bios bei Platon. Zur Einheit von philosophischem und gutem Leben*, Freiburg, München 2013, S. 47 f.) um die Praxis der Philosophie als Selbstzweck oder als Zweck zu etwas anderem gerungen (vgl. Erler, *Platon*, S. 352). Während beispielsweise Karl Albert, *Über Platons Begriff der Philosophie*, Sankt Augustin 1989, S. 7 f. und passim, oder Hans Krämer, »Zur aktuellen Diskussion um den Philosophiebegriff Platons«, in: *Perspektiven der Philosophie* 16 (1990), S. 85-107, hier S. 89, Platons Philosophieverständnis so deuten, dass die

hat meine These nur indirekt etwas beizutragen, denn sie rückt nicht den Status, sondern die Wirksamkeit des philosophischen Wissens in den Mittelpunkt – und die Bedingungen, unter denen sich die Kraft philosophischen Wissens ungestört entfalten kann.[66] Ob die Philosophie ihr Ziel des Wissens vom guten Leben nun endgültig, nur vorübergehend oder gar nicht erreicht – das Wissen, welches sie produziert, ist unter den richtigen Kontextbedingungen auf besondere Weise wirksam, was es sowohl kostbar macht (selbst wenn es noch nicht das ersehnte endgültige Wissen sein sollte) als auch gefährlich.

Was gewinnt man mit meiner Deutung in Bezug auf Platons Philosophiebegriff? Wenn nicht (allein) der Status des philosophischen Wissens entscheidend für die Frage ist, was Platon unter Philosophie versteht, sondern (zumindest auch) die besondere Kraft dieses Wissens auf diejenigen, die ihm ausgesetzt sind, und wenn diese Kraft nur dann zur Geltung kommt, wenn bestimmte Bedingungen gegeben sind, dann lässt sich die in Platons Dialogen beschriebene, vor allem aber mit den Mitteln des Dialogs *dargestellte* Praxis des Philosophierens besser verstehen.

Diese Behauptung möchte ich am *Phaidon* plausibilisieren und so zugleich dem zweiten Einwand begegnen. Im *Phaidon* finden wir gleich zu Beginn des Hauptgesprächs – denn auch der *Phaidon* hat einen Rahmendialog, in dem Phaidon dem Echekrates (und ungenannten anderen; vgl. Phd. 58d/e) von Sokrates' Tod berichtet – die berühmte Schilderung der Philosophie als Sterben-Lernen: Weil der Körper jeder wahren Erkenntnis hinderlich sei, die Philosophie aber nach der (nicht sinnlich erfassbaren) Wahrheit strebe, sei dieses Streben nach Erkenntnis zugleich das Streben nach der Trennung von Körper und Seele und damit nach dem Tod. Dieser Bestimmung zufolge ist die Feindschaft zum Körper – »[...] damit ist uns wirklich gezeigt worden, daß wir uns, wenn wir jemals etwas auf

Philosoph*innen (zumindest vorrübergehend) ihr Ziel erreichen und Einsicht in die Idee des Guten erhalten, gehen Josef Pieper, »Über den Philosophie-Begriff Platons«, in: Josef Pieper, Walter Weizel (Hg.), *Über den Philosophie-Begriff Platons. Die Mathematik und die physikalische Realität*, Wiesbaden 1955, S. 19-33, hier z. B. S. 20, Stemmer, *Platons Dialektik*, S. 272, oder Wolf, *Die Suche nach dem guten Leben*, z. B. S. 29, davon aus, dass Platon Philosophie als eine unendliche Suche bzw. Prüfung versteht.

66 Diesen Gedanken nehme ich in Kapitel 4 wieder auf.

reine Weise wissen wollen, von ihm [dem Leib] trennen und mit der Seele selbst die Dinge selbst betrachten müssen« (Phd. 66d)[67] – konstitutiv für die Philosophie, und »die recht Philosophierenden [üben sich] im Sterben, und von allen Menschen haben sie die geringste Angst davor, gestorben zu sein« (Phd. 67d/e). Demnach wäre echtes philosophisches Wissen den Lebenden unzugänglich und damit seine Wirksamkeit unbedeutend.

Karl Albert hat dieses Verständnis von Philosophie kurzerhand zu einer »Abweichung« von Sokrates' und Platons »eigentlichem« Philosophiebegriff erklärt, die den Umständen des Dialogs geschuldet sei: »Der zum Tode verurteilte Sokrates will den um ihn versammelten Anhängern in den letzten Stunden seines Lebens erklären, warum er furchtlos, ja freudig in den Tod geht: weil er dann erst zu der endgültigen Erkenntnis des wahrhaft Seienden gelangt.«[68] Wenn Platon bzw. sein Sokrates allerdings hier von seinem »eigentlichen« Philosophiebegriff abrückt, um die anwesenden Anhänger zu trösten und zu ermutigen, dann gibt der *Phaidon* nicht den »echten«, von Sokrates (und Platon) vertretenen Philosophiebegriff wieder. Das aber ist kaum nachvollziehbar angesichts eines Dialogs, in dem Sokrates an zentraler Stelle – nämlich nach Simmias' und Kebes' Einwänden gegen Sokrates' Argumente für die Unsterblichkeit der Seele – dazu auffordert, die Versammelten sollten sich »wenig um den Sokrates kümmern, sondern viel eher um die Wahrheit« (Phd. 91c). Dieser Sokrates, der lieber dreimal Gift trinkt, als die philosophische Erörterung zu verkürzen (Phd. 63d/e), soll seine Furchtlosigkeit vor dem Tod mit einem ad hoc erfundenen Philosophiebegriff erklären, den er nicht ernsthaft vertritt?

Vom Dialogverlauf her betrachtet, steckt Platons Botschaft eher in dieser Haltung als im verhandelten Inhalt: Sogar in seinen letzten Stunden begrüßt Sokrates jene Einwände, die seine Zuversicht, der Tod sei kein Übel, hinwegzufegen drohen. Noch bevor er weiß, wie er darauf reagieren kann (und deswegen einige Zeit braucht:

67 Hier und im Folgenden in der Übersetzung von Theodor Ebert, *Phaidon. Platon. Werke. Übersetzung und Kommentar*, Bd. I.4, Göttingen 2004.

68 Albert, *Über Platons Begriff der Philosophie*, S. 35. Alberts Interesse daran, das Verständnis von Philosophie im *Phaidon* zu entwerten, resultiert daraus, dass darin Philosophie als ein unendliches Streben konzipiert wird und damit seiner Deutung des Philosophiebegriffs anhand des *Symposiums*, des *Phaidros* und der *Politeia* widerspricht.

vgl. Phd. 86d und 89b-e), fordert er die von den Einwänden betroffenen Zuhörer auf, sich im Zweifelsfall an die Philosophie zu halten und weder Trost in Unwahrheiten zu suchen noch ob ihrer (möglichen) Trostlosigkeit die Philosophie zu hassen.[69] Die ganze Inszenierung des Dialogs – inklusive der wenig überzeugenden Argumente, die Sokrates hier zum Besten gibt[70] – ist darauf ausgerichtet, die Philosophie als geduldige Prüfung zu verteidigen, die selbst angesichts der Möglichkeit schlimmster Enttäuschungen Einwände freudig begrüßen muss.[71] Der *Phaidon* führt damit vor, wie Sokrates noch in seiner Zelle einen Raum schafft, in dem allein die eigenständige Kraft des philosophischen Wissens die Anwesenden beeinflussen soll; auf dieser Ebene scheint mir auch Sokrates' letztes Gespräch durchaus in Übereinstimmung mit der vorgestellten These zu stehen.

Bin ich damit der verführerischen Tradition der Philosophie erlegen und verteidige einen elitären und maskulinistischen Philosophiebegriff? Keineswegs. Ich habe nirgends dafür plädiert, Platons Philosophieverständnis zu übernehmen, genauso wenig wie seinen Begriff von Wissen. Die These, die ich verfechte – dass Platon das philosophische Wissen durch seine eigenständig selbstformende Wirksamkeit bestimmt, daher die Annahme macht, es gebe ein solches aus sich heraus wirksames Wissen, und dieser Annahme zugleich bedeutendes Gewicht verleiht –, kann zwar die Anzie-

69 Phaidon, der Erzähler des Dialogs, erklärt an dieser Stelle ganz direkt, dass er Sokrates damals nicht nur für seine Erwiderung bewunderte. »Aber am meisten erstaunte mich zunächst, wie liebenswürdig, wie freundlich und mit welcher Sympathie er die Reden der beiden jungen Leute aufnahm, sodann, wie scharf er die Wirkung ihrer Argumente auf uns beobachtet hatte, und schließlich, wie gut er uns wieder aufrichtete, uns wie Männer, die nach einer Niederlage die Flucht ergriffen hatten, zurückrief und zur Umkehr brachte und dazu, ihm zu folgen und das Argument gemeinsam zu untersuchen.« (Phd. 89a)

70 Vgl. dazu Ebert, *Phaidon*, S. 411-420. Es kommt mir hier allein auf die offensichtliche Schwäche der von Sokrates vorgetragenen Argumentation an. Eberts übergreifende These, der ganze *Phaidon* sei vor allem an die Pythagoreer gerichtet, und die misslingenden Argumente seien teils dazu da, ihnen die Fehlerhaftigkeit der eigenen Ansichten vorzuführen, teils eine Herausforderung, gegen ebenso problematische Kritik mithilfe des *elenchos* eine Verteidigung zu finden (vgl. dazu ebd., S. 95-98, 150-154 und 420), ist für meine Deutung nicht entscheidend.

71 Vgl. Christopher Rowe, »Philosophy and Literature. The Arguments of Plato's ›Phaedo‹«, in: *Proceedings of the Boston Area Colloquium in Ancient Philosophy* 7 (1991), S. 159-181, hier S. 181.

hungskraft, die Platons darauf aufbauende Vorstellung von Philosophie entwickelt, gut erklären, ist aber mitnichten gezwungen, sie unkritisch zu affirmieren. Sie ist im Gegenteil hervorragend dazu geeignet, eine neue Perspektive auf die Philosophiegeschichte zu entwickeln, die gerade deren institutionelle und institutionalisierte Exklusivität und die damit einhergehende Gewaltsamkeit kritisch in den Blick nehmen kann, ohne die philosophischen Inhalte durch Soziologisierung ausklammern zu müssen. Diese Argumentation aber bleibt Kapitel 4 vorbehalten.

An dieser Stelle können wir vorerst das Ergebnis festhalten, dass Platon die Existenz eigenständig selbstformend wirksamen Wissens annimmt und dass dieser Annahme deshalb große Bedeutung zukommt, weil nur mit ihr die Eigenheit philosophischen Wissens bestimmt werden kann. Philosophisches Wissen ist demnach eigenständig selbstformend wirksames Wissen, dessen Kraft die Subjektivität der ihm Ausgesetzten verändert, was es zugleich kostbar und gefährlich macht – insbesondere weil sie über die Transformation des Selbst auch in dessen *polis* wirkt, ja dieses Selbst sogar dazu verpflichtet, für eine solche Wirkung zu sorgen. Allerdings ist die Kraft philosophischen Wissens schwach: Um zu wirken, bedarf sie sehr spezieller Bedingungen und insbesondere eines von anderen Kräften freien Raums.

Diese These stellt sich gegen das in der Einleitung skizzierte Standardbild des Zusammenhangs von Subjektivität und Wissen, in dem das Wissen passiv darauf warten muss, welche Schlussfolgerungen das wissende Subjekt aus ihm zieht. Seine Wirksamkeit ist insofern im Standardbild nie eigenständig, sondern verdankt sich stets allein der Aktivität des Subjekts. Die Argumente, die für meine Lektüre sprechen, sind einfach: Erstens nimmt sie Platon schlicht beim Wort – denn Wissen wird von ihm als etwas Aktives beschrieben, das über Menschen herrscht und andere aus ihnen macht (*Protagoras*), ihre Seelen umwendet (*Politeia*) und sie in bessere Bürger*innen verwandelt (*Apologia*), ja sie sogar zu gefahrvoller politischer Tätigkeit verpflichtet (*Epistulae VII*). Es ist das Standardbild eines passiven Wissens, das darin nur eine metaphorische Redeweise erkennen darf – und damit die größere Beweislast trägt.

Zweitens kann ich auf den Ertrag meiner lateralen Lektüre verweisen. Zwar kann sie gemäß ihrer Absicht und ihrer Anlage keine vollständige Platon-Interpretation liefern, doch liefert sie mindestens zwei Einsichten, die systematische Diskussionen nicht übergehen können: Erstens bietet sie eine elegante Erklärung für die Schwierigkeiten, Platons Philosophiebegriff zu bestimmen; die zusammengetragenen Hinweise darauf, dass Platon Philosophie als eigenständig selbstformend wirksames Wissen ansieht, macht verständlich, wieso es nicht gelingen kann, philosophisches Wissen über seine Inhalte oder seine Methoden zu charakterisieren, und warum es dennoch gerechtfertigt ist, von philosophischem Wissen als einem einheitlichen Begriff zu sprechen. Zweitens zeigt meine laterale Lektüre, dass Philosophie damit inhärent politische Bedeutung besitzt, die sich nicht darin erschöpft, dass Philosophie sich manchmal zum Gesetzgeber aufschwingt – ja, die genau genommen gerade nicht an diese Funktion der Philosophie gebunden ist. Beides verlöre man, wollte man sich strikt weigern, Wissen anders denn als passiv zu begreifen.

# Kapitel 2: Adornos und Horkheimers emanzipierendes Wissen

Wie auch immer kritische Theorie in den andauernden Diskussionen über ihre Gestalt bestimmt wird, unbestritten ist, dass sie *interessierte*, parteiliche Theorie ist, die auf die Emanzipation der Gesellschaft zielt.[1] Statt die Wirklichkeit bloß adäquat zu erfassen, zu sortieren und wenn möglich auf allgemeinere Gesetze zurückzuführen,

> ist das kritische Denken heute durch den Versuch motiviert, über die Spannung real hinauszugelangen, den Gegensatz zwischen der im Individuum angelegten Zielbewußtheit, Spontaneität, Vernünftigkeit und der für die Gesellschaft grundlegenden Beziehungen des Arbeitsprozesses aufzuheben.[2]

Wie genau diese Emanzipation der Gesellschaft zu einer Assoziation freier Menschen vorzustellen ist, welcher Weg zu ihr führt und welche Mittel dazu tauglich sind, darüber herrscht Uneinigkeit innerhalb der kritischen Theorie, die der Sache nach notwendig und begrüßenswert ist.[3] Sie wird im Folgenden weder beseitigt noch diskutiert. Meine Aufmerksamkeit gilt vielmehr der zunächst un-

1 Im Folgenden beziehe ich mich mit »kritische Theorie« (im Singular) allein auf die Tradition der Frankfurter Schule. Das bedeutet jedoch keinesfalls, dass andere Theorien – feministische, poststrukturalistische oder postkoloniale, um nur einige Beispiele zu nennen – einen »Fehler« begehen würden, wenn sie sich als kritische Theorien verstehen (so der Vorwurf von Michael J. Thompson, »Introduction: What Is Critical Theory?«, in: Michael J. Thompson (Hg.), *The Palgrave Handbook of Critical Theory*, New York 2017, S. 1-14, hier S. 2). Kritische Theorien sind vielmehr alle Theorien, deren Vorstellung davon, was für eine Tätigkeit Kritik zu üben ist, auch ihre eigene theoretische Form bestimmt. Siehe dazu Kapitel 5.1.

2 Max Horkheimer, »Traditionelle und kritische Theorie«, in: ders., *Gesammelte Schriften*, Bd. 4, Frankfurt/M. 2009, S. 162-216, hier S. 183. Im Folgenden zitiert als TkT.

3 Diese Vielfalt drückt sich deutlich in der Debatte um Kritik aus. Vgl. zuletzt die Beiträge in Rahel Jaeggi, Tilo Wesche (Hg.), *Was ist Kritik?*, Frankfurt/M. 2009; Karin de Boer, Ruth Sonderegger (Hg.), *Conceptions of Critique in Modern and Contemporary Philosophy*, New York 2012; Sven Ellmers, Philip Hogh (Hg.), *Warum Kritik? Begründungsformen kritischer Theorien*, Weilerswist 2017; Michael J. Thompson (Hg.), *The Palgrave Handbook of Critical Theory*, New York 2017.

bestreitbar seltsam anmutenden Idee, das mit Emanzipation formal beschriebene Ziel durch die Produktion eines besonderen Wissens zu befördern. Denn sosehr die (frühe) kritische Theorie die Einheit von Theorie und Praxis betont und sosehr sie gegen eine Wissenschaft wettert, die selbstgenügsam allein ihren Erkenntnisinteressen folgt und darüber die Bedingungen verdrängt, unter denen sie diesen nachgeht, so sehr bleibt kritische Theorie eben doch – Theorie.

Die Fragen, was das bedeutet und welche spezielle Vorstellung von Theorie erst den Namen einer »kritischen Theorie« verdient, führen abermals zur Annahme eigenständig wirksamen Wissens. In zwei frühen Schlüsseltexten der kritischen Theorie von Max Horkheimer und Theodor W. Adorno nimmt diese Annahme einen zentralen Platz ein, weil sie die Form der Kritik mitbestimmt: Wie Horkheimer und Adorno die Aktivität kritischer Theoretiker*innen darstellen, ist nicht ohne Rekurs auf die Annahme zu verstehen, dass das Wissen der kritischen Theorie, ja Wissen überhaupt eigenständig wirksames Wissen ist, also aktives Wissen, das nicht erst wirkt, wenn das wissende Subjekt es in Handlungen umsetzt.

Die beiden genannten Behauptungen – Wissen wird von Horkheimer und Adorno als eigenständig wirksames Wissen bestimmt und diese Annahme beeinflusst entscheidend die Form dessen, was für sie Kritik bzw. kritische Theorie bedeutet – möchte ich durch eine genaue Lektüre zweier zentraler Texte zum Programm der kritischen Theorie belegen. Dazu beginne ich mit Adornos Antrittsvorlesung »Zur Aktualität der Philosophie«, in der diese Motive so offen ausgesprochen und so treffend formuliert werden wie in kaum einem anderen Text. Der ergänzende Blick in *Negative Dialektik* zeigt zudem, dass Adorno an dieser Annahme eines kritischen, eigenständig wirksamen Wissens zeitlebens festgehalten hat, wenngleich in abgeschwächter Form (2.1).

Horkheimer rekurriert in seinem klassischen Aufsatz »Traditionelle und kritische Theorie« auf dieselbe Annahme, und auch hier bestimmt sie die Form der kritischen Aktivität. Allerdings will Horkheimer zeigen, dass sich die traditionelle Wissenschaft missversteht, wenn sie das von ihr erzeugte Wissen als nicht von sich aus wirksames Wissen begreift. Insofern behauptet Horkheimer, dass alles Wissen eigenständig wirksames Wissen ist; unsere gebräuchliche Vorstellung eines passiv auf seine Anwendung in der Praxis wartenden Wissens ist grundsätzlich verfehlt und allein unserer ideologischen Verblendung geschuldet (2.2).

Im letzten Abschnitt wird es um die nähere Beschreibung der Wirksamkeit dieses kritischen Wissens gehen, denn wie für Platons philosophisches Wissen muss genauer bestimmt werden, worauf dieses Wissen in welcher Weise einwirkt (2.3).

## 2.1 Adorno: Durch Deuten zerstören

Adornos Konzeption von Philosophie und damit von Kritik – denn »[i]st Philosophie noch nötig, dann wie je als Kritik«[4] – nimmt an, so gilt es in diesem Abschnitt zu zeigen, dass es eigenständig wirksames Wissen gibt. Und sie verleiht dieser Annahme insofern Bedeutung, weil sich Adornos Vorstellung von Philosophie als kritischer Deutung nicht ohne sie halten lässt. Diese beiden Behauptungen werde ich in zwei Schritten belegen, indem ich zuerst die Existenz der Annahme eigenständig wirksamen Wissens in Adornos programmatischer Antrittsvorlesung »Die Aktualität der Philosophie« nachweise (2.1.1). Sie lässt jedoch die Frage unbeantwortet, worauf das von der Philosophie durch Deutung erzeugte Wissen wirkt. Darauf antwortet Adorno erst in *Negative Dialektik*: Das kritische Wissen der philosophischen Deutung wirkt über die Sprache vermittelt auf die Subjektivitäten, die diesem Wissen ausgesetzt sind. Allerdings geht mit dieser Antwort eine gewisse Abschwächung der ursprünglichen Wirksamkeitsannahme einher, die es zu erklären gilt (2.1.2).

### 2.1.1 Philosophie als kritische Diagnose

In seiner 1931 gehaltenen, aber erst 1973 posthum veröffentlichten Antrittsvorlesung »Die Aktualität der Philosophie« stellt Adorno programmatisch vor, was er unter einer der Gegenwart angemessenen Philosophie versteht. Diese kann, so sollen seine knappen Thesen zur Philosophiegeschichte zu Beginn begründen, nicht länger darin ihre Aufgabe haben, nochmals die Totalität der Wirk-

4 Theodor W. Adorno, »Wozu noch Philosophie«, in: ders., *Gesammelte Schriften*, Bd. 10.2, Frankfurt/M. 1977, S. 459-473, hier S. 464.

lichkeit – sei es idealistisch, sei es ontologisch – zu erfassen.[5] Wenn sie daher nicht einfach in Einzelwissenschaften überführt und als eigenständige Praxis »liquidiert« werden soll – so versteht Adorno die Ambitionen der beginnenden analytischen Philosophie und insbesondere des Wiener Kreises –, muss die philosophische Tätigkeit anders denn als »Forschung« (AP, S. 334) verstanden werden. Mit Bezug auf Sigmund Freud[6] und Walter Benjamin, aber doch in verändernder Aneignung, bestimmt Adorno diese Tätigkeit als eine spezifische Form des Deutens, die er per Analogie erläutert:

[W]ie Rätsellösungen sich bilden, indem die singulären und versprengten Elemente der Frage so lange in verschiedene Anordnungen gebracht werden, bis sie zur Figur zusammenschießen, aus der die Lösung hervor-

5 Vgl. Theodor W. Adorno, »Die Aktualität der Philosophie«, in: ders., *Gesammelte Schriften*, Bd. 1: Philosophische Frühschriften, Frankfurt/M. 2003, S. 325-344, hier S. 325-331. Im Folgenden zitiert als AP.

6 Julia Christ, *Kritik des Spiels – Spiel als Kritik. Adornos Sozialphilosophie heute*, Baden-Baden 2017, Kapitel III, führt brillant aus, welche philosophisch weitreichenden Implikationen es hat, wenn man Adorno so liest, dass er seine Methode der Deutung – gerade in der Wendung, diese Deutung zerstöre, was sie deute – von Freud übernimmt, ohne zugleich das Unbewusste als jenen Mechanismus zu setzen, der die zu deutenden Rätsel (bei Freud: Symptome) produziert (vgl. ebd., S. 133-135). Allerdings halte ich Adornos Methode deshalb weniger eng an Freud angelehnt, weil das Wissen, das die Deutung produziert, nicht zugleich eine Erklärung des Mechanismus sein *muss* (obwohl es eine solche Erklärung liefern *kann*), der das Rätsel erzeugt, wie Adorno am Beispiel der Warenform verdeutlicht. Selbst wenn die Konstellation der Warenform aus den Elementen einer Gesellschaftsanalyse auf die Frage nach dem Verhältnis von Ding an sich und Erscheinung antworten würde, »wäre damit [...] keineswegs das Ding an sich-Problem gelöst; *auch nicht in der Weise, daß etwa die gesellschaftlichen Bedingungen aufgewiesen wären, unter denen das Ding an sich-Problem zustande kommt*« (AP, S. 337, Hervorhebung F. V.).
Christ führt in ihrer Interpretation daher die zusätzliche Bedingung ein, dass die Deutung die Zersetzung des Rätsels *durch seine Erklärung* bewirken muss – und das ist in der Tat genau die Verfahrensweise, die Freud in der *Traumdeutung* gebraucht: »Seit Jahren beschäftige ich mich mit der Auflösung gewisser psychopathologischer Gebilde [...] in therapeutischer Absicht; seitdem ich nämlich [...] weiß, dass für diese als Krankheitssymptome empfundenen Bildungen Auflösung und Lösung in eines zusammenfällt. Hat man eine solche pathologische Vorstellung auf die Elemente zurückführen können, aus denen sie im Seelenleben des Kranken hervorgegangen ist, so ist diese auch zerfallen, der Kranke von ihr befreit.« (Sigmund Freud, *Die Traumdeutung. Über den Traum. Gesammelte Werke. Chronologisch geordnet*, Bd. 2.3, Frankfurt/M. 1987, S. 104 f.)

springt, während die Frage verschwindet –, so hat Philosophie ihre Elemente, die sie von den Wissenschaften empfängt, so lange in wechselnde Konstellationen [...] zu bringen, bis sie zur Figur geraten, die als Antwort lesbar wird, während zugleich die Frage verschwindet. (AP, S. 335)

Diese Art des philosophischen Deutens, so entfaltet Adorno seine gehaltvolle Bestimmung, ist *antipositivistisch*, aber nicht wissenschaftsfeindlich, *antimetaphysisch*, ohne in einen vulgären Naturalismus zu verfallen, und *antikontemplativ*, doch nicht bloß pragmatisch. Deshalb sei es gerechtfertigt, sie als (materialistische) Dialektik zu bezeichnen.

Philosophie als Deutung ist antipositivistisch, obwohl sie ihre Fragen aus den Einzelwissenschaften und nicht gegen diese gewinnen muss, da sie die Probleme und Resultate der Forschung nicht als Gegebenheiten betrachtet, sondern eben als »Zeichen« aufnimmt, die sie »enträtseln« (AP, S. 334) muss. Deuten jedoch darf nicht als Suche nach einem hinter diesen Zeichen verborgenen Sinn erfolgen – dann fiele Philosophie in Metaphysik zurück. Antimetaphysisch ist die philosophische Deutung also, weil sie sich den Rückgriff auf einen versteckten Sinn verbietet und stattdessen die als »intentionslos« (AP, S. 335)[7] begriffene Wirklichkeit durch das Konstruieren von Konstellationen erfasst. Eine solche Konstellation ist wirksam: Sie »zerstört das Rätsel, das nicht sinnvoll, sondern sinnlos ist, sobald die Antwort ihm schlagend erteilt ward« (AP, S. 338). Philosophie als Deutung arbeitet zwar immanent allein in der Wirklichkeit, der die Elemente ihrer Konstellationen entstammen, doch weder erhält sie diese Wirklichkeit, noch zieht sie sich ob ihrer Sinnlosigkeit, ja ob der »blinden Dämonie« (AP, S. 334), die in dieser Wirklichkeit herrscht, aus ihr zurück in die bequeme Sicherheit der bloßen Kontemplation ihrer Rätsel. Denn die wahre Deutung eines von der Wirklichkeit gestellten Rätsels durch

7 Das verdankt sich einer Übernahme aus Walter Benjamin, *Ursprung des deutschen Trauerspiels*, Frankfurt/M. 1972, S. 17: »Die Wahrheit ist ein aus Ideen gebildetes intentionsloses Sein.« Adorno meint mit »intentionslos« also nicht mehr, als dass die Wirklichkeit nicht als in sich vernünftig strukturiert (nämlich gemäß einer vernünftigen Intention und also zweckmäßig verfasst) vorausgesetzt werden darf. – Christ muss dagegen aufgrund ihrer Anbindung von Adornos Methode der Deutung an Freud (siehe Fußnote 6) die Intentionslosigkeit der Wirklichkeit als nur scheinbar ansehen, da das Intentionslose als Unverständliches auf eine regelgeleitete Praxis verweist (vgl. Christ, *Kritik des Spiels*, Kapitel III.1).

die Anordnung seiner Elemente zu einer neuen Konstellation zerstört ebenjenes Rätsel und verändert damit die Wirklichkeit. Philosophie als Deutung verweist damit immer schon auf die politischen Kämpfe, ja, fordert und befeuert sie: »In der Vernichtung der Frage bewährt sich erst die Echtheit philosophischer Deutung und reines Denken vermag sie von sich aus nicht zu vollziehen: darum zwingt sie die Praxis herbei.« (AP, S. 338 f.)

Adorno führt diese überaus anspruchsvolle Konzeption von Philosophie in seiner eher programmatisch gehaltenen Antrittsvorlesung nicht weiter aus. Nur an einem Beispiel deutet er an, was es heißen könnte, dass Philosophie als eine solche materialistische Deutung – die im Materialismus Dialektik heiße (vgl. AP, S. 338) – das Problem zerstört, auf das sie antwortet: Ließe sich auf die philosophische Frage nach dem Verhältnis von Ding an sich und Erscheinung antworten, indem man in der Gesellschaftsanalyse die Figur des Warentauschs herstellt, so wäre zwar weder dieses philosophische Problem erklärt noch seine gesellschaftlichen Voraussetzungen verstanden.[8]

> Aber es wäre möglich, daß vor einer zureichenden Konstruktion der Warenform das Ding an sich-Problem schlechterdings verschwände: daß die geschichtliche Figur der Ware und des Tauschwertes gleich einer Lichtquelle die Gestalt einer Wirklichkeit freilegte, um deren Hintersinn die Erforschung des Ding an sich-Problems vergebens sich mühte, weil sie keinen Hintersinn hat, der von ihrem einmaligen und erstmaligen geschichtlichen Erscheinen ablösbar wäre. (AP, S. 337)

8 Was sich gegen Lukács' Verdinglichungstheorie richtet, der das Ding an sich als notwendige Grenzfigur eines herrschend gewordenen Rationalismus erklärt (vgl. Georg Lukács, »Die Verdinglichung und das Bewußtsein des Proletariats«, in: ders., *Geschichte und Klassenbewußtsein. Politische Aufsätze, Bd. 4*, Darmstadt, Neuwied 1978, S. 170-355, hier S. 210-267), aber damit eben nicht deutet und dadurch verändert, sondern wie die Wissenschaft forschend auf anderes zurückführt (vgl. Philipp von Wussow, *Logik der Deutung. Adorno und die Philosophie*, Würzburg 2007, S. 65 f.). Ausgeführt hat Adorno den an dieser Stelle rein hypothetischen und inhaltlich nur angedeuteten Gedanken nicht; auch andere Beispiele konkreter Enträtselungen liefert er nicht explizit. Buck-Morss schlägt allerdings überzeugend vor, in Theodor W. Adorno, *Kierkegaard. Konstruktion des Ästhetischen*, Gesammelte Schriften, Bd. 2, Frankfurt/M. 2003, die liquidierende Enträtselung des Deutschen Idealismus zu sehen: vgl. Susan Buck-Morss, *The Origin of Negative Dialectics. Theodor W. Adorno, Walter Benjamin, and the Frankfurt Institute*, Hassocks 1977, Kapitel 7.

Das Beispiel zeigt, dass Adorno implizit mit der Annahme eigenständig wirksamen Wissens operiert, dessen kritische Wirkung gerade in jener »verändernden Geste des Rätselspiels« (AP, S. 338), nämlich der Zerstörung des Rätsels durch seine Antwort besteht. Erstens ist die Tätigkeit des Philosophierens für Adorno klarerweise eine Wissen produzierende Praxis, bleibt mithin Erkenntnis.[9] Bestimmt man die besondere Form von Adornos philosophischer Erkenntnistätigkeit, ohne seine eigenen Begriffe zu übernehmen,[10] liegt es nahe, von einer diagnostischen Praxis der Philosophie zu sprechen, die Diagnosen gegenwärtiger Wirklichkeit stellt. Doch darf eine solche Diagnose zweitens nicht als distanziert-unbeteiligte Deskription durchgeführt werden, worauf der knapp rekonstruierte Argumentationsgang von »Die Aktualität der Philosophie« so eindrücklich wie kaum ein anderer Text hinweist. Philosophie als kritische Diagnose ihrer Gegenwart bzw. als Deutung der »intentionslosen«, an sich unvernünftigen Fragmente der Wirklichkeit, die ihr die Einzelwissenschaften liefern, ist *als Diagnose* und daher dank des von ihr produzierten Wissens wirksam: »Die Deutung der vorgefundenen Wirklichkeit und ihre Aufhebung sind aufeinander bezogen.« (AP, S. 338) Über diese zunächst relativ schwach formulierte These geht Adorno deutlich hinaus, wenn er die Bewährung der Diagnosen an diesem Effekt der »Vernichtung der Frage« (AP, S. 338) festmacht: Die zerstörerische Wirksamkeit des Wissens, das die Philosophie produziert, ist ein erster Ausweis seiner Wahrheit – der vollständig allerdings erst im Übergang zur politischen Praxis erbracht wäre (AP, S. 338 f.).[11]

9 Selbst wenn sie den Augenblick ihrer Verwirklichung versäumt hat, wie Adorno später in *Negative Dialektik* schreibt, muss sie erst recht »ohne Beschwichtigung [...] erkennen, warum die Welt, die jetzt, hier, das Paradies sein könnte, morgen zur Hölle werden kann« (Adorno, »Wozu noch Philosophie«, S. 470).

10 Um der Gefahr zu entgehen, Verständnis durch Paraphrase zu ersetzen: vgl. Herbert Schnädelbach, »Dialektik als Vernunftkritik. Zur Konstruktion des Rationalen bei Adorno«, in: Ludwig von Friedeburg, Jürgen Habermas (Hg.), *Adorno-Konferenz 1983*, Frankfurt/M. 1983, S. 66-93, hier S. 68 f.

11 Brunkhorst zeichnet diese Vorstellung als »Wahrheit durch Erfüllung« (Hauke Brunkhorst, *Theodor W. Adorno. Dialektik der Moderne*, München 1990, S. 237, vgl. S. 22-27) mit Sympathie nach. Kritisch fällt dagegen Schnädelbachs Urteil aus, der Adorno zum »Evidenztheoretiker der Wahrheit« (Schnädelbach, »Dialektik als Vernunftkritik«, S. 74) macht und darin das antiaufklärerische Ideal autoritär festgestellter statt diskursiv gerechtfertigter Wahrheit erblickt (ebd.,

Eine Einschränkung ist an dieser Stelle nötig, um den Gedanken nicht ad absurdum zu führen. Adorno weiß sehr wohl, dass nicht »im Begriff die Wirklichkeit aufgehoben [wird]« (AP, S. 338) und »reines Denken« (AP, S. 338 f.) nicht ausreicht, um jene »dämonischen Gewalten« (AP, S. 334) zu überwinden, die die Wirklichkeit beherrschen. Aber damit ist keine Trennung von philosophischer Diagnose und politischer Praxis impliziert, als müsse letztere separat hinzutreten, um erstere wirksam werden zu lassen; die philosophische Deutung zerstört tatsächlich das Problem, das zu ihr Anlass gibt, und verändert damit die Wirklichkeit. Dennoch kann sie die politische Praxis nicht ersetzen, sondern »zwingt sie [...] herbei« (AP, S. 339). Die entscheidenden Fragen, die Adorno 1931 jedoch unbeantwortet lässt, lauten daher: Wie und worauf wirkt das kritische Wissen der philosophischen Deutung? Was bedeutet es, ihm die Kraft zur Wirklichkeitsveränderung zuzuschreiben, ohne dass es den politischen Kampf um die Versöhnung dieser Wirklichkeit selbst ersetzen könnte?

### 2.1.2 Begriffe, Wirklichkeit und Subjektivität

Meine These ist, dass Adorno die Kraft des kritischen Wissens in erster Linie auf die Begriffe gerichtet denkt, die uns die Wirklichkeit erschließen – und darüber vermittelt auf die Subjektivitäten der diesem Wissen Ausgesetzten. Betrachten wir zunächst den Zusammenhang von Begriffen, Wirklichkeit und Subjekten. Da die entsprechenden Überlegungen in »Die Aktualität der Philosophie« bestenfalls implizit vorausgesetzt werden und Adorno sie erst in *Negative Dialektik* wirklich erläutert, greife ich im Folgenden auf diese späteren Überlegungen zurück. Deshalb wird anschließend eine Reflexion auf mögliche Unterschiede der philosophischen Praxis als Deutung im frühen und späten Werk Adornos erforderlich.

Begriffe[12] und Wirklichkeit sind für Adorno keine getrennten

S. 77-79). Schnädelbach muss dazu freilich all die Passagen ausblenden, die meine laterale Lektüre ins Zentrum rückt.

12 Obwohl Adorno sich in *Negative Dialektik* nur mit philosophischen Begriffen beschäftigt, nehme ich mit Martin Seel, »Das Potential der Sprache. Adorno – Habermas – Brandom«, in: Philip Hogh, Stefan Deines (Hg.), *Sprache und Kritische Theorie*, Frankfurt/M. 2016, S. 275-295, hier S. 277, an, dass Adorno darin lediglich besonders reflektierte Begriffe sieht, die nicht kategorial von der

Entitäten, die sich unabhängig voneinander transformieren ließen: »In Wahrheit gehen alle Begriffe [...] auf Nichtbegriffliches, weil sie ihrerseits Momente der Realität sind, die zu ihrer Bildung – primär zum Zweck der Naturbeherrschung – nötigt.«[13] Die Wirklichkeit selbst erfordert, ihr mit Begriffen zu Leibe zu rücken, was zweierlei zur Folge hat, so Adornos charakteristisch komprimierter Gedanke: Begriffe sind selbst Elemente jener Wirklichkeit, die zu ihnen Anlass gab, und sie bergen durch diese Genese einen Kern des Nichtbegrifflichen, das sie auszudrücken (und meistens: zu beherrschen) suchen. So wenig also Begriffe ein schlechthin Erstes sind, so wenig sind sie bloße Vermittler einer von ihnen unabhängigen Realität. Wie Begriffe nichtbegriffliche Wirklichkeit enthalten (und verformen), ist Realität begrifflich konstituiert; beide sind – gut dialektisch – nichts Getrenntes, ohne miteinander einfach zur Deckung zu gelangen. Genau deshalb kann die philosophische Deutung in ihrer Wirkung auf Begriffe auch die Wirklichkeit umgestalten, deren Element sie sind und von der her sie nötig werden.[14] Indem sie durch Herstellung einer gelungenen Konstellation der einzelnen Elemente das Problem zerstört, das Anlass für ihre Deutung gab, verändert sie die Wirklichkeit insofern direkt, als sie unseren begrifflichen Zugriff transformiert.[15]

Alltagssprache getrennt sind. Seine Thesen sind daher auf Begriffe insgesamt verallgemeinerbar.

13 Theodor W. Adorno, *Negative Dialektik*, Frankfurt/M. 2003, S. 23. Im Folgenden zitiert als ND.

14 Vgl. dazu auch ND, S. 156-159, z. B. S. 157: »Dialektik läuft, ihrer subjektiven Seite nach, darauf hinaus, so zu denken, daß nicht länger die Form des Denkens seine Gegenstände zu unveränderlichen, sich selbst gleichbleibenden macht; daß sie das seien, widerlegt Erfahrung.« Die Verschränkung von Begriff und Wirklichkeit lässt sich als Transposition der wechselseitigen Bezogenheit von Subjekt und Objekt sehen: »Sie konstituieren ebenso sich durch einander, wie sie vermöge solcher Konstitution auseinandertreten.« (ND, S. 176) – Dass die Verschränkung von Begriffen und Wirklichkeit eine Prämisse für die besondere Beziehung zwischen empirischer und philosophischer Analyse im Rahmen der kritischen Theorie ist und als solche auch bei Horkheimer und Marcuse zu finden ist, demonstriert Fabian Freyenhagen, »Critical Theory's Philosophy«, in: Giuseppina D'oro, Søren Overgaard (Hg.), *The Cambridge Companion to Philosophical Methodology*, Cambridge 2017, S. 390-415, hier S. 396 f.

15 Übersieht die Rede von »den Begriffen«, mit denen uns unsere Wirklichkeit gegeben ist, nicht den realiter stattfindenden Kampf um unsere Begriffe und damit auch um unsere Wirklichkeit? Nein: Einerseits gibt es ja jene allgemeinen

Was die Verbindung von Begriffen und Wirklichkeit mit den Subjekten betrifft, so können wir an Philip Hoghs Interpretation anschließen, der zufolge Sprache und Gesellschaft auf je ihre Weise eine »zweite Natur« für das Subjekt bilden, das in ihnen aufwächst. Sprache tritt menschlichen Individuen einerseits als »Natur« entgegen, in die sie geworfen sind und die ihnen als natürliches Faktum entgegentritt – jedenfalls nachdem sich Sprachfähigkeit in der Menschheitsgeschichte entwickelt und damit sowohl die Gattung »Mensch« transformiert als auch Geschichte im engeren Sinne ermöglicht hat. Andererseits ist Sprache nur »durch die dauerhafte Einübung in sprachliche Praxis, ins Sprechen«[16] verfügbar und insofern »Gewohnheit«. Sprache als zweite Natur zu bezeichnen, als Gewohnheit, die uns wie Natur entgegentritt, ist daher für Adorno bereits eine kritische Reflexion, die den Schein von Sprache als erster Natur ebenso zerstört wie den Schein von Sprache als bloßer Konvention, als unmittelbar und frei veränderbarer Verfügungsmasse. In Bezug auf die Gesellschaft, die Adorno wie die Sprache als zweite Natur bezeichnet, bringt er diesen Gedanken klar zum Ausdruck:

> Die bereits bei Hegel kritisch tingierte Theorie der zweiten Natur ist einer negativen Dialektik unverloren. Sie nimmt die unvermittelte Unmittelbarkeit, die Formationen, welche die Gesellschaft und ihre Entwicklung dem Gedanken präsentiert, tel quel an, um durch Analysis ihre Vermittlungen freizulegen, nach dem Maß der immanenten Differenz der Phänomene von dem, was sie von sich aus zu sein beanspruchen. (ND, S. 48)

In der Analyse von Sprache und Gesellschaft als zweite Natur liegt insofern ein Funken Hoffnung begraben, denn obgleich beide derzeit herrschaftsförmig verfasst sind, sind sie als zweite Natur begriffen immer auch potenziell freiheitsfördernd.[17]

Konzepte, auf die wir uns tagtäglich verlassen. Andererseits können wir Adornos Deutungen als Interventionen in den Kampf um diese Begriffe verstehen, was an seiner kritischen Auseinandersetzung mit Heideggers Sprache deutlich wird. Vgl. Theodor W. Adorno, *Jargon der Eigentlichkeit. Zur deutschen Ideologie*, Gesammelte Schriften, Bd. 6, Frankfurt/M. 2003.

16 Philip Hogh, *Kommunikation und Ausdruck. Sprachphilosophie nach Adorno*, Weilerswist 2015, S. 51.

17 Vgl. ebd., S. 60-65. Sprache ist, so legt Hogh nahe, allerdings heute sehr viel eher als Medium der Freiheit zu reklamieren als die Gesellschaft, weil die Initiative der einzelnen Sprecher*innen weniger stark bereits in ihrem Ansatz auf das Mitwir-

Doch nicht auf diese Bewertung kommt es mir an, sondern darauf, dass mit der Interpretation von Sprache als zweiter Natur die Subjekte an dem Ineinander von Wirklichkeit und Begriffen partizipieren – und insofern von Transformationen dieser Verschlingung, die an den Begriffen ansetzen, direkt betroffen sind. Dass wir an der sprachlichen Form ansetzen sollten, ohne darüber zu vergessen, dass Begriffe Momente der Realität und vom unbegrifflichen Anteil dieser Realität durchdrungen sind, fasst Adorno prägnant in einer methodologischen Maxime zusammen: »Weil das Seiende nicht unmittelbar, sondern nur durch den Begriff hindurch ist, wäre beim Begriff anzuheben, nicht bei der bloßen Gegebenheit.« (ND, S. 156) Freilich bedeutet die Untrennbarkeit von Sprache und Wirklichkeit nicht, dass sie zusammenfallen, wie Adorno in seiner Kritik an Heidegger bekräftigt: »[D]er konstitutive Anteil der Sprache an der Wahrheit stiftet keine Identität beider. Die Kraft der Sprache bewährt sich darin, daß in der Reflexion Ausdruck und Sache auseinander treten.« (ND, S. 117) Genauso wenig kann das Vertrauen in Erkenntnis (und Transformation) durch Begriffe ein ungebrochenes sein, weil und obwohl in den Begriffen selbst ein Anteil Unbegriffliches steckt: Weder Identifikation der Wirklichkeit durch Klassifikationsbegriffe noch Beschwörung ihrer Einzigartigkeit durch Namen sind angemessene Verfahren, um die widersprüchliche, immer schon mit Sprache vermengte Wirklichkeit zu erkennen.[18] Dafür braucht es nicht den einen Begriff, sondern die Konstellation aus Begriffen: »Nur Begriffe können vollbringen, was der Begriff verhindert. [...] Der bestimmbare Fehler aller Begriffe nötigt, andere herbeizuzitieren; darin entspringen jene Konstellationen, an die allein von der Hoffnung des Namens etwas überging.«

ken anderer angewiesen ist. So jedenfalls erkläre ich mir die Differenz zwischen den beiden »zweiten Naturen«, die er einführt (vgl. ebd., S. 60-62); ob dies zutrifft, kann hier dahingestellt bleiben.

18 Vgl. ND, S. 58-63. Zum Verhältnis von Benjamins und Adornos Sprachphilosophie vgl. die einleuchtende Kritik von Jan Müller, »Begriffliches Sprechen. Zur sprachphilosophischen Grundkonstellation der frühen Kritischen Theorie«, in: Malte Völk u. a. (Hg.), *»...wenn die Stunde es zuläßt.« Zur Traditionalität und Aktualität kritischer Theorie*, Münster 2012, S. 172-202, an der Standarderzählung, wonach »die Problemgeschichte der frühen Kritischen Theorie [...] zur Chronik der Nachwirkung einer unvernünftigen Idee« (ebd., S. 180) werde, weil Adorno den utopischen Messianismus in Benjamins theologischer Sprachphilosophie übernehme.

(ND, S. 62, vgl. 164 f.) Ziel philosophischer Bemühungen sind also Adorno zufolge wiederum Konstellationen, die in *Negative Dialektik* ausdrücklich als begriffliche Konstellationen bestimmt werden und auf die Wirklichkeit als selbst untrennbar mit Sprache verwobene einwirken.

In dieser Vorstellung der Wirksamkeit des kritischen Wissens philosophischer Diagnosen ist die Gefahr philosophischer Hybris gebannt, weil eine veränderte Begrifflichkeit noch keine versöhnte Wirklichkeit schafft, solange diese Begriffe nicht durchgesetzt sind. Diese Durchsetzung aber ist Sache der Praxis: Nur eine politische Praxis, die mit den veränderten Begriffen möglich wird und die mit dieser menschlichen Praxis die ganze Gesellschaft neu gestaltet, könnte einlösen, was an schwacher Wirksamkeit in der philosophischen Deutung vorhanden ist – und würde diese zugleich korrigieren, indem sie unvermeidlich Einspruch gegen jeden Versuch einlegen würde, die Begriffe der philosophischen Diagnose ungebrochen und unhinterfragt bloß umzusetzen.[19] Die dialektische Verschlingung von Begriffen und Wirklichkeit, in der die Subjekte einbezogen sind, weil ihnen dieses Ineinander eine zweite Natur ist, erklärt die Erwartungen, die Adorno an die schwache Wirksamkeit des diagnostischen Wissens seiner philosophischen Deutungen stellt. Sie erklärt auch den schon in diesem Zusammenhang angelegten ideologiekritischen Grundimpetus seiner Philosophie, da der Begriff »zweite Natur« einen doppelten Schein aufdeckt, in dem wir uns verstrickt finden: Einerseits tritt uns in der zweiten *Natur* die Sprache fälschlicherweise als Natur entgegen, als scheinbar unwandelbarer Fels, an dem sich unser Spaten biegt; andererseits tritt uns in der *zweiten* Natur eine vermeintlich vertraute, menschliche Praxis entgegen, deren Bedeutung wir zu verstehen meinen, die aber darüber hinwegtäuscht, dass sie tatsächlich Natur ist: fremd, unverständlich, zwingend. »In Wirklichkeit ist die zweite Natur die erste.«[20]

Wenn damit die Wirksamkeit der philosophischen Diagnose verständlich geworden ist, wie steht die in *Negative Dialektik* erläuterte Tätigkeit der Philosophie zur philosophischen Deutung aus

19 Vgl. dazu Theodor W. Adorno, »Marginalien zu Theorie und Praxis«, in: ders., *Gesammelte Schriften*, Bd. 10.2, Frankfurt/M. 1977, S. 759-782, hier S. 780.

20 Theodor W. Adorno, »Die Idee der Naturgeschichte«, in: ders., *Gesammelte Schriften*, Bd. 1, Frankfurt/M. 2003, S. 345-365, hier S. 365.

Adornos Antrittsvorlesung? Festhalten können wir zunächst, dass Adorno sie nach wie vor als kritisch wirksame Deutung von vernunftlosen Fragmenten der Wirklichkeit konzipiert. Indem diese Begriffe in Konstellationen und nicht in Hierarchien angeordnet werden, sollen sie das »Spezifische des Gegenstands« (ND, S. 164) aufscheinen lassen, das in Klassifikationen zwangsläufig verloren ginge. In einer Konstellation erschlösse sich demnach das Nichtidentische als die »eigene Identität der Sache gegen ihre Identifizierung« (ND, S. 164). Darin enthalten sei als »sedimentierte Geschichte« (ND, S. 165) die »immanente Allgemeinheit des Einzelnen« (ND, S. 165), jenes nicht durch Begriffe zu fixierende Moment des Nichtidentischen, mit dem es das Einzelne übersteigt, das insofern so wenig ein letzter Grund für die negative Dialektik bildet wie die Allgemeinheit.

Obgleich Adorno den Konstellationsbegriff in *Negative Dialektik* stärker von demjenigen Benjamins abrückt, den er als metaphysisch und daher nicht weiterführbar kritisiert (vgl. ND, S. 166), bleiben die wesentlichen Grundzüge des in »Die Aktualität der Philosophie« skizzierten Programms erhalten: Die Elemente der Konstellationen werden aus den Einzelwissenschaften, bevorzugt der Soziologie, übernommen – Adorno verweist auf Weber (vgl. ND, S. 166-168), der trotz seines szientistischen Selbstmissverständnisses seine Begriffsdefinitionen vom Objekt anleiten lasse und mit dem, was er »Komponieren« nennt,[21] bereits nahe ans Konstellieren heranrücke –, und die negative Dialektik ist materialistisch, da sie vom Vorrang des Objekts ausgeht: Nicht in dem Sinne, dass sie plump Gegebenes voraussetzt, sondern als immanente »Kritik am Idealismus und an der Realität, für welche der Idealismus optiert, indem er sie verzerrt« (ND, S. 197). Im Rückgriff auf Guido Kreis' Interpretation des Nichtidentischen lässt sich das durch Konstellationen

21 »Ein solcher historischer Begriff [›Geist des Kapitalismus‹, F. V.] aber kann, da er inhaltlich sich auf eine in ihrer individuellen Eigenart bedeutungsvolle Erscheinung bezieht, nicht nach dem Schema: ›genus proximum, differentia specifica‹ definiert (zu deutsch: ›abgegrenzt‹), sondern er muß aus seinen einzelnen der geschichtlichen Wirklichkeit zu entnehmenden Bestandteilen allmählich komponiert werden. Die endgültige begriffliche Erfassung kann daher nicht am Anfang, sondern muß am Schluß der Untersuchung stehen [...].« (Max Weber, »Die protestantische Ethik und der Geist des Kapitalismus«, in: ders., *Aufsätze zur Religionssoziologie*, Tübingen 1986, S. 17-236, hier S. 30)

gewonnene diagnostische Wissen noch etwas schärfer konturieren. Kreis argumentiert überzeugend dafür, »konstellatives Wissen« von solchem Wissen zu unterscheiden, das in identifizierenden Urteilen der bekannten Form »F(a)« vorliegt. Konstellatives Wissen lässt sich deshalb auch nicht nach der für die Erkenntnistheorie kanonischen Formel »S weiß, dass *p*« analysieren, weil es dazu in eine singuläre Proposition verwandelt werden müsste, die eben doch die Form »F(a)« hätte.[22] Konstellatives Wissen besteht zwar aus einer Vielzahl von Propositionen bzw. identifizierenden Urteilen, doch geht es nicht in der formallogischen Kombination dieser Urteile zu einem Urteil auf. Seine Wahrheit muss daher auf einer anderen Ebene liegen als die Wahrheit seiner einzelnen Bestandteile – sie wird von Adorno (und hier füge ich meine These ein) in der Wirksamkeit des Wissens verortet: Die Bewährung des diagnostischen Wissens seiner Philosophie liegt in der Zerstörung des Problems, das Anlass dazu gab, die Konstellation zu erstellen.[23]

Adornos 1931 formuliertes philosophisches Programm einer materialistischen Philosophie, die durch Deutung die zu ihr Anlass gebenden Probleme schlagartig zerstört und damit die Wirklichkeit verändert, bleibt also bemerkenswert nahe an der späten »methodologischen« Position der *Negativen Dialektik*.[24] Es ist jedoch nicht identisch, wie sich in Adornos Variation der Rätselmetapher zeigt. In seiner Antrittsvorlesung spricht Adorno von der Vernichtung des Rätsels durch die Antwort; in *Negative Dialektik* heißt es:

22 Diese Überlegungen stammen zum Teil aus dem unveröffentlichten Vortrag von Guido Kreis »Kann man Nichtidentität denken und leben?« (Frankfurt am Main, 21. November 2019). Vorüberlegungen dazu finden sich in Guido Kreis, »Das richtige Leben. Stifter als Antwort auf Adorno«, in: *Deutsche Vierteljahrsschrift für Literaturwissenschaft und Geistesgeschichte* 78 (2004), S. 55-94, hier S. 76-84; Guido Kreis, »›Nichtidentität‹ als Reflexionskategorie. Zum systematischen Zentrum der Negativen Dialektik«, in: Marc Nicolas Sommer, Mario Schärli (Hg.), *Das Ärgernis der Philosophie. Metaphysik in Adornos Negativer Dialektik*, Tübingen 2019, S. 13-47.

23 Denn »die Rätselantwort sei nicht der ›Sinn‹ des Rätsels in der Weise, daß beide zugleich bestehen könnten [...]. Vielmehr steht die Antwort in strenger Antithesis zum Rätsel; bedarf der Konstruktion aus den Rätselelementen und zerstört das Rätsel, das nicht sinnvoll, sondern sinnlos ist, sobald die Antwort ihm schlagend erteilt ward.« (AP, S. 338)

24 So übereinstimmend auch Buck-Morss, *The Origin of Negative Dialectics*, S. xii; Wussow, *Logik der Deutung*, S. 9; Fabian Freyenhagen, *Adorno's Practical Philosophy. Living Less Wrongly*, Cambridge 2013, S. 22.

Als Konstellation umkreist der theoretische Gedanke den Begriff, den er öffnen möchte, hoffend, daß er aufspringe etwa wie die Schlösser wohlverwahrter Kassenschränke: nicht nur durch einen Einzelschlüssel oder eine Einzelnummer, sondern eine Nummernkombination. (ND, S. 166)

Zwar finden wir die Metapher des Schlüssels schon 1931, dort aber dient sie allein dem Vergleich von Soziologie und Deutschem Idealismus, die ihre Schlüssel zu klein bzw. zu groß konstruieren. Doch bleibt in »Die Aktualität der Philosophie« die Rätselanalogie die entscheidende Beschreibung philosophischer Deutung, an der Adorno wiederholt die Antwort als die Frage zerstörend hervorhebt (vgl. AP, S. 335, 338, 341); die Wirksamkeit der philosophischen Deutung bewirkt eben nicht nur die »Öffnung« der Wirklichkeit, sondern ihre partielle Zerstörung.[25] 35 Jahre später traut Adorno der philosophischen Deutung durch Konstellationen die Vernichtung der Wirklichkeit durch eine »schlagende« Antwort auf das von ihr gestellte »Rätsel« nicht mehr zu. Allenfalls kann sie die Schatztruhe der Wirklichkeit öffnen, das Nichtidentische bergen und so Widerstand gegen diese Wirklichkeit anmelden.

Der Grund für diese Abschwächung der Wirksamkeit des Wissens, das in der philosophischen Diagnose qua Konstellation gewonnen wird, scheint mir in Adornos veränderter Einschätzung der Beziehung von Philosophie und politischer Praxis zu liegen. Konnte philosophische Deutung in »Die Aktualität der Philosophie« noch als »Urbild« politischer Praxis fungieren,[26] dämpft Adorno in *Negative Dialektik* jede überzogene Hoffnung auf die Philosophie, obwohl sie weiterhin eine wichtige Rolle für den Widerstand gegen die Wirklichkeit zu spielen hat. All dies enthalten bereits die berühmten ersten Sätze, in denen Adorno seinen Ausgangspunkt festlegt:

Philosophie, die einmal überholt schien, erhält sich am Leben, weil der Augenblick ihrer Verwirklichung versäumt ward. Das summarische Urteil,

25 Diese Differenz entgeht Brunkhorst, *Dialektik der Moderne*, S. 234-242, der Adornos Programm 1931 und 1966 vergleicht. Er sieht den wesentlichen Unterschied darin, dass Adorno Konstellationen später eindeutig als begriffliche Konstellationen in der Sprache bestimmt und die hermeneutische Seite der Konstruktion von Konstellationen stärker betont.

26 »Die verändernde Geste des Rätselspiels – nicht die bloße Lösung als solche gibt das Urbild der Lösungen ab, über welche die materialistische Praxis einzig verfügt.« (AP, S. 338)

sie habe die Welt bloß interpretiert, sei durch Resignation vor der Realität verkrüppelt auch in sich, wird zum Defaitismus der Vernunft, nachdem die Veränderung der Welt mißlang. Sie gewährt keinen Ort, von dem aus Theorie als solche des Anachronistischen, dessen sie nach wie vor verdächtig ist, konkret zu überführen wäre. [...] Praxis, auf unabsehbare Zeit vertagt, ist nicht mehr die Einspruchsinstanz gegen selbstzufriedene Spekulation, sondern meist der Vorwand, unter dem Exekutiven den kritischen Gedanken als eitel abzuwürgen, dessen verändernde Praxis bedürfte. (ND, S. 15)

Weil der Versuch scheiterte, Theorie und Praxis ineinander zu überführen, wird Philosophie zur Kritik: zur Selbstkritik und zur Kritik der Praxis. Philosophie wirkt nicht ausreichend in die Praxis – darin liegt ihr Versagen. Aber Praxis ist kein Ersatz für misslungene Theorie – darin liegt ihre Kritikbedürftigkeit. In dieser Situation ist Philosophie vor allem Einspruch gegen eine Praxis, die ihr (sowohl in kritisch-aktivistischen als auch in regierungstreu-technokratischen Kreisen) ihre Unwirksamkeit vorrechnet.[27] In Gestalt negativer Dialektik kann die Philosophie durch Konstellation jenen Kern des Allgemeinen im Einzelnen bergen, ohne dem Einzelnen Gewalt anzutun, das heißt das Nichtidentische zwar nicht aussagen, aber bedeuten (»zeigen«, hätte der frühe Wittgenstein gesagt).

Wenn es zutrifft, dass Adorno die Kraft der philosophischen Diagnose deshalb schwächer einschätzt, weil sich das Verhältnis von Philosophie und politischer Praxis verändert hat, dann liegt diese Abschwächung nicht an einer Veränderung des philosophischen Vorgehens – also beispielsweise an einer anderen Bestimmung dessen, was unter »Deutung« zu verstehen ist. Vielmehr ergibt sich die Abschwächung aus Adornos zeitdiagnostischer Beobachtung, dass Philosophie und Politik, oder Theorie und Praxis, keine feste, überzeitlich gültige Beziehung miteinander eingehen:

27 Den Streit darum, ob Adorno mit dieser Argumentation resignativ der Theorie doch wieder jene politische Praxis hemmende Rolle gibt, gegen die die kritische Theorie in den 1930er Jahren zu Felde gezogen war, führten schon Adornos Student*innen in den 1960er Jahren mit ihm. Während Fabian Freyenhagen, »Adorno's Politics. Theory and Praxis in Germany's 1960s«, in: *Philosophy & Social Criticism* 40 (2014), S. 867-893, Adorno verteidigt, zeigt James Gordon Finlayson, »The Question of Praxis in Adorno's Critical Theory«, in: Stefano Giacchetti Ludovisi (Hg.), *Critical Theory and the Challenge of Praxis. Beyond Reification*, Farnham 2015, S. 51-68, inwiefern die Studierenden zumindest teilweise im Recht waren.

> Das Verhältnis beider Momente zueinander ist nicht ein für allemal entschieden, sondern wechselt geschichtlich. Heute, da der allherrschende Betrieb Theorie lähmt und diffamiert, zeugt Theorie in all ihrer Ohnmacht durch ihre bloße Existenz gegen ihn. Darum ist sie legitim und verhaßt; ohne sie könnte die Praxis, die immerzu verändern will, nicht verändert werden. (ND, S. 147)

Damit nötigt Adorno uns, unsere eigene Gegenwart zu berücksichtigen, wenn wir die Wirksamkeit philosophischer Deutung heute einschätzen wollen. Insofern scheint mir, dass uns die Wahrheit des ersten Satzes dazu zwingt, den zweiten zu revidieren. Anders als 1966 ist Theorie nicht mehr in erster Linie als Einspruch gegen Aktionismus nötig; erforderlich wäre wohl eher Theorie als Inspiration zu und Unterstützung von widerspenstigen politischen Kämpfen. In dieser Situation sollten wir die schwache Wirksamkeit des Wissens, das von philosophischen Deutungen erzeugt wird, nicht vorschnell geringachten.

Nicht aufgrund methodologischer Erwägungen, sondern aufgrund der philosophischen Zeitdiagnose, die das jeweilige Verhältnis von Theorie und Praxis neu bestimmt, ergibt sich also der mich interessierende Wandel in Adornos Vorstellung von kritisch wirksamem Wissen.[28] Gegenüber seinem frühen Programm schwächt Adorno die Wirksamkeit von der Vernichtung zum Einspruch ab. Gleichwohl ruht sein philosophisches Programm einer negativen Dialektik nach wie vor auf der Wirksamkeit ihres kritischen Wis-

28 Deshalb scheint mir »Pessimismus«, *pace* Alex Demirović, »Spirit that Wants to Fly. Adorno under a Spell«, in: *Trans/Form/Ação* 27 (2004), S. 27-37, hier S. 30, ein ungeeigneter Begriff zu sein. Adornos theoretische Aktivität verändert sich aufgrund seiner Diagnose des Verhältnisses von Theorie und Praxis, sie ist keine Frage von Zuversicht oder dem Mangel daran. Streiten müsste man stattdessen über die Angemessenheit seiner Beobachtungen. Die 1931 unterstellte Wirksamkeit hält etwa Bonß von vornherein für den »schwächste[n] Punkt des Adornoschen Konzepts, der später stillschweigend (und angesichts der Studentenbewegung z.T. auch hilflos) revidiert wurde« (Wolfgang Bonß, »Empirie und Dechiffrierung von Wirklichkeit. Zur Methodologie bei Adorno«, in: Ludwig von Friedeburg, Jürgen Habermas (Hg.), *Adorno-Konferenz 1983*, Frankfurt/M. 1983, S. 201-225, hier S. 205). Dass ich diese Einschätzung nicht teile, dürfte klar sein; richtig ist jedoch, dass Adornos Reaktion auf die Studierendenbewegung ausgesprochen unbefriedigend ist. Adornos diesbezüglicher Essay »Resignation« (in: ders., *Gesammelte Schriften*, Bd. 10.2, Frankfurt/M. 1977, S. 794-799) mutet heute wie eine unsichere Vorwärtsverteidigung des politischen Quietismus an.

sens: eines Wissens, das von sich aus, also nicht erst über seinen Gebrauch, die Begriffe und damit die Wirklichkeit sowie das sie erfahrende Subjekt verändert. In dem Maße, in dem Adornos kritisches, eigenständig wirksames Wissen gegen jene Begriffe erfolgreich Einspruch erhebt, mit denen das Subjekt und die Wirklichkeit konstitutiv verbunden sind, in dem Maße wird das Subjekt gezwungen, mit anderen Begriffen und damit einer anderen Wirklichkeit umzugehen, bis es schließlich einsehen muss, selbst nicht länger der- oder diejenige zu sein, als die es sich zuvor verstand.

## 2.2 Horkheimer: Gegen die Ideologie passiven Wissens

Die Annahme der Existenz eigenständig wirksamen Wissens ist auch für Horkheimer zentral, was sich am deutlichsten in seinem berühmten Aufsatz »Traditionelle und kritische Theorie« zeigt. Expliziter noch als Adorno argumentiert Horkheimer für die Annahme eines von sich aus wirksamen Wissens, die er ausdrücklich über das Wissen der kritischen Diagnose hinaus verallgemeinert. Denn der Unterschied zwischen beiden Theorieformen, so werde ich im Folgenden argumentieren, ergibt sich aus der unterschiedlichen Wirksamkeit des jeweils von ihnen produzierten Wissens. Horkheimer nimmt also *nicht* an, dass die Unterscheidung so getroffen werden kann, als sei das Wissen der kritischen Theorie eigenständig wirksam und das Wissen der traditionellen Theorie passiv. Allerdings verkompliziert sich die Sachlage, weil die traditionelle Theorie die Wirksamkeit ihres eigenen Wissens ideologisch verkennt: Aus ihrer Sicht ist das von ihr produzierte Wissen tatsächlich von sich aus unwirksam und wartet passiv auf seine Anwendung in Praktiken, deren Ziele keine intrinsische Beziehung zu diesem Wissen haben. Von hier aus könnte es so aussehen, als grenze Horkheimer das Wissen der kritischen Theorie durch dessen eigenständige Wirksamkeit vom Wissen der traditionellen Theorie ab. Doch diese Interpretation würde implizit der in Horkheimers Augen ideologisch verblendeten Vorstellung verhaftet bleiben, welche die traditionelle Theorie von ihrem selbsterschaffenen Wissen hat. Aus der Perspektive der kritischen Theorie ist das Wissen beider Theorieformen eigenständig wirksam; Horkheimer muss daher sowohl die Perspektive der traditionellen Theorie auf das von ihr erzeugte Wissen korrigieren als auch die Differenz zwischen kritischer und traditioneller Theorie erläutern, wenn ihr jeweiliges Wissen grundsätzlich als von sich aus wirksam erkannt wird.

Diese zweifache Aufgabe macht den wenig strukturierten Text nicht einfacher, lässt sich aber im Durchgang durch die zwei großen Abschnitte, in die Horkheimer den Aufsatz unterteilt, gut herausarbeiten: Denn seine Beschreibung des Wissens der traditionellen Theorie und der damit einhergehenden wissenschaftlichen Praxis, die er im ersten Teil des Textes gibt, enthält zugleich die Kritik am Selbstverständnis traditioneller Theorie und ihres Begriffs von unwirksamem Wissen (2.2.1). Erst danach, im zweiten und längeren Teil des Aufsatzes, kontrastiert Horkheimer die traditionelle Theorie mit der kritischen anhand von fünf Aspekten ihres Wissens und ihrer theoretischen Praxis (2.2.2). Nachdem ich diese beiden Schritte skizziert habe, lässt sich der Unterschied in der Wirksamkeit des von kritischer und traditioneller Theorie produzierten Wissens angeben. Allein die Richtung (oder das Ziel) dieser Wirksamkeit – Emanzipation versus Verteidigung des Status quo – reicht dafür nicht aus; hinzukommen muss der selbstreflexive Charakter eines sich seiner eigenständigen Wirksamkeit bewussten Wissens (2.2.3).

### 2.2.1 Traditionelles Wissen

Das traditionelle Selbstverständnis von Theorie, das Horkheimer in der Philosophie Descartes' erstmals in aller Deutlichkeit ausgesprochen findet, begreift Theorie als »das aufgestapelte Wissen in einer Form, die es zur möglichst eingehenden Kennzeichnung von Tatsachen brauchbar macht« (TkT, S. 162). Je weniger Prinzipien zur Herleitung aller Sätze dieses Wissens nötig und je stringenter die logischen Verknüpfungen dieser Sätze untereinander sind, desto gelungener ist die Theorie, die deshalb eine Tendenz zur Mathematisierung ausbildet. Mögliche Unterschiede in Bezug auf die in dieser Weise theoretisch erfassten Gegenstände erfordern der traditionellen Theorie zufolge keine Änderungen am Begriff der Theorie: Ob Natur-, Geistes- oder Gesellschaftswissenschaften, die Vorstellung von Theorie ist laut Horkheimer dieselbe (vgl. TkT, S. 164 f.).

Für das Verständnis des durch diese Theorie generierten Wissens und seiner Wirksamkeit sind zwei Relationen wichtig, die Horkheimer hervorhebt. Erstens ist das Wissen, das traditionelle Theorie hervorbringt, hypothetisches Wissen, weil es seinen jeweiligen Gegenständen in Gestalt mehr oder minder allgemeiner Sätze entgegentritt, deren Passung zunächst nur unterstellt wird. Egal wie das Wissen intern verfasst ist, seine Beziehung zur Realität ist hypothetischer Natur:

> Immer steht auf der einen Seite das gedanklich formulierte Wissen, auf der anderen ein Sachverhalt, der unter es befaßt werden soll, und dieses Subsumieren, dieses Herstellen der Beziehung zwischen der bloßen Wahrnehmung oder Konstatierung des Sachverhalts und der begrifflichen Struktur unseres Wissens heißt seine theoretische Erklärung. (TkT, S. 167)

Diese hypothetische Relation zwischen Wissen und Welt, die für Horkheimer die »Existenzweise von Theorie im traditionellen Sinne« (TkT, S. 168) ausmacht, resultiere aus der sozialen Praxis, in der das traditionelle Wissen hergestellt wird. Wissenschaft in der bürgerlichen Gesellschaft sei mit dieser Gesellschaft über eine doppelte Verwertungslogik (zweite Relation) verbunden: Reale Sachverhalte würden dem wissenschaftlichen Zugang unterworfen und für das von ihnen entwickelte Wissen »verwertet«, und dieses Wissen würde jeweils auf Tatsachen angewandt, um Erkenntnis in »technischen Fortschritt« (TkT, S. 168) umzumünzen. Zwischen beiden Relationen – Wissen-Welt und Wissenschaft-Gesellschaft – bestünde also ein Isomorphismus; die Produktionsverhältnisse traditionellen Wissens entsprächen der hypothetischen Beziehung seiner Inhalte auf die Welt.

Während Horkheimers Charakterisierung traditionellen Wissens als »hypothetisch« noch nachvollziehbar erscheint, weil er dabei nicht die innere Struktur dieses Wissens, sondern dessen Beziehung auf seine Gegenstände meint, verwundert seine zweite Behauptung. Warum entspricht die hypothetische Beziehung der Inhalte traditionellen Wissens zur Welt den Produktionsverhältnissen, also der Beziehung der wissenschaftlichen Praxis zur bürgerlichen Gesellschaft?

Horkheimers Begründung beginnt mit der Feststellung, dass traditionelles Wissen in der durch Arbeitsteilung geprägten bürgerlichen Gesellschaft in einer abgetrennten sozialen Praxis erzeugt werde, die ihr eigenes Tun als von der Gesellschaft unabhängig begreife. Daraus erwachse die Vorstellung, mit dem Verständnis von Theorie im traditionellen Sinne sei bereits der allgemeine Begriff von Theorie gegeben – was jedoch eine ideologische Verdinglichung von Theorie darstelle, da die wissenschaftliche Praxis zur Herstellung traditionellen Wissens sozial bestimmt sei. Kuhns Einwand gegen Popper antizipierend macht Horkheimer geltend, dass die Auswirkungen von Tatsachen auf das von der Theorie erzeugte Wissen nicht allein logisch zu fassen seien (vgl. TkT, S. 168 f.). Da jeder Widerspruch zwischen neu beobachteten Tatsachen und bestehendem Wissen durch zusätzliche Hilfshypothesen in den Griff zu kriegen sei, würden vielmehr die historischen Umstände bestimmen, ob dieser Widerspruch eine Veränderung im Wissen bewirken könne.[29] Deshalb hänge die »Verwertung« neuer Sachverhalte durch die Wissenschaft von außerwissenschaftlichen Bedingungen und insofern von den jeweiligen konkreten sozialen Praktiken ab. Umgekehrt gelte, dass die Anwendung wissenschaftlichen Wissens auf die Welt keineswegs rein innerwissenschaftlich erfolge, da die »Beziehung von Hypothesen auf Tatsachen [...] sich schließlich nicht im Kopf der Gelehrten, sondern in der Industrie« (TkT, S. 170) vollziehe. Die wissenschaftliche Praxis und das in ihr produzierte traditionelle Wissen seien daher von der bürgerlichen Gesellschaft, zu der sie gehören, nicht abzukoppeln.

Ist diesem Argument zufolge die Beziehung von wissenschaftlichem Wissen und Welt stets sozial mitbestimmt,[30] fehlt noch eine Begründung dafür, dass der spezifisch *hypothetische* Charakter dieser Beziehung im Selbstverständnis der traditionellen Theorie der *bürgerlichen* Gesellschaft geschuldet ist. Dazu bringt Horkheimer erneut die Arbeitsteilung der bürgerlichen Gesellschaft ins Spiel, denn sie erzeuge die Illusion einer autonomen wissenschaftlichen Tätigkeit unabhängig vom Rest der Gesellschaft, die das Selbstverständnis traditioneller Theorie und des von ihr geschaffenen Wissens als kontextfrei erlaube:

29 So bereits Pierre Maurice Marie Duhem, *Ziel und Struktur der physikalischen Theorien. Mit einem Vorwort von Ernst Mach*, Hamburg 1978, S. 243-249. Denselben Einwand erhebt Kuhn gegen Poppers Vorstellung wissenschaftlichen Fortschritts durch Falsifizierung: vgl. Thomas S. Kuhn, *Die Struktur wissenschaftlicher Revolutionen*, Frankfurt/M. 1991, S. 157 f.; Thomas S. Kuhn, »Logik der Forschung oder Psychologie der wissenschaftlichen Arbeit?«, in: Imre Lakatos, Alan Musgrave (Hg.), *Kritik und Erkenntnisfortschritt*, Braunschweig 1974, S. 1-24, hier S. 13 f.

30 Horkheimer formuliert an dieser Stelle ungewöhnlich vorsichtig, wohl um den Eindruck zu vermeiden, er gehe vulgärmarxistisch von einer ökonomischen Determination der wissenschaftlichen Entwicklung aus.

In dieser Vorstellung erscheint daher nicht die reale gesellschaftliche Funktion der Wissenschaft, nicht was Theorie in der menschlichen Existenz, sondern nur, was sie in der abgelösten Sphäre bedeutet, worin sie unter den historischen Bedingungen erzeugt wird. [...] Der Schein der Selbständigkeit von Arbeitsprozessen, deren Verlauf sich aus einem inneren Wesen ihres Gegenstandes herleiten soll, entspricht der scheinhaften Freiheit der Wirtschaftssubjekte in der bürgerlichen Gesellschaft. (TkT, S. 171)

Allerdings ist Horkheimer mit dieser Argumentation immer noch nicht am Ziel angelangt; sie zeigt bisher lediglich, dass die bürgerliche Gesellschaft zur unzulässigen Verallgemeinerung eines Begriffs von Theorie führt, der nur innerhalb der von ihr geschaffenen sozialen Bedingungen gültig ist. Doch dass diese »Verdinglichung« der Vorstellung traditioneller Theorie auch mit der hypothetischen Beziehung von wissenschaftlichem Wissen und Welt einhergehen muss, ist damit bestenfalls per Analogie nahegelegt, wenn man die Isolierung des wissenschaftlichen Arbeitsprozesses auf das von ihm erzeugte Wissen überträgt und den hypothetischen Charakter der Beziehung dieses Wissens auf die Welt als Ausdruck dieser Isolation begreift.

Für den weiteren Verlauf des Essays stützt sich Horkheimer nur auf die falsche Verallgemeinerung von traditioneller Theorie als Theorie schlechthin. Obgleich er später noch einmal auf den hypothetischen Charakter der Beziehung von traditionellem Wissen und Welt zurückkommt (siehe unten, Punkt 4), liefert er über jene Analogie hinaus keine weitere Begründung. Darauf werde ich zurückkommen, weil Horkheimers Differenzierung zwischen der Wirksamkeit kritischen und traditionellen Wissens gerade von dieser nicht vollständig begründeten hypothetischen Beziehung abhängt.

### 2.2.2 Kritisches Wissen

Zuerst aber müssen wir uns Horkheimers Alternative zur traditionellen Theorie zuwenden, zu der er selbst erst nach einem Zwischenschritt gelangt, in dem er die gesellschaftliche Praxis als Konstitutionsbedingung sowohl der Individuen als auch der ihnen entgegentretenden Tatsachen (ob nun gesellschaftlicher oder natürlicher Art) bestimmt.[31] Der Verweis auf die soziale Praxis, die uns die

31 »Dieselbe Welt, die für den Einzelnen etwas an sich Vorhandenes ist, das er aufnehmen muß und berücksichtigt, ist in der Gestalt, wie sie da ist und fortbe-

Tatsachen »doppelt […] präformiert« (TkT, S. 174), weil sie sowohl die Wahrnehmungsorgane und -weisen der Individuen als auch die wahrgenommenen Tatsachen mitbestimmt, erlaubt es Horkheimer, die angeprangerte Isolation der wissenschaftlichen Tätigkeit durch eine umfassendere Perspektive auf das »gesellschaftliche[] Ganze[]« (TkT, S. 181) aufzulösen. Dank dieses Perspektivwechsels kann er die kritische der traditionellen Theorie in fünf Aspekten – Ziel, Gegenstand, Subjekt, logische Struktur und epistemologischer Status ihres Wissens – gegenüberstellen.

(1) Das *Ziel* der kritischen Theorie ist es, Wissen zu schaffen, das dazu beiträgt, die Gesellschaft zu befreien, das heißt sie so zu revolutionieren, dass sie einen »vernünftige[n] Zustand« (TkT, S. 190) erreicht.[32] Horkheimer grenzt sein Verständnis dieser anzustrebenden Emanzipation der Gesellschaft sofort von reformistischen und utopischen Interpretationen ab: Die Gesellschaft zu emanzipieren bedeutet für ihn nicht, dass die kritische Theorie auf eine Verbesserung der bestehenden Gesellschaft hinarbeiten soll; die »Kategorien des Besseren, Nützlichen, Zweckmäßigen, Produktiven, Wertvol-

steht, ebensosehr Produkt der allgemeinen gesellschaftlichen Praxis. Was wir in der Umgebung wahrnehmen, die Städte, Dörfer, Felder und Wälder tragen den Stempel der Bearbeitung an sich. Die Menschen sind nicht nur in der Kleidung und im Auftreten, in ihrer Gestalt und Gefühlsweise ein Resultat der Geschichte, sondern auch die Art, wie sie sehen und hören, ist von dem gesellschaftlichen Lebensprozeß, wie er in den Jahrtausenden sich entwickelt hat, nicht abzulösen.« (TkT, S. 173)

32 Horkheimer hat 1937 noch einen emphatischen Begriff von Rationalität, der besonders dort vorscheint, wo Horkheimer die gegenwärtige Gesellschaft als irrational und planlos kritisiert und zugleich die befreite Gesellschaft als rational bzw. vernünftig beschreibt (vgl. TkT., z. B. S. 174 f., 177, 182, 190 f.). Das darin implizite Ziel einer vollständigen Abschaffung des Zufalls und der totalen rationalen Kontrolle durch die Gesellschaft kritisiert Michael Theunissen, *Kritische Theorie der Gesellschaft. Zwei Studien*, Berlin, New York 1981, S. 14-16, zu Recht scharf. In späteren Schriften gibt Horkheimer es auf (vgl. Max Horkheimer, Theodor W. Adorno, *Dialektik der Aufklärung. Philosophische Fragmente*, Frankfurt/M. 2012; Max Horkheimer, *Zur Kritik der instrumentellen Vernunft. Gesammelte Schriften*, Bd. 6, Frankfurt/M. 1988). Seyla Benhabib, *Kritik, Norm und Utopie. Die normativen Grundlagen der kritischen Theorie*, Frankfurt/M. 1992, S. 95-100, und John Abromeit, *Max Horkheimer and the Foundations of the Frankfurt School*, Cambridge 2011, Kapitel 9, sehen darin einen »Bruch«, wohingegen Gérard Raulet, »Kritik der Vernunft und kritischer Gebrauch des Pessimismus«, in: Alfred Schmidt, Norbert Altwicker (Hg.), *Max Horkheimer heute: Werk und Wirkung*, Frankfurt/M. 1986, S. 31-51, größere Kontinuitäten ausmacht.

len, wie sie in dieser Ordnung gelten, sind ihm [dem kritischen Verhalten; F. V.] vielmehr selbst verdächtig« (TkT, S. 180 f.). Gerade weil die gesellschaftliche Praxis als Ganze sowohl die »Missstände« erzeugt, gegen die sich die kritische Theorie wendet, als auch die Kategorien hervorbringt, gemäß denen solche Missstände beurteilt und als politisch zu lösende Probleme formulierbar werden, würde ein reformistischer Ansatz die Irrationalitäten der bestehenden Gesellschaft reproduzieren, anstatt zu ihrer radikalen Transformation beizutragen. Doch Horkheimer will Emanzipation auch nicht als Umsetzung einer Utopie verstanden wissen (vgl. TkT, S. 193), da selbst die Fantasien von Gelobten Ländern noch von den Irrationalitäten der gegenwärtigen Gesellschaft durchdrungen wären. Er kann insofern nur andeuten, was er unter einem »vernünftigen Zustand« der Gesellschaft versteht: eine »Gemeinschaft freier Menschen, wie sie bei den vorhandenen technischen Mitteln möglich ist« (TkT, S. 191). Der Gehalt dieser »Idee einer künftigen Gesellschaft« (TkT, S. 191) konkretisiere sich erst in den jeweiligen Kämpfen gegen die Irrationalitäten der gegenwärtigen Gesellschaft und werde darin vorweggenommen, weil in diesen Kämpfen bereits die Möglichkeit aufscheine, dass die in der bürgerlichen Gesellschaft bloß zufälligen Übereinstimmungen von »Denken und Sein, Verstand und Sinnlichkeit, menschlichen Bedürfnissen und ihrer Befriedigung« (TkT, S. 191) auf vernünftige Weise zustande kämen. Insofern blitze in den Kämpfen ein Moment jener »Freiheit und Spontaneität« (TkT, S. 192) auf, die sie zu verwirklichen suchen.[33] Dass dieses Ziel keineswegs illusorisch ist, davon dürfe kritische Theorie insofern ausgehen, als die Gegenwart längst die technischen Voraussetzungen biete, um es zu erreichen.

(2) Wie mit dieser Zielbestimmung bereits deutlich wird, ist der *Gegenstand* des Wissens kritischer Theorie die Gesellschaft – »im Ganzen«, wie Horkheimer immer wieder betont (vgl. TkT, z. B. S. 182, 191, 193, 212).[34] Anders als traditionelle Theorie visiert

33 Horkheimer warnt mit Blick auf die russische Revolution davor, dass falls die für politische Kämpfe notwendige Disziplin diesen Abglanz künftiger Freiheit verhindert, die Kämpfenden bereits ihr Ziel verfehlt hätten. Präfigurative Emanzipation, so könnte man den Gedanken weiterführen, ist notwendig für gelingende politische Kämpfe. Vgl. dazu Frieder Vogelmann, »Critique as a Practice of Prefigurative Emancipation«, in: *Distinktion* 18 (2017), S. 196-214.

34 Diese einheitliche Vorstellung der Gesellschaft, die Horkheimer mit seinem Be-

kritische Theorie jedoch keine korrekte Abbildung dieser Gesellschaft an. Denn dann würde sie erneut die traditionelle Trennung einführen zwischen einem passiven Wissen, das gegenüber seinen möglichen Anwendungen neutral ist, und einer aktiven Anwendungspraxis, deren Ziele mit dem Wissen nur zufällig verbunden sind. Genau diese Trennung aber verurteilt Horkheimer in seiner Beschreibung der traditionellen Theorie im ersten Teil des Aufsatzes als Ideologie, die sich den undurchschauten Auswirkungen der Arbeitsteilung in der bürgerlichen Gesellschaft verdanke. Statt von der Spaltung in ein passives Wissen auf der einen und eine aktive Praxis auf der anderen Seite auszugehen, müssen wir das Wissen selbst bereits als aktiv, als eigenständig wirksam begreifen; es ist eben kein passiver Vorrat aus Sätzen, der auf seine Anwendung durch eine extern hinzutretende Praxis wartet. Das Wissen kritischer Theorie muss von sich aus wirksam sein, und es muss der vorangegangenen Zielbestimmung nach emanzipierend wirksames Wissen sein. In diesem Sinne können wir auch den letzten Satz aus Horkheimers »Nachtrag« verstehen, geschrieben als Replik auf die Kritik von Herbert Marcuse: »Die Philosophie, die bei sich selbst, bei irgendeiner Wahrheit Ruhe zu finden meint, hat daher mit kritischer Theorie nichts zu tun.«[35]

(3) Aus der Gegenstands- und Zielbestimmung lässt sich schließen, dass auch das Selbstverständnis kritischer Theorie ein anderes sein muss – inwiefern, beantworten Horkheimers Ausführungen zum *Subjekt* der kritischen Theorie. Wenn der Gegenstand des

griff einer »gesamtgesellschaftlichen Praxis« (TkT, S. 173) im Singular tendenziell zum Großsubjekt homogenisiert, kritisiert Thomas McCarthy, »The Idea of a Critical Theory and Its Relation to Philosophy«, in: Seyla Benhabib u. a. (Hg.), *On Max Horkheimer. New Perspectives*, Cambridge/MA, London 1993, S. 127-151, hier S. 138-143, im Anschluss an Habermas als Überrest subjektphilosophischen Denkens. McCarthy gibt allerdings zu bedenken, dass Gesellschaft als Totalität zu verwerfen auch nicht unproblematisch ist, insofern es Kontexte geben mag, in denen das Soziale durch reale Prozesse de facto bereits total geworden ist. Inwiefern Adornos Begriff der »antagonistischen Totalität« hier einen Ausweg bietet, ist umstritten: kritisch Oliver Marchart, *Das unmögliche Objekt. Eine postfundamentalistische Theorie der Gesellschaft*, Berlin 2013, S. 278-285, zustimmend Christ, *Kritik des Spiels*, Kapitel I-III.

35 Max Horkheimer, »Nachtrag«, in: ders., *Gesammelte Schriften*, Bd. 4, Frankfurt/M. 2009, S. 217-225, hier S. 225. Vgl. Herbert Marcuse, »Philosophie und Kritische Theorie«, in: ders., *Aufsätze aus der Zeitschrift für Sozialforschung. 1934-1941. Schriften*, Bd. 3, Frankfurt/M. 1979, S. 227-249.

Wissens kritischer Theorie die Gesellschaft »im Ganzen« ist, dann schließt er auch das Subjekt der Kritischen Theorie, das heißt die emanzipierend wirksames Wissen schaffenden kritischen Theoretiker*innen und ihre Praktiken der Wissensproduktion ein. Insofern sind kritische Theorien stets Theorien über ihre eigenen Produzent*innen und ihre eigenen Produktionsbedingungen. Diese Form der Selbstreflexivität ist ein wichtiges Distinktionsmerkmal, da traditionelle Theorie ihre eigenen Existenzbedingungen – die historischen, sozialen, ökonomischen, politischen etc. Bedingungen der wissenschaftlichen Praktiken, in denen sie Wissen schafft – als etwas ihrem Wissen Externes ansieht (vgl. TkT, S. 183 f.). Insofern sie Theorie als reines Denken versteht, das nur akzidentell in konkreten sozialen Praktiken eingebettet ist, wertet traditionelle Theorie auch die Interessen des theorieproduzierenden Subjekts als unwissenschaftlich ab und glaubt ihr Wissen frei von ihnen. Kritische Theorie behauptet dagegen, dass Theorie zu treiben eine Form des Handelns und Denkens ist, die wie alle anderen selbstverständlich in soziale, ökonomische, politische und historische Bedingungen eingebettet ist und von diesen geprägt wird. Nicht dadurch, dass sie interessierte Theorie ist, unterscheidet sich also kritische von traditioneller Theorie, sondern dadurch, dass sie dieses Interesse offen ausspricht und es reflektiert, anstatt es zu leugnen (vgl. TkT, S. 196 f.).

Dass die traditionelle Theorie ihre eignen Interessen im Wissen abstreitet und verbirgt, ist Horkheimer zufolge nicht nur einem Erkenntnismangel in Bezug auf die eigene Praxis geschuldet, sondern einer ideologischen Vorstellung der eigenen wissenschaftlichen Praxis, die wie die gesamte bürgerliche Ideologie den ökonomischen Bedingungen entspringt, insbesondere der Arbeitsteilung. Wissenschaft im traditionellen Sinne stärkt diese Ideologie umso mehr, je mehr sie sich als desinteressiertes, neutrales Denken begreift – und ist schon deshalb keineswegs unpolitisch. Kritische Theorie denkt ihre eigene theoretische Praxis dagegen als soziale Praxis, die selbst zu jener Gesellschaft gehört, die sie zugleich verstehen und verändern will. Anders als Horkheimer müssen wir diese Pointe freilich nicht im Vokabular von Subjekt und Objekt fassen. Anschlussfähiger an heutige Diskussionen ist es, die Selbstreflexivität kritischer Theorien als reflexives Verhältnis ihrer theoretischen Praktiken zu den eigenen Existenzbedingungen zu verstehen.

Die Selbstreflexivität kritischer Theorie führt zu einem anderen Bild ihrer Subjekte als interessierte Theorieschaffende, doch folgt daraus nicht, dass kritische Theorie eine Art naive Standpunkttheorie ist. Horkheimer wendet sich deutlich gegen die Vorstellung, kritische Theorie bestehe »wesentlich im Formulieren der jeweiligen Gefühle und Vorstellungen einer Klasse« (TkT, S. 188). Dass kritische Theorie die Emanzipation der Gesellschaft zum Ziel habe, bedeute nicht, dass die soziale Position und die Interessen der kritischen Theoretiker*innen mit dem sozialen Standpunkt und dem Interesse des Proletariats übereinstimmen müssten. Im Gegenteil gehöre es zur Aufgabe kritischer Theorie, in alle Richtungen wachsam zu bleiben: ihre Kritik müsse »aggressiv nicht nur gegenüber den bewußten Apologeten des Bestehenden [sein], sondern ebensosehr gegenüber ablenkenden, konformistischen oder utopistischen Tendenzen in den eigenen Reihen« (TkT, S. 190). Kritische Theorie sei Bestandteil des Kampfes gegen den Status quo und für die Emanzipation der Gesellschaft im Ganzen, kein bloßes Anhängsel einer bestehenden Klasse, auf deren Veränderung eine solche Emanzipation eben auch hinauslaufe.

Zudem sei sich die kritische Theorie der Tatsache bewusst, dass ihr reflexives Verhältnis zu den Existenzbedingungen der eigenen wissenschaftlichen Praxis nicht heißen dürfe, Theorie und Praxis einfach in eins fallen zu lassen – schon deshalb, weil ihr Kampf für die Emanzipation der Gesellschaft nicht bereits deren Emanzipation bedeute. Wolle kritische Theorie ernsthaft für eine solche Befreiung kämpfen, müsse sie für die Reproduktion der eigenen Existenzbedingungen sorgen, ohne sich einfach auf eine Tradition – wie die traditionelle Theorie – verlassen zu können:

> Die möglichst strenge Weitergabe der kritischen Theorie ist freilich eine Bedingung ihres geschichtlichen Erfolgs; aber sie vollzieht sich nicht auf dem festen Grund einer eingeschliffenen Praxis und fixierter Verhaltensweisen, sondern vermittels des Interesses an der Umwandlung, das sich zwar mit der herrschenden Ungerechtigkeit notwendig reproduziert, aber durch die Theorie selbst geformt und gelenkt werden soll und gleichzeitig wieder auf sie zurückwirkt. (TkT, S. 214 f.)

Das Weiterbestehen kritischer Theorie hängt Horkheimer zufolge an der Reproduktion des Interesses an Emanzipation, und obgleich kritische Theorie auf die traurige Gewissheit zählen darf, dass die

Gesellschaft durch ihren katastrophalen Zustand dafür zuverlässig sorgt, muss sie doch das Bewusstsein für die herrschenden Ungerechtigkeiten wachhalten und ihm insbesondere eine klare Richtung geben.

(4) Bis hierher habe ich Horkheimers Programm so weit rekonstruiert, dass erkennbar wird, wie aus dem Ziel (der Emanzipation der Gesellschaft im Ganzen) und dem Gegenstand des Wissens kritischer Theorie (ebenjene Gesellschaft) folgt, dass sie ihr Wissen als eigenständig emanzipierend wirksames Wissen verstehen muss, da sie sonst derselben Dichotomie von passivem Wissen und aktiver Anwendungspraxis verfallen würde wie die traditionelle Theorie, die darin ihre Verhaftung in der bürgerlichen Ideologie offenbart. Davor bewahrt die kritische Theorie ihre Einsicht, die eigenen Existenzbedingungen mitreflektieren zu müssen. Sie hat daher ein anderes Verhältnis zu ihren interessierten Subjekten und dem emanzipierend wirksamen Wissen, das sie in den sozialen Praktiken der Wissenschaft erschaffen. Diese Selbstreflexivität kritischer Theorie hat darüber hinaus Konsequenzen für die *logische Struktur* ihres Wissens. Horkheimer hebt vor allem die für kritische Theorie wichtigste Urteilsform und ihren Begriff von Notwendigkeit hervor. Wir hatten bereits gesehen, dass Horkheimer das Wissen traditioneller Theorie deshalb als Gefüge hypothetischer Sätze beschreibt, weil ihr Bezug auf die als unabhängig von diesen Sätzen gedachte Wirklichkeit hypothetischen Charakter hat. Kritische Theorie dagegen sei »ein einziges entfaltetes Existenzurteil« (TkT, S. 201), denn nicht dem abstrakten hypothetischen Urteil gelte ihr Interesse – beispielsweise: wo Tauschwirtschaft herrscht, wird sich Kapitalismus entwickeln –, sondern dem Existenzurteil, dass sich die heute existierende Gesellschaft aus dem Tauschverhältnis ableiten lasse. Horkheimer stellt sich ein entfaltetes Existenzurteil folgendermaßen vor:

> Es besagt, grob formuliert, daß die Grundform der historisch gegebenen Warenwirtschaft, auf der die neuere Geschichte beruht, die inneren und äußeren Gegensätze der Epoche in sich schließt, in verschärfter Form stets aufs neue zeitigt und nach einer Periode des Aufstiegs, der Entfaltung menschlicher Kräfte, der Emanzipation des Individuums, nach einer ungeheuren Ausbreitung der menschlichen Macht über die Natur schließlich die weitere Entwicklung hemmt und die Menschheit einer neuen Barbarei zutreibt. (TkT, S. 201)

In einer Fußnote treibt Horkheimer seine Behauptung noch weiter und glaubt, eine historische Abfolge von Urteilsformen feststellen zu können: Demnach sei der Feudalismus durch kategorische Urteile (›so ist es‹) und die bürgerliche Gesellschaft durch hypothetische Urteile (›unter diesen und jenen Bedingungen könnte es so werden‹) gekennzeichnet. Die kritische Theorie erkläre dagegen: »es muß nicht so sein, die Menschen können das Sein ändern, die Umstände dafür sind jetzt vorhanden« (TkT, S. 201), und antizipiere dieser linearen Geschichtsvorstellung zufolge schon die Urteilsform einer zukünftigen emanzipierten Gesellschaft. Ein Argument für diese bijektiven Zuordnungen sucht man freilich – wie schon im Falle der Zuordnung hypothetischer Urteile zur bürgerlichen Gesellschaft – vergebens. Zwar ist die von Horkheimer angesprochene Kontingenzfeststellung sicherlich bedeutsam für kritische Theorien,[36] doch sein historisches Schema lädt unnötig große Begründungslasten auf die Schultern kritischer Theoretiker*innen.

Festhalten können wir das Desiderat, wonach eine Theorie, deren Urteile auf die Veränderung ihres Gegenstandes zielen, eines anderen Begriffs von Notwendigkeit bedarf. Traditionelle Theorie habe zwei Modelle, gemäß denen sie Notwendigkeit verstehe: mathematische Deduktion oder Naturgesetze.[37] Kritische Theorie habe dagegen einen agonalen Begriff von Notwendigkeit, der Freiheit voraussetze, selbst wenn sie noch nicht vorhanden sei. Da kritische Theorie ihren Gegenstand – Gesellschaft – nicht als etwas von ihren eigenen Erkenntnispraktiken und den Subjekten, die darin engagiert sind, Getrenntes verstehe, so Horkheimers Argument, lokalisiere sie Notwendigkeit innerhalb des Spiels von Kräften und Gegenkräften. Notwendigkeit bedeute demnach die Ohnmacht spezifischer Subjekte gegenüber bestimmten Kräften, doch diese Ohnmacht selbst verweise auf die Erfahrung, Hindernisse und entgegenstehende Kräfte zumindest potenziell auch überwinden zu können (vgl. TkT, S. 204). Notwendigkeit festzustellen sei insofern

36 Zu Kontingenz als Grundlage von Adornos Kritik vgl. Thorsten Bonacker, *Die normative Kraft der Kontingenz. Nichtessentialistische Gesellschaftskritik nach Weber und Adorno*, Frankfurt/M., New York 2000. Zum Möglichkeitsdenken in der kritischen Theorie vgl. Gösta Ganter, *Möglichkeit. Über einen Grundbegriff der praktischen Philosophie und kritischen Gesellschaftstheorie*, Bielefeld 2021, Teil 2.

37 Horkheimer führt auch dies auf die Vorstellung eines von der Wirklichkeit strikt getrennten Wissens zurück (vgl. TkT, S. 203 f.).

stets mit der Aufforderung verbunden, dass hier Kämpfe erforderlich sind.

(5) Neben der logischen Struktur verändert sich auch der *epistemische Status* von Theorie, wenn diese reflexiv ihre eigenen Existenzbedingungen berücksichtigt. Wandeln sich die Bedingungen wissenschaftlichen Arbeitens, zieht das Horkheimer zufolge eine Transformation kritischer Theorie nach sich – und zwar nicht nur inhaltlich (weil sie sich auf den Gegenstand Gesellschaft richtet, der sich verändert hat), sondern auch strukturell (weil die Existenzbedingungen wissenschaftlicher Praxis dem Begriff von Theorie, die darin entsteht, nicht äußerlich sind). So können sich ältere und neuere Formen kritischer Theorie widersprechen, ohne dass die älteren dadurch automatisch entwertet würden, da Wahrheiten nicht ahistorisch seien. Horkheimer verfolgt diese Behauptung leider nicht über den Gedanken hinaus, dass das »Reden über Konstanz oder Wandelbarkeit der Wahrheit [...] streng genommen nur in polemischem Verstand sinnvoll [ist]« (TkT, S. 213), nämlich um die metaphysische Subjektvorstellung traditioneller Theorie zu entlarven. Auch in seinem zwei Jahre zuvor publizierten Aufsatz »Zum Problem der Wahrheit« erfahren wir wenig mehr darüber, wie die kritische Theorie – oder in der dort gewählten Terminologie: die »unabgeschlossene materialistische Dialektik«[38] – die Historizität von Wahrheit konzipieren kann, ohne in Relativismus zurückzufallen.[39] Doch immerhin deutet Horkheimer an, dass er eine solche Konzeption ausgehend vom Begriff der Bewährung gewinnen

38 Zum sachlichen Gehalt dieser terminologischen Verschiebung siehe Hauke Brunkhorst, »Dialektischer Positivismus des Glücks. Max Horkheimers materialistische Dekonstruktion der Philosophie«, in: *Zeitschrift für Philosophische Forschung* 39 (1985), S. 353-381, der Horkheimer insgesamt als »Anti-Philosophen« (ebd., S. 357) liest. Habermas hat dieses Stichwort mit der These aufgegriffen, Horkheimer wolle Philosophie »mit sozialwissenschaftlichen Mitteln fortsetzen« (Jürgen Habermas, »Bemerkungen zur Entwicklungsgeschichte des Horkheimerschen Werkes«, in: Alfred Schmidt, Norbert Altwicker (Hg.), *Max Horkheimer heute: Werk und Wirkung*, Frankfurt/M. 1986, S. 163-179, hier S. 164). Meine Beobachtung, dass Horkheimer den für seine Vorstellung von kritischer Theorie zentralen Begriff des wirksamen Wissens und das damit verbundene Konzept von Wahrheit nirgends zufriedenstellend geklärt hat, ließe sich als ein Preis dieser Ambition verstehen.

39 Vgl. dazu auch die Kritik von Theunissen, *Kritische Theorie der Gesellschaft*, S. 28-33, die allerdings rein philosophiehistorisch und so relativ unspezifisch bleibt.

möchte, den er gegen pragmatistische und formalistische Reduktionen als ebenfalls historisierbar verteidigt: »Die Wahrheit ist ein Moment der richtigen Praxis; wer sie jedoch unmittelbar mit dem Erfolg identifiziert, überspringt die Geschichte und macht sich zum Apologeten der je herrschenden Wirklichkeit [...].«[40]

Neben einer kritischen Infragestellung historisch erfolgloser Theorien brauche es ebenfalls das hartnäckige Festhalten an Wahrheiten, deren Bewährung an einer verkehrten Welt scheitere. Doch die Frage, wie wir erkennen können, welche Wahrheiten »[u]nbeirrbare Treue«[41] und welche Korrekturen verlangen, beantwortet Horkheimer nicht; er begnügt sich mit dem bereits bekannten Hinweis darauf, dass selbst die Kategorien und die logische Struktur der kritischen Theorie bzw. der unabgeschlossenen materialistischen Dialektik noch historischem Wandel unterliegen. Insofern brauche es eine historische informierte Gesellschaftstheorie, die selbst noch die erkenntnistheoretischen Begriffe auf ihre Angemessenheit in Bezug auf die gegenwärtige Gesellschaft überprüfen könne. Den Sprung von der programmatischen Forderung zur Einlösung des Gedankens bleibt Horkheimer schuldig.[42]

### 2.2.3 Zweierlei Wirksamkeit

Meine Rekonstruktion von Horkheimers fünf Kontrasten zwischen kritischer und traditioneller Theorie demonstriert, dass die Differenz der beiden Theorieformen *nicht* darin besteht, dass die eine passives und die andere aktives Wissen produziert. Eine solche Deutung würde das Verständnis der traditionellen Theorie von ihrem eigenen Wissen für bare Münze nehmen und damit ihre Ideologie undurchschaut bekräftigen. Die Selbstreflexivität kritischer Theorie, die zentral für eine ganze Reihe ihrer Besonderheiten

40 Max Horkheimer, »Zum Problem der Wahrheit«, in: ders., *Gesammelte Schriften*, Bd. 3, Frankfurt/M. 1988, S. 277-325, hier S. 305. Darauf werde ich in Kapitel 7.3 zurückkommen.

41 Ebd., S. 304.

42 Viele Interpret*innen weichen in diesem Punkt aus. So fragt z. B. Abromeit, *Max Horkheimer*, S. 330-335, explizit nach Horkheimers Wahrheitsbegriff und den Bewährungskriterien für die Existenzialurteile kritischer Theorie, begnügt sich aber anschließend damit, Horkheimers Pragmatismuskritik zu erläutern, und antwortet nicht mehr auf die vom ihm selbst aufgeworfenen Fragen.

ist, lässt vielmehr erkennen, inwiefern auch traditionelle Theorie eigenständig wirksames Wissen schafft, dessen politische Wirksamkeit jedoch leugnet, wodurch sie sich umso ungehinderter entfalten kann. Während damit die erste der beiden Aufgaben erfüllt ist, die ich zu Beginn in Horkheimers Text lokalisiert habe, müssen wir uns nun ansehen, wie er die zweite Aufgabe löst, zwischen der eigenständigen Wirksamkeit des Wissens traditioneller und kritischer Theorie zu unterscheiden.

Die Aufgabe wirkt auf den ersten Blick trivial: Kritische Theorie produziert jene Art eigenständig wirksamen Wissens, das die Emanzipation der Gesellschaft im Ganzen befördert, während traditionelle Theorie eigenständig wirksames Wissen schafft, das den Status quo verteidigt. Aber diese Antwort überzeugt nicht, weil Horkheimer erstens selbst auf den von traditioneller Theorie erzeugten Fortschritt hinweist und weil diese Differenz zweitens dem Status quo zu viel normatives Gewicht verleihen würde.

Was den Fortschritt betrifft, äußert sich Horkheimer sehr klar. Traditionelle Theorie – vor allem in Form der Naturwissenschaften – kann sich ihren Beitrag zum technischen Fortschritt anrechnen (vgl. TkT, S. 179). Mag man auch die Bilanz für ambivalent halten, wenn man auf die Horkheimer wohl vor Augen stehenden Erfindungen des 19. Jahrhunderts blickt – die ja nicht nur unter anderem die Eisenbahn, die Pasteurisierung, den Kühlschrank und die Glühbirne umfassen, sondern auch das Maschinengewehr, Dynamit und Giftgas[43] –, jedenfalls kann man traditioneller Theorie kaum den Vorwurf machen, schlicht für Beharrung einzutreten. Deshalb stellt sie, verstanden als Teil der »materiellen Produktion«, für Horkheimer zumindest »der Möglichkeit nach ein Element nicht nur des gegenwärtigen, sondern auch eines gerechteren, differenzierteren und harmonischeren kulturellen Ganzen dar« (TkT, S. 179, vgl. 190 und 214).[44]

43 Ich übergehe hier naheliegende Bemerkungen über die Erfindungen sozialer Technologie wie der Biopolitik, auf die Michel Foucault, *Der Wille zum Wissen. Sexualität und Wahrheit 1*, Frankfurt/M. 2005, Teil V, hinweist, weil Horkheimer sich allein auf die Technik im engeren Sinne bezieht.

44 Es ist unklar, ob Horkheimer glaubt, die emanzipierte Gesellschaft werde weiterhin traditionelle Theorie benötigen. Meiner Rekonstruktion nach dürfte er seinen Verweis darauf, dass auch in dieser Gesellschaft Naturbeherrschung notwendig ist (vgl. TkT, S. 190), nicht so auffassen, als ob eine emanzipierte Natur-

Der zweite, theoretisch gesehen wichtigere Grund dagegen, die Grenze zwischen dem eigenständig wirksamen Wissen der kritischen und der traditionellen Theorie schlicht so zu ziehen, dass erstere auf eine Überwindung des Status quo drängt, letztere diesen dagegen verteidigt, ist die darin auftretende doppelte Ungenauigkeit des als normatives Kriterium bemühten herrschenden Zustands. Einerseits kann traditionelle Theorie sehr wohl nicht nur einen defizitären Zustand verteidigen, sondern energisch, kreativ und beharrlich dafür streiten, bereits errungene Momente der Emanzipation rückgängig zu machen – wie die Gegenwart eindrucksvoll lehrt. Insofern kann es andererseits emanzipatorisch sein, bestimmte Errungenschaften zu verteidigen. Die naheliegende Strategie, auf die *emanzipative* Überwindung des Status quo zu pochen und so Emanzipation gegen (technischen) Fortschritt abzugrenzen, würde nur dann weiterhelfen, wenn anschließend ein normatives Kriterium begründet werden könnte, das sowohl hinreichend stark ist, um diese Unterscheidung aufrechtzuerhalten, als auch historisch plausibel Fortschritt von Emanzipation differenzieren kann. Horkheimer aber bietet in seinem Aufsatz kein solches Kriterium an – ein deutlicher Hinweis darauf, dass er die zweite Aufgabe, zwischen dem Wissen kritischer und traditioneller Theorie zu unterscheiden, anders löst.

Horkheimer differenziert die Wirksamkeit nämlich nicht nur von ihrem Ziel bzw. ihrer Richtung her, sondern anhand der Qualität der Wirksamkeit des jeweiligen Wissens:[45] Kritische Theorie schafft eigenständig emanzipierend wirksames Wissen, das sich seiner emanzipierenden Wirksamkeit bewusst ist; traditionelle Theorie muss die eigenständige Wirksamkeit, die auch ihr Wissen besitzt, dagegen notwendig verleugnen. Mit anderen Worten:

wissenschaft noch traditionelle Theorie – nämlich der bürgerlichen Ideologie reiner Theorie anhängend – wäre. Horkheimer kann sich dagegen, so scheint es, Naturwissenschaft gar nicht anders denn als dem Begriff traditioneller Theorie verhaftet vorstellen. Inwiefern auch kritische Naturwissenschaften möglich sind, ist eine Frage, die innerhalb der ersten Generation Frankfurter kritischer Theorie, wohl unter dem starken Druck, sich gegen positivistische Einwände zu wehren, nie auch nur gestellt wurde.

45 Eben auch, weil er davon ausgeht, dass die traditionelle Theorie zum Zwecke der Naturbeherrschung in der emanzipierten Gesellschaft noch eine wichtige Rolle spielt – mit all den konzeptuellen Problemen, die er sich mit diesem Argument einhandelt.

Das Wissen der kritischen Theorie ist *selbstbewusstes*, eigenständig emanzipierend wirksames Wissen, das Wissen der traditionellen Theorie muss *unbewusst* eigenständig wirksames Wissen sein.

Damit ist natürlich nicht gemeint, dass traditionelle Theorie Wissen auf blinde Weise schafft – wie Horkheimer immer wieder betont, geht sie planmäßig vor, um nützliches Wissen für die bürgerliche Gesellschaft bereitzustellen. Aber ihre Vorstellung von der Wirkung des eigenen Wissens ist gerade nicht, dass dieses Wissen eigenständig wirksam ist, sondern dass es »angewandt« oder »gebraucht« werden muss; es wartet passiv auf die aktive Praxis, in der es eingesetzt wird. Sein hypothetischer Charakter, den es laut Horkheimer aufgrund der in der bürgerlichen Gesellschaft etablierten Arbeitsteilung gewinnt, führt dazu, dass die traditionelle Theorie die Wirksamkeit ihres Wissens nur nach dem Modell der subjektiven Umsetzung in Handlungen denken kann. Die dem Wissen eigenständig innewohnende Wirksamkeit – die allein ich mit dem Begriff wirksames Wissen bezeichne – entgeht der traditionellen Theorie aufgrund ihrer ideologischen Verblendung notwendig.

Kritische Theorie zeichnet sich dieser Deutung nach also nicht allein durch das von ihr geschaffene, eigenständig emanzipativ wirksame Wissen aus, sondern durch das von ihr produzierte *selbstbewusst* eigenständig emanzipativ wirksame Wissen. Das Verständnis ihrer eigenen Selbstreflexivität, deretwegen sich die kritische Theorie der eigenständigen Wirksamkeit ihres Wissens zwangsläufig bewusst wird, da sie es nicht als passiv abgespaltenes Produkt begreifen kann, ist kein zusätzlicher Gewinn ihres Interesses an Emanzipation. Vielmehr kann sie nur dank dieser Selbstreflexivität und der damit einhergehenden Einsicht in die Wirksamkeit des von ihr geschaffenen Wissens von der traditionellen Theorie abgegrenzt werden. Blicken wir zurück auf die fünf Kontraste, zeigt sich die Bedeutsamkeit der Selbstreflexivität kritischer Theorie, also ihr reflexiver Einbezug der Existenzbedingungen ihrer eigenen theoretischen Praxis: Wenn Ziel und Gegenstand des Wissens kritischer Theorie als Emanzipation der Gesellschaft im Ganzen bestimmt werden (1 und 2) und damit ihr Wissen bereits als aus sich selbst heraus wirksames vorausgesetzt wird, dann ist die Selbstreflexivität darin schon implizit gegeben. Die veränderte Auffassung der Subjekte kritischer Theorie sowie der logischen Struktur und des (von Horkheimer nur unzureichend geklärten) epistemischen

Status ihres Wissens (3, 4 und 5) folgen aus der Explikation dieser Selbstreflexivität. Insofern ist die Bestimmung des von kritischer Theorie produzierten Wissens als selbstbewusst eigenständig wirksames Wissen für Horkheimers Konzeption eine begriffliche Voraussetzung dafür, kritische Theorie auf die Emanzipation der Gesellschaft im Ganzen verpflichten zu können – womit dem Begriff eines wirksamen Wissens, das aus sich selbst heraus wirkt und gerade nicht der ideologischen Verblendung traditioneller Theorie gemäß als passives Wissen verstanden wird, zentrale Bedeutung zukommt. Wie für Adorno können wir daher auch für Horkheimer festhalten, dass die Vorstellung eigenständig wirksamen Wissens in seiner frühen Konzeption der kritischen Theorie nicht nur vorkommt, sondern dass dieser Begriff zugleich die Differenzierung zwischen traditioneller und kritischer Theorie mitträgt und insofern für die Theoriearchitektur der kritischen Theorie – zumindest so, wie sie Horkheimer 1937 artikuliert – ein unverzichtbares Fundament darstellt.

## 2.3 Wie wirkt kritische Theorie?

Mit diesem Ergebnis habe ich beide Ziele des Kapitels erreicht: Erstens habe ich sowohl für Adornos frühe Fassung von Philosophie als Deutung (und ihre Fortführung in der *Negativen Dialektik*) als auch für Horkheimers frühe Konzeption kritischer Theorie gezeigt, dass sie eigenständig wirksames Wissen voraussetzen. In der ersten Generation der Frankfurter Schule finden wir also die Annahme der Existenz wirksamen Wissens als eines Wissens, das aus sich selbst heraus wirkt. Zweitens wird in beiden Fällen dem Begriff wirksamen Wissens argumentativ mehr Gewicht verliehen als vielleicht zunächst vermutet: Ohne ihn lässt sich weder Adornos Bestimmung einer in der Wirklichkeit intervenierenden Deutung durch die Philosophie noch Horkheimers Differenzierung zwischen traditioneller und kritischer Theorie aufrechterhalten. Obwohl beide den für ihre Konzeptionen wichtigen Gedanken unausgeführt lassen, dass Wissen als eigenständig wirksam begriffen werden muss, sind die Existenz und die Signifikanz der Annahme wirksamen Wissens damit gezeigt.

Offen geblieben ist allerdings, wie Adorno und Horkheimer sich die eigenständige Wirksamkeit des Wissens jeweils erklären, wie also Adorno die Kraft bestimmt, dank der die kritischen Diagnosen jene Probleme zerstören, die zu ihnen Anlass gaben, und wie Horkheimer die Wirksamkeit (theoretischen) Wissens konzipiert, da ja sowohl kritische als auch traditionelle Theorie wirksames Wissen produzieren. Auf wen oder was wirkt die Kraft dieses wirksamen Wissens ein, in welcher Weise, und woher kommt sie?

In meiner Rekonstruktion konnten wir immerhin die Umrisse zweier Antworten auf die erste Frage erkennen: Adorno behauptet, dass die Konstellationen, die Philosophie als Deutung schafft, auf unsere Begriffe einwirken, die uns die Wirklichkeit erschließen und untrennbar mit dieser Wirklichkeit verbunden sind. Deshalb kann Adorno die Wirksamkeit seiner kritischen Diagnosen auf Begriffe umstandslos als Wirksamkeit in der Wirklichkeit begreifen, und zwar insbesondere auf die Subjekte, die mit diesen Begriffen hantieren und von ihnen geleitet werden. Auch Horkheimer zufolge richtet sich die eigenständige Wirksamkeit des (theoretischen) Wissens in erster Linie auf die Subjekte, die dem wirksamen Wissen ausgesetzt werden, und wiederum wirkt die Kraft des Wissens vermittels einer Veränderung der welterschließenden Begriffe und ihrer Verknüpfungen auf die Adressaten kritischer (oder traditioneller) Theorie. Adorno und Horkheimer greifen also auf die Vorstellung einer selbstformenden Kraft wirksamen Wissens zurück: Das Wissen der (kritischen) Theorie bzw. der kritischen Diagnosen wirkt auf seine Adressat*innen, indem es die ihnen zur zweiten Natur gewordenen Begriffe, die ihnen die Welt auf spezifische Weise zugänglich machen, verändert (bei Adorno: »zerstört«). Es ist wohl gerechtfertigt, diese Wendung der Kraft eigenständig wirksamen Wissens gegen die eingespielten, unhinterfragt operierenden Begriffe, mit denen die Adressaten der kritischen Theorie ihre Welt sowie sich selbst begreifen (und in sie eingreifen), »ideologiekritisch« zu nennen.[46] Die Wirksamkeit des Wissens kritischer Theorie zielt

46 In Raymond Geuss' so knappen wie treffenden Worten: »Das Kernstück der kritischen Theorie der Gesellschaft ist ihre Kritik der Ideologie. Die Gesellschaftsmitglieder werden nämlich durch ihre Ideologie daran gehindert, ihre wahre Situation und ihre wirklichen Interessen zu erkennen; sollen sie sich befreien von gesellschaftlicher Unterdrückung, so müssen sich die Handelnden ihrer ideologischen Illusion entschlagen.« (Raymond Geuss, *Die Idee einer kritischen Theorie*, Königstein 1983, S. 10.)

primär auf die Befreiung ihrer Adressat*innen aus ihrer »ideologischen Gefangenschaft«[47] und damit auf eine Veränderung sowohl der Subjektivität dieser Adressat*innen als auch deren Wirklichkeit. Dass Emanzipation so nicht schon erreicht, sondern nur ermöglicht oder bestenfalls momenthaft vorweggenommen werden kann, darüber täuschen sich weder Adorno noch Horkheimer, die beide darauf hinweisen, dass dieser neue Weltbezug ohne den Übergang in die Praxis scheitern, ja seinerseits ideologisch (in einer für die Theorie spezifischen ideologischen Gestalt: nämlich idealistisch) werden muss. Doch die kurzzeitige Befreiung von unserem eingespielten Begriffsapparat erlaubt die Erfahrung, dass eine andere Subjektivität und eine andere Welt möglich sind. Kritik, so können wir festhalten, ist in den frühen Texten von Adorno und Horkheimer keine vermessende Tätigkeit, die die bestehende Wirklichkeit mit wie auch immer erschaffenen normativen Maßstäben vergleicht und ihr Urteil fällt. Kritik ist stattdessen eine Praxis, in der eigenständig wirksames Wissen erzeugt wird, das in die Wirklichkeit interveniert und die ihm ausgesetzten Subjekte emanzipiert.[48] Der Annahme eines von sich aus wirksamen Wissens kommt damit erhebliches Gewicht zu, da sie für diese eigentümliche Form von Kritik fundamental ist.

Damit wird es umso dringlicher, die genaue Gestalt dieses kritischen oder konstellativen Wissens zu bestimmen, zu dem wir bisher nur von Adorno den Hinweis erhalten haben, dass es zwar aus Sätzen gemäß der Form identifizierender Urteile – F(a) – besteht, aber in der Konstellation solcher Sätze darüber hinausgeht, das heißt nicht auf eine additive Weise als $F_1(a_1) \wedge F_2(a_2) \wedge \ldots \wedge F_n(a_n)$ verstanden werden kann.[49] Das bedeutet auch, dass wir das selbstbewusst eigenständig wirksame Wissen der (frühen) Kritischen Theorie nicht auf die Formel »S weiß, dass *p*« bringen können. Diese Gemeinsamkeit mit Platons gefährlich wirksamem Wissen der Philosophie werde ich im ersten Zwischenfazit genauer erörtern; an

47 Ich entlehne diesen Begriff David Owen, »Kritik und Gefangenschaft. Genealogie und Kritische Theorie«, in: Axel Honneth, Martin Saar (Hg.), *Michel Foucault – Zwischenbilanz einer Rezeption. Frankfurter Foucault-Konferenz 2001*, Frankfurt/M. 2003, S. 122-144.

48 Zur Unterscheidung solcher »Bilder« von Kritik und zur Diskussion ihrer epistemologischen Prämissen siehe Kapitel 5.

49 Ich gebrauche hier das aus der Logik gewohnte Zeichen $\wedge$ für die Konjunktion.

dieser Stelle kommt es mir zunächst auf Folgendes an: Wenn die Kraft wirksamen Wissens auf die Subjekte gerichtet ist, die diesem Wissen ausgesetzt sind, und deren Subjektivität deshalb verändern kann, weil sie ihren begrifflichen Weltzugang beeinflusst, dann ist damit bereits die zweite Frage nach der Art der Kraft beantwortet. Es ist eine selbstformende Kraft, eine eigenständige Wirksamkeit, die eine aktive Rolle in der (Re-)Konstitution von Subjekten spielt. Diese unscheinbare Folgerung aus der Antwort auf die erste Frage birgt einiges an Sprengkraft, wenn man sie als indirekte Zurückweisung einer bestimmten Weise versteht, das Problem des »Subjekts der kritischen Theorie« aufzuwerfen. Denn so wurde die Frage nach der Wirksamkeit der kritischen Theorie zumeist gestellt: Wer sind ihre Adressat*innen und auf wen darf sie als Verbündete im Kampf für die emanzipierte Gesellschaft rechnen, die sie allein nicht errichten kann?[50]

Dazu sollte man wohl zunächst festhalten, dass Adorno und Horkheimer erstaunlich wenig darum bemüht sind, dieses Problem zu lösen, beispielsweise indem sie politische Kämpfe, soziale Bewegungen oder sonstige Gruppen auszumachen versuchen, die als Verbündete für die emanzipatorischen Kämpfe der kritischen Theorie in Frage kommen. Beide verwenden viel mehr Energie darauf, das besondere Wissen der kritischen Theorie präzise zu bestimmen und gegen Rivalen wie Wissenssoziologie (die ebenfalls eine kategorial andere theoretische Praxis einzuführen scheint) oder Positivismus (der ebenfalls den Idealismus bekämpft) abzugrenzen. Gerade mit Blick auf solche innertheoretischen Abwehrkämpfe ist die verbreitete Formulierung des Problems unzureichend, denn sie

50 Folgt man Dubiels Argumentation, ist es für die kritische Theorie ab 1937 konstitutiv, nicht mehr mit dem Proletariat als Adressat der Kritischen Theorie und mögliches Subjekt emanzipatorischer Revolutionen zu rechnen, sondern das Subjekt nicht eindeutig zu bestimmen und die kritischen Theoretiker*innen in eine Position der Marginalität zu rücken (Helmut Dubiel, *Wissenschaftsorganisation und politische Erfahrung. Studien zur frühen Kritischen Theorie*, Frankfurt/M. 1978, S. 119 f.). Spätestens seit Habermas ist die »Öffentlichkeit« zur Chiffre für die Adressat*innen kritischer Theorie geworden. Vgl. zur Frage des Subjekts Kritischer Theorie am Leitfaden des für die kritische Theorie notwendig vorausgesetzten emanzipatorischen Interesses zuletzt Axel Honneth, »Gibt es ein emanzipatorisches Erkenntnisinteresse? Versuch der Beantwortung einer Schlüsselfrage kritischer Theorie«, in: ders., *Die Armut unserer Freiheit. Aufsätze 2012–2019*, Berlin 2020, S. 290-319.

legt nahe, das Wissen der kritischen Theorie und die Praxis einer emanzipatorischen Umgestaltung der Gesellschaft getrennt zu denken, so dass wir zu dem von Horkheimer als ideologisch verblendeten Wissensbegriff der traditionellen Theorie zurückkehren müssten. Demnach gäbe es einerseits die Praxis kritischer Theorie, die ein bestimmtes Wissen erzeugt, und andererseits eine Gruppe (oder eine Reihe von Gruppen) von Akteuren, die mithilfe dieses Wissens den Kampf um die Emanzipation der Gesellschaft besser oder überhaupt erst führen können. Angesichts dieser Fassung der Frage nach der Wirksamkeit kritischer Theorie, die der missverständlichen Formulierung des Problems entspringt, wer eigentlich das Subjekt kritischer Theorie sein könne, hören wir nur allzu häufig Antworten, die abgeklärt-pessimistisch das Fehlen eines solchen Subjekts feststellen und unter dem Mantel grimmig-realistischer Resignation gegenwärtige Kämpfe summarisch abwerten.

Wenn das Wissen kritischer Theorie dagegen als eigenständig selbstformend wirksames Wissen einer spezifischen Form von Ideologiekritik konzipiert wird, dann sind die Adressat*innen der kritischen Theorie nicht von deren Wissen getrennt zu denken. Vielmehr soll dieses Wissen dabei mitwirken, die Subjektivität dieser Adressat*innen zu formen.[51] Die Erklärung der eigenständigen Wirksamkeit des Wissens kritischer Theorie muss also die Prämisse eines unabhängig davon existierenden Subjekts der kritischen Theorie zurückweisen, weil diese Wirksamkeit an der Konstitution des Subjekts – oder besser: der Subjekte – beteiligt ist.[52] Das heißt

51 In diesem Sinne stimme ich Thompson zu, dem zufolge die frühe kritische Theorie davon ausging, dass »kritisches Wissen die Absicht hatte, nicht bloß Wissen anzuhäufen, sondern die Fähigkeit befördern sollte, soziale Akteure zu transformieren. Je mehr das Wissen des Subjekts vom Objekt verändert wurde, desto mehr würde sich das Subjekt selbst verändern. Das Ergebnis sollte eine Transformation nicht bloß der Perspektive des Subjekts sein, sondern die Metamorphose des Subjekts von einer kontemplativen Analystin in einen aktiven, rationalen Akteur in der Welt.« (Thompson, »Critique as the Epistemic Framework of the Critical Social Sciences«, S. 231.)

52 Die erste, negative Hälfte dieser These vertritt auch Honneth, der allerdings daran so anschließt, dass kritische Theorie deshalb jene Vernunft in Praxis umsetzen will, die durch die »soziale Pathologie entstellt, aber nicht beseitigt worden ist« (Axel Honneth, »Eine soziale Pathologie der Vernunft. Zur intellektuellen Erbschaft der Kritischen Theorie«, in: ders., *Pathologien der Vernunft. Geschichte und Gegenwart der Kritischen Theorie*, Frankfurt/M. 2007, S. 28-56, hier S. 50).

nicht, dass man die Frage nach den Adressat*innen kritischer Theorie einfach verwerfen sollte, sondern dass man sie unter Berücksichtigung der selbstformenden Wirksamkeit ihres Wissens anders stellen muss. Die Frage nach dem Subjekt kritischer Theorie reduziert sich weder auf Überlegungen, welche Gruppe von unterdrückten, marginalisierten oder exkludierten Subjekten heute anzusprechen wäre, noch auf eine Suche nach den Erfahrungen, die Subjekte besonders geneigt machen, kritischer Theorie zuzuhören – beides gewissermaßen Formen, die eigene »Zielgruppe« möglichst homogen zu bestimmen, um dann die eigene Theorieproduktion darauf abzustimmen. Stattdessen wäre zu ermitteln, in welcher Weise die kritische Theorie ihr eigenständig wirksames Wissen vorbringt, also wie sie den Kontakt zu einem heterogenen Publikum so gestaltet, dass sie auf dieses zu wirken vermag. Welche Räume muss kritische Theorie schaffen, um die selbstformende Wirksamkeit ihres Wissens entfalten, ja maximieren zu können – und welche Grenzen muss sie einhalten, um nicht bloße Überwältigung zu werden? Allerdings darf man solche sich selbst in den Arm fallenden Erwägungen wie die zuletzt genannte Frage derzeit zurückstellen: Gegenwärtig gehört übergroße Wirksamkeit nicht zu den drängendsten Problemen kritischer Theorie.

Zu klären bleibt die dritte Frage, aus welcher Quelle das wirksame Wissen seine selbstformende Kraft schöpft – dazu schweigen sowohl Adorno als auch Horkheimer. Beide setzen zwar voraus, dass es wirksames Wissen in dem Sinne gibt, dass dieses Wissen von sich aus und damit vor jeder »Anwendung« durch eine diesem Wissen externe Praxis wirkt, und beide verleihen dieser Annahme zentrale Bedeutung, insofern sie das spezifische Modell ihrer Kritik informiert. Doch woher die Kraft dieses Wissens kommt und in welchen Begriffen wir sie reflektieren könnten, dazu sagen Adorno und Horkheimer nichts. Das ist vielleicht schon darum nicht verwunderlich, als beide die Vorstellung eigenständig selbstformend wirksamen Wissens nur implizit in Anspruch nehmen, aber nicht selbst erläutern. Dieser Aufgabe werde ich mich in Teil III zuwenden. An dieser Stelle bleibt mir vorerst nur, darauf hinzuweisen, was verloren ginge, würde man gegen die vorgelegte Interpretation auf dem Standardbild eines passiven Wissens beharren, das erst aktive Subjekte in Handlungen wirksam werden lassen. Eine mit diesem Bild operierende Interpretation müsste Horkheimers Unterscheidung von kritischer und traditioneller Theorie vom Standpunkt traditioneller Theorie aus verstehen und sähe sich insofern seiner Kritik daran ausgesetzt; sie würde, mit anderen Worten, Horkheimers Radikalität unterschätzen und Inkonsistenzen in sein Denken einführen. Im Falle von Adornos Konzeption des Begriffs zerstörenden Wissens, das Philosophie als Deutung schafft, würde man seiner Tendenz nachgeben, die Wirksamkeitsunterstellung abzuschwächen, bis die Antrittsvorlesung nur noch als jugendlicher Überschwang zu verstehen ist. Damit verliert man nicht nur werkimmanent wichtige Kontinuitäten aus den Augen, man beraubt sich auch der Möglichkeit, ein Kritikmodell zu entdecken, das Kritik nicht als Tätigkeit des Vermessens denkt, sondern als Emanzipation: als uns Freilassen von unseren Begriffen, in die wir uns einsperren – teils selbst, teils wechselseitig. Adorno mit dem Standardbild passiven Wissens zu verstehen, führt dazu, diese zu Beginn der Frankfurter Schule entwickelte Vorstellung von Kritik zu verdecken und macht insofern diese Tradition ärmer.

# Kapitel 3: Rawls' befriedendes Wissen

Als drittes Beispiel, um die Existenz der Annahme eigenständig selbstformend wirksamen Wissens in der Philosophie zu belegen, betrachte ich John Rawls' Überlegungen zu den Aufgaben und dem begrifflichen Status politischer Philosophie. Wenn es mir gelingt, in der einflussreichsten Position der modernen analytischen politischen Philosophie die Annahme der Existenz eigenständig wirksamen Wissens nachzuweisen, erweitert das noch einmal drastisch die Spannbreite philosophischer Positionen, in denen diese Vorstellung operativ ist: Von Platons antiker Philosophie über die frühe kritische Theorie bis hin zum zeitgenössischen politischen Liberalismus, so ließe sich dann behaupten, finden wir immer wieder an zentralen Stellen in den jeweiligen Argumentationen die Annahme, dass eigenständig wirksames Wissen existiert. Selbst wenn sie nie eigens diskutiert wird, dürften die Existenz dieser Annahme und die implizite Inanspruchnahme eines Begriffs eigenständig wirksamen Wissens in der Philosophiegeschichte damit als belegt gelten.

Mein Hauptanliegen in diesem Kapitel gilt daher dem Nachweis, dass Rawls implizit die *Existenz* eigenständig selbstformend wirksamen Wissens annimmt und dass diese Annahme eine wichtige Funktion für seine Argumentation erfüllt, also theoriestrukturell große *Relevanz* besitzt. Dazu beginne ich mit Rawls' programmatischen Überlegungen zur Rolle politischer Philosophie: Die vier Aufgaben, die er der politischen Philosophie insgesamt aufgibt, setzen für ihre anvisierte Erfüllung voraus, so werde ich argumentieren, dass das Wissen der politischen Philosophie aus sich selbst heraus wirksam ist. Nur wenn die politische Philosophie eigenständig selbstformend wirksames Wissen produziert, kann sie die Rolle spielen, die sie Rawls zufolge spielt bzw. spielen soll (3.1).

Das gilt selbstverständlich auch für Rawls' eigene politische Philosophie. Der politische Liberalismus muss selbst wirksames Wissen sein, um seinen eigenen, explizit formulierten Ansprüchen zu genügen. Deshalb setzt Rawls eine Reihe von Überzeugungstechniken ein. Beispielhaft belegen werde ich dies an dem für den späten Rawls zentralen Nachweis, dass trotz des Faktums eines vernünftigen Pluralismus ein »übergreifender Konsens« möglich ist, also an seinem Argument dafür, dass wir einen Bereich geteilter politischer Überzeugungen finden können, denen Individuen aus je unterschiedlichen Gründen zustimmen, obwohl wir in modernen demokratischen (und insbesondere in gerecht eingerichteten, das heißt wohlgeordneten) Gesellschaften von einer Vielzahl »vernünftiger umfassender Lehren« ausgehen müssen, die die Mitglieder dieser Gesellschaften vertreten und die prinzipiell nur durch illegitime Gewalt vereinheitlicht werden können (3.2).

Nachdem wir an diesem Argument die Überzeugungstechniken studiert haben und insbesondere die strategische Bedeutung der mit ihnen bewirkten Setzungen von begrifflichen Unterscheidungen sowie der Einführung exkludierender Prämissen kennengelernt haben, wende ich mich der für den politischen Liberalismus so wesentlichen Unterscheidung von idealer und nichtidealer Theorie zu. Denn aus der Setzung dieser Differenz – und nicht primär aus der häufiger diskutierten Parteinahme für oder gegen eine der beiden Seiten – lässt sich ableiten, worauf das eigenständig selbstformend wirksame Wissen des politischen Liberalismus abzielt (3.3).

Ein Wort zur Textgrundlage und den Grenzen dieser Interpretation: Ich habe nicht den Anspruch, der Diskussion über den politischen Liberalismus substanzielle Thesen hinzuzufügen. Wie bei den bisherigen Diskussionen soll meine laterale Lektüre in erster Linie zeigen, dass Rawls innerhalb seiner eigenen Argumentation die Annahme von der Existenz eigenständig selbstformend wirksamen Wissens macht und dass diese für seine Argumentation von Relevanz ist. Weniger immanent ist allerdings mein Versuch, die Überzeugungstechniken darzustellen, mit denen der politische Liberalismus selbst als wirksames Wissen funktioniert; diese Analyse kann bestritten werden, ohne dass der erste und für die Gesamtargumentation meines Buches entscheidende Punkt seine Gültigkeit verliert. Freilich werden diejenigen, die meine Analyse der Überzeugungstechniken für richtig halten, auch meine Deutung des selbstformend wirksamen Wissens des politischen Liberalismus plausibler finden.

Innerhalb von Rawls' Werk liegt mein Fokus auf der späten, mit *Politischer Liberalismus* erreichten Ausarbeitung, da Rawls sich darin die selbstreflexive Aufgabe stellt, die eigene Rolle seiner Theorie im Kontext der von dieser Theorie beschriebenen Wirklichkeit zu klären. Diese Überlegungen bestimmen auch seine veränderte Argumentation für die beiden aus *Eine Theorie der Gerechtigkeit* bekannten Gerechtigkeitsprinzipien in *Gerechtigkeit als Fairneß. Ein Neuentwurf*. Ich nehme also – mit Rawls – einen retrospektiven Blick ein, dem die Prämisse zugrunde liegt, dass die späteren Überlegungen die früheren ersetzen. Die Beziehung zwischen beiden werde ich daher nicht weiter thematisieren; alle Widersprüche, Unklarheiten etc. werden zugunsten der späteren Formulierungen aufgelöst.

## 3.1 Das wirksame Wissen des politischen Liberalismus

Rawls beginnt den »Neuentwurf« seiner politischen Gerechtigkeitskonzeption, indem er seine grundlegenden Begriffe vorstellt und ihr Verhältnis zueinander klärt. Noch davor jedoch führt er aus, welche vier Rollen die politische Philosophie seiner Meinung nach in der politischen Öffentlichkeit spielt bzw. spielen kann und sollte.[1] Im Zuge dieser Beschreibung beansprucht er zugleich, dass seine politische Konzeption mit dem Namen »Gerechtigkeit als Fairness« alle vier Aufgaben (wenngleich teilweise mit spezifischen Einschränkungen) erfüllt.[2] Im Einzelnen handelt es sich dabei um die Aufgabe, ausgehend von den gesellschaftlichen Konflikten das Bedürfnis nach Ordnung zu befriedigen (1), Orientierung im »Raum aller möglichen Zwecke«[3] zu schaffen (2), uns mit unserer eigenen Gesellschaft zu versöhnen (3) und die Grenzen des politisch Möglichen zu erkunden (4).

1 Ein interessantes Detail ist, dass Rawls stets von den vier »Rollen [roles]« spricht, die politische Philosophie spielt. Auch wenn ich mich hier der deutschen Übersetzung darin anschließe, unterschiedslos »Rolle« und »Aufgabe« zu verwenden, bringt Rawls im Englischen klar zum Ausdruck, dass er nicht nur davon ausgeht, dass die politische Philosophie diese Aufgaben hat, sondern dass sie sie auch erfüllt und erfüllen soll. Rawls beschreibt, mit anderen Worten, wie sie *wirkt*, nicht nur, wie sie wirken *kann* und *soll*.

2 Soweit ich sehen kann, gibt es keine vorhergehende Beschreibung dieser vier Aufgaben bei Rawls. In John Rawls, *Geschichte der politischen Philosophie*, Frankfurt/M. 2008, Einleitung § 2.1, S. 36, wo er ebenfalls diese Aufgaben anspricht, verweist er auf die in *Gerechtigkeit als Fairneß* gegebenen Erläuterungen.

3 John Rawls, *Gerechtigkeit als Fairneß. Ein Neuentwurf*, Berlin 2014, § 1.2, S. 21. Im Folgenden zitiert als GF.

(1) *Die praktische Rolle politischer Philosophie.* Die erste Aufgabe, die politische Philosophie für die Öffentlichkeit einer Gesellschaft übernehme, bestehe darin, die tiefsitzenden politischen Konflikte innerhalb dieser Gesellschaft zu befrieden oder zumindest einzudämmen. Damit bediene die politische Philosophie zugleich ein Ordnungsbedürfnis, das in einflussreichen Werken aus der Geschichte der politischen Philosophie – Rawls nennt Montesquieu, Hobbes und Locke (vgl. GF, §1.1, S.19f.) – eine entscheidende Rolle spiele. Die praktische Aufgabe politischer Philosophie sei es also, die wichtigsten und am heftigsten umstrittenen Fragen, die den Konflikten einer politischen Gesellschaft zugrunde liegen, begrifflich klar zu fassen und nach geteilten moralischen oder philosophischen Überzeugungen zu suchen, mit deren Hilfe eine für alle an den Konflikten Beteiligten akzeptable Lösung gefunden werden kann. Wo dies unmöglich ist, solle die politische Philosophie zumindest anstreben,

> das an der Wurzel der Uneinigkeit stiftenden politischen Differenzen liegende Auseinandergehen der philosophischen und moralischen Meinungen soweit einzugrenzen, so daß unter Verhältnissen wechselseitiger Achtung der Bürger nach wie vor soziale Kooperation stattfinden kann. (GF, §1.1, S.20.)

Zwar entstünden diese Konflikte auch aus ökonomischen oder sozialen Gründen, doch die politische Philosophie – jedenfalls Rawls' politischer Liberalismus als ein spezifischer Strang der politischen Philosophie – konzentriere sich auf die philosophischen und moralischen Überzeugungen, die zu den unterschiedlichen politischen Auffassungen und Ansprüchen führen (vgl. GF, §1.1, S.21).

In ihrer ersten Rolle beschreibt die politische Philosophie also existierende politische Konflikte derart neu, dass sie in einander widerstreitenden Positionen gemeinsame Voraussetzungen aufdecken oder zumindest auf Konvergenzen hinweisen kann, die den Konfliktparteien so nicht bewusst waren und die ihnen eine Einigung miteinander oder zumindest gegenseitige Toleranz ermöglichen. Diese unspektakulär erscheinende Selbstbeschreibung setzt eine ungeheure Wirksamkeit des Wissens politischer Philosophie voraus, weil Rawls die verschiedenen philosophischen Doktrinen zum Beispiel in Bezug auf Freiheit als »Wurzeln« des Konflikts ansieht – und zwar als so wichtige, dass es für Rawls sinnvoll ist, sich auf ihre Behandlung zu beschränken: Er erwähnt andere mögliche Konfliktursachen – beispielsweise soziale oder ökonomische – nur, um sie sogleich als nicht wesentlich abzutun; die »Tiefe des Konflikts« (GF, § 1.1, S. 20) werde erst sichtbar, wenn die philosophischen Lehren erkannt würden, die den verschiedenen Auffassungen (in seinem Beispiel: der Freiheit) zugrunde lägen. Auch dies mag zunächst trivial erscheinen, zumal in einem Werk der politischen Philosophie; aber spätestens seit Marx ist die Begründungslast, um soziale oder ökonomische Konfliktursachen in der Philosophie einfach zu ignorieren, erheblich gewachsen. Implizit gibt Rawls uns also deutlich zu verstehen, was die entscheidenden »Wurzeln« der politischen Konflikte sind, welche die politische Philosophie in ihrer praktischen Rolle befrieden bzw. eindämmen soll. Politische Konflikte werden auf philosophische Differenzen zurückgeführt, was dem Wissen der politischen Philosophie von Anfang an große Wirksamkeit zuschreibt: nicht nur, weil es miteinander in Konflikt liegenden Parteien neue Perspektiven und dadurch sogar neue Verhaltensspielräume eröffnen kann, sondern auch, weil es die Konflikte erst verursacht, die es anschließend befriedet oder mildert. Es ist also Wissen, das wirkt.

(2) *Die orientierende Rolle politischer Philosophie*. Die zweite Aufgabe, die politische Philosophie Rawls zufolge für die Öffentlichkeit erfüllen kann und soll, besteht darin, den Mitgliedern dieser Öffentlichkeit Orientierung durch ein ihnen angemessenes politisches Selbstverständnis anzubieten. Sie kann ihnen erstens zeigen, wie

> die Angehörigen eines Volks ihre politischen und sozialen Institutionen insgesamt auffassen [können] sowie ihre grundlegenden Ziele und Zwecke als Mitglieder einer historisch gewordenen Gemeinschaft – einer Nation – im Gegensatz zu ihren Zielen und Zwecken als Individuen oder als Angehörige von Familien und Verbänden. (GF, § 1.2, S. 21.)

Zweitens kann die politische Philosophie den Mitgliedern der politischen Öffentlichkeit einer Gesellschaft darlegen, welches Selbstverständnis sie angesichts ihres eigenen politischen Status' entwickeln sollten; wie sie sich etwa in einer Demokratie als wechselseitig freie und gleiche Bürger*innen begreifen können. Die politische Philosophie erfüllt also ihre zweite Rolle, indem sie den Mitgliedern einer Gesellschaft Orientierung dadurch verschafft, dass sie ihnen zu einem angemessenen Verständnis ihrer politischen Gesellschaft und sich selbst in dieser Gesellschaft verhilft.

Es bedarf nur einer winzigen terminologischen Veränderung, um zu sehen, wie direkt Rawls damit die selbstformende Wirksamkeit philosophischen Wissens aufgreift, die wir im ersten Kapitel bei Platon ausführlich beschrieben gefunden haben. Wenn die politische Philosophie dadurch Orientierung liefert, dass sie die politischen Selbstverhältnisse der Bürger*innen verändert, dann müssen wir Rawls' politischen Liberalismus als philosophisches Erziehungsprogramm verstehen: Die politische Philosophie soll den praktisch-reflexiven Bezug der Subjekte auf sich selbst verändern, indem sie ihnen andere Vorstellungen vom Selbst und seinem Platz in der politischen Gesellschaft eingibt. Damit zielt das Wissen des politischen Liberalismus auf eine spezifische Selbstbildung derjenigen, die diesem Wissen ausgesetzt sind. Es ist, mit anderen Worten, selbstformend wirksames Wissen.

Dazu passt, dass Rawls den Begriff der Orientierung Kants Aufsatz »Was heißt: sich im Denken orientieren?« entnimmt. Darin bestimmt Kant das Vermögen der Orientierung – ob geographisch, mathematisch oder logisch[4] – als an ein subjektives »Gefühl«[5] gebunden, das den für jede Orientierung notwendigen subjektiven »Unterscheidungsgrund« liefert, aufgrund dessen ich verschiedene Richtungen differenzieren kann. Jemandem Orientierung zu liefern, bedeutet insofern, dessen subjektives Gefühl zu formen; im Falle der Orientierung im Denken also, seiner Vernunft die ihr eigenen Bedürfnisse beizubringen. Für Kant heißt das vor allem, zu klären, wo die Vernunft kein solches Bedürfnis, sondern »bloße[n] Vorwitz« hat, »der auf nichts als Träumerei ausläuft, danach [nach manchem Übersinnlichen; F.V.] zu forschen, oder mit Hirngespinsten der Art zu spielen«.[6] Eine Person im Denken zu orientieren, impft ihr also ein subjektives Gefühl als Basis für die eigenen gedanklichen Unterscheidungen ein und verändert so ihre Subjektivität tiefgreifend. Deshalb ist es kein großer Sprung, diese »Umwendung« der Vernunft als Selbstformung und sogar als Va-

4 Zu dieser sukzessiven Erweiterung des Begriffs vgl. Immanuel Kant, »Was heißt: sich im Denken orientieren?«, in: Wilhelm Weischedel (Hg.), *Werkausgabe Band V*, Frankfurt/M. 2006, S. 267-283, hier S. 269-272.

5 Ebd., S. 269.

6 Ebd., S. 273.

riation auf Platons »Umwendung der Seele« (siehe Kapitel 1.3) zu verstehen.[7]

(3) *Die versöhnende Rolle politischer Philosophie.* Die dritte Aufgabe politischer Philosophie besteht darin, die Mitglieder der Gesellschaft mit dieser Gesellschaft zu versöhnen. Rawls greift an dieser Stelle explizit Hegels *Grundlinien der Philosophie des Rechts* auf:

> Die politische Philosophie kann sich bemühen, unsere Enttäuschung und unseren Zorn auf die eigene Gesellschaft und deren Geschichte zu beschwichtigen, indem sie uns zeigt, inwiefern ihre Institutionen bei angemessener Betrachtung von einem philosophischen Blickpunkt rational sind und sich im Laufe der Zeit so entwickelt haben, um ihre jetzige vernünftige Form anzunehmen. (GF, § 1.3, S. 22)[8]

Rawls nennt zwei Aspekte der Wirklichkeit, bei denen die Versöhnung durch eine vernünftige Perspektive auf sie besonders dringend ist und bei denen diese Perspektive von der politischen Philosophie geliefert werden kann: Erstens geht es ihm erneut um die Tatsache, dass moderne Gesellschaften von tiefgreifenden Konflikten zwischen verschiedenen vernünftigen philosophischen und moralischen Lehren gekennzeichnet sind, die ihre Mitglieder für wahr halten. Dieses »Faktum eines vernünftigen Pluralismus« (GF, § 1.3, S. 22) – auf den ich in Abschnitt 3.2 und Kapitel 6 noch ausführlicher eingehe – erscheine den Gesellschaftsmitgliedern zwar häu-

7 Vgl. zur von Kant vorausgesetzten »Wendung zur Subjektivität«, die für jede Orientierung notwendig ist, Friedrich Kaulbach, »Weltorientierung, Weltkenntnis und pragmatische Vernunft bei Kant«, in: Friedrich Kaulbach, Joachim Ritter (Hg.), *Kritik und Metaphysik. Heinz Heimsoeth zum achtzigsten Geburtstag*, Berlin 1966, S. 60-75, hier S. 64 und 72.

8 Die entsprechende Passage bei Hegel lautet: »Was zwischen der Vernunft als selbstbewußtem Geiste und der Vernunft als vorhandener Wirklichkeit liegt, was jene Vernunft von dieser scheidet und in ihr nicht die Befriedigung finden läßt, ist die Fessel irgendeines Abstraktums, das nicht zum Begriffe befreit ist. Die Vernunft als die Rose im Kreuze der Gegenwart zu erkennen und damit dieser sich zu erfreuen, diese vernünftige Einsicht ist die Versöhnung mit der Wirklichkeit, welche die Philosophie denen gewährt, an die einmal die innere Anforderung ergangen ist, zu begreifen und in dem, was substantiell ist, ebenso die subjektive Freiheit zu erhalten sowie mit der subjektiven Freiheit nicht in einem Besonderen und Zufälligen, sondern in dem, was an und für sich ist, zu stehen.« (Georg Wilhelm Friedrich Hegel, *Grundlinien der Philosophie des Rechts oder Naturrecht und Staatswissenschaft im Grundrisse. Mit Hegels eigenhändigen Notizen und den mündlichen Zusätzen. Werke*, Bd. 7, Frankfurt/M. 2010, S. 26 f.)

fig als Problem und als schwerwiegender Verlust sozialer Einheit, doch die vernünftige Perspektive des politischen Liberalismus zeige ihnen, inwiefern das Faktum des vernünftigen Pluralismus selbst vernünftig »und in politischer Hinsicht womöglich sogar heil- und nutzbringend ist« (GF, § 1.3, S. 23).

Zweitens erfüllt der politische Liberalismus seine versöhnende Aufgabe in Bezug auf die Frage der Freiheit in einer politischen Gesellschaft: Wie kann ich in dieser nicht gewählten Vereinigung, in die ich ungefragt geworfen werde und die ich normalerweise erst durch meinen Tod verlasse, jemals frei sein? Der politische Liberalismus betrachtet dazu die (ideale) politische Gesellschaft als »faires System der langfristigen, von einer Generation zur nächsten fortwirkenden Kooperation« (GF, § 1.3, S. 23), in der die einzelnen Mitglieder sich dann gerechtfertigter Weise als frei ansehen dürfen, sofern die grundlegenden Institutionen ihrer Gesellschaft gerecht eingerichtet sind.

In dieser dritten Rolle tritt die selbstformende Wirksamkeit des Wissens politischer Philosophie noch deutlicher zu Tage als in der zweiten. Denn die Versöhnung der Individuen mit ihrer Gesellschaft soll dadurch erfolgen, dass nicht die Gesellschaft, sondern die Individuen sich ändern, indem die politische Philosophie sie lehrt, so auf ihre Gesellschaft zu blicken, dass diese den Blick »vernünftig« erwidert. Die an den Individuen und ihrem Verständnis der Gesellschaft ansetzende Veränderung geht sowohl aus Rawls' allgemeiner Beschreibung der versöhnenden Rolle politischer Philosophie nach Hegel hervor als auch aus der Wendung, die der politische Liberalismus den beiden Beispielen gibt. Abermals zielt das Wissen der politischen Philosophie auf eine Transformation der individuellen Selbstverhältnisse, diesmal, um die Individuen mit ihrer Gesellschaft zu versöhnen. In Rawls' allgemeiner Beschreibung dieser Aufgabe politischer Philosophie wird diese Selbstformung durch den politischen Liberalismus der Frage vorgeordnet, ob der Zustand der Gesellschaft und insbesondere ihre Geschichte uns nicht vernünftige Gründe liefert, auf die Gesellschaft zornig zu sein. Zwar merkt Rawls in einer Fußnote an, dass die politische Philosophie mit der Aufgabe der Versöhnung besonders Gefahr laufe, »mißbraucht zu werden, um einen ungerechten und unwürdigen Status quo zu rechtfertigen und somit im Marxschen Sinne ideologisch zu werden« (GF, § 1.3, S. 23, Fn. 4). Doch seine Ankündigung, deshalb ab und an überprüfen zu wollen, ob der politische Liberalismus ideologisch ist, löst er nicht ein.[9]

(4) *Die utopische Rolle politischer Philosophie.* Die letzte Aufgabe politischer Philosophie besteht darin, die Grenzen möglicher politischer Veränderungen der Gesellschaft auszuloten. Damit, so scheint es auf den ersten Blick, rückt die Transformation der Gesellschaft statt der individuellen Selbstverhältnisse in den Vordergrund, da die Leitfrage folgendermaßen lautet: »Wie wäre eine gerechte demokratische Gesellschaft unter einigermaßen günstigen, aber immerhin möglichen historischen Bedingungen beschaffen – also unter Bedingungen, die von den Gesetzen und Tendenzen der sozialen Welt zugelassen werden?« (GF, §1.4, S. 24) Die politische Philosophie soll mit dieser vierten Aufgabe die Rolle einer »realistische[n] Utopie« (GF, §1.4, S. 23) übernehmen, also das Modell einer besseren Gesellschaft vorzeichnen, indem sie die Grenzen der heute akzeptierten praktischen Möglichkeiten so ausdehnt, dass unsere Vorstellungskraft nicht über Gebühr beansprucht wird.[10]

9 Diesen Vorwurf hat in den letzten Jahren insbesondere Raymond Geuss dem politischen Liberalismus gemacht. Er knüpft dazu allerdings nicht an der Aufgabe der Versöhnung, sondern am Grundbegriff des subjektiven Rechts an: vgl. Raymond Geuss, *Kritik der politischen Philosophie. Eine Streitschrift*, Hamburg 2011, Teil II. Charles W. Mills, »›Ideal Theory‹ as Ideology«, in: *Hypatia* 20 (2005), S. 165-184, kritisiert auf ähnliche Weise Rawls' Vorstellung einer »idealen Theorie« als ideologisch. – Jörg Schaub deutet Rawls' Gesamtprojekt als »eines der Versöhnung (im Anschluss an Hegel)« (Jörg Schaub, *Gerechtigkeit als Versöhnung. John Rawls' politischer Liberalismus*, Frankfurt/M., New York 2009, S. 23) und wendet gegen solche Vorwürfe ein, dass weder Hegel noch Rawls einfach das Existierende als vernünftig voraussetzen, sondern nur das Wirkliche: dasjenige, was existiert und aufgrund seiner rationalen Struktur intelligibel ist (vgl. ebd., S. 85 f.). Damit werde Kritik nicht abgewürgt, sondern im Gegenteil ermöglicht; Rawls' politischer Liberalismus lasse sich »als eine[] vernünftige[] Rekonstruktion der liberal-demokratischen Kultur interpretieren, anhand der dann verdeutlicht werden kann, auf welche Weise die bestehenden liberalen Demokratien daran scheitern, die Prinzipien und Ideale zu realisieren, die ihren Grundstrukturen und Praktiken bereits immanent sind« (ebd., S. 88). Diese abstrakte Verteidigung des kritischen Potenzials von Rawls' politischem Liberalismus scheitert allerdings an Rawls' mangelndem Interesse für die Differenz der rational rekonstruierten und der real existierenden Grundstruktur, das Schaubs Rettungsversuch zwingend voraussetzt.

10 John Rawls, *Das Recht der Völker. Enthält: ›Nochmals: Die Idee der öffentlichen Vernunft‹*, Berlin 2002, definiert die Rolle politischer Philosophie als realistische Utopie so: »[D]ie Politische Philosophie [ist] in einem realistischen Sinne uto-

Doch obwohl Rawls anerkennt, dass damit die »tiefschürfende Frage« (GF, § 1.4, S. 24) aufgeworfen wird, wie wir unterscheiden können, was heute möglich oder politisch durchsetzbar ist und was nicht, glaubt er, sie nicht beantworten zu müssen. Denn welche Kriterien darüber entscheiden könnten, ob der politische Liberalismus eine realistische Utopie, nur realistisch (das heißt eine Verteidigung des Status quo) oder nur utopisch ist, verrät er nicht.

Eine derartige argumentative Schwäche, die es letztlich verunmöglicht, die vom politischen Liberalismus vorgeschlagenen Veränderungen der Gesellschaft als realistische Utopie zu beurteilen, fiele stärker ins Gewicht, wenn Rawls nicht abermals klarmachen würde, dass auch in dieser vierten Rolle die Transformation der Gesellschaft weniger wichtig ist als die Beeinflussung der individuellen Selbstverhältnisse von Mitgliedern dieser Gesellschaft. Denn die einzige der »historischen Bedingungen«, an der Rawls Interesse zeigt, ist keine historisch gegebene politische, soziale oder ökonomische Einschränkung der politischen Vorstellungskraft und Handlungsfähigkeit, sondern eine philosophische, womit tatsächlich aus der vierten Aufgabe eine Variante der dritten wird. Die von Rawls ins Zentrum der Aufmerksamkeit gerückte Grenze, jenseits deren politische Vorstellungen nur noch utopisch und keine »realistischen Utopien« mehr sind, ist abermals das Faktum eines vernünftigen Pluralismus:

> Letzten Endes wollen wir fragen, ob das Faktum des vernünftigen Pluralismus ein historisch gegebenes Schicksal ist, das wir bedauern sollten. Der Nachweis, daß es sich nicht so verhält bzw. daß es ganz erhebliche Vorteile hat, würde dazu beitragen, uns zum Teil mit unserer Lage zu versöhnen. (GF, § 1.4, S. 24)

Selbst in der Rolle einer »realistischen Utopie« ist also die für Rawls wesentliche Aufgabe der politischen Philosophie, mit ihrem Wissen so auf die Selbstverständnisse der Individuen einzuwirken, dass diese die philosophischen Grenzen politischer Vorstellungskraft

pisch, wenn sie das, was man üblicherweise als Grenzen des praktisch-politisch Möglichen betrachtet, ausdehnt und uns, indem sie das tut, mit unseren politischen und sozialen Lebensbedingungen versöhnt« (ebd., § 1.1, S. 13). Obwohl er für § 1.4 in *Gerechtigkeit als Fairneß* viele Sätze identisch aus *Das Recht der Völker* übernimmt, fehlt dort diese Bestimmung – vermutlich, weil darin die dritte und vierte Rolle politischer Philosophie vermengt werden.

nicht länger bedauern oder zu überschreiten wünschen. Wie schon anhand der ersten Aufgabe bemerkt, übergeht Rawls auch in der vierten jede Überlegung, inwieweit historisch gegebene politische, soziale und ökonomische Bedingungen philosophisch relevant sein könnten, indem er sie ohne weitere Begründung ausschließt.

Zusammengefasst zeigt Rawls' Vorstellung der Aufgaben politischer Philosophie, dass er in allen vier Aufgaben implizit von der selbstformenden Wirksamkeit des Wissens politischer Philosophie ausgeht. Das wird insbesondere in seiner Beschreibung der orientierenden (zweiten), der versöhnenden (dritten) und der utopischen (vierten) Rolle politischer Philosophie deutlich, weil er in diesen drei Fällen mit dem Wissen der politischen Philosophie eine Veränderung in den Subjektivitäten derjenigen zu erzielen beabsichtigt, die diesem Wissen ausgesetzt sind. Ein »angemessenes Selbstverhältnis« soll sowohl die Institutionen und Geschichte ihrer Gesellschaft als auch ihren eigenen politischen Status innerhalb dieser Gesellschaft so ins rechte Licht rücken, dass sie sich mit dieser Gesellschaft versöhnen und darin zurechtfinden können. Nicht zuletzt sollen ihnen die Grenzen des Erreichbaren allein über die Betrachtung der philosophischen Beschränkungen aufgrund des Faktums eines vernünftigen Pluralismus als notwendig und damit ihre Freiheit nicht einschränkend erklärt werden. Auch die praktische (erste) Rolle politischer Philosophie stützt sich auf die Wirksamkeit des von ihr produzierten Wissens, das als Urheber wie Moderator der gesellschaftlichen Konflikte präsentiert wird. Als eine Form politischer Philosophie soll Rawls' politischer Liberalismus alle diese vier Aufgaben erfüllen, indem er selbstformend wirksames Wissen schafft: ein Wissen, das die Kraft hat, die Selbstverhältnisse derjenigen zu transformieren, die ihm ausgesetzt sind, um ihre Konflikte zu mildern, sie politisch zu orientieren und mit der bestehenden Gesellschaft sowie den vernünftigen Grenzen des politisch Vorstellbaren zu versöhnen.

Zwei Einwände gegen meine Interpretation drängen sich an dieser Stelle auf: Erstens könnte man argumentieren, dass Rawls zwar auf die Selbstverhältnisse der Individuen einwirken will, darunter aber nicht mehr versteht als die für jede Form der Philosophie selbstverständliche Behauptung, dank des »zwanglosen Zwangs des besseren Arguments«[11] die Überzeugungen ihrer Adressat*innen

11 Jürgen Habermas, *Theorie des kommunikativen Handelns. Band I: Handlungsrationalität und gesellschaftliche Rationalisierung*, Frankfurt/M. 1992, S. 47 und 52.

zu verändern. Gegen die vorgebrachte Interpretation besagt dieser Einwand, dass Rawls in seiner Beschreibung der Wirksamkeit politischer Philosophie nicht implizit den Begriff eines *eigenständig* selbstformend wirksamen Wissens voraussetzt, sondern sie schlicht nach dem Standardbild der subjektiven Übersetzung von veränderten Überzeugungen in veränderte Handlungen denkt.

Der zweite Einwand schließt daran an und verweist zusätzlich auf die grundlegend demokratische Wirkungsweise, die Rawls für den politischen Liberalismus reklamiert,[12] da er nur eine weitere Stimme im Konzert der Wortmeldungen vernünftiger demokratischer Bürger*innen ist. Rawls verbindet mit dieser Beschreibung die Abwehr einer von ihm »platonisch« genannten alternativen Weise, die Wirksamkeit politischer Philosophie vorzustellen:

> Nach dieser Anschauung ist die politische Philosophie aufgrund ihrer Wahrheitserkenntnis dazu befugt, das Ergebnis der Politik zu gestalten, ja zu steuern – nötigenfalls durch Überredung und Gewalt. Als Beispiele kann man Platons Philosophenkönig oder Lenins revolutionäre Avantgarde heranziehen.[13]

Anstatt also über den implizit angenommenen Begriff eigenständig selbstformend wirksamen Wissens eine Kontinuität zu Platon zu behaupten, wendet die zweite Gegenthese ein, müsste meine Interpretation Rawls' eigene Darstellung davon ernst nehmen, wie »die politische Philosophie die Bühne der demokratischen Politik betritt und deren Resultat beeinflußt«.[14]

Den zweiten Einwand entkräften drei Gegenargumente schnell: Erstens kann er die Tatsache nicht aus der Welt schaffen, dass Rawls in seiner Diskussion der vier Aufgaben politischer Philosophie ein spezifisches Bild davon zeichnet, wie sie wirken kann, soll und de facto wirkt. Dennoch sollten wir uns ansehen, so viel ist an dem Einwand richtig, wie Rawls sich vorstellt, dass politische Philosophie die Ergebnisse demokratischer Politik verändern kann. Streng genommen beginnt seine Erklärung bereits in den einleitenden

12 Für Anthony S. Laden, »Constructivism as Rhetoric«, in: Jon Mandle, David A. Reidy (Hg.), *A Companion to Rawls*, Malden/MA 2010, S. 59-72, hier S. 66, ist diese »wirklich demokratisch« verfahrende politische Philosophie die eigentliche Leistung von Rawls' späten Schriften.

13 Rawls, *Geschichte der politischen Philosophie*, Einleitung § 1.3, S. 27.

14 Ebd.

Bemerkungen zu seiner Vorlesung über die *Geschichte der politischen Philosophie*, auf die der Einwand sich stützt, nämlich in den Antworten auf zwei zuvor gestellte Fragen nach dem Publikum der politischen Philosophie und nach ihrer Autorität. In einer Demokratie bestehe das Publikum aus allen ihren Bürger*innen. In dieser Hinsicht sei der politische Liberalismus mit jeder anderen politischen Äußerung gleichgestellt; er habe daher keine besondere Autorität, sondern müsse sich, wie die Bürger*innen, auf die »Autorität menschlicher Vernunft«[15] verlassen. Die politische Philosophie habe allenfalls den Vorteil, deswegen erfolgreich zu sein, weil ihre Stellungnahmen »besser begründet« seien und »einleuchtender präsentiert« würden.[16]

Schon von diesen beiden Antworten her kann Rawls den Einfluss des politischen Liberalismus auf die demokratische Politik und ihre Ergebnisse nicht anders darstellen als den Einfluss jeder anderen Stellungnahme auch: indem er mit seinen Argumenten auf politische Akteure einwirkt. Zwar könne man den Versuch, speziell Richter*innen eines Verfassungsgerichts zu überzeugen, das demokratische Entscheidungen verwerfen kann, als eine Einflussnahme auf die Ergebnisse demokratischer Politik über diese hinweg betrachten,[17] doch stünde diese Möglichkeit ebenfalls allen Bürger*innen offen.

15 Ebd., Einleitung §1.2, S. 26.

16 Ebd. Dennoch behauptet Rawls zuvor, dass die Verfasser*innen politischer Philosophie wie des politischen Liberalismus keine Expert*innen seien: »Wer sich auf diesem Gebiet äußert, sollte nicht als Experte für ein bestimmtes Fach betrachtet werden, wie es etwa in den Naturwissenschaften der Fall sein kann. Die politische Philosophie hat keinen speziellen Zugang zu fundamentalen Wahrheiten oder vernünftigen Ideen über Gerechtigkeit und das Allgemeinwohl oder zu sonstigen Grundvorstellungen. Insofern sie überhaupt einen Vorzug hat, besteht er darin, daß sie durch Studium und Nachdenken tiefere und aufschlußreichere Auffassungen von politischen Grundideen ausarbeiten kann, die dazu beitragen, unsere Urteile über die Institutionen und politischen Maßnahmen eines demokratischen Regierungssystems zu klären.« (Ebd., Einleitung §1.1, S. 24) Doch wenn man nicht gerade die esoterische Vorstellung verteidigt, Expert*innen hätten einen kategorial anderen Zugang zur Wahrheit (was immer das auch heißen sollte), sind es genau die von Rawls beschriebenen Umstände – mehr Zeit, mehr Austausch mit anderen Forscher*innen, durch Bezahlung sogar Entlastung von anderen Sorgen –, die Menschen zu Expert*innen machen. Hier schlägt intellektuelle Demut in die Leugnung der eigenen privilegierten Situation um.

17 Vgl. ebd., Einleitung §1.3, S. 28 f.

So interessant diese Überlegungen mit ihrer Abwehr eines »platonischen« Modells einer diktatorischen Philosophie letzter Wahrheiten sein mögen, sie sprechen nicht (so mein zweites Gegenargument) gegen die oben vorgebrachte Interpretation, der zufolge Rawls' politischer Liberalismus dank seines wirksamen Wissens auf die Subjektivität der diesem Wissen Ausgesetzten einwirkt. Alles hängt daher am ersten Einwand, dass Rawls' Veränderung der Selbstverhältnisse politischer Akteure nicht – weder explizit noch implizit – auf den Begriff eigenständig selbstformend wirksamen Wissens rekurriert. Doch ehe ich darauf eingehe, möchte ich als drittes Gegenargument gegen den zweiten Einwand darauf hinweisen, dass Rawls auch in der hier betrachteten Einleitung zur *Geschichte der politischen Philosophie* ganz im Sinne der oben bemerkten Kontinuität zu Platon davon ausgeht, dass politische Philosophie vor allem über die Erziehung von Bürger*innen einer Demokratie wirkt:

> Die politische Philosophie gehört zur allgemeinen Hintergrundkultur und spielt dort insofern eine keineswegs bedeutungslose Rolle, als sie eine Quelle wesentlicher politischer Prinzipien und Ideale ist. Sie spielt eine Rolle, indem sie die Wurzeln des demokratischen Denkens und demokratischer Einstellungen stärkt. Diese Aufgabe erfüllt sie nicht so sehr im Rahmen der Tagespolitik, sondern indem sie die Bürger *zu bestimmten Idealvorstellungen erzieht [educating]*, ehe sie sich an der Politik beteiligen, und auch sonst, wenn sich in ihrem Leben Augenblicke des Nachdenkens einstellen.[18]

Damit will ich keineswegs behaupten, dass diese Kontinuität ihn in die Nähe des antidemokratischen »platonischen« Modells der Wirksamkeit politischer Philosophie bringt, sondern nur dem zweiten Einwand den Wind aus den Segeln nehmen, aus einer selektiven Abwehr bestimmter platonischer Motive heraus jede Ähnlichkeit zu leugnen.

Damit komme ich zum ersten Einwand: Ist die von Rawls vorausgesetzte Wirksamkeit des Wissens, das der politische Liberalismus als politische Philosophie produziert, nicht schlicht nach dem Standardbild verständlich, in dem sich durch seine Argumente die Überzeugungen eines Subjekts ändern, so dass dieses anschließend anders handelt? Ist also meine Behauptung, Rawls müsse sich im-

18 Ebd., Einleitung §1.4, S. 32, Hervorhebung F. V., Übersetzung modifiziert.

plizit auf den Begriff wirksamen Wissens stützen, deswegen falsch, weil es eine alternative Deutung der Wirksamkeitsannahme gibt, die er macht? Denn *dass* er annimmt, das Wissen der politischen Philosophie sei wirksam, bestreitet dieser Einwand nicht.

Ich halte den Einwand deswegen für zentral, weil er sowohl direkt dem Hauptargument des Kapitels widerspricht als auch dazu verlocken könnte, der Vorstellung eines eigenständig selbstformend wirksamen Wissens das Bild einer durch rationale Gründe auf Überzeugungen (und darüber vermittelt auf das Selbstbild des Subjekts und seiner Handlungen) einwirkenden Argumentation gegenüberzustellen. Würden wir diese Opposition verwenden, müsste meine Erwiderung zeigen, inwiefern Rawls die Wirksamkeit des vom politischen Liberalismus erzeugten Wissens jenseits seiner ausformulierten rationalen Argumentation voraussetzt. Wir würden so von der in der Einleitung diskutierten Dichotomie von Überreden und Überzeugen ausgehen, also von einer Entgegensetzung der begrifflichen Reihungen wirksames Wissen/Selbstbildung/Rhetorik einerseits und Überzeugungen/Handlungen/rationale Argumentation andererseits (siehe Einleitung, Abschnitt 3). Doch der Begriff eigenständig selbstformend wirksamen Wissens darf diese Oppositionsbildung nicht mitmachen, so hatten wir bereits gesehen, weil sie die bestehende Spaltung zwischen Wirkung und Wissen vertieft. Seine Pointe liegt gerade darin, die dynamische und die alethische Dimension von Wissen zusammenzudenken. Würden wir sie implizit durch die Wahl der falschen Verteidigungsstrategie schon an dieser Stelle auseinanderdividieren, wäre der Versuch, den Begriff als philosophisch fruchtbar und politisch relevant zu erweisen (mein Vorhaben in Teil II), bereits jetzt gescheitert. Deshalb werde ich auf den Einwand sogar zweifach antworten: Zuerst mit einem direkten Argument und anschließend indirekt mit einer Analyse von Rawls' Argumentation zur Möglichkeit eines übergreifenden Konsenses, um die darin genutzten Überzeugungstechniken sichtbar zu machen und so zu zeigen, wie wenig sich Wissen und Wirksamkeit in Rationalität und Rhetorik aufspalten lassen.

Das direkte Argument setzt voraus (wie vom ersten Einwand eingeräumt), dass insbesondere die zweite und dritte Rolle politischer Philosophie darauf hinauslaufen, dass ihre Wirkung auf die Selbstverhältnisse derjenigen abzielt, die ihrem Wissen ausgesetzt sind, um sie zu orientieren und mit der Gesellschaft zu versöhnen. Der Einwand macht geltend, diese Einwirkung könne so vorgestellt werden, dass Rawls' Argumente die Überzeugungen der Adressat*innen derart tiefgreifend verändern, dass diese nicht nur anders handeln, sondern auch ein ganz anderes Bild von sich selbst, ihrem Platz in der Gesellschaft und dieser Gesellschaft insgesamt entwickeln. Diese Überzeugungsveränderung sei jedoch keiner spukhaften Kraft eines von sich aus wirksamen Wissens geschuldet; sie erfolge vielmehr durch einen Überlegungsprozess der Subjekte, die unter dem Eindruck der gehörten oder gelesenen Argumente zu dem reflektierten Urteil kommen, ihre bisherigen Überzeugungen ändern zu müssen. Sofern davon Überzeugungen betroffen sind, die konstitutiv für ihre Selbstverhältnisse sind, werden sie »zu anderen Personen«, ohne dass der Begriff eigenständig selbstformend wirksamen Wissens bemüht werden müsste.

Allerdings setzt diese Vorstellung von Selbstformung die bereits bekannte Zweiteilung von passivem Wissen und aktiven Subjekten voraus; erst die subjektive »Verarbeitung« aktiviert das von der politischen Philosophie erschaffene Wissen. Insofern bleiben die Subjekte jederzeit souverän gegenüber dem sie verändernden Wissen. Dazu muss, so hatte ich in der Einleitung (siehe dort, Abschnitt 1) angedeutet, ein »rationales Kernselbst« vorausgesetzt werden, das gleichbleibend die Verarbeitung des Wissens durchführt, nämlich minimal dafür sorgt, dass möglichst wenige offenkundige Widersprüche und Inkonsistenzen zwischen den neu erworbenen und den bereits vorhandenen Überzeugungen bestehen.[19] Dieses Bild eines rationalen Kernselbst, das die notwendige Wissensverarbeitung unabhängig von den möglicherweise tiefgreifenden Veränderungen des Selbstverhältnisses garantiert, passt jedoch schlecht zu Rawls' Bezug auf die kantische Fassung von »sich orientieren«: Denn dabei wird die Vernunft selbst – und was anderes wäre das rationale Kernselbst? – über ihre eigenen subjektiven Bedürfnisse aufgeklärt; insofern sie dadurch neue subjektive Unterscheidungsgründe ausbildet, ist sie selbst keine souveräne Entscheiderin darüber, was sie sich aneignen will und was nicht. Spätestens an dieser Stelle kann uns das Standardbild der Wirksamkeit von Wissen nur helfen, wenn wir eine transzendentale Vernunft (oder eine quasi-transzendentale

19 In Kapitel 8 untersuche ich diese Vorstellung im Kontext der (analytischen) Erkenntnistheorie genauer.

rationale Verarbeitungsinstanz im Subjekt) voraussetzen; nur dann ließe sich die »Umorientierung« der Vernunft eines anderen als noch unter der Kontrolle dieses anderen denken. Das aber wäre für Rawls' Konzeption politischer Philosophie insofern problematisch, als sie schon zur Beschreibung ihrer Rolle philosophische Annahmen machen müsste, die derart umstritten sind, dass sie kaum mit dem Faktum eines vernünftigen Pluralismus vereinbar sein dürften.

Dieses direkte Argument dürfte wenig bei denjenigen bewirken, die vom Einwand und dem mit ihm verknüpften Standardbild eines rein passiven Wissens überzeugt sind. Sie werden vermutlich bezweifeln, dass Rawls tatsächlich zur Annahme eines rationalen Kernselbst verpflichtet ist, wenn er die Annahme eines eigenständig selbstformend wirksamen Wissens vermeiden will. Diese Zweifel sind insofern nicht überraschend, weil die Vorstellung eines passiven Wissens und eines aktiven Subjekts, das gegenüber diesem Wissen vollständig souverän ist, dem gängigen philosophischen Bild von Wissen entspricht, gegen das sich diese Arbeit insgesamt wendet. Mit meinem direkten Argument kann ich nur für mein alternatives philosophisches Bild werben, das die Veränderung des Selbstverhältnisses als direkte Wirkung des Wissens vorstellbar macht, ohne die souveräne Instanz eines rationalen Kernsubjekts zwischenschalten zu müssen – oder gar einer transzendentalen Vernunft. Der Begriff eigenständig selbstformend wirksamen Wissens legt sich für die Interpretation von Rawls' Ausführungen zur Wirksamkeit politischer Philosophie also deswegen nahe, weil er Komplikationen vermeidet, die gerade für den politischen Liberalismus unbequem sind, der doch auf kontroverse philosophische Lehren wie die Voraussetzung einer transzendentalen Vernunft verzichten will.

## 3.2 Rawls' Überzeugungstechniken

Rawls bestimmt die vier Rollen politischer Philosophie – praktisch, orientierend, versöhnend und realistisch-utopisch – auf eine Weise, so habe ich argumentiert, dass er von der Annahme eigenständig selbstformend wirksamen Wissens der politischen Philosophie ausgehen muss. Der zentrale Einwand gegen meine Interpretation lautet, Rawls könne sehr wohl das Standardbild geltend machen, in dem die politische Philosophie nicht direkt über ihr Wissen, sondern indirekt über die Vermittlung des Subjekts wirkt: Indem dieses die vorgebrachten Argumente bewusst reflektiere und auf ihrer Grundlage seine Überzeugungen modifiziert (oder auch nicht), wirke sich die politische Philosophie schließlich auch auf das Selbstverhältnis dieses Subjekts aus – das eigentliche Ziel politischer Philosophie, hält man sich an Rawls' Beschreibung. Allerdings stößt dieses Verständnis dort auf ein Problem, so hatte ich knapp dagegengehalten, wo es um tiefsitzende, für das Selbstverhältnis des Subjekts konstitutive Überzeugungen geht. Denn das indirekte Modell der Wirksamkeit von Wissen über die reflektierte Aneignung des Subjekts muss eine Art rationales Kernsubjekt annehmen, das die Verarbeitung des passiven Wissens übernimmt und selbst souverän gegenüber dem passiven Wissen bleibt. So müsste Rawls, liest man ihn gemäß dem Standardbild von Wissen und Subjektivität, entweder einen intern unveränderbaren rationalen Kern der Subjektivität oder gleich eine transzendentale Vernunft annehmen – beides keine attraktiven Optionen für den politischen Liberalismus, der sich gerade solch strittiger Thesen enthalten möchte.

Diesem direkten Argument stelle ich im Folgenden ein indirektes, vielleicht überzeugenderes zur Seite, das zugleich die Verschränkung (statt der Trennung) von Wissen und Wirksamkeit bei Rawls anhand seiner Überzeugungstechniken demonstriert. Das dient ausdrücklich nicht dazu, die vorgebrachten Überlegungen zu diskreditieren, sondern nachvollziehbar zu machen, wie Rawls wirksames Wissen herstellt. Dabei knüpfe ich lose an den Vorschlag von Anthony Laden an, der Rawls' Konstruktivismus als Verpflichtung auf einen bestimmten Argumentationsstil statt als metaethische Position deutet, weil er vor allem eine Darstellungsmethode sei, die erzwinge, die Voraussetzungen der eigenen Argumente bis zu den mit anderen Bürger*innen geteilten Überzeugungen freizulegen und sie so zu präsentieren, dass diese anderen Bürger*innen sie ohne Schwierigkeiten akzeptieren könnten.[20] Meine Ambi-

20 »Dem eigenen Argument die Form zu verleihen, die ihm am ehesten erlaubt, das Publikum zu überzeugen, ist natürlich die Aufgabe der Rhetorik. Der hier entstehenden Lesart zufolge stellt sich also heraus, dass der Konstruktivismus also keine metaethische These, sondern eine rhetorische Strategie ist.« (Laden, »Constructivism as Rhetoric«, S. 66.) Dass ich Ladens latente Trennung von Rationalität und Rhetorik nicht mitmache, sollte inzwischen klar sein.

tion ist jedoch nicht, Rawls' philosophisches Projekt im Ganzen zu interpretieren; ich möchte lediglich drei der in diesem Projekt genutzten Überzeugungstechniken anhand der vierten Vorlesung aus *Politischer Liberalismus* herausarbeiten.[21] In ihr will Rawls die Möglichkeit eines überlappenden Konsenses auf Basis der politischen Konzeption von Gerechtigkeit als Fairness demonstrieren. Einerseits erlaubt mir diese Auswahl, eine Reihe von Begriffen und Argumenten einzuführen, auf die ich in Kapitel 6 zurückkommen werde. Andererseits ist diese Argumentation für Rawls von zentraler Bedeutung, denn nur wenn sie gelingt, löst der politische Liberalismus das Problem, für dessen Lösung Rawls ihn konzipiert. Um dies zu erkennen, sei kurz an den Kontext der Argumentation erinnert.

Die weitreichendste Neuerung, die Rawls in *Politischer Liberalismus* gegenüber seiner früheren Fassung der Gerechtigkeitsgrundsätze in *Eine Theorie der Gerechtigkeit* einführt, ist die Präsentation von Gerechtigkeit als Fairness als politische Konzeption.[22] Rawls zufolge beging er dort den Fehler, seine Vorstellung von Gerechtigkeit an einen kantischen Begriff von Autonomie zu binden. Gerechtigkeit als Fairness werde damit als »umfassende Lehre« präsentiert, wozu Rawls alle Arten religiöser, moralischer oder philosophischer Auffassungen zählt, die

> Konzeptionen darüber, was im menschlichen Leben von Wert ist, und Ideale des persönlichen Charakters ebenso einschließt wie Ideale der Freundschaft und der familiären und gemeinschaftlichen Beziehungen sowie vieles andere mehr, das unser Handeln (im Grenzfall unser ganzes Leben) bestimmt.[23]

21 Dabei gehe ich wie Gary Gutting in seiner »Fallstudie« zu Rawls' Methode des Überlegungsgleichgewichts vor. Vgl. WPK, Kapitel 8.

22 Zu dieser Standardinterpretation von Rawls' Werkentwicklung siehe z. B. Samuel Freeman, »Introduction. John Rawls – An Overview«, in: Samuel Freeman (Hg.), *The Cambridge Companion to Rawls*, Cambridge 2003, S. 1-61. Anthony S. Laden, »The House That Jack Built. Thirty Years of Reading Rawls«, in: *Ethics* 113 (2003), S. 367-390, skizziert zwei Lesarten des Rawls'schen Gesamtwerks: Während die erste die direkte Argumentation für seine beiden Gerechtigkeitsgrundsätze mithilfe des Urzustands ins Zentrum rückt, sieht die zweite die Idee des öffentlichen Vernunftgebrauchs als wichtigste Erkenntnis von Rawls an sowie die damit zusammenhängende Ausarbeitung, was eine demokratische Rechtfertigung des politischen Liberalismus verlangt. Meine Deutung neigt dieser zweiten Lesart zu.

23 John Rawls, *Politischer Liberalismus*, Frankfurt/M. 1998, I: § 2.2, S. 78 f. Im Folgenden zitiert als PL. Bei Zitaten aus *Politischer Liberalismus* gebe ich, sofern ich

Eine politische Konzeption von Gerechtigkeit wie Gerechtigkeit als Fairness zeichnet sich dagegen durch (a) ihre Einschränkung auf einen Gegenstand – die Grundstruktur einer als geschlossen betrachteten Gesellschaft – aus, durch (b) ihre Unabhängigkeit von umfassenden Lehren und durch (c) ihren Inhalt, der nur in Begriffen ausgedrückt wird, die fester Bestandteil der öffentlichen politischen Kultur sind (PL, I: § 2, S. 76-80). Rawls kommt es vor allem darauf an, dass politische Konzeptionen zwar moralische Konzeptionen sind, weil ihr Gehalt von bestimmten Normen, Idealen oder Grundsätzen bestimmt wird, aber dennoch »freistehend« sind, da sie auf keine umfassende Lehre zurückgreifen müssen, um diesen Inhalt auszudrücken.[24]

Warum ist es so entscheidend, Gerechtigkeit als Fairness als politische Konzeption und damit als freistehend präsentieren zu können? Weil Rawls in *Politischer Liberalismus* von der Tatsache eines »vernünftigen Pluralismus« in unseren Gesellschaften ausgeht: Deren Bürger*innen vertreten verschiedene, aber jeweils vernünftige umfassende Lehren,[25] verfolgen also verschiedene vernünftige Vorstellungen vom guten Leben, die nur gewaltsam vereinheitlicht werden könnten. Insofern diese Gewalt für den politischen Liberalismus angesichts seiner Auffassung von Personen niemals legitimiert werden kann, stellt sich ihm ein Problem, das Rawls als Stabilitätsproblem formuliert: »Wie kann eine stabile und gerechte Gesellschaft freier und gleicher Bürger, die durch vernünftige und gleichwohl einander ausschließende Lehren einschneidend voneinander getrennt sind, dauerhaft bestehen?« (PL, S. 14) Dies ist die grundlegende Frage in *Politischer Liberalismus*.

Rawls' Antwort lautet: Indem wir eine politische Konzeption finden, die den Fokus eines übergreifenden Konsenses bildet, der von allen vernünftigen umfassenden Lehren aus der richtigen Art

mich nicht auf die Einleitung beziehe, zuerst die Vorlesung an, dann den Paragrafen und zuletzt die Seite.

24 Was nicht heißt, dass man sie nicht aus einer umfassenden Lehre ableiten *könnte*, sondern nur, dass die politische Konzeption nicht darauf angewiesen ist. Vgl. ebd., I: § 2.2, S. 77 f.

25 Natürlich vertreten sie auch unvernünftige umfassende Lehren, doch gegen diese kann eben ihre Unvernünftigkeit geltend gemacht werden: Es ist vernünftigen Bürger*innen nicht zumutbar, dass sie sich unvernünftigen Lehren begründeter politischer Macht beugen müssen. Argumentative Schwierigkeiten bereitet erst ein vernünftiger Pluralismus. Vgl. ebd., I: § 6.2, S. 106-109.

von Gründen bejaht werden kann, selbst wenn diese Gründe jeweils verschieden sind. Gerechtigkeit als Fairness ist eine solche politische Konzeption – ja sie ist sogar die »vernünftigste« (PL, S. 46).

Jetzt wird deutlich, warum die Herausforderung, überhaupt die Möglichkeit eines solchen übergreifenden Konsenses zu zeigen, für Rawls entscheidend ist: Wenn es ihm nicht gelingen würde, seine Leser*innen davon zu überzeugen, dass alle vernünftigen umfassenden Lehren aus jeweils eigenen Gründen einer politischen Konzeption zustimmen können, wäre die gesamte Konstruktion namens politischer Liberalismus hinfällig, da dann jede noch so ausgefeilte politische Konzeption nur eine Stimme im Konzert vernünftiger Lehren wäre. Der Einsatz, um den es in der Argumentation der vierten Vorlesung von *Politischer Liberalismus* geht, ist also denkbar hoch.

Rawls geht allerdings seltsam indirekt vor, weil er die Aufgabe, die Möglichkeit eines übergreifenden Konsenses zu beweisen, auf ganz eigene Weise interpretiert: Seiner Meinung nach erfordert sie, zu zeigen, dass der übergreifende Konsens weder ein bloßer Kompromiss noch eine umfassende Lehre ist, und sie verlangt, einen hypothetischen, aber historisch plausiblen Entwicklungspfad zu einem übergreifenden Konsens zu skizzieren. Ich werde die sechs Schritte, mit denen Rawls diese drei Aufgaben erledigen zu können meint, kurz nachzeichnen (3.2.1), ehe ich mich darauf konzentriere, die dabei zum Einsatz kommenden Überzeugungstechniken herauszuarbeiten (3.2.2).

### 3.2.1 Die Möglichkeit eines überlappenden Konsenses

Rawls argumentiert in einem ersten Schritt für die Notwendigkeit eines übergreifenden Konsenses auf Basis einer politischen Konzeption, weil unter der Bedingung eines vernünftigen Pluralismus »keine umfassende Lehre […] als politische Konzeption für eine konstitutionelle Ordnung geeignet« (PL, 4: § 1.1, S. 221) ist. In einer politischen Gesellschaft, in der die Bürger*innen nicht freiwillig ein- bzw. austreten können und in der sie durch politische Entscheidungen Macht über einander ausüben, muss diese Machtausübung dem liberalen Legitimitätsprinzip gehorchen, das heißt, sie muss im Rahmen einer Verfassung erfolgen, »deren wesentliche Inhalte vernünftigerweise erwarten lassen, daß alle Bürger ihnen als frei und gleiche im Lichte von Grundsätzen und Idealen zustimmen, die von ihrer gemeinsamen menschlichen Vernunft anerkannt werden« (PL, 4: § 1.3, S. 223). Wegen des vernünftigen Pluralismus dürfen solche allgemeinen Grundsätze in ihren Rechtfertigungen keine umfassende Lehre in Anspruch nehmen, da sie ansonsten nicht mit allgemeiner Zustimmung rechnen könnten. Daher ist ein übergreifender Konsens auf Basis einer politischen Konzeption zwingend notwendig: Nur er kann Stabilität auf die richtige Weise garantieren, nämlich durch Zustimmung zu den Grundsätzen, die den Inhalt der Verfassung regeln.

Im zweiten Schritt schränkt Rawls das Ziel seiner Argumentation dahingehend ein, dass er zwei Aspekte dieser Stabilität unterscheidet: Erstens muss eine politische Konzeption in dem Sinne langfristig stabil sein, dass Menschen, die in einer von dieser politischen Konzeption geregelten Gesellschaft aufwachsen, den erforderlichen Gerechtigkeitssinn entwickeln, um diese Gesellschaft zu reproduzieren. Da er diese Begründung bereits geliefert habe,[26] bleibe zweitens zu zeigen, dass die politische Konzeption von Gerechtigkeit als Fairness (oder zumindest irgendeine politische Konzeption von Gerechtigkeit) tatsächlich zum Fokus eines übergreifenden Konsenses werden könne, dem alle vernünftigen umfassenden Lehren zustimmen könnten. Sie muss dazu auf richtige Art Stabilität erzeugen; es geht gerade nicht darum, »andere, die eine Konzeption ablehnen, dazu zu bringen, sie zu übernehmen oder nötigenfalls aufgrund von Sanktionen in Übereinstimmung mit ihr zu handeln, so als ginge es darum, diese Konzeption durchzusetzen, nachdem wir uns selbst davon überzeugt haben, daß sie stimmig ist« (PL, 4: § 2.3, S. 231).

Das bedeutet – dritter Schritt – nicht, dass wir einen Kompromiss suchen: Wäre der übergreifende Konsens ein bloßer Kompromiss zwischen den Parteien, die jeweils inkommensurable, aber vernünftige umfassende Lehren vertreten, wäre er nicht stabil, da jede Veränderung der Machtverhältnisse zwischen diesen Parteien auf eine Neuverhandlung des Kompromisses hinausliefe. Jede Partei muss stattdessen auf je eigene, sich aus ihrer vernünftigen umfassenden Lehre ergebende Gründe gestützt der politischen Konzeption »aufgrund ihrer eigenen Vorzüge um ihrer selbst willen« (PL, 4: § 3.4, S. 236) zustimmen.

26 In seinen Ausführungen zur Moralpsychologie in einer von Gerechtigkeit als Fairness wohlgeordneten Gesellschaft, vgl. ebd., 2: § 7.

Deshalb darf die politische Konzeption im Herzen des übergreifenden Konsenses keine Aussage über die Wahrheit der jeweiligen umfassenden Lehren treffen, darf sie also weder als wahr bezeichnen noch ihre Wahrheit bezweifeln. Rawls will in seinem vierten Schritt aber klarstellen, dass die politische Konzeption gleichwohl nicht indifferent gegenüber den umfassenden Lehren wird;[27] die Zurückhaltung ende beispielsweise, sobald diese den vernünftigen Pluralismus bezweifeln. Dann müsste (und könnte) die politische Konzeption auf dem Faktum eines vernünftigen Pluralismus bestehen, aber eben nicht, indem sie die umfassende Lehre, die ihn bezweifelt, als falsch verurteile, sondern als unvernünftig.[28]

Die Zurückhaltung betrifft auch die andere Richtung:

> Lassen Sie uns annehmen, es würde uns durch die Achtung dieser Grenzen gelingen, einen übergreifenden Konsens über eine Konzeption politischer Gerechtigkeit zustande zu bringen. Diese wäre dann, zumindest für den Augenblick, vernünftig. Einige mögen darauf bestehen, daß das Zustandekommen dieser reflektierten Konzeption selbst ein hinreichender Grund sei, diese Konzeption als wahr oder jedenfalls hochwahrscheinlich zu betrachten. Wir verzichten jedoch darauf, diesen zusätzlichen Schritt zu gehen: er ist unnötig und könnte dem praktischen Ziel in die Quere kommen, eine öffentliche Rechtfertigungsgrundlage zu finden, der allgemein zugestimmt wird. (PL, 4: §4.4, S. 243)

Im fünften Schritt entkräftet Rawls den Einwand, der übergreifende Konsens müsse selbst eine umfassende Lehre sein: Einerseits haben wir bereits im ersten Schritt gesehen, dass keine umfassende Lehre Basis für einen übergreifenden Konsens sein *kann*. Andererseits argumentiert Rawls nun, dass die politische Konzeption keine umfassende Lehre sein *muss*, um ihre Funktion zu erfüllen: Die politischen Werte, auf die vorzubringen sie sich beschränkt, reichen aus, um eine stabile »politische Kooperation auf der Grundlage ge-

27 Wohl in Reaktion auf Kritik an seinen im Vorfeld von *Politischer Liberalismus* veröffentlichten Aufsätzen (gesammelt in John Rawls, *Die Idee des politischen Liberalismus. Aufsätze 1978-1989*, Frankfurt/M. 1992) wie etwa von Joseph Raz, »Facing Diversity. The Case of Epistemic Abstinence«, in: *Philosophy & Public Affairs* 19 (1990), S. 3-46.

28 Scharfe und m. E. zutreffende Kritik daran übt Joshua Cohen, »Truth and Public Reason«, in: *Philosophy & Public Affairs* 37 (2009), S. 2-42, dessen Lösung mir allerdings wenig erfolgversprechend scheint (siehe dazu Kapitel 6.2).

genseitiger Achtung« (PL, 4: § 5.2, S. 247) zu ermöglichen. Solange alle Vertreter*innen vernünftiger umfassender Lehren sich auf diese politischen Werte im Rahmen eines übergreifenden Konsenses einigen, ist das Konfliktpotenzial politischer Differenzen schon weitgehend entschärft. Zwar gibt es weiterhin kontroverse politische Fragen, aber diese können im von der Verfassung und den politischen Werten der politischen Konzeption gesteckten Rahmen behandelt werden, ohne die soziale Einheit zu gefährden. In diesem Sinne genügt eine politische Konzeption als übergreifender Konsens, sie muss also keine umfassende Lehre sein, um ihre Funktion als Herzstück eines übergreifenden Konsenses zu erfüllen:

> Was die Versöhnung durch öffentlichen Vernunftgebrauch angesichts des Faktums eines vernünftigen Pluralismus leistet und was es uns ermöglicht, nicht auf allgemeine und umfassende Lehren zurückgreifen zu müssen, ist zweierlei: Erstens bestimmt sie die grundlegende Rolle politischer Werte im Sinne eines Ausdrucks fairer Bedingungen sozialer Kooperation, die mit gegenseitiger Achtung zwischen Bürgern zu vereinbaren sind, die als freie und gleiche betrachtet werden. Zweitens legt sie die in einem vernünftigen übergreifenden Konsens bestehende, hinreichend weitgehende Übereinstimmung zwischen politischen und anderen Werten offen. (PL, 4: § 5.4, S. 248)

Rawls sechster und letzter Schritt besteht in einer Skizze, wie sich aus einem einfachen Pluralismus aller möglichen (vernünftigen wie unvernünftigen) umfassenden Lehren über einen »Verfassungskonsens«[29] im Rahmen eines vernünftigen Pluralismus schließlich ein übergreifender Konsens entwickeln könnte. Damit will er die Möglichkeit eines übergreifenden Konsenses gegen den Vorwurf verteidigen, es handele sich um eine reine Utopie (vgl. PL, 4: § 6 und § 7). Rawls geht von zwei Voraussetzungen aus: Erstens haben sich verschiedene umfassende Lehren bereits auf liberale Grundsätze verständigt, wenn auch als bloßen Kompromiss. Zweitens beschreibt Rawls die Gründe, aus denen Bürger*innen mit religiösen oder philosophischen umfassenden Lehren den liberalen Gerechtigkeitsgrundsätzen loyal sind, nun so, dass es möglicherweise

29 Den Begriff übernimmt Rawls (in PL, 4: § 6.1, S. 249) von Kurt Baier. Gemeint ist die bloße Akzeptanz bestimmter liberaler Grundsätze der Verfassung, ohne dass diese Grundsätze mit einer politischen Konzeption verbunden sind, die sie an substanzielle Ideen der Person und der Gesellschaft knüpft.

gar nicht so stark auf die Ableitbarkeit dieser Grundsätze aus den Lehren ankomme. Vielleicht erscheine der Kompromiss ja selbst vernünftig? Mit anderen Worten: Rawls führt die Prämisse ein, dass die umfassenden Lehren keine besonders starke Bindung entfalten, sobald ein liberaler Kompromiss eine Zeit lang besteht:

> Dies läßt vermuten, daß viele, wenn nicht die meisten Bürger, die in ihrer Verfassung verwirklichten Gerechtigkeitsgrundsätze bejahen, ohne in der einen oder anderen Weise eine besondere Verbindung zwischen diesen Grundsätzen und ihren übrigen Auffassungen zu sehen. Es ist möglich, daß Bürger zunächst das Gut schätzen, das diese Grundsätze für sie selbst, für die ihnen Nächsten und für die Gesellschaft als ganze verwirklichen, und sie dann im Anschluß auf dieser Grundlage bejahen. Sollten sie später erkennen, daß eine Unvereinbarkeit zwischen den Gerechtigkeitsgrundsätzen und ihren umfassenden Lehren besteht, könnten sie, statt diese Grundsätze zu verwerfen, sehr wohl diese Lehren anpassen oder verändern. (PL, § 6.2, S. 251)

Daher könne eine als bloßer Kompromiss etablierte politische Konzeption wie Gerechtigkeit als Fairness bewirken, dass die Bürger*innen ihre Loyalität vor allem auf die politische Konzeption richten und ihre umfassenden Lehren zumindest so weit ändern, dass diese damit kompatibel sind (vgl. PL, 4: § 6.5, S. 255).

Nachdem sich ein Verfassungskonsens herausgebildet hat, wirken verschiedene Kräfte darauf hin, ihn zu vertiefen, zu erweitern und konkreter auszugestalten. Wer beispielsweise an politischen Diskussionen teilnimmt, wird häufig nach Formulierungen der eigenen Positionen suchen, die nicht die eigene umfassende Lehre ins Spiel bringen, um anschlussfähiger für die anderen Parteien zu sein, auf deren Zustimmung man angewiesen ist (vgl. PL, 4: § 7.2, S. 257). Weil in diesen Diskussionen immer wieder die engen Grenzen eines Verfassungskonsenses überschritten werden, erscheint dessen Ausweitung auf weitere Elemente der Grundstruktur allen Beteiligten geradezu natürlich. Außerdem geht Rawls davon aus, dass der übergreifende Konsens umso mehr an Bestimmtheit gewinnt, je stärker sich die Ausarbeitung auf die angemessene Ausdeutung politischer Ideen von Personen und der Gesellschaft bezieht. Zuletzt hat der Verfassungskonsens die Tiefe, Breite und Bestimmtheit eines übergreifenden Konsenses auf der Basis einer politischen Konzeption – und würde so »eine geistige Bewegung zum Abschluss bringen und ausweiten, die vor drei Jahrhunderten mit der allmählichen Anerkennung des Grundsatzes der Toleranz begonnen hat und zum konfessionell nicht gebundenen Staat und zur gleichen Gewissensfreiheit geführt hat« (PL, 4: § 4.4, S. 244).

### 3.2.2 Drei Überzeugungstechniken

Ich habe diese Argumentation in sechs Schritten seltsam indirekt genannt. Diese Beurteilung zu rechtfertigen, leitet unmittelbar über zu den Überzeugungstechniken, die an drei eigenwilligen Wendungen von Rawls' Begründung der Möglichkeit eines übergreifenden Konsenses sichtbar werden. Die erste Eigenheit, nämlich dass Rawls die Möglichkeit eines überlappenden Konsenses indirekt und auf gewundenen Pfaden begründet, tritt im Vergleich mit der Alternative hervor, auf die Rawls verzichtet: einer direkten Argumentation für die Möglichkeit eines übergreifenden Konsenses, etwa über die begrifflichen Eigenschaften vernünftiger umfassender Lehren. Ein doppelt negatives Argument in Form eines Beweises durch Widerspruch drängt sich auf, denn Rawls müsste ja nur zeigen, dass jede vernünftige umfassende Lehre, die prinzipiell *nicht* in einen übergreifenden Konsens eingebunden werden kann, entgegen der Prämisse des Arguments keine vernünftige Lehre sein kann. Eine solche Begründung liegt mit den von Rawls geleisteten Vorarbeiten in greifbarer Nähe und lässt sich aus zwei Prämissen schlussfolgern, die nur zusammenfassen, was Rawls zuvor als begriffliche Bedingungen der Konzepte einer umfassenden vernünftigen Lehre und einer politischen Konzeption erläutert hat.

> *Prämisse 1*: Vernünftige umfassende Lehren zeichnen sich unter anderem dadurch aus, dass sie den vernünftigen Personen, die sie bejahen, nicht zumuten können, intolerant gegenüber anderen vernünftigen Lehren zu sein, da vernünftige Personen per definitionem die Bürden des Urteilens akzeptieren (PL, 2: § 1-§ 3, bes. S. 127-131 und 135 f.).[30]

30 Weil ich nur darstellen möchte, dass Rawls seinen eigenen Voraussetzungen nach ausreichend Ressourcen für eine direkte Argumentation zur Verfügung stehen, gehe ich nicht auf die Kritik an Rawls' Argumentation ein. Wie problematisch etwa die Bestimmung vernünftiger umfassender Lehren bei Rawls ist, weil er einerseits das Adjektiv »vernünftig« auf nahezu alles anwendet, aber kaum er-

*Prämisse 2*: Eine politische Konzeption ist definitionsgemäß freistehend, greift also in der Präsentation ihrer politischen Grundsätze, Ideale etc. nicht auf umfassende Lehren zurück. Außerdem muss sie sich auf Ideen der Gesellschaft und der Person stützen, die von vernünftigen Personen bejaht werden können; sie bringt daher im Wesentlichen Ideen als politische vor, die das Vernünftige (PL, 2: § 1, S. 120, Fn. 1) selbst bestimmen: die Idee der Reziprozität und der Bürden des Urteilens.[31]

*Schlussfolgerung*: Eine vernünftige umfassende Konzeption, die sich *nicht* darauf einlassen könnte, einen übergreifenden Konsens auf der Basis einer politischen Konzeption mitzutragen, müsste irgendwelche Elemente enthalten, die mit den von der politischen Konzeption vorgetragenen Ideen *inkompatibel* sind, das heißt, sie wäre intolerant gegenüber einer aus den Grundideen des Vernünftigen gezogenen Schlussfolgerung. Sie käme damit nicht nur zu anderen Schlussfolgerungen (was unter Bedingungen eines vernünftigen Pluralismus erwartbar ist), sondern würde Schlussfolgerungen aus den Grundideen des Vernünftigen ablehnen, weil es nicht die ihren sind, und damit die Bürden des Urteils missachten. Sie wäre also, mit anderen

läutert, und weil er andererseits mit den »Bürden des Urteilens« eine Erklärung für den vernünftigen Pluralismus zur Bedingung von Vernünftigkeit macht, die viele religiöse umfassende Lehren nicht akzeptieren können, stellt Leif Wenar, »Political Liberalism. An Internal Critique«, in: *Ethics* 106 (1995), S. 32-62, bewundernswert klar dar. Eine Verteidigung des Konzepts »vernünftig« versucht dagegen James W. Boettcher, »What is Reasonableness?«, in: *Philosophy and Social Criticism* 30 (2004), S. 597-621, der allerdings Wenars Kritik nicht ausräumen kann. Die Zwickmühle, dass eine zu anspruchsvolle Definition vernünftiger umfassender Lehren den übergreifenden Konsens zur Trivialität verkommen lässt, während ein zu weiter Begriff des Vernünftigen jeden übergreifenden Konsens zu verunmöglichen droht, arbeitet Schaub, *Gerechtigkeit als Versöhnung*, S. 225-230, anschaulich heraus.

31 Marilyn Friedman hat diesen Umstand kritisch hervorgehoben: »Vernünftigkeit [...] definiert Rawls in den Begriffen genau jener Werte und Annahmen, von denen er seinen politischen Liberalismus ableitet.« (Marilyn Friedman, »John Rawls and the Political Coercion of Unreasonable People«, in: Victoria Davion, Clark Wolf (Hg.), *The Idea of a Political Liberalism. Essays on Rawls*, Lauham 2000, S. 16-33, hier S. 22.) Insofern sei die Prämisse, nur vernünftige umfassende Lehren zuzulassen, auf die falsche Weise politisch exkludierend, weil sie tendenziell Vernunft mit Liberalismus gleichsetze (vgl. ebd., S. 28-31).

Worten, *unvernünftig* – was im Widerspruch zu unseren Prämissen steht. Jede vernünftige umfassende Lehre ist also mit einem übergreifenden Konsens vereinbar.

Rawls gibt eine solche direkte Begründung *nicht*, und das ist bedeutsam. Sie ist ihm, so vermute ich, nicht überzeugend genug, weil sie einerseits nur mit begrifflichen Definitionsmerkmalen des Vernünftigen argumentiert und daher droht, die für Rawls leitende Frage nach der Stabilität als bloßes Puzzle erscheinen zu lassen, in dem die passenden Begriffsdefinitionen des Vernünftigen gesucht werden, die einen übergreifenden Konsens ermöglichen.[32] Andererseits würde das angedeutete Argument ganz andere Fragen ins Rampenlicht drängen als jene, die Rawls behandeln will: So müsste er den Begriff des Vernünftigen präzise ausarbeiten, sich gegen den Verdacht zur Wehr setzen, dass die Einschränkung auf vernünftige umfassende Lehren den übergreifenden Konsens überflüssig macht, da sie untereinander ohnehin keine signifikanten Differenzen aufweisen könnten, und den Einwand widerlegen, dass jeder übergreifende Konsens selbst eine umfassende Lehre ist.[33]

Eine von Rawls' wichtigen Überzeugungstechniken können wir demnach in der Vermeidung direkter formaler oder begrifflicher Argumentationen sehen; er erzielt seine Ergebnisse stattdessen auf indirektem Wege, um sich weniger abhängig von exakten Begriffsdefinitionen zu machen und um den Eindruck zu vermeiden, seine

32 Instruktiv in dieser Hinsicht sind Formalisierungen von Rawls' Argument, beispielsweise von Gerald F. Gaus, »Reasonable Pluralism and the Domain of the Political. How the Weaknesses of John Rawls's Political Liberalism Can Be Overcome by a Justificatory Liberalism«, in: *Inquiry* 42 (1999), S. 259-284.

33 Entsprechende Kritiken zum Begriff des Vernünftigen stammen von Jürgen Habermas, »›Vernünftig‹ versus ›wahr‹ – oder die Moral der Weltbilder«, in: ders., *Die Einbeziehung des Anderen. Studien zur politischen Theorie*, Frankfurt/M. 1996, S. 95-127; Wenar, »Political Liberalism«; Christopher McMahon, »Rawls, Reciprocity and the Barely Reasonable«, in: *Utilitas* 26 (2013), S. 1-22. Zur Überflüssigkeit des übergreifenden Konsenses vgl. Brian Barry, »John Rawls and the Search for Stability«, in: *Ethics* 105 (1995), S. 874-915; dass er eben doch eine umfassende Lehre ist, argumentieren Fabian Freyenhagen, »Taking Reasonable Pluralism Seriously. An Internal Critique of Political Liberalism«, in: *Politics, Philosophy & Economics* 10 (2011), S. 323-342; Ursula Wolf, »Übergreifender Konsens und öffentliche Vernunft«, in: Philosophische Gesellschaft Bad Homburg, Wilfried Hinsch (Hg.), *Zur Idee des politischen Liberalismus. John Rawls in der Diskussion*, Frankfurt/M. 1997, S. 52-66.

Schlussfolgerungen stünden und fielen mit diesen Definitionen.[34] Dank seiner indirekten Vorgehensweise kann er behaupten, seine Konzepte aus der öffentlichen politischen Kultur zu übernehmen, wie es für eine politische Konzeption erforderlich ist (PL, I: § 2.3, S. 79). Diese Überzeugungstechnik *indirekter Offenheit* stellt die starken Einschränkungen, denen Rawls' Argumente begrifflich betrachtet nach wie vor unterliegen, als allgemein akzeptierte Einschränkungen dar, ohne die dafür notwendige Begründungslast tragen zu müssen, die unter der Bedingung eines vernünftigen Pluralismus hoch sind, da dieser ja jede Prämisse dem starken Zweifel aussetzt, ob sie als geteilt angesehen werden darf.[35] Etwas schärfer zusammengefasst, dient die indirekte Offenheit der Plausibilisierung exkludierender Prämissen wie der Einschränkung auf vernünftige Lehren, die von vornherein nur liberale bzw. Liberalismus-kompatible Lehren sein können.[36] Solche exkludierenden Prämissen erscheinen durch die indirekte Begründung und die Offenheit der genutzten Begriffe weit weniger tragend zu sein als in einer direkten Argumentation.

Aber geht Rawls wirklich so indirekt und wenig begrifflich vor, wie meine Beschreibung der indirekten Offenheit als Überzeugungstechnik behauptet? Widerlegt er nicht beispielsweise ganz direkt den von mir genannten Einwand, jeder übergreifende Konsens wäre eine umfassende Lehre? Ja und nein – und das führt uns zu der zweiten seltsamen Eigenheit in Rawls' Argumentation sowie zur Überzeugungstechnik der *geneigt-machenden Vorwegnahme*. Rawls argumentiert immer wieder ausführlich, wie die konstitutiven begrifflichen Bedingungen aussehen, die ein bestimmtes Konzept – etwa den übergreifenden Konsens – definieren. Diese begrifflichen Bedingungen setzt er dann hypothetisch als erfüllt voraus, beschreibt den resultierenden Sachverhalt detailliert und

34 Jedenfalls in den Arbeiten nach *Eine Theorie der Gerechtigkeit*. Vgl. dazu Laden, »Constructivism as Rhetoric«, S. 67.

35 Ein gutes Beispiel dafür ist Rawls' Bestimmung des Politischen und insbesondere der Vorstellung, es könnte unabhängig von den umfassenden Lehren bestimmt werden. Kritik daran üben z. B. Gerald F. Gaus, »Reason, Justification and Consensus. Why Democracy Can't Have it All«, in: James Bohman, William Rehg (Hg.), *Deliberative Democracy. Essays on Reason and Politics*, Cambridge/MA, London 1997, S. 207-242, hier S. 217-219, 222 f.; Raz, »Facing Diversity«, S. 20-24.

36 Vgl. Robert B. Talisse, »Rawls on Pluralism and Stability«, in: *Critical Review* 15 (2003), S. 173-194, hier S. 185.

stellt dar, dass es angesichts all dessen vernünftig wäre, die Existenz des Sachverhalts tatsächlich anzunehmen. Ein gutes Beispiel dafür ist seine Erwiderung auf den Einwand, der übergreifende Konsens wäre selbst eine umfassende Lehre (sein dritter Schritt in meiner Rekonstruktion). Zunächst legt Rawls ihn so aus, als laute der Einwand, der übergreifende Konsensus müsse eine umfassende Lehre sein, um die Funktion zu erfüllen, die Rawls ihm zugedacht hat. Das erlaubt ihm die Entgegnung, dass der übergreifende Konsens einerseits gar keine umfassende Lehre sein *könne*, weil er dann die Grenzen verletzen würde, die der vernünftige Pluralismus ihm setzt. Damit wiederholt Rawls die begrifflichen Bedingungen, die er im ersten Schritt im Zuge seiner Darlegung der wesentlichen Merkmale eines übergreifenden Konsenses bereits genannt hatte. Andererseits argumentiert Rawls, der übergreifende Konsens *müsse* keine umfassende Lehre sein, *um seine Funktion zu erfüllen*, namentlich eine politische Konzeption als gemeinsame Basis für die Einrichtung der Grundstruktur einer politischen Gesellschaft bereitzustellen, die von allen vernünftigen umfassenden Lehren unterstützt werden kann.

In beiden Teilen seiner Erwiderung nimmt Rawls vorweg, was der Einwand in einer sehr viel näherliegenden Lesart gerade bestreitet: dass seine politische Konzeption keine umfassende Lehre *ist*. Der Einwand lautet in dieser Lesart, dass Gerechtigkeit als Fairness keine freistehende politische Konzeption ist, dass sie also die begrifflichen Bedingungen gerade nicht erfüllt. So verstanden, gilt der Zweifel also nicht den begrifflichen Bedingungen, die einen übergreifenden Konsens definieren, sondern der Behauptung, dass eine politische Konzeption existieren kann, die sie erfüllt.[37] Wer diesen Einwand für den relevanten hält – und das sind nicht wenige, wie die Diskussion zu *Politischer Liberalismus* zeigt[38] –, für die stützt sich Rawls' Argumentation auf die mögliche Existenz eines übergreifenden Konsenses, die er mit seiner Argumentation erst erweisen müsste. Argumentativ bringt es ihn also nicht weiter, an

37 Formallogisch gesprochen: Der Einwand behauptet, dass die von den begrifflichen Bedingungen eines übergreifenden Konsenses definierte Menge politischer Konzeptionen leer ist.

38 Einige intern ansetzende Kritiken entlang dieser Linie finden sich bei Wenar, »Political Liberalism«, S. 38-57; Talisse, »Rawls on Pluralism and Stability«, S. 189; Wolf, »Übergreifender Konsens und öffentliche Vernunft«, S. 60-62.

die Bedingungen zu erinnern, die einen übergreifenden Konsens zu einem solchen machen, statt zu demonstrieren, dass diese Bedingungen erfüllbar sind. Doch als Überzeugungstechnik erlaubt Rawls diese Vorwegnahme des zu zeigenden Resultats, den Leser*innen die Vorzüge darzustellen, die für das Resultat sprechen, und sie so geneigt zu machen, die weiteren Schritte der Argumentation wohlmeinend mitzugehen. Die geneigt-machende Vorwegnahme ist kein argumentativer Fehler (weil Rawls sich nicht allein auf die Vorwegnahme stützt, um sein Ergebnis zu erzielen), sondern eine Weise, die Argumentation so zu rahmen, dass sie auf ein ihr zugetanes Publikum trifft. Abstrahiert man ein wenig, nimmt Rawls' die Realität einer bisher nur begrifflichen Differenz vorweg, nämlich zwischen einer politischen Konzeption und einer umfassenden Lehre. Sie wird von Rawls immer wieder als real existierend behauptet, aber nur anhand der begrifflich konstitutiven Bedingungen gesetzt.[39]

Ein zweites Beispiel dafür betrifft die Annahme, den Bürger*innen sei die Anbindung der politischen Konzeption an ihre jeweiligen vernünftigen umfassenden Lehren nicht so wichtig. Rawls führt sie zu Beginn seines sechsten Schrittes ein, in dem er die hypothetische Geschichte erzählt, wie sich aus einem bloßen Kompromiss erst ein Verfassungs- und schließlich ein übergreifender Konsens entwickelt haben könnte. Angenommen, wir hätten bereits einen *modus vivendi* erreicht, so fragt Rawls, wäre es dann nicht plausibel anzunehmen, dass die Bürger*innen diesen selbst so sehr schätzen, dass ihre umfassenden Lehren demgegenüber an Bindungskraft verlieren? En passant ermäßigt Rawls seine Begründungslast, da die umfassenden Lehren, die doch als einflussreich und nicht einfach übergehbar vorausgesetzt wurden, den Ausgangspunkt der ganzen Diskussion bestimmen: Wie ist Stabilität angesichts des Faktums eines vernünftigen Pluralismus ohne illegitime Gewaltanwendung möglich? Rawls nimmt vorweg, dass die Bürger*innen von der Vernünftigkeit der politischen Konzeption so überzeugt sein könnten, dass sie eher bereit sind, ihre umfassenden Lehren zu modifizieren, als von der politischen Konzeption abzurücken (vgl. PL, 4: § 6.2,

39 Nochmals in formallogischen Begriffen: Die Existenz einer politischen Konzeption wird behauptet, obwohl wir bisher nur wissen, welche Bedingungen ein Element erfüllen muss, um zur Menge aller politischen Konzeptionen zu gehören, nicht aber, ob ein solches existiert.

S. 251), die sich angesichts einer solchen Loyalität rasch vom bloßen Kompromiss zum übergreifenden Konsens entwickeln kann. Wiederum ist diese Loyalität zur politischen Konzeption jedoch die Tatsache, deren Möglichkeit über die hypothetische Geschichte erwiesen werden sollte. Und abermals ist es auf abstrakterem Niveau die reale Existenz einer Differenz, die nur als begrifflich mögliche gezeigt wurde: Rawls setzt voraus, dass es eine klare Trennung zwischen dem »Modul« (PL, 1: § 2.2, S. 78; vgl. 4: § 1, S. 226 f.) der politischen Konzeption und der umfassenden Lehre gibt (und damit zugleich die Trennung von politischen und nichtpolitischen Werten).[40]

Ein drittes Beispiel soll die Signifikanz dieser Überzeugungstechnik der geneigt-machenden Vorwegnahme abschließend untermauern. Gegen den Vorwurf, die Zurückhaltung des übergreifenden Konsenses in Bezug auf die Wahrheit der vernünftigen umfassenden Lehren führe zu Skeptizismus und Gleichgültigkeit, verteidigt sich Rawls (wie oben im vierten Schritt zitiert) unter anderem dadurch, dass er »zugibt«, es gebe gute Gründe, einen existierenden übergreifenden Konflikt für wahr zu halten, er aber darauf verzichten möchte, um keine unnötig kontroversen Elemente in die politische Konzeption einzuführen (PL, 4: § 4.4, S. 243). Über die Vorwegnahme der Existenz eines übergreifenden Konsenses hinaus, die ja die ganze Vorlesung erst als möglich erweisen soll, suggeriert Rawls zunächst, dass es nicht unvernünftig wäre, die politische Konzeption im Herzen des übergreifenden Kompromisses für wahr zu halten, ehe er einschränkt, dass wir dies jedenfalls nicht öffentlich behaupten sollten, weil wir dabei auf eine vernünftige umfassende Lehre zurückgreifen müssten. Gleichwohl kann er so den Leser*innen bedeuten, dass diese Zurückhaltung nur äußerlich notwendig ist und sie so empfänglicher dafür machen, die Existenz eines übergreifenden Konsenses schon mal wohlwollend zu erwägen, selbst wenn Rawls an dieser Stelle noch weit davon entfernt ist, seine Möglichkeit etabliert zu haben.

Die dritte Überzeugungstechnik, die wir an einer dritten Eigenheit in Rawls' Argumentation beobachten können, nenne ich *Variation des Konkretionsgrades*. Denn in der ganzen vierten Vorlesung

40 Prominent kritisiert hat diese Trennungen Jürgen Habermas, »Versöhnung durch öffentlichen Vernunftgebrauch«, in: ders., *Die Einbeziehung des Anderen. Studien zur politischen Theorie*, Frankfurt/M. 1996, S. 65-94, hier S. 90 f.

changiert Rawls zwischen einer allgemein-begrifflichen Ebene, auf der er nur die konzeptuellen Bedingungen und Merkmale seiner Grundbegriffe in Anspruch nimmt, und einer konkreten Ebene, auf der er diese Begriffe bereits inhaltlich füllt. Aufschlussreich ist das im Falle der »politischen Konzeption«: Im ersten Schritt argumentiert Rawls für die Notwendigkeit eines übergreifenden Konsenses auf Basis einer politischen Gerechtigkeitskonzeption allein auf der allgemein-begrifflichen Ebene, indem er zeigt, dass keine vernünftige umfassende Lehre unter Bedingungen des vernünftigen Pluralismus dessen Funktion erfüllen kann (vgl. PL, 4: § 1). In den folgenden Schritten wird diese Ebene allerdings nur teilweise beibehalten und teilweise unter »politische Konzeption« direkt »Gerechtigkeit als Fairness« verstanden.[41] Die Pointe dieses Changierens findet sich im letzten Schritt, wenn Rawls einerseits die Verwendung von Gerechtigkeit als Fairness nur als »Standardbeispiel« verstanden wissen will, mit dem er aus »Gründen der Einfachheit« (PL, 4: § 7.1, S. 256) hantiert habe. Andererseits charakterisiert er Gerechtigkeit als Fairness als die politische Gerechtigkeitskonzeption, die gewissermaßen den Fluchtpunkt aller möglichen politischen Konzeptionen darstellt: Je besser die Bedingungen für einen übergreifenden Konsens sind, desto eher wird dieser auf Gerechtigkeit als Fairness gegründet sein (vgl. PL, 4: § 7.4, S. 259-261). Abermals geht es mir nicht darum, Rawls' an dieser Stelle eines Fehlers zu überführen; deutlich sollte stattdessen werden, wie das Wechseln zwischen abstraktem und konkretem Verständnis von »politischer Konzeption« die Leser*innen bereits darauf eingestellt hat, beides gleichzusetzen und damit die »Vermutung« (PL, 4: § 7.4, S. 260) zu akzeptieren, Gerechtigkeit als Fairness sei *die* politische Konzeption. Insofern hilft die Variation des Konkretheitsgrades als Überzeugungstechnik genau jene Schlussfolgerung nahezulegen, die Rawls bereits früh in *Politischer Liberalismus* verkündet hat, nämlich »daß

41 Schön zu beobachten in Rawls' »Erinnerung« an die wesentlichen Aspekte eines übergreifenden Konsenses: Der erste Aspekt, dass es nicht um einen einfachen, sondern einen vernünftigen Pluralismus geht, unter dessen Bedingungen wir eine politische Gerechtigkeit suchen, ist noch auf der allgemein-begrifflichen Ebene formuliert; im zweiten Aspekt, der aus dem Fakt eines vernünftigen Pluralismus die Notwendigkeit einer freistehenden politischen Konzeption als Fokus des übergreifenden Konsenses schließt, ist mit der politischen Konzeption bereits Gerechtigkeit als Fairness gemeint. Vgl. PL, 4: § 3.1, S. 231 f.

die Konzeption der Gerechtigkeit als Fairneß [...] die vernünftigste Konzeption ist« (PL, S. 46).

Fassen wir zusammen. Anhand der Eigenheiten von Rawls' seltsam indirekter Argumentation für die Möglichkeit eines überlappenden Konsenses habe ich auf drei von ihm genutzte Überzeugungstechniken aufmerksam gemacht: die indirekte Offenheit, die geneigt-machende Vorwegnahme und die Variation des Konkretionsgrades. Keine dieser Techniken belegt eine unzureichend rationale Argumentation; sie demonstrieren allenfalls die Verschränkung rationaler Begründungen mit ihrer rhetorisch durchgeformten Darstellung. Rawls versucht nicht einfach, die mögliche Existenz eines überlappenden Konsenses auf dem direktesten Wege zu beweisen, er bemüht sich darum, seine Leser*innen zu überzeugen, indem er ihren eigenen Begriffen und Konzeptionen Raum lässt (indirekte Offenheit), ihre möglichen Einwände und seine eigenen Argumente von vornherein so rahmt, dass sie die angestrebte Möglichkeit als vernünftige Annahme plausibel machen (geneigt-machende Vorwegnahme), und die Konkretion seiner Begriffe so variiert, dass sie stets einen spezifischen Inhalt suggerieren, aber nicht darauf festgelegt sind (Variation des Konkretionsgrades). Wir werden von Rawls mithilfe dieser Überzeugungstechniken aufnahmefähig für die rationale Kraft seiner Argumente gemacht; im Nachvollzug sehen wir die meisterhafte Verfertigung eigenständig wirksamen Wissens, das die Selbstverhältnisse seiner Adressat*innen behutsam so verändert, dass sie den dargebotenen Argumenten bereitwilliger folgen. In diesem Sinne tut Rawls, was er sagt; er demonstriert in seinen eigenen Texten, wie die politische Philosophie ihre vier Rollen erfüllen kann, indem sie eigenständig selbstformend wirksames Wissen schafft. Diese Qualität geht verloren, fasst man Rawls' Argumentation in einer rein formallogischen Abfolge von Prämissen und Schlussfolgerungen zusammen – oder anders gesagt: Das eigenständig selbstformend wirksame Wissen, das Rawls in *Politischer Liberalismus* produziert, ist zwar propositionales Wissen, insofern es aus expliziten Sätzen und ihren Rechtfertigungen besteht, die jeweils Propositionen ausdrücken, doch lässt es sich insgesamt nicht als »Summe« dieser Sätze in einer einzelnen Proposition zusammenfassen.

## 3.3 Liberale Subjekte schaffen: Ideale und nichtideale Theorie

Rawls' programmatische Beschreibung der vier Rollen politischer Philosophie im Allgemeinen und des politischen Liberalismus im Besonderen offenbaren, dass auch er implizit die Existenz eigenständig selbstformend wirksamen Wissens annimmt. Zwar liefert der Einwand, Rawls reiche dafür das Standardbild des Zusammenhangs von Wissen und Handeln qua Überzeugungsänderungen aus und er müsse nicht auf meinen Begriff eines aus sich selbst heraus wirksamen Wissens zurückgreifen, eine (bislang) nicht ganz auszuschließende alternative Interpretation. Doch einerseits vermeidet die hier vertretene Deutung über den Begriff wirksamen Wissens ganz im Sinne des politischen Liberalismus die strittigen philosophischen Thesen eines quasi-transzendentalen rationalen Kernselbst bzw. einer transzendentalen Vernunft, mit denen der Einwand hantieren muss. Andererseits gewinnt meine Interpretation durch die exemplarische Analyse der Überzeugungstechniken, die Rawls einsetzt, um die Möglichkeit eines überlappenden Konsenses zu erweisen, weiter an Plausibilität angesichts der Mühen, die Rawls auf sich nimmt, um das eigenständig selbstformend wirksame Wissen des politischen Liberalismus zu produzieren.

Allerdings gibt es noch einen zweiten Strang von Überlegungen in Rawls' Werk zur Wirksamkeit des Wissens politischer Philosophie, in dessen Zentrum die Unterscheidung von idealer und nichtidealer Theorie steht. In diesem Fall handelt es sich nicht um programmatische Äußerungen, sondern um die von Rawls »vorgeschlagene Lösung des ehrwürdigen Problems, das Verhältnis von politischer Theorie und politischer Praxis zu beschreiben«.[42] Um das eigenständig selbstformend wirksame Wissen von Rawls' politischer Philosophie also vollständig zu untersuchen, rekonstruiere ich im letzten Abschnitt dieses Kapitels die Differenzierung von idealer und nichtidealer Theorie (3.3.1). Im Anschluss daran werde ich argumentieren, dass die Setzung dieser Unterscheidung Rawls' entscheidender Schachzug ist, nicht die Priorisierung idealer Theorie. Ob wir für die eine oder andere Seite der Differenzierung Priorität

42 A. John Simmons, »Ideal and Nonideal Theory«, in: *Philosophy & Public Affairs* 38 (2010), S. 5-36, hier S. 6.

beanspruchen,[43] ist interessanterweise unwichtig – wenn wir die Aufteilung in ideale und nichtideale Theorie nicht bestreiten, hat Rawls' wirksames Wissen seinen wichtigsten Effekt bereits erzielt. Die Unterscheidung zu akzeptieren bedeutet, bestimmte Theorien und Konflikte aus der politischen Philosophie zu exkludieren und sich zum liberalen Subjekt machen zu lassen. Die Trennung von idealer und nichtidealer Theorie ist daher der Schlüssel, um zu verstehen, in welche Form Rawls die Selbstverhältnisse der Adressat*innen seines politischen Liberalismus bringen möchte (3.3.2).

### 3.3.1 Zwei Arten von Theorie

Rawls führt seine Unterscheidung zwischen idealer und nichtidealer Theorie bereits in *Eine Theorie der Gerechtigkeit* ein und bleibt ihr bis zuletzt treu, auch wenn er später einige Akzentverschiebungen vornimmt.

> Der intuitive Gedanke ist der, die Theorie der Gerechtigkeit in zwei Teile aufzuspalten. Der erste oder ideale Teil setzt vollständige Konformität voraus und erarbeitet die Grundsätze für eine wohlgeordnete Gesellschaft unter günstigen Bedingungen. Er entwickelt den Begriff einer vollkommen gerechten Grundstruktur und die entsprechenden Pflichten und Verpflichtungen der Menschen unter den allgemeinen Beschränkungen des menschlichen Lebens. Dieser Teil der Theorie ist mein Hauptanliegen. Der zweite Teil, die nichtideale Theorie, wird nach der Wahl einer idealen

43 Darum dreht sich die Diskussion dieser Unterscheidung maßgeblich, da sie von mehr oder weniger scharfer Kritik an idealer Theorie – als unnötig, unrealistisch oder schlicht ideologisch – angetrieben wird, etwa bei Amartya Sen, »What Do We Want from a Theory of Justice?«, in: *The Journal of Philosophy* 103 (2006), S. 215-238; William A. Galston, »Realism in Political Theory«, in: *European Journal of Political Theory* 9 (2010), S. 385-411; Mills, »›Ideal Theory‹ as Ideology«. Ihre Verteidigung übernehmen dagegen unter anderem Simmons, »Ideal and Nonideal Theory«; Zofia Stemplowska, »What's Ideal about Ideal Theory?«, in: *Social Theory and Practice* 34 (2008), S. 331-340; Zofia Stemplowska, Adam Swift, »Ideal and Non-Ideal Theory«, in: David M. Estlund (Hg.), *The Oxford Handbook of Political Philosophy*, Oxford 2012, S. 373-389; Adam Swift, »The Value of Philosophy in Nonideal Circumstances«, in: *Social Theory and Practice* 34 (2008), S. 363-387. Die Unterscheidung selbst wird sehr viel seltener direkt angegriffen; eine solche Ausnahme ist Jörg Schaub, »Ideale und/oder nicht-ideale Theorie – oder weder noch? Ein Literaturbericht zum neuesten Methodenstreit in der politischen Philosophie«, in: *Zeitschrift für Philosophische Forschung* 64 (2010), S. 393-409.

Gerechtigkeitsvorstellung in Angriff genommen; erst dann fragen sich die Beteiligten, welche Grundsätze sie unter weniger glücklichen Umständen aufstellen sollen.[44]

Schon diese »intuitive« Unterscheidung von idealer und nichtidealer Theorie lässt sich auf drei Weisen verstehen:[45] Erstens betrifft die Differenz *begrifflich* die erlaubten Vereinfachungen, denn ideale Theorie wird durch die Annahme von »vollständiger Konformität« ausgezeichnet, eine Voraussetzung, die nichtideale Theorie sich nicht erlauben kann. Zweitens deutet Rawls eine Abfolge an: Ideale Theorie muss zuerst betrieben werden, um die idealen Gerechtigkeitsprinzipien festzustellen; nichtideale Theorie würde danach erwägen, wie wir diese Ziele erreichen und an welcher Stelle wir unter den gegebenen Umständen von den idealen Prinzipien abrücken müssen, weil sie noch nicht zu verwirklichen sind. In dieser Fassung wird die Unterscheidung *teleologisch* getroffen: ideale Theorie definiert das Ziel und nichtideale Theorie »fragt, wie dieses langfristige Ziel erreicht werden oder wie man sich ihm, vermutlich in kleinen Schritten, nähern könnte«.[46] Ein drittes Verständnis der Abgrenzung deutet diese *evaluativ* und mutet zunächst irritierend an, weil Rawls davon ausgeht, dass die ideale Theorie weniger dringliche Probleme behandelt als die nichtideale Theorie. Dass er gleichwohl der idealen Theorie Priorität einräumt, verteidigt er mit dem Hinweis auf ihre systematische Vorrangigkeit, die die teleologische Unterscheidung herausstellt.[47]

44 John Rawls, *Eine Theorie der Gerechtigkeit*, Frankfurt/M. 2003, §39, S. 277. Im Folgenden zitiert als TG.

45 Ich greife im Folgenden auf Schaub, »Ideale und/oder nicht-ideale Theorie«, Simmons, »Ideal and Nonideal Theory«, und Laura Valentini, »Ideal vs. Non-Ideal Theory. A Conceptual Map«, in: *Philosophy Compass* 7 (2012), S. 654-664, zurück, die verschiedene Modelle der Unterscheidung von idealer und nichtidealer Theorie ausmachen, wenngleich sie diese nicht auf ganz dieselbe Weise charakterisieren.

46 Rawls, *Das Recht der Völker*, §13.1, S. 113. Die Priorität idealer Theorie folgt dann aus der Notwendigkeit, sie für nichtideale Theorie vorauszusetzen: »Eine so verstandene nichtideale Theorie setzt voraus, dass wir bereits über eine Idealtheorie verfügen, denn solange das Ideal nicht mindestens in seinen Umrissen identifiziert ist – und mehr können wir nicht erwarten –, fehlt der nichtidealen Theorie ein Zielpunkt, in Bezug auf den sich ihre Fragen beantworten lassen.« (Ebd., §13.1, S. 113 f.)

47 »Offenbar sind die Probleme der Theorie der unvollständigen Konformität die dringlichen. Ihnen stehen wir im täglichen Leben gegenüber. Wenn ich mit der

Diese Unterschiede in der Art und Weise, wie Rawls ideale von nichtidealer Theorie differenziert, verändern jedoch die Pointe der Differenzierung nicht. Offensichtlich klärt Rawls mit ihr seine Prioritäten: Ideale Theorie geht vor! Weniger offensichtlich, aber systematisch bedeutsamer, sind allerdings zwei Wirkungen der Unterscheidung für die Praxis der politischen Philosophie: die Ermöglichung von Theorievergleichen und die vorgelagerte Exklusion bestimmter Theorien und Themen.

In *Eine Theorie der Gerechtigkeit* hilft die Unterscheidung von idealer und nichtidealer Theorie Rawls dabei, sein primäres theoretisches Ziel zu erreichen, indem sie eine bestimmte Art des Theorievergleichs ermöglicht. Um seine beiden Gerechtigkeitsgrundsätze als überlegene Theorie der Gerechtigkeit zu etablieren, legt Rawls seine hauptsächlich gegen den Utilitarismus gerichtete Argumentation so an, dass die Parteien im Urzustand Gerechtigkeitsprinzipien vergleichen und daher begründet die für sie überzeugendsten auswählen können.[48] Ein solcher Vergleich funktioniert jedoch nur, wenn wir die Unterschiede zwischen den von je verschiedenen Gerechtigkeitskonzeptionen beherrschten Gesellschaften auf diese Gerechtigkeitsprinzipien zurückführen können – und dazu müssen wir »vollständige Konformität« annehmen:

> Wenn wir stattdessen versuchen, Prinzipien danach zu beurteilen, wie von ihnen regierte Gesellschaften mit einer »normalen« Menge (oder einem gewissen Prozentsatz) von Nonkonformität aussehen […], würden wir wahrscheinlich nur sehr vage Ergebnisse erhalten und erkennen, dass diese von mehr abhängen als nur den verschiedenen Ordnungseffekten der verglichenen Prinzipien.[49]

idealen anfange, so deshalb, weil sie nach meiner Auffassung die Grundlage für eine systematische Behandlung dieser dringenderen Probleme abgibt.« (TG, § 2, S. 25.)

48 Rawls fasst das später in *Gerechtigkeit als Fairneß* so zusammen: »Die vereinbarten Gerechtigkeitsprinzipien werden […] nicht deduktiv aus den Bedingungen des Urzustands gefolgert, sondern einer gegebenen Liste entnommen. Der Urzustand ist ein Hilfsmittel, das der Auswahl dient und sich auf eine bekannte Gruppe von Gerechtigkeitsprinzipien bezieht, die zu unserer Tradition der politischen Philosophie gehören oder von ihr geprägt sind.« (GF, § 23.4, S. 136; vgl. TG, § 21, S. 144-148.)

49 Simmons, »Ideal and Nonideal Theory«, S. 8 f.

Interessanterweise führt diese Vergleichsprozedur, die überhaupt nur aufgrund der Differenzierung von idealer und nichtidealer Theorie möglich wird, zu einer Exklusion bestimmter alternativer Gerechtigkeitstheorien. Denn diese müssen, um auf die von Rawls anvisierte Weise vergleichbar zu sein und damit überhaupt im Urzustand erwogen werden zu können, als Prinzipien formulierbar sein. Gerechtigkeitstheorien, die in anderer Form vorliegen, etwa weil sie Gerechtigkeit als nicht durch Prinzipien ausdrückbar ansehen oder Prinzipien als nicht von den durch sie geregelten Praktiken abtrennbar betrachten,[50] werden von Rawls daher nicht durch die Argumente ausgeschlossen, die den Parteien im Urzustand zur

50 Wem das weit hergeholt erscheint, der sei an einige Beispiele erinnert: Für den ersten Fall, wonach Gerechtigkeit nicht in Form von Prinzipien ausdrückbar ist, sind dekonstruktivistische Überlegungen zu Gerechtigkeit einschlägig; vgl. neben Jacques Derrida, *Gesetzeskraft. Der ›mystische Grund der Autorität‹*, Frankfurt/M. 1998, etwa John D. Caputo, »Against Principles. A Sketch of an Ethics Without Ethics«, in: Edith Wyschogrod, Gerald P. McKenny (Hg.), *The Ethical*, Oxford 2003, S. 169-180, oder Thomas Keenan, *Fables of Responsibility. Aberrations and Predicaments in Ethics and Politics*, Stanford 1997. Darüber hinaus finden sich auch in der analytischen Philosophie Zweifel an der Prinzipienform; ein prominentes Plädoyer für eine Moralphilosophie ohne Prinzipien liefert Jonathan Dancy, *Ethics Without Principles*, Oxford 2004. Den zweiten Fall, wonach Prinzipien nicht unabhängig von den realen gesellschaftlichen Praktiken bewertet werden können, in denen sie sich manifestieren, illustrieren an Hegel anknüpfende Anerkennungstheorien. So läuft Axel Honneths Kritik des Prozeduralismus moderner Gerechtigkeitstheorien (in Axel Honneth, »Das Gewebe der Gerechtigkeit. Über die Grenzen des zeitgenössischen Prozeduralismus«, in: Axel Honneth (Hg.), *Das Ich im Wir. Studien zur Anerkennungstheorie*, Berlin 2010, S. 51-77, hier bes. S. 72 f.) darauf hinaus, dass Gerechtigkeitskonzeptionen anders denn als Prinzipienmengen vorgestellt werden müssen oder zumindest der Begriff von Prinzipien *expressiv* statt *legalistisch* verstanden werden muss (zu dieser Unterscheidung z. B. David Owen, »Nietzsche, Ethical Agency and the Problem of Democracy«, in: Herman W. Siemens, Vasti Roodt (Hg.), *Nietzsche, Power and Politics. Rethinking Nietzsche's Legacy for Political Thought*, Berlin, New York 2008, S. 144-167, hier bes. S. 144-148, 151 f.). Sie dürfen also keine von den sozialen Praktiken, die sie regeln sollen, losgelösten Prinzipien sein – und damit auch keine Prinzipien, die jenseits ihrer Anwendung in einer nichtidealen Welt den Gegenstand idealer Philosophie abgeben könnten. Deshalb kann Honneth zufolge Gerechtigkeitstheorie nicht von Gesellschaftsanalyse getrennt werden (vgl. Axel Honneth, *Das Recht der Freiheit. Grundriß einer demokratischen Sittlichkeit*, Berlin 2011, S. 14-31) – was freilich gerade Rawls' Ziel mit der Unterscheidung zwischen idealer und nichtidealer Theorie ist.

Verfügung stehen, sondern dadurch, dass sie erst gar nicht in das Auswahlverfahren einbezogen werden (können). Schon der Rahmen, innerhalb dessen Rawls seine Argumentation entfaltet, setzt die Prinzipienförmigkeit von Gerechtigkeitstheorien voraus und exkludiert andere Formen des Nachdenkens über Gerechtigkeit. Mit dieser Einschränkung legt Rawls die Grundlage für den heute weitverbreiteten legalistischen Stil in der liberalen politischen Philosophie.

Neben diesem impliziten Exklusionseffekt als einer ersten Folge der Differenzierung von idealer und nichtidealer Theorie dient diese jedoch auch explizit einer spezifischen Exklusion. Rawls begrenzt gleich zu Beginn von *Eine Theorie der Gerechtigkeit* den Anspruch seiner Theorie, indem er sie auf die Grundstruktur der Gesellschaft einschränkt und indem er (nahezu) ausschließlich ideale Theorie betreibt.[51] Dadurch entlastet er sich von all den Themen, um die sich die nichtideale Theorie bzw. die »Theorie der unvollständigen Konformität« kümmert, was insbesondere die Frage betrifft, wie mit existierenden Ungerechtigkeiten umgegangen werden soll.

> Zu ihr [nichtidealer Theorie] gehört etwa die Theorie der Strafe, des gerechten Krieges, der Rechtfertigung des Widerstands verschiedener Art gegen ungerechte Herrschaft, der vom zivilen Ungehorsam und der Kriegsdienstverweigerung bis zu aktivem Widerstand und Revolution reicht. Ebenso gehören dorthin Fragen der ausgleichenden Gerechtigkeit und der Abwägung einer Form institutioneller Ungerechtigkeit gegen eine andere. (TG, § 2, S. 25)

Strafen, Kriege, Widerstand, ausgleichende Gerechtigkeit und institutionelle Ungerechtigkeit – all das sind ausdrücklich keine Themen idealer Theorie. Es sind allerdings die Hauptursachen und Erscheinungsformen politischer Konflikte. Insofern politische Konflikte ab einer gewissen Eskalationsstufe zwangsläufig »unvollständige Konformität« bedeuten, sind sie ausdrücklich nicht Gegenstand idealer Theorie, mit Ausnahme jener Konflikte, die auf philosophischen Ursachen gründen (wie in der ersten Rolle politischer Philosophie beschrieben, siehe Abschnitt 3.1) *und* die ohne Preisgabe vollständiger Konformität ausgetragen werden können –

51 Eine Ausnahme stellt die Behandlung des zivilen Ungehorsams dar: vgl. TG, § 55-§ 59.

Konflikte also, die aus dem Faktum eines vernünftigen Pluralismus folgen und streng gewaltfrei, ja ohne Folgen für das Handeln der Bürger*innen bleiben. Nur sie sind in der Wirklichkeit enthalten, mit der sich ideale Theorie auseinandersetzt – und es fällt schwer, sich darunter anderes vorzustellen als die philosophischen Konflikte über verschiedene Auffassungen von Gerechtigkeit, die Rawls einerseits bereits implizit auf prinzipienbasierte Theorien eingeschränkt hat und die andererseits kaum als repräsentativ für politische Konflikte im Allgemeinen gelten können.

Dieser Ausschluss politischer Konflikte aus der liberalen politischen Philosophie bliebe ein harmlos-exotischer Spleen, würde die Unterscheidung nicht zugleich eine Hierarchisierung vornehmen und die nichtideale der idealen Theorie kategorisch und ohne nähere Begründung untergeordnet. Dass die Priorisierung idealer Theorie kein ablösbarer Zusatz zur Differenzierung zwischen beiden ist, verdeutlicht die Gegenprobe: Ohne die Unterordnung nichtidealer Theorie unter ideale Theorie verliert die Unterscheidung ihren Sinn, denn welche Bedeutung könnten wir einer von politischen Konflikten absehenden politischen Theorie zumessen, die eingestünde, für die theoretische Bearbeitung dieser Konflikte unnötig zu sein?

Rawls schiebt also politische Konflikte nicht nur in einen besonderen Teil der politischen Philosophie ab, er macht ihre Behandlung zugleich von der »eigentlichen«, das heißt idealen politischen Philosophie abhängig. Wenn nach Rawls politische Konflikte einzig und allein theoretisch bearbeitet werden können, nachdem die ideale Theorie ihre Gerechtigkeitsprinzipien aufgestellt hat, dann können politische Konflikte stets nur auf dem Weg über eine von Konflikten befreite politische Philosophie dem Denken zugänglich werden. Man muss also bereits über eine unter Absehung von politischen Konflikten erdachte politische Philosophie verfügen, um mit ihr politische Konflikte zu denken.[52]

52 Vermutlich kann nur eine von allen politischen Konflikten gereinigte ideale Theorie die Rolle zivilen Ungehorsams als stabilisierende Praxis beschreiben (vgl. TG, § 59, S. 422). Wie problematisch Rawls' Versuch ist, auf Basis seiner idealen Theorie nichtideale Theorie zu betreiben, zeigt Robin Celikates, »Ziviler Ungehorsam und radikale Demokratie. Konstituierende vs. konstituierte Macht?«, in: Thomas Bedorf, Kurt Röttgers (Hg.), *Das Politische und die Politik*, Berlin 2010, S. 274-300.

Eine bemerkenswerte Vorstellung politischer Philosophie wird damit sichtbar, die umso erstaunlicher anmutet, weil sie so dominant werden konnte. Vielleicht gelang ihr dies auch deshalb, weil es nicht darauf ankommt, auf welche Seite der Unterscheidung zwischen idealer und nichtidealer Theorie man sich schlägt: Wer sie akzeptiert, muss die Vorstellung akzeptieren, eine politische Philosophie, die von politischen Konflikten absieht, ja von ihnen gereinigt ist, sei sinnvoll. Die Differenzierung überzeugt uns, in anderen Worten, von einer besonderen Form der politischen Philosophie, die in Absenz politischer Konflikte wohlwollend als Variante der Moralphilosophie und weniger wohlwollend als eine Art Verwaltungslehre zu bezeichnen ist. Die exklusive Konzentration auf Mengen aus Prinzipien, die als Verwaltungsanordnungen dienen, ist insofern leicht verständlich.

### 3.3.2 Liberale Subjektivierung

Damit zeichnet sich die Art von Selbstverhältnis demokratischer Bürger*innen ab, die Rawls' politischer Liberalismus durch die Produktion eigenständig selbstformend wirksamen Wissens erzeugen soll. Erinnern wir uns daran, dass die zweite Aufgabe politischer Philosophie, die »Orientierung im Denken«, dadurch erfüllt werden soll, dass politische Philosophie die subjektiven Unterscheidungsgründe der Adressat*innen des Wissens politischer Philosophie beeinflusst. Die Einführung der Differenzierung zwischen idealer und nichtidealer Theorie ist genau eine solche Veränderung subjektiver Grundlagen für die politische Orientierung, geht jedoch sogar noch darüber hinaus: Indem sie alle Formen politischer Konflikte ausschließt, die sich nicht als vernünftige Meinungsverschiedenheiten darstellen lassen, definiert sie den gesamten Raum politischen Denkens neu, innerhalb dessen sich die angesprochenen Bürger*innen orientieren sollen. Diese werden dazu erzogen, Politik als vernünftige Meinungsverschiedenheiten zu betrachten. Affekte, Gewalt, Irrationalität – all diese Aspekte, mit denen die aktuellen politischen Konflikte gesättigt sind, werden ausgeblendet, bis die Idee, Politik als »ausübende Rechtslehre« fassen zu können, den von Rawls' politischem Liberalismus geformten Subjekten einleuchtend erscheinen muss – womit sie zugleich als Tatsache bekräftigen, dass es »keinen Streit der Politik als ausübender Rechtslehre mit der Moral als einer solchen [...] (*mithin keinen Streit der Praxis mit der Theorie*) geben [kann]«.[53] Die friktionslose Umsetzung prinzipienbasierter Moral in Recht und weiter in Politik, in der sich alle Konflikte als bloß vernünftige Meinungsverschiedenheiten begreifen lassen, ist der bürokratische Traum dieser politischen Philosophie: Denn so begriffen, ist Politik die rechtsförmige Verwaltung der Menschen, die sie dazu erzogen hat, sich als selbstverwaltende Verwalter*innen zu verstehen.[54]

Innerhalb eines neugeschaffenen Raumes ohne politische Konflikte liefert Rawls' politischer Liberalismus mit seiner politischen Konzeption von Gerechtigkeit als Fairness die »subjektiven Unterscheidungsgründe«, mit denen sich die Bürger*innen in ihrer aseptischen Vorstellung von konfliktloser Politik orientieren können. Die liberale Selbstformung durch Rawls' befriedendes Wissen erfolgt also zugleich durch die Neudefinition des Raumes politischen Denkens und der darin gültigen Orientierungsprinzipien. Dieses eigenständig selbstformend wirksame Wissen verfolgt letztlich das Ziel, endlich jene letzten Menschen zu schaffen, die sich politischer Konflikte endgültig entledigt haben: »Wer will noch regieren? Wer noch gehorchen? Beides ist zu beschwerlich. [...] ›Wir haben das Glück erfunden‹ – sagen die letzten Menschen und blinzeln.«[55]

53 Immanuel Kant, »Zum ewigen Frieden. Ein philosophischer Entwurf«, *Werkausgabe*, Bd. IX, Frankfurt/M. 2006, S. 191-251, hier S. 229, Hervorhebung F. V.

54 Scharfe Kritik daran übt Raymond Geuss, »On the Very Idea of a Metaphysics of Right«, in: ders., *Politics and the Imagination*, Princeton/NJ 2010, S. 43-60. Eine Verteidigung unternimmt Volker Gerhardt, »Ausübende Rechtslehre. Kants Begriff der Politik«, in: Gerhard Schönrich, Yasushi Kato (Hg.), *Kant in der Diskussion der Moderne*, Frankfurt/M. 1996, S. 464-488, der dafür allerdings über den Umweg der Urteilskraft mehr Spielraum in das »Ausüben« lesen muss (vgl. ebd., S. 482 f.).

55 Friedrich Nietzsche, *Also sprach Zarathustra I-IV. Kritische Studienausgabe*, Bd. 4, Berlin, München 1998, S. 20.

## *Zwischenbetrachtung I: Die Einheit wirksamen Wissens*

Drei Ziele hatte ich zu Beginn dieses Kapitels genannt, die ich mit den lateralen Lektüren von Platons Dialogen, den frühen Texten von Adorno und Horkheimer sowie den späten Überlegungen von Rawls erreichen wollte: Erstens wollte ich jeweils die Existenz und zweitens die Relevanz der Annahme von der Existenz eigenständig wirksamen Wissens in diesen Texten demonstrieren. In der Rückblende können wir erkennen, dass dies gelungen ist: Ob Platons gefährliches Wissen der Philosophie, Adornos und Horkheimers emanzipierendes Wissen der kritischen Theorie oder Rawls' befriedendes Wissen des politischen Liberalismus: Die Annahme, es gebe ein von sich aus wirksames Wissen, das nicht als passives Wissen auf die praktische Vernunft von Subjekten angewiesen ist, um Wirkungen zu erzielen, spielt jeweils eine entscheidende Rolle in den ganz unterschiedlichen Argumentationen der vier Autoren. In Platons Dialogen ist die eigenständige Wirksamkeit des philosophischen Wissens für die »Umwendung der Seele« zum Guten erforderlich, weil sie allein, und nicht etwa die Autorität von Lehrenden oder die gefährlichen Wortspiele der Sophist*innen, die Philosoph*innen aus dem »Schlamm des Werdens« zur wahren Erkenntnis des Seins führen und zu für die Herrschaft über die *polis* geeigneten Politiker*innen machen kann. Adorno deutet das eigenständig wirksame Wissen der Kritik dagegen so, dass es die Rätsel zerstört, die uns die »intentionslose« und von barbarischen Kräften beherrschte Wirklichkeit aufgibt. Horkheimer ergänzt diese Überlegungen dadurch, dass er unsere Vorstellung von Wissen als passiv direkt infrage stellt; Wissen sei stets von sich aus wirksam; eine der ersten Wirkungen traditioneller Theorie wäre es, diese Wirksamkeit zu leugnen. Rawls schließlich bestimmt nicht nur detailliert, wie das Wissen der politischen Philosophie die Selbstverständnisse der ihm ausgesetzten Subjekte verändern soll, um sie mit der Gesellschaft zu versöhnen, er setzt dies mittels elaborierter Überzeugungstechniken auch um. Besonders seine Setzung begrifflicher Differenzen, allen voran der Unterscheidung von idealer und nichtidealer Theorie, wirkt so pazifierend, dass am Ende eine politische Philosophie jenseits politischer Konflikte möglich wird.

Die Existenz der Annahme eigenständig wirksamen Wissens und ihre Signifikanz für die Argumentationen der Autoren löst allerdings erst zwei der drei ausgegebenen Ziele ein. Denn es bleibt der Verdacht, dass damit ganz unterschiedliche Begriffe bloß unter demselben Namen versammelt werden. Verstehen die von mir versammelten Autoren nicht schon unter »Wissen« jeweils Unterschiedliches? Ist also der Versuch, diese disparaten Philosophen aus verschiedenen Zeiten, mit divergierenden Interessen und widerstreitenden Zielen zusammenbringen und daraus einen einheitlichen Begriff eigenständig wirksamen Wissens zu destillieren, nicht von vornherein eine zum Scheitern verurteilte interpretatorische Gewalttat?

Doch dieser Einwand setzt sich leichtfertig über die bereits geleistete Argumentation hinweg. Seine Zweifel waren zu Beginn des ersten Teils legitim; an seinem Ende sind sie es nicht mehr. Denn wir haben bereits im Detail gesehen, worin die Einheit der Annahme eigenständig wirksamen Wissens bei den verschiedenen Autoren besteht: Erstens wird jeweils vorausgesetzt, dass dieses Wissen kein passives ist, also nicht auf die Umsetzung in Handlungen durch ein Subjekt warten muss, um wirksam zu sein. Zweitens stellte sich heraus, dass das erste Ziel dieser Wirksamkeit bei allen vier Autoren die Subjektivität der dem Wissen Ausgesetzten ist. Sie alle teilen die Annahme eigenständig *selbstformend* wirksamen Wissens. Drittens haben wir jeweils gesehen, dass das eigenständig selbstformend wirksame Wissen zwar aus Sätzen besteht, die Propositionen ausdrücken, also die Form »F(a)« haben, aber nicht selbst nach dem Modell einzelner Propositionen verstanden werden kann. Das emanzipierende Wissen in Adornos *Negativer Dialektik* lässt sich nicht als formallogische Verknüpfung aller darin enthaltener Propositionen begreifen, so wenig wie das philosophische Wissens in Platons Dialogen oder das befriedende Wissen von Rawls' politischem Liberalismus. Deshalb, so hatte ich bereits mehrfach angedeutet, lässt sich eigenständig selbstformend wirksames Wissen nicht nach der für die Erkenntnistheorie kanonischen Formel »S weiß, dass *p*« begreifen, weil wir dazu voraussetzen müssen, dass es eben doch eine Möglichkeit gibt, die verschiedenen Sätze, aus denen dieses Wissen zusammengesetzt ist, zu einer einzigen Proposition zusammenzubinden. So unterschiedlich der Wissensbegriff von Platon, Adorno, Horkheimer und Rawls also ist, sie teilen neben der Annahme, dass es eigenständig selbstformend wirksames Wissen gibt, auch die Prämisse, dass dieses Wissen zwar propositional ist, aber nicht einfach nach dem Muster einer isolierten Proposition verstanden werden kann.

Diese Prämisse ist weniger exotisch, als es auf den ersten Blick scheinen mag. Ich hatte bereits in der Einleitung (Abschnitt 2) darauf hingewiesen, dass die Formel »S weiß, dass *p*« zur allgemeinen Form von Wissen zu erheben voraussetzt, Propositionen bedeutungsinvariant isolieren zu können. Doch scheint diese Prämisse schon fragwürdig, wenn man bedenkt, dass wenn auch nicht alle, so doch die meisten Wissensdefinitionen in der Erkenntnistheorie davon ausgehen, dass die Begründung der jeweils gewussten Proposition zwingend zu ihr dazugehört (siehe Kapitel 8). Schon diese Überlegung lässt Zweifel daran aufkommen, dass Wissen insgesamt nach dem Modell einzelner, unabhängiger Propositionen verstanden werden kann. Nimmt man überdies einen semantischen Holismus an, ist ohnehin klar, dass diese Formel bestenfalls eine Abkürzung darstellt, da jede Proposition nur vor dem Hintergrund vieler weiterer Propositionen ihre Bedeutung erhält.[1] »Freistehende« Propositionen wären weder verständlich noch wahrheitswertfähig – und damit keine geeignete Basis, um zu analysieren, was »Wissen« ist. »S weiß, dass *p*« sollten wir daher nicht als kanonische Formulierung verwenden, um Wissen zu verstehen, sondern als abgeleiteten Fall: In einer gegebenen Situation können wir häufig einen hinreichend großen Teil der Hintergrundpropositionen als von unseren Gesprächspartner*innen geteilt voraussetzen, um nur noch über eine einzelne Proposition zu diskutieren. Problematisch ist jedoch, diese Voraussetzungen erst zu verdrän-

1 Den gemeinsamen Kern der verschiedenen Holismen sehe ich mit Bertram in der Überzeugung, dass »ein Element [...] hinsichtlich bestimmter seiner Eigenschaften oder gar als solches eine Funktion seines Zusammenhangs mit anderen Elementen ist, mit denen es gemeinsam zu einem Ganzen gehört« (Georg W. Bertram, Jasper Liptow, »Holismus in der Philosophie. Eine Einleitung«, in: Georg W. Bertram (Hg.), *Holismus in der Philosophie. Ein zentrales Motiv der Gegenwartsphilosophie*, Weilerswist 2002, S. 7-29, hier S. 7). Das gilt selbst dann noch, wenn man die von Seel überzeugend dargelegte These teilt, dass nur ein »moderater« Holismus ohne die Vorstellung eines »geschlossenen, fertigen und überschaubaren Ganzen« (Martin Seel, »Für einen Holismus ohne Ganzes«, in: Georg W. Bertram, Jasper Liptow (Hg.), *Holismus in der Philosophie. Ein zentrales Motiv der Gegenwartsphilosophie*, Weilerswist 2002, S. 30-40, hier S. 35) plausibel ist.

gen und dann Wissen anhand isolierter Propositionen zu studieren.

Auf dieser abstrakten Ebene die Einheit der verschiedenen Annahmen eigenständig wirksamen Wissens festzustellen, heißt noch nicht, so viel am Einwand ist richtig, von einem von allen Autoren bereits implizit geteilten Begriff wirksamen Wissens auszugehen. Da schon die Annahme mehr oder minder mühsam als Voraussetzung der jeweiligen Argumentationen herauspräpariert werden musste, sollte es nicht überraschen, dass wir nicht behaupten können, die Autoren würden implizit denselben Begriff gebrauchen. Doch haben wir genug Gemeinsamkeiten gesammelt, um in der geteilten Annahme eigenständig selbstformend wirksamen Wissens die Umrisse eines solchen Begriffs zu sehen. Insbesondere die geteilte Prämisse, dieses Wissen bestehe zwar aus Propositionen ausdrückenden Sätzen der Form »F(a)«, habe aber selbst nicht diese Form, unterstützt diese abstrakte Einheit. Zwar bleibt der Ausdruck »eigenständig selbstformend wirksames Wissen« auch jetzt noch ein Platzhalter, der in den drei lateralen Lektüren mit drei verschiedenen Konzeptionen der Verbindung von Wissen und Subjektivität gefüllt wurde, aber die geteilte Existenz und Signifikanz dieses Platzhalters aufzuzeigen schafft den Raum, in dem eine Begriffsbestimmung überhaupt erst unternommen werden kann. Dazu stelle ich in Teil II den philosophischen Gewinn vor, den eine solche Arbeit verspricht, ehe ich sie in Teil III unternehme.

Vorher muss jedoch noch einmal der Einwand aus der Einleitung widerlegt werden, die Vorstellung eigenständig selbstformend wirksamen Wissens dramatisiere auf unzulässige Weise das, was Philosoph*innen in nüchternerem Vokabular praktische Vernunft nennen würden. Wissen wird in diesem Standardbild explizit als passive Entität verstanden, die auf das aktive Subjekt angewiesen ist, um Wirkungen zu erzielen. Ein auf diese Weise selbstformend wirksames Wissen setzt insofern eine Instanz innerhalb des Subjekts – ein rationales Kernselbst – voraus, die souverän auf neues oder erneut gehörtes Wissen reagiert, indem sie jeweils überprüft, in welchen Beziehungen dieses Wissen zu den bisherigen Überzeugungen steht und welche dieser Überzeugungen daher modifiziert oder aufgegeben werden müssen.

Zwar steht es uns frei, Platon, Adorno, Horkheimer und Rawls weiterhin nach diesem Standardmodell zu interpretieren, zumal sie sich teilweise selbst so verstehen. Doch jeweils ginge verloren, was meine lateralen Lektüren zu Tage gefördert haben: Bei Platon konnten wir sehen, dass er Philosophie über die eigenständig selbstformende Wirksamkeit philosophischen Wissens bestimmt. Müssen wir dieses Wissen dagegen als passiv verstehen, sind wir nicht nur gezwungen, eine ganze Reihe von Aussagen zur Gefahr von Wissen (im *Protagoras*) oder zur Umkehr der Seele durch Wissen (in der *Politeia*) als bloße Metaphern abzutun, wir müssen vor allem eine vielversprechende Strategie aufgeben, wie sich die Einheit von Philosophie bestimmen lässt (das vertiefe ich in Kapitel 4).

Bei Adorno verfehlt die Interpretation mit dem Standardmodell des passiven Wissens die Schärfe der in »Die Aktualität der Philosophie« geäußerten These vollständig. Daraus folgt die Schwierigkeit, Adornos eigene Praxis des Philosophierens schlecht nachvollziehen zu können, denn ohne die Annahme einer Existenz eigenständig selbstformend wirksamen Wissens werden seine Eingriffe und seine besondere Vorgehensweise auf die elitäre Betonung von Wissen gegen die kapitalistische Barbarei reduziert.

Bei Horkheimer ist vielleicht am einfachsten zu sehen, welche Konsequenz die Interpretation mit dem Standardbild hätte: Sie würde den Standpunkt traditioneller Theorie beziehen, die Horkheimer scharf kritisiert. Verloren geht also das Selbstverständnis Horkheimers – was aus Sicht der traditionellen Theorie akzeptabel sein mag, als Lektüre seines Essays und zur Verteidigung seiner Unterscheidung freilich desaströs ist. Bei Adorno wie bei Horkheimer missversteht eine Interpretation mithilfe des Standardbildes passiven Wissens zudem die besondere Form ihrer Kritik, die sich mit dem Begriff eigenständig selbstformend wirksamen Wissens als emanzipierende Kritik bestimmen lässt (das zeige ich in Kapitel 5).

Bei Rawls schließlich verliert man in der Interpretation mit dem Standardbild nicht nur die Einsicht in die spezifische Form von konfliktscheuer Subjektivität, die seine politische Philosophie schaffen soll, man muss auch die Gestalt seiner Texte und seine seltsam umständliche Vorgehensweise als persönliche Vorliebe abtun, anstatt darin die kunstvolle Ausübung jener Überzeugungstechniken zu sehen, die daran beteiligt sind, dieses Wissen so ungeheuer wirksam werden zu lassen. Mithilfe des Begriffs wirksamen Wissens kann man sein Faktum eines vernünftigen Pluralismus zur Einsicht in die Pluralität von Wahrheit radikalisieren und damit einen wichtigen Schritt auf dem Weg zu einem neuen Verständnis vom internen Verhältnis von Wahrheit und Politik gehen (so argumentiere ich in Kapitel 6).

Mir scheinen dies hinreichende Gründe zu sein, um von der Existenz der Annahme eigenständig wirksamen Wissens bei den vier untersuchten Autoren auszugehen. Doch selbst wenn man mir an dieser Stelle zugesteht, die Existenz und Relevanz der Annahme eigenständig selbstformend wirksamen Wissens in der Philosophie belegt zu haben, bleibt eine bohrende Frage bestehen: Warum sollte man sich die Mühe machen, nach einem solchen Begriff zu suchen? Warum könnte man die Anstrengung auf sich nehmen wollen, ihn hinreichend präzise zu formulieren? Ohne einleuchtende Antworten auf diese Fragen scheint es sinnlos, diese Arbeit zu beginnen – deshalb gebe ich diese Antworten in Teil II.

# Teil II:
# Das Versprechen wirksamen Wissens

Der erste Teil sollte dem Eindruck von Exzentrik entgegenwirken, den der Begriff eigenständig selbstformend wirksamen Wissens hervorrufen mag, weil er aktives, das heißt von sich aus wirksames Wissen bezeichnet. Dazu habe ich an drei Beispielen aus der Philosophiegeschichte gezeigt, dass darin die Existenz eigenständig wirksamen Wissens nicht nur angenommen wird, sondern darüber hinaus zentrale Bedeutung für die jeweilige Argumentation besitzt. Zugleich haben wir gesehen, dass die eigenständige Wirksamkeit dieses Wissens sich auf das Selbst richtet, das diesem Wissen ausgesetzt ist, und dass wir uns die Beziehung zwischen Wissen und Selbst nicht nach dem Standardbild von passivem Wissen und einem aktiven Subjekt vorstellen können.

Offengeblieben ist, wie der Begriff »eigenständig selbstformend wirksames Wissen« genau zu verstehen ist: Wie müssen wir uns die Einwirkung von Wissen auf das Selbst der diesem Wissen Ausgesetzten vorstellen? Warum übt Wissen diese Kraft aus – und in welchem Sinne ist es Wissen? Doch diese Fragen kommen zu früh. Zuerst gilt es zu zeigen, dass es sich überhaupt lohnt, dem Begriff so viel Aufmerksamkeit und argumentative Arbeit zu widmen. Es könnte ja sein, dass die in Teil I herausgearbeitete Existenz und Signifikanz der Annahme eigenständig selbstformend wirksamen Wissens nur belegen, wie gründlich diese Positionen umgearbeitet werden müssen, um mit den zeitgenössischen Erläuterungen von Wissen kompatibel zu werden. Vielleicht ist die Annahme eigenständig selbstformend wirksamen Wissens nichts weiter als ein Restbestand religiöser oder mythischer Vorstellungen von der Kraft des Wissens, die wir glücklicherweise überwunden haben. Anders gefragt: Warum könnte es philosophisch relevant sein, den Begriff eigenständig selbstformend wirksamen Wissens neu und präziser zu prägen?

Auf diese Frage antworten die folgenden drei Kapitel, indem sie demonstrieren, inwiefern der Begriff eigenständig selbstformend wirksames Wissen für philosophisch relevante Fragen gewinnbringend *wäre* – wenn wir über eine präzise Fassung des Begriffs verfügen würden. Sie verbleiben damit im Konjunktiv, bis dessen

Ausarbeitung in Teil III nachgeliefert wird. Die auf den ersten Blick ungewöhnliche Reihenfolge wird durch die angedeuteten Zweifel an der philosophischen Relevanz des Begriffs eigenständig selbstformend wirksamen Wissens gerechtfertigt, die ausgeräumt sein sollten, bevor wir uns an die Arbeit der Begriffsbildung machen. Zugleich hat es den Vorteil, weitere Einschränkungen vornehmen zu können. Wenn wir Klarheit über die argumentative Funktion haben, die wir dem Begriff wirksamen Wissens übertragen möchten, wird die Ausarbeitung dieses Konzepts sich daran orientieren können.

Wirksames Wissen ist fruchtbar für die Philosophiegeschichte, die kritische Sozialphilosophie und die politische Philosophie, so meine Behauptung in Teil II. Dabei greife ich in Kapitel 4, das den Vorschlag unterbreitet, Philosophiegeschichte als Genealogie philosophischen Wissens und seiner Exklusionstechniken zu schreiben, frei variierend Überlegungen zur Bestimmung von Philosophie bzw. philosophischem Wissen auf, denen wir bereits bei Platon in Kapitel 1 begegnet sind. Kapitel 5 schließt an die Deutung der frühen Kritischen Theorie aus Kapitel 2 an, indem ich mit dem Begriff eigenständig selbstformend wirksamen Wissens die bei Adorno und Horkheimer bereits angedeutete Form der emanzipierenden Kritik ausarbeite und ihre epistemologischen Voraussetzungen rechtfertige. Und in Kapitel 6 verwende ich unsere schon in Kapitel 3 gewonnenen Erkenntnisse über Rawls' politischen Liberalismus, um in Auseinandersetzung mit dem Verhältnis zwischen Wahrheit und Politik seine Position der von Arendt gegenüberzustellen. Ihre beiden basalen Einsichten in den unvermeidlichen vernünftigen Pluralismus von Wahrheit und in die zwingende Kraft von Wahrheit gilt es vereinbar zu machen – und auch dabei, so werde ich argumentieren, hilft uns der Begriff eigenständig selbstformend wirksames Wissen.

Die zweite Zwischenbetrachtung greift den in den drei Kapiteln immer stärker verwendete Begriff »Kraft« auf. Insofern er ein wesentliches Element des sich abzeichnenden philosophischen Bildes ist, das den Begriff eigenständig selbstformend wirksames Wissen beheimatet, sind einige Bemerkungen zur Geschichte des Kraftbegriffs, zu seiner Bedeutung und zu den Grenzen seines Gebrauchs notwendig. Sie sollen vor allem Missverständnissen vorbeugen, die ansonsten die Erläuterungen in Teil III belasten könnten.

# Kapitel 4: Philosophiegeschichte als Genealogie philosophischen Wissens

> »Die Taten der Geschichte der Philosophie sind keine Abenteuer [...], nicht nur eine Sammlung von zufälligen Begebenheiten, Fahrten irrender Ritter, die sich für sich herumschlagen, absichtslos abmühen und deren Wirksamkeit spurlos verschwunden ist. [...] Es geht vernünftig zu.«[1]

Unter Rückgriff auf Positionen aus der Philosophiegeschichte – von der Antike bis in die gerade vergangene Gegenwart der letzten Jahrzehnte – habe ich in Teil I belegt, dass die Annahme von der Existenz eigenständig selbstformend wirksamen Wissens häufiger und wichtiger ist, als sie zunächst erscheinen mag. Ein solcher Zugriff auf die Philosophiegeschichte ist verbreitet; nahezu kein Beitrag in der Philosophie kommt ohne einen derartigen Rückgriff auf historisch tradierte Begriffe, Argumente und Positionen aus. Dennoch wirft der Umgang mit ihnen methodologische Fragen auf, denen wir kaum entkommen können. Während wir gewohnt sind, Gründe dafür anzugeben, welche dieser Begriffe, Argumente und Positionen wir als relevant ansehen und diskutieren, bleibt der Rahmen, innerhalb dessen wir nach anderen Begriffen, Argumenten und Positionen überhaupt suchen, meist unbedacht. Welche Texte und Autor*innen, welche Positionen und Traditionen berücksichtigen wir, wenn wir auf die Geschichte der Philosophie zurückgreifen – und welche Art von Philosophiegeschichte betreiben wir dabei?

Ein methodologisch reflektierter Umgang mit der Philosophiegeschichte sieht sich mit zwei grundlegenden Problemen konfrontiert: Erstens ist die methodologische Frage, wie wir auf Vergangenheit zugreifen, für jede Art der Geschichtsschreibung eine zu Recht heiß umstrittene, ganz unabhängig von möglicherweise vorhandenen Besonderheiten des Gebiets, dessen Geschichte man

1 Georg Wilhelm Friedrich Hegel, *Vorlesungen über die Geschichte der Philosophie I. Werke*, Bd. 18, Frankfurt/M. 1975, S. 38.

schreibt.[2] Diese Besonderheiten gilt es freilich ebenfalls zu berücksichtigen, womit wir zweitens vor die Frage gestellt werden, wovon Philosophiegeschichte eigentlich eine Geschichte ist. Was heißt es, die Geschichte der »Philosophie« zu schreiben? Wie ist der damit benannte Gegenstandsbereich verfasst und wie lässt er sich eingrenzen? Schreiben wir die Geschichte von Ideen, Texten, Personen, Praktiken oder einer Mixtur dieser Zutaten? Wie ziehen wir die Grenzen zwischen Positionen, die wir als »philosophische« in unsere Geschichte aufnehmen, und anderen Positionen, die wir als »theologisch«, »rein literarisch«, »bloß empirisch« oder »vollständig unwissenschaftlich« aussortieren?

Beide Fragen hängen insofern zusammen, als ein methodologisch angemessener Zugriff sicherlich vor allem dem Gegenstandsbereich adäquat sein muss, den wir uns für unsere Philosophiegeschichte vornehmen. Umgekehrt bedeutet das, dass jede Entscheidung für oder gegen eine bestimmte Methode, Philosophiegeschichte zu schreiben, mit Annahmen darüber operieren muss, wovon sie eine Geschichte ist: was sie also als »Philosophie« versteht. Solche philosophischen Reflexionen auf »die Philosophie« sind unbeliebt,[3]

2 Zum Einstieg in die Debatte um die Methode der Philosophiegeschichte vgl. Richard Rorty u. a. (Hg.), *Philosophy in History. Essays on the Historiography of Philosophy*, Cambridge 1984. Vor allem eine Unterscheidung organisiert viele Überlegungen: die Gegenüberstellung von Philosophiegeschichte und »systematischer« Philosophie, die in diesen Begriffen vor allem in der analytischen Philosophie mobilisiert wird: vgl. Tom Sorell, G. A. J. Rogers (Hg.), *Analytic Philosophy and History of Philosophy*, Oxford 2005; etwas nuancierter Hans-Johann Glock, »Analytic Philosophy and History. A Mismatch?«, in: *Mind* 117 (2008), S. 867-897. Auf kontinentaler Seite wird sie eher als die Frage formuliert, ob die Geschichte der Philosophie vor allem Philosophie (so prominent Immanuel Kant, »Lose Blätter zu den Fortschritten der Metaphysik«, in: ders., *Kants Gesammelte Schriften*, Bd. XX, Berlin 1902, S. 333-351, hier S. 340-343) oder vor allem Geschichte ist (dafür plädiert Petra Kolmer, »Plädoyer für die nichtphilosophische Philosophiegeschichtsschreibung«, in: *Studia Philosophica* 61 (2002), S. 87–111). Beide Arten, die Differenz zu ziehen, scheinen mir wenig hilfreich, da sie die Methodendebatte stark einengen und immer schon davon ausgehen, zu wissen, was »Philosophie« ist. Weniger von dieser Unterscheidung beherrscht sind die Beiträge in Mogens Lærke u. a. (Hg.), *Philosophy and Its History. Aims and Methods in the Study of Early Modern Philosophy*, Oxford 2013, und die Überlegungen von Kurt Flasch, *Theorie der Philosophiehistorie. Philosophie hat Geschichte*, Bd. 2, Frankfurt/M. 2005.

3 »Wer über philosophische Methodenfragen redet, setzt sich dem Verdacht aus, über die Philosophie zu reden statt zu philosophieren.« (Herbert Schnädelbach,

aber in der Philosophiegeschichte nicht zu vermeiden, wie man sich an Richard Rortys Beschreibung ihrer fünf Genres klarmachen kann. Rorty unterscheidet historische und rationale Rekonstruktion, Geistesgeschichte, Ideengeschichte und Doxographie,[4] von denen Geistes- und Ideengeschichte mehr oder minder direkt auf die Frage antworten, welche Autor*innen wir für Philosoph*innen halten. Obwohl die Genres der historischen und rationalen Rekonstruktion sich diese Frage nicht ausdrücklich stellen, setzen sie die Herstellung des Kanons durch die anderen beiden voraus.[5] Insofern sind alle vier Genres an den Kämpfen darum beteiligt, was als Philosophie zählt, weil sie entweder selbst zu den Kombattanten zählen oder sich zumindest auf die Seite bestimmter Parteien schlagen (müssen).

Wenn die Philosophiegeschichte demnach unausweichlich auf die metaphilosophische Frage nach ihrem Gegenstand antworten muss, man sich aber nicht mit Rortys charakteristisch hemdsärmeligen Zuschnitt der Frage und der entsprechend pragmatischen Konstruktion der Antwort – rein auf Personen zentriert – zufriedengibt, welche Alternativen gibt es dann? Mein Vorschlag lautet, Philosophiegeschichte als Genealogie philosophischen Wissens zu schreiben. Dabei hilft der Begriff eigenständig selbstformend wirksamen Wissens entscheidend weiter, so wird sich zeigen, weil mit ihm erstens der Gegenstand der Philosophiegeschichte bestimmt, zweitens die Fixierung auf Texte und Personen überschritten und drittens eine »weiche« Abgrenzung von Philosophie vorgeschlagen werden kann.

Um bei diesen weitreichenden Fragen nicht vorschnelle Annahmen zu treffen, beginne ich mit zwei Antworten auf die skeptische Frage, ob es überhaupt »philosophisches Wissen« gibt. Herbert Schnädelbach und Gary Gutting halten diesem Zweifel exemplari-

*Reflexion und Diskurs. Fragen einer Logik der Philosophie*, Frankfurt/M. 1977, S. 9.) – »Meine Diskussion gehört in den verachteten und marginalisierten Bereich der Metaphilosophie, und ich beeile mich den Leser*innen zu versichern: ›Auch ich kann sie nicht leiden.‹« (WPK, S. 2)

4 Genau genommen hält Rorty Doxographie für verzichtbar, weshalb er – wie aus seinem Titel ersichtlich – nur vier Genres gelten lässt. Vgl. Richard Rorty, »The Historiography of Philosophy. Four Genres«, in: Richard Rorty u. a. (Hg.), *Philosophy in History. Essays on the Historiography of Philosophy*, Cambridge 1984, S. 49-75, hier S. 62-67.

5 Ebd., S. 56-61, 70-74.

sche Brocken philosophischen Wissens entgegen. Da ihre Anstrengung allein dem Beweis der Existenz philosophischen *Wissens* gilt, gehen sie nicht darauf ein, was dieses Wissen zu *philosophischem* Wissen macht. Aber die Widerlegung der skeptischen Infragestellung philosophischen Wissens bleibt unvollständig, sofern man das als existierend behauptete Wissen nicht begründet als philosophisches qualifizieren kann. Zwar artikulieren Schnädelbach und Gutting implizit Konzeptionen der Spezifizität philosophischen Wissens, doch mit ihrer Konzentration auf inhaltliche Beispiele bzw. die philosophische Tradition bleiben diese unbefriedigend (4.1).

Daher werde ich im zweiten Schritt auf den Begriff eigenständig selbstformend wirksamen Wissens zurückgreifen, um diesem Mangel abzuhelfen. Dabei knüpfe ich an Rortys Auszeichnung einer minoritären Tradition »bildender Philosophie« an. Rorty vertritt die These, dass manche Philosoph*innen eigenständig selbstformend wirksames philosophisches Wissen schaffen, beschränkt dieses wirksame Wissen jedoch auf eine besondere Strömung der Philosophie, die gegen den »systematischen« Mainstream antritt. Dagegen werde ich zeigen, dass Rorty selbst Gründe liefert, warum wir diese These auf philosophisches Wissen allgemein erweitern müssen, bevor ich demonstriere, wie der Begriff eigenständig selbstformend wirksamen Wissens dabei hilft, die Besonderheit philosophischen Wissens zu fassen (4.2).

Anschließend kann ich beschreiben, welche Konsequenzen es hat, den Gegenstand der Philosophiegeschichte als philosophisches Wissen und dieses wiederum als eigenständig selbstformend wirksames Wissen zu bestimmen. Erforderlich ist dann eine genealogische Geschichtsschreibung der Exklusionstechniken, mit denen die eigenständig selbstformende Wirksamkeit philosophischen Wissens geschützt werden soll, sowohl innerhalb philosophischer Texte als auch außerhalb, in den philosophischen Praktiken (4.3).

## 4.1 Was Philosoph*innen wissen

Die Frage, was wir unter »philosophischem Wissen« verstehen können, geht häufig auf den Eindruck zurück, es gebe gar kein philosophisches Wissen. Hilary Kornblith fasst ihn exemplarisch so zusammen:

Philosophie […] strebt Wissen und Verständnis an – oder so scheint es zumindest –, und doch gibt es Grund zur Sorge, dass wir sehr wenig, wenn überhaupt irgendwelchen Fortschritt bei der Beantwortung philosophischer Fragen gemacht haben, trotz der langen und glänzenden Geschichte der Philosophie und trotz der vielen großen Köpfe, die sich der Philosophie gewidmet haben. Daher gibt es wenig philosophisches Wissen, wenn überhaupt welches. Philosophie sieht nicht nur im Vergleich mit den Naturwissenschaften schlecht aus, sondern in jedem Vergleich.[6]

Kornblith begründet seine pessimistische Bilanz mit der fundamentalen Uneinigkeit von Philosoph*innen, die ein ernstzunehmendes Anzeichen dafür sei, dass es kein philosophisches Wissen gebe. Ansonsten würde die Kraft der Wahrheit mit hoher Wahrscheinlichkeit für eine Konvergenz der Meinungen in der Philosophie sorgen. Doch anders als in den empirischen Wissenschaften gebe es in der Philosophie keine Konvergenz von Expert*innenmeinungen, ja im eigentlichen Sinne gebe es keine Expert*innen in der Philosophie, das heißt Individuen, die mit hoher Wahrscheinlichkeit in bestimmten Feldern wahre Aussagen tätigen könnten: »Die Dynamik der Meinungen in der Philosophie liefert uns einen guten Grund zu glauben, dass es im substanziellen Sinne keine Expert*innen in der Philosophie gibt, und daher scheint, zumindest in der absehbaren Zukunft, kein philosophisches Wissen möglich zu sein.«[7]

Anstatt diese und ähnliche Argumente genauer zu untersuchen

6 Hilary Kornblith, »Is Philosophical Knowledge Possible?«, in: Christoph Jäger, Winfried Löffler (Hg.), *Epistemology. Contexts, Values, Disagreement*, Frankfurt/M., Paris, Lancaster, New Brunswick 2012, S. 285-304, hier S. 285.

7 Ebd., S. 295. Auch Sanford Goldberg, »Defending Philosophy in the Face of Systematic Disagreement«, in: Diego E. Machuca (Hg.), *Diasgreement and Scepticism*, Hoboken 2013, S. 277-294, und David J. Chalmers, »Why Isn't There More Progress in Philosophy?«, in: *Philosophy* 90 (2015), S. 3-31, schließen aus der Uneinigkeit in der Philosophie auf den Mangel an philosophischem Wissen oder Fortschritt in der Philosophie. Thomas Grundmann, »Doubts about Philosophy? The Alleged Challenge from Disagreement«, in: Tim Henning, David P. Schweikard (Hg.), *Knowledge, Virtue, and Action*, New York, London 2013, S. 72-98, dagegen hält das Argument für unzureichend – zumal seiner Ansicht nach gar nicht so viel stabile Uneinigkeit herrscht (so auch Bryan Frances, »Extensive Philosophical Agreement and Progress«, in: *Metaphilosophy* 48 (2017), S. 47-57). Nicht gestellt wird jeweils die Frage, was als »Philosophie« gilt und welche Grundgesamtheit demnach als mehrheitlich von Uneinigkeit oder Einigkeit geprägt angesehen wird.

und intern zu kritisieren,[8] möchte ich die beiden umfassendsten Versuche betrachten, die direkt für die Existenz philosophischen Wissens argumentieren, indem sie einige konkrete Elemente benennen. Sie stammen von Herbert Schnädelbach (4.1.1) und Gary Gutting (4.1.2).

### 4.1.1 Die Inhalte philosophischen Wissens

Herbert Schnädelbach geht in *Was Philosophen wissen und was man von ihnen lernen kann* von der Diagnose einer größtenteils verwissenschaftlichten Philosophie aus, die kaum noch fähig sei, die eigenen Ergebnisse einer gleichwohl interessierten Öffentlichkeit zu vermitteln. Vor allem aber bestünden Zweifel, ob sie überhaupt zu Ergebnissen kommt. Schnädelbach teilt insofern eine Reihe von Vorannahmen über die Philosophie mit Kornblith, will jedoch gegen dessen skeptisches Resümee zeigen, dass »der Ausdruck ›philosophisches Wissen‹ kein leeres Wort ist«[9] und auch nicht nur triviale Einsichten benennt wie diejenige, »dass alles noch viel schwieriger sei, als man ursprünglich gedacht habe« (WPW, S. 13). Dazu bestimmt er philosophisches Wissen über die Inhalte, die Philosoph*innen für unverzichtbare Bestandteile eines Grundstudiums halten (sollten). Philosophisches Wissen ist also dadurch definiert, dass es von Philosoph*innen gelehrt wird und folglich von ihnen (und anderen) gelernt werden kann – eine von Platons Sokrates her vertraute Vorstellung.[10] Für dieses lehr- und lernbare philosophische Wissen liefert Schnädelbach verschiedene Beispiele, die zusammen seine generelle These über philosophisches Wissen plausibilisieren sollen:

8 Kritikwürdig wäre beispielsweise die umstandslose Parallelisierung von empirischen Wissenschaften und Philosophie, die ein zu homogenes Bild empirischer Wissenschaften zeichnet und die Philosophie ohne weitere Begründung an dem daran gewonnenen Ideal misst.

9 Herbert Schnädelbach, *Was Philosophen wissen und was man von ihnen lernen kann*, München 2013, S. 14. Im Folgenden zitiert als WPW.

10 Im Dialog *Menon* (89c/d) argumentiert Sokrates, dass Tugend nur dann Erkenntnis sein kann, wenn sie lehrbar ist (weil nichts, was nicht lehrbar ist, Erkenntnis bzw. Wissen sein könnte). Dann aber, so sein Schluss, müsste es Lehrer*innen und Schüler*innen geben. Weil Sokrates dies als Biimplikation versteht (vgl. Platon, *Men.* 89d), muss es, wo es Lehrer*innen und Schüler*innen gibt, etwas Lehrbares, d. h. Wissen geben.

Philosophisches Wissen im fallibilistischen Sinn liegt [...] vor, wenn man zeigen kann, dass etwas aus logischen Konsistenzgründen nicht wahr sein kann, dass es ferner nicht wahr sein kann, weil es sich mit dem Korpus des bislang in seinem Wahrheitsanspruch nicht mit Gründen bestrittenen Wissens nicht verträgt, und wenn wir Grund haben, es auf der Basis dessen, was wir sonst noch wissen, für wahr zu halten. (WPW, S. 40)

Philosophisches Wissen ist also erstens fallibel und zweitens primär negativ, gibt aber drittens in seiner Negativität einen Kontext geteilter Überzeugungen zu erkennen.

Um diese drei Behauptungen einzulösen, skizziert Schnädelbach zunächst einen Wissensbegriff, der Wissen als wahre, gerechtfertigte Überzeugung bestimmt, ohne Wissen mit Gewissheit zu identifizieren: Wissen muss fallibel sein, da ein überzogener Wissensbegriff dem Skeptizismus Tür und Tor öffnen würde.[11] Philosophisches Wissen sei also erstens kein unfehlbares, unumstrittenes oder apodiktisch evidentes Wissen, sondern gut begründetes, aber immer noch mit Gründen zu erschütterndes Wissen, das vor allem Irrtümer ausschließe.

Es sei zweitens Wissen darüber, dass bestimmte Begriffe auf eine bestimmte Art *nicht* erläutert werden können (Schnädelbach nennt als Beispiel, dass sich Sinn und Bedeutung nicht über eine Referenztheorie erklären lassen), bestimmte Unterscheidungen *nicht* eindeutig sind (die Unterscheidung zwischen analytischen und synthetischen Urteilen) oder dass ein Begriff *nicht* ohne eine bestimmte Unterscheidung auskommt (Handlungen können nicht mit »reinen Körperbewegungen« identifiziert werden).[12]

Diese Negativität philosophischen Wissens verweise drittens auf einen Kontext geteilter, positiver Überzeugungen. In der Philosophie mag vieles umstritten sein, so dass man leicht den Eindruck gewinnt, nur negative Sätze formulieren zu können, doch wären diese Kontroversen laut Schnädelbach nicht möglich, gäbe es nicht einen »gemeinsamen Kampfplatz der Meinungen« (WPW, S. 40). Hinter der »negativen Tatsache« in ihrer kanonischen Form »Es ist nicht der Fall, dass *p*« – es ist nicht der Fall, dass sich die Differenz von Sinn und Bedeutung über eine Referenztheorie erklären lässt; es ist nicht der Fall, dass sich analytische eindeutig von syntheti-

11 Vgl. WPW, S. 15, 30-32, 39-41. Zum Wissensbegriff siehe Kapitel 8.

12 Vgl. zu diesen drei Beispielen in dieser Reihenfolge WPW, S. 50, 218 f. und 183.

schen Urteilen unterscheiden lassen; es ist nicht der Fall, dass sich Handlungen als reine Körperbewegungen verstehen lassen – kämen Debatten zum Vorschein, in denen eine ganze Reihe von weiteren positiven Tatsachen als gemeinsames Wissen anerkannt werde: singuläre Termini bedeuten nur im Kontext ganzer Sätze etwas; Philosophie ist kein kategorial von anderen Wissenschaften verschiedenes Unternehmen, das nur mit analytischen Aussagen hantiert; Handlung ist ein komplexer, analysierbarer Begriff (vgl. respektive WPW, S. 55 f., 218-224, 183-185).

Weil Philosoph*innen all dies und mehr wissen (können) und lehren (sollten), ist für Schnädelbach erwiesen, dass die Philosophie als Wissenschaft Ergebnisse liefert, und daher der Vorwurf endloser Streiterei ohne jeden Fortschritt entkräftet. Wenn man »vernünftige« Maßstäbe anlegt, das heißt Wissen als fallibel versteht, so gibt es philosophisches Wissen genauso, wie es (natur)wissenschaftliches Wissen gibt – und auch dieses Wissen ist, so setzt Schnädelbach hinzu, nicht als infallibles Wissen zu haben (vgl. WPW, S. 14-16).

Doch selbst wenn wir Schnädelbachs Antwort auf den Zweifel akzeptieren, ob es überhaupt philosophisches Wissen gibt, bleibt die Frage, was das von ihm vorgestellte Wissen zu *philosophischem* Wissen macht. Zu sagen, all das Wissen, das Philosoph*innen hätten, sei eben deswegen philosophisches Wissen, weil es Wissen von Philosoph*innen sei, überzeugt nicht: Einerseits haben Philosoph*innen auch anderes Wissen, das sie, gewollt oder ungewollt, ebenfalls lehren (historisches Wissen beispielsweise), andererseits fragt es sich, was Philosoph*innen ausmacht, wenn nicht die besondere Art von Wissen – was aber zu dem schlechten Zirkel führen würde, philosophisches Wissen sei Wissen von Philosoph*innen, die Philosoph*innen seien, weil sie philosophisches Wissen hätten.

Schnädelbach könnte diese Frage als unsinnig abwehren wollen. Es könnte sich herausstellen, dass es schlicht nichts gibt, was das Wissen von Philosoph*innen als philosophisches Wissen unabhängig von denjenigen auszeichnet, die es haben: »In dem engen, professionellen Sinn besteht die Philosophie in nichts anderem als dem, was die Philosophieprofessoren tun.«[13] Diese Möglichkeit sollten wir nicht vernachlässigen, sollten sie aber erst als Behaup-

13 Richard Rorty, »Zur Lage der Gegenwartsphilosophie in den USA«, in: *Analyse & Kritik* 3 (1981), S. 3-22, hier S. 12.

tung vertreten, wenn unsere Versuche, nach der Besonderheit philosophischen Wissens zu fragen, am Ende ohne Ergebnis geblieben sind.[14]

Eine weitere naheliegende Entgegnung wäre, Wissen dann als philosophisches zu bezeichnen, wenn es das Wissen einer bestimmten Tradition ist, also das dort gepflegte, weitergegebene und fortentwickelte Wissen ist. So ließe sich Schnädelbachs Ausdruck vom »disziplinären Wissensbestand« verstehen, der sich »in der neueren Philosophiegeschichte im ständigen kritischen Dialog mit dem Tradierten herausgebildet [hat]« (WPW, S. 15). Doch diese Antwort hat, wie wir uns an Gary Guttings Bestimmungsversuch philosophischen Wissens klarmachen können, ihre eigenen Probleme.

### 4.1.2 Das Wissen der Tradition »Philosophie«

Auch Gary Gutting will in seinem Buch mit dem nahezu gleichen Titel *What Philosophers Know* zeigen, dass es philosophisches Wissen gibt, trotz der Tatsache, dass kaum ein philosophischer Satz unumstritten ist. Dazu sollten wir die Wissensproduktion der Philosophie analog zur Wissensproduktion anderer (empirischer) Wissenschaften untersuchen:

> Genauso wie Philosoph*innen, die auf Wissenschaft reflektieren, mit einer detaillierten Untersuchung dessen beginnen, was Galileo, Newton und Darwin geleistet haben und wie sie dies taten, schlage ich vor, ein Verständnis dessen zu entwickeln, was Quine, Kripke, Rawls und andere in der Philosophie geleistet haben. (WPK, S. 2 f.)

Guttings Studie lässt sich als Versuch lesen, philosophisches Wissen als in einer besonderen wissenschaftlichen Tradition erzeugtes Wissen zu bestimmen, Wissen also, das in einem zusammenhängenden Verbund von über die Zeit hinweg aufeinander bezogenen Prak-

14 Warum? Weil wir die Verbindungen und Bezüge zwischen ähnlichen philosophischen Projekten nicht mehr erkennen können, wenn wir Philosophie mit Rorty als so unbestimmt verstehen, dass sie keiner Beschreibung jenseits der Reduktion auf institutionelle Posten mehr zugänglich ist. Seine Auflösung aller Differenzen in Stilunterschiede verhindert, dass wir die Motivation ausbilden, uns mit für uns relevanten Projekten in anderem Stil auseinanderzusetzen, so Linda Martín Alcoff, »Philosophy's Civil Wars«, in: *Proceedings and Addresses of the American Philosophical Association* 87 (2013), S. 16-43, hier S. 21.

tiken entwickelt, weitergegeben und verfeinert wird. Von seinen acht Fallstudien reicht es für meine Fragestellung, die ersten drei (zu W. V. O. Quine, Saul A. Kripke und Edmund L. Gettier) zu betrachten, da Gutting seine drei wichtigsten Ergebnisse bereits aus ihnen ableitet. Demnach gibt es in der Philosophie tatsächlich philosophisches Wissen, das erstens aus Wissen erster Ordnung über Unterscheidungen und ihre Grenzen sowie zweitens aus Wissen zweiter Ordnung über die Kraft(losigkeit) philosophischer Bilder besteht. Drittens spielen Intuitionen gerechtfertigterweise eine wichtige Rolle für die Philosophie; sie gehören Gutting zufolge ebenfalls zum philosophischen Wissen erster Ordnung.

Wie Schnädelbach korrigiert auch Gutting zuerst den Wissensbegriff, was für ihn bedeutet, den »philosophischen Fundamentalismus« (WPK, S. 7) aufzugeben. Schließlich hätten die philosophischen Reflexionen das Ideal eines absoluten Fundaments für Wissensansprüche längst widerlegt, beispielsweise in der Epistemologie seit Gettiers Widerlegung der klassischen Analyse von Wissen.[15] Wissen sei eben nicht nur vorhanden, wenn eine »perfekte Definition« oder eine selbstevidente Gewissheit vorgewiesen werden könne. Operiere man mit solchen Ansprüchen, verfüge keine Wissenschaft über Wissen:

> Im Gegensatz zu den Naturwissenschaften ignorieren Philosoph*innen das von ihnen erfolgreich geschaffene Wissen aufgrund dessen, was wir den Trugschluss der Philosoph*innen nennen können: die Annahme, dass alles echt philosophische Wissen ein ultimatives, letztgültiges Verständnis erfordert – durch eine perfekte Definition, eine Erklärung, die selbst nicht weiter erklärt werden muss, etc. (WPK, S. 89)

Wenn wir diesen Trugschluss vermeiden, und philosophisches Wissen nicht fundamentalistisch, sondern fallibel verstehen, können wir Gutting zufolge drei Arten philosophischen Wissens – Unterscheidungen, philosophische Bilder und Intuitionen – unterscheiden. Ein Beispiel für philosophisches Wissen erster Ordnung als

15 Edmund L. Gettier, *Is Justified True Belief Knowledge?/Ist gerechtfertigte, wahre Überzeugung Wissen?*, Stuttgart 2019, liefert zwei (leicht vermehrbare) Beispiele, die demonstrieren, dass Wissen sich nicht als »wahre gerechtfertigte Meinung« analysieren lässt, weil auch die Rechtfertigungsbedingung nicht auszuschließen vermag, dass die Wahrheit des vermeintlichen Wissens bloß zufällig zustande gekommen ist. Mehr dazu in Kapitel 8.1.

Wissen über Unterscheidungen und deren Grenzen liefere Quines Angriff auf die Unterscheidung zwischen analytischen und synthetischen Wahrheiten. Obwohl er eine erstaunliche Anzahl von (analytischen) Philosoph*innen überzeugt habe, bleibe umstritten, ob Quine wirklich gezeigt habe, dass sich diese Unterscheidung nicht sinnvoll verteidigen lässt. Klar sei jedoch, dass wir mehr über diese Unterscheidung wüssten als vorher:

> Quines Arbeit sollten wir nicht als Widerlegung der analytisch-synthetisch-Unterscheidung lesen, sondern als einen wichtigen Beitrag zu dem langen Prozess, in dem Philosoph*innen unsere Alltagsunterscheidung geklärt und vertieft haben zwischen »qua Definition« wahren Behauptungen (nur aufgrund ihrer Bedeutung) und Behauptungen, die aufgrund von etwas über ihre Bedeutung Hinausgehendem wahr sind. [...] Insbesondere nach Quine wissen wir, dass die Unterscheidung effektiv mithilfe modaler Begriffe formuliert werden kann und dass sie nicht auf nicht-modale Begriffe reduzierbar ist. Außerdem wissen wir, wie wir ihre Anwendbarkeit begrenzen können, wo sie eingeschränkt oder irreführend ist. (WPK, S. 83)

Auf ähnliche Weise hätten Kripke oder Gettier philosophisches Wissen geschaffen: nicht weil sie gezeigt hätten, dass Namen starre Designatoren sind (Kripke) oder dass Wissen keinesfalls als wahre gerechtfertigte Meinung definiert werden kann (Gettier), sondern weil wir dank ihrer Arbeiten mehr über den Unterschied zwischen Namen und Beschreibungen bzw. zwischen Wissen und wahren Überzeugungen wissen (vgl. WPK, S. 83-89). Philosophisches Wissen erster Ordnung hat überwiegend die Form von Unterscheidungen, so Gutting, die zumeist nicht von einem Individuum allein geschaffen werden, sondern die aus der gemeinsamen Arbeit vieler Philosoph*innen ihre jeweilige Form erhalten und in denen (oft) eine Menge Geschichte gespeichert ist, die uns insbesondere über die Anwendbarkeit und die Grenzen dieser Unterscheidungen belehrt (vgl. WPK, S. 228-231).

Philosophisches Wissen zweiter Ordnung ist dagegen »Wissen über die Fruchtbarkeit, die Brauchbarkeit oder die Plausibilität eines Ansatzes« (WPK, S. 82). Quines Angriff auf die Unterscheidung von analytischen und synthetischen Sätzen überzeuge nicht mit Argumenten zugunsten seiner These, er zeichne vielmehr ein attraktives Bild des Holismus als einer philosophischen Alternative[16] – besonders gegenüber einem logischen Positivismus, dessen Problemlösekraft bereits stark angezweifelt wurde, als Quines Artikel erschien (vgl. WPK, S. 13, 74). Guttings These ist, dass weder Quines Attacke noch Kripkes Vorstellung metaphysischer Notwendigkeit oder Gettiers Widerlegung der Definition von Wissen als wahre gerechtfertigte Meinung allein mit Argumenten überzeugen. Ihre Kraft bezögen sie vielmehr aus ihrer »einleuchtenden Ausarbeitung« (WPK, S. 77 f.) eines philosophischen Bildes. Gegenüber philosophischen Theorien sind philosophische Bilder unbestimmter, nämlich »umfassende Ansichten wie Empirismus, Materialismus und Theismus, die in den philosophischen Jahrhunderten vielfältig verstanden und verteidigt wurden« (WPK, S. 4). Daher bieten sie verschiedenen Theorien Platz, die innerhalb eines gemeinsamen, von dem jeweiligen Bild vorgezeichneten Problemhorizonts arbeiten.

Gutting bezieht seine Unterscheidung zwischen Bildern und Theorien von Kripke, beschreibt sie aber zumeist wie Paradigmen:[17] Sie leiten die philosophische Theoriebildung an, oft ohne selbst explizit zu werden. Gestritten wird stattdessen über die Theorien, in denen philosophische Bilder ihren konkreten Niederschlag finden. Beurteilt werden philosophische Bilder anhand ihrer Kraft:

> Die Brauchbarkeit eines Bildes hängt nicht von der Wahrheit irgendeiner seiner theoretischen Formulierungen ab, sondern von den Ressourcen, die es für die Erschaffung (und Überarbeitung angesichts von Kritik) von Theorien über einen weiten Bereich philosophischer Fragen bereitstellt. (WPK, S. 78)

16 Dass die argumentative Rechtfertigung für den Erfolg eines philosophischen Bildes nicht so zentral ist wie zumeist unhinterfragt vorausgesetzt, ist bereits die zentrale These in Gary Gutting, »Can Philosophical Beliefs Be Rationally Justified?«, in: *American Philosophical Quarterly* 19 (1982), S. 315-330.

17 Gutting (WPK, S. 78, 225-228) schließt vor allem an Saul A. Kripke, *Name und Notwendigkeit*, Frankfurt/M. 2005, z. B. S. 109 f., an. Ich halte es für hilfreicher, den Bildbegriff mit Wittgenstein zu klären, der nicht nur die orientierende Funktion von Bildern bei der Theoriebildung beschreibt, sondern auch ihren häufig vorreflexiven Status, der gut zu Guttings Diskussion von Überzeugungen [*convictions*] passt. Vgl. Wittgenstein, *Philosophische Untersuchungen*, § 1, und dazu David Egan, »Pictures in Wittgenstein's Later Philosophy«, in: *Philosophical Investigations* 34 (2011), S. 55-76.

Philosophisches Wissen zweiter Ordnung ist demnach (laut Gutting) Wissen über die Kraft bzw. Kraftlosigkeit philosophischer Bilder.

Dabei spielen drittens Intuitionen eine zentrale Rolle. Gutting hält Intuitionen für wichtige und unproblematische Elemente philosophischen Wissens erster Ordnung, die als Ausgangspunkt »einleuchtender Ausarbeitung« oder als »offensichtlich« zutreffende Prämissen dienen würden. In beiden Fällen müssten sie nicht gesondert verteidigt werden,[18] denn im ersten Fall sei die einleuchtende Ausarbeitung bereits das Argument zugunsten der Intuitionen, die insofern nicht dogmatisch eingeführt werden. Im zweiten Fall stünden Philosoph*innen nur dann unter einem größeren Rechtfertigungsdruck als andere Wissenschaftler*innen, die Wahrnehmungen als Prämissen verwenden, wenn man den »cartesianischen Fehler« (WPK, S. 92 f.) begehe, zu glauben, Philosophie müsse ihre Prämissen gegen den Skeptizismus verteidigen, *bevor* sie sie gebrauchen dürfe.[19] An dieser Stelle wird Guttings Argumentationsstrategie deutlich sichtbar: Philosophie soll als Wissenschaft wie jede andere untersucht werden, und insofern ist es wenig überraschend, dass Intuitionen in ihr dieselbe Rolle spielen wie in anderen Wis-

18 Gutting wendet sich damit gegen Robert Cummings, der die Verwendung von Intuitionen scharf als »nutzlos« kritisiert (vgl. Robert Cummins, »Reflection on Reflective Equilibrium«, in: Michael Raymond DePaul, William M. Ramsey (Hg.), *Rethinking Intuition. The Psychology of Intuition and its Role in Philosophical Inquiry*, Lanham/MD 1998, S. 113-141, hier S. 125). Zwar ist eine Debatte über Intuitionen angesichts des exzessiven Abrufens vermeintlich spontan vorhandener Intuitionen in abstrusen Situationen überfällig, doch wichtiger wäre es, die historisch, sozial und politisch bedingte Genese von Intuitionen zu berücksichtigen (so auch Lisa H. Schwartzman, »Intuition, Thought Experiments, and Philosophical Method. Feminism and Experimental Philosophy«, in: *Journal of Social Philosophy* 43 (2012), S. 307-316). Nicht »gesunder Menschenverstand«, Ideologiekritik ist in Bezug auf die Intuitionen in der Philosophie gefragt.

19 Gutting argumentiert anschließend gegen die »experimentelle Philosophie«, die Intuitionen als nicht repräsentativ angreift; seine Begründung, dies sei falsch, da die Befragten tendenziell mit den Philosoph*innen umso mehr übereinstimmten, je mehr sie (im philosophischen Sinne) von den Fragen verstünden, ist allerdings wenig überzeugend. Ich lasse im Folgenden den Verweis auf Intuitionen fallen, die mir in den anderen beiden Formen philosophischen Wissens aufzugehen scheinen: Entweder sind sie, wie Gutting selbst sagt, Urteile über die Kraft(losigkeit) philosophischer Bilder oder sie leiten das Ziehen von und den Umgang mit Unterscheidungen an.

senschaften. Es ist Gutting zufolge ein falsches – fundamentalistisches – Bild, Philosophie danach zu beurteilen, inwieweit sie Skeptizismus-festes Wissen produziert.

Wegen dieser antifundamentalistischen Stoßrichtung trennt Gutting die Frage nach der Existenz philosophischen Wissens von der Frage nach seiner Natur und seiner Rechtfertigung (vergleiche zum Beispiel WPK, S. 5, 90-101). Das mag als Strategie gegen ein cartesianisches Verständnis philosophischen Wissens taugen, doch ergibt sich daraus, dass Gutting die Frage danach, welches Wissen *philosophisches* Wissen ist, nur mit dem Verweis auf die Tradition beantworten kann: Philosophisch ist das Wissen über bestimmte Unterscheidungen und über die Kraft reflexionsleitender Bilder, weil es in der Tradition namens »Philosophie« gewonnen wurde und wird. Da man diese Tradition anschließend nicht abgrenzen kann, indem man auf ihr besonderes Wissen verweist (das wäre im schlechten Sinne zirkulär), stellt sich die Frage, wie Gutting die Tradition »Philosophie« anders bestimmen kann.

Offenkundig sollte sein, dass jeder Versuch einer inhaltlichen Bestimmung scheitern muss. Selbst wenn man Kornbliths eingangs zitierten Skeptizismus gegenüber der Existenz philosophischen Wissens nicht teilt, ist seine Diagnose tiefgreifender Meinungsverschiedenheit über alle philosophischen Fragen, Begriffe und Vorgehensweisen mit Blick auf die Philosophiegeschichte zu evident, um noch zu glauben, man könne Philosophie als Tradition über die substanzielle Bestimmung ihrer Gegenstände, Begriffe oder Methoden charakterisieren.[20] Das gilt auch für Versuche, gemeinsame »Probleme« der Philosophie zu identifizieren: Nicht nur die Probleme selbst haben eine zu bewegte Geschichte dafür, auch die Idee, Philosophie würde »Probleme« lösen, ist eine historisch junge und keineswegs unumstrittene Annahme.[21] Wenn es überhaupt

20 Mit Richard Raatzsch, *Philosophiephilosophie*, Stuttgart 2000, S. 59, könnte man sagen: »der Wettkampf, der Streit, die Nichtübereinstimmung charakterisieren das Philosophieren«. Die These, dass man daher »Philosophie als Kultur des Streits« verstehen sollte, ohne zu versuchen, den Streit zu neutralisieren (Kant) oder zu internalisieren und aufzuheben (Hegel), sondern auf Streit als reale Praxis zu bestehen, formuliert auf instruktive Weise Georg W. Bertram, »Philosophie als Kultur des Streits«, in: Gregor Betz u. a. (Hg.), *Weiter denken – über Philosophie, Wissenschaft und Religion*, Berlin, München, Boston 2015, S. 137-149.

21 Zur bewegten Geschichte von Problemen vgl. Quentin Skinner, »Bedeutung und Verstehen in der Ideengeschichte«, in: Martin Mulsow, Andreas Mahler (Hg.),

eine Bestimmung von Philosophie geben kann, muss sie also formal(er) sein.

Es mag daher naheliegen, auf Alasdair MacIntyres bekannte Überlegungen zurückzugreifen, der eine Tradition als Zusammenhang von Praktiken versteht, die um ein gemeinsames Verständnis ringen: »[...] was eine Tradition konstituiert, ist ein Konflikt zwischen Interpretationen von dieser Tradition, ein Konflikt, der selbst eine von rivalisierenden Interpretationen gedeutete Geschichte hat«.[22] Traditionen sind also nicht von Einigkeit in der Sache gekennzeichnet, aber davon, dass sie in irgendeiner Weise aufeinander bezogen bleiben. MacIntyre konzipiert sie als kontinuierliche Narrative oder als »ein sich über die Zeit erstreckendes Argument«,[23] also als diskursiv verknüpft. Zwar gibt es wichtige geteilte Vorstellungen in diesen Debatten, aber weil diese in den Konflikten sowohl mit anderen innerhalb der Tradition als auch mit Gegnern außerhalb der Tradition immer wieder neu interpretiert werden (können), bieten sie kein stabiles Kriterium, um eine Tradition insgesamt zu kennzeichnen. Traditionen lassen sich insofern immer nur temporär und retrospektiv bestimmen, und jede Bestimmung einer Tradition ist Teil der Auseinandersetzung darum, was diese Tradition ausmacht, und gehört damit selbst zu ihr – nämlich zum Kampf um ihre Deutung.[24]

Damit ist MacIntyres Verständnis von Tradition (hermeneutisch) zirkulär; ohne selbst Teil des Deutungsstreits zu werden, kann man solche Traditionen nur identifizieren, indem man die Personen und ihre Praktiken daraufhin beobachtet, ob und wie sie aufeinander bezogen bleiben. Das überführt den Versuch, Traditionen zu beschreiben, ohne selbst daran teilzunehmen, in eine soziologische Aufgabe, weil gerade für historisch lange bestehende und

*Die Cambridge School der politischen Ideengeschichte*, Berlin 2010, S. 21-87, zur Vorstellung, Philosophie löse Probleme, Lorenz Krüger, »Why Do We Study the History of Philosophy?«, in: Richard Rorty u. a. (Hg.), *Philosophy in History. Essays on the Historiography of Philosophy*, Cambridge 1984, S. 77-101, hier S. 79-85.

22 Alasdair C. MacIntyre, »Epistemological Crises, Dramatic Narrative and the Philosophy of Science«, in: *The Monist* 60 (1977), S. 453, hier S. 460.

23 Alasdair C. MacIntyre, *Whose Justice? Which Rationality?*, Notre Dame/IN 1988, S. 12.

24 Zu einer weitergehenden, kritischen Rekonstruktion von MacIntyres Traditionsbegriff vgl. Titus Stahl, *Immanente Kritik. Elemente einer Theorie sozialer Praktiken*, Frankfurt/M., New York 2013, S. 104-118.

stark von Konflikten geprägte Traditionen wie die Philosophie am Ende nur das formale Kriterium bleibt, dass die Praktiken irgendwie aufeinander bezogen bleiben müssen. Angewandt auf die Frage, wie Gutting sein philosophisches Wissen als spezifisch philosophisches ausweisen kann, würde das eine soziologische Reduktion dieses Wissens bedeuten: er könnte nur darauf verweisen, dass bestimmte akademische Praktiken aufeinander bezogen bleiben, indem sie um die Benennung »Philosophie« streiten. Philosophisches Wissen wäre demnach jenes Wissen über Unterscheidungen und die Kraft(losigkeit) bestimmter Paradigmen, das die Angehörigen eines anhand von soziologischen Kriterien definierten, sich selbst konfliktträchtig reproduzierenden Konglomerats von Praktiken diskutieren würden.

In der Folge wird Guttings Auswahl seiner Fallstudien zugleich wichtiger und problematischer: Was philosophisches Wissen ist, das heißt über welche Unterscheidungen und welche Bilder Erkenntnisse zu haben *philosophisches* Wissen ist, ergibt sich aus der Frage, wessen Beiträge über bestimmte Unterscheidungen oder über die Kraft(losigkeit) bestimmter Bilder zur Tradition Philosophie gehören. Diese Frage jedoch ist (wie bei jeder Wissenschaft) nicht trivial, denn die Auseinandersetzungen darüber, was die Philosophie als Tradition ausmacht und zusammenhält, sind selbst konstitutiv für die Philosophie.[25] Philosophisches Wissen also nur ausgehend von Fallstudien aus der analytischen Philosophie zu bestimmen, ist daher zu einseitig.

Ungeachtet dieses Problems von Guttings Auswahl wäre der (ihm unterstellte) Verweis auf eine durch ihre inneren Konflikte zusammengehaltene Tradition aus einer praxeologischen Perspektive auf die Frage, wie diese Tradition zu bestimmen ist, durchaus zufriedenstellend: Philosophisches Wissen wäre dasjenige Wissen, das in den Praktiken der Philosophie als solches behandelt oder angesehen wird. Daraus ergibt sich jedoch keine Möglichkeit, den Begriff »philosophisches Wissen« weiter zu erläutern. Alles, was

25 Vgl. dazu auch Judith Butler, »Kann das ›Andere‹ der Philosophie sprechen?«, in: dies., *Die Macht der Geschlechternormen und die Grenzen des Menschlichen*, Frankfurt/M. 2011, S. 367-393; Alexis Shotwell, »Appropriate Subjects. Whiteness and the Discipline of Philosophy«, in: George Yancy (Hg.), *The Center Must Not Hold. White Women Philosophers on the Whiteness of Philosophy*, Lanham 2012, S. 110-121.

man darüber sagen könnte, wäre, dass es philosophisches Wissen *gibt*; über diese Existenzbehauptung hinausgehende Fragen wie diejenige, was das Wissen zu *philosophischem* Wissen macht, müssten als sinnlose Fragen abgetan werden, weil kein übergreifendes Kriterium existiert, das der gesamten Tradition »Philosophie« in ihrer Konflikthaftigkeit gerecht wird.[26]

Wie Schnädelbachs Beschreibung philosophischen Wissens bleibt daher auch Guttings Ergebnis unbefriedigend, will man erfahren, warum das von ihm beschriebene Wissen *philosophisches* Wissen ist. Hindert uns bei Schnädelbach der schlechte Zirkel der Personalisierung daran, verunmöglicht es bei Gutting die Perspektive auf die philosophische Tradition. Weder über konkrete Inhalte noch über den Verweis auf die Tradition scheinen wir mit der Frage nach philosophischem Wissen weiterzukommen.

Um fair zu sein: Weder Gutting noch Schnädelbach setzen sich das Ziel, die Besonderheit philosophischen Wissens herauszuarbeiten; beide wollen vielmehr seine Existenz gegen skeptische Zweifel wie die von Kornblith demonstrieren. Dennoch bleibt dieser Existenzbeweis unvollständig, solange wir die Kriterien nicht kennen, mit denen wir prüfen können, ob es sich bei dem Wissen, das Gutting und Schnädelbach ausfindig machen, um philosophisches Wissen und nicht nur um irgendein Wissen von Philosoph*innen handelt. Beide mögen ihre Aufgabe anders verstehen, erheben aber mindestens implizit den Anspruch, nicht nur die Existenz irgendwelches in der Tradition »Philosophie« gewonnenen oder von Philosoph*innen gewussten Wissens zu belegen, sondern darüber hinaus dieses Wissen berechtigterweise als philosophisches Wissen bezeichnen zu können. Und ein Argument für Letzteres bleiben uns beide schuldig, weil die (nur implizit gegebenen) Kriterien dafür, was philosophisches Wissen ist, entweder in einen schlechten oder in einen sich gegen die Frage immunisierenden Zirkel münden.

26 Das trifft auch auf meinen eigenen Versuch zu, die Philosophie als Praktikenregime zu analysieren (in Vogelmann, *Im Bann der Verantwortung*, Kapitel 5). Zwar reicht die dort gegebene Charakterisierung der Philosophie als Feld aus aufeinander bezogenen Praktiken für den Zweck des Buches aus, der Begriff philosophischer Praktiken kann so allerdings nicht weiter erläutert werden, wie Axel Honneth in seinem Vorwort richtig anmerkt (vgl. ebd., S. 13).

## 4.2 Philosophisches Wissen als selbstformend wirksames Wissen

Der erste Anlauf ernüchtert. Philosoph*innen wissen vieles, doch weder Schnädelbach noch Gutting geben ein Kriterium an, anhand dessen sich philosophisches Wissen von anderem Wissen unterscheiden ließe. Beide liefern zwar Beispiele dafür, was Philosoph*innen wissen, können aber bestenfalls auf die Personen oder die Tradition verweisen, um zu erklären, warum dies philosophisches Wissen ist, ohne eine weitere Auskunft darüber zu geben, was eine Person zur Philosophin macht oder die Tradition der Philosophie auszeichnet.

Das wäre nicht zu beanstanden, wenn sich die Philosophie tatsächlich nicht über ihr Wissen beschreiben ließe. Doch diese Schlussfolgerung ist verfrüht, da uns der Begriff eigenständig selbstformend wirksamen Wissens eine Alternative eröffnet – nicht weil wir die Philosophie dadurch auszeichnen könnten, dass nur sie eigenständig selbstformend wirksames Wissen produziert (Horkheimers Überlegungen, die wir in Kapitel 2.2 rekonstruiert haben, sollten uns das klargemacht haben), sondern weil wir die spezifische selbstformende Wirksamkeit dieses Wissens beschreiben können sowie die Techniken, mit denen ihre Entfaltung sichergestellt werden soll. Meine These lautet, dass philosophisches Wissen jenes eigenständig selbstformend wirksame Wissen ist, das (a) konstitutiv beansprucht, mit seiner Konstruktion einer Erfahrung von Wahrheit[27] exklusiv auf die Subjektivitäten der ihm Ausgesetzten einzuwirken, und (b) zu dessen Existenzbedingungen daher die Exklusion anderer selbstformender Kräfte gehört.

Beide Teile dieser These möchte ich genauer erläutern, um einige Missverständnisse noch vor meiner Argumentation für sie auszuräumen. Der erste Teil enthält drei notwendige Bedingungen:

27 »Erfahrung von Wahrheit« meint kein subjektives Erlebnis einer Wahrheit, sondern die nichtsubjektiven Bedingungen, die ein solches Erlebnis ermöglichen und auf spezifische Weise prägen. Ich übernehme diesen Ausdruck von Foucault, *Die Regierung des Selbst und der anderen*, S. 18; vgl. auch Foucault, *Der Gebrauch der Lüste*, S. 10. Einen Teil von Foucaults methodologischem Apparat werden wir in der Diskussion über sein Modell emanzipierender Kritik in Kapitel 5.2 kennenlernen. Für meine hier verfolgten Zwecke ist es jedoch nicht nötig, ihn jetzt schon vorzustellen.

Philosophisches Wissen muss (i) eigenständig selbstformend wirksames Wissen sein und (ii) den konstitutiven Anspruch erheben, *allein* auf seine Adressat*innen einzuwirken. Wir können dabei an Sokrates' Beschreibung in der *Politeia* denken, wie Philosoph*innen ausgebildet werden müssen: Weder Zwang noch die pädagogische Autorität der Lehrer*innen darf die Kraft philosophischen Wissens überdecken (siehe Kapitel 1.3).[28] Doch müssen wir den Anspruch stärker verstehen, denn auch die Quelle des Wissens – Gott, die Tradition oder die Natur – darf der eigenständig selbstformenden Wirksamkeit philosophischen Wissens nicht in die Quere kommen. Philosophisches Wissen wirkt nicht durch den Verweis auf Offenbarung, auf Autoritäten oder auf experimentelle Bestätigung. Deshalb ist die dritte notwendige Bedingung (iii), dass die Subjekte, auf die philosophisches Wissen einwirkt, allein durch eine eigenständige Erfahrung von Wahrheit jenseits empirischer Fakten, göttlicher Offenbarungen oder persönlichen Charismas geformt werden sollen. Diese Erfahrung von Wahrheit darf zudem nicht auf die fiktive Welt etwa eines Theaterstücks, eines Gedichts oder eines Films beschränkt werden, da philosophisches Wissen zugleich beansprucht, über sich hinaus zu gelten (und nicht, wie man von Fiktionen sagen könnte, nur über sich hinaus zu wirken). Philosophie beansprucht insofern, sowohl von den empirischen Wissenschaften als auch von Theologie, Politik und Dichtung verschieden zu sein.

Was abstrakt als erster Teil einer anspruchsvollen These unvertraut klingt, wird plausibler, wenn wir einige Beispiele solcher Erfahrungen von Wahrheit durchgehen, durch die das philosophische Wissen wirksam ist: Platons Ideenschau, Descartes' Cogito, Kants Rückgang auf transzendentale Voraussetzungen, Husserls phänomenologische *Epoché* oder Wittgensteins übersichtliche Grammatik unserer Sprachspiele sind jeweils ganz eigene Weisen (von denen es selbstverständlich weitere gibt), eine besondere Erfahrung von Wahrheit wirksam werden zu lassen, die weder in empirischen Fakten noch in Fiktionen, weder in göttlichen Offenbarungen noch

28 »Der Philosoph ist kein ermächtigter Lehrer, sondern jemand, der argumentiert und an Argumenten interessiert ist. Wenn ein Philosoph Autorität besitzt, dann kann sie nur darin bestehen, daß man ihm den Kredit einräumt, seinen Argumenten Aufmerksamkeit zu schenken und über sie nachzudenken.« (Robert Spaemann, »Die kontroverse Natur der Philosophie«, in: ders., *Philosophische Essays. Erweiterte Ausgabe*, Stuttgart 2012, S. 104-129, hier S. 106.)

in persönlichem Charisma sich erschöpft.[29] Der erste Teil meiner These behauptet also, dass es für philosophisches Wissen als eigenständig selbstformend wirksames Wissen konstitutiv ist, exklusiv über seine Konstruktion einer Erfahrung von Wahrheit zu wirken, die weder empirisch noch fiktional noch transzendent ist.

Dieser Anspruch auf exklusive eigenständige selbstformende Wirksamkeit durch eine Erfahrung von Wahrheit geht, so der zweite Teil meiner These, mit Exklusionstechniken einher, die wir als Existenzbedingungen philosophischen Wissens begreifen müssen. Damit ziehe ich die Lehre aus dem erfolglosen ersten Anlauf, philosophisches Wissen allein inhaltlich, nur über die es besitzenden Personen oder ausschließlich über die es pflegende Tradition zu bestimmen. Wir müssen stattdessen die Praktiken einbeziehen, in denen philosophisches Wissen hervorgebracht wird und in denen alle anderen selbstformenden Kräfte weitestgehend exkludiert werden (sollen). Auch diese Exklusionspraktiken sind uns schlagartig vertraut, wenn wir von der abstrakten Ebene zu Beispielen wechseln: Deutlich erkennbar ist, dass die oben exemplarisch genannten Formen der Erfahrung von Wahrheit jeweils ihre eigenen Exklusionsverfahren mitbringen, die direkten Niederschlag in den Texten finden, in denen sich das philosophische Wissen manifestiert. So lebt die Ideenschau vom Ausschluss von allem Werdenden, Descartes' Cogito zeigt sich nur in der einsamen, von allen mitgebrachten Vormeinungen freien Meditation, die transzendentalen Voraussetzungen Kants sind der Exklusion noch von Raum und Zeit als bloße Formen der Anschauung geschuldet, die Phänomenologie Husserls klammert in der *Epoché* jedes Existenzurteil ein, um zu den allgemeinen Bewusstseinsstrukturen vordringen zu können, und Wittgensteins Grammatik der Sprachspiele schließt die Geschichtlichkeit der Sprache aus.

Doch sind die Exklusionstechniken philosophischer Praktiken keineswegs auf im Text operierende Techniken beschränkt: Sie zeichnen sich ebenso durch den Willen zur Abschottung gegen alle anderen Arten selbstformender Mächte aus wie die Techniken, mit denen zum Beispiel die antike Philosophie die Subjekte aus ihrem Alltag und den sie darin formenden Kräften herauszulösen suchte,

29 Das war schon – in anderem Vokabular – meine Behauptung in Vogelmann, *Im Bann der Verantwortung*, S. 270-272.

sei es durch das Schreiben von Briefen oder Notizbüchern, durch die besonderen Regeln sokratischer Unterhaltungen oder durch die Schocktaktiken der Kyniker.[30] Und leicht können wir die Exklusionstechniken der philosophischen Praktiken in ihrer heutigen Institutionalisierung an den Universitäten erkennen (darauf komme ich in Abschnitt 4.2 zurück). Der zweite Teil meiner These behauptet, dass solche Exklusionstechniken, die das philosophische Wissen ungestört selbstformend wirken lassen sollen, notwendig mit diesem philosophischen Wissen in den es erzeugenden Praktiken einhergehen.

Zusammengenommen lautet meine These also: Philosophisches Wissen ist als eigenständig selbstformend wirksames Wissen zu verstehen, das wir anhand seines konstitutiven Anspruchs auf exklusive Selbstformung mittels seiner Konstruktion einer besonderen Erfahrung von Wahrheit und anhand der diesen Anspruch durchsetzenden Exklusionstechniken in den philosophischen Praktiken identifizieren können. Wie diese These hat auch meine Argumentation für sie zwei Teile: Im Rest dieses Abschnitts werde ich dafür argumentieren, philosophisches Wissen als eigenständig selbstformend wirksames Wissen zu verstehen. Dazu greife ich Richard Rortys Überlegungen auf, wonach die minoritäre Tradition einer »bildenden Philosophie« existiert, die sich gegen die Majorität der »systematischen Philosophie« stellt und sich durch eigenständig selbstformend wirksames Wissen auszeichnet. Während Rorty meiner These damit einen Schritt entgegenkommt, weil er überzeugend für die eigenständig selbstformende Wirksamkeit philosophischen Wissens argumentiert, entzöge seine Überlegung, falls zutreffend, ihr gleichwohl den Boden, da sich dann das philosophische Wissen nicht insgesamt über seine eigenständig selbstformende Wirksamkeit beschreiben ließe, sondern lediglich das Wissen einer kleinen Gegentradition. Dagegen werde ich argumentieren, dass auch die für Rorty majoritäre systematische Philosophie mit der eigenständig selbstformenden Wirksamkeit ihres philosophischen Wissens rechnet bzw. rechnen muss (4.2.1). Damit ist jedoch nur gesagt, dass philosophisches Wissen eigenständig selbstformend wirksames

30 Vgl. der Reihe nach Michel Foucault, »Über sich selbst schreiben (Nr. 329)«, in: *Dits et Écrits IV*, Frankfurt/M. 2005, S. 503-521; Scott (Hg.), *Does Socrates Have a Method?*; Georg Luck (Hg.), *Die Weisheit der Hunde. Texte der antiken Kyniker in deutscher Übesetzung mit Erläuterungen*, Darmstadt 2002.

Wissen ist; was fehlt, ist das Kriterium, das es erlaubt, philosophisches von anderem eigenständig selbstformend wirksamem Wissen zu unterscheiden. Dieses sehe ich darin, dass philosophisches Wissen konstitutiv den Anspruch erhebt, exklusiv durch eine Erfahrung von Wahrheit jenseits empirischer Fakten und bloßer Fiktion zu wirken (4.2.2).

Diese hoffnungslos traditionell und idealistisch anmutende Behauptung hat in Verbindung mit dem Begriff eigenständig selbstformend wirksamen Wissens die wenig traditionelle Konsequenz, dass wir den Anspruch auf die Exklusivität der Wirksamkeit der Erfahrung von Wahrheit ganz praktisch in den philosophischen Praktiken erläutern müssen.[31] In Abschnitt 4.3 werde ich dafür argumentieren, dass sich dieser Anspruch in den Exklusionstechniken materialisiert, mit denen die philosophischen Praktiken sicherzustellen versuchen, dass tatsächlich ausschließlich ihr eigenständig selbstformend wirksames Wissen seine (im Vergleich zu anderen Kräften: schwache) Kraft entfaltet, ohne von anderen Kräften behindert oder überlagert zu werden. Philosophiegeschichte als Genealogie des philosophischen Wissens zu schreiben, würde damit bedeuten, so meine Schlussfolgerung, die Genealogie der Erschaffung eines schwachen, dank seiner Erfahrung von Wahrheit selbstformend wirksamen Wissens zu schreiben, stets verknüpft mit der Betrachtung jener Exklusionstechniken, mit denen die ungehin-

31 Diese Zentralität der Erfahrung von Wahrheit bringt Linda Alcoff auf den Punkt: »Worum es uns geht, verstehen wir meist als Wahrheit. [...] Philosoph*innen mögen die Bedeutung von Wahrheit deflationieren und sie in radikal anderen Begriffen definieren, und doch bleibt sie die einzigartig wichtigste Norm, über die wir unsere Disziplin verstehen. Von Platons Zurückweisung der Sophisten über Reichenbachs Ablehnung spekulativer Metaphysik bis zu Foucaults Behauptung, dass wir die Macht der Wahrheit untersuchen müssen, wenn wir die Wahrheit über Wahrheit wissen wollen, bleibt Wahrheit die disziplinierende Norm, der wir uns bereitwillig unterwerfen.« (Alcoff, »Philosophy's Civil Wars«, S. 26.) Alcoff hat auch damit Recht, dass die meisten Formulierungen dafür, wie sich die Philosophie um Wahrheit kümmert, den Blick auf die realen Praktiken der Philosophie und ihre sozialen, historischen, politischen, ökonomischen etc. Zusammenhänge verschleiern (vgl. ebd., S. 27). Doch das ist nicht notwendig: Wenn wir die traditionellen Selbstbeschreibungen so ernst nehmen, wie ich es im Folgenden vorschlage, werden wir im Gegenteil zwangsläufig mit diesen »banal weltlichen« Kontexten konfrontiert. Dazu gehören prominent die von mir untersuchten Exklusionstechniken.

derte eigenständig selbstformende Wirksamkeit philosophischen Wissens trotz ihrer Schwäche sichergestellt werden soll. Weil diese Exklusionstechniken sowohl innerhalb als auch außerhalb philosophischer Texte existieren, kann eine solche Genealogie das philosophische Wissen nicht immateriell auffassen. Philosophiegeschichte reduziert sich daher weder auf eine rein innerphilosophische Betrachtung von Texten noch auf eine soziologische Analyse von Personen oder Traditionen in ihren institutionellen Kontexten.

### 4.2.1 Zwei Arten revolutionärer Philosophie

In *Der Spiegel der Natur* stellt Richard Rorty die sich primär als Erkenntnistheorie verstehende (analytische) Philosophie provokant als abgeschlossene »Episode der europäischen Kulturgeschichte«[32] dar. Philosophie solle stattdessen in ihrer »bildenden« Form als eine Stimme im »Gespräch der Menschheit«[33] fortgeführt werden. Diese nicht länger von repräsentationalistischen Vorstellungen von Wissen und Wahrheit als ultimativen Zielen besessene Philosophie ist im Kuhn'schen Sinne doppelt revolutionär: Zunächst ist sie revolutionäre Philosophie, weil ihre historischen Vertreter (Rorty nennt ausschließlich Männer – was eben kein bedauerlicher Zufall ist: siehe Abschnitt 4.3) jeweils mit der zu ihrer Zeit vorherrschenden Schulphilosophie brachen. Das jedoch schließt neben (u. a.) Heidegger, Nietzsche oder dem späten Wittgenstein auch Husserl und Russell ein. Revolutionäre, im Sinne von Paradigmen neubegründende Philosophie ist daher noch nicht identisch mit jener Philosophie, die Rorty vorschwebt; dazu bedarf es der weiteren Un-

32 Richard Rorty, *Der Spiegel der Natur. Eine Kritik der Philosophie*, Frankfurt/M. 1984, S. 422.

33 Ebd., S. 421. Rorty nimmt damit Bezug auf Michael Oakeshott, »The Voice of Poetry in the Conversation of Mankind«, in: ders., *Rationalism in Politics and Other Essays*, London 1962, S. 197-247, und setzt damit die Philosophie auf den Platz der Dichtung – was keineswegs zufällig ist, wie seine Arbeiten nach *Der Spiegel der Natur* zeigen. Darin vertritt Rorty die These, dass die Philosophie ihren Platz in »unserer« Kultur an die Literatur abgetreten hat bzw. abtreten sollte (er schwankt zwischen beiden Varianten). Diese Entwicklung von Rortys Denken werde ich nicht detailliert nachzeichnen. Systematisch ausgearbeitet hat Rorty seine »Metaphilosophie« ohnehin nur in *Der Spiegel der* Natur; seine letzten Gedanken versammeln die vier Aufsätze in Richard Rorty, *Philosophie als Kulturpolitik*, Frankfurt/M. 2008, Teil II.

terscheidung zwischen »systematischer« und »bildender« [*edificing*] revolutionärer Philosophie:[34]

> Auf der einen Seite gibt es revolutionäre Philosophen, für die die Inkommensurabilität ihres neuen Vokabulars mit dem alten eine vorübergehende Schwierigkeit ausmacht, sich der Unzulänglichkeit ihrer Vorgänger verdankt und durch die Institutionalisierung ihres eigenen Vokabulars ausgeräumt werden muß. [...] Auf der anderen Seite gibt es große Philosophen, die der Gedanke erschreckt, ihr Vokabular könnte eines Tages institutionalisiert werden. [...] Große systematische Philosophen sind konstruktiv und liefern Argumente. Große bildende Philosophen reagieren und schreiben Satiren, Parodien und Aphorismen.[35]

Rorty präsentiert seine Unterscheidung zwischen bildender und systematischer Philosophie zunächst personalistisch auf Absichten verkürzt, liefert jedoch ein sachliches Kriterium nach: Demnach verletzen bildende Philosoph*innen nicht nur die Regeln der »normalen« Philosophie, was auch systematische revolutionäre Philosoph*innen tun, sondern sie verstoßen zudem gegen

> eine Regel zweiter Stufe: die Regel, nach der man die Regeln nur verändern darf, wenn man erkannt hat, daß sie dem Gegenstand nicht gerecht werden, der Wirklichkeit nicht angemessen sind, die Lösung der zeitlosen Probleme behindern. Bildende Philosophen sind solche, die auf dieser Metaebene nicht normal sind und sich hierin von revolutionären systematischen Philosophen unterscheiden.[36]

Doppelt revolutionär ist die bildende Philosophie also, weil sie sowohl die Schulphilosophie ihrer Zeit stürzt als auch die »Metaregeln« missachtet, nach denen solche philosophischen Revolutionen ablaufen, indem sie sich weigert, den Platz der entthronten Schulphilosophie einzunehmen. Sie zielt nicht auf die Etablierung eines neuen Paradigmas, sondern darauf, dem »Gespräch der Menschheit« immer wieder neue Wendungen zu geben. Anstatt darauf zu hoffen, ein Vokabular zu erfinden, mit dem die »ganze Wahrheit« ein für alle Mal ausgesprochen und damit das Gespräch befriedi-

34 Vgl. Rorty, *Der Spiegel der Natur*, S. 396-403. Den Begriff der Bildung führt Rorty bereits in der Diskussion von Gadamers Philosophie ein (ebd., S. 388-391).

35 Ebd., S. 400.

36 Ebd., S. 401.

gend zum Abschluss gebracht werden könnte, will bildende Philosophie das Gespräch geistreich fortsetzen.

Ironischerweise unterstellt der Antiplatoniker[37] Rorty damit dieselbe Prämisse wie Platon: dass das philosophische Wissen sich durch seine selbstformende Wirkung auszeichnet. Denn bildende Philosophie zielt darauf ab, »uns durch die Kraft [ihrer] Fremdartigkeit aus unserem alten Selbst herauszuführen, dazu beizutragen, daß wir andere Wesen werden«.[38] Das Wissen bildender Philosophie versucht nicht, die Welt möglichst wahrheitsgetreu darzustellen, sondern bietet uns ein neues Vokabular an, durch das wir uns und unsere Welt neu verstehen und uns daher anders verhalten können, ohne dabei behaupten zu müssen, der Wahrheit im Sinne adäquater Beschreibung verpflichtet zu sein.

Anders als Platon glaubt Rorty allerdings, dass nur das im bildenden Teil der revolutionären Philosophie geschaffene philosophische Wissen diese eigenständig selbstformende Wirksamkeit besitzt. Systematische revolutionäre Philosophie schaffe dagegen genau jenes passive Wissen, das dem von ihr selbst vertretenen Abbildungsideal entspricht.[39] Aber warum sollte das so sein? Immerhin gesteht Rorty damit der systematischen Philosophie zu, die richtige Vorstellung des von ihr erzeugten philosophischen Wissens vorzulegen, ohne dafür einen überzeugenden Grund zu nennen. Doch auch systematisch revolutionäre Philosophie erzeugt ein Vokabular, das zu einer Neubeschreibung führt. Michael Hampe versteht daher sowohl systematische als auch »bildende«[40] Philosophie

37 Platons Philosophie wird von Rorty fast immer als systematische gedeutet (besonders in Rortys späten Texten), als ob sie mittels der sogenannten Ideenlehre auf einen endgültigen Abschluss des »Gesprächs der Menschheit« ziele. Nur in einer Fußnote merkt Rorty an, dass die Faszination Platons daher rührt, dass wir »immer noch nicht wissen, was für ein Philosoph er war« (ebd., S. 400, Fn. 15). Meiner Platon-Interpretation zufolge hat Platons Konzeption philosophischen Wissens allerdings mehr mit Rortys bildender Philosophie gemeinsam. Wie problematisch es ist, gerade Platons Ideenlehre als Gegenargument ins Feld zu führen, zeigt Wieland, *Platon und die Formen des Wissens*, § 6-§ 8, § 14.

38 Rorty, *Der Spiegel der Natur*, S. 390.

39 Genauso verhält es sich mit »normalwissenschaftlicher«, d. h. nichtrevolutionärer Philosophie, so dürfen wir vermuten, auf die Rorty nirgends weiter eingeht.

40 Hampe spricht von »doktrinärer« und »nichtdoktrinärer« Philosophie, was ungefähr Rortys Unterscheidung von systematischer und bildender Philosophie entspricht. Zu Hampes Vorbehalten, damit nicht Rortys »romantische« Vorstellung

als »Erziehungsprogramme«, weil beide ihren Leser*innen durch die Einführung neuer oder veränderter Begriffe neue Unterscheidungsgewohnheiten einprägen wollen: »Der Anspruch auf philosophische Erkenntniserweiterung ist, auch wenn das kaum je so ausgesprochen wird, letztlich mit der Zumutung einer begrifflichen Umerziehung verbunden [...].«[41] Auch systematische Philosophie erzieht und wirkt insofern selbstformend, sie tut es nur auf andere Weise.

Wir sind einem analogen Sachverhalt bereits in Horkheimers Aufsatz über »Traditionelle und kritische Theorie« begegnet (siehe Kapitel 2.2): Horkheimer warnt davor, die traditionelle Vorstellung vom Wissen zu übernehmen – und sei es nur, um sie in Opposition zu einer kritischen Vorstellung von Wissen zu verwenden. Damit affirmiere man die ideologisch verzerrte Vorstellung von Wissen, so Horkheimer, mit der traditionelle Theorie sich selbst beschreiben würde. Genau diesen Fehler begeht Rorty, wenn er davon ausgeht, nur »bildende« Philosophie schaffe eigenständig selbstformend wirksames Wissen, wohingegen das Wissen der systematischen Philosophie passiv bleibe. Ohne Gründe dafür anzugeben, bejaht er damit die Selbstbeschreibung systematischer Philosophie, die jedoch, wie Hampe richtig anmerkt, ebenfalls eigenständig selbstformend wirksames Wissen hervorbringt – nur anderes.

### 4.2.2 Die Wirksamkeit philosophischen Wissens

Wenn Rortys Konzession an die systematische Philosophie voreilig ist, haben wir prima facie ein negatives Argument dafür, philosophisches Wissen insgesamt als eigenständig selbstformend wirksames Wissen zu verstehen und nicht nur das Wissen der darin von Rorty abgegrenzten Tradition bildender Philosophie.

Wie aber lässt sich unabhängig von Rortys These plausibilisieren, dass das philosophische Wissen als solches vergleichsweise schwach[42] eigenständig selbstformend wirksames Wissen ist? Mir

von »Selbsterschaffung« übernehmen zu wollen, vgl. Michael Hampe, *Die Lehren der Philosophie. Eine Kritik*, Berlin 2014, S. 23, Fn. 16 und 32.

41 Ebd., S. 17.

42 Die eigenständig selbstformende Wirksamkeit philosophischen Wissens ist nicht deshalb schwach, weil seine Veränderungen an den Subjektivitäten, auf die es einwirkt, nur geringfügig sein könnten, sondern weil seine Wirksamkeit

scheint dazu am ehesten eine Neubeschreibung von zwei charakteristischen Merkmalen des philosophischen Wissens geeignet, die bereits in der Diskussion von Schnädelbachs und Guttings Zurückweisung der skeptischen Frage auftauchten, ob es überhaupt philosophisches Wissen gibt: die Agonalität von Philosophie und die »einleuchtende Ausarbeitung« philosophischer Bilder.

Erstens macht sich der Zweifel, ob es philosophisches Wissen überhaupt gibt, in Kornbliths (für diese Debatte repräsentativer) Formulierung an der Allgegenwart von Dissens in der Philosophie fest. Wie ließe sich angesichts der grundsätzlichen Umstrittenheit (nahezu) aller philosophischen Aussagen von Wissen sprechen? Und wie kommt es, dass gerade die Philosophie, deren Leitmotiv die Suche nach möglichst voraussetzungslosen Argumenten ist, denen jede*r zustimmen können müsste, so wenig Überzeugungskraft entwickelt? Dissens wird in dieser Überlegung als Bedrohung von Wahrheit und daher als Beleg der Nichtexistenz philosophischen Wissens betrachtet.[43] Das ändert sich, sobald man philosophisches Wissen von seiner eigenständig selbstformenden Wirksamkeit her versteht, weil dann die Übereinstimmung in den Überzeugungen weder das richtige Kriterium für das Vorliegen von Wahrheit noch das richtige Maß für die Existenz philosophischen Wissens ist. Zielt philosophisches Wissen auf die Veränderung der ihm ausgesetzten Subjektivitäten, geht damit nicht schon die Vorstellung einher, dass dadurch miteinander übereinstimmende oder harmonisch zusammenspielende Subjektivitäten entstehen. Im Gegenteil, die resultierenden philosophischen Selbstformungsprozesse werden höchst unterschiedlich sein, je nachdem, welche Subjekte sie verändern. Nur die Feststellung, dass philosophisches Wissen eigenständig selbstformend wirksam ist, und der Anspruch, es im Rahmen philosophischer Praktiken exklusiv zu sein, lassen sich als allgemein geteilt herausstellen.

Wenn die für die Philosophie charakteristischen Dissense wesentlich auf die Differenzen zwischen verschiedenen Formen von

leicht von anderen Kräften – etwa der Autorität von Personen oder physischem Zwang – blockiert oder abgelenkt wird. Das hatten wir bereits in Kapitel 1 gesehen, und ich komme darauf in Kapitel 7.2 ausführlich zurück.

43 Vgl. dazu und zu verschiedenen möglichen Perspektivwechseln, um Dissens nicht als Mangel zu begreifen, nochmals Raatzsch, *Philosophiephilosophie*, § 10 und § 33; Bertram, »Philosophie als Kultur des Streits«, S. 145-148.

Subjektivität zurückzuführen sind, überrascht es kaum, dass sie nur selten argumentativ überwunden werden. Das bringt uns zweitens zu der von Gutting betonten Methode der »einleuchtenden Ausarbeitung« zurück, die nun als wichtige philosophische Technik der Selbstformung verständlich wird: als ein spezifisches Verfahren, besonders effektiv eigenständig selbstformend wirksames Wissen zu schaffen. Diese zunächst radikal erscheinende Neubeschreibung verliert viel von ihrer Radikalität, blickt man nochmals auf den von Gutting erläuterten Zusammenhang von Argumenten, philosophischen Bildern und »einleuchtender Ausarbeitung«: Während Gutting zufolge Argumente und Theorien nur innerhalb philosophischer Bilder einen präzisen Gehalt haben und daher bestenfalls indirekt für ein spezifisches philosophisches Bild sprechen können (etwa indem sie dessen Problemlösekraft in Bezug auf eine spezifische Frage belegen), müssen diese Bilder selbst auf andere Weise empfohlen oder in Zweifel gezogen werden. Das »einleuchtende Ausarbeiten« philosophischer Bilder kann, wenn man unter einem Bild mit Wittgenstein den zumeist vorreflexiven Fels unserer Meinungen versteht, als Arbeit an diesem Fels verstanden werden, an dem sich der berühmte Spaten – also das gewöhnliche, argumentative Denkwerkzeug – zurückbiegt. In diesem Fall müssen wir also zu schwererem Gerät greifen. Die »einleuchtende Ausarbeitung« ist der Versuch, derart tief eingesunkene Anschauungen zu verändern, dass ihre Transformation einer Veränderung unseres Selbst gleichkommt, die es aus seinen vertrauten Bildern befreit – und nichts anderes meint die Bezeichnung von »einleuchtender Ausarbeitung« als Technik der Selbstformung.[44] So betrachtet, stützen Guttings Fallstudien mein Argument, demzufolge auch Rortys systematische revolutionäre Philosoph*innen – etwa: Quine, Kripke und Rawls – eigenständig selbstformend wirksames philosophisches Wissen schaffen und in dieser Hinsicht den »bildenden« Philosoph*innen nicht entgegengesetzt werden können.

Dissens nicht als epistemischen Mangel, sondern als Produkt des eigenständig selbstformend wirksamen philosophischen Wissens zu begreifen und die »einleuchtende Ausarbeitung« philosophischer Bilder als eine spezifische Methode zu verstehen, Subjektivitäten zu

44 Ich verbinde hier einige Metaphern aus Wittgenstein, *Philosophische Untersuchungen*, § 1, § 115 und § 217.

verändern, verweist uns auf den Umstand, dass in philosophischen Praktiken *nur* das philosophische Wissen selbstformend wirksam werden soll. Andernfalls ließen sich ganz andere Verfahren aufbieten, um selbstformend auf die anderen Teilnehmer*innen dieser Praktiken einzuwirken: etwa die pädagogische Autorität von Lehrenden, die Evidenz empirischer Demonstrationen in Experimenten oder der Verweis auf eine Offenbarung göttlichen Ursprungs. Diese Kräfte bemühen philosophische Praktiken *nicht*, weil das in ihnen geschaffene Wissen den eifersüchtigen Anspruch erhebt, dass es allein in den philosophischen Praktiken selbstformende Kraft entfalten darf. Der *exklusive* Anspruch, dass in der Philosophie allein die schwache Kraft des jeweiligen philosophischen Wissens selbstformend wirken darf, ist für philosophisches Wissen *konstitutiv*: er grenzt philosophisches Wissen als eigenständige Form von Wissen ab. Er wird zwar höchst unterschiedlich formuliert – als der in Diskursen allein zulässige zwanglose Zwang des besseren Arguments, als Offenheit für das Ereignis des Seins, als Primat »der Sache selbst«, als exklusive Orientierung an formallogischen Schlüssen –, doch stets sehen sich die an den philosophischen Praktiken Beteiligten aufgefordert, einzig und allein die Kraft des philosophischen Wissens auf sich wirken zu lassen. Aus den verschiedenen Formulierungen für die exklusive selbstformende Wirksamkeit philosophischen Wissens, von denen ich nur einige beispielhaft genannt habe, gehen sicherlich unterschiedliche Subjektivitäten hervor; selbst ein- und dieselbe Adressierung wird nicht einfach identische Subjekte produzieren, da sie stets auf ein bereits vorgeformtes Selbst trifft. Aber gemeinsam ist dem philosophischen Wissen der *konstitutiv exklusive* Anspruch, allein selbstformend zu wirken.

Beide Bestandteile dieser Formel bedürfen einer weitergehenden Begründung. *Exklusiv* erhebt das philosophische Wissen den Anspruch auf selbstformende Wirksamkeit, weil diese Kraft auf eine Erfahrung von Wahrheit zurückgeführt wird, in der die philosophische Eigenheit bestehen soll: Die Konzentration auf eine Wahrheit, die weder in empirische Fakten auflösbar ist noch als Fiktion jenseits der Welt allein in ihrem eigenen fiktiven Universum gilt, die weder in der charismatischen Überwältigung durch eine Person noch in einer Offenbarung transzendenten Ursprungs aufgeht – diese exklusive Konzentration auf eine eigene Erfahrung der Wahrheit grenzt Philosophie von anderen Wissenschaften, von

Dichtung oder Religion ab. Zwar orientiert sie sich zuweilen an diesen anderen Formen der Wahrheitserfahrung, identifiziert sich jedoch nur um den Preis ihrer Eigenständigkeit mit ihnen. So kann beispielsweise der Naturalismus sich als Philosophie nur präsentieren, solange er eine Differenz zu naturwissenschaftlichem Wissen behauptet; er geht gerade nicht in der Wahrheit derzeitiger empirischer Wissenschaften auf.[45] Philosophisches Wissen kann sich auch nicht als bloße Fiktion oder Analyse von Fiktionen verstehen, weil es den Geltungsbereich seiner Erfahrung von Wahrheit nicht auf solche fiktionale Welten begrenzt.[46] Selbst wo es sich auf charismatische Persönlichkeiten oder Offenbarungen stützt, besteht das philosophische Wissen in den nicht darauf reduzierbaren Auseinandersetzungen mit diesen Vorgaben und nicht in den vorgegebenen Lehren selbst. Philosophisches Wissen gewinnt seine eigenständig selbstformende Wirksamkeit aus der Konstruktion einer eigenen Erfahrung von Wahrheit und duldet in den philosophischen Praktiken keine anderen selbstformenden Kräfte neben sich. Wo Wissen diese Irreduzibilität seiner Erfahrung von Wahrheit und die Exklusivität seiner eigenständig selbstformenden Wirksamkeit aufgibt, ist es kein *philosophisches* Wissen. Deshalb ist der Exklusivitätsanspruch des philosophischen Wissens auf alleinige selbstformende Wirksamkeit seiner je besonderen Konstruktion einer Erfahrung von Wahrheit *konstitutiv* für philosophisches Wissen.

Philosophisches Wissen konstruiert diese Erfahrung von Wahrheit demnach, so können wir zusammenfassen, zwar auf höchst unterschiedliche Weisen, doch stets soll allein diese Erfahrung von Wahrheit als die selbstformende Kraft philosophischen Wissens wirksam werden. Dieser Exklusivitätsanspruch ist konstitutiv für philosophisches Wissen, verstanden als eigenständig selbstformend

45 Wie anspruchsvoll eine philosophische Verteidigung des Naturalismus ist, sobald man ihn von einem bloßen Szientismus unterscheidet, demonstriert Joseph Rouse, *How Scientific Practices Matter. Reclaiming Philosophical Naturalism*, Chicago 2002. Im Folgenden zitiert als HSPM.

46 So ließe sich versuchen, die Differenz von Philosophie und Literatur zu ziehen. Freilich könnte es sein, dass viele allgemeinere literaturwissenschaftliche Thesen dann als philosophisches Wissen gelten müssen, sofern sie nicht vollständig von empirischen Belegen abhängig sind. Dieses weite Verständnis philosophischen Wissens scheint mir richtig zu sein; warum sollte man künstlich weitere Abgrenzungskriterien aufbieten wollen?

wirksames Wissen, das auch deshalb kontrovers ist, weil seine selbstformende Kraft keine einheitlichen Subjektivitäten erzeugt.

Bis hierher sieht mein Vorschlag dem traditionellen Verständnis von Philosophie als rückhaltlose Freundschaft zur Weisheit zum Verwechseln ähnlich – denn was anderes sollte der Versuch bedeuten, in den philosophischen Praktiken eine exklusive Selbstformung durch die besondere Konstruktion einer Erfahrung von Wahrheit anzustreben? Diese Nähe zum traditionellen Verständnis von Philosophie ist kein Zufall, sondern eine Tugend der hier entwickelten Auffassung, weil sie zeigt, dass die im folgenden Abschnitt entwickelten Konsequenzen sich schon aus diesem traditionellen Verständnis ergeben. Auf eine Differenz möchte ich aber bereits an dieser Stelle aufmerksam machen: Meine Konzeption philosophischen Wissens als eines durch seine besondere Konstruktion einer Erfahrung von Wahrheit selbstformend wirksamen Wissens weicht vom traditionellen Verständnis der Philosophie ab, wenn damit eine *einheitliche* Erfahrung von Wahrheit verbunden wird. Denn ich habe explizit für eine Pluralität von Wahrheitserfahrungen und dementsprechend von Weisen der Selbstformung argumentiert.

Aber gibt man so nicht die Verbindlichkeit von Wahrheit preis und gleitet unversehens in einen – je nach Position begrüßenswerten oder problematischen – Relativismus ab? Das jedenfalls nehmen sowohl Rorty[47] als auch seine Kritiker*innen an. Letzteres wird deutlich, wenn sie Rorty zum »Professor of Complacence[48] stempeln weil er ohne Wahrheit zur völligen Beliebigkeit verdammt sei, oder wenn sie sich konzilianter um die »Einebnung des Gattungsunterschieds zwischen Philosophie und Literatur«[49] und die damit einhergehende Anästhetisierung der Philosophie durch ihre Ästhetisierung sorgen.

Für Rorty stellt dieser Übergang in den Relativismus dagegen den begrüßenswerten Wechsel von einer philosophischen zu einer literarischen Kultur dar: »[D]ie Intellektuellen im Abendland [haben] seit der Renaissance drei Stadien durchlaufen. Zuerst haben

47 »[D]ie bildende Philosophie sucht nicht eine objektive Wahrheit zu finden, sondern sie sucht das Gespräch in Gang zu halten« (Rorty, *Der Spiegel der Natur*, S. 408).

48 Blackburn, »The Professor of Complacence«.

49 Habermas, *Der philosophische Diskurs der Moderne*, S. 219, zu Rorty S. 241 f.

sie ihre Hoffnung auf Erlösung in Gott gesetzt, dann in die Philosophie und jetzt erhoffen sie sich Erlösung von der Literatur.«[50] Rückblickend scheinen damit Religion wie Philosophie verzichtbare literarische Genres zu sein und die Insistenz auf Wahrheit der Inquisition näher zu stehen als einer progressiven Politik: »Literarisch orientierten Leuten wird häufig beschieden, sie liebten die Wahrheit nicht genügend. Solche Ermahnungen werden im gleichen Tonfall geäußert, in dem ihren Vorgängern in Erinnerung gerufen wurde, daß Gottesfürchtigkeit der Anfang der Weisheit sei.«[51]

Die hier entwickelte Auffassung von Philosophie über die Bestimmung von philosophischem Wissen als wirksames Wissen, dessen eigenständig selbstformende Kraft sich von seiner besonderen Konstruktion einer Erfahrung von Wahrheit herleitet und dafür Exklusivität beansprucht, widerspricht beiden Seiten dieses Streits. Denn sie verteidigt eine nichtrelativistische Pluralität von Wahrheitserfahrungen, hält also gegen Rorty am Wahrheitsbegriff fest, weil anders die Bedeutung von Wahrheitserfahrungen nicht rational zu verteidigen wäre. Sie bestreitet aber zugleich die Einheitlichkeit dieser Wahrheitserfahrungen, hält also gegen Rortys Kritiker*innen die Pluralität von Wahrheitserfahrungen für unproblematisch, ja mehr noch: für einen Grundzug philosophischen Wissens.

Rortys Ablehnung von Wahrheit als alleinigem Ziel philosophischen Wissens hängt an der vereinfachenden Unterstellung, die Philosophie könne Wahrheit letzten Endes nur als Korrespondenz zwischen ihren Sätzen und einer nicht von diesen Sätzen abhängigen Welt denken, so dass Wahrheit auf die korrekte Repräsentation der Welt und daher auf das Ende der Philosophie zielen würde; denn einmal gefunden, wäre jede weitere philosophische Auseinandersetzung witzlos. Aber dass Wahrheit in der Philosophie einzig und allein als – übersimplifiziert gedachte – Korrespondenz operativ sein kann, ist (wiederum) ein zu großes Zugeständnis an die epistemologische Tradition von Philosophie, gegen die sich Rorty wendet.[52] Natürlich weiß auch Rorty, dass es eine Vielzahl rivalisie-

50 Richard Rorty, »Philosophie als Übergangsgenre«, in: ders., *Philosophie als Kulturpolitik*, Frankfurt/M. 2008, S. 160-185, hier S. 163.

51 Ebd., S. 160.

52 Eine ähnliche Argumentation verfolgen Charles Taylor, »Rorty in the Epistemological Tradition«, in: Alan R. Malachowski (Hg.), *Reading Rorty. Critical Responses to Philosophy and the Mirror of Nature (and Beyond)*, Oxford 1990,

render Wahrheitstheorien gibt. Insofern reicht das Problem tiefer: Es geht nicht (nur) darum, welche Wahrheitstheorie wir vertreten, es geht vor allem darum, wie wir die Rolle von Wahrheit in der Philosophie verstehen.[53] Rorty kann diese Rolle – aufgrund seiner Kombination von Pragmatismus und Romantik – nur negativ verstehen: Sie verhindert, dass die Philosophie »gesprächsorientiert« wird, weil sie im Rechthaben aufgeht und damit das philosophische Gespräch zum Erliegen bringt.[54]

Mein Verständnis setzt dagegen bereits auf der Ebene der Gesprächsmetapher einen anderen Akzent, um die Agonalität von Wahrheit ins Zentrum zu rücken. Unabhängig von unserer Wahrheitstheorie muss Wahrheit als Kraft verstanden werden, weil sie ansonsten ihre konstitutive Fähigkeit verliert, Widerstand gegen andere (echte und vermeintliche) Wahrheiten zu leisten. Wenn Wahrheit derart pazifiziert wird, dass sie diese Widerstandsfähigkeit verliert und damit auch ihre Kraft, rivalisierende Wahrheiten infrage zu stellen, dann büßt Wahrheit ihren konstitutiven Anspruch auf Geltung ein und fungiert damit nicht länger als Wahrheit. Diese Agonalität von Wahrheit fordert einen Wahrheitspluralismus: Wahrheiten treten nur in der Mehrzahl und im Kampf miteinander auf. Das bedeutet nicht, Wahrheit ihre despotische, herrschsüchtige Seite abzuerkennen, aber es bedeutet, Rortys Sorge vor der Alleinherrschaft einer Wahrheit nicht zu teilen und insofern den pluralen Erfahrungen von Wahrheit in der Philosophie ihren Platz zuerkennen zu können. Wahrheit als Gesprächsstopper ist, um es mit Rorty als Slogan zu formulieren, kein Problem, weil Philosophie kein Gespräch, sondern ein Kampf ist.

Auch gegen die Befürchtungen von Rortys Kritiker*innen, damit in einen haltlosen Relativismus abzugleiten, lässt sich die Agonali-

S. 257-275, hier bes. Abschnitt III, und John McDowell, »Towards Rehabilitating Objectivity«, in: Robert Brandom (Hg.), *Rorty and His Critics*, Malden/MA 2000, S. 109-123.

53 Dass beides nicht so eng zusammenhängt, dass die Wahrheitstheorie die Rolle von Wahrheit in der Philosophie determiniert, kann ich hier nur als Prämisse markieren. Sie wird in Kapitel 7.3 (implizit) begründet, wenn wir sehen, dass Wahrheitstheorien recht unterschiedlich gedeutet werden können, je nachdem, in welchem Verständnis von Wahrheit wir sie situieren.

54 Schön beschrieben in Richard Rorty, »Analytische Philosophie und Philosophie des Gesprächs«, in: ders., *Philosophie als Kulturpolitik*, Frankfurt/M. 2008, S. 211-228, hier S. 222.

tät von Wahrheit anführen. Der Pluralismus von Wahrheitserfahrungen bedeutet nicht, dass alle Wahrheiten gleich wären. Dieses Urteil verdankt sich, ebenso wie die Vorstellung einer absoluten Wahrheit, einem anti-perspektivischen Verständnis von Wahrheit, dem die Vorstellung eines souveränen epistemischen Standpunkts – dem berühmt-berüchtigten »Blick von nirgendwo«[55] – zugrunde liegt. Wahrheit ergibt sich dieser Konzeption zufolge allein aus einer allumfassenden Sichtweise, die unabhängig von allen – sozialen, politischen, ökonomischen, religiösen etc. – Praktiken über diese urteilen kann. Diese Idee eines souveränen epistemischen Standpunkts, der objektive, weil perspektivenlose Wahrheit garantiert, ist, wie Donna Haraway nachdrücklich argumentiert hat, nur dank des »Gottestricks«[56] verfügbar, denn sie setzt ein Sehen ohne Augen, ein Wahrnehmen ohne Wahrnehmungsorgane voraus.

Die Fiktion eines epistemisch souveränen Standpunkts aufzugeben, bedeutet allerdings zugleich, die Vorstellung preiszugeben, man könne überhaupt Relativist*in sein. Auch der Relativismus ist nur ein »Gottestrick«, da er vorspielt, jede Perspektive sei gleichwertig. Insofern ist er die Kehrseite des Anti-Perspektivismus in Bezug auf Wahrheit:

> Als Versprechen der Möglichkeit einer gleichen und vollständigen Sicht von überall und nirgends sind sie [Anti-Perspektivismus und Relativismus; F.V.] verbreitete Mythen einer die Wissenschaft begleitenden Rhetorik. Die Möglichkeit nachhaltiger rationaler, objektiver Forschung überlebt jedoch gerade in der Politik und Epistemologie einer partialen Perspektive.[57]

Anti-Perspektivismus wie Relativismus verleugnen die für Wahrheit konstitutive Positioniertheit und damit ihre Agonalität, indem sie Wahrheit zum Souverän jenseits aller Konflikte erheben – was freilich diesen Konflikten nicht entkommt, sondern nur einen (durchaus machtvollen) Eingriff in sie darstellt, der sein Engagement

55 Vgl. Thomas Nagel, *Der Blick von nirgendwo*, Frankfurt/M. 1992.

56 Donna J. Haraway, »Situiertes Wissen«, in: dies., *Die Neuerfindung der Natur. Primaten, Cyborgs und Frauen*, Frankfurt/M., New York 1995, S. 73-97, hier S. 82. Die deutsche Übersetzung von »god trick« ist »göttlicher Trick« – was mir missverständlich erscheint. Die hier gebrauchte Variante verdanke ich Martin Nonhoff.

57 Ebd., S. 84. Siehe dazu ausführlicher meine Diskussion feministischer Standpunkttheorien in Kapitel 6.3 und die Bemerkungen zum Relativismus in Kapitel 7.4.

verschleiert. Aber besonders im Hinblick auf das philosophische Wissen verfehlt dies von vornherein die herausgestellte Signifikanz von Dissens in den philosophischen Praktiken.

Philosophisches Wissen als eigenständig selbstformend wirksames Wissen zu verstehen, dessen konstitutiver Exklusivitätsanspruch darauf insistiert, dass die jeweils in diesem Wissen konstruierte Erfahrung von Wahrheit die allein selbstformend wirksame – freilich: vergleichsweise schwache – Kraft sein muss, positioniert sich jenseits der Entgegensetzung von Relativismus und Anti-Perspektivismus. Diese Neubeschreibung der Philosophie über den Begriff des eigenständig selbstformend wirksamen Wissens übernimmt damit die Begründungslast, ein Verständnis von Wahrheit als Kraft präsentieren zu müssen, das ich vorerst nur in seinen negativen Konsequenzen – in der These, dass ein souveräner epistemischer Standpunkt ebenso unverfügbar ist wie eine relativistische Gleichsetzung aller Perspektiven – angedeutet habe. Die Verteidigung dieser Position und die Erläuterung ihres positiven Gehalts, wie Wahrheit als Kraft und damit pluralistisch, agonal und nichtrelativistisch begriffen werden kann, muss ich allerdings auf den dritten Teil vertagen (siehe Kapitel 7).

## 4.3 Zur Genealogie philosophischen Wissens

Meine These, dass philosophisches Wissen als eigenständig selbstformend wirksames Wissen mit dem konstitutiven Anspruch auf Exklusivität verstanden werden sollte, ergab sich aus der Frage nach dem Gegenstand und der Methode der Philosophiegeschichte. Gegen Kornbliths skeptischen Einwand, es gebe gar kein philosophisches Wissen, habe ich die Überlegungen von Schnädelbach und Gutting gestellt, die allerdings nur zeigen, dass es Wissen von Philosoph*innen bzw. in der Tradition der Philosophie gibt, nicht jedoch, wie sich dieses Wissen als philosophisches qualifizieren lässt. Als Antwort auf diese Frage habe ich vorgeschlagen, philosophisches Wissen als eigenständig selbstformend wirksames Wissen zu verstehen, dessen Wirksamkeit sich seiner Konstruktion einer Erfahrung von Wahrheit verdankt und dessen konstitutiver Anspruch ist, diese Erfahrung von Wahrheit solle die einzige selbstformende Kraft in philosophischen Praktiken sein.

In der Erläuterung dieses Vorschlags habe ich besonders hervorgehoben, dass die Exklusivität der Erfahrung von Wahrheit sich gegen alternative Kräfte wie die Demonstration durch empirische Experimente, die bloßen Wirkungen von Fiktion, die charismatische Überwältigung einer Person oder Offenbarungen transzendenten Ursprungs richtet. Demgegenüber reklamiert das philosophische Wissen mit seiner eigenständigen Konstruktion einer Erfahrung von Wahrheit eine autonome Wirklichkeit, die allerdings allgemeine Geltung beansprucht. Außerdem habe ich auf die Pluralität dieser Wahrheitserfahrungen und damit der Weisen der Selbstformung hingewiesen, die sowohl die ubiquitären Dissense in der Philosophie begreiflich machen als auch den Umstand, dass diese so selten mit Argumenten überwunden werden können.

Es mag scheinen, als ob wir uns damit weit von unserer Ausgangsfrage nach Gegenstand und Methode der Philosophiegeschichte entfernt hätten. Doch das Gegenteil ist der Fall: Erst mit dieser Konzeption philosophischen Wissens lässt sich entfalten, wie eine Genealogie philosophischen Wissens aussehen müsste. Sie wird sich nämlich vor allem auf zwei Momente des philosophischen Wissens konzentrieren müssen: die jeweilige Konstruktion der Erfahrung von Wahrheit (4.3.1) und die Techniken, mit denen der konstitutive Exklusivitätsanspruch durchgesetzt werden soll, dass die Kraft dieser Wahrheit die einzige selbstformende Kraft ist (4.3.2). An zwei Beispielen solcher philosophischen Exklusionstechniken möchte ich anschließend veranschaulichen, welche problematischen Folgen das philosophische Selbstverständnis davon, welche Kräfte es ausschließen muss, entwickeln kann. Der nach wie vor wirksame, wenngleich nie vollständige Ausschluss von Frauen aus der Philosophie (4.3.3) sowie die Exklusion der Geschichte (4.3.4) zeigen das auf drastische Weise. An ihnen lässt sich darüber hinaus erkennen, dass diese Exklusionstechniken dem philosophischen Wissen und den es hervorbringenden philosophischen Praktiken intern sind. Darin liegt zu gleichen Teilen Erschrecken und Hoffnung: Erschrecken, weil sich die philosophischen Exklusionstechniken nicht als fremde, bloß institutionelle oder soziale Gegebenheiten externalisieren lassen, die nichts mit dem Gehalt des philosophischen Wissens zu tun haben; Hoffnung, weil andere Selbstverständnisse der philosophischen Praktiken mit veränderten Exklusionstechniken möglich sind – und zu einem anderen philosophischen Wissen führen würden. Vielleicht erleben wir heute bereits, von den Rändern her, eine solche Transformation der Philosophie; die gestiegene Lautstärke in einigen Auseinandersetzungen dürfte dann optimistisch als Lärm von Rückzugsgefechten verstanden werden.

### 4.3.1 Die Konstruktion philosophischer Wahrheitserfahrungen

Sowohl der Ausdruck »Erfahrung von Wahrheit« als auch der Konstruktionsvorgang einer solchen Erfahrung harren noch einer genaueren Erklärung. Bereits angemerkt habe ich, dass mit der Erfahrung von Wahrheit nicht einfach ein subjektives Erlebnis von Wahrheit gemeint ist, etwa eine Art »geistige« oder »metaphysische« Erfahrung (ND, S. 22, 366-368), sondern die Existenzbedingungen für ein subjektives Erlebnis von Wahrheit, also die Bedingungen, die es ermöglichen und ihm seine Form verleihen. Foucault, von dem ich diesen Begriff der »Erfahrung« übernehme, gibt dieser Einsicht jedoch eine methodologisch spezielle Fassung (die wir in Kapitel 5.2 genauer kennenlernen werden); um die Konzeption philosophischen Wissens als eigenständig selbstformend wirksames Wissen zu explizieren, das seine Kraft seiner Konstruktion einer Erfahrung von Wahrheit verdankt, reicht die allgemeiner formulierte Version desselben Gedankens in den Ausführungen zur »Immanenzebene« von Gilles Deleuze und Félix Guattari.[58]

Für Deleuze und Guattari muss jedes philosophische Denken seine Begriffe auf einer »Immanenzebene« ansiedeln, einem vor der eigentlichen Philosophie liegenden »Bild des Denkens«, das die Existenzbedingungen der Begriffe einer spezifischen Philosophie festlegt: »Das Bild des Denkens impliziert eine strenge Aufteilung von Faktischem und *Rechtsanspruch*: Was dem Denken als solchem zukommt, muß von den Zufällen getrennt werden, die auf das Gehirn oder auf historisch bedingte Meinungen verweisen.«[59] Die Konstruktion einer besonderen Erfahrung von Wahr-

58 Warum ich den Foucault'schen Ausdruck der »Erfahrung von Wahrheit« gleichwohl weiterverwende, wird im Folgenden hoffentlich klar.

59 Gilles Deleuze, Félix Guattari, *Was ist Philosophie?*, Frankfurt/M. 2000, S. 44. Vgl. zum »Bild des Denkens« schon Gilles Deleuze, *Differenz und Wiederholung*, München 2007, Kapitel 3, bes. S. 167-180. Deleuze kritisiert dort jedoch das dog-

heit bestimmt, welche Art von Wahrheitserlebnissen ein bestimmtes philosophisches Wissen ermöglicht, so können wir den Satz in unser Vokabular übersetzen. Die Konstruktion sortiert dazu nach ihren eigenen Kriterien dasjenige aus, was für diese Erfahrung von Wahrheit irrelevant (»zufällig«) ist, und behält dasjenige zurück, was allein Wahrheit zu erfahren erlaubt. So entsteht die Trennung zwischen philosophischen Wahrheiten und dem Rest: »Wenn die [Immanenzebene] auswählt, was von Rechts wegen dem Denken zukommt [...], so verweist sie andere Bestimmungen auf den Status von bloßen Fakten, Charakteristika von Sachverhalten, erlebten Inhalten.«[60] Das philosophische Wissen setzt also eine Grenzziehung voraus, die zwischen philosophisch relevanten Wahrheiten und »bloßer« Empirie, Literatur, Religion etc. unterscheidet. Dabei deutet die Aufzählung der verschiedenen Kategorien, mit denen dieser Rest benannt werden kann, bereits an, dass die philosophisch relevanten Wahrheiten ebenso vielfältige Gestalt haben können und von dieser Unterscheidung konstitutiv abhängig sind: Mit welchem »Material« das philosophische Wissen hantiert, wird von der »Wahl« der Immanenzebene und damit auch vom Ausschluss dessen bestimmt, was dem jeweiligen philosophischen Wissen äußerlich ist. Einerseits bestimmt die Immanenz*ebene* als Boden des Denkens, welche philosophischen Wahrheiten überhaupt begrifflich formulierbar sind, andererseits ist die *Immanenz*ebene nichts jenseits dieser philosophischen Wahrheiten.

Nach Deleuze und Guattari ist diese Auswahl, die von den philosophischen Begriffen vorausgesetzt wird, nicht selbst schon begrifflich verfasst, sondern »vor-« oder »nicht-philosophisch«, weil sie den Boden eines Denkens bildet, der nicht selbst innerhalb dieses Denkens thematisiert wird, obwohl es ihn erst konstituiert.[61] Die Erfahrung von Wahrheit, die dem philosophischen Wissen seine selbstformende Wirksamkeit verleiht, wird also nicht innerhalb des philosophischen Wissens expliziert.

Drei knappe Beispiele mögen all dies verdeutlichen: Erstens

matische Bild des Denkens nach dem Modell der Rekognition als einheitliches Bild der Philosophie (von Platon über Descartes bis Kant und darüber hinaus), wohingegen Deleuze, Guattari, *Was ist Philosophie?*, von verschiedenen Bildern der Philosophie ausgehen. Nur Letzteres berücksichtige ich hier.

60 Deleuze, Guattari, *Was ist Philosophie?*, S. 61.

61 Vgl. ebd., S. 49.

konstruiert René Descartes mit dem Cogito eine Erfahrung von Wahrheit, die als Immanenzebene zur Voraussetzung hat, dass wir schon verstehen, was jenes »Denken« ist, an dem das »ich denke« seine Existenz als schlagartiges Wahrheitserlebnis machen kann.[62] Zweitens setzt der frühe Wittgenstein des *Tractatus* für seine vollkommene Enträtselung der Welt eine Praxis des Sprechens voraus, die faszinierenderweise dem späten Wittgenstein der *Philosophischen Untersuchungen* fragwürdig wird. Um uns mit der Wahrheit der Vielfalt der Sprachspiele und dem nichtreflexiven Handeln als Grundlage zu konfrontieren, muss er eine neue Immanenzebene schaffen: Ausgeblendet wird das »Leben« seiner Lebensformen, insofern es Veränderungen in diesen »Formen« hinterlässt, das heißt jede Art von Geschichtlichkeit und Politik.[63] Drittens können wir Rawls' Trennung von idealer und nichtidealer Theorie dank unserer Rekonstruktion in Kapitel 3.3 so verstehen, dass für beide Arten von Theorie das Ausblenden von Konflikten aus der Wirklichkeit eine notwendige Operation seiner Immanenzebene ist.

Die Konstruktion der jeweiligen Immanenzebene bzw. Erfahrung von Wahrheit in einer Genealogie des philosophischen Wissens nachzuzeichnen, bedeutet also, die Existenzbedingungen jenes begrifflichen Apparats aufzuschlüsseln, mit dem das philosophische Wissen den Raum aufspannt, innerhalb dessen es seine Aussagen so formulieren kann, dass ihnen eine Wahrheit zukommt, die nicht einfach auf den nichtphilosophischen »Rest« zurückführbar ist. Diese genealogische Aufgabe lässt sich auf unterschiedliche Weise erfüllen, je nachdem, wie man den Gedanken der Erfahrung von Wahrheit oder der Immanenzebene konkretisiert. Doch schon auf dem abstrakten Niveau dieser Überlegungen wird deutlich, dass die Genealogie des philosophischen Wissens die Beschränkungen auf den philosophischen Gehalt dieses Wissens gemäß dessen eigener Immanenzebene überschreiten muss, weil die Konstruktionsarbeit nicht von den Begriffen erfasst wird, die als Resultat dieser Arbeit verfügbar werden. Deleuze' und Guattaris Hinweis darauf, dass wir es bei der Immanenzebene mit dem zu tun haben, das als Existenzbedingung die jeweiligen Begriffe des philosophischen Wissens

62 Vgl. ebd., S. 48.

63 Am 2. September 1916 notiert Wittgenstein, *Tagebücher 1914-1916*, S. 177: »Was geht mich die Geschichte an? Meine Welt ist die erste und einzige!« (Das ist natürlich nur ein Hinweis, kein Beweis meiner Behauptung.)

ermöglicht, ist hier entscheidend, selbst wenn damit noch nicht festgelegt ist, wie die Genealogie diese »vor-philosophische« oder »nichtphilosophische« Dimension erschließt. Doch um die Konstruktion der Immanenzebene bzw. der Erfahrung von Wahrheit zu beschreiben, muss sie diese selbst verlassen. Die Genealogie des philosophischen Wissens ist diesem insofern immer auch extern, rekonstruiert dessen gewaltsamen Ausschluss des Nichtphilosophischen und ist insofern selbst gewalttätig gegen das philosophische Wissen.[64]

### 4.3.2 Philosophische Exklusionstechniken

Die erste Aufgabe genealogischer Philosophiegeschichte besteht nach dem bisher Gesagten darin, die Konstruktion der »Immanenzebene« darzustellen, das heißt die Existenzbedingungen der Erfahrung von Wahrheit des jeweils analysierten philosophischen Wissens herauszuarbeiten. Denn das philosophische Wissen als eigenständig selbstformend wirksames Wissen zu verstehen bedeutet, seinen exklusiven Anspruch darauf zu erkennen, mit seiner Konstruktion einer Erfahrung von Wahrheit allein selbstformend zu wirken. Da sich die selbstformende Kraft philosophischen Wissens aus seiner Konstruktion einer Erfahrung von Wahrheit speist, muss eine Genealogie des philosophischen Wissens die Herstellung dieser Wahrheitserfahrung aufschlüsseln und so eine erste Art von Ausschlüssen sichtbar machen. Doch so wichtig diese erste Aufgabe ist, sie bleibt unzureichend, wenn sie die Exklusivitätsforderung nicht ebenfalls untersuchen und dazu die Exklusionstechniken ins Auge fassen würde, mit denen die exklusive Wirksamkeit philosophischen Wissens in den philosophischen Praktiken sichergestellt werden soll. Ohne diese zweite Aufgabe würde sich die Genealogie

64 Allerdings scheint mir Deleuze' und Guattaris Argument für die Unmöglichkeit, die Immanenzebene begrifflich zu erfassen (vgl. Deleuze, Guattari, *Was ist Philosophie?*, S. 42-44), unzureichend, denn dass der Begriff dazu Universalie werden müsste, was jedoch unmöglich sei, gilt nur aufgrund ihrer hochspezifischen Voraussetzungen. Zumindest ist es eine offene Frage, ob es nicht Begriffe innerhalb eines bestimmten »Denkbildes« geben könnte, die es von innen heraus erfassen. Die kritische Theorie muss diese Möglichkeit sogar behaupten, wenn sie für sich in Anspruch nimmt, die eigene theoretische Praxis innerhalb ihrer Theorie verhandeln zu können (siehe dazu Kapitel 2 und 5).

philosophischen Wissens abermals auf eine reine Innenansicht der Philosophie beschränken: Zwar würde sie nicht länger die Ausschlüsse übernehmen, die von den Erfahrungen der Wahrheit (den »Immanenzebenen«) vorgenommen werden, doch sie würde jene Exklusionen reproduzieren, die aus der gehorsamen Konzentration allein auf diese Erfahrung von Wahrheit resultieren. So ließe sich Geistes- oder Ideengeschichte im Sinne Rortys schreiben, aber keine Genealogie, die ja verspricht, in den Kämpfen und Praktiken jene gewaltsamen Interpretationsketten aufzuspüren, in denen sich kontingenterweise durchgesetzt hat, was heute notwendig zu gelten scheint.[65]

Die Analyse der philosophischen Exklusionstechniken als den geregelten Verfahren, mit denen sichergestellt werden soll, dass die schwache eigenständig selbstformende Kraft der vom philosophischen Wissen konstruierten Erfahrung von Wahrheit allein wirken kann, ohne Beimischung anderer Autoritäten und Zwänge, liefert erst die methodologische Pointe, die der Begriff eigenständig selbstformend wirksamen Wissens für die Philosophiegeschichte besitzt. Sie vermeidet eine Reduktion der Genealogie philosophischen Wissens auf den Gehalt von Texten oder auf Akteure und ihre institutionellen Kontexte.[66] Eine solche Reduktion wäre verfehlt, da die Exklusionstechniken gleichermaßen Bestandteil philosophischer Texte und philosophischer Praktiken sind. Ein anschauliches Beispiel für intratextuelle Exklusionstechniken findet sich in Descartes' erster Mediation, die mit den Isolationsvorkehrungen des meditierenden Subjekts beginnt: »Da trifft es sich sehr günstig, daß ich heute meinen Geist von allen Sorgen losgelöst und mir ungestörte

65 Mein Verständnis von Genealogie als Methode folgt an dieser Stelle Nietzsche und Foucault, die insbesondere die Wiedergewinnung des in den historischen Kämpfen unterlegenen Wissens sowie die nichttriumphalistische Beschreibung dieser Kämpfe betonen: vgl. Friedrich Nietzsche, *Zur Genealogie der Moral. Eine Streitschrift. Kritische Studienausgabe*, Bd. 5, Berlin, München 2010; Michel Foucault, »Nietzsche, die Genealogie, die Historie (Nr. 84)«, in: *Dits et Écrits II*, Frankfurt/M. 2002, S. 166-191; zu beiden Martin Saar, *Genealogie als Kritik. Geschichte und Theorie des Subjekts nach Nietzsche und Foucault*, Frankfurt/M., New York 2007.

66 Als Experiment in diese Richtung lässt sich Martin Kuschs »Sociology of Philosophical Knowledge« lesen: vgl. Martin Kusch, *Psychologism. A Case Study in the Sociology of Philosophical Knowledge*, London 1995; Martin Kusch (Hg.), *The Sociology of Philosophical Knowledge*, Dordrecht 2000.

Muße verschafft habe. Ich ziehe mich also in die Einsamkeit zurück und will ernst und frei diesen allgemeinen Umsturz aller meiner Meinungen vornehmen.«[67] Ohne diese Abkehr von allen ablenkenden Sorgen und möglicherweise falschem Vorwissen, so Descartes' implizite Aufforderung an seine Leser*innen, werden seine Argumente nicht wirken – aber daran sind die anderen Kräfte schuld, die die Überzeugungskraft seiner Argumente auf die Leser*innen stören.[68] Der »asketische Strang« von Descartes' Meditationen, also die Übungen, die das die Meditationen nachvollziehende lesende Subjekt mitmachen muss, beinhaltet Exklusionstechniken, die dem »beweisführenden Strang« – die logisch verknüpften Propositionen von Descartes' Argumenten – seine Wirksamkeit garantieren.[69]

Ein ebenso simples Beispiel für Exklusionstechniken in den philosophischen Praktiken lässt sich in der Gestaltung des philosophischen Universitätsunterrichts oder von philosophischen Konferenzen finden:[70] Die Praxis des philosophischen Vortrags etwa, in der

67 René Descartes, *Meditationes de prima philosophia. Lateinisch/deutsch*, Stuttgart 2012, S. 62.

68 Man könnte als weiteres Beispiel an einen Zusatz zur lateinischen Fassung des *Leviathan* denken, in dem Hobbes in wenigen Zeilen die Argumentation seines Buches zusammenfasst und behauptet, diese knappen Sätze hätten ausgereicht, wenn er »auf Leser [hätte] rechnen dürfen, die gleich einer noch unbeschriebenen und reinen Tafel, und folglich von allen Vorurteilen frei wären« (Thomas Hobbes, *Leviathan oder Stoff, Form und Gewalt eines kirchlichen und bürgerlichen Staates*, Frankfurt/M. 2006, S. 533, Fn. 97). – Ich danke Andreas Gelhard für den Hinweis auf diese Stelle.

69 Ich übernehme diese Trennung von »asketischem« und »beweisführendem« Strang von Michel Foucault, »Mein Körper, dieses Papier, dieses Feuer (Nr. 102)«, in: *Dits et Écrits II*, Frankfurt/M. 2002, S. 300-331, hier S. 316-323. Eine ausführlichere Analyse von Descartes' *Meditationen* aus dieser Perspektive bietet Malika Temmar, »Der Text als ›Bedienungsanleitung‹. Eine philosophische Diskursanalyse der Metaphyischen Meditationen von René Descartes«, in: Johannes Angermüller u. a. (Hg.), *Diskursanalyse: Theorien, Methoden, Anwendungen*, Hamburg 2001, S. 77-83. Gerald Posselt, »Rhetorizing Philosophy. Toward a ›Double Reading‹ of Philosophical Texts«, in: *Philosophy & Rhetoric* 52 (2019), S. 24-46, hier S. 35 f., argumentiert überzeugend dafür, dass die beiden Dimensionen der Übung und des Beweises in jedem philosophischen Text zu finden sind.

70 Zur Praxis des philosophischen Unterrichts jenseits der Schule gibt es viele pädagogische Anleitungen, aber wenig Untersuchungen: Ulrich Johannes Schneider, *Philosophie und Universität. Historisierung der Vernunft im 19. Jahrhundert*, Hamburg 1999, S. 16 f., nennt als nahezu einzige Analyse des universitären (nicht: gymnasialen) Philosophieunterrichts Friedrich Paulsen, *Geschichte des gelehrten*

nur sehr zurückhaltend von rhetorischen und medialen Elementen Gebrauch gemacht werden darf,[71] lässt sich nicht nur als die praktisch verkörperte anti-rhetorische Tradition in der Philosophie verstehen, sondern wird (wie diese anti-rhetorische Tradition selbst) als Versuch lesbar, allein die selbstformende Kraft des präsentierten philosophischen Wissens wirksam werden zu lassen, ohne sie durch weitere Beimischungen zu verunreinigen.

Unter »philosophische Exklusionstechniken« verstehe ich also wiederholbare und wiedererkennbare Verfahren zum Ausschluss anderer selbstformender Kräfte – Autoritäten, rhetorische Überredungskünste, ökonomische Zwänge etc. – aus den philosophischen Praktiken und Texten. Sie sind »Techniken«, da sie der »Sicherung« philosophischer Praktiken dienen: Es sind Mittel, um vermeintlich störende Impulse fernzuhalten und die Ausübung von Praktiken damit wiederholbar, routiniert und erwartbar erfolgreich zu machen – geradezu die »Urintention von ›Technik‹«.[72] Der Technikbegriff soll darüber hinaus die Materialität, die Unpersönlichkeit sowie den routinierten Einsatz dieser Verfahren betonen. Materiell sind philosophische Exklusionstechniken, da sie über die Argumente hinausreichende Arrangements der philosophischen Praktiken sind, selbst wenn sie sich auch in den Argumenten niederschlagen. Deshalb lassen sich philosophische Exklusionstechniken nicht exklusiv als Real-, Sozial- oder Intellektualtechnik klassifizieren, wie das Beispiel Descartes' verdeutlicht.[73] Unpersönlich sind philosophische Exklusionstechniken, insofern sie in den philosophischen Praktiken »automatisch« dank des Arrangements von Dingen, Räumen, Verhaltensweisen, Koordinierungsroutinen, Argumentations-

*Unterrichts auf den deutschen Schulen und Universitäten vom Ausgang des Mittelalters bis zur Gegenwart*, Berlin 1965.

71 Und deren Einsatz immer noch auffällt und kommentiert wird, vgl. Heike Guthoff, *Kritik des Habitus. Zur Intersektion von Kollektivität und Geschlecht in der akademischen Philosophie*, Bielefeld 2013, S. 98.

72 Christoph Hubig, *Technikphilosophie als Reflexion der Medialität. Die Kunst des Möglichen. Grundlinien einer dialektischen Philosophie der Technik, Bd. I*, Bielefeld 2006, S. 229.

73 Hubig führt diese Einteilung zum Teil auf Friedrich von Gottl-Ottlilienfeld, *Wirtschaft und Technik*, Tübingen 1923, S. 9, zurück (der allerdings als vierte Art noch die »Individualtechnik« nennt) und verwendet sie selbst häufig, weist jedoch immer wieder darauf hin, dass alle drei Technikformen einander voraussetzen (z. B. Hubig, *Die Kunst des Möglichen I*, S. 241).

traditionen etc. wirken. Meist werden sie nicht thematisch, sondern als funktionierend vorausgesetzt. Wie Technik überhaupt fallen sie häufig erst auf, wenn sie versagen oder andere Ergebnisse liefern als erwartet.[74]

Philosophische Exklusionstechniken sind nicht per se problematisch, da die Sicherung der exklusiven selbstformenden Wirksamkeit philosophischen Wissens in den philosophischen Praktiken kein illegitimes Ziel darstellt. Im Gegenteil ist die Attraktivität, Praktiken einzurichten, in denen allein die Kraft des in diesen Praktiken erzeugten Wissens wirkt, sowohl nachvollziehbar als auch rechtfertigbar. Da die eigenständig selbstformende Kraft philosophischen Wissens vergleichsweise *schwach* ist, braucht die Philosophie Techniken, um diese Kraft vor der Überlagerung durch andere Kräfte zu schützen. Doch an zwei unterschiedlichen, wenngleich verknüpften Ausschlüssen möchte ich im Folgenden nicht nur die konkret eingesetzten Techniken betrachten und zeigen, dass die philosophischen Exklusionstechniken konstitutiv für den Gehalt des philosophischen Wissens sind. Ich möchte damit zudem darlegen, inwiefern philosophische Exklusionspraktiken problematisch werden können, je nachdem, welche anderen Kräfte sie als solche identifizieren, die es abzuwehren gilt, und wie diese Abwehr erfolgt. Meine beiden Beispiele des – nie vollständig »erfolgreichen« – Ausschlusses von Frauen und von Geschichte durch philosophische Exklusionstechniken besagen also *nicht*, dass diese in irgendeinem Sinn notwendig oder gerechtfertigt wären.[75] Im Gegenteil, die me-

74 Für Kaminski wird dieses »Axiom von Medien- und Techniktheorie« (Andreas Kaminski, *Technik als Erwartung. Grundzüge einer allgemeinen Technikphilosophie*, Bielefeld 2010, S. 188) exemplarisch in Heideggers Analyse des »Zeug« entwickelt (vgl. Martin Heidegger, *Sein und Zeit*, Tübingen 1963, § 15). Kaminski warnt allerdings vor einer Überbetonung der Unauffälligkeit funktionierender Technik, weil es den Blick dafür verstelle, dass selbst nicht funktionierende Technik aufgrund von Vertrautheit mit ihr häufig unauffällig bleibt.

75 Genauso wenig erschöpfen sich philosophische Exklusionstechniken in den betrachteten, wie man sich schnell am weitgehenden Ausschluss nichtwestlicher Philosophie klarmachen kann. Vgl. dazu Susanne Lettow, »Philosophiegeschichte als Verflechtungsgeschichte. Globalität, Naturwissen und Kants Theorie der Menschenrassen«, in: *Zeitschrift für Kritische Theorie* 30/31 (2010), S. 26-46; Patricia Purtschert, »Postkoloniale Philosophie. Die westliche Denkgeschichte gegen den Strich lesen«, in: Julia Reuter, Alexandra Karentzos (Hg.), *Schlüsselwerke der Postcolonial Studies*, Wiesbaden 2012, S. 343-354; Katrin Flikschuh, »Philosophical

thodologische Perspektive der Genealogie philosophischen Wissens ist eine kritische: Sie diagnostiziert, mit welchen philosophischen Exklusionstechniken das schwach eigenständig selbstformend wirksame philosophische Wissen seinen konstitutiven Anspruch auf exklusive Wirksamkeit durchsetzt. So kann die Genealogie philosophischen Wissens die interne Verknüpfung von philosophischem Wissen und seinen Exklusionstechniken als Resultat von Kämpfen darlegen, die konstitutiv die heutige Gestalt der Philosophie bestimmen. Dass diese philosophischen Exklusionstechniken die heutige Philosophie prägen, ist weder zufällig noch notwendig: Zwar ergibt es sich aus der Geschichte der philosophischen Praktiken, doch andere Philosophien sind möglich – und die Genealogie philosophischen Wissens streitet für sie.

### 4.3.3 Der Ausschluss von Frauen

Die Tatsache, dass Frauen lange Zeit weitgehend aus den philosophischen Praktiken ausgeschlossen waren und es noch immer sind, erregt empörend wenig Aufsehen. Vielleicht ist sie zu klar, zu bekannt – und kann daher offenbar umso leichter ignoriert werden. Denn Philosophie wird nach wie vor von (*weißen*) Männern dominiert und konkurriert mit den technischen Studiengängen um den geringsten Anteil von Professorinnen.[76] Die Erscheinungsformen

Racism«, in: *Aristotelian Society Supplementary Volume* 92 (2018), S. 91-110. Ansätze für eine intersektionale Analyse liefert Shotwell, »Appropriate Subjects«.

76 Daten für die anglophonen Länder liefern Sherri Lynn Conklin u. a., »The State of the Discipline: New Data on Women Faculty in Philosophy«, in: *Ergo* 6 (2019), S. 841-868, und Glenys Bishop u. a., »Seeing the Trends in the Data«, in: Katrina Hutchison, Fiona Jenkins (Hg.), *Women in Philosophy. What Needs to Change?*, Oxford 2013, S. 231-252; zu Deutschland vgl. Andrea Klonschinski, »Frauen in der akademischen Philosophie in Deutschland. Eine Bestandsaufnahme«, in: *Zeitschrift für Philosophische Forschung* 74 (2020), S. 593-616. Der Anteil von Professorinnen liegt bei ca. 27 Prozent. Zudem werden die Arbeiten von Frauen in der Philosophie unproportional selten publiziert und zitiert: vgl. Isaac Wilhelm u. a., »New Data on the Representation of Women in Philosophy Journals, 2004-2015«, in: *Philosophical Studies* 175 (2017), S. 1441-1464. Bei alledem gilt: »Was auch immer die Zahlen über Frauen und Minderheiten in der Philosophie besagen, Zahlen fangen nicht einmal an, die ganze Geschichte zu erzählen« (Sally Haslanger, »Changing the Ideology and Culture of Philosophy: Not by Reason (Alone)«, in: *Hypatia* 23 (2008), S. 210-223, hier S. 210) – soll heißen, von den Diskriminierungserfahrungen war damit noch gar nicht die Rede.

der besonderen Hartnäckigkeit, mit der sich die Philosophie nach wie vor personell wie thematisch jeder Gleichberechtigung verweigert, hat die feministische Philosophie oft benannt: beispielsweise die alltäglichen Diskriminierungserfahrungen, die viele der wenigen Frauen vergraulen, die offene Misogynie philosophischer Texte aus einem überwiegend von Männern geschaffenen und verteidigten Kanon oder der aggressive Diskussionsstil, der Debatten häufig als militärische Kriegs- oder kapitalistische Konkurrenzverhältnisse führt.[77] Auf diese unvollständige Liste niederschmetternder Erkenntnisse kann ich nur so weit eingehen, dass deutlich wird, was es heißt, darin philosophische Exklusionstechniken zu erkennen, welche die schwache selbstformende Wirksamkeit philosophischen Wissens gegen andere Kräfte abzuschirmen versuchen.

Sally Haslanger sieht die Ursache für die Benachteiligung von Frauen in der Philosophie in den sexistischen kognitiven Schemata, die unser Denken anleiten, besonders, aber nicht nur dann, wenn wir schnelle Entscheidungen treffen müssen, unkonzentriert sind, uns die eigene Anfälligkeit für solche Schemata und Stereotype nicht bewusst machen, nicht befürchten müssen, zur Rechenschaft gezogen zu werden oder zu einer großen Mehrheit in der jeweiligen Bezugsgruppe gehören. Weil »Philosophie« als Schema mit den Eigenschaften »hyperrational, objektiv und maskulin«[78] verknüpft sei, erkläre der Konflikt mit anderen Schemata sowohl die alltäglichen Diskriminierungen als auch die Themenwahl bzw. die Abwahl von feministischen Themen in der Philosophie. Denn die Themen und Methoden feministischer Philosophie seien als Schemata mit

77 Vgl. zur Verweigerungshaltung Alcoff, »Philosophy's Civil Wars«, S. 21-25; zur Diskriminierung Haslanger, »Changing the Ideology«, S. 210-212, und die Beiträge in Linda Martín Alcoff (Hg.), *Singing in the Fire. Stories of Women in Philosophy*, Lanham/MD 2003, zur Misogynie philosophischer Texte Beverley Clack (Hg.), *Misogyny in the Western Philosophical Tradition. A Reader*, Basingstoke 1999, zum androzentrischen Kanon Robin May Schott, »Feminism and the History of Philosophy«, in: Linda Martín Alcoff, Eva Feder Kittay (Hg.), *The Blackwell Guide to Feminist Philosophy*, Malden/MA 2007, S. 43-63; Jonathan Ree, »Women Philosophers and the Canon«, in: *British Journal for the History of Philosophy* 10 (2002), S. 641-652, und zur Diskussionskultur Janice Moulton, »The Paradigm of Philosophy: The Adversary Method«, in: Cressida J. Heyes (Hg.), *Philosophy and Gender*, Bd. 1: »Gender« and »Philosophy«: Contested Terms, Abingdon 2012, S. 52-65.

78 Haslanger, »Changing the Ideology«, S. 216.

den Eigenschaften »emotional, politisch und nichtobjektiv« belegt und widersprächen insofern dem Schema »Philosophie« genauso wie das Schema »Frau«.[79] Die typischen Strategien im Umgang mit konfligierenden Schemata seien das Unsichtbarmachen der Positionen, die zum Konflikt führen (indem man sie ignoriert oder exkludiert), die Umdeutung der falschen Prämissen von Schemata oder die Einführung von Ausnahmen (von denen freilich nicht zu viele zugelassen werden dürfen) – was nur allzu vertrauten Mustern im Umgang mit Frauen und mit feministischen Themen in der Philosophie entspreche, wo zum Beispiel die Umdeutung falscher Prämissen folgende Form annehme: »Erfolgreiche Frauen in der Philosophie sind in Wirklichkeit doch Männer/maskulin.«[80]

Haslangers Überlegungen erklären noch nicht, warum die Philosophie stärker unter diesen sexistischen Schemata leidet als andere wissenschaftliche Disziplinen. Doch genau das ist der Fall. Vor allem, wenn man auf die Veränderungen des Frauenanteils in der Philosophie in den letzten zwanzig Jahren achtet, fällt der Vergleich mit allen anderen Geistes- und Sozialwissenschaften, aber auch mit einer ganzen Reihe vermeintlich »männlicher« Disziplinen wie Mathematik oder Chemie wenig schmeichelhaft aus.[81] Louise Antony schlägt daher vor, die besonders problematische Verfassung der Philosophie durch eine Verkettung unglücklicher Umstände zu erklärt: eine Reihe von allgemeinen Faktoren würde miteinander interagieren und einander teilweise verstärken.[82] Allerdings ist das zentrale Element von Antonys Erklärung auch das am wenigsten gut begründete, denn Antony vermutet allein auf der Grundlage eigener Erfahrungen und Beobachtungen, dass die besonderen disziplinären Normen philosophischer Praktiken, also jene sozialen Normen,

79 Ebd. Vgl. dazu schon Sheila Ruth, »Methodocracy, Misogyny, and Bad Faith. Sexism in the Philosophical Establishment«, in: *Metaphilosophy* 10 (1979), S. 48-61.

80 Haslanger, »Changing the Ideology«, S. 212.

81 Vgl. Guthoff, *Kritik des Habitus*, S. 74-80 und bes. die Abbildung auf S. 318.

82 Antony will damit vor allem differenzfeministische Erklärungen zurückweisen, die z. B. große Geschlechterunterschiede in der durchschnittlichen Aggressivität annehmen, um zu erklären, warum der besondere Diskussionsstil in der Philosophie Frauen exkludiert. Vgl. dazu Louise Antony, »Different Voices or Perfect Storm. Why Are There So Few Women in Philosophy?«, in: *Journal of Social Philosophy* 43 (2012), S. 227-255, hier S. 227-231, 240-250.

die bestimmen, was »gute Philosophie« ist, mit den »normalen« Erwartungen an und Vorschriften für gender-konformes Verhalten von Frauen in Konflikt geraten.[83]

Diese Vermutung überführt Heike Guthoff in *Kritik des Habitus* in eine empirisch abgesicherte Erkenntnis. Guthoff untersucht anhand von Interviews mit 13 Philosophieprofessor*innen den kollektiven Habitus des akademischen Feldes Philosophie (an deutschen Universitäten) in seiner Interaktion mit dem Genderhabitus.[84] Demnach lässt sich der philosophische Habitus, also das der Disziplin eigentümliche Bündel von Verhaltensdispositionen, in den beiden Sätzen »Es kann nicht jeder Philosoph werden« und »Es ist nicht jedes Thema philosophietauglich«[85] zusammenfassen. Konkret bedeuten sie beispielsweise, dass hohe Studienabbrecherquoten Philosoph*innen nicht beunruhigen müssen oder dass die hohen Ablehnungsquoten von Projektanträgen (zum Teil) aus der Überzeugung resultieren, man müsse das Fach vor unsinnigen Themen schützen.[86]

Das philosophiespezifische »doing gender« verdichtet Guthoff ebenfalls in zwei Sätzen: »Die in der Philosophie sind normalerweise nicht Frauen« und »Die in der Philosophie haben normalerweise kein (Interesse am eigenen) Geschlecht«.[87] Um sich dem Widerspruch nicht stellen zu müssen, der daraus resultiert, dass einerseits Philosophie als Männerdomäne betrachtet wird, aber andererseits vorgegeben wird, es handle sich um ein nicht geschlechtlich kodiertes Feld, würden feministische oder überhaupt explizit mit Geschlecht befasste Themen im Einklang mit dem Philosophiehabitus

83 Vgl. ebd., S. 238-240.

84 Guthoff verbindet mit ihrer Forschung zugleich eine Revision von Bourdieus Habitusbegriff, den sie als zu akteurszentriert ansieht. Auf diesen Strang ihrer Argumentation gehe ich nicht ein, sondern weise nur darauf hin, dass es Guthoff außerordentlich wichtig ist, nicht von einem geschlechterspezifischen Habitus auszugehen, sondern mit dem philosophiespezifischen »doing gender« den kollektiven Habitus des Feldes Philosophie in Bezug auf Geschlechterfragen herauszuarbeiten. Ich übergehe an dieser Stelle die möglichen Probleme, die sich aus dieser theoretischen Umarbeitung Bourdieus ergeben. Vgl. dazu Lisa Mangold, Jekaterina Markow, »Das Geschlecht der Philosophie«, in: *Deutsche Zeitschrift für Philosophie* 63 (2015), S. 407-414.

85 Guthoff, *Kritik des Habitus*, S. 161, vgl. 242.

86 Vgl. ebd., S. 122-140, 149.

87 Ebd., S. 241 f., tatsächlich in dieser Diktion.

als philosophieuntauglich exkludiert. Genauso funktioniere das Zusammenspiel der ersten Sätze, indem die Bestimmung »guter Philosophen« durch die Abgrenzung zu Frauen erfolge. Guthoff liefert insofern starke empirische Anhaltspunkte dafür, dass wir das androzentrische »doing gender« im Feld der Philosophie als konstitutiven Bestandteil des philosophischen Habitus begreifen müssen.[88]

Was bedeutet es, diese nur angerissenen Einsichten in die für die derzeitige Gestalt philosophischer Praktiken konstitutive Exklusion und Erniedrigung von Frauen ernst zu nehmen und als philosophische Exklusionstechniken zur Isolierung der schwach eigenständig selbstformenden Wirksamkeit philosophischen Wissens zu verstehen? Es bedeutet den zuvor gegebenen Erläuterungen zum Technikbegriff gemäß, den Ausschluss von Frauen aus den philosophischen Praktiken als routinierte, automatische, unpersönliche »Sicherung« dieser Praktiken zu interpretieren, die sich gegen die »Störung« durch Frauen bzw. feministische Themen zu schützen versuchen. Guthoffs empirische Untersuchung des philosophischen Habitus zeigt, dass Geschlecht als »Störung« von den philosophischen Praktiken markiert und entsprechend exkludiert wird. Um den technischen Charakter dieser Exklusion stärker herauszuarbeiten, müsste man die einzelnen routinierten Verhaltensweisen (Sozialtechniken), die automatisierten Raum-, Zeit- und Dinganordnungen (Realtechniken) und die unpersönlichen Argumentationsmuster (Intellektualtechniken) eingehender analysieren; für meine Argumentation dürften die gegebenen Hinweise zum philosophischen Habitus, zu den praktischen Hürden oder den misogynen Texten ausreichen. Von den Exklusionstechniken her gelesen, erweisen sich die Konstruktionen der Erfahrungen von Wahrheit, deren exklusiven Anspruch auf selbstformende Wirksamkeit die philosophischen Exklusionstechniken garantieren sollen, als androzentrisch: Die Art und Weise, wie die jeweilige Immanenzebene des philosophischen Wissens konstruiert wird, ist männlich markiert – (nur) deshalb muss sich *dieses* philosophische Wissen gegen die Infragestellung verteidigen, die es in der Anerkennung von Frauen als Philosophinnen und von Geschlechterfragen berührenden, gar feministischen Themen in seinen philosophischen Praktiken sieht.

Gegen diese Schlussfolgerung könnte eingewandt werden,

88 Vgl. ebd., S. 266 f.

dass ich nur eine enge Verbindung des philosophischen Wissens mit den seine schwache eigenständig selbstformende Wirksamkeit absichernden Exklusionstechniken belegt habe, aber noch keine konstitutive inhaltliche Beziehung. Könnten die philosophischen Exklusionstechniken nicht doch abtrennbar vom Gehalt eines philosophischen Wissens sein, das nur aufgrund kontingenter historischer Umstände in diesen und nicht in anderen philosophischen Praktiken geschaffen wurde und wird? Schließlich sind die angeführten philosophischen Exklusionstechniken bloß als empirische Fakten in Bezug auf die institutionelle Gestalt des Universitätsfachs Philosophie eingeführt worden.

Der Einwand steht schon deshalb auf tönernen Füßen, weil meine Konzentration auf Ausschlusstechniken in den philosophischen Praktiken erstens nicht bedeutet, dass es keine intratextuellen oder argumentativen Exklusionstechniken gäbe – ob durch offene Misogynie, durch sexistische Sprache oder durch Kanonbildung.[89] Zweitens ist es gerade eine Folge der philosophischen Exklusionstechniken, dass sich die philosophischen Praktiken und das aus ihnen hervorgehende Wissen als genderneutral, ja den Fragen von Geschlechtlichkeit überhaupt enthoben versteht. Dieses Selbstverständnis ist ein dank der philosophischen Exklusionstechniken errungenes Privileg, steht also nicht als Prämisse für Argumente gegen ihre Analyse zur Verfügung. Drittens stoßen wir an dieser Stelle auf die – auch vom Einwand bemühte – Trennung zwischen den historisch und sozial situierten philosophischen Praktiken und dem darin produzierten Wissen. Sie ist, so zeigt mein zweites Beispiel, selbst eine philosophische Exklusionstechnik, die besonders deutlich im Ausschluss der Geschichte aus der Philosophie erkennbar wird.

### 4.3.4 Die Zähmung von Geschichte

Was ist mit der Exklusion von Geschichte aus der Philosophie gemeint, wenn doch Philosoph*innen an der Universität fast nichts anderes tun als die Gedanken toter Philosophen (und wie gesehen: selten Philosophinnen) zu unterrichten sowie in ihrer Forschung

89 Vgl. der Reihe nach Clack (Hg.), *Misogyny in the Western Philosophical Tradition*; Michèle LeDœuff, *Hipparchia's Choice. An Essay Concerning Women, Philosophy, Etc*, Oxford 1991, S. 79-82; Ree, »Women Philosophers and the Canon«.

mit diesen und über diese zu arbeiten? Im Rückgriff auf Ulrich Johannes Schneiders Arbeiten zur Philosophiegeschichte werde ich argumentieren, dass die Philosophie ihre Geschichte so überformt, dass allein die eigenständig selbstformende Wirksamkeit philosophischen Wissens zur Geltung kommt. Weil sie Geschichte dabei als Sammlung empirischer Fakten abtut, die diese Kraft mit ihrer Evidenz zu überdecken drohen, konstituiert sich Philosophie tendenziell antihistorisch.[90]

Schneiders These lautet, dass die Philosophiegeschichte als eine wissenschaftliche Praxis im 18. Jahrhundert mit einem »historischen Interesse« an der Beobachtung von Philosophie geboren wurde. Dieses »historische Interesse« sei von der Philosophie sehr schnell diszipliniert worden, woraus sich eine ganz andere philosophiehistorische Praxis ergeben habe.

> Der Inauguration des historischen Blicks vor etwa zweihundert Jahren folgt rasch seine Einschränkung, seine Disziplinierung durch ein (fach-)wissenschaftliches Verständnis, welches in der Philosophiegeschichte den Anspruch der Gegenwart auch auf das historische Wissen ausdehnt.[91]

Weil die Philosophie sich weigert, bloß passives Objekt einer anderen Wissenschaft zu werden, modifiziert sie die Praxis der Philosophiegeschichte so, dass sie in der Geschichte jederzeit das »einheitliche Subjekt der Veränderungen«[92] ist: Philosophie ist als *Subjekt* eine produktive Aktivität, die in der Geschichte Texte, Ideen oder Schulen hinterlässt, und sie ist als *einheitliches* Subjekt historisch konstant, auch wenn es Varianten gibt. Insofern ist Geschichte etwas der Philosophie *Äußeres*, das nicht sie selbst als einheitliches Subjekt ausmacht – die Philosophie ist den historischen Veränderungen nicht unterworfen. Damit gewinnt die Philosophie die Kontrolle über »ihre« Geschichte. Kants Konzeption einer philosophischen Geschichte der Philosophie, die »selbst nicht historisch oder empirisch[,] sondern rational d. i. *a priori* möglich«[93] ist, drückt dies ebenso aus wie Hegels Behauptung, die historische Abfolge philo-

90 Zur »Geschichtsvergessenheit« der Philosophie vgl. auch Pierre Bourdieu, *Meditationen. Zur Kritik der scholastischen Vernunft*, Frankfurt/M. 2013, S. 57-63.

91 Ulrich Johannes Schneider, *Die Vergangenheit des Geistes. Eine Archäologie der Philosophiegeschichte*, Frankfurt/M. 1990, S. 12 f.

92 Ebd., S. 15.

93 Kant, »Lose Blätter zu den Fortschritten der Metaphysik«, S. 341.

sophischer Systeme sei »dieselbe [...] als die Aufeinanderfolge in der logischen Ableitung der Begriffsbestimmung der Idee«.[94]

Aus der hier eingenommenen Perspektive stellt sich diese Überwältigung der Geschichte der Philosophie und ihre Transformation in eine philosophische Philosophiegeschichte als eine sowohl in den philosophischen Texten als auch in den philosophischen Praktiken etablierte Exklusionstechnik dar, die den jeweiligen Erfahrungen von Wahrheit des philosophischen Wissens Exklusivität bei der Entfaltung ihrer selbstformenden Kraft garantieren soll, indem diese außerhalb der Geschichte lokalisiert werden. Um das zu verdeutlichen, möchte ich Schneiders Argument in drei Schritten so weit rekonstruieren, dass die Exklusionstechnik gegen die Geschichte hinreichend erkennbar wird.[95] Schneider interpretiert die ursprüngliche Philosophiegeschichte als eine Art Genealogie der Philosophie (1), gegen die sich die Philosophie wehrt, indem sie das »historische Interesse« zu einem »philosophischen Interesse« umformt (2), was gravierende Konsequenzen für die Philosophiegeschichte hat (3).

(1) *Die Geschichte philosophischer Praktiken.* Schneiders Argument stützt sich stark auf seine Interpretation des »historischen Interesses«,[96] das die Philosophiegeschichte als eine von der Philosophie unabhängige wissenschaftliche Praxis im späten 18. Jahrhundert begründet und angeleitet habe. Exemplarisch dafür sei der von Hegel geschmähte Gottlieb Tennemann mit seinem Werk *Grundriss der Geschichte der Philosophie für den akademischen Unterricht* (1798-1819) – zwölfbändig, aber dennoch unvollendet.[97] Das »historische Interesse«, das sich darin (aber auch in anderen Philosophiegeschichten der Zeit) verkörpere, ziele auf ein rein historisches Wissen von der philosophischen Praxis:

Tennemann will in seine Philosophiegeschichte *alle Zeit- und Ortsverhältnisse* aufnehmen, er will den Komplex des Politischen und Geistigen umfassend repräsentieren: *ein treues Gemälde von dem ganzen politischen,*

94 Hegel, *Vorlesungen über die Geschiche der Philosophie I*, S. 49.

95 Das bedeutet auch, dass ich Schneiders detaillierter Analyse der Philosophiegeschichte zwischen dem späten 18. und der ersten Hälfte des 19. Jahrhunderts nicht gerecht werden kann.

96 Schneider, *Die Vergangenheit des Geistes*, S. 10.

97 Hegel, *Vorlesungen über die Geschiche der Philosophie I*, S. 33.

*religiösen, moralischen und wissenschaftlichen Zustand jeder Zeit entwerfen.*[98]

Schneider, aber eben auch Tennemanns Zeitgenossen wie beispielsweise Hegel, verstehen dieses historische Interesse als so radikal, dass es die Philosophie in Fragmente zersplittern und über Raum und Zeit hinweg verteilen würde. Das genealogisch interpretierte historische Interesse konzipiert Geschichte als Ansammlung kontingenter Ereignisse: die »Vergangenheit [gilt] als einfache, einzige, zugleich grausame und nüchterne Wahrheit«.[99]

Schneiders genealogische Deutung des historischen Interesses zeichnet die wissenschaftliche Praxis der Philosophiegeschichte im späten 18. Jahrhundert als eine Art Diskursanalyse der Philosophie: als das nahezu positivistisch anmutende Unterfangen, distanziert zu beobachten, was in der Philosophie gesagt wurde. Das enthält eine »Relativierung der schriftlichen Überlieferung«,[100] denn diese wird zu lediglich einem Element einer philosophischen Praxis relegiert, die als ganze ebenso prominente Elemente der Mündlichkeit und der Institution beinhaltet.[101] Die vom historischen Interesse etablierte und angeleitete Philosophiegeschichte richtet sich auf diese Gesamtheit der philosophischen Praxis, die sie als diskontinuierliche, in Raum und Zeit verteilte Praktiken analysiert.

(2) *Die philosophische Geschichte philosophischer Praktiken.* Gegen diese Zersplitterung und Relativierung durch die vom (genealogisch verstandenen) historischen Interesse beherrschte Philosophiege-

98 Schneider, *Die Vergangenheit des Geistes*, S. 11. Die Kursivierungen (im Original) sind Zitate von Tennemann.

99 Ebd., S. 93. Randall Collins, *The Sociology of Philosophies. A Global Theory of Intellectual Change*, Cambridge/MA, London 1998, ließe sich als gegenwärtiger Versuch verstehen, einen solchen distanzierten (in diesem Fall historischen und soziologischen) Blick auf die Philosophie zu richten. Exemplarisch für die entsetzten Abwehrreaktionen von Seiten der Philosoph*innen sind die Beiträge eines Schwerpunkts zu Collins' Buch in der Zeitschrift *Philosophy of the Social Sciences* 30.2 (2000). Sie insistieren vehement auf der vermeintlichen Unmöglichkeit, die Philosophie zum bloßen Objekt einer anderen Wissenschaft zu machen.

100 Schneider, *Die Vergangenheit des Geistes*, S. 297.

101 Schneider, *Philosophie und Universität*, S. 363-379, argumentiert, dass Mündlichkeit in der Philosophie deswegen oft übersehen wird, weil sie das herausragende Merkmal des philosophischen Unterrichts (an der Universität) darstellt, Philosophie auf ihre Praxis aber unter Auslassung des Lehrens reflektiert.

schichte wendet sich die Philosophie. Schneider rekonstruiert zwei Strategien, um die Philosophiegeschichte einzuhegen: Einerseits attackiert die »theoretische« oder »begriffliche« Kritik das von der Philosophiegeschichte implizit vorausgesetzte Konzept von Philosophie. Muss man nicht, um die Geschichte der Philosophie zu schreiben, ein vereinheitlichendes Band zwischen all den in Raum und Zeit zerstreuten Fragmenten der philosophischen Praxis annehmen, um sie überhaupt als Fragmente derselben Praxis bezeichnen zu können? Beweist diese notwendig vorauszusetzende Einheit nicht, dass es einen Kern der Philosophie gibt, der keine Geschichte hat, sondern die philosophische Praxis als solche in der Geschichte zusammenhält? »Was die theoretische Kritik fordert, ist mindestens die Relativierung der historischen Wahrheit der Philosophie. Es wird die Unselbständigkeit einer historischen Betrachtung der Philosophie unterstrichen und eine vorausverfügte Definition der Philosophie gefordert.«[102] Wenig überraschend sei keine solche Definition verfügbar – folglich müsse Philosophiegeschichte unmöglich sein.

Andererseits kann die Philosophie mit der »philosophischen« Kritik der Philosophiegeschichte großzügiger verfahren, indem sie zugibt, dass Philosophie eine raum-zeitlich lokalisierte Praxis ist und insofern eine Geschichte hat. Aber sie transformiert die Philosophiegeschichte in eine »philosophirende[] Geschichte der Philosophie«.[103] Nur eine philosophische Reflexion des Materials, das eine bloße Geschichte der Philosophie ausgräbt, kann die Wahrheit der Philosophie als Entwicklung der Vernunft in der Geschichte entziffern. Die Philosophie muss also alle ihre Transformationen aus sich selbst heraus rational einsichtig machen (können). Philosophie wird damit zum aktiven, einheitlichen Subjekt einer »echten« – philosophischen – Philosophiegeschichte und kann so alle sozialen, politischen, religiösen, ökonomischen etc. Bindungen entweder abstoßen oder unter ihre Kontrolle bringen. Klar ist damit auch, dass »echte« Philosophiehistoriker*innen Philosoph*innen sein müssen.[104]

(3) *Philosophiegeschichte*. Philosophie konstituiert sich demnach als einheitliches Subjekt der historischen Veränderungen, um sich

102 Schneider, *Die Vergangenheit des Geistes*, S. 303.
103 Kant, »Lose Blätter zu den Fortschritten der Metaphysik«, S. 340.
104 Vgl. Schneider, *Die Vergangenheit des Geistes*, S. 317.

gegen eine genealogisch verfahrende Philosophiegeschichte zu wehren. Dem philosophischen Verständnis der Philosophiegeschichte mit ihrem Ausschluss aller vermeintlich äußeren Bestimmungen zu folgen, ist insofern keine unschuldige Entscheidung, sondern verlängert die Disziplinierung der Philosophiegeschichte und bezahlt dafür mit einer auf die Innenansicht verkümmerten Perspektive auf die philosophische Praxis.[105] Mit Blick auf die philosophischen Exklusionstechniken, die dem philosophischen Wissen exklusive selbstformende Wirksamkeit sichern sollen, indem sie allein die schwache Kraft der darin konstruierten Erfahrungen von Wahrheit zur Geltung kommen lassen, lässt sich die Konstitution der Philosophie als einheitliches Subjekt der historischen Veränderung als eine solche Exklusionstechnik verstehen. Indem sie die Geschichte der Philosophie bezwingt und zur philosophischen Philosophiegeschichte umformt, schließt sie alle Bestandteile ihrer eigenen Praxis aus, die sich nicht derart ahistorisch begreifen lassen, allen voran den philosophischen Unterricht an der Universität und ihre dortige Institutionalisierung. Die Zähmung der Geschichte durch diese philosophische Exklusionstechnik zeigt die antihistorische Verfassung des philosophischen Wissens, dessen exklusiver Anspruch auf selbstformende Wirksamkeit dadurch gesichert werden soll. Deshalb reicht es nicht, die Exklusionstechniken allein in den philosophischen Texten und Argumenten zu untersuchen, weil noch die auf den Gehalt philosophischer Texte eingeschränkte Analyse der philosophischen Praxis die Exklusion ihrer institutionellen Wirklichkeit ausblenden und so die Exklusionstechnik fortführen würde.[106] Als Technik betrachtet, automatisiert diese Abwehr der Ge-

105 Daher lässt sich Schneiders Argument auch als eine scharfe Kritik an Diskursanalysen der Philosophie verstehen, die diese als »selbstkonstituierenden Diskurs« begreifen, da diese die skizzierte philosophische Exklusionstechnik nicht reflektieren. Vgl. exemplarisch Frédéric Cossutta, »Pour une analyse du discours philosophique«, in: *Langages* (1995), S. 12-39; Frédéric Cossutta, »Philosophy as Self-Constituting Discourse. The Case of Dialogue«, in: *Philosophy and Rhetoric* 39 (2006), S. 181-207; Dominique Maingueneau, »Analysing Self-Constituting Discourses«, in: *Discourse Studies* 1 (1999), S. 175-199.

106 Daher untersucht Schneider in nachfolgenden Arbeiten nicht mehr nur die Texte zur Philosophie der Philosophiegeschichte (wie in Schneider, *Die Vergangenheit des Geistes*), sondern konzentriert sich auf den institutionellen Ort der Philosophie – die Universität – und den Unterricht als umfangreichen Bestandteil philosophischer Praktiken (in Schneider, *Philosophie und Universität*).

schichte die schützende Isolation des philosophischen Wissens: die scharfe Trennung von Unterricht und Philosophie, die Konzentration auf die Schriftlichkeit philosophischen Wissens, die »theoretische« und »philosophische« Kritik der Philosophiegeschichte – all die von Schneider aufgezählten Real-, Sozial- und Intellektualtechniken zusammen ermöglichen die Exklusion der Geschichte aus der Philosophie. Der Preis dafür sind philosophische Praktiken, die ein philosophisches Wissen produzieren, das strukturell nicht auf diese Praktiken reflektieren kann, ohne aufzuhören, »philosophisches« Wissen zu sein.

Vor diesem Hintergrund wird deutlich, warum die strikte Spaltung zwischen dem Gehalt eines philosophischen Wissens und den historisch konkreten, sozial situierten philosophischen Praktiken, in denen es geschaffen wurde, nur eine Verallgemeinerung der philosophischen Exklusionstechnik ist, mit der die Geschichte entweder aus der Philosophie verbannt oder zu ihrer Zufriedenheit gezähmt wird. Das Zusammenspiel beider Exklusionstechniken, die ich skizziert habe, zeigt sich besonders deutlich dort, wo Einwände gegen den Ausschluss von (insbesondere rassifizierten) Frauen mit dem Argument abgetan werden, dabei handele es sich »nur« um kontingente, bedauerliche institutionelle, soziale oder historische Bedingungen, die den Gehalt des philosophischen Wissens, das in derart »rein gehaltenen« philosophischen Praktiken gewonnen wurde, nicht berühre.[107] So erlaubt die zweite Exklusionstechnik die Permanenz der ersten – kein Wunder, dass es derart mühsam ist, die philosophischen Praktiken von diesen Exklusionstechniken zu befreien. Aber genau darauf zielt die Genealogie philosophischen Wissens: Sie ist eine Form der Philosophiegeschichte, die mit deren philosophischer Disziplinierung bricht.

Meine beiden zentralen Vorschläge lauten, so lässt sich das Ergebnis des Kapitels zusammenfassen, Philosophiegeschichte als Genealo-

107 Damit werden Rassismus (vgl. Robert Bernasconi, »Will the Real Kant Please Stand Up. The Challenge of Enlightenment Racism to the Study of the History of Philosophy«, in: *Radical Philosophy* 117 (2003), S. 13-22) und (rassifizierter) Sexismus (vgl. Donna-Dale L. Marcano, »Race/Gender and the Philosopher's Body«, in: Emily S. Lee (Hg.), *Living Alterities: Phenomenology, Embodiment, and Race*, Albany 2014, S. 65-78) als ›unphilosophische Oberflächenprobleme‹ abgetan, sowohl in der Philosophiegeschichte als auch in der Gegenwart.

gie philosophischen Wissens zu betreiben und dieses philosophische Wissen als (vergleichsweise schwaches) eigenständig selbstformend wirksames Wissen mit konstitutiv exklusivem Anspruch zu verstehen. Daraus ergibt sich das besondere Interesse der Genealogie an den philosophischen Exklusionstechniken, die diesen Anspruch auf exklusive eigenständig selbstformende Wirksamkeit durch die im philosophischen Wissen jeweils konstruierte Erfahrung von Wahrheit durchsetzen sollen. Meine beiden Beispiele – der Ausschluss von Frauen und von feministischen Themen aus der Philosophie sowie die Zähmung der Philosophiegeschichte – geben dreierlei zu erkennen: Erstens ist das philosophische Wissen, gerade wenn wir der traditionellen Selbstbeschreibung folgen, es solle allein die jeweilige Erfahrung von Wahrheit wirksam werden und Philosoph*innen seien allein ihr verpflichtet, intern androzentrisch und antihistorisch verfasst. Das aber ist kein Schicksal, sondern Ergebnis spezifischer philosophischer Exklusionspraktiken, deren Genealogie wir schreiben und für deren Veränderungen wir kämpfen können (und viele Philosoph*innen tun das bereits[108]). Doch sie konstituieren in ihrer jeweiligen Form das derzeitige philosophische Wissen: Deshalb lässt sich an diesen Exklusionstechniken etwas über den Gehalt des philosophischen Wissens lernen. Die Genealogie philosophischen Wissens kann mit dem Fokus auf diese Techniken zeigen, dass die vermeintlich bloß akzidentellen sozialen, politischen oder historischen Umstände philosophischer Praktiken nichts dem philosophischen Wissen Externes sind. Sie zu ignorieren ist daher weder eine legitime Arbeitsteilung zwischen Philosophie und Geschichte oder Sozialwissenschaften noch eine ideologische Verblendung, sondern muss als aktives Ausüben einer starken philosophischen Exklusionstechnik verstanden werden.

Philosophische Exklusionstechniken sind zweitens sowohl in philosophischen Texten und Argumenten als auch jenseits davon in den philosophischen Praktiken vorhanden, in denen Texte und Argumente nur zwei Elemente unter anderen sind. Eine Genealogie des philosophischen Wissens muss beides gemeinsam berücksichtigen und ist insofern weder einer internen noch einer externen

108 Vgl. Alcoff (Hg.), *Singing in the Fire*; Katrina Hutchison, Fiona Jenkins (Hg.), *Women in Philosophy. What Needs to Change?*, Oxford 2013. Siehe außerdem die vielfältigen Aktivitäten der Societies for Women in Philosophy (SWIP).

Perspektive auf die Philosophie verpflichtet; sie verweigert sich stattdessen der so gezogenen Differenz und verwandelt damit die Philosophiegeschichte, *pace* Hegel, wieder in ein Abenteuer.

Drittens ist es der Begriff eigenständig selbstformend wirksamen Wissens, der diese philosophiehistorische Praxis als Genealogie philosophischen Wissens auf methodologischer Ebene ermöglicht – und der sich daher mindestens aus diesem Grund auszuarbeiten lohnt.

# Kapitel 5: Emanzipierende Kritik als Produktion sperrigen Wissens

Im vorangegangenen Kapitel habe ich vorgeführt, wie der Begriff eigenständig selbstformend wirksamen Wissens methodologisch für die Philosophiegeschichte fruchtbar gemacht werden könnte. In diesem Kapitel zeige ich, dass er auch substanziell hilfreich wäre. Denn mit ihm lassen sich die anspruchsvollen epistemologischen Voraussetzungen jener besonderen Form von Kritik erläutern, die ich (in Kapitel 2) »emanzipierende Kritik« genannt habe. Allerdings versperrt die gegenwärtige Debatte um den Begriff der Kritik den Blick auf diese Form der Kritik. Deshalb fällt die Argumentation etwas komplexer aus. Im ersten Teil des Kapitels argumentiere ich zunächst gegen die derzeitige Beschränkung legitimer Kritikformen, die aus einer zu engen Vorstellung von der Normativität von Kritik entsteht. Wenn wir stattdessen darauf achten, wie vielfältig die Tätigkeit des Kritik-Übens ist, uns also zuerst auf die »Bilder der Kritik« konzentrieren und erst im zweiten Schritt auf ihre Normativität, können wir Kritik leicht pluralisieren. Nur dann lässt sich das Bild emanzipierender Kritik in den Blick nehmen (5.1).

Dessen Eigenarten wende ich mich im Anschluss anhand des Kritikmodells von Michel Foucault zu. Es ist als Praxis präfigurativer Emanzipation zu verstehen, so meine Behauptung, und an ihm zeigt sich, wie uns der Begriff eigenständig selbstformend wirksamen Wissens dabei hilft, das Herzstück von Foucaults Kritik zu erklären, nämlich das Verfertigen von Gegen-Wahrheiten oder »sperrigem Wissen« (5.2). Der letzte Abschnitt stellt den Beitrag des Begriffs eigenständig selbstformend wirksamen Wissens für das Bild emanzipierender Kritik im Allgemeinen heraus und verdeutlicht die Bedeutung dieses Bildes von Kritik für die heutige kritische Theorie – denn für frühe kritische Theorie von Adorno und Horkheimer haben wir sie bereits in Kapitel 2 gesehen (5.3).

## 5.1 Emanzipierende Kritik und ihre Theorie

Was tun wir, wenn wir Kritik üben – und was, wenn wir auf die Tätigkeit des Kritik-Übens reflektieren? Diese Fragen nach den *Praktiken der Kritik* und den *Praktiken der theoretischen Reflexion auf Kritik* leiten unsere Aufmerksamkeit auf die Vorstellungen von der Tätigkeit des Kritik-Übens, die wir unbemerkt voraussetzen, wenn wir auf Kritik reflektieren. Alles Sprechen über Kritik verwendet solche Bilder, um die Aktivität zu beschreiben, in der Kritik besteht. Weit davon entfernt, bloße Metaphern zu sein, leiten diese Bilder unsere Praktiken der Kritik ebenso an wie unsere theoretischen Reflexionen auf Kritik, weil sie uns unauffällige Vorentscheidungen darüber nahelegen, was wir unter Kritik verstehen und wie wir sie ausüben. Bilder der Kritik geben der spezifischen Tätigkeit des Kritik-Übens eine benennbare Gestalt, die unsere Praktiken der Kritik als solche ausmacht: »Vermessen«, »stören« und »freilassen« sind nur drei von vielen Bildern der Kritik, zu denen man beispielsweise auch Kants Kritik-Üben als »begrenzen« zählen müsste.[1]

Einen ähnlichen wie den gerade verwendeten Begriff des »Bildes« kennen wir bereits aus dem vorigen Kapitel, in dem ich Gary Guttings Unterscheidung von philosophischen Bildern und Theorien referiert hatte. Jetzt können wir den Bildbegriff allgemeiner im Rückgriff auf Ludwig Wittgensteins *Philosophische Untersuchungen* einführen, wo er bereits im ersten Paragrafen auftaucht, in dem Wittgenstein Augustinus' Erinnerung an dessen Spracherwerb kommentiert:

> In [Augustinus'; F. V.] Worten erhalten wir, so scheint es mir, ein bestimmtes *Bild* von dem Wesen der menschlichen Sprache. Nämlich dieses: Die Wörter der Sprache benennen Gegenstände – Sätze sind Verbindungen von solchen Benennungen. – In diesem *Bild von der Sprache* finden wir

1 »Ich verstehe aber [unter der Kritik der reinen Vernunft; F. V.] nicht eine Kritik der Bücher und Systeme, sondern die des Vernunftvermögens überhaupt in Ansehung aller Erkenntnisse, zu denen sie unabhängig von aller Erfahrung streben mag, mithin die Entscheidung der Möglichkeit oder Unmöglichkeit einer Metaphysik überhaupt und die Bestimmung sowohl der Quellen, als des Umfanges und der Grenzen derselben, alles aber aus Principien.« (Kant, *Kritik der reinen Vernunft*, A XII)

die Wurzeln der Idee: Jedes Wort hat eine Bedeutung. Diese Bedeutung ist dem Wort zugeordnet. Sie ist der Gegenstand, für welchen das Wort steht.[2]

Ein »Bild vom Wesen der menschlichen Sprache« ist offensichtlich kein Bild, das sich aufmalen lässt; es ist die zu hartem Fels verdichtete Grundlage für Reflexionen, die kaum je selbst in diesen Reflexionen verhandelt wird.[3] Damit fasst Wittgenstein prägnant jene Hintergrundannahmen zusammen, die unbemerkt unseren Gedankenfluss anleiten. Wie ein Flussbett den Verlauf des Wassers leitet, von ihm verformt wird und in der Folge die Strömungen umlenkt, so sedimentieren manche Annahmen zu Bildern, die untergründig wirken und häufig erst in unser Bewusstsein rücken, wenn sie bereits in Veränderung begriffen sind.[4]

Diese Überlegungen können wir auf die Debatte um den Begriff und die verschiedenen Formen der Kritik übertragen.[5] Wie Wittgenstein in Augustinus' theoretischen Reflexionen ein Bild der Sprache diagnostiziert, innerhalb dessen Augustinus' Sprachtheorie erst möglich ist und ohne das sie ihre Kohärenz, ja ihren Sinn verlieren würde, so können wir Bilder der Kritik in den theoretischen Reflexionen auf Kritik ausmachen. Diese Bilder beziehen sich auf die Tätigkeit des Kritik-Übens: Sie legen fest, als welche Art von Tätigkeit die theoretischen Reflexionen das Kritik-Üben implizit voraussetzen. Die Praktiken der Kritik, von denen im Folgenden

2 Wittgenstein, *Philosophische Untersuchungen*, § 1, Hervorhebungen F. V.

3 Ich lehne mich mit dieser Formulierung an einige Sätze aus David Egans hilfreichem Artikel zu Bildern in Wittgensteins Spätphilosophie an: »Was Wittgenstein ›Bilder‹ nennt, sind meistens eher die Grundlagen für als das Ergebnis von Reflexion. Er interessiert sich für sie, weil sie häufig der kritischen Aufmerksamkeit entgehen, da sie so tief liegen und nicht nur die Antworten bestimmen, die wir auf philosophische Fragen geben, sondern die Quelle jener Konfusionen sind, aus denen diese Fragen überhaupt entstehen.« (Egan, »Pictures in Wittgenstein's Later Philosophy«, S. 63 f.) Allerdings haben Bilder keineswegs immer diese verheerende Wirkung, lässt sich doch Wittgensteins Philosophie als Versuch deuten, problematische Bilder durch solche zu ersetzen, die er für geeigneter hält, weil sie weniger Konfusionen erzeugen – oder zumindest weniger Philosophie.

4 Vgl. Ludwig Wittgenstein, *Über Gewißheit. Werkausgabe*, Bd. 8, Frankfurt/M. 2005, § 93-§ 99.

5 Zu dieser Debatte siehe vor allem die Beiträge in Robert Sinnerbrink u. a. (Hg.), *Critique Today*, Leiden, Boston 2006; Jaeggi, Wesche (Hg.), *Was ist Kritik*; de Boer, Sonderegger (Hg.), *Conceptions of Critique in Modern and Contemporary Philosophy*; Ellmers, Hogh (Hg.), *Warum Kritik?*.

die Rede ist, sind insofern Konstruktionen: Sie entspringen dem Bild der kritischen Tätigkeit, das die theoretischen Reflexionen auf Kritik zeichnen – und sind daher nicht unbedingt eine angemessene empirische Beschreibung, wie Kritik tatsächlich geübt wird.

Da die Bilder der Kritik meist ebenso implizit bleiben wie das Bild der Sprache bei Augustinus, ist ihre Explikation eine Interpretation, keine logische Ableitung. Ob eine solche Deutung angemessen ist, lässt sich nur sehr begrenzt nach vorab aufgestellten Kriterien bestimmen. Eine minimale Bedingung aber folgt aus dem Bildbegriff: Das Bild der Kritik muss so weit sein, dass es mehr als ein Kritikmodell gibt, das dieses Bild konkretisiert, so wie auch das von Wittgenstein identifizierte Bild der Sprache Raum für verschiedene Sprachtheorien bietet oder wie Guttings philosophische Bilder von verschiedenen Theorien konkretisiert werden können. Allerdings darf das Bild der Kritik nicht überinklusiv sein. Beispielsweise muss jede Kritik *beschreiben*, was sie kritisiert – aber zumeist wird sie mehr als das tun, wäre also mit einem Bild von *Kritik als Beschreibung* nur unzureichend erfasst.[6] Die aus dem Bildbegriff gewonnene Bedingung lautet also, dass die den theoretischen Reflexionen auf Kritik zugeschriebenen Bilder der Kritik nur dann interpretatorisch fruchtbar sind, wenn mehr als nur ein Kritikmodell im selben Bild denkbar ist und wenn sich das Bild aussagekräftig von anderen Bildern unterscheiden lässt.

Diese Bedingung kann nicht verhindern, dass unterschiedliche Interpretationen von theoretischen Reflexionen auf Kritik verschiedene Bilder der kritischen Tätigkeit darin finden. Wer Adornos und Horkheimers *Dialektik der Aufklärung* als welterschließende Kritik liest, schreibt ihnen ein anderes Bild der Kritik zu als derjenige, der sie externe Maßstäbe an unsere Welt anlegen sieht.[7] Von den Bil-

6 Anders sieht es im Fall von Kritik als *Darstellung* aus: Wir können uns leicht ein Bild der Kritik vorstellen, das die Tätigkeit des Kritik-Übens als eine besondere Weise des Darstellens fasst, etwa im Anschluss an Marx (vgl. die bekannte Stelle in seinem Brief an Ferdinand Lassalle in Karl Marx, »Brief an Ferdinand Lassalle (22. Februar 1858)«, in: *MEW*, Bd. 29, Berlin 1978, S. 549-552, hier S. 550 f.). Allgemeine Überlegungen zu diesem Bild der Kritik liefert Tilo Wesche, »Reflexion, Therapie, Darstellung. Formen der Kritik«, in: Rahel Jaeggi, Tilo Wesche (Hg.), *Was ist Kritik?*, Frankfurt/M. 2009, S. 193-220, hier S. 209-220.

7 Vgl. respektive Axel Honneth, »Über die Möglichkeit einer erschließenden Kritik. Die ›Dialektik der Aufklärung‹ im Horizont gegenwärtiger Debatten über Sozialkritik«, in: ders., *Das Andere der Gerechtigkeit. Aufsätze zur praktischen Philosophie*,

dern der Kritik auszugehen, heißt zu interpretieren und in die Diskussion über Interpretationen einzugreifen, kann diese aber ebenso wenig abschließend entscheiden wie andere Interpretationsweisen. Insofern ist der Begriff eines Bildes von Kritik ein heuristisches Instrument, das unsere Aufmerksamkeit auf die (impliziten) Annahmen davon richtet, was die Tätigkeit des Kritik-Übens ausmacht und wie diese Annahmen die theoretischen Reflexionen auf Kritik anleiten. Wie andere interpretative Vorgehensweisen sollte sie anhand ihrer Ergebnisse beurteilt werden: Was kann der Begriff des Bildes von Kritik sichtbar machen, das uns in der Debatte über Kritik ansonsten entgeht?

Er kann insbesondere die Konsequenzen eines weit verbreiteten, häufig implizit vertretenen Monismus der Kritik aufdecken: Wer das eigene Bild der Kritik absolut setzt, etwa indem andere Bilder mit Forderungen konfrontiert werden, die nur im eigenen Bild begründbar sind, muss Kritik auf eine einzige Tätigkeit begrenzen. Folglich muss die eigene Tätigkeit der theoretischen Reflexion auf Kritik gemäß diesem – absolut gesetzten – Bild der Kritik als kritisch/unkritisch beurteilt werden. Deshalb erweisen sich die meisten Monismen der Kritik als unkritische Theorien. Mit meiner Beschreibung von drei Bildern der Kritik möchte ich daher zunächst die Pluralität der Bilder von der Tätigkeit des Kritik-Übens belegen und dadurch zeigen, dass die derzeitige Debatte über Kritik unzulässig verengt wird. Ein solcher Pluralismus bedeutet allerdings nicht, dass man die verschiedenen Bilder beliebig kombinieren kann, ohne eine klare Vorstellung davon zu verlieren, was die Tätigkeit des Kritik-Übens auszeichnet. Vielmehr meint Pluralismus der Kritik, dass man verschiedene Bilder der Kritik als gleichermaßen legitime, wenngleich unterschiedliche Bilder anerkennt (5.1.1). Im Anschluss daran werde ich mich mit dem wichtigsten Einwand gegen diese Pluralisierung auseinandersetzen, der sich gegen die Zumutung richtet, normative Maßstäbe nur im Bild vermessender Kritik anzusiedeln (5.1.2). Zuletzt werde ich zeigen, welche Implikationen die Pluralisierung der Bilder von Kritik für die theoretische Reflexion auf Kritik hat (5.1.3).

Frankfurt/M. 2000, S. 70-87, und Habermas, *Der philosophische Diskurs der Moderne*, Kapitel V.

### 5.1.1 Pluralisieren: Drei Bilder von Kritik

Um die folgende Beschreibung von drei Bildern der Kritik leichter nachvollziehbar zu machen, möchte ich einige Begriffe vorab fixieren. Jedes Bild der Kritik, so die aus dem Bildbegriff gezogene Bedingung, muss den theoretischen Reflexionen auf Kritik genug Raum für verschiedene *Kritikmodelle* geben. Wie diese sich unterscheiden, hängt je nach Bild der Kritik von anderen Aspekten der kritischen Tätigkeit ab: von ihren *Begründungen* (wie rechtfertigt sich die kritische Tätigkeit?), ihrem *Modus* (wie wird sie ausgeübt?), ihrem *Objekt* (was wird kritisiert?), ihren *Adressat*innen* (an wen richtet sich die Kritik?) oder ihrem *Subjekt* (wer kritisiert?). Jeweils beginne ich daher mit einer möglichst allgemeinen Skizze des Bildes vermessender, störender und freilassender Kritik, ehe ich erläutere, wie sich die Kritikmodelle unterscheiden, und ein Beispiel für theoretische Reflexionen auf Kritik nenne, die mit dem entsprechenden Bild arbeiten. Sowenig die drei Bilder bereits alle Bilder der Kritik sind, so wenig erschöpfen diese Beispiele das jeweilige Bild der Kritik.

(1) *Vermessen.* Das hegemoniale Bild der Kritik kann stolz auf die Etymologie verweisen: Kritik, griechisch *kritikê*, stammt von *krinein*, also »beurteilen«, »unterscheiden« und »entscheiden« her;[8] Kritik an etwas zu üben bedeute folglich, es zu beurteilen, es von etwas anderem bzw. etwas an ihm zu unterscheiden oder über etwas zu entscheiden. Diese kritischen Tätigkeiten benötigen Maßstäbe (Kriterien), die in der Beurteilung, Unter- oder Entscheidung verwendet werden. Kritik wird also insgesamt als eine *vermessende* Ak-

8 So Claus von Bormann, »Kritik I 1-4«, in: Joachim Ritter u. a. (Hg.), *Historisches Wörterbuch der Philosophie*, Bd. 4: I–K, Darmstadt 1976, S. 1249-1267, hier S. 1249; ähnlich bei Rüdiger Bittner, »Kritik, und wie es besser wäre«, in: Rahel Jaeggi, Tilo Wesche (Hg.), *Was ist Kritik?*, Frankfurt/M. 2009, S. 134-149, hier S. 134 f.; Bernd Röttger, »Kritik«, in: Otto Brunner u. a. (Hg.), *Geschichtliche Grundbegriffe. Historisches Lexikon zur politisch-sozialen Sprache in Deutschland. Band 3: H–Me*, Stuttgart 1975, S. 651-675, hier S. 651-653. Anders dagegen Raymond Geuss, »Must Criticism Be Constructive?«, in: ders., *A World Without Why*, Princeton/NJ 2014, S. 68-90, hier S. 70: »›Kritik‹ (und verwandte Ausdrücke) stammen vom griechischen Wort κρίνω und meinten ursprünglich einfach ›analysieren‹, d. h. den Vorgang, in dem ein Komplex in Gedanken auseinandergenommen und seine konstitutiven Teile und Elemente bestimmt werden.«

tivität beschrieben: Sie legt ihre Maßstäbe an das Objekt der Kritik an und hebt oder senkt den Daumen.

Da die vermessenden Kritiker*innen mit ihren Beurteilungen, Unter- oder Entscheidungen das Vermessene als schlecht, ungerecht, verblendet, unmenschlich etc. kritisieren wollen, dürfen die genutzten Maßstäbe nicht rein deskriptiver Natur sein. Dann nämlich ließe sich lediglich eine Abweichung konstatieren, nicht aber das Urteil begründen, dass diese Abweichung problematisch ist. Deshalb müssen die Maßstäbe normativ sein, und deshalb zielt die Frage nach der Normativität vermessender Kritik auf die Normativität dieser Maßstäbe.

Da die normativen Maßstäbe im Bild vermessender Kritik zudem bestimmen, was überhaupt kritisierbar ist – denn nicht jeder Maßstab ist auf alle zu vermessenden Objekte der Kritik (Personen, Gesellschaften, Praktiken, Relationen etc.) anwendbar –, kreisen die theoretischen Reflexionen auf vermessende Kritik vorwiegend um diese Maßstäbe. Schließlich hängt die Gültigkeit der Kritik in diesem Bild davon ab, ob die Kritiker*innen ihre normativen Maßstäbe ausweisen können. Weil die Begründungsstrategien außerordentlich vielfältig sind, umfasst das Bild der vermessenden Kritik eine Reihe von Kritikmodellen, die sich anhand der Begründungs- und Funktionsweisen ihrer Maßstäbe unterscheiden lassen. Ob Kritik beispielsweise extern, intern oder immanent ist, wird anhand der Begründung und Funktionsweise ihrer Kriterien festgestellt. Rahel Jaeggi erläutert diese Unterscheidungen so: »Wie verfährt eine intern ansetzende im Gegensatz zur externen Kritik? Die allgemeinste Erklärung lautet: Der ›Maßstab der Kritik‹ liegt in diesen Fällen nicht *außerhalb* des kritisierten Sachverhalts oder Gegenstands, sondern *in ihm selbst*.«[9]

Auch immanente Kritik lässt sich anhand der Begründungs- und Funktionsweise ihrer Maßstäbe von interner und externer Kritik trennen. Zwar geht sie wie interne Kritik »von gegebenen

9 Rahel Jaeggi, *Kritik von Lebensformen*, Berlin 2013, S. 261. Neben ihrem Modell immanenter Kritik, das ihrer »kritische[n] Theorie der Kritik von Lebensformen« (ebd., S. 447) zugrunde liegt, ließen sich auch Habermas' »rationale Rekonstruktion« kontrafaktischer notwendiger Idealisierungen der Sprache (Habermas, *Der philosophische Diskurs der Moderne*, S. 374-379) oder Honneths Verfahren einer »normativen Rekonstruktion« und der darauf aufbauenden »rekonstruierenden Kritik« nennen (Honneth, *Das Recht der Freiheit*, S. 18-31, bes. S. 28).

Kontexten und in der Sache liegenden Maßstäben aus«, entnimmt diese aber nicht einfach der Wirklichkeit, sondern »entwickelt [ihr] Ideal aus dem widersprüchlichen ›Bewegungsmuster der Wirklichkeit‹ selbst. Immanente Kritik vereinigt also die Idee des in der Sache liegenden Maßstabs mit dem Anspruch einer kontextübergreifenden Kritik«.[10] Immanente Kritik variiert so Begründung und Funktion der Maßstäbe, bleibt aber im Bild vermessender Kritik.

Wenn die meisten theoretischen Reflexionen auf Kritik in das Bild vermessender Kritik fallen, so weil das Terrain, auf dem die Auseinandersetzung zwischen den üblicherweise differenzierten Kritikbegriffen stattfindet, außerordentlich eng ist.[11] Das ist kein Artefakt meiner Differenzierung verschiedener Kritikformen mit dem Bildbegriff, sondern zeigt eine Beschränktheit der Diskussion über Kritik. Sie ist relevant, weil die im Bild vermessender Kritik etablierten Unterscheidungen zwischen den Kritikmodellen anhand der Begründung ihrer Maßstäbe an Aussagekraft verlieren, sobald sie auf Kritikmodelle aus einem anderen Bild der Kritik stoßen. Das lässt sich an der Diskussion um Judith Butlers Kritikmodell nachvollziehen,[12] die vor allem belegt, wie schlecht sich ihr Modell mithilfe der Unterscheidungen zwischen interner, externer oder immanenter Kritik einordnen lässt – weil sie das Bild vermessender Kritik nicht voraussetzt, so können wir ergänzen, sondern ein anderes Bild der kritischen Tätigkeit vor Augen hat: das des Störens.

10 Jaeggi, *Kritik von Lebensformen*, S. 277 f.

11 Auch andere Einteilungen von Kritik orientieren sich zumeist an Funktions- und Begründungsweise der normativen Maßstäbe, etwa die Unterscheidung zwischen konstruktiver, rekonstruktiver und genealogischer Kritik (vgl. Axel Honneth, »Rekonstruktive Gesellschaftskritik unter genealogischen Vorbehalten. Zur Idee der ›Kritik‹ in der Frankfurter Schule«, in: *Deutsche Zeitschrift für Philosophie* 48 (2000), S. 729-737, hier S. 60-63) oder zwischen konstruktivistischer, rekonstruktiver, interpretativer und welterschließender Kritik (vgl. Mattias Iser, »Gesellschaftskritik«, in: Gerhard Göhler u. a. (Hg.), *Politische Theorie. 25 umkämpfte Begriffe zur Einführung*, Wiesbaden 2012, S. 142-157). Iser sieht zwar, dass Ideologiekritik und genealogische Kritik damit nicht erfasst werden, weil sie »deskriptiv« auftreten, glaubt aber, dass diese Kritikformen »zumindest implizit normative Maßstäbe in Anspruch nehmen müssen, um Machtstrukturen nicht nur beschreiben, sondern auch kritisieren zu können« (ebd., S. 143).

12 Vgl. Seyla Benhabib u. a. (Hg.), *Der Streit um Differenz. Feminismus und Postmoderne in der Gegenwart*, Frankfurt/M. 1993.

(2) *Stören*. Wenn die Tätigkeit der Kritik nicht darin besteht, ihr Objekt zu vermessen und je nach Abweichung von den dazu verwendeten normativen Maßstäben zu beurteilen, worin dann? Eine Alternative besteht darin, die Tätigkeit des Kritik-Übens als Stören des kritisierten Objekts zu verstehen. Demnach lassen sich die verschiedenen Kritikmodelle im Bild störender Kritik nicht durch die Begründungs- und Funktionsweisen ihrer Maßstäbe differenzieren, da die Tätigkeit des Störens nicht auf Maßstäbe angewiesen ist.[13] Stattdessen können wir Modelle störender Kritik je nach Ziel und Form der von ihnen beabsichtigten Störung unterscheiden: zu kritisierende Prozesse lassen sich erschweren, unterbrechen oder aufhalten, zu kritisierende Objekte lassen sich destabilisieren, sabotieren oder zerstören und zu kritisierende Personen lassen sich irritieren, desorientieren oder behindern.[14] Eine ganze Parade von Verben steht den störenden Kritiker*innen zur Verfügung, um dieses Bild der Kritik auszumalen; störende Kritikmodelle unterscheiden sich also durch Objekt und Modus der Tätigkeit des störenden Kritik-Übens.

Als Beispiel für ein Modell störender Kritik bietet sich Judith Butlers (frühes) Werk an,[15] trägt doch ihr berühmtestes Buch das

13 Der naheliegende Einwand, die störende Kritikerin müsse doch wissen, welches Objekt sie stören wolle, und dazu benötige sie Auswahlkriterien, sei also auf Maßstäbe angewiesen, muss abermals Kritik-Üben mit Vermessen identifizieren, denn nur dann bestimmen die Maßstäbe der Kritik auch, was kritisiert werden kann und soll. Butler wendet sich dezidiert gegen diese Vorstellung, wenn sie schreibt, man gehe »nicht für eine erregende Erfahrung an die Grenzen, oder weil Grenzen gefährlich und sexy sind, oder weil uns das in prickelnde Nähe zum Bösen bring[en würde]. Man fragt nach den Grenzen von Erkenntnisweisen, weil man bereits innerhalb des epistemologischen Feldes in eine Krise des epistemologischen Feldes geraten ist, in dem man lebt.« (Judith Butler, »Was ist Kritik? Ein Essay über Foucaults Tugend«, in: *Deutsche Zeitschrift für Philosophie* 50 (2002), S. 249-265, hier S. 252 f.) Ich diskutiere diesen Einwand in Abschnitt 5.1.2 ausführlich.

14 Weder sind diese Zuordnungen exklusiv, noch ist die Aufzählung erschöpfend.

15 Alternativ könnte man Jacques Rancières »Methode der Gleichheit« (Jacques Rancière, »The Method of Equality. Politics and Poetics«, in: Katia Genel, Jean-Philippe Deranty (Hg.), *Recognition or Disagreement. A Critical Encounter on the Politics of Freedom, Equality, and Identity*, New York/NY 2016, S. 133-155) als Modell störender Kritik anführen, am schönsten vorgeführt in Jacques Rancière, *Der unwissende Lehrmeister. Fünf Lektionen über die intellektuelle Emanzipation*, Wien 2007, und systematisch erklärt in Jacques Rancière, *Das Unvernehmen.*

Bild störender Kritik bereits im Titel: *Gender Trouble*. Butler konzipiert Kritik darin als destabilisierende Störung (*trouble*), die in der Theorie kulturelle »Fundamente *aufbrechen*« und die »›Prämissen‹ der Identitätspolitik *destabilisieren*«[16] soll. Noch deutlicher wird dieses Bild der Kritik in Butlers Beschreibung der praktischen Seite von Kritik:

> Für den Feminismus besteht die kritische Aufgabe nicht darin, einen Standpunkt außerhalb der konstruierten Identitäten zu errichten. [...] Die kritische Aufgabe besteht eher darin, Strategien der subversiven Wiederholung auszumachen, die durch solche Konstruktionen ermöglicht werden, und die lokalen Möglichkeiten der Intervention zu bestätigen, die sich durch die Teilhabe an jenen Verfahren der Wiederholung eröffnen, die Identität konstituieren und damit die immanente Möglichkeit bieten, ihnen zu widersprechen.[17]

Ob Parodie, Subversion oder Destabilisierung – die kritische Tätigkeit ist für Butler im Kern eine Störung der üblichen, »normalen«, ja sogar und vor allem der vermeintlich natürlich-notwendigen Prozesse. Die theoretische Reflexion auf das störende Kritik-Üben muss daher zeigen, dass die scheinbar notwendigen Abläufe nicht so natürlich sind, wie sie gemacht werden, und dass sie folglich auch nicht unausweichlich sind. Je erfolgreicher sie dabei ist, desto mehr stiftet die theoretische Reflexion auf störende Kritik zugleich »zur Geschlechter-Verwirrung an [*to make gender trouble*]«.[18] Allgemein beschreibt Butler die Tätigkeit des Kritik-Übens bevorzugt mit den Begriffen »Destabilisierung« und »Erschütterung«.[19] Kritik

*Politik und Philosophie*, Frankfurt/M. 2007. »Das Wesen der Gleichheit«, so Rancière, sei »tatsächlich weniger zu vereinen als zu deklassifizieren, die scheinbare Natürlichkeit von Ordnungen aufzulösen und mit kontroversen Figuren der Aufspaltung [*divison*] zu ersetzen. Gleichheit ist die Macht inkonsistenter, zersetzender und ständig wiederholter Spaltungen, die Politik von den verschiedenen Formen der Tiernatur trennen: der große kollektive Körper, die Zoologie der Ordnungen, die im Namen natürlicher Kreisläufe und Funktionen gerechtfertigt werden, die von Hass getriebenen Zusammenrottungen des Packs.« (Jacques Rancière, *Aux bords du politique*, Paris 2018, S. 68)

16 Judith Butler, *Das Unbehagen der Geschlechter*, Frankfurt/M. 2003, S. 216, Hervorhebungen F. V.

17 Ebd., S. 216.

18 Ebd., S. 62, engl. 34.

19 Es gibt allerdings einen gewissen Wandel: Nach Judith Butler, *Körper von Ge-*

destabilisiert bzw. erschüttert die kritisierten Praktiken, Normen oder Begriffe, indem sie »einen Aufstand auf der Ebene der Ontologie«[20] anzettelt und damit dem Kritisierten den Boden entzieht.

Weil Butler mit ihrem Modell störender Kritik ein deutlich anderes Bild der Tätigkeit des Kritik-Übens zeichnet als die vermessende Kritik, ist die Diskussion um die Maßstäbe von Butlers Kritik so unergiebig. Wenn man im Bild der störenden Kritik von der Normativität der Kritik sprechen will, muss man nach der Normativität der störenden Aktivität fragen, Butler also nach der Normativität des Destabilisierens oder des Erschütterns: Wie sieht eine »gelungene« Destabilisierung aus? Woran erkennt man sie? Wie geht diese Praxis mit der ihr eigenen Gewaltsamkeit um? Wie die normativen Maßstäbe auszuweisen im Bild vermessender Kritik eine Dimension der internen Angemessenheit dieser Tätigkeit des Kritik-Übens ist, so wäre im Bild störender Kritik die Frage des Erfolgs und was um seinetwillen in Kauf genommen werden darf zu diskutieren.

(3) *Freilassen.* Mein drittes Bild der Kritik fasst das Kritik-Üben als Freilassen, versteht also die kritische Tätigkeit als »emanzipieren«. Das mag aussehen, als verstieße das Bild freilassender Kritik gegen die aufgestellte Bedingung, dass Bilder von Kritik nicht überinklusiv sein dürfen, da wir Emanzipation sicherlich auch als das Ziel der kritischen Tätigkeit ansehen dürfen, wenn sie als Vermessen oder Störung gedacht wird. Doch das Bild emanzipierender Kritik, das die kritische Tätigkeit als Freilassen beschreibt, unterscheidet sich genau darin von den beiden vorigen, dass »freilassen« nicht nur das von der Kritik angestrebte Ziel, sondern bereits die Tätigkeit des Kritik-Übens selbst ist. Das Objekt der Kritik wird nicht vermessen, um zu einem Urteil zu kommen, das einen Schritt auf dem langen Weg zur Mündigkeit macht, und es wird auch nicht gestört, um uns von ihm zu befreien, vielmehr lässt die kritische Tätigkeit selbst frei: diese Form des Kritik-Übens emanzipiert unmittelbar (jedenfalls im Erfolgsfall).

*wicht. Die diskursiven Grenzen des Geschlechts*, Frankfurt/M. 2004, findet sich »Destabilisierung« kaum noch, dafür gebraucht Butler »erschüttern« und »Erschütterung« zunehmend häufiger.

20 Judith Butler, *Gefährdetes Leben. Politische Essays*, Frankfurt/M. 2005, S. 50; vgl. dazu Sabine Hark, »Was ist und wozu Kritik? Über Möglichkeiten und Grenzen feministischer Kritik heute«, in: *Feministische Studien* 29 (2009), S. 22-35.

Zum Verständnis dieser Vorstellung hilft ein Blick auf die Begriffsgeschichte von »Emanzipation«, in der die mit diesem Begriff verknüpfte Praxis erkennbar wird. Emanzipation meinte im römischen Recht, dem der Begriff entstammt, die Freilassung des Sohnes aus dem väterlichen Haushalt. Erst nachdem sich ein reflexiver Gebrauch herausgebildet hatte,[21] der die Selbstemanzipation als Selbstermächtigung und damit in Umkehrung der juristischen Bedeutung fasste, konnte »Emanzipation« am Ende des 18. Jahrhunderts zum politischen Schlagwort werden und schließlich sogar auf die Abschaffung der Sklaverei und die Unabhängigkeitsbestrebungen der Kolonien angewandt werden.[22] Die in der semantischen Tiefenschicht des Begriffs eingelagerte juristische Bedeutung ist relevant, weil sie auf zwei konstitutive Momente von Emanzipation aufmerksam macht: ihre Negativität und ihr paternalistisches Potenzial.

Emanzipation enthält ein negatives Moment, weil sie die Bewegung aus einem definierten Zustand der Abhängigkeit in eine ungewisse, aber von dieser Abhängigkeit befreite Zukunft meint.[23] Nicht Freiheit schlechthin verheißt diese Zukunft, doch Befreiung aus einer vorangegangenen Gefangenschaft. Deshalb lässt sich Emanzipation als Wesen der Aufklärung verstehen, nämlich als den »Ausgang aus der selbstverschuldeten Unmündigkeit«.[24] Gleichwohl beinhaltet Emanzipation ein paternalistisches Poten-

21 In Frankreich und Italien ab dem 14. Jahrhundert, in England und Deutschland ab dem 17. Jahrhundert: vgl. Karl Martin Grass, Reinhart Koselleck, »Emanzipation«, in: Otto Brunner u. a. (Hg.), *Geschichtliche Grundbegriffe. Historisches Lexikon zur politisch-sozialen Sprache in Deutschland. Band 2: E–G*, Stuttgart 1975, S. 153-197, hier S. 157.

22 Vgl. zu dieser Entwicklung ebd., sowie Ulrich Herrmann, »Emanzipation. Materialien zur Geschichte eines politisch-sozialen und politisch-pädagogischen Begriffs der Neuzeit, vornehmlich im 19. Jahrhundert«, in: *Archiv für Begriffsgeschichte* 18 (1974), S. 85-143; zur neueren Diskussion Alex Demirović u. a. (Hg.), *Emanzipation. Zur Geschichte und Aktualität eines politischen Begriffs*, Münster 2019.

23 Sehr klar tritt das negative Moment von Emanzipation in Karl Marx, »Zur Judenfrage«, in: *MEW*, Bd. 1, Berlin 1962, S. 347-377, hier S. 361, hervor, wenn er die »politische Emanzipation« von der Religion als halbherzig bezeichnet, weil sie nur den Staat und die Bürger*innen, nicht aber die Menschen als ganze von der Religion befreit.

24 Immanuel Kant, »Beantwortung einer Frage: Was ist Aufklärung?«, in: ders., *Werkausgabe*, Bd. IX, Frankfurt/M. 2006, S. 51-61, hier S. 53.

zial, insofern die Praxis des Emanzipierens zwei Subjektpositionen verlangt, von denen die eine die andere freilässt. Zwar muss Emanzipation die freilassende Subjektposition nicht (mehr) an den Vater binden, wie in der römischen Rechtstradition. Dennoch bleibt in der selbstreflexiven Form, die Emanzipation nach dem 18. Jahrhundert zumeist annimmt, die Struktur von zwei mit ungleicher Macht versehenen Subjektpositionen erhalten, selbst wenn nun beide mit dem gleichen, verdoppelten Subjekt besetzt werden können.[25] Strukturell gesehen braucht es stets die »Vormünder«[26] und die Bevormundeten, die Freilassenden und die Freigelassenen, zwischen denen allein sich Emanzipation ereignen kann. Das gilt – in abgeschwächter Form – auch dann noch, wenn kritische Theorie Emanzipation fördert, indem sie Anstöße zur Selbstbefreiung gibt. Jedem Gebrauch von »Emanzipation« ist daher die Aufgabe aufgebürdet, dieses paternalistische Potenzial an seiner Entfaltung zu hindern, das in der asymmetrischen Machtbeziehung zwischen den Subjektpositionen von Emanzipation aufgespeichert ist.

»Freilassen« oder Emanzipieren als Praxis meint diesen Erläuterungen zufolge die Tätigkeit des Befreiens aus einer spezifischen Situation der Gefangenschaft. Damit ist der Unterschied zur vermessenden Kritik, selbst wenn sie dem Ziel der Emanzipation dient, klar gezogen, denn das Anlegen von Maßstäben lässt sich kaum bereits selbst als Freilassen aus einer Gefangenschaft bezeichnen. Weniger scharf scheint die Unterscheidung zur störenden Kritik zu sein, kann Emanzipation doch durch Destabilisieren oder Erschüttern schon bewirkt werden. Aber damit wird abermals Freilassen nur als Ergebnis einer anderen Tätigkeit gesetzt, das in anderen Fällen und zu anderer Zeit durch eine andere Praxis erreicht werden müsste, so dass kritische Tätigkeit als verschieden von Freilassung angesehen wird. Dem Bild emanzipierender Kritik entspricht dies nicht: Es setzt darauf, Kritik als Freilassen selbst konzipieren zu können.

25 Die inneren Dramen der Psychoanalyse verdanken vieles gerade der Möglichkeit, dass wir uns nicht nur gegen uns selbst wenden, sondern uns dabei auch bevormunden können: dass das Über-Ich nicht bloß die Instanz äußerer, internalisierter Aggression ist, sondern die eigene Aggression, die sich gegen sich selbst wendet. Zu dieser Deutung von Nietzsche und Freud vgl. Judith Butler, *Psyche der Macht. Das Subjekt der Unterwerfung*, Frankfurt/M. 2001, S. 63-80.

26 Kant, »Was ist Aufklärung?«, S. 53.

Kritikmodelle müssen im Bild freilassender Kritik anhand der Art und Weise unterschieden werden, in der das Freilassen erfolgt, was davon abhängt, wovon die Kritik ihre Adressaten freilassen soll. Modus und Objekt der Kritik erlauben also, verschiedene Kritikmodelle innerhalb des Bildes freilassender Kritik zu identifizieren. Ihr klarstes Beispiel dürfte Ideologiekritik sein, welche die der Ideologie unterworfenen Individuen von dieser Ideologie emanzipieren soll. Raymond Geuss entwirft in *Die Idee einer kritischen Theorie* geradezu mustergültig eine im Bild freilassender Kritik angesiedelte Ideologiekritik, wenn er argumentiert, kritische Theorie solle ihre Adressat*innen aus deren »ideologischer Gefangenschaft«[27] befreien:

> Die kritische Theorie bringt bei ihnen einen Prozeß der Selbstreflexion in Gang; bedingt durch diese Reflexion beginnen sie, ihre Bewußtseinsform als ideologisch falsch und die Zwänge, unter denen sie leiden, als selbstauferlegt zu durchschauen. Haben sie das einmal erkannt, so verliert [...] die Unterdrückung ihre »Gewalt« oder »Objektivität«, und die Gesellschaftsmitglieder emanzipieren sich.[28]

Geuss präzisiert zunächst den Ideologiebegriff, gegen den sich kritische Theorie wendet, als falsches Bewusstsein; Ideologie ist für kritische Theorie weder ein rein deskriptiver noch ein positiver Begriff. Sie emanzipiert die Individuen von diesem falschen Bewusstsein, indem sie deren Selbsterkenntnis fördert, einer Ideologie unterworfen zu sein. Kritik »bringt [...] einen Prozeß der Selbstreflexion in Gang«,[29] indem sie den Individuen zeigt, welche ihnen nicht bewussten (gesellschaftlichen) Umstände zur Ausbildung ihres »falschen Bewusstseins« geführt haben und dass sie im Wissen um diese Genese ihres Bewusstseins dieses nicht länger akzeptieren können. Denn ideologisches Bewusstsein, dessen Her-

27 Ich nehme diesen Begriff von Owen, »Kritik und Gefangenschaft«, der Ideologiekritik ebenfalls als Freilassung konzipiert, allerdings mit dem Ziel, sie von einer anderen Art der Freilassung durch genealogische Kritik zu unterscheiden. Beide Kritikmodelle operieren im Bild der freilassenden Kritik, doch wohingegen die Ideologiekritik uns aus »ideologischer Gefangenschaft« befreit, entlässt uns die genealogische Kritik aus dem »Gefangensein in einem Bild oder einer Perspektive« (ebd., S. 124).

28 Geuss, *Die Idee einer kritischen Theorie*, S. 73.

29 Ebd., S. 71.

kunft seinen Träger*innen bewusst gemacht wurde, wird »reflexiv inakzeptabel«.[30] Eine kritische Theorie emanzipiert ihre Adressaten also, indem sie Wissen bereitstellt, das die Adressat*innen der Kritik emanzipiert.

In Geuss' Ideologiekritik ist das negative Moment der Emanzipation gut zu erkennen, da ihre Adressat*innen aus der ideologischen Gefangenschaft zu einem nicht von dieser Ideologie verschleierten Zustand befreit werden. Auch das paternalistische Potenzial wird in dieser knappen Skizze des Kritikmodells sichtbar, denn die Subjektposition der Ideologiekritikerin ist jene machtvolle Figur, die die anderen freilässt.[31] Damit ist ausdrücklich nicht behauptet, dass Geuss' Kritikmodell paternalistisch ist, sondern nur, dass es zwangsläufig – als Emanzipationspraxis – diese Möglichkeit in sich birgt, weil Emanzipation stets mit der asymmetrischen Machtbeziehung zwischen den zwei Subjektpositionen eines freilassenden und eines freigelassenen Subjekts hantieren muss. Geuss versucht, die Machtasymmetrie dadurch zu entschärfen, dass die Kritiker*innen bloß die Ressourcen – das spezifische Wissen über die Genese der ideologischen Vorstellungen – bereitstellen, mit dem sich die zu Emanzipierenden dann selbst von diesen ideologischen Vorstellungen befreien können. Doch wie minimal der Akt der Kritiker*innen auch gemacht wird, die Asymmetrie zwischen ihnen und den Emanzipierten bleibt. Das bedeutet nicht, dass es egal wäre, wie groß diese Asymmetrie ist und ob die Kritiker*innen sie ausnutzen – ganz im Gegenteil. Doch emanzipierende Kritik beinhaltet stets zwei Subjektpositionen, zwischen denen eine Asymmetrie besteht. Das gilt noch für den strikt selbstreflexiven Gebrauch, der beide Subjektpositionen mit demselben Subjekt besetzt.

Wie in den beiden ersten Bildern der Kritik sind die Kriterien, mit denen wir die verschiedenen Kritikmodelle freilassender Kritik voneinander unterscheiden (wovon sie ihre Adressaten emanzipieren und wie sie dies tun), nicht in andere Bilder übertragbar. Und abermals gilt: Wenn man im Bild freilassender Kritik von Normativität sprechen will, so lässt sich nicht nach den kritischen Maßstäben und deren Begründungen fragen. Stattdessen muss die der

30 Ebd., S. 74.

31 Zur Diskussion dieses Problems von Ideologiekritik vgl. Robin Celikates, *Kritik als soziale Praxis. Gesellschaftliche Selbstverständigung und kritische Theorie*, Frankfurt/M., New York 2009.

kritischen Tätigkeit eigene Normativität – die Normativität der Emanzipationspraxis – diskutiert, das heißt die Dimensionen der internen Stimmigkeit untersucht werden. Nicht die Rechtfertigung normativer Maßstäbe (vermessende Kritik), nicht die Reflexion auf die eigene Gewaltsamkeit (störende Kritik), die Art und Weise, wie die Emanzipationspraxis das ihr inhärente paternalistische Potenzial an seiner Entfaltung hindert, ist in dieser Hinsicht die für die freilassende Kritik drängendste Frage.

### 5.1.2 Provozieren: Maßlose Normativität?

Zwar dürfte inzwischen klarer sein, was ich mit »Bildern der Kritik« meine, doch regt sich vermutlich Widerstand gegen diese Pluralisierung von Kritik. Der wichtigste Einwand pocht auf die Notwendigkeit von normativen Maßstäben für alle Bilder der Kritik. Müssen nicht alle Tätigkeiten des Kritik-Übens Kriterien in Anschlag bringen, um den von ihnen kritisierten Gegenstand zu beurteilen? Ist meine Behauptung, man könne zwar auch in den anderen Bildern der Kritik über die Normativität der kritischen Tätigkeit diskutieren, dürfe dann aber nicht auf normative Maßstäbe insistieren, nicht inkohärent, weil sie auf eine Normativität ohne Normen – immerhin von gr. κανών: Maßstab[32] – hinausliefe?

Der Einwand ist in beiden Varianten relevant, weil er die wichtigste Verteidigung eines Monismus der Kritik darstellt. Zugleich ist er schwierig auszuräumen, weil er einerseits stark vom spezifischen Verständnis von Normativität abhängt, einem nicht nur notorisch unscharfen, sondern aufgrund seiner vielstimmigen Verwendung regelrecht glitschigen Begriff. Andererseits setzt der Einwand voraus, dass die Pluralisierung von Kritik mithilfe des Bildbegriffs unmöglich ist, gerade aufgrund der Normativität von Kritik, weshalb es einer Erwiderung bedarf, die nicht dogmatisch These gegen These setzt. Deshalb werde ich zweifach ansetzen, jeweils mit dem relativ bescheidenen Ziel zu zeigen, dass die Pluralisierung der Kritik durch den Einwand nicht als unmöglich erwiesen wird. Es geht mir nur darum, Platz für die Vielfalt verschiedener Bilder von Kritik zu schaffen – darum also, uns vom Vorurteil des Monismus der Kritik freizulassen.

32 Vgl. Hasso Hofmann, »Norm I«, in: Joachim Ritter u. a. (Hg.), *Historisches Wörterbuch der Philosophie*, Bd. 6: Mo–O, Darmstadt 1984, S. 906-910, hier S. 906.

Die erste Entgegnung gesteht freimütig ein, dass in allen drei Bildern der Kritik geurteilt wird. Doch nicht jedes Urteil ist eine Messung, solange wir nicht jeden Bezug zu tatsächlichen Vermessungspraktiken aufgeben. Es reicht, an Stanley Cavells Unterscheidung von Standards und Kriterien zu erinnern, um zumindest einen Unterschied zwischen Urteilen und Messen zu sehen:

> Beides, Kriterien wie Standards, sind Mittel, anhand deren oder nach denen eine bestimmte Gruppe beurteilt, auswählt oder feststellt, ob etwas ein Wert oder ein besonderer Status zukommt; Kriterien […] bestimmen, ob ein Gegenstand (im allgemeinen) von der richtigen Art ist, ob er überhaupt in der relevanten Hinsicht in Frage kommt, während Standards den Grad angeben, in dem ein Kandidat die entsprechenden Kriterien erfüllt.[33]

Messungen müssen also Standards verwenden, deren Eignung bereits festgesetzt wurde. Kriterien an Standards anzugleichen, indem man »urteilen« generell als »vermessen« konzipiert, stützt sich demnach unhinterfragt auf die Autorität, die über die richtigen Maßstäbe für die Messung entschieden hat – sicherlich keine Vorstellung von Urteilen, von der sich theoretische Reflexionen auf Kritik leiten lassen sollten.[34] Urteilen ist so wenig mit Vermessen zu identifizieren, wie die generelle Form von Urteilen nach Frege noch als »S ist P« gedacht werden darf.[35]

Diese erste Erwiderung wird diejenigen empören, die den Einwand für richtig halten, ignoriert die Konzentration auf die »Metapher« des Vermessens doch in ihren Augen den sachlichen Kern des Einwands. Gemeint ist, so bringen sie den Einwand erneut vor, dass auch die störende und die freilassende Kritik auf Kriterien an-

33 Stanley Cavell, *Der Anspruch der Vernunft. Wittgenstein, Skeptizismus, Moral und Tragödie*, Frankfurt/M. 2006, S. 51.

34 Cavell hält seine Unterscheidung von Kriterien und Standards für eine, die aus der »gewöhnlichen rhetorischen Struktur des gewöhnlichen Wortes ›Kriterium‹« (ebd., S. 48) hervorgeht. Er ermittelt sie als Kontrast zu Wittgensteins Gebrauch von »Kriterium«, der gerade Fälle betreffe, die diese Unterscheidung nicht erlaube (vgl. ebd., S. 56 f.).

35 Weil generelle Urteile nicht in diese Form zu bringen sind. Seit Frege ist daher allgemein anerkannt, dass die allgemeine Form des Urteils »F(a)« ist. Vgl. Gottlob Frege, »Funktion und Begriff«, in: ders., *Funktion, Begriff, Bedeutung. Fünf logische Studien*, Göttingen 1994, S. 18-39, hier S. 28 f., sowie zur Erläuterung Ernst Tugendhat, *Vorlesungen zur Einführung in die sprachanalytische Philosophie*, Frankfurt/M. 2000, Vorlesung 18.

gewiesen sind, gemäß denen sie das von ihnen kritisierte Objekt – das heißt dasjenige, was sie stört bzw. wovon sie freilässt – als etwas identifiziert, das störungswürdig bzw. gefangenhaltend ist. Da solche Kriterien normative Kriterien sind, können diese Bilder der Kritik sich nicht als a-normativ begreifen, ohne sich selbst misszuverstehen oder ihre eigene kritische Praxis zu verschleiern. Diese Kriterien als Maßstäbe oder als Kriterien zu bezeichnen, schließen Vertreter*innen des Einwands generös, sei den Verteidiger*innen von Modellen störender oder freilassender Kritik gerne freigestellt. Nur zu behaupten, man solle über Normativität sprechen, ohne auf solche Normen Bezug zu nehmen, sei in jedem Fall ungereimt.

Meine zweite Entgegnung kommt angesichts dieser Fassung des Einwands nicht mehr darum herum, auf »Normativität« einzugehen, diesen »Schlüsselbegriff«,[36] dessen genaue Bedeutung noch immer viel zu selten erklärt wird.[37] Eine begriffliche Ordnung verschiedener Normativitätsbegriffe aufzustellen, wäre ein Unterfangen für ein eigenes Buch; mir reicht es an dieser Stelle, auf zwei Gebrauchsweisen von Normativität hinzuweisen. Einig sind sich beide darin, dass normativ zu sein bedeutet, mit Normen zu tun zu haben, das heißt mit Vorschriften, die vorgeben, was zu tun, zu denken oder zu sagen ist. Beide nehmen also ihren Ausgang beim Phänomen der Präskription. Doch während die erste Gebrauchsweise Normativität in der Folge auf alles erweitert, was Geltung beansprucht, verharrt die zweite allein bei der Präskription. Im ersten Fall wird Normativität zu einer *Perspektive auf die Welt*, so werde ich sagen, im zweiten Fall bleibt Normativität ein *Phänomen in der Welt*.[38]

36 Peter Railton, »Normative Force and Normative Freedom. Hume and Kant, but not Hume versus Kant«, in: Jonathan Dancy (Hg.), *Normativity*, Oxford, Malden/MA 2000, S. 1-33, hier S. 1.

37 Darüber klagte schon Kathrin Glüer, »Bedeutung zwischen Norm und Naturgesetz«, in: *Deutsche Zeitschrift für Philosophie* 48 (2000), S. 449-468, hier S. 450; noch Christoph Möllers, *Die Möglichkeit der Normen. Über eine Praxis jenseits von Moralität und Kausalität*, Berlin 2015, S. 9-12, betont unsere große Unsicherheit in Bezug auf Normen und Normativität.

38 Vgl. zu dieser Unterscheidung, ihren philosophiehistorischen Wurzeln und ihrer gegenwärtigen Signifikanz Frieder Vogelmann, »›Geltung‹ versus ›Leben‹, ›Normativität‹ versus ›Kraft‹. Genealogie einer philosophischen Verwerfungslinie«, in: *Allgemeine Zeitschrift für Philosophie* 46 (2021), S. 207-228.

Wie Normativität zu einer allgemeinen Perspektive auf die Welt werden kann, führt Peter Railton vor, wenn er den Begriff durch folgende Unterscheidung erläutert:

> Wir gebrauchen »Normativität«, um eine Unterscheidung zu treffen – nicht zwischen dem Guten und dem Schlechten (oder dem Richtigen und dem Falschen, dem Korrekten und dem Inkorrekten), sondern zwischen dem Guten-oder-Schlechten (dem Richtigen-oder-Falschen) auf der einen und dem Wirklichen, Möglichen oder Gewöhnlichen auf der anderen Seite.[39]

Diese Bestimmung von Normativität anhand einer Unterscheidung zwischen dem, was bloß *ist* – tatsächlich, möglicherweise oder auch nur gewöhnlich –, und dem, was nicht nur ist, sondern außerdem *Geltung beansprucht* – nämlich als gut oder schlecht, richtig oder falsch, korrekt oder inkorrekt –, macht Normativität für alle Arten von Tätigkeiten und Praktiken unhintergehbar. Wenn selbst konstative Urteile gemäß diesem Begriffsgebrauch von Normativität nicht a-normativ sind, weil sie paradigmatisch einen Geltungsanspruch auf Wahrheit erheben, ja weil einer einflussreichen Bewegung in der Sprachphilosophie zufolge ihre Bedeutung selbst normativ konstituiert ist,[40] dann ist kein Sprechakt, keine Handlung und keine Praktik frei von Normativität. Allenfalls können sie ihre normative Natur verleugnen oder verschleiern, doch loswerden können sie sie nie.

Gegen diese Verwendungsweise von Normativität als Perspektive *auf die Welt* beharrt die zweite Verwendungsweise von Normativität auf dem Normbegriff und der Präskription als einem besonderen Phänomen *in der Welt*.[41] Sie verweigert also die Identifikation

39 Railton, »Normative Force and Normative Freedom«, S. 1.

40 Zum Normativismus in Bezug auf Gehalt und/oder Bedeutung sowie anti-normativistischen Gegenargumenten vgl. den Überblick von Kathrin Glüer, Åsa Wikforss, »The Normativity of Meaning and Content«, in: Edward N. Zalta (Hg.), *The Stanford Encyclopedia of Philosophy (Fall 2020 Edition)*.

41 Dazu gehören z. B. Kathrin Glüer, Åsa Wikforss, »Against Content Normativity«, in: *Mind* 118 (2009), S. 31-70; Glüer, Wikforss, »The Normativity of Meaning and Content«; Anandi Hattiangadi, »Is Meaning Normative?«, in: *Mind & Language* 21 (2006), S. 220-240, die vehement dagegen argumentieren, Bedeutung oder Gehalt als normativ konstituiert zu verstehen, weil Bedeutung oder Gehalt nicht präskriptiv sind. Die These, dass Kritik nicht präskriptiv und daher nicht normativ sein müsse, verficht Mark G. E. Kelly, *For Foucault. Against Normative Political Theory*, New York 2018, S. 6-10.

von Geltung und Normativität und hat dementsprechend keinerlei Probleme, bestimmte Handlungen, Aussagen oder Praktiken als nichtnormativ anzuerkennen. Präskription durch Normen ist in dieser Gebrauchsweise von Normativität keineswegs Bestandteil aller Sprechakte oder Praktiken, der Gehalt von Propositionen nicht normativ konstituiert, und folglich gibt es sowohl normative Aussagen als auch nichtnormative Aussagen.

In beiden Weisen, von Normativität zu sprechen, so möchte ich im Folgenden gegen den monistischen Einwand darlegen, bleibt Raum für die oben vorgenommene Pluralisierung von Kritik. Dazu bedarf es jedoch unterschiedlicher Argumente. In der ersten Gebrauchsweise von Normativität als Perspektive auf die Welt kann Kritik als Tätigkeit nicht a-normativ sein. Selbst wenn man meiner Pluralisierung folgt und »stören« oder »freilassen« als Bilder der Kritik, das heißt als distinkte Beschreibungsweisen der kritischen Aktivität anerkennt, kann und muss man in diesem Verständnis von Normativität über die Normativität der verschieden konzipierten Tätigkeiten des Kritik-Übens sprechen. Allerdings kann man zunächst nur voraussetzen, dass es in den Praktiken der Kritik – wie immer diese ausgemalt werden – interne Normen gibt, die darüber entscheiden, ob die kritische Aktivität gut oder schlecht ausgeübt wurde bzw. wird.[42] Solche internen Standards für den Vollzug von Kritik wären also als normative Maßstäbe zu beschreiben. Doch erfüllen sie eine andere Funktion als die normativen Maßstäbe im Bild vermessender Kritik: Die dort im Zentrum der Aufmerksamkeit stehenden normativen Maßstäbe sind jene, mit denen das Objekt der Kritik beurteilt (»vermessen«) wird; im Fall störender oder freilassender Kritik dagegen kommen die in der ersten Gebrauchsweise von Normativität zwangsläufig vorhandenen normativen Kriterien nicht in Bezug auf das Objekt der Kritik zum Einsatz, sondern in Bezug auf die kritischen Praktiken des Störens oder des Freilassens. Diese Normen regeln und/oder konstituieren, was eine

42 Dass Praktiken interne, konstitutive Normen haben, die ihren eigenen Vollzug zugleich ermöglichen und regulieren, ist eine zentrale Annahme aller Praxistheorien, unabhängig davon, wie sie Normen und Praktiken im Einzelnen ausbuchstabieren. Vgl. dazu die ansonsten sehr unterschiedlichen Praxistheorien von Stahl, *Immanente Kritik*, Kapitel 5, und Joseph Rouse, *Engaging Science. How to Understand Its Practices Philosophically*, Ithaca 1996, Kapitel 5. Im Folgenden als ES zitiert.

»gute« Ausübung störender bzw. freilassender Kritik ist. Wie angedeutet, meint das, die interne Gewaltsamkeit störender Kritik zu bändigen bzw. das paternalistische Potenzial emanzipierender Kritik in Schach zu halten – so wie eine »gute« Ausführung vermessender Kritik bedeutet, Rechenschaft über die zum Messen des kritisierten Objekts verwendeten normativen Maßstäbe abzulegen. Jeweils können wir, gemäß dem ersten Verständnis von Normativität als Perspektive auf die Welt, tatsächlich über die normativen Maßstäbe der Tätigkeit des Kritik-Übens diskutieren, doch nur in einem Fall funktionieren diese Maßstäbe so, wie der monistische Einwand annimmt.

Aber erheben Praktiken störender oder freilassender Kritik nicht darüber hinaus einen Anspruch darauf, dass wir die Objekte der Kritik, die sie stören, stören *sollten*, oder dass die Phänomene, von denen sie uns freilassen, solche sind, von denen wir uns freimachen *sollten*? Bringen sie also eine Norm zum Ausdruck, die vorschreibt, was wir tun, sagen oder denken sollten, und daher nach einer Begründung verlangt, die mindestens so allgemein ist, wie die Norm Geltung beansprucht? Muss also nicht eine normative Beurteilung des Objekts der Kritik erfolgen, in der normative Kriterien angewandt werden? Nichts in der bisherigen Beschreibung der kritischen Aktivität des Störens oder des Freilassens lässt den Schluss zu, dass eine solche Beurteilung des Objekts darin notwendig ist. Nicht einmal die Durchschlagskraft der Kritik hängt davon ab, dass sie eine solche Beurteilung begründet.[43] Es bedürfte weiterer Prämissen, um diese Schlussfolgerungen zu ziehen, doch müssten diese Prämissen über die Festlegungen hinausgehen, die die störende oder emanzipierende Kritik aufgrund ihres Bildes der Tätigkeit des Kritik-Übens eingehen müssen. Mit anderen Worten: Der Einwand der Verteidiger*innen eines Monismus der Kritik beruht auf Voraussetzungen, die sie aus dem Bild vermessender Kritik gewaltsam in andere Bilder importieren.

Bedeutet das im Umkehrschluss, dass störende und freilassende Kritik willkürlich ausgeübt werden, allein aufgrund voluntaristischer Entscheidungen der Kritiker*innen? Nicht einmal dieser Vorwurf lässt sich erhärten, denn es stehen genug Möglichkeiten zur Verfügung, um der Alternative zwischen »Begründung qua

43 So auch Kelly, *For Foucault*, S. 10.

normativer Maßstäbe, die an das Objekt der Kritik angelegt werden müssen« und »persönlicher Vorliebe« zu entkommen. David Owens Interpretation exemplarischer Normativität, die sich nicht unabhängig von ihrer Performanz in Regeln fassen lässt, liefert eine solche Möglichkeit innerhalb der ersten Gebrauchsweise von Normativität als Perspektive auf die Welt.[44] Owen verdeutlicht den Unterschied dieser Auffassung von Normen an der Konzeption moralischer Handlungsfähigkeit (*moral agency*), zu der sie führt, an zwei Beispielen. Wenn ich einer Freundin verspreche, mit ihr morgen auf eine Demonstration gegen ein unzumutbar restriktives Asylgesetz zu gehen,[45] lassen sich die »Erfolgsbedingungen« dieses Versprechens unabhängig von dieser Handlung angeben.

Doch wenn ich verspreche, dich zu lieben und zu ehren, bis dass der Tod uns scheidet, dann lässt sich nicht vorab und unabhängig davon, wie ich es erfülle, angeben, was als Erfüllen dieses Versprechens zählt. Im ersten Fall bestätigt das Einhalten meines Versprechens bloß die Existenz meiner Absicht; im zweiten Fall wird die Natur meiner Absicht in der Art und Weise offenbart, in der ich mein Versprechen halte.[46]

Für Owen zeigt sich an diesen Beispielen, dass Nietzsche und Kant ethische Autonomie und moralische Handlungsfähigkeit so unterschiedlich denken, weil sie entweder eine regularistische Konzeption juridistischer Normativität (wie die der Verabredung) oder eine expressivistische Konzeption exemplarischer Normativität voraussetzen (wie am Eheversprechen verdeutlicht). Im zweiten Fall ist Normativität nicht von den Praktiken abtrennbar, die sie reguliert; im ersten können die Normen vollkommen unabhängig von den Praktiken spezifiziert werden. Selbst wenn man Owens hegelianische Nietzsche-Interpretation nicht befürworten möchte, ist seine Position ein Beleg dafür, dass die Zurückweisung norma-

44 Owen, »Nietzsche, Ethical Agency and the Problem of Democracy«, S. 144-154, hat dieses Argument vor allem anhand seiner Interpretation von Nietzsche vorgetragen, die ihm ein expressives Verständnis von Handlungsfähigkeit zuschreibt. In Bezug auf Kritik vgl. Owens Verteidigung von Genealogie als »exemplarische Kritik« in David Owen, »Genealogy as Examplary Critique. Reflections on Foucault and the Imagination of the Political«, in: *Economy and Society* 24 (1995), S. 489-506.

45 Das Beispiel ist meines, nicht Owens, obwohl er sicher nichts dagegen einzuwenden hätte. Das Heiratsbeispiel kommt dagegen von Owen.

46 Owen, »Nietzsche, Ethical Agency and the Problem of Democracy«, S. 151.

tiver Maßstäbe, die wie in der vermessenden Kritik funktionieren, nicht automatisch in den Voluntarismus führt. Denn gemäß seiner expressivistisch-exemplarischen Normativitätskonzeption muss es keine theoretische Reflexion auf die Tätigkeit des Kritik-Übens geben, die deren normative Maßstäbe unabhängig von ihrem Vollzug expliziert, wenn wir zugestehen, dass die Praxis des Kritik-Übens oder zumindest manche ihrer Formen eher dem zweiten Beispiel als dem ersten gleichen.[47]

Wie steht es um die normativen Kriterien störender oder freilassender Kritik, legen wir statt der ersten die zweite, eingeschränkte Verwendungsweise von Normativität als einem Phänomen in der Welt zugrunde? Da in dieser Vorstellung von Normativität als Präskription ohnehin nicht jedes Urteil normativ ist, nicht jede Beurteilung mit normativen Maßstäben hantieren muss, dürfte unmittelbar nachvollziehbar sein, dass es keine Notwendigkeit gibt, auf dem Ausweis normativer Maßstäbe störender oder freilassender Kritik zu beharren. In beiden Vorstellungsweisen von Normativität gibt es demnach genug Raum für meine Pluralisierung von Kritik, die daher nicht einfach dadurch abgeräumt werden kann, dass man auf dem Monismus der Kritik im Namen ihrer Normativität beharrt.

### 5.1.3 Reflektieren: Kritische theoretische Praxis

Doch selbst wenn die Pluralisierung der Bilder von Kritik nicht mit dem monistischen Einwand abzuwehren ist, warum sollte man sich auf sie einlassen? Einen Vorteil, die Debatte um Kritik anhand der Bilder zu sortieren, die sich die verschiedenen theoretischen Reflexionen auf Kritik von der Tätigkeit des Kritik-Übens machen, habe ich bereits erwähnt: Sie zeigt, wie beschränkt diese Debatte wegen ihrer Konzentration auf die normativen Maßstäbe und damit auf

47 Sollte man zugestehen, dass einige vermessende Kritiker*innen wie Jaeggi oder Honneth diese Schritte mitgehen könnten, weil man argumentieren könnte, dass sie ebenfalls nicht glauben, ihre Maßstäbe unabhängig von den Praktiken angeben zu können? Mir scheint, dem ist nicht der Fall, weil Owens exemplarische Normativität darüber hinaus verlangt, dass sich ihre Normen mit den Praktiken (im Verlauf der Ehe) verändern. Damit freilich wird es schwierig, überhaupt von »Maßstäben« noch zu sprechen – als dürften wir das Urmeter in Paris immer wieder neu anpassen.

das Bild vermessender Kritik (geworden) ist, und weist auf einen Ausweg hin.[48] Aber Kritikmodelle anhand ihrer Bilder der Kritik zu unterscheiden, ermöglicht darüber hinaus, eine Frage zu stellen, die unsere eigene theoretische Tätigkeit in den Blick nimmt: Können wir das Reflektieren auf Kritik selbst als kritische Tätigkeit begreifen, wenn wir das von ihr gebrauchte Bild der Kritik zugrunde legen? Anders gefragt: Ist die theoretische Praxis des Reflektierens auf die Tätigkeit des Kritik-Übens selbst eine Form des Kritik-Übens – also kritische Theorie?

Zerlegen wir die Frage in zwei Teile: Erstens gilt es zu untersuchen, vor welcher Aufgabe die theoretische Reflexion in den drei Bildern der Kritik jeweils steht. Was für eine theoretische Praktik ist es, auf die Tätigkeit des Kritik-Übens in dem jeweiligen Bild zu reflektieren? Zweitens können wir im Anschluss nach der Übereinstimmung der theoretischen Aktivität mit dem jeweiligen Bild der Kritik fragen. Lässt sich diese theoretische Tätigkeit nach dem Bild der Tätigkeit des Kritik-Übens verstehen? Ist also die theoretische Reflexion auf Kritik ihrem eigenen Kritikverständnis nach eine kritische Tätigkeit?

(1) *Vermessen*. Wenn Kritik-Üben als Vermessen vorgestellt wird, ist die wichtigste theoretische Tätigkeit im Bild vermessender Kritik das Auffinden (oder Konstruieren) und Begründen normativer Maßstäbe. Nach der Selbstreflexivität der Theorien vermessender Kritik zu fragen[49] bedeutet daher zu fragen, ob diese theoretische Produktion und Begründung normativer Maßstäbe wiederum als Vermessen gedacht wird bzw. werden kann. Das ist nicht der Fall, und der Grund dafür ist in der Tätigkeit des Messens selbst zu finden, denn das Anlegen von Maßstäben an etwas kann selbst keine Maßstäbe hervorbringen. Die Tätigkeit des Vermessens muss daher auf andere Tätigkeiten zurückgreifen, in denen die erforderlichen Kriterien angefertigt werden.

Das überzeugendste prinzipielle Argument dafür, dass Vermessen keine selbstreflexive Tätigkeit ist, lässt sich einer Überlegung Wittgensteins über das Sprachspiel des Messens entnehmen:

48 Ähnliche Überlegungen, wenn auch von einem ganz anderen Ausgangspunkt her, stellt Arvi Särkelä, *Immanente Kritik und soziales Leben. Selbsttransformative Praxis nach Hegel und Dewey*, Frankfurt/M. 2018, Kapitel 3, an.

49 Ich gebrauche den Ausdruck »Theorien der Kritik« abkürzend für »theoretische Reflexionen auf die Tätigkeit des Kritik-Übens«.

Man kann von *einem* Ding nicht aussagen, es sei 1 m lang, noch, es sei nicht 1 m lang, und das ist das Urmeter in Paris. – Damit haben wir aber diesem natürlich nicht irgendeine Eigenschaft zugeschrieben, sondern nur seine eigenartige Rolle im Spiel des Messens mit dem Metermaß gekennzeichnet.[50]

Der Nachsatz ist wichtig: Nicht weil das Urmeter eine mysteriöse Eigenschaft besitzt, kann es selbst weder 1 m lang noch nicht 1 m lang sein, sondern weil es als konstitutives Kriterium für das Sprachspiel der Längenmessung dient.[51] Zwar ist die theoretische Tätigkeit der Theorien vermessender Kritik nicht einfach mit einer Längenmessung gleichzusetzen, aber insofern die Theorien vermessender Kritik an der entscheidenden Stelle – nämlich zur impliziten Beschreibung der kritischen Tätigkeit – auf das Sprachspiel des Messens zurückgreifen, haben die darin gebrauchten normativen Maßstäbe dieselbe Rolle wie das Urmeter im Sprachspiel der Längenmessung. Sie sind daher nicht selbst wiederum messbar. Übertragen auf die vermessende Kritik bedeutet das, dass sie ihre zugrunde gelegten Maßstäbe nicht selbst *kritisieren* kann, solange sie Kritik-Üben *exklusiv* nach dem Bild des Vermessens denkt. Das liegt – so lässt sich Wittgensteins zweiter Satz übertragen – nicht an der besonderen Beschaffenheit der Maßstäbe, sondern an ihrer Rolle innerhalb der Tätigkeit des Kritik-Übens, wenn diese nach dem Bild des Vermessens gedacht wird. Sie können in dieser Tätigkeit nicht die Funktion von Maßstäben für diese Tätigkeit selbst übernehmen.[52] Jede Theorie vermessender Kritik muss entweder die eigene theoretische Reflexion auf Kritik, vorgestellt nach dem Bild des Vermessens, als *unkritisch* begreifen, weil nicht selbst als vermessend explizierbar. Oder sie muss von vornherein den Exklusivitätsanspruch des Bildes der Kritik als Vermessen *aufgeben*, den sie erhebt, sobald sie alle Kritik darauf festlegt, normative Maßstäbe gebrauchen und folglich ausweisen zu müssen. Halten sie an diesem Vorwurf fest, müssen wir die

50 Wittgenstein, *Philosophische Untersuchungen*, § 50.

51 Eine sorgfältige Klärung von Wittgensteins paradoxer Behauptung unternimmt Dale Jacquette, »Measure for Measure? Wittgenstein on Language-Game Criteria and the Paris Standard Metre Bar«, in: Arif Ahmed (Hg.), *Wittgenstein's Philosophical Investigations. A Critical Guide*, Cambridge 2010, S. 49-65; zur schwierigen Frage, was Wittgenstein unter einem Kriterium versteht, vgl. Cavell, *Der Anspruch der Vernunft*, S. 41-92.

52 Andere Maßstäbe hinzuzuziehen, führt in einen Regress, wenn man fragt, wie diese geschaffen werden.

Theorien der vermessenden Kritik ihrem eigenen Bild nach als unkritische Theorien begreifen.

Zugegebenermaßen sollte man dieses Argument nicht überstrapazieren. Es hat die rein defensive Aufgabe, den aggressiven Forderungen an Kritikmodelle in anderen Bildern der Kritik, ihre normativen Maßstäbe auszuweisen, eine Grenze zu setzen, indem es zeigt, wie hoffnungslos traditionell die kritisch sich gerierenden Theorien vermessender Kritik werden, wenn sie diese Attacke reiten. Sobald sie die Pluralisierung der Bilder von Kritik akzeptieren würden, wäre das Argument hinfällig – aber eben auch ihr Angriff.

(2) *Stören.* Für Theorien störender Kritik ist die eigene theoretische Tätigkeit anders zu denken, und dabei spielen die Unterschiede zwischen den Kritikmodellen eine größere Rolle als im Bild vermessender Kritik, weil diese ihre Tätigkeit des Störens vielfältiger konzipieren können als die vermessende Kritik ihre Tätigkeit des Messens. Am Beispiel von Butlers destabilisierender Kritik als »Aufstand auf der Ebene der Ontologie«[53] zeigt sich, wie eine Theorie störender Kritik ihre eigene theoretische Tätigkeit konträr zur Tätigkeit des Kritik-Übens konzipieren kann: Denn während die störende Kritik als Destabilisierung auf der Ebene der Ontologie des kritisierten Objekts gedacht wird, bürdet Butler ihrer Theorie der Kritik – insbesondere in neueren Texten – die Fundierung einer neuen Ontologie auf, damit ihre Kritik einen festen Stand findet:

> Um verstärkt soziale und politische Forderungen nach Schutzrechten und nach dem Recht auf Integrität und Wohlergehen vertreten zu können, benötigen wir zunächst eine neue Ontologie, die mit einem neuen Verständnis von Gefährdung, Schutzlosigkeit, Verletzlichkeit, wechselseitiger Abhängigkeit, Exponiertsein, körperlicher Integrität, Begehren, Arbeit, Sprache und sozialer Zugehörigkeit einhergeht.[54]

Ihr anspruchsvolles Kritikmodell ist demnach nur möglich, wenn es von einer häufig »sozial« genannten Ontologie »gestützt wird«,[55] die eine Fundierungsfunktion übernimmt. Zwar betont Butler schon im darauffolgenden Satz, dass sich so auf »Ontologie« zu beziehen nicht heiße, »fundamentale Seinsstrukturen jenseits aller sozialen

53 Butler, *Gefährdetes Leben*, S. 50.

54 Judith Butler, *Raster des Krieges. Warum wir nicht jedes Leid beklagen*, Frankfurt/M., New York 2010, S. 10.

55 Vgl. u. a. ebd., S. 11, 26, 49.

und politischen Organisationsformen«[56] zu beschreiben. Aber auch eine politische Ontologie hat die Aufgabe, die kritischen Interventionen zu stabilisieren.[57] Wie im Fall der vermessenden Kritik ist bei Butlers störender Kritik die theoretische Tätigkeit – fundieren – eine ganz andere als die kritische Tätigkeit des Störens, ihre Theorie der Kritik also selbst keine kritische Theorie, wenn wir das Bild störender Kritik als exklusives Bild der Kritik behaupten. Oder noch einmal anders gewendet: Die destabilisierende Kritik bedarf laut Butler (begrifflicher) Werkzeuge, um ihre störenden Interventionen durchzuführen. Das Verfertigen dieser Werkzeuge aber konzipiert sie nicht selbst als eine Tätigkeit des Destabilisierens.

Allerdings liefert uns Butlers Kritikmodell kein verallgemeinerbares Beispiel. Dass die theoretische Tätigkeit im Bild störender Kritik nicht notwendigerweise anders als die kritische Tätigkeit aussehen muss, können wir etwa an Jacques Rancières Kritikmodell sehen. Rancière konzipiert die Tätigkeit des störenden Kritik-Übens als Insistenz auf Gleichheit und damit als operative Indifferenz gegenüber der Aufteilung des Sinnlichen, deren Ausübung einen Bruch mit der polizeilichen Ordnung bewirkt. Seine »Methode der Gleichheit« ist zugleich die Vorgehensweise seiner theoretischen Praxis, so dass wir in diesem Fall von einer kritischen Theorie störender Kritik sprechen können. Anders als im Bild vermessender Kritik lässt sich also kein allgemeines Argument gegen die Möglichkeit einer kritischen Theorie störender Kritik machen, die Kritik-Üben exklusiv als Stören vorstellt.

(3) *Freilassen.* Was ist die theoretische Praxis im Bild freilassender Kritik und lässt sie sich selbst als emanzipierend verstehen? Trotz aller Unterschiede zwischen den verschiedenen freilassenden Kritikmodellen ist ihnen gemeinsam, dass sie ihren Adressat*innen die Gefangenschaft vorführen müssen, von der sie die Kritik emanzipiert. Daher muss die theoretische Tätigkeit von Theorien frei-

56 Ebd., S. 10.

57 Moya Lloyd, »Towards a Cultural Politics of Vulnerability. Precarious Lives and Ungrievable Deaths«, in: Terrell Carver, Samuel A. Chambers (Hg.), *Judith Butler's Precarious Politics: Critical Encounters*, London, New York 2008, S. 92-105, moniert daher weitergehend, dass Butlers eigene Ontologie im Widerspruch zu ihrer Kritik steht. Mir kommt es dagegen nur auf die stabilisierende Rolle der Ontologie in der Reflexion auf eine destabilisierende Kritik an; ob das bereits ein Problem darstellt, wäre gesondert zu erörtern.

lassender Kritik Begriffe herstellen, mit denen solche Diagnosen angefertigt werden können. Die theoretische Praxis, die das Bild freilassender Kritik auf den Begriff bringt, besteht also – statt im Begründen von Maßstäben vermessender Kritik oder im Fundieren des Standpunkts störender Kritik – im Herstellen diagnostischer Konzepte, mit denen sich die Gefangenschaft erkennen lässt, aus der die Kritik ihre Adressaten freilassen will.[58]

Der wichtigste diagnostische Begriff, den Geuss in seiner theoretischen Reflexion herstellen muss, um eine ideologische Gefangenschaft zu diagnostizieren, ist der Ideologiebegriff, den Geuss als reflexiv inakzeptables Weltbild bestimmt. Ideologie ist ein »falsches Bewusstsein«, das die Akteure nur unter Herrschaftsbedingungen entwickeln und das sie ablehnen, sobald sie um diese Genese wissen. Der Ideologiebegriff füllt insofern Teil B(1) des theoretischen Schemas aus, das nach Geuss jeder kritischen Theorie zugrunde liegt und dessen vier Teile jede kritische Theorie beinhalten muss:

A) Ein Teil, der zeigt, daß der Übergang vom Anfangszustand zum empfohlenen Endzustand »objektiv« (bzw. »theoretisch«) möglich ist, was bedeutet:
 1. daß der empfohlene Endzustand ein an sich möglicher Zustand einer menschlichen Gesellschaft ist, d. h. daß es unter Voraussetzung des gegebenen Entwicklungsstands der Produktivkräfte für eine menschliche Gesellschaft möglich wäre, in diesem Zustand zu funktionieren und sich zu reproduzieren;
 2. daß sich der empfohlene Endzustand durch bewußtes Handeln jener Gesellschaftsmitglieder, an die sich die kritische Theorie wendet, herbeiführen läßt.
B) Ein Teil, der darlegt, daß der Übergang vom Anfangszustand zum empfohlenen Endzustand »praktisch notwendig« ist, d. h.
 1. daß der Anfangszustand ein Zustand von Unfreiheit, Täuschung und Frustration ist und die Voraussetzungen für die Anwendung einer kritischen Theorie erfüllt [...];
 2. daß im empfohlenen Endzustand weniger Unfreiheit, Täuschung und Frustration als anfänglich herrschen.
C) Ein Teil, der besagt, daß der Übergang vom Anfangszustand zum empfohlenen Endzustand *nur* stattfinden kann, wenn die kritische Theorie zum »Selbstbewußtsein« der angesprochenen Gesellschaftsmitglieder wird und sie auf ihrer Basis handeln.

58 Diese Tätigkeit legt es vielleicht nahe, von »welterschließender Kritik« zu sprechen, doch ist es Aufgabe jeder Kritik, uns eine neue Welt zu zeigen (vgl. Iser, »Gesellschaftskritik«, S. 149).

D) Ein Teil, der eine Analyse der Gesellschaft, in der die angesprochenen Personen gegenwärtig leben, enthält, die zeigt, inwiefern diese Gesellschaft die Voraussetzungen zur Anwendung einer kritischen Theorie erfüllt, d. h. die zeigt, daß der gegenwärtige Zustand der Gesellschaft dem von der kritischen Theorie beschriebenen »Anfangszustand« entspricht.[59]

Dieses Schema setzt Konzepte von Herrschaft und Freiheit voraus, die also zwei weitere Begriffe sind, welche die theoretische Reflexion bilden muss. Über ihre Gültigkeit entscheiden am Ende die Urteile der Adressat*innen der Ideologiekritik – genau darin sieht Geuss den strukturellen Unterschied zu traditionellen Theorien.[60]

Allerdings sind kritische Theorien damit unproblematisch als Untergruppe von Sozialtheorie bzw. -philosophie zu fassen, wenngleich nicht unbedingt als Wissenschaft: »Es beinhaltet vielleicht keine negative Beurteilung der kritischen Theorie, wenn man sie nicht als zentralen Bestandteil einer Wissenschaft von der Gesellschaft, sondern eher als eine Sozialphilosophie mit zugehörigem empirischem Forschungsprogramm auffaßt.«[61] Zwar unterscheidet sich kritische Theorie von jedem »positivistischen« Wissenschafts- und Philosophieverständnis, weil sie sich nicht auf die Frage »versteift«, ob ihr Wissen wahr genannt werden kann, sondern an der rationalen Akzeptanz derjenigen orientiert ist, die sie emanzipiert. Doch die diagnostischen Begriffe der Ideologiekritik, mit deren Hilfe kritische Theoretiker*innen die Ideologie überhaupt erst für die in ihr Gefangenen sichtbar und damit überwindbar machen – also: Ideologie, Herrschaft und Freiheit –, entstehen in (und sind kontinuierlich mit) der »normalen« theoretischen Aktivität der Sozialphilosophie bzw. -theorie. Der kritischen Tätigkeit des Freilassens stellt Geuss eine theoretische Tätigkeit zur Seite, die im Ordnen, Analysieren und Klären von Begriffen besteht.[62] Insofern seine theoretische Tätigkeit also nicht selbst »befreit«, sondern »ordnet«, »analysiert« oder »klärt«, ist seine Theorie freilassender Ideologie-

59 Geuss, *Die Idee einer kritischen Theorie*, S. 90 f.

60 Vgl. dazu ebd., S. 94 f., 103-111.

61 Ebd., S. 111.

62 »Die kritische Theorie behauptet, daß ihr Verständnis von Freiheit und Zwang zurückgeht auf die Personen, an die sie sich wendet; das heißt, sie behauptet, daß die in ihr enthaltene Theorie von Freiheit und Zwang nur eine klarere Formulierung der in ihren Handlungen und ihrem Weltbild implizierten Ansichten derjenigen Personen ist, an die sie sich wendet.« (Ebd., S. 94.)

kritik, exklusiv ihrem eigenen Bild der Kritik nach verstanden, keine kritische Theorie.

Wie im Bild störender Kritik ist jedoch auch dieses Beispiel einer nicht selbstreflexiven Theorie emanzipierender Kritik nicht verallgemeinerbar. Auf das Modell emanzipierender Kritik von Michel Foucault, der seine theoretische Tätigkeit nach dem eigenen Bild von der Tätigkeit des Kritik-Übens konstruiert, gehe ich im Folgenden ausführlich ein.

## 5.2 Das wirksame Wissen emanzipierender Kritik

Der Durchgang durch die drei Bilder der Kritik und die darin zur Exemplifizierung vorgestellten Kritikmodelle von Rahel Jaeggi, Judith Butler und Raymond Geuss zeigt, dass keines dieser drei Modelle von vermessender, störender oder freilassender Kritik mit einer theoretischen Praxis verbunden ist, die sich nach ihrem in Anschlag gebrachten Bild der Kritik als kritische theoretische Praxis begreifen ließe. Die theoretischen Reflexionen auf die Tätigkeit des Kritik-Übens erfolgen derart, dass sie dem je eigenen Bild der Kritik zufolge gerade keine kritische Tätigkeit im Medium des Wissens darstellen. Doch dieses möglicherweise überraschende Ergebnis ist aus zwei Gründen weniger enttäuschend, als es scheinen mag: Erstens ließe es sich leicht vermeiden, wenn man den Monismus der Kritik aufgibt. Sobald man das eigene Bild der Kritik nicht als allein gültiges behauptet, steht einem die Möglichkeit offen, verschiedene Tätigkeiten – also: vermessen und Maßstäbe herstellen, stören und fundieren, freilassen und analysieren/klären/ordnen – als verschiedene Weisen des Kritik-Übens zu beschreiben. Das mag denen schwerfallen, die an der bequemen Verurteilung anderer Kritikformen als der vermessenden hängen, doch vom Schlachtruf »Weise Deine normativen Maßstäbe aus!« abgesehen, verlangt die Pluralisierung von Kritik keine Opfer. Zweitens gibt es zumindest in den Bildern störender und freilassender Kritik andere Kritikmodelle, deren theoretische Praxis tatsächlich mit ihrem Bild der kritischen Aktivität übereinstimmt. Für Jacques Rancières Modell störender Kritik habe ich das immerhin angedeutet.

Die Kongruenz der Tätigkeit des Kritik-Übens und der theoretischen Reflexion gilt auch für das Modell emanzipierender Kritik von Michel Foucault. Allerdings ist die selbstreflexive Übereinstimmung von theoretischer und kritischer Tätigkeit nur ein Grund, aus dem ich es detailliert vorstelle (5.2.1). Wichtiger ist, dass wir an Foucaults Kritikmodell besonders klar ablesen können, inwiefern es auf den Begriff eigenständig selbstformend wirksamen Wissens angewiesen ist. Das gilt sogar über sein konkretes Modell hinaus für das Bild freilassender Kritik insgesamt: Man kann seine epistemologischen Prämissen nur begründen, wenn man einen Begriff von aktivem Wissen besitzt – und man kann am besonderen, »sperrigen Wissen« der emanzipierenden Kritik etwas über den allgemeinen Begriff eigenständig wirksamen Wissens lernen (5.2.2).

### 5.2.1 Kritik als Praxis präfigurativer Emanzipation

Wie Foucault seine kritische Praxis konzipiert, also welches Bild der Tätigkeit des Kritik-Übens er zugrunde legt und mit welcher Art theoretischer Reflexionen er darin operiert, wurde und wird kontrovers diskutiert. Selbst wenn man meine Pluralisierung von Bildern der Kritik akzeptiert und sich nicht mehr direkt an der Debatte um jene vermeintlich notwendigen normativen Maßstäbe beteiligt, mit denen Foucault vermessenden Theoretiker*innen zufolge seine Kritik ausstaffieren müsste,[63] steht man vor einer Vielzahl von Interpretationen. Diese ähneln sich zwar, weil sie meist dieselben Schlagwörter aufgreifen – die »kritische Haltung«, die »Kunst, nicht dermaßen regiert zu werden« oder die »kritische Ontologie unserer selbst«[64] –, doch deuten sie Foucaults kritische Praxis sehr unterschiedlich, beispielsweise als ethische Praxis der Selbst-Transformation, als unfügsame Analyse von Regierungsverhältnissen oder als Erschütterung der Selbstverständnisse ihrer Leser*innen durch das Schreiben drastischer Genealogien.[65]

63 Die so genannte »Habermas-Foucault-Debatte« lässt sich nachvollziehen anhand der Beiträge in Samantha Ashenden, David Owen (Hg.), *Foucault contra Habermas. Recasting the Dialogue between Genealogy and Critical Theory*, London, Thousand Oaks, New Delhi 1999; Michael Kelly (Hg.), *Critique and Power. Recasting the Foucault/Habermas Debate*, Cambridge/MA, London 1994.

64 Vgl. der Reihe nach Michel Foucault, *Was ist Kritik?*, Berlin 1992, S. 9 und S. 12, sowie Michel Foucault, »Was ist Aufklärung? (Nr. 339)«, in: *Dits et Écrits IV*, Frankfurt/M. 2005, S. 687-707, hier S. 703.

65 Vgl. respektive Butler, »Was ist Kritik?«; Thomas Lemke, *Foucault, Governmentality, and Critique*, Boulder, London 2012, Kapitel 4; Saar, *Genealogie als Kritik*,

Meine eigene Deutung nimmt ihren Ausgang bei Foucaults methodologischen Selbstreflexionen.[66] In ihnen beschreibt er seine eigene kritische Tätigkeit erstaunlich konsistent als eine Analyse von Praktiken und den davon erzeugten »Wirklichkeiten« entlang der drei Achsen des Wissens, der Macht und der Selbstverhältnisse.[67] Für alle drei Achsen entwickelt Foucault in seinen theoretischen Reflexionen diagnostische Begriffe, die eine Veränderung der Perspektive bewirkt hätten:

> Die Ersetzung der Geschichte der Wissensformen durch die historische Analyse der Formen der Veridiktion, die Ersetzung der Geschichte der Herrschaft durch die historische Analyse der Verfahren der Gouvernementalität, die Ersetzung der Theorie des Subjekts oder die Geschichte der Subjektivität durch die historische Analyse der Pragmatik des Selbst und der Formen, die diese angenommen hat, das sind die verschiedenen Zugangswege, auf denen ich versucht habe, die Möglichkeit einer Geschichte dessen näher zu bestimmen, was man »Erfahrungen« nennen könnte.[68]

Gemeinsam ist den Begriffen auf den drei Achsen, dass sie drei methodologische Imperative operationalisieren, die Foucault »Nihilismus«, »Nominalismus« und »Historizismus« nennt.[69] Seine Begriffe prägen die mit ihnen erstellten Diagnosen nihilistisch, insofern sie einen »Wertentzug« vornehmen und damit die vorgegebenen normativen Unterscheidungen umgehen. Sie prägen die Diagnosen nominalistisch, weil sie Praktiken nicht ausgehend von als univer-

Kapitel 5-7. Diese und weitere Interpretationen verorte ich auf den verschiedenen theoretischen Ebenen von Foucaults Werk in Vogelmann, »Critique as a Practice of Prefigurative Emancipation«, S. 197-200.

66 Ausführlich habe ich Foucaults methodologische Überlegungen dargestellt in Vogelmann, *Im Bann der Verantwortung*, Kapitel 1.1, und Frieder Vogelmann, *Foucault lesen. Springer Essentials*, Wiesbaden 2016.

67 Vgl. z. B. Foucault, *Der Gebrauch der Lüste*, S. 9-20.

68 Foucault, *Die Regierung des Selbst und der anderen*, S. 18. Was Foucault in diesem Zitat »Erfahrungen« nennt, sind keine subjektiven Erlebnisse, sondern die (objektiven) Existenzbedingungen für solche Erlebnisse (vgl. ebd., S. 14-18; dazu Vogelmann, *Foucault lesen*, S. 13 f.). Ich spreche im Folgenden auch (gleichbedeutend) von »Wirklichkeiten«.

69 Foucault, *Die Regierung des Selbst und der anderen*, S. 19, Fn. Vgl. zum Folgenden Foucault, *Was ist Kritik?*, S. 30-34; Michel Foucault, *Geschichte der Gouvernementalität II: Die Geburt der Biopolitik. Vorlesung am Collège de France 1978/79*, Frankfurt/M. 2004, S. 14-16.

sell vermeinten Begriffen (wie Wahrheit, Freiheit oder Autonomie) analysieren, sondern umgekehrt die Genese dieser Universalien in den Praktiken verfolgen. Und sie prägen die mit ihnen erstellten Diagnosen historizistisch, weil sie den historischen Wandel dieser Praktiken und der darin produzierten Wirklichkeiten jeder Kontinuität vorordnen. Diese nihilistischen, nominalistischen und historizistischen Diagnosen führt Foucault entlang der drei Achsen Wissen, Macht und Selbstverhältnisse durch.

Auf der Achse des Wissens unterscheidet Foucault zwischen Wissen (*savoir*) und Erkenntnissen (*connaissances*): Während Erkenntnisse Aussagen sind, denen Wahrheitswerte zukommen, meint Wissen die Existenzbedingungen von Aussagen, damit diese überhaupt Kandidaten für Wahrheitswerte sein können.[70] Eine Analyse entlang der Achse des Wissens bedeutet daher nicht, Praktiken auf ihre epistemischen Qualitäten und die in den Praktiken getätigten Aussagen auf ihre Wahrheitswerte hin zu untersuchen, sondern die Existenzbedingungen freizulegen, die den Praktiken und ihren Aussagen einen Platz »im Wahren« verschaffen. Erst diese Verschiebung von einer Untersuchung der Erkenntnisse und ihrer Wahrheitswerte zu einer des Wissens und damit der Existenzbedingungen wahrheitsfähiger Aussagen verleiht der Analyse Foucault zufolge politische Signifikanz. Denn nur sie zeige, welche Kämpfe geführt, welche Subjekte geformt und welche Erkenntnisse unterdrückt bzw. erzeugt werden mussten, um die Bedingungen zu schaffen, unter denen die uns heute vertrauten Wahrheiten erscheinen konnten. Nur auf der Ebene des Wissens werde uns daher »das System des Wahren und des Falschen [...] wieder [sein] Gesicht zeigen, das es so lange von uns abgewendet hatte und das nichts anderes ist als das der Gewalt«.[71] Die Differenzierung zwischen Erkenntnissen und Wissen erlaubt also, die normative Einteilung in wahre und falsche Aussagen zu umgehen (Nihilismus), um stattdessen ihre umkämpf-

70 Die Differenz zwischen Existenzbedingungen und Bedingungen der Möglichkeit ist für Foucault entscheidend (vgl. z. B. Michel Foucault, *Archäologie des Wissens*, Frankfurt/M. 2003, S. 170). Eine Verwechslung führt zu drastischen Missverständnissen, so Gary Gutting, *Michel Foucault's Archaeology of Scientific Reason*, Cambridge 1989, S. 242, gegen Hubert L. Dreyfus, Paul Rabinow, *Michel Foucault. Jenseits von Strukturalismus und Hermeneutik. Mit einem Nachwort von und einem Interview mit Michel Foucault*, Frankfurt/M. 1987, Kapitel 4.

71 Michel Foucault, *Über den Willen zum Wissen. Vorlesung am Collège de France 1970/71 gefolgt von Das Wissen des Ödipus*, Berlin 2012, S. 19.

te Entstehung zu untersuchen (Historismus) und die vermeintliche Universalie »Wahrheit« zu pluralisieren (Nominalismus).

So wichtig diese begriffliche Unterscheidung für Foucault in methodologischer Hinsicht ist, so unnötig irritierend ist es, den Begriff des Wissens für die Existenzbedingungen wahrheitswertfähiger Aussagen zu reservieren. Ich werde stattdessen den Begriff »Wahrheitsregime« verwenden, denn die Existenzbedingungen, damit Aussagen überhaupt wahr oder falsch sein können, bilden zusammengenommen das Ensemble der Regeln, gemäß denen die »Wahrheitsspiele« gespielt werden.[72]

Eine entsprechende nihilistische, nominalistische und historizistische Prägung der Analysen finden wir auch auf der Achse der Macht, auf der Foucault seine Untersuchungen darauf konzentriert, wie Macht ausgeübt wird, anstatt darauf, aus welchen Gründen diese Machtausübung für legitim erachtet wird (oder nicht). Als diagnostisches Konzept muss Macht relational, strategisch und produktiv verstanden werden. Macht ist also kein Ding, das man besitzen kann, und nicht von subjektiven Intentionen her zu analysieren. Genauso wenig sind Machtbeziehungen auf repressive Verhältnisse reduzierbar; sie sind fragile, nur in ihrer Ausübung bestehende Relationen, die Handlungen ebenso gut anstacheln wie verhindern können.[73] Vor allem aber dürfen wir den Begriff der Machtbeziehungen nicht mit einem besonderen Typ von Macht gleichsetzen, ob nun juridischen, disziplinären oder regulativen Machtbeziehungen.[74] Wie die Analyse des Wahrheitsregimes nicht auf Wahrheit oder Falschheit einzelner Erkenntnisse zielt, um stattdessen die Existenzbedingungen von Erkenntnissen zu untersuchen, so führt Foucault zugunsten seiner nihilistischen, nominalistischen und historistischen Analyse der verschiedenen Formen von Machtausübung an, dass nur sie eine von juridischen Vorurteilen befreite Diagnose ermöglicht.

Die diagnostische Funktion der Begriffe auf den Achsen des

72 Foucault selbst gebraucht »Wahrheitsregime« nur unsystematisch. Zur fehlenden Entwicklung des Begriffs durch Foucault selbst vgl. Lorna Weir, »The Concept of Truth Regime«, in: *The Canadian Journal of Sociology* 33 (2008), S. 367-389; eine interessante Fortführung, welche die Verbindung von Marx und Foucault betont, liefert Roberto Nigro, *Wahrheitsregime*, Zürich, Berlin 2015.

73 Vgl. Foucault, *Der Wille zum Wissen*, S. 93-97.

74 Vgl. dazu Vogelmann, *Im Bann der Verantwortung*, S. 59-61.

Wissens und der Macht erklärt, warum Foucault in »Was ist Kritik?« darauf insistiert, dass Wissen und Macht »nicht Entitäten, Mächte oder so etwas wie Transzendentalien [...] bezeichnen«, sondern »nur hinsichtlich ihrer Referenzgebiete einen systematischen Wertentzug vornehmen«.[75] Insofern gilt: »Wissen und Macht – das ist nur ein Analyseraster.«[76] Das trifft auch für die Begriffe der Subjektivierung und der Selbstpraktiken zu.[77] Foucaults Analyse der Praktiken, in denen das Selbst seine eigene Konstitution beeinflussen kann, ist so angelegt, dass sie uns die Fragen, ob dieses Selbst ein »echtes«, ein authentisches oder ein autonomes Selbst ist, als allein *unsere* Fragen zeigt: Sie gehören zu der Subjektivität, die in *unseren* Selbstpraktiken entsteht, nicht zu Subjektivität im Allgemeinen, und wir sollten sie daher nicht in unseren Begriffen vom Subjekt voraussetzen.

Um Subjektivität stattdessen als praktischen Selbstbezug untersuchen zu können, entwirft Foucault das vierteilige Begriffsraster des praktischen Selbstbezugs, das wir bereits in der Einleitung kennengelernt haben. Es unterscheidet am praktischen Selbstbezug, was am Selbst verändert wird (Ontologie), was daraus werden soll (Teleologie), aus welchen Gründen (Deontologie) und mit welchen Mitteln (Asketik). Anhand dieser vier Aspekte lassen sich verschiedene Formen des praktischen Selbstbezugs vergleichen und so Subjektkonzeptionen analysieren, ohne sie schon vorab als um Authentizität oder andere substanzielle Werte kreisend zu interpretieren.

Sogar in dieser gedrängten Übersicht wird deutlich, dass die Begriffe auf den drei Achsen jeweils die drei methodologischen Imperative des Nihilismus, Nominalismus und Historizismus operationalisieren, um eine Diagnose der Gegenwart zu ermöglichen, die nicht nur darauf zielt, uns vor Augen zu führen, was ist, sondern wie das, was ist, uns Grenzen setzt in unserem Denken, unserem Handeln und unserem Sein.[78] Diese Grenzen und ihre Produktion

75 Foucault, *Was ist Kritik?*, S. 32.

76 Ebd., S. 33.

77 Vgl. Foucault, *Der Gebrauch der Lüste*, S. 12: »Jetzt schien es nötig, eine dritte Verschiebung vorzunehmen, um das zu analysieren, was als ›das Subjekt‹ bezeichnet wird; es sollte untersucht werden, welches die Formen und die Modalitäten des Verhältnisses zu sich sind, durch die sich das Individuum als Subjekt konstituiert und erkennt.«

78 Vgl. Michel Foucault, »Strukturalismus und Poststrukturalismus (Nr. 330)«, in: *Dits et Écrits IV*, Frankfurt/M. 2005, S. 521-555, hier S. 544.

in unseren gegenwärtigen Praktiken sichtbar zu machen demonstriert, dass sie nicht notwendig oder natürlich sind, dass sie also verändert werden können, wenn wir unsere Praktiken verändern – wozu uns die Diagnosen ermuntern. Deshalb präsentiert Foucault sein Kritikmodell als Umkehrung der kantischen Kritik, weil es nicht die universellen Grenzen der Vernunft festlegen, sondern die konkreten Grenzen aufspüren möchte, die uns unsere Gegenwart setzt, um sie überschreitbar zu machen.[79] Daraus resultiert das spezielle Verhältnis von Foucaults Kritikmodell zur Wahrheit: Foucaults Kritik liefert als Diagnose der Gegenwart kein »realistisches« Abbild der Wirklichkeit, sie bemüht sich um eine *effektive* Wahrheit der Diagnose *in* der Wirklichkeit. Diese soll Auswirkungen auf ihre Leser*innen haben, indem sie einen Wandel »in unserem Verhältnis zu unserem Wissen«[80] hervorruft. Die Diagnose soll also dermaßen wirken, dass sie ihre Adressat*innen »entsubjektiviert« und »entunterwirft«.[81]

Welche Aussagen kann eine derartige Diagnose der Gegenwart produzieren? Offensichtlich können ihre Aussagen nicht einfach wiederholen, was allgemein als wahr gilt. Aber auch Aussagen, die bloß als falsch behaupten, was als wahr gilt, wären nicht ausreichend. Beide würden als wahrheitswertfähige Aussagen deren gegenwärtigen Existenzbedingungen gehorchen, anstatt sie herauszufordern. Als diagnostische Praxis, die mit ihren Diagnosen ihre Adressat*innen entsubjektiviert und entunterwirft, muss Foucaults Kritik Aussagen produzieren, die gegen das herrschende Wahrheitsregime kämpfen, indem sie mit den Existenzbedingungen für wahrheitsfähige Aussagen so spielen, dass sie diese Bedingungen verändern.[82] Seine Diagnosen produzieren »Gegen-Wahrheiten«

79 Vgl. Foucault, »Was ist Aufklärung?«, S. 702.

80 Michel Foucault, »Gespräch mit Ducio Trombadori (Nr. 281)«, in: *Dits et Écrits IV*, Frankfurt/M. 2005, S. 51-119, hier S. 55-59; vgl. »›Omnes et singulatim‹: zu einer Kritik der politischen Vernunft (Nr. 291)«, in: *Dits et Écrits IV*, Frankfurt/M. 2005, S. 165-198, hier S. 188-193.

81 Foucault, *Was ist Kritik?*, S. 15, frz. 39. »Désassujettissement« wird als »Entunterwerfung« übersetzt, doch ist damit nur die eine Hälfte der Funktion getroffen, die daneben auch das Ziel beinhaltet, nicht zum Subjekt gemacht zu werden.

82 »Der Herrschaft der Wahrheit entkommt man [...] nicht, indem man ein Spiel spielt, das dem Spiel der Wahrheit völlig fremd ist, sondern indem man das Wahrheitsspiel anders spielt [...].« (Michel Foucault, »Die Ethik der Sorge um sich als Praxis der Freiheit (Nr. 356)«, in: *Dits et Écrits IV*, Frankfurt/M. 2005,

oder »sperriges Wissen«. Sie wenden sich nie direkt gegen die Wahrheiten von Aussagen beispielsweise über Wahnsinn, Kriminalität oder Sexualität, sondern gegen die Existenzbedingungen, aufgrund derer diese Aussagen überhaupt erst wahrheitswertfähig sind.[83] Ihr sperriges Wissen will einen Wandel unseres gegenwärtigen Wahrheitsregimes erreichen, indem es die politische Signifikanz der darin geltenden Erkenntnisse aufdeckt und dazu alle jene Kämpfe sichtbar macht, deren stumme Präsenz wir in den uns so vertrauten Wahrheiten zu übersehen gelernt haben.

Solche Gegen-Wahrheiten sind weder wahr noch falsch gemäß den herrschenden Existenzbedingungen für Erkenntnisse, weshalb Foucault die Aussagen seiner Bücher wiederholt (wenn auch nicht sonderlich hilfreich) als »Fiktionen« bezeichnet. Nachvollziehbar sollte sein, dass sie nicht selbst Anspruch auf Wahrheit oder Falschheit gemäß dem gegenwärtigen Wahrheitsregime erheben können, wenn sie dieses bekämpfen. Vielmehr laden sie ihre Adressat*innen ein, eine andere Beziehung zum Gegenstand des Buches einzugehen, eine Befreiung von der »Wirklichkeit« oder »Erfahrung« von Wahnsinn, Kriminalität oder Sexualität wenigstens für kurze Zeit vorwegzunehmen. Wenn Kritik als Diagnose der Gegenwart deren Wahrheitsregime durch die Produktion sperrigen Wissens herausfordert, blitzen neue Wirklichkeiten, neue Konstellationen von Wissensformationen, Machtbeziehungen und Selbstverhältnissen auf. Deshalb sagt Foucault über *Wahnsinn und Gesellschaft*:

> [...] das Wesentliche [liegt] nicht in der Serie solcher wahren oder historisch verifizierbaren Feststellungen, sondern eher in der Erfahrung, die das Buch zu machen gestattet. Nun ist diese Erfahrung jedoch weder wahr noch falsch. Eine Erfahrung ist immer eine Fiktion, etwas Selbstfabriziertes, das es vorher nicht gab und das es dann plötzlich gibt. Darin liegt das schwierige Verhältnis zur Wahrheit, die Weise, in der sie in eine Erfahrung eingeschlossen ist, die mit ihr nicht verbunden ist und sie bis zu einem gewissen Punkt zerstört.[84]

Sicherlich sollte man an dieser Stelle vorsichtig damit sein, der Kritik zu viel Wirksamkeit zu unterstellen. Selbst wenn es einer Foucault'schen Diagnose der Gegenwart gelingt, sperriges Wissen

S. 875-902, hier S. 895.)

83 Vgl. Foucault, *Die Geburt der Biopolitik*, S. 61 f.

84 Foucault, »Gespräch mit Ducio Trombadori«, S. 56 f.

im angegebenen Sinne zu schaffen, sind Entunterwerfung und Entsubjektivierung keine automatischen Folgen – das hieße, die Wirksamkeit sperrigen Wissens hemmungslos zu überschätzen.

Allerdings sollte man die Wirksamkeit des sperrigen Wissens nicht unterschätzen, das beide Ziele immerhin vorwegnehmend erfahrbar macht. Die beschriebene Praxis der Kritik fördert die Entsubjektivierung ihrer Adressat*innen, indem sie ihnen ihre Selbstverhältnisse und deren Produktion in unseren Praktiken derart widerspiegelt, dass sie nicht länger *diese* Arbeit am Selbst leisten möchten und merken, dass sie keine universelle Notwendigkeit darstellt. Die Adressierung der Subjekte durch die Kritik schildert Martin Saar treffend so:

> Mache Dir diese mögliche Wahrheit über Dich, dass Du nur auf der Grundlage der aufgewiesenen Machtwirkungen [und Wissensformationen; F. V.] bist, was Du bist, zu eigen und frage Dich, ob Du das erträgst oder ein anderer (oder eine andere) werden musst.[85]

Die kritische Diagnose der Gegenwart zielt mit ihrem sperrigen Wissen also derart auf die Selbstverhältnisse ihrer Adressat*innen, dass diesen keine andere Subjektivierungsweise angeboten wird, sondern sie entsubjektiviert werden, um zumindest für einen flüchtigen Moment nicht mehr sie selbst sein zu wollen und zugleich (noch) kein*e andere*r sein zu müssen.

Analog schreibt die kritische Diagnose der Gegenwart ihren Adressat*innen nicht vor, was zu tun ist. Entunterwerfung fördert sie, indem sie Praktiken ausfindig macht, an denen lokale Kämpfe Aussicht auf Wirkungen über diese Praktiken hinaus haben, weil in diesen Praktiken die Grenzen der Wissensformationen, der Machtverhältnisse und der Subjektivierungsweisen hergestellt werden. Wenn Foucault also jene Praktiken analysiert, die Wirklichkeiten wie Wahnsinn, Kriminalität oder Sexualität erzeugen, dann weil Kämpfe um oder gegen diese Praktiken weitreichende Auswirkungen auf diese Wirklichkeiten haben können.

Im Sinne des oben erläuterten Begriffs von Emanzipation ist Foucaults Kritik als *Praxis präfigurativer Emanzipation* zu verstehen, die uns mit ihrem sperrigen Wissen von den »Wirklichkeiten« oder »Erfahrungen« freilässt, die in den von ihr analysierten Prak-

85 Saar, *Genealogie als Kritik*, S. 128.

tiken erzeugt werden. Dem negativen Moment von Emanzipation begegnen wir in Foucaults Kritik auf zwei Ebenen: Erstens finden wir es in den drei methodologischen Imperativen, die von den diagnostischen Begriffen auf den drei Achsen des Wissens, der Machtbeziehungen und der Selbstverhältnisse operationalisiert werden. Sie befreien uns von den Vorurteilen, die in unsere gewöhnlichen Konzepte von Wissen, Macht und Subjekt eingelassen sind und die uns unsere Praktiken stets nur so zeigen, wir wir sie bereits kennen. Zweitens tritt das negative Moment von Emanzipation in den Diagnosen auf, die mithilfe dieser Begriffe erstellt werden und die uns freilassen von jenen vermeintlich universellen Wahrheiten, jenen vermeintlich alternativlosen Regierungsweisen und jenen uns notwendig dünkenden Formen der Subjektivität. Foucaults Kritik emanzipiert uns von diesen »Wirklichkeiten« oder »Erfahrungen«, ohne uns zu erklären, welchen neuen Wahrheiten wir uns anvertrauen, welche alternativen Regierungsweisen wir ausprobieren oder um welche anderen Subjektivitäten wir uns bemühen sollen. Diese Emanzipation führt nicht in neue Abhängigkeiten, sondern lässt uns in einer unbehaglichen Unabhängigkeit von jenen alten Wirklichkeiten zurück, in der wir neue Wahrheitsspiele, neue Weisen der Machtausübung und neue Selbstverhältnisse erproben müssen.[86]

Auf beiden Ebenen dient das Festhalten am negativen Moment der Emanzipation dazu, deren paternalistischem Potenzial entgegenzuwirken. Die Kritik erzeugt Unsicherheit, weil sie Kants tragisch-ironische Warnung ernst nimmt, dass »Satzungen und Formeln [...] Fußschellen einer immerwährenden Unmündigkeit [sind]«.[87] Daher kann Foucaults Kritik nicht einmal ihren eigenen theoretischen Begriffen einen stabilen epistemologischen Status verleihen, der sie vor der Negativität der drei methodologischen Imperative abschirmen würde. Als »Ausgrabungsarbeit unter unseren eigenen Füßen«[88] wendet sich diese Praxis der Kritik früher oder später gegen sich selbst.

86 Vgl. Michel Foucault, »Diskussion vom 20. Mai 1978 (Nr. 278)«, in: *Dits et Écrits IV*, Frankfurt/M. 2005, S. 25-43, hier S. 41 f.

87 Kant, »Was ist Aufklärung?«, S. 54.

88 Michel Foucault, »›Wer sind Sie, Professor Foucault?‹ (Nr. 50)«, in: *Dits et Écrits I*, Frankfurt/M. 2001, S. 770-793, hier S. 776. Zur Selbstreflexivität von Foucaults Kritik vgl. Vogelmann, *Im Bann der Verantwortung*, S. 122-124.

Foucaults Kritik emanzipiert ihre Adressat*innen von »Wirklichkeiten« wie Wahnsinn, Kriminalität oder Sexualität, so können wir zusammenfassen, indem sie Gegen-Wahrheiten oder sperriges Wissen durch eine Analyse der diese »Wirklichkeiten« produzierenden Praktiken entlang der drei Achsen des Wissens, der Machtbeziehungen und der Selbstverhältnisse schafft. Dieses entsubjektivierende und entunterwerfende sperrige Wissen ist weder wahr noch falsch, sondern »fiktiv«, weil es sich gegen das herrschende Wahrheitsregime wendet. Diese Fiktionalität und die korrespondierende, komplexe Beziehung zur Wahrheit ist der erste Grund dafür, Foucaults Kritik als Praxis der Emanzipation »präfigurativ«[89] zu nennen, denn sie nimmt die Erfahrung vorweg, von den jeweils kritisierten »Wirklichkeiten« befreit zu sein. Der zweite Grund dafür ist, dass sie dies mit einem konzeptuellen Apparat tut, der selbst emanzipierend ist: Dass das negative Moment der Emanzipation auf beiden Ebenen auftritt, stellt jene Identifikation von Mitteln und Zweck her, die genauso Bestandteil von Präfiguration ist wie die proleptische Erfahrung. Nicht zuletzt erkennen wir daran, dass Foucaults Modell emanzipierender Kritik in einer theoretischen Praxis artikuliert und reflektiert wird, die selbst emanzipiert. Foucaults Kritikmodell produziert nicht nur sperriges Wissen, das uns von den analysierten »Wirklichkeiten« befreit. Es nutzt dazu auch eine theoretische Praxis, die selbst durch ihre Verschiebung der Begriffe, mit denen unsere »Wirklichkeiten« diagnostiziert werden, uns von den epistemischen Festlegungen freilässt, deren Zugehörigkeit zu diesen »Wirklichkeiten« wir meist erst retrospektiv erkennen können. Insofern sie dadurch gemäß ihrem eigenen Bild emanzipierender Kritik verfährt, handelt es sich um eine kritische theoretische Praxis.

89 Ich greife hier auf einen Begriff »Präfiguration« zurück, der zuerst von Carl Boggs, »Marxism, Prefigurative Communism and the Problem of Workers' Control«, in: *Radical America* 11 (1977), S. 99-122, hier S. 100, dafür gebraucht wurde, eine besondere Form alternativer politischer Praktiken zu beschreiben, in denen bereits getan wird, was als gesellschaftliches Ziel propagiert wird. Präfiguration meint daher sowohl die partielle Vorwegnahme der Erfahrung, wie es wäre, in der neuen Gesellschaft zu leben, als auch eine Identifikation von Mitteln und Zwecken.

### 5.2.2 Sperriges und wirksames Wissen

Meine Interpretation von Foucaults Modell freilassender Kritik geht von der theoretischen Praxis aus, in der die Diagnose der Gegenwart erstellt wird. Das von ihr geschaffene sperrige Wissen, dessen Gegen-Wahrheiten sich dem herrschenden Wahrheitsregime widersetzen, emanzipiert durch Entsubjektivierung und Entunterwerfung die Adressat*innen dieser Kritik – wenngleich »nur« präfigurativ. Allerdings wich meine oben gegebene Beschreibung gerade dann aus, wenn vom Gehalt, der Funktionsweise und dem epistemischen Status dieses sperrigen Wissens die Rede hätte sein müssen. Erstens habe ich, statt den *Gehalt* sperrigen Wissens – Was sagt es aus? – zu untersuchen, die konzeptuellen Voraussetzungen dargelegt, dank derer ein sich gegen die Existenzbedingungen wahrheitswertfähiger Aussagen richtendes Wissen überhaupt denkbar wird. Die wichtigste ist, so habe ich argumentiert, die Differenzierung zwischen wahrheitswertfähigen Aussagen und dem Wahrheitsregime, dessen konkrete Gestalt sich den historischen Kämpfen verdankt und das selbst nicht allein epistemischer Natur ist, eben weil es vor der Unterscheidung von wahr und falsch liegt.[90] Zweitens habe ich, statt über die *Funktionsweise* sperrigen Wissens – Wie richtet es sich gegen das Wahrheitsregime? – zu sprechen, seine angestrebten Effekte auf die Adressat*innen der Kritik beschrieben. In der von den Gegen-Wahrheiten durch Entsubjektivierung und Entunterwerfung erwirkten präfigurativen Emanzipation blitzt kurzzeitig auf, wie es sein könnte, ein von der kritisierten »Wirklichkeit« emanzipiertes Leben zu führen. Drittens schließlich habe ich, statt den *epistemischen Status* von sperrigem Wissen – Welche Rechtfertigung besitzt es? – zu klären, über die Korrespondenz von Foucaults theoretischer Praxis und der Tätigkeit des Kritik-Übens im Bild freilassender Kritik nachgedacht. Da Kritik-Üben in diesem Bild als Emanzipieren beschrieben wird, ist Foucaults theoretische Praxis insofern eine kritische, als sie die für die freilassende Kritik notwendigen diagnostischen Begriffe auf eine Weise herstellt, die uns bereits von jenen scheinbar unhintergehbaren normativen Vorga-

90 Vgl. dazu Frieder Vogelmann, »Kraft, Widerständigkeit, Historizität. Überlegungen zu einer Genealogie der Wahrheit«, in: *Deutsche Zeitschrift für Philosophie* 62 (2014), S. 1062-1086.

ben, jenen scheinbar notwendigen Universalien und jener scheinbar eindeutigen Geschichte emanzipieren, die unsere theoretischen Konzepte derart prägen, dass wir mit diesen Konzepten nur sehen, was wir bereits kennen.

Eine dreifache Ausweichbewegung hat mich also vom Gehalt, der Funktionsweise und dem epistemischen Status sperrigen Wissens schweigen lassen, um stattdessen von seinen Voraussetzungen, seinen Effekten und der Selbstreflexivität seiner theoretischen Praxis zu sprechen. Dafür gibt es einen einfachen Grund: Ich habe mich Foucaults Kritikmodell durch eine Interpretation versichert – doch Foucault expliziert schon dieses Kritikmodell kaum, und noch weniger legt er Rechenschaft über die darin implizit in Anspruch genommenen epistemologischen Voraussetzungen ab.[91] Um dieses Versäumnis nachzuholen, beginne ich mit der wiederholt gebrauchten Phrase, sperriges Wissen bekämpfe das herrschende Wahrheitsregime. Sie scheint als bloße Metapher mehr zu suggerieren, als sie erklärt, denn wie sollte Wissen wortwörtlich »kämpfen«?

Dem legitimen Bedürfnis nach Konkretion in Bezug auf Gehalt, Funktionsweise und epistemischen Status sperrigen Wissens mit dieser Frage Nachdruck zu verleihen, setzt allerdings abermals Wissen als etwas Passives voraus, das wegen dieses Vorverständnisses als aktive Kraft anzusprechen nur metaphorisch gemeint sein kann. Halten wir also zunächst fest, dass wir im Gegenteil gute Gründe dafür haben, sperriges Wissen als eigenständig wirksames Wissen zu verstehen, als eine aktive Kraft, die nicht passiv auf Subjekte wartet, die es in Handlungen umsetzen. Wie Adornos Philosophie als Deutung mit ihrem kritischen Wissen wirkt, indem sie zerstört, was Anlass zu dieser Deutung gab (siehe Kapitel 2.1), so wirkt Foucaults Diagnose der Gegenwart, indem ihr sperriges Wissen präfigurativ emanzipiert. Sperriges Wissen zielt auf die Veränderung der Subjektivitäten, die ihm ausgesetzt sind und die es zu emanzipieren

91 »Das Problem der Wahrheit dessen, was ich sage, ist für mich ein sehr schwieriges, ja sogar das zentrale Problem. Auf diese Frage habe ich bisher niemals geantwortet.« (Foucault, »Gespräch mit Ducio Trombadori«, S. 55) Muss man ergänzen, dass Foucault auch in diesem Interview bestenfalls Hinweise gibt? Den einzigen Versuch, über die archäologische Unterscheidung von Erkenntnissen und Wissen hinauszukommen, unternimmt er in Michel Foucault, *Die Regierung der Lebenden. Vorlesung am Collège de France 1979/80*, Berlin 2014, S. 27-36, 110-122, 133-144 – und scheitert dabei: vgl. Vogelmann, »Kraft, Widerständigkeit, Historizität«, S. 1071-1073.

trachtet. Sperriges Wissen ist also eigenständig selbstformend wirksames Wissen.

Umgekehrt gilt das nicht: Eigenständig selbstformend wirksames Wissen ist nicht immer sperriges Wissen. Der Begriff eigenständig selbstformend wirksamen Wissens setzt nicht voraus, dass die Wirksamkeit des Wissens sich gegen die Existenzbedingungen wahrheitswertfähiger Aussagen richten muss. Genauso gut kann es das herrschende Wahrheitsregime konsolidieren, das heißt seine Begrenzungen unseres Denkens, Handelns und Seins befestigen. Außerdem könnte der Irrtum, eigenständig selbstformend wirksames Wissen mit sperrigem Wissen zu identifizieren, leicht zu dem Fehler verleiten, Wissen »normalerweise« als etwas Passives anzusehen, von dem sich nur eine besondere Form rebellischen Wissens unterscheiden würde. Mit Horkheimer hatten wir aber bereits gesehen (in Kapitel 2.2), dass man damit vorschnell einer falschen – für Horkheimer: von der bürgerlichen Ideologie verzerrten – Vorstellung von Wissen anheimfällt. Eigenständig selbstformend wirksames Wissen ist nicht immer schon sperriges Wissen; letzteres ist vielmehr als eine besondere Variante zu erläutern.

Drei Überlegungen zur weiteren Vorgehensweise ergeben sich aus dieser Feststellung. Wenn es mir im Folgenden gelingt, Gehalt, Funktionsweise und epistemischen Status sperrigen Wissens zu beschreiben, liefere ich damit nicht nur einen Beitrag zur epistemologischen Aufklärung von Foucaults Modell freilassender Kritik, sondern auch – erstens – eine genauere Bestimmung einer besonderen Form eigenständig selbstformend wirksamen Wissens (der zweiten nach der besonderen Form philosophischen Wissen in Kapitel 4.2). Nach wie vor hantieren wir ja nur mit den Umrissen dieses Begriffs. Zwar ist uns dank der drei philosophiehistorischen Fallstudien im ersten Teil immerhin klar, dass wir (a) über einen generellen Begriff von Wissen sprechen, das heißt über ein anderes »Bild« von Wissen als etwas Aktivem und nicht bloß einer besonderen Mutation von ansonsten passiv gedachtem Wissen. Außerdem (b) zielt die eigenständige Wirksamkeit von Wissen auf die Subjektivität der ihm Ausgesetzten: Wir sprechen über eigenständig selbstformend wirksames Wissen. Zuletzt haben wir ebenfalls schon mehrfach gesehen, dass wir (c) nicht vom Standardmodell der Wirkung von Wissen allein qua Umsetzung in Handlungen über den Zwischenschritt veränderter Überzeugungen ausgehen können. Doch stärkere Konturen hat der Begriff noch nicht gewonnen. Die Beschreibung sperrigen Wissens über die theoretische Praxis seiner Produktion lässt darauf hoffen, anhand dieser besonderen Variante eigenständig selbstformend wirksamen Wissens auch etwas über den Begriff insgesamt zu lernen. Dazu müssen wir angesichts der Tatsache, dass eigenständig selbstformend wirksames Wissen nicht in jedem Fall schon sperriges Wissen ist, jeweils prüfen, inwiefern an dieser besonderen Form eigenständig selbstformend wirksamen Wissens allgemeinere Charakteristika erkennbar werden.

Zweitens sind wir einen Schritt in diese Richtung schon in Kapitel 4 gegangen, indem wir das philosophische Wissen als eigenständig selbstformend wirksames Wissen bestimmt haben, das seine Wirksamkeit jeweils der Kraft einer Wahrheit verdankt, deren Erfahrung in diesem Wissen konstruiert wird. Wir wissen zudem, dass diese Kraft der Wahrheit in dem Sinne schwach ist, dass sie leicht von anderen Kräften überlagert oder blockiert wird. Deshalb bedient sich das philosophische Wissen mit seinem konstitutiv exklusiven Anspruch auf Wirksamkeit philosophischer Exklusionstechniken, die garantieren sollen, dass allein die schwache Kraft der Wahrheit wirkt. Aus dieser Erinnerung ergeben sich zwei Fragen für unsere Beschreibung sperrigen Wissens: Verdankt es seine eigenständig selbstformende Wirksamkeit ebenfalls der schwachen Kraft von Wahrheit? Dann ließe sich darin ein allgemeiner Grundzug eigenständig selbstformend wirksamen Wissens immerhin vermuten. Doch wie würde das mit der bisherigen Bestimmung zusammenpassen, nach der sich das sperrige Wissen gerade gegen das herrschende Wahrheitsregime wendet und insofern »fiktiv« ist?

Drittens: Wenn wir auch im Fall des sperrigen Wissens seine Wirksamkeit auf die schwache Kraft von Wahrheit zurückführen könnten, welches Verhältnis würde dann zwischen den Begriffen von (sperrigem oder, allgemein, eigenständig selbstformend wirksamem) Wissen, Wahrheit und Kraft bestehen? Fallen Wissen und Wahrheit nicht ineinander, wenn wir jeweils den Begriff von Wirksamkeit bzw. Kraft ins Zentrum ihrer Erläuterung stellen? Schlimmer noch, setzen wir damit nicht Wahrheit und Für-Wahr-Halten in eins, also Wissen und Meinung?

Die Beschreibung von Gehalt, Funktionsweise und epistemischem Status sperrigen Wissens muss auf diese Fragen nach seiner Quelle der Wirksamkeit, nach der Rolle von Wahrheit für das sperrige Wissen sowie nach dem konzeptuellen Verhältnis von Kraft, Wissen und Wahrheit antworten. Der Ausgangspunkt dieser Antworten kann an dieser Stelle nur die bisher gegebene Erläuterung der Besonderheit sperrigen Wissens gegenüber eigenständig selbstformend wirksamem Wissen im Allgemeinen sein, nämlich dass es nicht nur von sich aus selbstformend wirksam ist, sondern zudem gegen die herrschenden Existenzbedingungen wahrheitswertfähiger Aussagen kämpft. Das bedeutet, dass sperriges Wissen die Herrschaft einiger dieser Existenzbedingungen abzuschwächen oder ganz zu zerstören versucht, also ihre Grenzziehungen zwischen dem, was wahrheitswertfähige Aussagen sind und was nicht, etwas weniger verbindlich, weniger eindeutig, weniger akzeptiert zu machen bemüht ist. Wie tut es das? Wenn wir uns an Foucaults Bücher als exemplarische Ausübung seines Modells freilassender Kritik halten, dann kämpft das sperrige Wissen gegen das herrschende Wahrheitsregime, indem es etwas über die Genese und Funktionsweise einiger Existenzbedingungen wahrheitswertfähiger Aussagen sagt, das heißt über die Geschichte des heutigen Wahrheitsregimes.[92] Das sperrige Wissen berichtet, wie jenes Regime entstand, das darüber bestimmt, welche Aussagen überhaupt wahr oder falsch sein können: welche Kämpfe es geformt haben, dank welcher Grausamkeiten es durchgesetzt wurde, welcher Subjektivitäten es bedarf und mit welchen Weisen der Machtausübung diese gezüchtet wurden.

Der *Gehalt* sperrigen Wissens kann daher über zwei Anforderungen beschrieben werden: Es muss (i) Wissen über die Geschichte des herrschenden Wahrheitsregimes sein, und es muss (ii) diese Geschichte so schreiben, dass sie sich gegen dieses Wahrheitsregime richtet. Mit der zweiten Bedingung berühren wir bereits die Funktionsweise sperrigen Wissens, denn sich gegen das herrschende Wahrheitsregime zu wenden bedeutet nicht, der eigenen Geschichtsschreibung des Wahrheitsregimes und seinen Selbstlegitimationen zu widersprechen (also sie nur nach seinen Regeln zu verneinen), sondern einige der Existenzbedingungen zu unter-

92 Wollte man Foucaults Nietzscheanismus betonen, könnte man den Gehalt sperrigen Wissens als Wahrheit der Wahrheit charakterisieren, gemäß dem Auftrag, den Nietzsche sich selbst gibt: »Der Wille zur Wahrheit bedarf einer Kritik — bestimmen wir hiermit unsre eigene Aufgabe —, der Werth der Wahrheit ist versuchsweise einmal in Frage zu stellen...« (Nietzsche, *Zur Genealogie der Moral*, III/24, S. 401)

graben, gemäß denen es Aussagen zu solchen macht, die wahr oder falsch sein können. Auf die Funktionsweise werde ich zurückkommen; zusammenfassend können wir zunächst sagen, dass der Gehalt sperrigen Wissens eine Genealogie des herrschenden Wahrheitsregimes anhand einiger seiner Existenzbedingungen für wahrheitswertfähige Aussagen ist.[93]

Warum kann der Gehalt sperrigen Wissens derart konkret als Genealogie des herrschenden Wahrheitsregimes festgesetzt werden? Könnten wir uns sperriges Wissen nicht auch so vorstellen, dass es seinen Kampf gegen die etablierten Existenzbedingungen wahrheitswertfähiger Aussagen zum Beispiel durch deren Erschütterung führt, indem es sie mit ganz anders gebildeten Wahrheiten konfrontiert?

Auszuschließen ist diese Möglichkeit nicht, doch ein theoriestrategisches Argument spricht dagegen. Der Vorschlag eines »ganz anderen« sperrigen Wissens läuft darauf hinaus, dessen Gehalt von den Existenzbedingungen wahrheitswertfähiger Aussagen abzukoppeln. Analog zur anarchistischen Tradition der direkten Aktion würde sperriges Wissen diesem Vorschlag zufolge bereits heute so gebildet, als gäbe es das herrschende Wahrheitsregime schon nicht mehr.[94] Die Erfolgsaussichten einer solchen Vorgehensweise scheinen mir gering, weil man damit die diagnostische Dimension sperrigen Wissens preisgibt. Deuten wir Rancières Modell erschütternder Kritik als Umsetzung dieses Vorschlags, können wir erkennen, warum seine strategische Verweigerung einer Diagnose der Gegenwart, die auch die Machtbeziehungen und ihre Verwobenheit mit den Wissensformationen differenziert erfasst, sich als eine schwere Hypothek seiner Methode der Gleichheit erweist. Denn die strategische Ignoranz gegenüber den herrschenden Formen von Macht und Wissen, die Ungleichheiten in Handlungsmacht und Erkenntnissen erzeugen, ist ununterscheidbar von einem humanistischen Idealismus, der auf grundlegende menschliche Fähigkeiten vertraut, ohne ihre sozialen, ökonomischen oder politischen Bedingungen

93 Dass es reicht, sich einigen Existenzbedingungen wahrheitswertfähiger Aussagen zu widersetzen, um sich dem herrschenden Wahrheitsregime zu widersetzen, resultiert schlicht daraus, dass die Identität des herrschenden Wahrheitsregimes an alle zu ihm gehörigen Existenzbedingungen wahrheitswertfähiger Aussagen gebunden ist.

94 Vgl. David Graeber, *Direkte Aktion. Ein Handbuch*, Hamburg 2013, Kapitel 1.

auch nur anzusehen.[95] Um diese Probleme zu vermeiden, plädiere ich dafür, die diagnostische Funktion sperrigen Wissens beizubehalten und daher dessen Gehalt als Wissen über die Genese und Funktionsweise des herrschenden Wahrheitsregimes anzusetzen.

Ein weiterer Grund dafür, den Gehalt sperrigen Wissens als Genealogie des herrschenden Wahrheitsregimes zu bestimmen, ergibt sich aus der *Funktionsweise* sperrigen Wissens. Wenn es die etablierten Existenzbedingungen wahrheitswertfähiger Aussagen (oder jedenfalls einige von ihnen) untergraben soll, indem es ihre Genese und Funktionsweise so erzählt, dass diese Wahrheit über das Wahrheitsregime diesem nicht vollständig gehorcht, dann wäre es wortwörtlich Unsinn, sich völlig vom herrschenden Wahrheitsregime loszumachen. Ian Hacking verdeutlich dies an dem einleuchtenden Beispiel einer Aussage von Paracelsus, die so weit außerhalb unseres Wahrheitsregimes liegt, dass wir ihr weder Wahrheit noch Falschheit zuschreiben können und überhaupt Schwierigkeiten haben, ihr Sinn zu verleihen:

> [A]lso sind zweierlei wirkung in der scientia magica, eine die die natur selbst macht, es sei, das sie fürneme ein menschen, durch den sie wirke und dem selben ir influenz mitteilt, es sei gut oder bös, oder sie treibts in ein subiectum dadurch sie wirket, als in bilder, stein, kreuter, wörter, oder sie macht cometen, similitudines, halones und ander des gestirns unnatürliche generationes.[96]

Damit ist weder behauptet, die Aussage wäre in jedem Kontext unsinnig, noch, dass es uns prinzipiell nicht gelingen könnte, sie verständlich werden zu lassen. Doch wie Hacking richtig anmerkt, müssten wir, »um das zustande zu bringen, [...] ein fremdes Denksystem neu erschaffen«.[97] Gleiches würde für sperriges Wissen gel-

95 Vgl. Alberto Toscano, »Anti-Sociology and Its Limits«, in: Paul Bowman, Richard Stamp (Hg.), *Reading Rancière*, London, New York 2011, S. 217-237; Robin Celikates, »Kritik der pädagogischen Vernunft. Bourdieu, Rancière und die Idee einer kritischen Sozialwissenschaft«, in: Jens Kastner, Ruth Sonderegger (Hg.), *Pierre Bourdieu und Jacques Rancière. Emanzipatorische Praxis denken*, Wien 2014, S. 123-146, hier S. 138-143.

96 Paracelsus, *Astronomia magna. Sämtliche Werke*, München 1929, S. 460. Vgl. Ian Hacking, *Einführung in die Philosophie der Naturwissenschaften*, Stuttgart 1996, S. 122-126.

97 Ebd., S. 124.

ten, das sich dem herrschenden Wahrheitsregime so radikal entzöge, dass es unverständlich würde, weil wir nicht einmal wüssten, wie wir seine Aussagen falsch (geschweige denn wahr) beurteilen könnten.

Dass sperriges Wissen gegen das herrschende Wahrheitsregime gerichtet ist und sich dennoch nicht vollständig von ihm lösen darf, ist an seinem genealogischen Gehalt ablesbar. Als eine Variante der Geschichtsschreibung teilt Genealogie jene Voraussetzung, die Foucault zufolge das moderne Wahrheitsregime auszeichnet: dass alles Sein eine eigenständige historische Dimension besitzt. Zugleich wendet sie diese Annahme mit einer Art Judogriff gegen die moderne *episteme*.[98] Die Funktionsweise sperrigen Wissens besteht darin, mit der genealogischen Erzählung von der Entstehung und Herrschaftsweise des gegenwärtigen Wahrheitsregimes zentrale Bestandteile der Existenzbedingungen von wahrheitswertfähigen Aussagen als kontingent zu erweisen *und* den Preis zu beziffern, den wir für ihre Aufrechterhaltung zahlen.[99] Es verleidet uns das friedliche, aus Unwissenheit oder Einübung ins Wegsehen erworbene Vertrauen in die Existenzbedingungen wahrheitswertfähiger Aussagen, die im Lichte des sperrigen Wissens willkürlich, grausam und politisch erscheinen.

Die Funktionsweise sperrigen Wissens – seine Art, gegen das herrschende Wahrheitsregime zu kämpfen – so zu erklären, trifft auf einen wichtigen Einwand: Wenn das Wahrheitsregime so mächtig ist wie angenommen, wieso kann sperriges Wissen dann überhaupt existieren? Wenn umgekehrt sperriges Wissen existiert, ist damit nicht schon die Machtlosigkeit des herrschenden Wahrheitsregimes belegt?

98 Zur autonomen Historizität allen Seins in der modernen *episteme* vgl. Michel Foucault, *Die Ordnung der Dinge. Eine Archäologie der Humanwissenschaften*, Frankfurt/M. 2003, S. 269-273, zum zweideutigen Charakter, den die Geschichtswissenschaft damit erhält, siehe ebd., S. 439-447. Übrigens beinhaltet diese Überlegung, dass sich der Gehalt sperrigen Wissens ändern müsste, wenn sich das herrschende Wahrheitsregime verändert. Ohne die *episteme* der Geschichte verliert Genealogie ihren kritischen Biss. Vgl. dazu Amy Allen, *Das Ende des Fortschritts. Zur Dekolonisierung der normativen Grundlagen der kritischen Theorie*, Frankfurt/M., New York 2019, S. 246-248.

99 Kontingenz allein reicht nicht, darin ist Colin Koopman, *Genealogy as Critique. Foucault and the Problems of Modernity*, Bloomington/IN 2013, S. 140-146, zuzustimmen.

Es ist seine verdeckte Prämisse, die diesen Einwand zu Fall bringt. Denn er setzt voraus, dass Macht und Machtlosigkeit nicht-graduierbare Zustände sind. Doch die Herrschaft des Wahrheitsregimes meint die Etablierung von Existenzbedingungen wahrheitswertfähiger Aussagen, die in sozialen Praktiken produziert und reproduziert werden und die zwar schwer veränderbar sein mögen, aber nicht unverrückbar sind. Sperriges Wissen emanzipiert seine Adressat*innen von diesen Praktiken in ihrer gegenwärtigen Form; dass das schwierig ist und scheitern kann, ist kein prinzipieller Einwand. Dieser ergibt sich erst, wenn wir Herrschaft zu metaphysischer Notwendigkeit verdinglichen.

Allerdings bringt meine Widerlegung des Einwands eine Voraussetzung der Funktionsweise sperrigen Wissens ans Licht: Sein Gehalt, also die Genealogie des herrschenden Wahrheitsregimes, muss die Existenzbedingungen wahrheitswertfähiger Aussagen von den Bedingungen der Möglichkeit von Aussagen überhaupt unterscheiden. Würde beides zusammenfallen, griffe der Einwand, weil nicht zu erklären wäre, wie man zugleich die Bedingungen der Möglichkeit von Aussagen als geltend und in ihrer Beschreibung als überschritten behaupten kann. Sperriges Wissen ist daher keine (quasi-)transzendentale Analyse der Grammatik wahrheitswertfähiger Aussagen, sondern eine Genealogie ihrer Existenzbedingungen. Seine Funktionsweise müssen wir demnach so verstehen, dass es an eine zum herrschenden Wahrheitsregime alternative Erfahrung von Wahrheit andockt, wenn es einige der Existenzbedingungen der herrschenden Unterscheidung zwischen wahrheitswertfähigen Aussagen (Erkenntnissen) und nicht wahrheitswertfähigen Aussagen außer Kraft setzt.

Hier gilt es kurz innezuhalten, habe ich doch im letzten Satz zwei getrennt eingeführte Beschreibungsweisen auf erklärungsbedürftige Art zusammengebracht. In Kapitel 4.3 habe ich den Ausdruck »Erfahrung der Wahrheit« gebraucht, um die jeweils besonderen Formen von Wahrheit zu bezeichnen, die verschiedene philosophische Bilder (oder deleuzianisch: Immanenzebenen) ermöglichen. Die dort für das philosophische Wissen in Anspruch genommene analytische Trennung zwischen diesem Wissen und seiner Immanzebene erkennen wir nun als strukturanalog zur allgemeineren Differenzierung zwischen Erkenntnissen und ihrem Wahrheitsregime. Denn die Immanenzebene bzw. die Erfahrung von Wahrheit habe ich als

Gesamtheit der »vorbegrifflichen« Existenzbedingungen bestimmt, die den wahrheitswertfähigen Gehalt philosophischen Wissens ermöglichen und von diesen als konstitutives Außen konstruiert wird. Die Unterscheidung von Erkenntnissen und ihrem Wahrheitsregime verallgemeinert insofern die Unterscheidung der vorbegrifflichen Immanenzebene bzw. der Erfahrung von Wahrheit und dem darauf basierenden philosophischen Wissen. Daraus können wir umgekehrt schließen, dass ein Wahrheitsregime überschreitbar zu machen analog zur Neudefinition einer anderen Immanenzebene oder zur Konstruktion einer neuen Erfahrung von Wahrheit in der Philosophie ist; jenseits des eng umgrenzten Rahmens der philosophischen Praktiken können wir allerdings nicht voraussetzen, dass sperriges Wissen wie philosophisches Wissen diese Erfahrung von Wahrheit konstruiert, sondern sollten vorsichtiger annehmen, dass es an alternative Erfahrungen von Wahrheit anschließt, gleichgültig, ob diese bereits existieren und nur gefunden oder aber erst kreiert werden müssen.

Fassen wir zusammen: Der Gehalt sperrigen Wissens präsentiert die Genese und Arbeitsweise des herrschenden Wahrheitsregimes so, dass die Aussagen des sperrigen Wissens nicht ganz nach den Regeln des untersuchten Wahrheitsregimes spielen. Es funktioniert (nur) unter der modernen *episteme* der Geschichte als genealogisches Wissen und wendet die Geschichtlichkeit des Wissens gegen das Wahrheitsregime, das auf dieser Einsicht gegründet ist. Es demonstriert damit die Kontingenz der gegenwärtigen Existenzbedingungen wahrheitswertfähiger Aussagen und was es uns kostet, sie beizubehalten. Die Außerkraftsetzung einzelner Existenzbedingungen wahrheitswertfähiger Aussagen erschließt zugleich eine alternative Erfahrung von Wahrheit, ja präfiguriert sie im besten Falle für einen Moment. Was also ist, nachdem Gehalt und Funktionsweise beschrieben wurden, der *epistemische Status* dieses sperrigen Wissens?

Foucaults Auskunft, seine Bücher seinen insgesamt »fiktiv«, wenngleich seine einzelnen Aussagen überprüfbar seien – »nicht anders als bei jedem anderen historischen Buch«[100] –, hilft dabei nicht weiter. Wichtiger ist es, an die doppelte Leistung von sperrigem Wissen zu erinnern: Neben der Erschließung einer alterna-

100 Foucault, »Gespräch mit Ducio Trombadori«, S. 55.

tiven Erfahrung von Wahrheit, die nicht ganz dem herrschenden Wahrheitsregime unterworfen ist, macht der Gehalt sperrigen Wissens zugleich dieses Wahrheitsregime überhaupt erst als ein solches sichtbar.[101] Nur weil das sperrige Wissen mit seinem Gehalt eine Genealogie des herrschenden Wahrheitsregimes liefert, die uns präzise vor Augen führt, welche Grenzen uns dieses Regime im Denken, Handeln und Sein setzt, kann es zugleich eine alternative Erfahrung von Wahrheit präfigurieren, die diese Grenzen partiell überschreitet. Rechtfertigen muss sich das sperrige Wissen in beide Richtungen: Einerseits muss es seine Diagnose gemäß den herrschenden Standards der Argumentation verteidigen. Wäre beispielsweise Foucaults Beschreibung des Sexualitätsdispositivs und der Rolle, die der Wille zur Wahrheit für seine Durchsetzung und Erhaltung spielt, schlicht historisch unzutreffend, wäre das sperrige Wissen dieser Kritik widerlegt. Zu einem Teil hängt der epistemische Status sperrigen Wissens also an der Wahrheit seiner Aussagen, verstanden nach dem herrschenden Wahrheitsregime: Ausweis der Quellen, Erläuterung der Vorgehensweise, Kohärenz des Gesagten usw.[102]

Andererseits muss sperriges Wissen eine alternative Erfahrung von Wahrheit erschließen, die sich aus der Gegnerschaft gegen das herrschende Wahrheitsregime ergibt, die also aus der Opposition auf der Ebene der Existenzbedingungen wahrheitswertfähiger Aussagen resultiert. In dieser zweiten Hinsicht muss das sperrige Wissen seine Genealogie des herrschenden Wahrheitsregimes als dessen partielle Überschreitung darstellen können. Nochmals an

101 Der Punkt ist in Bezug auf Foucaults Diskursbegriff häufig diskutiert worden: Welchen Status haben Foucaults eigene Aussagen, sein »Diskurs über Diskurse«? Vgl. dazu die Beiträge in Hannelore Bublitz u. a. (Hg.), *Das Wuchern der Diskurse. Perspektiven der Diskursanalyse Foucaults*, Frankfurt/M., New York 1999.

102 Aufschlussreich sind in dieser Hinsicht ein paar giftige Antworten Foucaults auf einige Kritiken an seinen Büchern, in denen er nachzuweisen versucht, dass diese Kritiken gar nicht seine Bücher betreffen, sondern diese zu etwas ganz anderem transformieren, das sie dann kritisieren. Interessant daran ist neben seiner zornigen Pedanterie vor allem, was Foucault nicht sagt, denn er weigert sich, in eine Diskussion um die Auslegung einzutreten. Vgl. Michel Foucault, »Monstrositäten der Kritik (Nr. 97)«, in: *Dits et Écrits II*, Frankfurt/M. 2002, S. 262-272; Michel Foucault, »Brief von Michel Foucault (Nr. 96)«, in: *Dits et Écrits II*, Frankfurt/M. 2002, S. 255-262.

Foucaults Kritik des Sexualitätsdispositivs verdeutlicht: Gelänge es Foucault nicht, mit seiner Diagnose unter dem Namen »Biopolitik« sowohl die Genealogie und Funktionsweise des Sexualitätsdispositivs bloßzulegen als auch eine nicht von dieser Biomacht in den Dienst genommene Ordnung von Lüsten vorstellbar zu machen (nicht: vorzustellen!), wäre das sperrige Wissen abermals ungerechtfertigt.[103] Dieser zweiten Seite nach hängt der epistemische Status sperrigen Wissens also von der Überzeugungskraft seiner Diagnose ab, die uns die Kontingenz und die politische Signifikanz einiger jener Grenzen zeigt, die das herrschende Wahrheitsregime uns setzt und deren Überschreitbarkeit das sperrige Wissen demonstriert.

Insgesamt bestimmt eine doppelte Rechtfertigungsleistung den epistemischen Status sperrigen Wissens: Erstens muss nachvollziehbar gemacht werden können, dass sein Gehalt tatsächlich das herrschende Wahrheitsregime darstellt, inklusive der von ihm gesetzten willkürlichen Grenzen und des Preises, den wir für seine Errichtung zahlen mussten und noch immer zahlen. Zweitens muss ebenso nachvollziehbar gemacht werden können, wie damit seine Transformation durch eine Überschreitung oder Missachtung dieser Grenzen möglich wird. Abermals wird erkennbar, dass das Erschließen einer alternativen Erfahrung von Wahrheit durch das sperrige Wissen nicht ohne Beziehung zum herrschenden Wahrheitsregime ist, also nicht dem anarchistischen Modell direkter Aktion auf der Ebene der Epistemologie folgt. Die alternative Erfahrung von Wahrheit ergibt sich aus der Genealogie des herrschenden Wahrheitsregimes und den dadurch vorstellbaren partiellen Überschreitungen einzelner Existenzbedingungen wahrheitswertfähiger Aussagen. Sperriges Wissen entwirft nicht am Reißbrett der Theorie bereits ein neues Wahrheitsregime, eine neue Weise, die Grenze zwischen wahrheitswertfähigen Aussagen und jenen »außerhalb des Wahren« zu ziehen. Diese Bestimmtheit kommt schnell genug als Resultat einer kollektiven politischen Praxis. Sie herzustellen ist nicht Aufgabe der Kritik, die keinen Mangel an Bestimmtheit und Grenzen sieht.

Instruktiv ist ein Unterschied zum philosophischen Wissen, das wir in Kapitel 4 ebenfalls als eigenständig selbstformend wirksames

103 Zu dieser Deutung von »Biopolitik« als sperriges Wissen in Foucaults *Der Wille zum Wissen* vgl. Frieder Vogelmann, »Biopolitics as a Critical Diagnosis«, in: Beverley Best u. a. (Hg.), *Handbook of Frankfurt School Critical Theory*, Bd. III: Contexts, London, Thousand Oaks, New Delhi 2018, S. 1419-1435.

Wissen bestimmt hatten. Entscheidend war dort der konstitutive Anspruch auf exklusive Wirksamkeit einer Erfahrung von Wahrheit, die weder auf empirische Evidenzen noch auf andere, dem Wissen transzendente Kräfte zurückgreifen darf, soll sie als Kraftquelle für philosophisches Wissen dienen. Emanzipierende Kritik kommt nach dem bisher gesagten ohne diese Einschränkung aus. Zwar verdankt auch sie sich der Existenz sperrigen Wissens als eigenständig selbstformend wirksamen Wissens, aber die zum herrschenden Wahrheitsregime alternative Erfahrung von Wahrheit, die es erschließt, muss nicht auf empirische Evidenzen verzichten – im Gegenteil, als Genealogie des herrschenden Wahrheitsregimes stützt sie sich auf Quellen zu den historischen Kämpfen, aus denen unser heutiges Wahrheitsregime hervorging. Nicht die Exklusivität der Wirksamkeit, die Gegnerschaft zum herrschenden Wahrheitsregime bestimmt dieses Wissen. Das lässt die Möglichkeit offen, in der beide Formen wirksamen Wissens zusammenfallen – aber sie tun das nicht notwendigerweise. Vielleicht bietet ihr Spiel aus Nähe und Distanz zueinander eine Erklärung für die Schwierigkeiten, die es sowohl bereitet, Foucaults Kritik als Philosophie zu verstehen, als auch, sie nicht als Philosophie zu begreifen.

Mit dieser Erläuterung von Gehalt, Funktionsweise und epistemischem Status des sperrigen Wissens als Genealogie des herrschenden Wahrheitsregimes (Gehalt), die dessen Grenzziehungen als kontingent und politisch kostspielig offenbart (Funktionsweise) und dafür eine doppelte Rechtfertigung – in Bezug auf die Richtigkeit seiner Diagnose und die Überzeugungskraft seiner alternativen Erfahrung von Wahrheit – leisten muss (epistemischer Status), können wir auf zwei der drei Fragen nach der Quelle seiner Wirksamkeit, nach den Konsequenzen für das Verständnis von Wahrheit und nach dem Verhältnis von (sperrigem) Wissen, Wahrheit und Kraft antworten.

Sperriges Wissen als Genealogie des herrschenden Wahrheitsregimes bezieht seine Kraft, mit der es auf die Subjektivitäten derjenigen einwirkt, die ihm begegnen, aus einer alternativen Erfahrung von Wahrheit, die nicht ganz dem herrschenden Wahrheitsregime unterworfen ist. Damit ist eine Pluralität von Wahrheit vorausgesetzt, die gleichwohl Wahrheiten nicht einfach friedlich koexistieren lässt, wie es die Relativierung von Wahrheit als »Wahrheit für X« tut. Sperriges Wissen auszubuchstabieren stellt also zwei Bedingungen an das Verständnis von Wahrheit, die zusammengenommen sehr anspruchsvoll sind: Wahrheit muss plural gedacht werden können, ohne pazifiziert zu werden, ohne also ihre Agonalität zu verlieren.

Blickt man zurück auf das Bild freilassender Kritik, in dem sich Foucaults Kritikmodell verortet, scheinen diese Anforderungen allein der spezifischen Art und Weise geschuldet zu sein, in der Foucault Kritik konzipiert, nicht aber dem freilassenden Bild von der Tätigkeit des Kritik-Übens zu entspringen. Geuss' Ideologiekritik, so könnte man meinen, führe diese Bedingungen nicht mit sich und sei insofern vorzuziehen, weil nicht unmittelbar ersichtlich ist, dass diese Bedingungen sich überhaupt zugleich erfüllen lassen.

Doch obzwar richtig ist, dass Geuss' Modell emanzipierender Kritik ohne diese Anforderungen an das Verständnis von Wahrheit auskommt, ist das Bild emanzipierender Kritik enger mit ihnen verbunden, als dieser Sachverhalt suggeriert. Denn Geuss' emanzipierende Ideologiekritik setzt nur deshalb nicht notwendig ein Verständnis von Wahrheit als zugleich plural und agonal voraus, weil das Kritikmodell seinem eigenen Bild von Kritik nach nicht als theoretische Praxis im Medium des Wissens kritisch ist. Eine kritische theoretische Praxis im Bild freilassender Kritik muss, so hatte ich argumentiert, ihre eigene theoretische Praxis selbstreflexiv als Emanzipation fassen können, also als Freilassung im Medium des Wissens. Genau darin besteht ein entscheidender Unterschied zwischen Geuss' und Foucaults Kritikmodellen: nur letzteres ist in diesem Sinn selbstreflexiv. Foucaults spezifisches Modell der Kritik konzipiert die kritische Tätigkeit so, wie wir die theoretische Tätigkeit des Reflektierens auf Kritik im Bild freilassender Kritik verstehen müssen, wenn wir an einer kritischen Theorie interessiert sind. Nicht schon auf der Ebene der Tätigkeit des Kritik-Übens, sehr wohl aber auf der Ebene der theoretischen Reflexion stellt das Bild freilassender Kritik also die beiden Bedingungen an den Begriff der Wahrheit, diesen plural und agonal zugleich denken zu können, die wir aus der Erläuterung des sperrigen Wissens gewonnen haben.

Nicht beantwortet ist bisher die dritte Frage nach dem Verhältnis von Wissen, Wahrheit und Kraft. Die Schwierigkeit dabei tritt jetzt offen zutage: Wie eigentlich verstehen wir Wahrheit, so dass sie plural und agonal zugleich ist? Dieser Frage wende ich mich erst in Kapitel 7 zu, da uns das nächste Kapitel noch einen wichtigen

Baustein für meine Antwort auf diese Frage liefern wird. An dieser Stelle möchte ich zunächst Bilanz ziehen, um deutlich zu machen, wohin uns die Pluralisierung von Kritik, die Explikation des Bildes emanzipierender Kritik und die Bestimmung von Gehalt, Funktionsweise und epistemischem Status ihres sperrigen Wissens geführt haben. Präzisieren möchte ich zudem, was ich bisher als »Erschließen einer alternativen Erfahrung von Wahrheit« über die Analogie zum philosophischen Wissen und seine Konstruktion einer Erfahrung von Wahrheit eingeführt, aber kaum erläutert habe. Nicht zuletzt kann ich so noch einmal klarstellen, welche Rolle der Begriff eigenständig selbstformend wirksamen Wissens für das Modell emanzipierender Kritik spielt – und was wir umgekehrt aus diesem Modell über den Begriff gelernt haben.

## 5.3 Die Wahrheit emanzipierender Kritik

Mein Ausgangspunkt war einfach: Auf Kritik zu reflektieren bedarf einer Vorstellung von der Tätigkeit des Kritik-Übens, und dieses »Bild der Kritik« bestimmt wiederum maßgeblich, welche Aufgaben die theoretischen Reflexionen auf Kritik haben. Von den vielen Bildern der Kritik habe ich drei untersucht, die Kritik-Üben entweder als Vermessen, als Stören oder als Emanzipieren darstellen. Zunächst habe ich ausführlich diskutiert, dass sich diese Pluralisierung von Kritik nicht durch das Insistieren auf ihre »normativen Maßstäbe« verhindern lässt, da dieses Argument nur im Bild vermessender Kritik funktioniert. Anschließend habe ich Foucaults spezifisches Modell emanzipierender Kritik als eine Diagnose der Gegenwart interpretiert, deren sperriges Wissen uns präfigurativ von der je diagnostizierten »Wirklichkeit« emanzipiert.

Diesem sperrigen Wissen wird damit große Wirksamkeit zugeschrieben – es ist eine besondere Form eigenständig selbstformend wirksamen Wissens, insofern es die gegenwärtigen Existenzbedingungen wahrheitswertfähiger Erkenntnisse angreift. Meine Explikation von Gehalt, Funktionsweise und epistemischem Status sperrigen Wissens ging von dieser Besonderheit aus und ergab, dass sperriges Wissen eine Genealogie zumindest einiger der zum herrschenden Wahrheitsregime gehörenden Existenzbedingungen von Erkenntnissen liefern muss (Gehalt), die deren Kontingenz und damit ihre Überschreitbarkeit belegt sowie den Preis beziffern kann, den wir für die von uns gewohnten Wahrheiten entrichten müssen (Funktionsweise). Dafür bedarf es einer doppelten Rechtfertigung, um einerseits darzulegen, dass die diagnostizierten Existenzbedingungen tatsächlich herrschen, und um andererseits zu begründen, inwiefern diese Diagnose bereits ihre Transformation von notwendig-natürlichen zu kontingenten und überschreitbaren Grenzen beinhaltet (epistemischer Status). Die Quelle der eigenständigen Wirksamkeit sperrigen Wissens besteht demnach darin, eine andere Erfahrung von Wahrheit vorstellbar zu machen, die nicht vollständig dem herrschenden Wahrheitsregime unterliegt, aber an es gebunden bleibt.

An dieser Stelle möchte ich die angekündigte Präzisierung vornehmen: Während wir in Kapitel 4 gesehen haben, dass das philosophische Wissen auf der Konstruktion einer Erfahrung von Wahrheit (bzw. von der Immanenzebene) beruht, die zumeist nicht eigens expliziert wird und die der Beschränkung unterliegt, nicht auf empirische Demonstrationen, Offenbarungen, Autorität oder Ähnliches Bezug nehmen zu dürfen, sondern ganz innerhalb des Wissens verbleibt, habe ich schon in Bezug auf das sperrige Wissen emanzipierender Kritik nur vom »Erschließen«, nicht vom »Konstruieren« einer Erfahrung von Wahrheit gesprochen. Der Unterschied liegt darin, dass das sperrige Wissen nicht derart intern verfahren muss wie das philosophische Wissen. Als Genealogie des gegenwärtigen Wahrheitsregimes beschreibt es vielmehr jene Praktiken und Kämpfe, in denen die Existenzbedingungen wahrheitswertfähiger Aussagen festgelegt werden, was zumindest in Foucaults Variante der Genealogie ein ausgesprochen empiriehaltiges Unterfangen ist. Weder das herrschende Wahrheitsregime noch die präfigurierte alternative Erfahrung von Wahrheit des sperrigen Wissens muss als rein interne verstanden werden – dies ist eine Bedingung der Philosophie, nicht der Kritik.

Eine alternative Erfahrung von Wissen zu erschließen, verweist demnach zuerst auf einen größeren Freiheitsgrad der Kritik – und auf eine Ermäßigung ihrer Aufgabe. Es meint nämlich nicht mehr (aber das ist schon viel!), als ein Ensemble von sozialen Praktiken ausweisen zu können, in denen Wahrheit geschaffen wird, ohne dass diese Wahrheit dem herrschenden Wahrheitsregime unterworfen ist. Praktiken, in denen wir Wahrheit erschaffen, kennen wir viele:

Wissenschaftliche Praktiken aller Art – von Experimenten in der Chemie über die Erfindung von Beweisen in der Mathematik bis zu den Lektürepraktiken in den Literaturwissenschaften – mögen uns dabei zuerst einfallen, aber auch in den juristischen Praktiken etwa von Gerichtsverhandlungen wird Wahrheit auf eigene Weise erzeugt, und auf wiederum andere Art kann eine politische Revolution oder auch nur eine Demonstration die Manifestation einer neuen Wahrheit – das Volk ist der Souverän, Frauen haben Rechte, Arbeiter*innen gehören zum *demos* – hervorbringen.[104] An diese Praktiken als besondere »Erfahrungen von Wissen« anzuschließen bedeutet demnach, die darin geltenden Existenzbedingungen für wahrheitswertfähige Aussagen darzustellen und für das Wissen der Kritik zu reklamieren. Foucaults Bücher sind gespickt mit solchen Rekonstruktionen von Wahrheitspraktiken – die er zugleich stets so in ihrem historischen Wandel beschreibt, dass alternative Existenzbedingungen zu jenen, die heute in ihnen gelten, aufscheinen und damit die Veränderbarkeit des gegenwärtigen Wahrheitsregimes signalisieren, ob nun in der Kunst, in der Folter oder der Ökonomie der Lüste.[105]

Wahrheit muss dazu auf eine Weise verstanden werden können, das wird an dieser Erläuterung überdeutlich, die sie materialistisch in sozialen Praktiken verortet und eine Pluralisierung von Wahrheit (und damit ihre Historisierung) ermöglicht, ohne ihre Agonalität preiszugeben (was in den Relativismus führen würde). Mein Vorschlag wird deshalb lauten, Wahrheit als Kraft zu verstehen, doch kann ich ihn erst in Kapitel 7 präsentieren, da wir im nächsten Kapitel noch einen weiteren begrifflichen Baustein dafür kennenlernen werden. An dieser Stelle möchte ich stattdessen zwei Beiträge des Begriffs eigenständig selbstformend wirksamen Wissens für die Diskussion über die Begriffe von Kritik festhalten.

Erstens habe ich am Ende des letzten Abschnitts argumentiert,

104 Auf diese Beispiele komme ich in Kapitel 7.2 zurück.

105 Vgl. zur Kunst Michel Foucault, *Wahnsinn und Gesellschaft. Eine Geschichte des Wahns im Zeitalter der Vernunft*, Frankfurt/M. 1989, S. 543-545; Michel Foucault, »Dies ist keine Pfeife (Nr. 53)«, in: *Dits et Écrits I*, Frankfurt/M. 2001, S. 812-830, zur Folter Michel Foucault, *Überwachen und Strafen. Die Geburt des Gefängnisses*, Frankfurt/M. 2004, S. 44-57, und zu den Lüsten Foucault, *Der Wille zum Wissen*, S. 151-153; Michel Foucault, »Das wahre Geschlecht (Nr. 287)«, in: *Dits et Écrits IV*, Frankfurt/M. 2005, S. 142-152, hier S. 146-149.

dass Foucaults Kritikmodell mit seinen epistemologischen Voraussetzungen eine allgemeine Erkenntnis zum Bild emanzipierender Kritik beisteuert: Emanzipierende Kritik muss das von ihr geschaffene Wissen als eigenständig selbstformend wirksames Wissen verstehen, jedenfalls solange sie ihre eigene theoretische Praxis als kritische begreifen möchte. Der Begriff eigenständig selbstformend wirksamen Wissens ist also erforderlich, um die allgemeinen epistemologischen Voraussetzungen kritischer Theorien emanzipierender Kritik zu explizieren. Er liefert insofern einen unmittelbaren Beitrag zum Verständnis dieses besonderen Bildes der Kritik.

Das mag zunächst wenig erscheinen, fristet dieses Kritikverständnis doch in der Debatte um Kritik, die sich überwiegend im Bild vermessender Kritik abspielt, eine geringe Rolle. Aber wie der Begriff eigenständig selbstformend wirksamen Wissens wird auch das Bild emanzipierender Kritik häufiger (implizit) in Anspruch genommen, als die gegenwärtige Debatte zu erkennen erlaubt. Wir haben bereits gesehen, dass Geuss' Ideologiekritik ebenfalls ein Modell im Bild emanzipierender Kritik ist, selbst wenn es ihm nicht gelingt, die eigene theoretische Praxis gemäß seiner emanzipierenden Vorstellung von Kritik-Üben zu konzipieren. Ein weiteres Modell, das wir bereits in Kapitel 2.1 kennengelernt haben, aber erst jetzt als Modell emanzipierender Kritik verstehen können, ist Adornos. Philosophie als Deutung ist eine zerstörende Kritik dessen, was sie deutet: Sie befreit uns von dem kritisierten Gegenstand. Dass Adornos theoretische Reflexionen auf diese Tätigkeit des Kritik-Übens implizit auf einen Begriff eigenständig wirksamen Wissens zurückgreifen, habe ich ausführlich rekonstruiert. Obwohl Adornos und Foucaults Kritikmodelle sich in den Details stark voneinander unterscheiden, teilen sie dasselbe Bild von emanzipierender Kritik und die damit verbundenen epistemologischen Voraussetzungen.[106] Zu diesen gehört, so wissen wir aus dem letzten Abschnitt, ein Verständnis von Wahrheit als plural und agonal – und Adorno und Horkheimer nehmen genau solch ein Verständnis von Wahrheit in Anspruch, auch wenn sie es (wie Foucault) nicht ausreichend explizieren. Der Begriff eigenständig selbstformend wirksamen Wissens hilft uns also nicht nur dabei, die epistemologischen Voraussetzungen emanzipierender Kritik zu erläutern, er macht auch die

106 Vgl. zu diesen Affinitäten Vogelmann, »Biopolitics as a Critical Diagnosis«.

immer wieder beobachtete Nähe zwischen den Kritikmodellen von Adorno und Foucault verständlich:[107] Wie wir jetzt sagen können, haben sie das Bild von Kritik als emanzipierend und die Annahme eigenständig selbstformend wirksamen Wissens gemein, auch wenn sie es anders ausmalen.

Zweitens lässt sich rückblickend die Gefahr unkritischer theoretischer Reflexionen (in allen Bildern der Kritik) deutlicher bestimmen. Sie besteht nicht in der etwas lächerlichen Aberkennung des Ehrentitels »kritisch«, sie liegt in der Übernahme eines Selbstverständnisses der eigenen theoretischen Praxis, das diese missversteht, ja gegen ihre eigene Intention verdreht. Dafür können wir abermals an das Argument Horkheimers anknüpfen: Wer die eigene theoretische Praxis in Kontinuität mit der »normalen« – »bürgerlichen« – Vorgehensweise von Philosophie oder Sozialtheorie begreift (ob explizit oder implizit), unterwirft ausgerechnet die eigene Wissensproduktion einer Konzeption von Wissen, die kritischer Theorie zuwiderläuft. Im besten Falle schwächen kritische Theoretiker*innen so nur ihre eigene Kritik, wahrscheinlicher aber ist, dass sie damit auch andere Theoretiker*innen beeinflussen, weil ihr Wissen ja nicht unwirksam wird, nur weil sie es so missverstehen. Wie Horkheimer deutlich macht (Kapitel 2.2), ist die eigenständige Wirksamkeit traditionellen Wissens keineswegs gering, auch wenn sie ungedacht bleibt – vielleicht ist sie sogar effektiver, solange sie unerkannt wirken kann. Der Begriff eigenständig selbstformend wirksamen Wissens leistet insofern einen wichtigen Beitrag zum Selbstverständnis kritischer Theorien, solange sie daran interessiert sind, noch Theorie kritisch zu betreiben. Angesichts einer Entwicklung zumindest in der Frankfurter Spielart kritischer Theorie, die

107 Unter anderem haben Interpret*innen auf die Adorno und Foucault gemeinsame »mitleidende Aufmerksamkeit auf die Leiden des menschlichen Körpers« (Axel Honneth, »Foucault und Adorno. Zwei Formen einer Kritik der Moderne«, in: ders., *Die zerrissene Welt des Sozialen. Sozialphilosophsche Aufsätze*, Frankfurt/M. 1990, S. 73-92, hier S. 82) gelenkt, auf ihr kantisches Erbe in ihren Kritikmodellen (vgl. Deborah Cook, »Adorno, Foucault and Critique«, in: *Philosophy & Social Criticism* 39 (2013), S. 965-981) oder auf ihre verwandte Auffassung von Geschichte (vgl. Allen, *Das Ende des Fortschritts*, Kapitel 5; Peggy H. Breitenstein, *Die Befreiung der Geschichte. Geschichtsphilosophie als Gesellschaftskritik nach Adorno und Foucault*, Frankfurt/M., New York 2013). Zum letzten Stand der Debatte vgl. Deborah Cook, *Adorno, Foucault and the Critique of the West*, London 2018.

sich in ihrer theoretischen Praxis in den letzten fünf Jahrzehnten mehr und mehr der klassischen Praxis der Philosophie unterworfen hat, könnte die Reflexion auf die eigene theoretische Praxis mithilfe des Begriffs wirksamen Wissens daher eine wichtige Ressource bilden, um zu einer anderen Praxis in der Theorie vorzustoßen.

# Kapitel 6: Das interne Verhältnis von Wahrheit und Politik

Wir haben die epistemischen Voraussetzungen emanzipierender Kritik sowie den Gehalt, die Funktionsweise und den epistemischen Status ihres sperrigen Wissens im letzten Kapitel bis zum Desiderat verfolgt, ein Verständnis von Wahrheit zu entwickeln, das diese zugleich plural und agonal denkt. Bevor ich im dritten Teil meine für ein solches Wahrheitsverständnis stehende Formel »Wahrheit als Kraft« erläutere, möchte ich in diesem Kapitel die Signifikanz der beiden Anforderungen Pluralität und Agonalität aus einer anderen Perspektive bekräftigen. Einerseits dient das der Vergewisserung, dass beide Bedingungen an das Wahrheitsverständnis nicht nur dem Bild emanzipierender Kritik oder, noch spezieller, den theoretischen Reflexionen im Rahmen von Michel Foucaults Kritikmodell geschuldet sind. Am Beispiel der kontroversen Diagnose eines »postfaktischen Zeitalters« werde ich demonstrieren, dass Pluralität und Agonalität von Wahrheit zwei zentrale Einsichten der politischen Philosophie zum Verhältnis von Wahrheit und Politik darstellen. Ihre vermeintliche Unvereinbarkeit erschwert es gegenwärtig, eine angemessene Erwiderung auf die Zeitdiagnose der »Postfaktizität« zu formulieren, die falsch, ja gefährlich ist. Zwar liegt ihr ein wirkliches und drängendes Problem zugrunde, doch stellt die Diagnose eines »postfaktischen Zeitalters« dieses Problem in Begriffen, die seine Diskussion und erst recht seine Lösung behindern. Andererseits liefert der Begriff eigenständig wirksamen Wissens den Schlüssel, um zum Kern des echten Problems, nämlich des Verhältnisses von Wahrheit und Politik, vorzudringen. Er erlaubt, diese Beziehung als interne zu explizieren und so die scheinbare Unvereinbarkeit der beiden Einsichten der politischen Philosophie in die Pluralität und Agonalität von Wahrheit zu überwinden.

Um beide Ziele zu erreichen, stelle ich zunächst die angesprochene Diagnose eines »postfaktischen Zeitalters« vor – sowie Gründe dafür, sie epistemologisch und politisch als falsch und autoritär zu bewerten (6.1). Anschließend präsentiere ich die beiden Einsichten der politischen Philosophie zum Verhältnis von Wahrheit und

Politik, deren scheinbarer Widerstreit es so schwierig macht, das der falschen Diagnose zugrunde liegende richtige – und drängende – Problem begrifflich angemessen zu fassen (6.2). Zuletzt zeige ich, inwiefern uns der Begriff eigenständig wirksamen Wissens dabei hilft, diese Blockade zu lösen, weil er uns dazu zwingt, jede Form epistemischer Souveränität preiszugeben. Indem wir dieser im Begriff eigenständig wirksamen Wissens impliziten epistemologischen Voraussetzung Folge leisten, gelingt es, die scheinbar widerstreitenden Einsichten in die Pluralität und Agonalität von Wahrheit zu vereinbaren (6.3). Damit finden wir eine bessere Diagnose als die des »postfaktischen Zeitalters« und sind gut gerüstet, um im dritten Teil des Buches die Formel »Wahrheit als Kraft« als das dem Begriff eigenständig wirksamen Wissens angemessene Verständnis von Wahrheit zu erläutern.

## 6.1 Das richtige Problem der falschen Diagnose eines »postfaktischen Zeitalters«

Hat die Politik, hat die Gesellschaft, haben am Ende »wir« den Respekt vor oder gar das Interesse an Wahrheit verloren? Das jedenfalls behauptet die Zeitdiagnose, der zufolge wir heute im »postfaktischen Zeitalter« leben. Ganz neu ist sie nicht: Der Dramatiker Steve Tesich prägte den Begriff »post-truth« (den wir mit »postfaktisch« übersetzen) bereits 1992,[1] um die nordamerikanische Öffentlichkeit für ihre schweigende Akzeptanz der Lügen anzuklagen, welche die Administration von George Bush (Senior) vor Beginn des ersten Irakkrieges verbreitete. Seine Diagnose ist drastisch:

> Wir verwandeln uns rasch in das Vorbild eines Volkes, nach dem totalitäre Monster in ihren wildesten Träumen geifern. Bis heute mussten alle Diktatoren hart daran arbeiten, die Wahrheit zu unterdrücken. Wir jedoch sagen mit unseren Handlungen, dass das nicht länger notwendig ist und

1 Der Begriff »post-factual« taucht sogar noch früher auf, nämlich 1985 in einer Diskussionsrunde über die Freiheit der Presse und die Objektivität von Journalist*innen, veranstaltet von *Harper's Magazine* an der New School for Social Research in New York (vgl. Frances FitzGeralds Redebeitrag in Frances FitzGerald u. a., *Can the Press Tell the Truth? Harper's*, Bd. 270, New York 1985, S. 48). Ich danke Martina Overbeck für den Hinweis.

dass wir uns eine geistige Methode angeeignet haben, welche die Wahrheit von jeder Bedeutung entkleiden kann. Auf fundamentale Weise haben wir, als freies Volk, entschieden, dass wir in einer Art postfaktischer Welt [*post-truth world*] leben wollen.[2]

Die Diagnose verfing 1992 nicht, ebenso wenig wie 2004, als Ralph Keyes das erste Buch veröffentlichte, das den Ausdruck »postfaktisches Zeitalter« im Titel führt.[3] Heute ist uns diese Diagnose vertraut, spätestens seit die Oxford Dictionaries und die Gesellschaft für deutsche Sprache »post-truth« bzw. »postfaktisch« zum Wort des Jahres 2016 gewählt haben.[4] In der Zwischenzeit hat die Popularität der Diagnose noch zugenommen, wie sich am steigenden Gebrauch des Begriffs »postfaktisch« in der breiten Öffentlichkeit und in wissenschaftlichen Publikationen ablesen lässt.[5] Sie bleibt allerdings vage, weil sie die drei Aufgaben schuldig bleibt, die jede Zeitdiagnose erfüllen muss: bestimmen, was neu ist, wann das Neue begann und inwiefern es von gesellschaftsweiter Bedeutung ist.[6] Diese drei Aufgaben lösen die derzeit kursierenden Fassun-

2 Steve Tesich, »A Government of Lies«, in: *Nation* 254 (1992), S. 12-14, hier S. 13.

3 Vgl. Ralph Keyes, *The Post-Truth Era. Dishonesty and Deception in Contemporary Life*, New York 2004.

4 Vgl. Oxford Dictionaries, »Word of the Year 2016 is…« ⟨https://languages.oup.com/word-of-the-year/2016/⟩, letzter Zugriff am 21. September 2021, und Gesellschaft für deutsche Sprache, »GfdS wählt ›postfaktisch‹ zum Wort des Jahres 2016« ⟨https://gfds.de/wort-des-jahres-2016/#postfaktisch⟩, letzter Zugriff am 21. September 2021.

5 Einige prominente, an die Öffentlichkeit gerichtete Veröffentlichungen sind Romy Jaster, David Lanius, *Die Wahrheit schafft sich ab. Wie Fake News Politik machen*, Stuttgart 2019; Lee McIntyre, *Post-Truth*, Cambridge/MA, London 2018; Ilan Zvi Baron, *How to Save Politics in a Post-Truth Era. Thinking Through Difficult Times*, Oxford 2018; James Ball, *Post-Truth. How Bullshit Conquered the World*, London 2017; Matthew D'Ancona, *Post-Truth. The New War on Truth and How to Fight Back*, London 2017; Vincent F. Hendricks, Mads Vestergaard, *Postfaktisch. Die neue Wirklichkeit in Zeiten von Bullshit, Fake News und Verschwörungstheorien*, München 2017; Daniel J. Levitin, *Weaponized Lies. How to Think Critically in the Post-Truth Era*, New York/NY 2017. Stärker fachwissenschaftliche Beiträge finden sich z. B. in Michael A. Peters u. a. (Hg.), *Post-Truth, Fake News. Viral Modernity & Higher Education*, Singapore 2018, oder in Mikael Stenmark u. a. (Hg.), *Relativism and Post-Truth in Contemporary Society. Possibilities and Challenges*, Cham 2018.

6 Vgl. Frieder Vogelmann, »Unwissenschaftlich, unphilosophisch, unkritisch? Zeitdiagnostisches Wissen im Spiegel der Kritik«, in: Thomas Alkemeyer u. a. (Hg.), *Gegenwartsdiagnosen. Kulturelle Formen gesellschaftlicher Selbstproblematisierung in der Moderne*, Bielefeld 2019, S. 601-620.

gen der Zeitdiagnose einer »postfaktischen Ära« allenfalls in Ansätzen.

Ich werde daher die Diagnose eines »postfaktischen Zeitalters« anhand von zwei populären Beispielen erläutern, die immer wieder als Belege für sie herangezogen werden, und zugleich drei Gründe liefern, warum uns der Erfolg der Diagnose verwundern sollte (6.1.1). Diese Verwunderung gibt Anlass, die Funktion der Diagnose zu ergründen, die sie in den politischen, wissenschaftlichen und medialen Kämpfen der Gegenwart hat. An ihnen können wir lernen, dass weder die Diagnose noch ihre umstandslose Zurückweisung aussichtsreich ist (6.1.2) – weil sie zwar als Symptom eines wichtigen Problems zu verstehen ist, so werde ich im weiteren Verlauf des Kapitels argumentieren, dieses jedoch weder klar formulieren noch angemessen darauf reagieren kann.

### 6.1.1 Trump und Brexit: Zwei Belege für das »postfaktische Zeitalter«?

Zwei prominente Beispiele veranschaulichen, auf welche Evidenzen sich die Diagnose eines »postfaktischen Zeitalters« stützt – und wecken erste Zweifel an ihr. Erstens behauptete der republikanische US-Präsident Donald Trump, seiner Inauguration hätten 1,5 Millionen Menschen beigewohnt, die sich »auf dem ganzen Platz bis hinunter zum Washington Monument«[7] gedrängt hätten. Mit Luftbildern der Feier konfrontiert, die diese Aussage als falsch erwiesen, hielt sein damaliger Sprecher Sean Spicer gleichwohl daran fest: »Es war das größte Publikum, das jemals einer Inauguration beigewohnt hat, vor Ort und rund um den Erdball – Punktum.« Trumps Beraterin Kellyanne Conway schließlich sprach von »alternativen Fakten«, die das Weiße Haus den von den Medien berichteten Fakten legitimerweise entgegenstelle.[8]

7 The White House, »Remarks by President Trump and Vice President Pence at CIA Headquarters« ⟨https://trumpwhitehouse.archives.gov/briefings-statements/remarks-president-trump-vice-president-pence-cia-headquarters/⟩, letzter Zugriff am 21. September 2021.

8 Die Zitate von Conway und Spicer finden sich in Nicholas Fandos, »White House Pushes ›Alternative Facts.‹ Here Are the Real Ones«, *New York Times*, 22. Januar 2017, ⟨https://www.nytimes.com/2017/01/22/us/politics/president-trump-inauguration-crowd-white-house.html⟩, letzter Zugriff am 28. Mai 2017.

In dieser Episode aus dem Weißen Haus sehen wir, so scheint es, eine an Wahrheit desinteressierte Politik, die aktiv »alternative« Wahrheiten verbreitet und damit exemplarisch für das »postfaktische Zeitalter« steht. Aber wann eigentlich begann dieses Zeitalter? Bereits mit der Erfindung mobiler Massenvernichtungswaffen durch die US-Regierung von George W. Bush, um den zweiten Irak-Krieg zu rechtfertigen? Mit den Lügen, die durch die Publikation der »Pentagon Papers« 1971 aufgedeckt wurden? Mit dem NS-Propaganda-Apparat? Oder doch mit der Dolchstoßlegende, die deutsche Militärs nach dem Ersten Weltkrieg verbreiteten?

Mein zweites Beispiel spielt in Europa, wo die *Vote Leave*-Kampagne im Wahlkampf vor dem Brexit-Referendum in Großbritannien versprach, die bei einem Austritt aus der EU freiwerdenden 350 Millionen Britische Pfund pro Woche an den National Health Service (NHS) zu überweisen. Allerdings ruderte Nigel Farage, als Vorsitzender der UK Independence Party einer der zentralen Akteure von *Vote Leave*, bereits am Morgen nach dem Referendum zurück: »Nein, ich kann das nicht garantieren, und ich hätte diese Behauptung niemals aufgestellt. Das war einer der Fehler, denke ich, den die *Leave*-Kampagne gemacht hat [...].«[9] Ein klarer Fall »postfaktischer« Politik, deren Unwahrheit offenbar wird, sobald sie zur Umsetzung ihrer Versprechen schreiten muss, oder doch nur übliche Wahlkampfstrategie? Was unterscheidet gebrochene Wahlversprechen von postfaktischer Politik?

Beide Beispiele sind ambivalent, weil sie nicht nur die Evidenz der Zeitdiagnose »postfaktisch« verdeutlichen, sondern auch drei Arten von berechtigten Zweifeln an ihr wecken. Erstens sollten wir die *historische* Behauptung anzweifeln, die von der Diagnose eines »postfaktischen Zeitalters« vorausgesetzt wird, da wir kein vorangegangenes »faktisches Zeitalter« finden werden. Selbst wenn sie die Annahme eines »faktischen Zeitalters« explizit dementieren, schulden uns die Diagnostiker*innen des »postfaktischen Zeitalters« Kriterien, um die behauptete Zeitenwende datieren zu können. Es wäre schon ironisch, wenn gerade die Diagnostiker*innen

9 Alan Travis, »The Leave Campaign Made Three Key Promises – Are They Keeping Them?«, *The Guardian*, 27. Juni 2016, ⟨https://www.theguardian.com/politics/2016/jun/27/eu-referendum-reality-check-leave-campaign-promises⟩, letzter Zugriff am 28. Mai 2017.

eines »postfaktischen Zeitalters« der historischen Korrektheit ihrer Behauptung keine Beachtung schenken würden.

Dazu bräuchten sie *konzeptuelle* Kriterien, um beispielsweise Propaganda, Ideologie und politische Lügen von jener Verachtung der Wahrheit abzugrenzen, die mit dem Begriff »postfaktisch« gemeint ist. Daran entzündet sich eine zweite Art von Zweifel, denn entsprechende Vorschläge bleiben bisher dürftig. Das am häufigsten genannte Kriterium ist der Zynismus derjenigen, die postfaktische Aussagen verbreiten. Beispielsweise unterscheiden Vincent F. Hendricks and Mads Vestergaard »postfaktische« Behauptungen von Propaganda oder bloßen Lügen, weil letztere geglaubt werden sollen und daher nicht offen als Propaganda oder Lügen auftreten können: »Das Neue an der postfaktischen Demokratie ist, dass man sich nicht mehr die Mühe geben muss, die Lüge zu verstecken oder den ›Widerspruch‹ mit überprüfbaren Tatsachen zu unterfüttern.«[10]

Doch das dürfte ein allzu naives Verständnis sowohl von »postfaktischen« Äußerungen als auch von Propaganda und Lügen sein. Einerseits ist eine implizite Prämisse des Kriteriums »Zynismus« problematisch, denn vor allem bei komplexeren Fällen lässt sich nur behaupten, »postfaktische« Aussagen sollten nicht geglaubt werden, wenn wir den Zugang zu Wahrheiten für einfach halten. Dagegen protestiert richtigerweise Raymond Geuss:

> [W]as »da draußen« ist, ist normalerweise ein Durcheinander aus Wahrheiten, Halbwahrheiten, Fehleinschätzungen, gleichgültigen Erscheinungen und Illusionen, das beträchtlich bearbeitet werden muss, bevor man irgendetwas davon als »wirklich« akzeptieren kann. [...] Die Wahrheit zu sehen und zu erkennen, erfordert daher die Ausübung einer gewissen Art systematischer Gewalt gegenüber der unausgereiften und formlosen Masse aus unbestimmten Erscheinungen, Wunschdenken, Fantasie, und Halbwahrheiten, in der wir unsere Leben größtenteils verbringen.[11]

10 Vincent F. Hendricks, Mads Vestergaard, »Verlorene Wirklichkeit? An der Schwelle zur postfaktischen Demokratie«, in: *Aus Politik und Zeitgeschichte* 67 (2017), S. 4-10, hier S. 5. So auch Susan Neiman, *Widerstand der Vernunft. Ein Manifest in postfaktischen Zeiten*, Salzburg 2017, S. 13 f., und D'Ancona, *Post-Truth*, S. 26.

11 Raymond Geuss, »A Note on Lying«, in: ders., *A World Without Why*, Princeton/NJ 2014, S. 135-144, hier S. 140.

Jenseits der idealisierten Beispiele, aus denen die einseitige Diät der Philosophie so häufig besteht, ist eben nicht offenkundig, was wahr und was falsch ist.

Andererseits werden Propaganda und politische Lügen häufiger offen als solche verbreitet, als Hendricks und Vestergaard annehmen, da nichts Macht über andere so eindeutig demonstriert, wie wenn man sie dazu zwingen kann, von allen als falsch anerkannte Behauptungen zu bejahen. Bloßer Zynismus ist insofern weder eine hinreichende Erklärung, noch eignet er sich als Kriterium zur begrifflichen Bestimmung »postfaktischer« Aussagen.[12]

Drittens sollten wir aus *erkenntnistheoretischer* Perspektive Zweifel an der Diagnose eines »postfaktischen Zeitalters« haben. Wenn die Wahrheit »nicht auf der Straße in der Sonne liegt und darauf wartet, von allen gesehen zu werden, die ungefähr in ihre Richtung blicken«,[13] dann braucht es harte Arbeit, um sie zu ermitteln. Dass man selbst Wahrheiten erkannt hat, wird vorausgesetzt, wenn man andere als solche beschreibt, die »postfaktische Aussagen« verbreiten. Anstatt der entsprechenden Rechtfertigungen hören wir jedoch Appelle, der Wissenschaft wieder mehr zu vertrauen.[14] Das Problem daran zeigt schon die Frage, welcher Wissenschaft wir vertrauen sollen – etwa einer Wirtschaftswissenschaft, die selbst nach der Erschütterung ihrer Modelle durch die Finanzkrise 2008 unbeirrt an ihrem neoklassischen Dogma festhält?[15] Ohne zu begrün-

12 Vgl. zu Lügen als Machtdemonstrationen Jan-Werner Müller, »Fake Volk? Über Wahrheit und Lüge im populistischen Sinne«, in: *Kursbuch* 189 (2017), S. 113-128, hier S. 127. – Anders als im zitierten Artikel greifen Hendricks und Vestergaard in ihrem Buch – deshalb? – nicht mehr auf dieses Kriterium zurück, bieten aber auch kein neues an. »Postfaktisch« bezeichnen sie nun als Extrempol (vgl. Hendricks, Vestergaard, *Postfaktisch*, S. 100), der als »Idealtyp« verstanden werden sollte und als solcher nicht in Reinform existiert (vgl. ebd., S. 161 f.). Ohne alternatives Kriterium ist das kaum anders denn als Immunisierungsstrategie zu verstehen.

13 Geuss, »A Note on Lying«, S. 140.

14 Vgl. z. B. McIntyre, *Post-Truth*, Kapitel 7; D'Ancona, *Post-Truth*, S. 36.

15 Vgl. dazu David Colander u. a., »The Financial Crisis and the Systemic Failure of the Economics Profession«, in: *Critical Review* 21 (2009), S. 249-267; Ricardo J. Caballero, »Macroeconomics after the Crisis. Time to Deal with the Pretense-of-Knowledge Syndrome«, in: *The Journal of Economic Perspectives* 24 (2010), S. 85-102; Arne Heise u. a., *Das Ende der Heterodoxie? Die Entwicklung der Wirtschaftswissenschaften in Deutschland*, Wiesbaden 2017.

den, wie wir gerechtfertigterweise und nicht bloß blind vertrauen können, verwandeln sich diese Appelle in Aufrufe, weniger kritisch zu sein – was insbesondere dann eine schlechte Idee wäre, wenn wir wirklich in einem »postfaktischen Zeitalter« mit seiner Herrschaft von »fake news« und falschen Expert*innen leben würden.

### 6.1.2 Mit (Un-)Wahrheit kämpfen

Wenn die beiden Beispiele, die für eine Diagnose des »postfaktischen Zeitalters« sprechen sollen, stattdessen eher historische, konzeptuelle und epistemologische Zweifel hervorrufen, warum ist die Diagnose dennoch so populär?

Weil sie in einer Reihe von Kämpfen in der Politik, in den Wissenschaften und in den Medien nützlich ist, um darin nicht nur die Deutungshoheit zu gewinnen, sondern auch Allianzen über die verschiedenen Kämpfe hinweg zu schmieden. Selbstverständlich treffen die Diagnostiker*innen des »postfaktischen Zeitalters« dabei auf Widerstand, an dem ich meine zweite These plausibilisieren will: Zwar ist die in politischen, wissenschaftlichen und medialen Auseinandersetzungen nützliche Diagnose eines »postfaktischen Zeitalters« fragwürdig, doch ist ihre bloße Umkehrung ebenso problematisch. Als Kritik der Kritik – also als Kritik der schon kritisch gemeinten Diagnose eines »postfaktischen Zeitalters« – läuft sie Gefahr, sich mit jenen gemein zu machen, die zu kritisieren wir durchaus Grund haben: nur eben anders.

(1) *Politische Kämpfe*. Anhand der beiden genannten Beispiele für politische Kämpfe – Trump und Brexit – können wir die Konfliktlage so beschreiben, dass sich die kritische Diagnose eines »postfaktischen Zeitalters« gegen die Vertreter*innen von Politiken richtet, die dem Nationalstaat auf Kosten der gemeinsamen Weltordnung wieder zu mehr Souveränität verhelfen wollen – und die dazu in Kauf nehmen oder explizit dafür werben, die Gleichberechtigung von Minderheiten und Marginalisierten zu opfern.[16] Aber diese Beschreibung ist bereits umstritten, da unter der »gemeinsamen Weltordnung« ganz Verschiedenes verstanden wird: Für die

16 Den Begriff »Populismus« vermeide ich, weil er mir analytisch wenig hilfreich zu sein scheint und politisch (jedenfalls in Europa) nach wie vor als Abwertung fungiert. Vgl. Eric Fassin, *Revolte oder Ressentiment. Über den Populismus*, Berlin 2019.

einen besteht die »gemeinsame Weltordnung« aus den seit 1945 errichteten globalen Institutionen, um Frieden zu schaffen bzw. zu sichern, demokratische Entwicklung weltweit zu fördern und den materiellen Lebensstandard zu heben. Für die anderen verbirgt sich hinter der »gemeinsamen Weltordnung« die neoliberale Globalisierung seit der Aufkündigung des Bretton-Woods-Systems 1973, die Ausbeutung und Unsicherheit verschärft, die Dominanz des Kapitalismus unter Inkaufnahme kriegerischer Akte ausgebaut und eine Oligarchie globaler liberaler Eliten installiert hat.[17]

Angesichts der unterschiedlichen Bewertungen der »gemeinsamen Weltordnung« ist es aufschlussreich, die präzisen Formulierungen der Diagnosen des »postfaktischen Zeitalters« zu betrachten. Beispielsweise lautet die Begründung der Gesellschaft für deutsche Sprache für die Wahl von »postfaktisch« zum Wort des Jahres 2016 wie folgt:

> Immer größere Bevölkerungsschichten sind in ihrem Widerwillen gegen »die da oben« bereit, Tatsachen zu ignorieren und sogar offensichtliche Lügen bereitwillig zu akzeptieren. Nicht der Anspruch auf Wahrheit, sondern das Aussprechen der ›gefühlten Wahrheit‹ führt im »postfaktischen Zeitalter« zum Erfolg.[18]

Der Subtext dieser zwei Sätze ist nicht zu überhören: »Die da unten« sind plötzlich nicht mehr zufrieden, an dem ihnen zugewiesenen sozialen Ort zu verharren, und erdreisten sich, ihren Protest nicht an den Wahrheiten derjenigen auszurichten, die ihnen diesen Platz zugewiesen haben. Es fällt schwer, in solchen Äußerungen keinen »Klassenkampf von oben« zu hören, in dem der neue »Pöbel« kräftig abgewertet und politisch ausgegrenzt wird.[19] Fast könnte man

17 Vgl. zu diesen beiden (nicht neuen) Beschreibungen exemplarisch Jürgen Habermas, *Im Sog der Technokratie. Kleine politische Schriften XII*, Berlin 2013, Teil III, und Wolfgang Streeck, *Gekaufte Zeit. Die vertagte Krise des demokratischen Kapitalismus*, Berlin 2013. Dass diese beiden Positionen das Feld nicht erschöpfen, liegt auf der Hand.

18 Gesellschaft für deutsche Sprache, »GfdS wählt ›postfaktisch‹ zum Wort des Jahres 2016«.

19 Vgl. dazu Michael Hartmann, »Klassenkampf von oben. Die gezielte soziale Desintegration«, *Deutsche Zustände*, Bd. 9, Berlin 2010, S. 267-277. Insofern hat Lorna Finlayson recht, wenn sie schreibt: »Der Begriff ›post-truth‹ ist in erster Linie ein Schimpfwort, das seine Referenten verleumden soll, ohne zu einem besseren Verständnis von ihnen oder ihrer Bedeutung beizutragen.« (Lorna Fin-

auf die Idee verfallen, es sei nur folgerichtig, dass nach Jahrzehnten, in denen die politischen Eliten unter dem Beifall der Medien den Sozialstaat geschrumpft sowie Ungleichheit legitimiert haben, es den von diesen Maßnahmen Betroffenen schwerfallen könnte, den von oben verkündeten »Wahrheiten« zu vertrauen, die ja doch stets nur eines verkünden: ihr seid zu faul, zu gierig, zu undankbar …[20]

Wolfgang Streeck dreht daher den Spieß um und datiert den Anfang des »postfaktischen Zeitalters« auf den Beginn des Neoliberalismus in den 1970er Jahren. Neu sei nicht, dass in der Politik gelogen werde, doch sei mit dem Neoliberalismus »eine neue Art von politischem Betrug in die Welt [gekommen], die *Expertenlüge*«:[21] Steuersenkungen würden zu mehr Steuereinnahmen führen, der Europäische Binnenmarkt bringe allseitiges Wohlstandswachstum und neue Arbeitsplätze, Blasenbildung an den Finanzmärkten sei dank der Weitsicht der Investoren und neuen Instrumenten ungefährlich usw. Deshalb müsse man die gegenwärtige Besorgnis über das »postfaktische Zeitalter« als heuchlerisch bezeichnen, ertöne der Ruf nach Wahrheit doch erst, seit die eigenen Lügen zusammengebrochen seien:

> Erst nach dem Versagen der Postdemokratie – dem Ende der massenhaften Geduld mit den »Narrativen« einer Globalisierung, die in den USA zuletzt nur noch dem obersten Einen Prozent zugutegekommen war – verlangten die Verwalter des herrschenden »Diskurses« nach obligatorischen »Faktenchecks«; bedauerten sie die durch den Zangengriff der globalen Aufmerksamkeitsökonomie einerseits und der nationalen Einsparungen bei der (Aus-)Bildung andererseits verursachten »Defizite«; und verlangten sie als Abhilfe Eignungstests verschiedenster Art als Voraussetzung für die Ausübung des Wahlrechts.[22]

layson, »What to Do with Post-Truth«, in: *Nordic Wittgenstein Review* Special Issue (2019), S. 63-79, hier S. 79.)

20 Vgl. Albrecht von Lucke, »Eindringende Eiszeiten. Der neue Jargon der Verachtung«, *Deutsche Zustände*, Bd. 9, Berlin 2010, S. 257-266.

21 Wolfgang Streeck, »Die Wiederkehr der Verdrängten als Anfang vom Ende des neoliberalen Kapitalismus«, in: Heinrich Geiselberger (Hg.), *Die große Regression. Eine internationale Debatte über die geistige Situation der Zeit*, Berlin 2017, S. 253-273, hier S. 256. Unklar bleibt, was neu an der »Expertenlüge« sein soll. Sicherlich glaubt Streeck nicht, Expert*innen hätten vorher stets die Wahrheit gesagt.

22 Ebd., S. 258.

Streecks Gegen-Diagnose richtet sich vor allem gegen die moralisierende Abwertung derjenigen, die als »Populist*innen« oder von diesen Verführte beschimpft werden und denen jener Mangel an Respekt vor der Wahrheit vorgeworfen wird, der für das »postfaktische Zeitalter« kennzeichnend sein soll. Doch greift seine Umkehrstrategie dort zu kurz, wo zudem eine Kritik derjenigen gefordert wäre, die lautstark eben nicht nur nach nationaler Protektion gegen die Globalisierung schreien, sondern auch gegen Geflüchtete und Migrant*innen hetzen. Den grassierenden Rassismus, der bereits zum Entstehungszeitpunkt von Streecks Essays zu höheren Fallzahlen rassistisch motivierter Verbrechen (insbesondere Gewalttaten) führte, verbrämt Streeck als Problem »kulturelle[r] Symbolik«.[23] Darin wird die Gefahr einer Kritik der Kritik erkennbar: So richtig Streecks polemische Bloßstellung der mit dem Kampfbegriff »postfaktisch« die Wahrheit für sich reklamierenden politischen Eliten ist, so unzureichend bleibt die bloße Umkehrung der Wahrheitsansprüche in ihrer Kritiklosigkeit gegen den Rassismus der damit in Schutz Genommenen.

(2) *Wissenschaftliche Kämpfe.* Zum politischen gesellt sich der wissenschaftliche Kampf. Auf den ersten Blick scheinen Wissenschaftler*innen aller Couleur angesichts der Angriffe auf ihre Ergebnisse und Vorgehensweisen gar nicht anders zu können, als die Wahrheitsmaschine Wissenschaft gegen politische Einflussnahme zu verteidigen, etwa mit dem Science March am 22. April 2017. Auf den zweiten Blick zeigt sich, dass dabei für eine ganz bestimmte Art von Wissenschaft gekämpft wird und dass die Gegner*innen nicht nur im Weißen Haus oder im Lager der Brexiteers sitzen. Vielmehr erleben wir die energische Vorwärtsverteidigung eines neuen Positivismus, der gegen die »postfaktischen« Wahrheitsverleugner*innen jene »guten alten« Tatsachen ins Feld führt, die jedem Streit ein Ende bereiten. Sie müssen nicht nur vor den Verbreiter*innen von

23 Ebd., S. 269. Zahlen des Bundeskriminalamtes von Oktober 2018 zufolge wurde in den ersten neun Monaten des Jahres im Schnitt alle zweieinhalb Tage ein Asylbewerberheim aus rechtsradikalen Motiven angegriffen. Die Zahlen der polizeilichen Kriminalstatistik unterschätzen allerdings schon das Hellfeld erheblich, wie die Studie von Dorina Feldmann u. a., *Klassifikation politisch rechter Tötungsdelikte – Berlin 1990 bis 2008*, Berlin 2018, zeigt. Zur gestiegenen Gewaltkriminalität von rechts sowie Erklärungsansätzen im Überblick vgl. Michail Logvinov, *Rechtsextreme Gewalt. Erklärungsansätze – Befunde – Kritik*, Wiesbaden 2017.

»postfaktischen alternativen Tatsachen« geschützt werden, sondern vor einer anscheinend grassierenden Wirklichkeits- und Wissenschaftsverleugnung, die »die Postmodernen« salonfähig, sogar hegemonial gemacht hätten.[24]

Repräsentativ ist Lee McIntyres Darstellung der These, »die Postmodernen« hätten unser »postfaktisches Zeitalter« vorbereitet. Nachdem er ehrlicherweise zugesteht, wenig über »die Postmodernen« zu wissen, reduziert er ihre Überlegungen auf zwei Thesen: Erstens gebe es keine objektive Wahrheit und zweitens sei jeder Wahrheitsanspruch als Ausdruck der persönlichen Ideologie derjenigen zu verstehen, die ihn erhebe.[25]

> Das bedeutet, dass am Ende alle Wissensansprüche in Wirklichkeit nur Autoritätsbehauptungen sind; es sind Schickanierungstaktiken der Mächtigen, um die Schwächeren zu zwingen, ihre ideologischen Ansichten zu übernehmen. Da es so etwas wie »Wahrheit« nicht gibt, wollen alle, die etwas zu wissen behaupten, uns eigentlich nur unterdrücken, anstatt uns über etwas zu informieren.[26]

Großzügig gesteht McIntyre zwar zu, dass Konzepte wie »Objektivität« und »Wahrheit« Gegenstand kritischer Erörterungen werden dürften, doch »die vollständige Zurückweisung von und Respektlosigkeit gegenüber Wahrheit und Objektivität geht zu weit«.[27] Insbesondere die Naturwissenschaften und ihre Begriffe dürften nicht angetastet werden.

Nun ist diese Darstellung so populär wie falsch. Dabei sollte

24 Eine kleine Auswahl ähnlicher Äußerungen demonstriert, dass diese Attacke schon lange vor den aktuellen politischen Kämpfen begonnen hat: Keyes, *The Post-Truth Era*, Kapitel 9; Paul A. Boghossian, *Angst vor der Wahrheit. Ein Plädoyer gegen Relativismus und Konstruktivismus*, Berlin 2015, S. 9-16; Harry G. Frankfurt, *On Truth*, New York/NY 2006, Kapitel 1; D'Ancona, *Post-Truth*, Kapitel 4; Neiman, *Widerstand der Vernunft*, S. 46-60. Eine begrüßenswerte Ausnahme von dieser Monotonie ist Baron, *How to Save Politics in a Post-Truth Era*, bes. Kapitel 2.

25 Vgl. McIntyre, *Post-Truth*, S. 126. Dass er dort nicht nur Foucault zum Vertreter eines Ideologiebegriffs erklärt, den dieser stets abgelehnt hat, sondern Ideologie auch noch individualistisch versteht und damit konträr zur marxistischen Tradition der Ideologietheorie, die McIntyre kritisieren will, lässt erahnen, was erlaubt ist, solange man »die Postmoderne« attackieren kann.

26 Ebd.

27 Ebd., S. 127.

man zunächst einen Schritt zurücktreten und die beiden Hintergrundüberzeugungen in den Blick nehmen, nach denen wir es mit einem gravierenden Autoritätsverlust der Wissenschaften und einer enormen Breitenwirkung »postmoderner« Theorien zu tun hätten. Beide stehen empirisch auf wackeligen Beinen. Weder in Deutschland noch in den USA lässt sich ein allgemeiner Rückgang des Vertrauens in wissenschaftliche Expertise beobachten, schon gar nicht in den politischen Institutionen. Empirische Studien in den USA deuten darauf hin, dass Religiöse und Konservative die einzigen Gruppen sind, die statistisch signifikant weniger an die Ergebnisse der Wissenschaften glauben.[28] Doch weder Gläubige noch Konservative dürften groß von »der Postmoderne« beeinflusst worden sein, gegen die sie stets gestritten haben. Selbst an den sozial- und geisteswissenschaftlichen Fakultäten ist »postmoderne Theorie« keineswegs tonangebend.[29]

Zweitens funktioniert das Argument, »die Postmoderne« habe das Vertrauen in die Wissenschaft oder zumindest den Wahrheitsbegriff ruiniert, nur dank zweier gezielter Ungenauigkeiten. Mit »der Postmoderne« wird zunächst ein homogener Block aus so unterschiedlichen Denkern wie Michel Foucault, Jean-François Lyotard, Jacques Derrida, Jean Baudrillard und Richard Rorty gebildet,[30] die Bernard Williams kurz »die Verneiner«[31] von Wahrheit nennt.

28 »[D]as Vertrauen der Öffentlichkeit in die Wissenschaft ist seit 1970 nicht weniger geworden, außer unter Konservativen und denen, die regelmäßig in die Kirche gehen.« (Gordon Gauchat, »Politicization of Science in the Public Sphere«, in: *American Sociological Review* 77 (2012), S. 167-187, hier S. 182.) Basis der Studie sind die Daten des seit 1972 jährlich bzw. seit 1994 zweijährlich erhobenen General Social Surveys. Zu Deutschland vgl. Wissenschaft im Dialog/Kantar, *Wissenschaftsbarometer 2020*, Berlin 2020. – Seit dem Ausbruch der Corona-Pandemie wird überdeutlich, wie stark institutionelle Politik auf wissenschaftliche Expertise vertraut. Dass dabei bestehende Ungleichheiten innerhalb der Wissenschaft reproduziert werden, etwa weil neo- und ordoliberaler Ökonomie ein Primat zugesprochen wird, kann ich hier nur festhalten.

29 Vgl. Andreas Fischer-Lescano, »Links, gerecht – und postmodern!«, in: *Blätter für deutsche und internationale Politik* 63.8 (2018), S. 45-48.

30 Diese Liste stammt aus D'Ancona, *Post-Truth*, S. 91. Häufig genannt werden außerdem Friedrich Nietzsche (ebd., S. 93), Edward Said und Paul de Man (in Keyes, *The Post-Truth Era*, S. 136, 141 f.). Dass an »der Postmoderne« auch Frauen – man denke nur an Luce Irigaray oder Julia Kristeva – beteiligt waren, scheint den Herren der Wahrheit entgangen zu sein.

31 Bernard Williams, *Wahrheit und Wahrhaftigkeit*, Frankfurt/M. 2003, S. 17.

Diese polemische Bezeichnung wäre indes kein Problem, würde sie eine echte Gemeinsamkeit aufdecken. Doch Williams sieht die Gemeinsamkeit »der Postmoderne« bzw. »der Verneiner« in einem

> Stil des Denkens, der in überspitzter, herausfordernder oder (wie die Gegner sagen würden) unverantwortlicher Weise die Möglichkeit von Wahrheit überhaupt bestreitet, ihre Wichtigkeit herunterspielt oder behauptet, jegliche Wahrheit sei »relativ« oder kranke an sonst einem Mangel dieser Art.[32]

Damit blendet er Differenzen – etwa zwischen Nietzsche, Foucault und Lyotard[33] – aus, die das Konzept von Wahrheit, seine Historizität und seine Bedeutsamkeit betreffen und insofern wichtig für die behauptete Gemeinsamkeit wären. Aber nehmen wir um des Argumentes willen an, wir würden diese Gemeinsamkeit in der etwas weniger umstrittenen gemeinsamen Behauptung lokalisieren, dass Wahrheit sozial konstruiert und insofern mit Macht verbunden ist. Die zweite gezielte Ungenauigkeit des Arguments verkürzt diese gemeinsame Behauptung darauf, dass Wahrheit nichts anderes als die Ausübung von Macht ist, und setzt anschließend hinzu, daher seien alle Wahrheiten gleich gültig und also Wahrheit gleichgültig.

Doch die ursprünglich geteilte Behauptung impliziert, dass Wahrheiten gerade nicht gleich oder gleichgültig sind. Im Gegenteil, wenn man den genannten Denkern die Behauptung als geteilt zuschreiben kann, so weil sie alle an den Unterschieden in der Art und Weise interessiert sind, wie Wahrheit sozial konstruiert wird. Sie wollen verstehen, warum diese Wahrheiten von unterschiedlicher Bedeutung sind und welche unterschiedlichen Rollen Wahrheit in verschiedenen sozialen Praktiken spielt. Nur indem Williams, McIntyre und mit ihnen all die anderen, die »die Postmoderne« anklagen, unausgesprochen jede Verknüpfung von Wahrheit und Macht in sozialen Praktiken so deuten, dass Wahrheit damit automatisch ungültig wird, können sie »den Postmodernen« Gleichgültigkeit gegenüber Wahrheit vorwerfen. Nichts könnte falscher sein – und nichts könnte die geteilte Behauptung von »den Postmodernen« stärker verunklaren.

32 Ebd., S. 16.

33 Vgl. exemplarisch Nietzsche, »Ueber Wahrheit und Lüge«; Michel Foucault, »Die Wahrheit und die juristischen Formen (Nr. 139)«, in: *Dits et Écrits II*, Frankfurt/M. 2002, S. 669-792; Jean-François Lyotard, *Der Widerstreit*, München 1989.

Allerdings kommt es mir weniger auf eine Verteidigung »der Postmoderne« an als darauf, in der Kritik an ihr die Frontlinie in den wissenschaftlichen Kämpfen zu erkennen, die mit dem Begriff »postfaktisch« gezogen wird. Sie richtet sich gegen kritische Ansätze in den Wissenschaften – das heißt kritische Theorien in einem weiten Sinne, ob nun Gender Studies, postkoloniale Theorie, französischer Poststrukturalismus oder Frankfurter kritische Theorie – und prangert diese als unwissenschaftlich und als mitverantwortlich für den Erfolg »postfaktischer« Politiker*innen an. Damit einhergehend wird die selbstkritische Befragung der Wissenschaften beiseitegeschoben; in ihrem Kampf um die Wiederherstellung der vermeintlich verloren gegangenen Autorität »der Wissenschaft« greifen die Diagnostiker*innen des »postfaktischen Zeitalters« häufig auf einen naiven Positivismus zurück und reaktivieren die überholte Vorstellung einer einheitlichen Wissenschaft. Das dokumentieren Slogans wie »Zu Fakten gibt es keine Alternative!« auf dem March for Science, die Armin Nassehi zu Recht als »Wissenschaftskitsch« kritisiert hat,[34] genauso wie die idealisierende Verteidigung einer Einheit der Wissenschaft bei McIntyre, der dafür sogar bereit ist, die Mathematik aus den Wissenschaften auszugemeinden.[35]

Dabei ignoriert der neue Positivismus die wissenschaftlichen Arbeiten über wissenschaftliches Arbeiten, insbesondere den größten Teil der Wissenschaftsgeschichte und -philosophie, die diese Einheit seit langem bezweifeln: von Thomas Kuhns Analyse der Paradigmenwechsel in den Wissenschaften, die selbst die Einheit einzelner Disziplinen problematisiert, über Bruno Latours und Steve Woolgars Erkundungen der Laboratorien, in denen wissenschaftliche Fakten wortwörtlich geschaffen werden, bis zu Lorraine Dastons und Peter Gallisons Geschichte wissenschaftlicher Objek-

34 Armin Nassehi, »Die Rolle der Wissenschaften in der modernen Welt«, in: *Beiträge zur Hochschulpolitik* 2/2017, Berlin 2017, S. 6.

35 Vgl. Lee McIntyre, *Wir lieben Wissenschaft. Mit einer wissenschaftlichen Grundhaltung gegen Betrug, Leugnung und Pseudowissenschaft*, Berlin, Heidelberg 2020, S. 88 f. Zur Kritik an der neuen »Wissenschaftsgläubigkeit« vgl. auch Peter Strohschneider, »Wahrheit und Macht. Populistische und szientokratische Kurzschlüsse«, in: Günter Blamberger u. a. (Hg.): *Vom Umgang mit Fakten. Antworten aus Natur-, Sozial- und Geisteswissenschaften*. Paderborn 2018, S. 1-10, hier S. 6 f., und Daniel Martin Feige, »Werden wir von Virologen regiert? Über Wissenschaftsfeindlichkeit und Wissenschaftsgläubigkeit in Zeiten von Covid-19«, in: *Philosophische Rundschau* 67.2 (2020), S. 120-125.

tivitätsvorstellungen und wie unterschiedlich diese die Arbeit von Wissenschaftler*innen anleiten – um nur einige zu nennen.[36]

Problematisch am neuen Positivismus ist nicht, dass er die Ergebnisse dieser Arbeiten bestreitet, denn sie sind umstritten. Problematisch ist, dass solche Aufklärungsarbeiten in eigener Sache mithilfe der Diagnose des »postfaktischen Zeitalters« und der Anklage kritischer Wissenschaftler*innen als Steigbügelhalter*innen postfaktischer Politik autoritär weggewischt werden.[37] In ihrem Wunsch nach starker Ordnung ohne Dissens gleicht die positivistische Beschwörung »alternativloser Fakten« auf irritierende Weise denen, die sie »postfaktisch« schimpft.

Daraus folgt jedoch nicht, dass eine bloße Umkehrung sinnvoll wäre, wie Steve Fullers Buch *Post-Truth. Knowledge as a Power Game* unfreiwillig belegt. Fuller argumentiert darin, dass die Diagnose eines »postfaktischen Zeitalters« zutreffe und zu begrüßen sei, weil sie das Ende überkommener Hierarchien von Expertenwissen und wissenschaftlichen Disziplinen anzeige.[38] Die politischen Ereignisse wie die Wahl von Donald Trump oder der Brexit seien als Geburtswehen eines Zeitalters zu verstehen, in dem Wissen vollständig demokratisiert sei; lobenswert und zu unterstützen sei insofern der fehlende Respekt dieser politischen Akteure vor Expert*innen

36 Vgl. Kuhn, *Die Struktur wissenschaftlicher Revolutionen*; Bruno Latour, Steve Woolgar, *Laboratory Life. The Construction of Scientific Facts*, Princeton 1986; Lorraine Daston, Peter Galison, *Objektivität*, Frankfurt/M. 2007.

37 Ganz zu schweigen von den häufig mit solcher Selbstaufklärung verbundenen Reflexionen auf das Unrecht, in das die Wissenschaften vielfach verstrickt waren und sind, von der begeisterten Unterstützung des Kolonialismus durch Ethnograf*innen oder der Eugenik durch Biolog*innen bis zur Legitimation des Sklavenhandels durch Philosoph*innen, um nur einige Beispiele zu nennen. Vgl. dazu der Reihe nach Daniel Münster, »Postkoloniale Ethnologie. Vom Objekt postkolonialer Kritik zur Ethnografie der neoliberalen Globalisierung«, in: Julia Reuter, Alexandra Karentzos (Hg.), *Schlüsselwerke der Postcolonial Studies*, Wiesbaden 2012, S. 191-202; Marius Turda, »Race, Science, and Eugenics in the Twentieth Century«, in: Alison Bashford, Philippa Levine (Hg.), *The Oxford Handbook of the History of Eugenics*, Oxford 2012, S. 62-79; Jeanette Ehrmann, »›Jenseits der Linie‹. Ausnahmezustand, Sklaverei und Thanatopolitik zwischen Aufklärung und (Post-)Kolonialismus«, in: Daniel Loick (Hg.), *Der Nomos der Moderne. Die politische Philosophie Giorgio Agambens*, Baden-Baden 2011, S. 128-149.

38 Vgl. Steve Fuller, *Post-Truth. Knowledge as a Power Game*, London 2018, Kapitel 1 und 3.

und dass sie zuvor ignorierten Menschen endlich Gehör verschaffen würden.[39] Die Utopie der postfaktischen Gesellschaft beinhalte die »vollständige Demokratisierung von richtig und falsch«,[40] die Unmöglichkeit, sich auf früheren (epistemischen) Erfolgen auszuruhen, und den fortwährenden Zwang, nicht nur Wissen jeweils neu zu schaffen, sondern auch stets die Regeln zu erneuern, nach denen es gewonnen und gewertet werde.

Bewusst provokant affirmiert Fuller alle Vorwürfe, die gegen Vertreter*innen des »postfaktischen Zeitalters« erhoben werden, und sieht darin die Vollendung des Projekts der Science and Technology Studies (STS).[41] Er stellt sich damit epistemisch auf die Seite von Donald Trump oder den Brexiteers (auch wenn er den Brexit politisch ablehnt), verteidigt den militärisch-industriellen Komplex als erfolgreiches Modell, wie brauchbares Wissen erzeugt werden sollte, und fordert die Universitäten auf, die feudale Struktur der Wissensproduktion durch energische Vermarktlichung zu zerschlagen.[42] Vor allem jedoch gelte es einzusehen, dass Politik und Wissenschaft jeweils Machtspiele ohne kategorialen Unterschied seien, in denen es um »modale Macht« gehe, das heißt um die Kontrolle dessen, was als möglich erachtet wird.[43] Sich gegen die Bezeichnung »postfaktisch« zu stemmen, verteidige insofern nur undemokratische Privilegien.

Vielleicht ist dies das drastischste Beispiel dafür, wie schnell eine Kritik der Kritik für Militarismus ebenso eintritt wie für die ungezügelte Herrschaft von Nutzenorientierung und Marktgängigkeit über die Wissensproduktion. Dass Fuller glaubt, die derzeitige Misere der Wissenschaften habe ihre Ursache in unzureichendem Druck zur Verwertbarkeit, hält empirischen Untersuchungen der

39 Fuller denkt dabei an das berühmt gewordene Bonmot von Michael Gove, einem vehementen Brexit-Befürworter: »Die Menschen in diesem Land haben genug von Experten.« (Sky News, »Sky News Interview of Michael Gove with Faisal Islam« ⟨https://www.youtube.com/watch?v=GGgiGtJk7MA⟩, letzter Zugriff am 7 January 2021).

40 Fuller, *Post-Truth*, S. 181 f.

41 Natürlich nicht unwidersprochen: vgl. Sergio Sismondo, »Post-Truth?«, in: *Social Studies of Sciences* 47 (2017), S. 3-6; Michael Lynch, »STS, Symmetry and Post-Truth«, in: *Social Studies of Sciences* 47 (2017), S. 593-599.

42 Vgl. zum Brexit Fuller, *Post-Truth*, S. 9, zum militärisch-industriellen Komplex als Vorbild ebd., S. 81-94, und zur Vermarktlichung ebd., S. 69-81.

43 Vgl. ebd., S. 139-142.

Universitäten und der gewandelten Wissensproduktion nicht nur nicht stand, die zahllosen Diagnosen, die eine Ökonomisierung der Wissenschaft belegen, zeigen zudem, wie wenig sich daraus die von Fuller erhoffte Gleichheit oder der Abbau von Privilegien ergibt.[44] Provokant mag Fullers Buch sein, erhellend ist diese Provokation nicht.

(3) *Mediale Kämpfe.* Ein weiterer Konflikt, in dem die Diagnose eines »postfaktischen Zeitalters« trotz ihrer skizzierten Defizite für eine Partei überaus nützlich ist, betrifft die Massenmedien. Die wichtigste Frontlinie verläuft zwischen den traditionellen Medien und den (gar nicht mehr so) neuen sozialen Medien. Diagnostiker*innen eines »postfaktischen Zeitalters« halten dieses oft für ein Produkt der neuen sozialen Medien. Systematisch trägt dieses Argument beispielsweise der Medienwissenschaftler Jason Hannan vor:

> Wenn wir verstehen wollen, warum Wahrheit das Opfer gegenwärtiger Politik geworden ist, sollten wir sorgfältig das wichtigste Medium unserer Zeit untersuchen, nämlich die sozialen Medien. [...] Der soziale Aspekt der sozialen Medien entscheidet Wahrheitsfragen auf der Basis von Popularität und Stammeszugehörigkeit statt auf der Basis unpersönlicher Logik und wissenschaftlicher Belege. [...] Es wäre naiv zu denken, dass Fakten-Checks irgendwie das Problem der Fake News eindämmen könnten. Denn das Problem ist meiner Ansicht nach viel tiefliegender. Den Fokus auf das wichtigste Medium unserer Zeit zu richten hilft, um nicht nur die Ausbreitung von Fake News zu verstehen, sondern auch den politischen Tribalismus zu erklären, der unsere demokratischen Gesellschaften zersetzt.[45]

Gemäß der Diagnose des »postfaktischen Zeitalters« kämpfen die traditionellen Medien also um Form und Funktion des Journalismus als Standard für öffentliche Kommunikation. Den Gerüchten, Fake News und algorithmisch abgedichteten Echokammern auf der einen Seite stellen sie faktenbasierte Recherchen, sorgfältige Quel-

44 Zum Wandel der Wissensproduktion durch Ökonomisierung vgl. Alfred Kieser, »Unternehmen Wissenschaft?«, in: *Leviathan* 38 (2010), S. 347-367, zu den Folgen für die Universitäten Richard Münch, *Akademischer Kapitalismus. Zur politischen Ökonomie der Hochschulreform*, Berlin 2011, und Norbert Ricken u. a. (Hg.), *Die Idee der Universität – revisited*, Wiesbaden 2014.

45 Jason Hannan, »Trolling Ourselves to Death? Social Media and Post-Truth Politics«, in: *European Journal of Communication* 33 (2018), S. 214-226, hier S. 224; ähnlich D'Ancona, *Post-Truth*, S. 51-60; McIntyre, *Post-Truth*, Kapitel 5.

lenprüfung und Informationen für die allgemeine Öffentlichkeit gegenüber. Die Zeitdiagnose »postfaktisch« ist im medialen Kampf demnach nützlich, weil sie den traditionellen Medien erlaubt, die neuen sozialen Medien in ein denkbar schlechtes Licht zu rücken.

Dass das mit diesem Gebrauch der Diagnose gezeichnete Bild nicht ganz stimmt, dürfte offensichtlich sein: Weder zeichnen sich die Printmedien des Springer-Verlags durch ihre faktenbasierten Recherchen aus noch die *Frankfurter Allgemeine Zeitung*, die *Süddeutsche Zeitung* oder *Die Zeit* durch ihr milieuübergreifendes Publikum. Aus historischer Perspektive sollte man ohnehin davon Abstand nehmen, die politische Fragmentierung der sozialen Medien als Kennzeichen einer neuen Zeit zu deuten, schließlich richteten sich Zeitungen – soweit sie überhaupt von politischen Ereignissen berichteten – im 19. Jahrhundert dezidiert nicht an die allgemeine Öffentlichkeit, sondern an politisch Gleichgesinnte.[46] Der Wandel zur uns vertrauten Form von Massenzeitungen Anfang des 20. Jahrhunderts war einem Umbruch des Geschäftsmodells geschuldet – auf diese Ebene sollten wir auch heute unser Augenmerk richten.

Abermals wäre die bloße Umkehrung falsch, wonach die neuen sozialen Medien nichts mit dem Problem der Beziehung von Wahrheit und Politik zu tun hätten. Eine Absolution der sozialen Medien wäre so naiv wie die politischen Einlassungen der ehemals gut bezahlten Internet-Apologet*innen, die inzwischen bemerkt haben, dass der Wind sich dreht, und nun gehorsam Kritik üben, welche allerdings nur offenbart, wie tief der ideologische Individualismus des Silicon-Valley-Libertarianismus sitzt. Diesen unreflektierten Individualismus teilen sie mit den Diagnostiker*innen eines »postfaktischen Zeitalters«, die gesellschaftliche Phänomene wie »fake news« mit evolutionärer Kognitionspsychologie erklären, ohne auch nur auf die Idee zu kommen, politologische und soziologische Erklärungen berücksichtigen zu müssen.[47] Ein politisch-historisch informierter Blick müsste wie Daniels Geschichte der Beziehung von Medien und Politik darauf hinweisen, dass wir den Konflikt zwischen »neuen« und traditionellen Medien auf der

46 Vgl. Ute Daniel, *Beziehungsgeschichten. Politik und Medien im 20. Jahrhundert*, Hamburg 2018, S. 19.

47 Vgl. exemplarisch Jaster, Lanius, *Die Wahrheit schafft sich ab*; McIntyre, *Post-Truth*.

Ebene der politischen Ökonomie verorten sollten.[48] *Politische* Ökonomie deshalb, weil wir nicht vergessen sollten, wer den Rahmen setzt, innerhalb dessen sich die verschiedenen Geschäftsmodelle gegenüberstehen. Was die sozialen Medien in dieser Hinsicht auszeichnet, ist vor allem, dass sie nicht als Medienkonzerne, sondern als Intermediäre agieren und daher frei von den entsprechenden Verpflichtungen sind, etwa Richtigstellungen zu veröffentlichen. Des Freedman macht dafür allgemein eine politische Perspektive auf die Welt verantwortlich, für die »Regulation ein Hindernis für Innovation«[49] sei und die konkrete Auswirkungen habe:

> Viele Aufsichtsbehörden weigern sich immer noch, Facebook und Google als echte Medienkonzerne anzuerkennen, und verlassen sich stattdessen auf dieselben liberalen Richtlinien, die in den 1990er Jahren entwickelt wurden, um Intermediäre vor Verantwortung für die von ihnen durchgeleiteten Inhalte zu schützen.[50]

Den Konflikt zwischen neuen und alten Medien von ihrer politischen Ökonomie her zu betrachten, um ihn weder zu einem Kampf von Qualität gegen Quantität zu idealisieren noch auf reines Marktgeschehen zu reduzieren, entlastet keine der gegenwärtigen Medien, die alle Anteil daran haben, dass Unwahrheit in der Politik schneller und weiter verbreitet wird. Doch weder lässt sich das »postfaktische Zeitalter« auf sie zurückführen, noch hilft es, für technische Lösungen wie einen automatischen Fakten-Check zu kämpfen.

48 Daniel selbst zieht aus ihrem Vergleich des Verhältnisses von Medien und Politik in Deutschland und Großbritannien vor allem zwei Schlüsse: Erstens sei in beiden Ländern diese Beziehung durch die Existenz eines »Vertrauenskartells« gekennzeichnet, also einer informellen Beziehung von Journalist*innen und Politiker*innen, die auf wechselseitiger Abhängigkeit beruht. Zweitens zeige sich übergreifend die Vorrangstellung der Politik, die über die Ausgestaltung etwa der Gesetze zu Beleidigung den Medien strukturell Grenzen setze und insofern die Beziehung dominiere. Vgl. zusammenfassend Daniel, *Beziehungsgeschichten*, S. 380-390.

49 Des Freedman, »Populism and Media Policy Failure«, in: *European Journal of Communication* 33 (2018), S. 604-618, hier S. 612.

50 Ebd.

## 6.2 Die doppelte Einsicht politischer Philosophie

Die Diagnose eines »postfaktischen Zeitalters« trifft auf drei Arten von offensichtlichen Zweifeln, da die These eines Epochenbruchs nicht ausreichend begründet wird: Weder bekommen wir eine Datierung noch ein begriffliches Kriterium für das Neue in unserer Zeit, mit dem wir verschiedene Datierungsvorschläge diskutieren könnten – auch weil eine konzeptuelle Bestimmung fehlt, die »postfaktische« Aussagen von Ideologie, Propaganda und alltäglichen politischen Lügen differenziert. Darüber hinaus gibt es kurioserweise keine epistemologische Rechtfertigung der Überzeugung, selbst jene Wahrheiten zu kennen und zu respektieren, deren Nichtbeachtung den »Postfaktischen« vorgeworfen wird.

Den Erfolg und die Persistenz der Diagnose trotz dieser historischen, konzeptuellen und erkenntnistheoretischen Zweifel habe ich mit ihrem Nutzen in verschiedenen Kämpfen begründet: In politischen Auseinandersetzungen diskreditiert sie das Gegenüber und ermöglicht es so, nicht auf die politischen Argumente und Einwände der anderen Seite eingehen zu müssen. Beobachten lässt sich diese Verhaltensweise beispielsweise in der Repolitisierung, die zumeist als »Populismus« abgewertet wird. Allerdings haben wir auch gesehen, dass die Umkehrung der Diagnose des »postfaktischen Zeitalters« leicht in die Gefahr gerät, sich mit politischen Kräften gemein zu machen, die in der Tat – etwa aufgrund ihrer rassistischen oder sexistischen Positionen – kritikwürdig sind. Die Falschheit der Diagnose »postfaktisch« bedeutet nicht, dass die so Diskreditierten richtig liegen oder Solidarität verdient hätten.

Analog besteht der Nutzen der Diagnose eines »postfaktischen Zeitalters« in den wissenschaftlichen Kämpfen darin, alle möglichen Ansätze kritischer Wissenschaften zugunsten eines neuen Positivismus zu verwerfen. Kritik an den Verstrickungen von Wissenschaften in Unrecht wird ebenso ohne Diskussion entsorgt wie Einspruch gegen die Vorstellung einer einheitlichen Wissenschaft und ihres linearen Fortschritts. Abermals ist jedoch die Umkehrung der autoritären Abwertungsstrategie keine sinnvolle Alternative, da sie mit der umstandslosen Identifizierung von Machtausübung und Wissensansprüchen einhergeht, deren komplexe Verstrickung es zu analysieren gälte. Gegen den neuen Positivismus durch Aneignung der falschen Diagnose »postfaktisch« den Relativismus ins Feld zu führen, ist wiederum epistemisch und politisch falsch.

Zuletzt habe ich anhand der medialen Kämpfe argumentiert, dass die Diagnose eines »postfaktischen Zeitalters« in ihnen nützlich ist, um auf Seiten der traditionellen Medien gegen die sogenannten sozialen Medien vorzugehen. Ausgeblendet wird dabei sowohl die ambivalente Geschichte der traditionellen Medien als auch die Tatsache, dass viele ihrer Vorwürfe gegen die sozialen Medien auf sie zurückfallen. Der Kampf geht nicht um die Qualität von Beiträgen, sondern um die Geschäftsmodelle verschiedener Medien auf Ebene der politischen Ökonomie. Diese Perspektivverschiebung bedeutet nochmals, dass die Umkehrung der Diagnose »postfaktisch«, die die neuen sozialen Medien freispricht und die individuellen Nutzer*innen zur Verantwortung zieht, so falsch ist wie die Diagnose selbst. Ein drittes Mal sehen wir, dass weder die Diagnose noch ihre Umkehrung uns erschließen, worum gekämpft wird.

Angesichts dieser Zusammenfassung mag es attraktiv scheinen, die Diagnose eines »postfaktischen Zeitalters« zu verwerfen.[51] Doch deren verblüffende Akzeptanz durch die Öffentlichkeit gehört zu den Faktoren, die ein Verständnis dieser Zeitdiagnose erklären muss. Wir sollten sie als Problematisierung verstehen, der zwar ein echtes Problem zugrunde liegt, die es aber nicht vermag, dieses Problem auf befriedigende Weise zu artikulieren. Die Diagnose »postfaktisch« ist eine epistemisch falsche und politisch gefährliche Problematisierung eines echten Problems – aber welches?[52]

51 So z. B. Joshua Habgood-Coote, »Stop Talking about Fake News!«, in: *Inquiry* 62 (2018), S. 1033-1065; Finlayson, »What to Do with Post-Truth«.

52 Eine wichtige Prämisse von Louis Althussers Ideologietheorie ist es, dass in der Ideologie »keineswegs das System der realen Verhältnisse repräsentiert [wird], welche die Existenz der Individuen beherrschen, sondern das imaginäre Verhältnis dieser Individuen zu den realen Verhältnissen, unter denen sie leben« (Louis Althusser, »Ideologie und ideologische Staatsapparate«, in: ders., *Ideologie und ideologische Staatsapparate. 1. Halbband*, Hamburg 2010, S. 37-102, hier S. 78). Deshalb kann man die realen Existenzbedingungen nicht aus der Analyse ideologischer Vorstellungen gewinnen – das wäre nur möglich, wenn sie darin eingehen, wie verzerrt auch immer, so dass Ideologiekritiker*innen nur diese Verzerrung wieder rückgängig machen müssten. Althussers These führt stattdessen dazu, dass man die Produktionspraktiken der Ideologie, nicht deren Inhalte untersuchen muss. Diese Prämisse (aber auch nur diese!) teile ich: Nicht die Problematisierung »postfaktisch«, die Bedingungen, denen sie ihre Existenz verdankt, sind zu analysieren.

Das der Diagnose »postfaktisch« zugrundeliegende Problem ist weder die Medialisierung von Politik mit der damit einhergehenden beschleunigten Verbreitung von Informationen, Gerüchten oder Halbwahrheiten[53] sowie dem Zusammenbruch editorischer Qualitätskontrollen noch die plötzliche Rückkehr von Emotionen in der Politik oder das rhetorische Geschick politischer Demagog*innen. All das spielt eine Rolle, im Kern jedoch ist das Problem das schwierige Verhältnis von Wahrheit und Politik. Fälschlicherweise setzt die Diagnose eines »postfaktischen Zeitalters« voraus, dass wir bereits wissen, welche die normativ ideale Form dieses Verhältnisses wäre: Die Politik sollte demnach die Autorität der Wahrheit respektieren und, falls sie in Konflikt mit der Wahrheit gerät, sollte sie dieser den Vortritt lassen und sich entsprechend korrigieren. Weil das intuitiv plausibel klingt, funktioniert die Diagnose eines »postfaktischen Zeitalters« ohne weitere Thematisierung des Verhältnisses von Wahrheit und Politik.

Um die Schwierigkeiten dieses Verhältnisses vollständig zu erfassen und in die Position zu gelangen, das der Diagnose eines »postfaktischen Zeitalters« zugrundeliegende Problem in davon unabhängigen Begriffen zu formulieren, bedarf es des Umwegs durch die politische Philosophie, zu deren Gründungsfragen zählt, wie mit dem Konflikt zwischen Wahrheit und Politik umzugehen ist. Sie deutet ihn als Aufeinandertreffen zweier Kräfte und vertritt zwei fundamentale Einsichten, die auf den ersten Blick trivial wirken mögen, aber enorm einflussreich sind. Sie lassen sich zusammenfassen in der ernüchternden Erkenntnis, dass Wahrheit selten bis nie dabei hilft, unsere grundlegenden Uneinigkeiten zu lösen, und der strengen Warnung, dass Wahrheit aufgrund ihres absoluten (objektiven) Charakters feindselig gegenüber der Politik ist. Im Folgenden werde ich exemplarische Formulierungen dieser beiden Einsichten von John Rawls (6.2.1) und Hannah Arendt (6.2.2) vorstellen. Zwar sind beide Einsichten weit verbreitet, werden aber von Rawls und Arendt besonders prägnant formuliert. Allerdings stehen sie im Widerstreit zueinander, und die beiden offensichtlichsten Lösungswege – entweder die Rawls-Einsicht oder die Arendt-Einsicht absolut zu setzen und die jeweils andere zu verwerfen – führen geradewegs zu Autoritarismus oder Relativismus (6.2.3). Wir brauchen daher

53 Vgl. Nicola Gess, *Halbwahrheiten. Zur Manipulation von Wirklichkeit*, Berlin 2021.

einen Ausweg, mit dem wir an beiden Einsichten festhalten und die Spannung zwischen beiden aushalten können. Diese Schwierigkeit muss überwinden, wer ein tragfähiges Verständnis des Verhältnisses von Politik und Wahrheit entwickeln möchte. Der Begriff eigenständig wirksamen Wissens hilft dabei, so werde ich in Abschnitt 6.3 argumentieren, wenn wir ihn als Grundbegriff einer nichtsouveränen politischen Epistemologie verstehen.

### 6.2.1 Die Rawls-Einsicht: Der unvermeidliche vernünftige Pluralismus

Die erste Einsicht in das Verhältnis von Wahrheit und Politik verallgemeinert die Idee religiöser Toleranz, die in Europa in den blutigen Kriegen des 16. und 17. Jahrhunderts widerwillig und partiell gelernt wurde. Andere Religionen zu tolerieren, bedeutet diesem Strang liberaler Geschichtsschreibung zufolge, einen besonderen Umgang mit der Tatsache zu finden, dass Menschen in Bezug auf die von ihnen am höchsten geschätzten Wahrheiten auf fundamentale Weise uneinig sind: Obgleich wir selbst bestimmte Wahrheiten wertschätzen und für unausweichlich halten, erkennen wir an, dass andere Menschen andere Wahrheiten als gleichermaßen wichtig und unbezweifelbar betrachten. Und obwohl wir ihre Wahrheiten für falsch halten, sehen wir ein, dass es überzeugende Einwände gegen unsere eigenen Wahrheiten gibt, so dass wir aufgrund dieser Balance die anderen Wahrheiten tolerieren müssen. Wir akzeptieren also, dass wir die gleichwohl von uns für falsch befundenen Wahrheiten anderer nicht widerlegen können und dass andere sie für wahr halten – ohne dadurch unsere eigenen Wahrheiten aufzugeben und zu Relativist*innen oder zu Skeptiker*innen zu werden.[54]

Von dieser Idee der Toleranz ist es nur ein kleiner Schritt zu Rawls' Begriff des vernünftigen Pluralismus. Ihm sind wir bereits in Kapitel 3.2 begegnet, in dem ich Rawls' befriedendes Wissen, seine Bestimmung der vier Aufgaben politischer Philosophie und die dafür eingesetzten Überzeugungstechniken analysiert habe. Das Konzept des vernünftigen Pluralismus fasst prägnant das für Rawls' wichtigste philosophische Merkmal der Gegenwart zusammen, von

54 Vgl. Rainer Forst, *Toleranz im Konflikt. Geschichte, Gehalt und Gegenwart eines umstrittenen Begriffs*, Frankfurt/M. 2003, §1, S. 36f. und §33.

dem politische Philosophie ausgehen und mit dem sie umgehen muss, nämlich dass

> die Vielfalt vernünftiger umfassender religiöser, philosophischer und moralischer Lehren, die wir in modernen demokratischen Gesellschaften finden, kein vorübergehender Zustand ist, der bald verschwinden wird. Sie ist ein dauerhaftes Merkmal der öffentlichen Kultur einer Demokratie. Unter den durch die Grundrechte und Freiheiten freier Institutionen gesicherten Bedingungen wird immer eine Vielzahl konträrer und nicht miteinander zu vereinbarender (und darüber hinaus vernünftiger) Lehren entstehen und bestehen bleiben, falls eine solche Vielfalt nicht bereits bestehen sollte. (PL, I: § 6.2, S. 106)

In Bezug auf das Verhältnis von Wahrheit und Politik enthält Rawls' Beschreibung seines Ausgangspunktes zwei wichtige Feststellungen. Erstens ist der Pluralismus vernünftiger umfassender Lehren weder eine historisch vorübergehende Erscheinung noch ein zu lösendes Problem, sondern eine dauerhafte und zu begrüßende Bedingung moderner demokratischer Gesellschaften. Dass er keine zu überwindende Schwierigkeit darstellt, zeigt sich Rawls zufolge darin, dass eine gerechte und demokratische Gesellschaft den freien Gebrauch der Vernunft ihrer Mitglieder fördert, woraus notwendigerweise ein vernünftiger Pluralismus erwächst. Jeder Versuch, diesen Pluralismus zu überwinden, müsste illegitime Gewalt anwenden. Rawls stellt dem »Faktum eines vernünftigen Pluralismus« daher das »Faktum der Unterdrückung« (PL, I: § 6.2, S. 108) an die Seite, wonach »ein dauerhaftes gemeinsames Verständnis einer umfassenden religiösen, philosophischen oder moralischen Lehre nur durch den repressiven Gebrauch von Staatsgewalt aufrechterhalten werden kann« (PL, I: § 6.2, S. 107). In einer freien und gerechten Gesellschaft ist der vernünftige Pluralismus unausweichlich; vermutlich vermehrt sich die Anzahl vernünftiger Lehren sogar, je länger eine wohlgeordnete Gesellschaft existiert.

Zweitens meint »vernünftiger Pluralismus« mehr als die bloße Anerkennung verschiedener Standpunkte. Erinnern wir uns, dass Rawls unter »Lehren« jeweils Mengen von miteinander verknüpften Urteilen und Begriffen versteht, die basale Werte und deren Rolle in den Lebensplänen von Befürworter*innen dieser Lehren definieren. Natürlich finden wir eine Vielzahl solcher – moralischer, politischer oder ästhetischer – Lehren, doch für Rawls sind nur »vernünftige« Lehren von Interesse. Sie zeichnen sich durch das moralische Ideal der Reziprozität aus, insofern ihre Anhänger sich selbst den fairen Regeln von Kooperation unterwerfen, die sie vorschlagen. Darüber hinaus akzeptieren sie die Bedingung, nur solche Gründe für ihre Lehren vorzubringen, die für die Öffentlichkeit geeignet sind, weil sie nicht voraussetzen, dass alle Gesellschaftsmitglieder einer gemeinsamen Lehre zustimmen.[55] Das Faktum eines vernünftigen Pluralismus bedeutet, dass wir mit einer Vielzahl vernünftiger Lehren rechnen müssen, von denen wir keine als irrational, amoralisch oder einfach falsch widerlegen können. Wahrheit wird insofern vernünftige Uneinigkeit nicht auflösen können;[56] die Vernunft spricht nicht einstimmig.

Rawls' Begründung der Möglichkeit vernünftiger Uneinigkeit allerdings schwächt die philosophische Bedeutung des Faktums eines vernünftigen Pluralismus, denn er führt sie auf (mindestens) sechs Hindernisse zurück, die sich unserer Vernunftausübung in den Weg stellen (vgl. PL, II: § 2.3, S. 130 f.):

(a) Die Evidenz für oder gegen eine Position, die wir abwägen, ist meist komplex und widersprüchlich.
(b) Selbst wenn wir uns auf bestimmte Gründe einigen können, beurteilen wir ihre Schlagkraft unterschiedlich.

55 Vgl. PL, II: § 2.1, 127 f. Rawls ist nicht nur sehr vage in seiner Charakterisierung von »vernünftig«, er verwendet den ursprünglich als Eigenschaft von Personen definierten Begriff auch mehrfach für anderes wie »vernünftige Lehren« oder eben »vernünftigen Pluralismus«. Zu den damit einhergehenden Unklarheiten vgl. Wenar, »Political Liberalism«, S. 38-57; Habermas, »Versöhnung durch öffentlichen Vernunftgebrauch«, S. 82-87.

56 »Sagen wir, vernünftige Uneinigkeit [*reasonable disagreement*] sei Uneinigkeit zwischen vernünftigen Personen: das heißt zwischen Personen, die ihre beiden moralischen Vermögen [die Anlage, einen Gerechtigkeitssinn auszubilden, und die Fähigkeit, eine Konzeption des Guten zu entwickeln; F. V.] in hinreichendem Grade entwickelt haben, um freie und gleiche Bürger in einer konstitutionellen Ordnung zu sein und anhaltend den Wunsch zu haben, faire Kooperationsbedingungen zu achten und ein uneingeschränkt kooperatives Gesellschaftsmitglied zu sein.« (PL, II: § 2.2, S. 128) – Ich habe die Übersetzung etwas verändert, da »vernünftige Meinungsverschiedenheit« für *reasonable disagreement* zu leicht suggerieren könnte, vernünftige Meinungsverschiedenheiten ließen sich lösen, indem man von Meinungen zur Wahrheit übergeht. Daher bevorzuge ich »vernünftige Uneinigkeit«.

(c) Alle Begriffe sind interpretationsbedürftig, weil sie inhärent unterbestimmt sind.
(d) Wie wir argumentieren, wird von unserer ganzen Biografie beeinflusst.
(e) Viele Probleme sind schwierig zu beurteilen, weil es viele verschiedene Gründe unterschiedlicher Stärke zu berücksichtigen gilt.
(f) Nicht alle Werte lassen sich immer gleichzeitig realisieren, weshalb Entscheidungen nötig sind, welche wir für vordringlich halten.

Diese »Bürden des Urteilens« (PL, II: § 2, S. 127) sind so kontrovers wie Rawls' Behauptung, ihre Anerkennung sei eine Bedingung dafür, vernünftig sein zu können.[57] Indem er die Gründe für unsere vernünftige Uneinigkeit in den Umständen des Vernunftgebrauchs lokalisiert,[58] scheint er zugleich eine ideale, unkörperliche Vernunft anzunehmen, die ohne diese äußeren Hürden und folglich ohne vernünftige Uneinigkeit auskäme. Er missversteht damit seine eigene Einsicht in das Faktum eines vernünftigen Pluralismus, der nicht jene Rolle spielen könnte, die Rawls ihm gibt, wenn wir eine ideale Vernunft voraussetzen dürften. Denn warum sollten wir uns mit einer bloß empirischen Schwierigkeit versöhnen – und die Versöhnung mit dem Faktum eines vernünftigen Pluralismus hat, wie wir in Kapitel 3.1 gesehen haben, eine herausragende Bedeutung für Rawls' politische Philosophie –, anstatt nach besten Kräften einen Weg um diese Schwierigkeiten herum zu finden? Innerhalb von Rawls' politischem Liberalismus muss das Faktum eines vernünftigen Pluralismus mehr als nur eine empirische Tatsache sein und verlangt insofern, noch die Prätention einer idealen, einstimmigen Vernunft aufzugeben: Vernunft gibt es nicht im Singular.

57 Auf diese Kritik habe ich in Kapitel 3.2 bereits hingewiesen. Am schärfsten formuliert sie Wenar, für den diese Bedingung zu einer unzulässigen Verengung des Vernünftigen führt. Beispielsweise müssten die meisten Religionen die »Bürden des Urteilens« ablehnen, da die »Bürden des Urteilens« religiöse Diversität »durch die Schwierigkeiten erklären würden, die selbst unter besten Bedingungen bei der Wahrheitsfindung bestehen, wohingegen universalistische Religionen [ihre Wahrheit] als zugänglich für alle mit klarem Verstand und offenen Herzen präsentieren« (Wenar, »Political Liberalism«, S. 46).

58 Nämlich in unserem endlichen, körperlichen Dasein: vgl. Forst, *Toleranz im Konflikt*, S. 638-643.

Was ich die Rawls-Einsicht nenne, ist diese Überzeugung, wonach uns das Faktum eines vernünftigen Pluralismus anzuerkennen nötigt, dass wir unsere vernünftigen Uneinigkeiten nicht mithilfe von Wahrheitsansprüchen beilegen können. Das sollten wir nicht mit Relativismus verwechseln, denn einerseits kommen wir mit der Wahrheit ziemlich weit und andererseits können wir nach wie vor an unseren eigenen Überzeugungen festhalten, die uns am besten begründet erscheinen. Die Rawls-Einsicht verlangt nur zu respektieren, dass diese Begründungen notwendig an Grenzen stoßen, die unseren Umgang mit nicht von ihnen Überzeugten ebenfalls einschränken:

[...] das Bewusstsein von der Begrenztheit der Vernunft [...] bedeutet weder, dass die eigenen Überzeugungen nicht länger für wahr gehalten werden können, noch, dass nicht länger beansprucht werden kann, die eigne sei die bestbegründete Lehre und müsste allen, die »klaren Blickes und offenen Herzens« sind, einleuchten. Was allein eingesehen werden muss, ist, dass diejenigen, die dieser Lehre dennoch nicht folgen, nicht notwendigerweise unvernünftig sind oder unmoralisch handeln.[59]

Die Rawls-Einsicht zwingt uns also weder eine relativistische noch eine skeptische Position auf, aber sie fordert von uns, nicht von der Wahrheit zu erhoffen, dass sie uns zu der einzigen vernünftigen politischen Gerechtigkeitskonzeption und noch weniger zu eindeutigen Lösungen spezifischer politischer Probleme führt. Die Rawls-Einsicht des unvermeidlichen vernünftigen Pluralismus nötigt uns das Eingeständnis ab, dass politische Debatten nicht über Wahrheit zu eindeutigen Lösungen finden, ja dass wir von einer notwendigen Pluralität von Wahrheit ausgehen müssen.

Wir sehen zugleich, dass diese Einsicht keine Minderheitenmeinung in der politischen Philosophie ist, herbeigeführt durch die so oft beklagte Wahrheitsscheu »der Postmoderne«. Im Gegenteil, die Anerkennung des Faktums eines vernünftigen Pluralismus ist aufgrund der rawlsianischen Tradition des politischen Liberalismus weit verbreitet. Unter anderem Namen akzeptieren es auch poststrukturalistische Theorien oder die Theorien radikaler Demokratie als Konsequenz ihres postfundamentalistischen Ausgangspunkts.[60]

59 Ebd., S. 641. Zur Kritik daran komme ich in Abschnitt 6.3 zurück.

60 Die einschlägigen Schlagworte lauten »Pluralismus« und »Kontingenz«. Vgl. dazu die entsprechenden Einträge in Dagmar Comtesse u. a. (Hg.): *Radikale*

Insofern besteht ungewöhnliche Einigkeit in der politischen Philosophie, die Pluralität von Wahrheit vorauszusetzen.

### 6.2.2 Die Arendt-Einsicht: Die zwingende Kraft von Wahrheit

Die zweite basale Einsicht in das Verhältnis von Wahrheit und Politik findet ihre exemplarische Formulierung in Hannah Arendts bekanntem Aufsatz »Wahrheit und Politik«, in dem sie den langen Zwist zwischen Politik und Wahrheit untersucht. Schließlich seien Politiker*innen niemals als besonders wahrheitsliebende Menschen aufgefallen und »Wahrheitssucher« stets eine bedrohte Art gewesen.[61] Von dieser Gegenüberstellung ausgehend, legt Arendt ihrer Argumentation eine Reihe korrespondierender Gegensatzpaare zugrunde: Auf der einen Seite finden wir Politik als Reich der Pluralität, der Meinungen, des in die Zukunft gerichteten Handelns und der Lügen, auf der anderen Seite das Reich der Philosoph*innen und Wissenschaftler*innen, in dem Wahrheit (im Singular) die entscheidende Rolle für das Denken spielt. Politik ist eine Weise des Miteinanderhandelns, bei der die Meinungen der anderen notwendigerweise Beachtung finden müssen und deren Ziel es ist, eine geteilte Wirklichkeit zu formen und zu erhalten, in der wir gemeinsam ein freies Leben führen können. Die Wissenschaften und die Philosophie sind dagegen nicht mit Handeln, sondern mit Denken beschäftigt, mit der Suche nach der Wahrheit eines Sachverhalts, die stets nur eine einzige Wahrheit sein kann. Schon diese Wahrheit als bloße Meinung zu behandeln, die ihren Platz neben anderen Meinungen einnimmt, wäre eine Abwertung von Wahrheit.

Diese scheinbar einfache Aufteilung verkompliziert Arendt im Laufe ihrer Überlegungen, vor allem mit der harmlos anmutenden Unterscheidung zwischen Vernunft- und Tatsachenwahrheiten. Erstere sind notwendige Wahrheiten, letztere nicht.[62] Einfache Bei-

*Demokratietheorie. Ein Handbuch*. Berlin 2019; zum Postfundamentalismus insgesamt Oliver Marchart, *Die politische Differenz. Zum Denken des Politischen bei Nancy, Lefort, Badiou, Laclau und Agamben*, Berlin 2010, Kapitel 3.

61 Vgl. Hannah Arendt, »Wahrheit und Politik«, in: dies., *Wahrheit und Lüge in der Politik. Zwei Essays*, München 1972, S. 44-92, hier S. 44-47. Im Folgenden zitiert als WP.

62 Arendt greift damit auf Leibniz zurück (vgl. WP, S. 48), der zwischen notwen-

spiele für Vernunftwahrheiten sind mathematische und (manche) wissenschaftliche Erkenntnisse – die Winkelsumme eines Dreiecks beträgt 180 Grad; jede Aktion verursacht eine Reaktion gleicher Kraft (in einem geschlossenen System) –, Beispiele für Tatsachenwahrheiten sind historische Fakten wie die Tatsache, dass die deutsche Armee 1940 in Belgien eingefallen ist (vgl. WP, S. 58). Arendt hält die ältere Auseinandersetzung zwischen Vernunftwahrheit und Politik für weitgehend ausgefochten, da Vernunftwahrheiten heute toleriert (oder einfach ignoriert) würden. Dagegen sei Tatsachenwahrheit mehr denn je durch Politik bedroht, was besonders gravierend sei, da sie als kontingente Wahrheit verletzbarer sei, denn systematisch alle Spuren einer historischen Tatsache zu vernichten, würde diese ein für alle Mal aus unserem Wissen streichen. Zwar könne man dies auch mit Vernunftwahrheiten versuchen, als notwendige Wahrheiten ließen sie sich aber aufs Neue entdecken. Die Vernunftwahrheit der Winkelsumme in Dreiecken sei nicht auf dieselbe Weise auf Aufzeichnungen angewiesen wie die Tatsachenwahrheit des deutschen Überfalls auf Belgien (vgl. WP, S. 49).

Doch die fragilen Tatsachenwahrheiten seien von zentraler Bedeutung für Politik, »da ja Tatsachen und Ereignisse, die unweigerlichen Ergebnisse menschlichen Zusammenlebens und -handelns, die eigentliche Beschaffenheit des Politischen ausmachen« (WP, S. 48, vgl. 57 f.). Trotzdem gebe es einen Kampf zwischen Tatsachenwahrheit und Politik, da Wahrheit einen »despotischen« (WP, S. 61) Charakter gegenüber der Politik habe:

digen Vernunft- und kontingenten Tatsachenwahrheiten unterscheidet (vgl. Gottfried Wilhelm Leibniz, Hartmut Hecht, *Monadologie. Französisch/deutsch*, Stuttgart 2012, § 33; dazu hilfreich: Sybille Krämer, »Tatsachenwahrheiten und Vernunftwahrheiten (§§ 28-37)«, in: Hubertus Busche (Hg.), *Gottfried Wilhelm Leibniz: Monadologie. Klassiker Auslegen*, Bd. 2009, Berlin 2009, S. 95-111). In beiden Fällen ist Wahrheit analytisch, denn wahr sind Sätze für Leibniz, deren Prädikate im Subjekt enthalten sind. Das kann freilich eine langwierige Analyse erfordern, die bei Tatsachenwahrheiten unmöglich für endliche Menschen wird, weil diese die unendliche Folge zureichender Gründe nicht überschauen können. Anders ist das für Vernunfttatsachen, deren Notwendigkeit sich daraus ergibt, dass ihr Gegenteil selbstwidersprüchlich ist. Wie kompliziert es ist, Leibniz' Wahrheitstheorie heute verständlich zu formulieren, demonstriert Ian Hacking, »A Leibnizian Theory of Truth«, in: Michael Hooker (Hg.), *Leibniz. Critical and Interpretive Essays*, Minneapolis 1982, S. 185-195.

Die Schwierigkeit liegt darin, daß Tatsachenwahrheit wie alle Wahrheit einen Gültigkeitsanspruch stellt, der jede Debatte ausschließt, und die Diskussion, der Austausch und Streit der Meinungen, macht das eigentliche Wesen allen politischen Lebens aus. Die Formen des Denkens und der Mitteilung, die der Wahrheit gelten, werden im politischen Raum notwendigerweise herrschsüchtig; sie ziehen anderer Leute Meinung nicht in Betracht, und in allen Überlegungen das, was andere denken und meinen, mit zu berücksichtigen, ist das Zeichen politischen Denkens. (WP, S. 61)

Wie Vernunftwahrheiten dem Denken Grenzen setzen, weil sie zu überschreiten der Leibniz'schen Definition zufolge zwangsläufig hieße, sich in Widersprüche zu verstricken, so würden Tatsachenwahrheiten die politische Diskussion und das politische Handeln beschränken. Diese Grenzen zu übertreten hieße die Realität zu gefährden, verlieren wir doch ohne Tatsachen, auf die sich verschiedene Meinungen stützen können, den gemeinsamen Grund unserer Welt. Genau darin liegt der Skandal: Tatsachenwahrheiten setzen der Politik eine externe Grenze, und von einem rein politischen Standpunkt stellt sich die Frage (jedenfalls für Arendt), ob Politik von einer Kraft begrenzt werden sollte, »die ihren Ursprung außerhalb des politischen Raumes hat und deren Legitimität von den Wünschen und Ansichten der Bürger so unabhängig ist wie der Wille des schlimmsten Tyrannen« (WP, S. 60).[63]

Um ihrer selbst willen aber sollte Politik, so argumentiert Arendt in einer letzten Volte, diese nichtpolitischen Grenzen als eigene, interne Begrenzung anerkennen. Wenn wir Universitäten als politisch etablierte und geförderte Institutionen verstehen, die Tatsachenwahrheiten produzieren, um Politik angemessene Grenzen zu

63 Warum ist Tatsachenwahrheit, die doch »von Natur politisch« (WP, S. 57) ist, eine bloß externe Begrenzung von Politik? Dies ist nur ein Beispiel von Arendts vielen Selbstwidersprüchlichkeiten und unglaubwürdig grandiosen Behauptungen, die Ronald Beiner zu einer scharfen Kritik an Arendts »irreführendem und verwirrendem Wahrheitsverständnis« (Ronald Beiner, »Rereading ›Truth and Politics‹«, in: *Philosophy & Social Criticism* 34 (2008), S. 123-136, hier S. 123) und ihrer heroisch-überhöhten Konzeption von Politik (vgl. ebd., S. 129) veranlasst haben. Eine energische Verteidigung von Arendts Theorie politischer Urteile versucht Linda M. G. Zerilli, *Feminismus und der Abgrund der Freiheit*, Wien, Berlin 2011, der zufolge politische Urteile eine welterschließende, ja weltbildende Funktion haben, die weitaus wichtiger sei als ihre kognitive Dimension der Wahrheit. Vgl. auch ihre etwas andere Deutung in Linda M. G. Zerilli, »Truth and Politics«, in: *Theory & Event* 9 (2006).

setzen, könnten wir Wahrheitssuche durch die Wissenschaften und die Philosophie als ein von der Politik unterstütztes Unterfangen begreifen. Die resultierenden Grenzen wären also von der Politik über den Umweg durch die Wissenschaften und die Philosophie selbstgesetzt (vgl. WP, S. 85-92).

Hier deutet Arendt eine mögliche Lösung für den Konflikt zwischen Wahrheit und Politik an, für die sie freilich einige ihrer starken Aussagen über deren Unverträglichkeit nachträglich relativieren müsste. Ob das am Ende haltbar ist oder analog zu Rawls' Selbstmissverständnis in Bezug auf die Ursachen des vernünftigen Pluralismus ihre zentrale Idee instabil werden lässt, kann an dieser Stelle offenbleiben, denn Arendts fundamentale Annahme, um die allein es mir geht, ist bereits deutlich geworden: Wahrheit – ob nun Tatsachen- oder Vernunftwahrheit – »hat eine Kraft eigener Art« (WP, S. 86) und »erhebt den Anspruch *zwingender* Gültigkeit« (WP, S. 59). Wahrheit ist überwältigend: Deshalb kann sie der Politik eine nützliche Grenze setzen und eine entpolitisierende Tyrannin sein. Es ist diese grundlegende Einsicht in die eigene Kraft von Wahrheit, die ich die Arendt-Einsicht nenne. Sie hält fest, dass Wahrheit eine einmalige Kraft in der Welt ist, eine überwältigende und manchmal despotische Kraft, für die es keinen Ersatz gibt.

Wie im Fall der Rawls-Einsicht will ich mit dieser Namensgebung nicht behaupten, Arendt sei die Einzige, die diese Einsicht verteidigt. Ganz im Gegenteil ist die feste Überzeugung, dass Wahrheit eine überwältigende Kraft besitzt, beinahe ein Gemeinplatz, ob sie von Jürgen Habermas als »eigentümlich zwanglose[r] Zwang des besseren Argumentes« ausgezeichnet oder von Richard Rorty als unterdrückerische Macht abgelehnt wird.[64] Arendts Position ist deshalb besonders interessant, weil sie weder das despotische Zwangsmoment von Wahrheit wegdefiniert (wie Habermas) noch Wahrheit deswegen rundheraus ablehnt (wie Rorty). Stattdessen zeigt sie, dass Wahrheit gerade aufgrund ihrer ambivalenten zwingenden Kraft für uns unverzichtbar ist.

64 Vgl. Habermas, *Theorie des kommunikativen Handelns*, Bd. 1, S. 47, 52; Richard Rorty, *Truth, Politics and ›Post-Modernism‹*, Assen 1997, S. 22-32.

### 6.2.3 Zwischen Autoritarismus und Relativismus

Ich habe in zwei knappen Skizzen zu zeigen versucht, dass die (moderne) politische Philosophie an zwei basalen Einsichten über das Verhältnis von Wahrheit und Politik festhält. Einerseits ist die Rawls-Einsicht die ernüchternde oder sogar enttäuschende Erkenntnis, dass wir von Wahrheit nicht erwarten können, unsere wichtigsten politischen Uneinigkeiten zwischen vernünftigen Personen zu schlichten. Das Faktum eines vernünftigen Pluralismus zwingt uns stattdessen, die Existenz fortdauernder vernünftiger Uneinigkeiten in der Politik anzuerkennen und die verschiedenen Wahrheiten zu tolerieren, mit denen wir gerade die für uns drängendsten Fragen beantworten. Wahrheit ist plural und schwach: Wir können mit ihrer Hilfe keine Einstimmigkeit in der Politik erreichen, ohne illegitime Gewalt gegen Andersdenkende auszuüben.

Andererseits führt uns die Arendt-Einsicht die zwingende Kraft von Wahrheit vor Augen. Sie warnt uns vor der stets bestehenden Gefahr, dass Wahrheit zu einer gewalttätigen Tyrannin wird, da Wahrheit weder anderslautende Meinungen toleriert noch zulässt, selbst zur bloßen Meinung degradiert zu werden. Die Kraft von Wahrheit macht diese in der Politik zu einer gefährlichen Größe – *und* zu einer unverzichtbaren, denn die zwingende Kraft der Wahrheit hegt die wirklichkeitsschaffende und -gestaltende Kraft politischen Handelns ein und bewahrt uns vor einem Verlust dieser Wirklichkeit in der Politik. Deshalb sind wir auf Wahrheit angewiesen, trotz ihres despotischen Charakters.

Beide basalen Einsichten sind nicht nur weit verbreitet, sie widerstreiten sich zudem. Während die Rawls-Einsicht Wahrheit als schwach ansieht, weil sie nicht genug Kraft hat, um vernünftige Uneinigkeiten zu überwinden, betrachtet die Arendt-Einsicht Wahrheit als zu stark – nämlich tyrannisch –, um sich ohne Einschränkungen auf sie zu stützen. Die Rawls-Einsicht beharrt auf der Pluralität von Wahrheit, die Arendt-Einsicht auf ihrer bisweilen tyrannischen, in jedem Fall aber zwingenden Singularität.

Der Widerstreit zwischen diesen beiden fundamentalsten Einsichten in das Verhältnis von Wahrheit und Politik verkompliziert die in der politischen Philosophie geführten Debatten[65] und erklärt die Attraktivität der Diagnose eines »postfaktischen Zeitalters«. Denn sie löst den Konflikt zwischen beiden Einsichten, indem sie sich voll und ganz einer von jeglicher Ambivalenz befreiten und insofern vereinfachten Arendt-Einsicht verschreibt – und damit schnurstracks in den Autoritarismus abgleitet (1). Dies spiegelt einen zweiten und genauso falschen Versuch, den Widerstreit zwischen beiden Einsichten aufzulösen, der eine vereinfachte Version der Rawls-Einsicht verabsolutiert und als Relativismus endet (2). Diese beiden Irrwege möchte ich kurz darstellen, um die Gefahren zu verdeutlichen, die aus der Preisgabe einer der beiden Einsichten resultieren. Stattdessen brauchen wir, so werde ich in Abschnitt 6.3 argumentieren, ein Verständnis des Verhältnisses von Wahrheit und Politik, das beide Einsichten trotz ihrer Spannung kombinieren kann. Das erfordert von uns, Wahrheit und Politik nicht als voneinander unabhängige Entitäten in einem äußerlichen Verhältnis zu begreifen, sondern als intern miteinander verknüpft.

(1) *Autoritarismus.* Dass die kritisch gemeinte Diagnose eines »postfaktischen Zeitalters« die Arendt-Einsicht ohne Einschrän-

65 Man könnte beispielsweise die Diskussion um die epistemische Dimension der Demokratie und die Rolle, die sie in der Demokratietheorie spielen sollte, entlang der beiden Einsichten rekonstruieren. Diejenigen, die einen »epistemic turn« in der (deliberativen) Demokratietheorie verteidigen (u. a. Hélène Landemore, *Democratic Reason. Politics, Collective Intelligence, and the Rule of the Many*, Princeton/NJ 2013; David M. Estlund, *Democratic Authority. A Philosophical Framework*, Princeton/NJ 2008), argumentieren gegen die Rawls-Einsicht, weil sie darin eine Art epistemischen Defätismus wittern, und stützen sich auf die Arendt-Einsicht, dass Wahrheit eine Rolle in der Politik zu spielen hat, wenn sie auch nicht dominieren darf. Hélène Landemore legt sogar nahe, dass wir die Idee eines vernünftigen Pluralismus überwinden müssten (oder bereits haben: vgl. Hélène Landemore, »Beyond the Fact of Disagreement? The Epistemic Turn in Deliberative Democracy«, in: *Social Epistemology* 31 (2017), S. 277-295). Dagegen betonen Verteidiger*innen der Rawls-Einsicht die Schwäche von Wahrheit, die für ihre Durchsetzung den Rückgriff auf illegitime Gewalt notwendig macht (Karin Jonch-Clausen, Klemens Kappel, »Social Epistemic Liberalism and the Problem of Deep Epistemic Disagreements«, in: *Ethical Theory and Moral Practice: An International Forum. Apr* 18 (2015), S. 371-384), oder kritisieren, sich ihrerseits auf die Arendt-Einsicht beziehend, dass Wahrheit zwangsläufig zu dominant wird, wenn sie von der Demokratietheorie für die Politik zur Voraussetzung gemacht wird (Nadia Urbinati, *Democracy Disfigured. Opinion, Truth, and the People*, Cambridge/MA 2014, S. 97-105).

kungen übernimmt, vereinfacht und verabsolutiert, lässt sich leicht erkennen: Der Pluralismus der Meinungen ist den Diagnostiker*innen des »postfaktischen Zeitalters« zufolge nur innerhalb sorgfältig überwachter Grenzen zulässig, die durch Wahrheiten gezogen werden. Den kategorialen Unterschied zwischen Meinungen und Wahrheiten kann nur die Wissenschaft erkennen, die letztlich einheitlich zu verstehen ist und – am Ende – singuläre Wahrheiten produziert. Diese Arbeitsteilung zwischen Politik und Wissenschaft (für die die Privatisierung von Religion eine Voraussetzung darstellt) rechnen die Diagnostiker*innen des »postfaktischen Zeitalters« zu den Errungenschaften der Moderne:

> [...] der Aufstieg der Wahrheit als eine bindende Kraft in wissenschaftlichen, rechtlichen, politischen und ökonomischen Praktiken war ein gradueller und hart erarbeiteter Erfolg. Es ist darüber hinaus eine einzigartige Währung, deren Wert dadurch bestimmt ist, in welchem Maße sie in jeder dieser untereinander verknüpften Sphären verteidigt wird.[66]

Es ist diese »einzigartige Währung«, die im »postfaktischen Zeitalter« an Wert verliert, weil sie nicht mehr im hinreichenden Maße von den verschiedenen Praktiken gestützt wird. Insbesondere der in den letzten Jahren zu beobachtende Verfall der Autorität von Wissenschaft sei schuld daran, dass wir der Wahrheit nicht mehr den ihr gebührenden Respekt erweisen würden und sie damit nicht länger jene Begrenzungsfunktion ausüben könne, für die sie in der Politik gebraucht werde.[67]

Wir sehen, wie die Diagnostiker*innen des »postfaktischen Zeitalters« den Teil der Arendt-Einsicht betonen, wonach Wahrheit eine zwingende Kraft darstellt, die für uns unverzichtbar ist, weil sie dem politischen Handeln verlässliche Grenzen setzt, jenseits derer es in seinem Elan beginnt, Tatsachenwahrheiten zu ignorieren oder sogar bewusst zu verdrehen. Größtenteils unkommentiert lassen sie den zweiten Teil der Arendt-Einsicht, dass der »despotische« Charakter von Wahrheit ein Problem für die Politik bedeuten kann.[68]

66 D'Ancona, *Post-Truth*, S. 101.

67 Vgl. z. B. ebd., S. 41f., 70, 91-96; McIntyre, *Post-Truth*, Kapitel 2.

68 Zwar weisen einzelne Autor*innen immer wieder darauf hin, dass der Fokus auf Wahrheit nicht in eine »Technokratie« führen dürfe, in der wissenschaftliche Expert*innen Politik dominieren und letztlich durch Sachzwang und epistemische Autorität den demokratischen Prozess untergraben (z. B. Hendricks, Vestergaard,

Insofern vereinfachen sie die Arendt-Einsicht, indem sie alles Gewicht auf die unverzichtbare Funktion der Wahrheit legen, dem Meinungsstreit Grenzen zu ziehen. Diese funktionalisierte Variante der Arendt-Einsicht aber erkennen sie rückhaltlos an – und werfen die Rawls-Einsicht in die Unausweichlichkeit des vernünftigen Pluralismus über Bord.

Wir haben schon in der Analyse der wissenschaftlichen Kämpfe (Abschnitt 6.1) gesehen, dass weder die beliebte Behauptung eines Autoritätsverlustes der Wissenschaften empirisch zu erhärten ist noch der ebenso populäre Vorwurf an »die Postmoderne« zutrifft, diese Autorität von innen her untergraben zu haben. Beides gehört zur polemischen Strategie, in der die Diagnose eines »postfaktischen Zeitalters« gebraucht wird, die jedoch autoritär über die für wissenschaftliche Praktiken wesentliche Uneinigkeit hinweggeht und in ihrer blinden Affirmation von »der Wissenschaft« noch die wissenschaftlichen Erkenntnisse über die Praktiken in den verschiedenen Wissenschaften ignoriert.

Genau genommen weist die Diagnose eines »postfaktischen Zeitalters« daher zwei autoritäre Tendenzen auf. Erstens verdankt sich ihre Plausibilität der rückhaltlosen Verteidigung der vereinfachten Arendt-Einsicht, der zufolge die Wahrheit als zwingende Kraft der Politik Grenzen setzen muss – und die Diagnostiker*innen reflektieren dabei, anders als Arendt, den »despotischen« Charakter von Wahrheit nicht als damit einhergehende Schwierigkeit, sondern begrüßen ihn als Anzeichen für die durchschlagende Kraft von Wahrheit. Zweitens fegen sie für diese vereinfachte Einsicht alle Hinweise auf den Pluralismus von Wahrheiten hinweg, ob in den Wissenschaften oder in der Politik. Sie rechtfertigen insofern die tyrannische Herrschaft von Wahrheit, indem sie kritische Stimmen autoritär übergehen oder als demokratiegefährdend brandmarken. Deshalb gleichen sie in ihrer Insistenz auf einer faktisch-alternativlosen Postpolitik auf verstörende Weise den von ihnen bekämpften Befürworter*innen einer »postfaktischen« Politik. Beide sind vom Wunsch getrieben, endlich jeden Widerspruch abzustellen, und beide verweigern die politischen wie epistemischen Diskussionen mit Autoritätsanrufungen.

*Postfaktisch*, S. 163-168). Doch da sie sich um eine Antwort drücken, welche legitimen Grenzen der wissenschaftlichen Wahrheit gesetzt werden müssen oder inwiefern sie inhärent begrenzt ist, bleibt das ein Lippenbekenntnis.

(2) *Relativismus.* Erneut reicht die Umkehrstrategie, die Rawls-Einsicht rückhaltlos anzuerkennen und die Arendt-Einsicht zu verwerfen, nicht aus, um den Autoritarismus zu vermeiden. Denn eine uneingeschränkte Annahme allein der Rawls-Einsicht führt entweder doch in eine relativistische Position oder in einen Widerspruch mit dem Faktum eines vernünftigen Pluralismus.

Rawls argumentiert, dass uns die Anerkennung des Faktums eines vernünftigen Pluralismus nicht dazu zwingt, unsere wohlüberlegten Urteile preiszugeben, selbst wenn wir einsehen, dass wir vernünftige Uneinigkeiten nicht mit Wahrheit überwinden können und daher andere Wahrheiten zumindest tolerieren müssen. Gefordert sei also, unsere eigenen vernünftigen umfassenden Lehren als für alle vernünftigen Personen akzeptable zu verteidigen, nicht aber als wahr:

> [Der politische Liberalismus] verwendet [...] nicht den Begriff der Wahrheit, leugnet ihn freilich auch nicht; ebensowenig stellt er diesen Begriff in Frage, und er könnte auch nicht sagen, daß der Begriff der Wahrheit und die Idee des Vernünftigen miteinander identisch seien. *Vielmehr kommt die politische Konzeption intern ohne den Begriff der Wahrheit aus* [...]. (PL, III: § 1.2, S. 174, Hervorhebung F. V.)

Rawls' überraschende Behauptung, wir müssten auf das Konzept »Wahrheit« verzichten, kritisiert Joshua Cohen überzeugend, indem er darauf hinweist, wie überzogen diese These ist. Denn sie geht über verwandte Positionen wie einen nonkognitivistischen Ansatz, dem zufolge politische Urteile kategorisch nicht auf Wahrheit zielen könnten, oder ein Zurückhaltungsgebot, nach dem der politische Liberalismus keine substanziellen Wahrheitsansprüche vertreten sollte, weit hinaus, wenn Rawls es ernst meint, dass wir auf das Konzept »Wahrheit« insgesamt verzichten müssen. Doch selbst politische Gerechtigkeitskonzeptionen, die nicht auf umfassende Lehren zurückgreifen, müssen einige Überzeugungen vorbringen, so Cohens Einwand.[69] Da Wahrheit die Norm von Überzeugungen sei, wäre der Verzicht auf das Konzept von Wahrheit (und nicht nur auf eine substanzielle Wahrheitstheorie) unmöglich, wenn wir nicht das Konzept von Überzeugungen mitaufgeben wollten. Stattdessen stellt Cohen eine politische Konzeption von Wahrheit vor,

69 Vgl. Cohen, »Truth and Public Reason«, S. 13-15.

die »dünn« genug sei, um innerhalb der Grenzen artikuliert zu werden, in denen sich die verschiedenen vernünftigen umfassenden Lehren auf den übergreifenden Konsens einigen können. Politische Gerechtigkeitskonzeptionen müssten – und könnten – einen Begriff von Wahrheit enthalten, der vier minimale Gemeinplätze umfasst, die Cohen für relativ unumstritten hält:[70]

(a) Wahrheit ist die Norm für Überzeugungen, Behauptungen und Urteile; zu deren internen Erfolgsbedingungen gehört es, wahr zu sein.
(b) Wahre Überzeugungen (Behauptungen, Urteile) repräsentieren die Dinge, wie sie sind.
(c) Die Wahrheit einer Überzeugung (einer Behauptung, eines Urteils) geht über deren Gerechtfertigt-Sein hinaus.
(d) Wahrheit ist um ihrer selbst willen wichtig.

Diese vier Gemeinplätze müsse eine politische Konzeption von Wahrheit zwar respektieren, doch müsse sie nicht erklären, wie genau sie dies tut, und brauche daher keine substanzielle Wahrheitstheorie.[71] Ausgeschlossen würden so zwar deflationistische Wahrheitstheorien, die »zu wenig« über Wahrheit sagen würden und den Wert nicht klären könnten, den Wahrheit für uns darstellt. Doch diese seien ohnehin so umstritten, dass sie eine politische Gerechtigkeitskonzeption unnötig belasten würden.

Der Schwachpunkt in Cohens Argumentation liegt damit bereits offen zu Tage: Kommen seine vier Gemeinplätze wirklich ohne weitere Explikation aus und sind sie tatsächlich weniger kontrovers als (beispielsweise) deflationistische Wahrheitstheorien? Ist es etwa plausibel, einen »warnenden« Gebrauch des Wahrheitsprädikats für sinnvoll zu erachten,[72] wenn man zugleich nicht sagen darf,

70 Vgl. ebd., S. 26f.
71 Vgl. ebd., S. 28.
72 Der Ausdruck »warnender Gebrauch« geht zurück auf Richard Rorty, »Pragmatismus, Davidson und der Wahrheitsbegriff«, in: Donald Davidson, Richard Rorty, *Wozu Wahrheit? Eine Debatte*, Frankfurt/M. 2005, S. 76–115, hier S. 78. Peter Niesen macht darauf aufmerksam, dass es streng genommen der negative Gebrauch von Wahrheit – »Das mag gut begründet sein, aber es ist nicht wahr!« – ist, der damit gemeint ist. Vgl. Peter Niesen, »The Cautionary Use of Fakes«, in: *Behemoth. A Journal on Civilisation* 11 (2018), S. 38-54, hier S. 43.

warum und wie dieser Gebrauch gerechtfertigt ist? Auf welche Kriterien beruft sich Cohen mit seiner Behauptung, dass der negative warnende Gebrauch unumstritten genug sei, um eine ganze Klasse von Wahrheitstheorien auszuschließen, es aber umgekehrt zu kontrovers sei, wenn diese Klasse von Wahrheitstheorien behaupten würde, sie könne den warnenden Gebrauch erklären?[73] Cohen fällt entweder seiner eigenen Kritik zum Opfer, weil er selbst zu kontroverse philosophische Thesen in eine politische Konzeption von Wahrheit einschleppt, oder er müsste eine substanzielle Wahrheitstheorie für seine politische Konzeption von Wahrheit in Anspruch nehmen, um sie verteidigen zu können. Doch damit würde er sich in genau jenem philosophischen Streit wiederfinden, den umgehen zu können er behauptet und zur Anforderung an seine politische Wahrheitskonzeption macht.

Aber selbst wenn wir Cohens Argument akzeptieren,[74] würde seine Annahme, dass ein übergreifender Konsens und damit eine allen vernünftigen umfassenden Lehren gemeinsame Überzeugungsmenge existiert, bedeuten, dass wir das Faktum eines vernünftigen

73 Rorty selbst interpretiert den »warnenden Gebrauch« von Wahrheit als Vorgriff auf zukünftige Generationen, die »besser« erkennen als wir heute, was rational wäre: »Diesen warnenden Gebrauch fasse ich als eine Geste in Richtung zukünftiger Generationen auf – in Richtung jenes ›besseren Wir‹, das auf angemessenem Wege dahin gelangt sein wird, im Gegenteil dessen, was jetzt unanfechtbar erscheint, das Bessere zu sehen.« (Richard Rorty, »Hilary Putnam und die relativistische Bedrohung«, in: ders., *Wahrheit und Fortschritt*, Frankfurt/M. 2000, S. 63-91, hier S. 89.) Mark Okrent weist darauf hin, dass diese Erklärung im Widerspruch zu Rortys Pragmatismus stehen könnte, und liefert eine alternative Erklärung, nach der schon Davidsons »Prinzip der Nachsichtigkeit« von uns fordert, den anderen Überzeugungen zuzuschreiben, die sie für gerechtfertigt halten mögen, wir aber nicht als wahr anerkennen (vgl. Mark Okrent, »The Truth, the Whole Truth, and Nothing but the Truth«, in: *Inquiry: An Interdisciplinary Journal of Philosophy. Dec* 36 (1993), S. 381-404, hier S. 396-402). In beiden Fällen jedoch wird der »warnende Gebrauch« von Wahrheit an unsere Rechtfertigungspraktiken zurückgebunden und könnte von deflationistischen Wahrheitstheorien erklärt werden.

74 Eine andere Argumentationsstrategie verfolgt David M. Estlund, »The Insularity of the Reasonable. Why Political Liberalism Must Admit the Truth«, in: *Ethics* 108 (1998), S. 252-275, hier S. 266, dem zufolge der politische Liberalismus genau eine These als wahr und nicht nur als für alle vernünftigen Menschen akzeptabel verteidigen muss, nämlich sein fundamentales Prinzip, wonach nur solche Lehren für die politischen Rechtfertigungen in der Öffentlichkeit zulässig sind, die für alle vernünftigen Menschen akzeptabel wären.

Pluralismus nur eingeschränkt akzeptieren. Der Erfolg seines Arguments droht also die Einheit der Vernunft als regulatives Ideal wieder einzuführen. Gerechtfertigt wäre das nur, wenn wir annehmen, dass es Rawls überzeugend gelingt, für die Existenz eines übergreifenden Konsenses zu argumentieren. Zweifel daran hatte ich bereits in der detaillierten Rekonstruktion seiner Argumentation und der darin verwendeten Überzeugungstechniken in Kapitel 3.2 geäußert, doch jetzt brauchen wir mehr als Zweifel, nämlich Gründe für die Behauptung, dass es keinen übergreifenden Konsens geben kann. Genau diese liefert Fabian Freyenhagen in »Taking Reasonable Pluralism Seriously« – wenn man seine Argumente etwas zuspitzt.

Freyenhagen übt interne Kritik an Rawls' politischem Liberalismus, der zufolge Rawls' Selbstbeschränkungsstrategie auf eine politische Gerechtigkeitskonzeption, die vermeiden kann, sich auf umstrittene Bestandteile umfassender Lehren zu stützen, nie streng genug sein kann. Er konzentriert sich auf Rawls' Versuch, die mögliche Herausbildung eines übergreifenden Konsenses aus einem *modus vivendi* und einem sich daraus entwickelnden Verfassungskonsens zu demonstrieren.[75] Rawls betone dabei die Priorität politischer Werte über moralische, religiöse oder sonstige Werte, die nur aus einer umfassenden Lehre stammen könnten. Diese Priorität darf jedoch selbst keine Forderung der politischen Gerechtigkeitskonzeption sein, die den übergreifenden Konsens bildet, da sie dann eine Hierarchie von politischen, moralischen etc. Werten festlegen müsste, was sie in eine umfassende Lehre verwandeln würde. Schon die Aufteilung von Werten in moralische und nichtmoralische könne keine politische Konzeption leisten, weil sie dafür in philosophischen Kontroversen – etwa zwischen Utilitarist*innen und Kantianer*innen – Stellung beziehen müsste und abermals die engen Grenzen überschreiten würde, die ihr als politischer Konzeption gesetzt sind.[76]

Das Grundproblem in Rawls' Argumentation für die Möglichkeit eines übergreifenden Konsenses sei, dass er die »philosophische Neutralität«[77] aufgeben müsse, auf die ihn die Anerkennung des Faktums eines vernünftigen Pluralismus verpflichtet. Denn dieser erstrecke sich auch auf philosophische Fragen, weshalb Rawls' For-

75 Vgl. Freyenhagen, »Taking Reasonable Pluralism Seriously«, S. 328 f.
76 Vgl. ebd., S. 330 f.
77 Ebd., S. 334 f.

derung, dass eine moralische Rechtfertigung der politischen Gerechtigkeitskonzeption dennoch notwendig sei, nie erfüllt werden könne, ohne die vom vernünftigen Pluralismus erzwungene philosophische Neutralität preiszugeben. Freyenhagen sieht Habermas, Dworkin oder Raz diesen Weg einschlagen und für eine zwar in Bezug auf das Gute neutrale, aber philosophisch substanzielle Theorie votieren. Er selbst hält damit richtigerweise das Faktum eines vernünftigen Pluralismus für nicht hinreichend ernst genommen, glaubt jedoch an einen anderen Ausweg, nämlich eine tatsächlich philosophisch neutrale Position, die er in Bernard Williams' politischem Realismus zu finden meint.[78]

An dieser Stelle sollten wir Freyenhagens Argumentation nicht länger folgen, sondern eine andere Konsequenz ziehen. Was er zeigt, ist die Vergeblichkeit des Bemühens um »philosophische Neutralität«, also um eine Position, die philosophisch gesehen unumstritten ist. Unsere Überlegungen zur Genealogie philosophischen Wissens haben uns vor Augen geführt, wie hoffnungslos es ist, eine solche Position zu formulieren – weil Streit konstitutiv für die Philosophie ist und weil noch die unscheinbarsten philosophischen Begriffe eine Immanenzebene bzw. eine Erfahrung von Wahrheit als Existenzbedingungen voraussetzen (siehe Kapitel 4.3). Insofern geht Freyenhagen der falschen Strategie von Rawls auf den Leim, wenn er abermals versucht, durch Selbstbeschränkung auf geteilte Gemeinplätze den vernünftigen Pluralismus zu überwinden. Diesen ernst zu nehmen heißt stattdessen zu erkennen, dass sich der vernünftige Pluralismus nicht neutralisieren lässt: Es gibt keine vernünftige Position, die dem vernünftigen Pluralismus entgeht – Vernunft ist plural zu denken, wenn wir das Faktum des vernünftigen Pluralismus nicht leugnen wollen.

Genau auf eine solche Preisgabe des vernünftigen Pluralismus läuft Cohens Argumentation hinaus, wenn wir ihr trotz der vorgebrachten Einwände zustimmen würden. Sie muss den Ausgangspunkt der Rawls-Einsicht, nämlich die Anerkennung eines unvermeidlichen vernünftigen Pluralismus, einschränken, wenn nicht dementieren. Angesichts dieser Zwickmühle mutet Rawls' radikale Absage an das Konzept der Wahrheit wie der einzige Weg an, das Faktum eines vernünftigen Pluralismus ernst zu nehmen –

78 Vgl. ebd., S. 335-337.

doch scheinen wir dann auf die relativistische Position festgelegt zu werden, alle Wahrheiten als gleich behandeln zu müssen. In dem Moment, wo wir mehr als eine Wahrheit in Bezug auf denselben Sachverhalt zulassen – und nichts anderes verlangt die Existenz vernünftiger Uneinigkeit –, scheint jedes Kriterium, mit dem wir beurteilen könnten, welche dieser Wahrheiten »gültiger« ist, ein Widerspruch zur Akzeptanz vernünftiger Uneinigkeiten. Daher scheint Relativismus unvermeidlich, sobald wir die Rawls-Einsicht rückhaltlos befürworten.

Allerdings wissen wir nur zu gut, was problematisch daran ist: Epistemisch wird Relativismus als instabile Position kritisiert, da keine Wahrheit in Bezug auf einen Sachverhalt existiert, sobald wir widerstreitende Wahrheiten in Bezug auf diesen Sachverhalt erlauben (jedenfalls solange wir den Satz vom ausgeschlossenen Dritten und vom ausgeschlossenen Widerspruch annehmen). Politisch gesehen folgt aus einem Relativismus, dass vernünftige Uneinigkeiten nur auf unvernünftige Weise und vermutlich häufig durch den Einsatz von Gewalt überwunden werden können. Angesichts dieser epistemischen wie politischen Mängel stellt der Relativismus keine sonderlich attraktive Position dar.[79]

Insgesamt sehen wir, dass die beiden basalen Einsichten der politischen Philosophie in das Verhältnis zwischen Wahrheit und Politik für sich genommen unzureichend sind, weil sie uns auf kaum zu verteidigende und wenig attraktive Positionen zwingen, die ich mit den Stichworten Autoritarismus und Relativismus benannt habe. Allerdings haben wir auch bemerkt, dass die beiden Einsichten einander widerstreiten, wenn wir versuchen, keine der beiden aufzugeben. Wie also können wir eine angemessene Deutung des Verhältnisses von Wahrheit und Politik geben, die beide Einsichten berücksichtigt? Wie verteidigen wir Wahrheit in der Politik gegen den Relativismus, ohne autoritär zu werden, und wie vermeiden wir den Autoritarismus der Wahrheit, ohne in den Relativismus abzugleiten?

79 Allerdings gibt es ein neues Interesse am Relativismus in der analytischen Philosophie, die dazu freilich die Verbindung von Politik und Erkenntnistheorie kategorisch kappt. Darauf komme ich in Kapitel 7.3 zurück.

## 6.3 Auf dem Weg zu einer nichtsouveränen politischen Epistemologie

Treten wir nochmal einen Schritt zurück, um die bisherige Argumentation zu überblicken. Die Diagnose eines »postfaktischen Zeitalters« hatte sich als epistemisch sowie politisch zweifelhaft und autoritär erwiesen, ist jedoch in den politischen, wissenschaftlichen und medialen Kämpfen nützlich genug, um sie weiter zu verwenden. Allerdings sollten wir sie nicht einfach als Ideologie oder bloße Propaganda verwerfen, sondern ihre öffentliche Akzeptanz als Anzeichen verstehen, dass sie auf ein echtes Problem reagiert, selbst wenn es ihr nicht gelingt, dieses Problem auf angemessene Weise zu formulieren. Dabei handelt es sich um unser unzureichendes Verständnis vom Verhältnis von Wahrheit und Politik. Worauf die falsche Diagnose ihren Finger legt, ist, dass wir keine angemessene Konzeption davon haben, wie Wahrheit und Politik zueinander stehen, und daher auch keinen vernünftigen Umgang mit Unwahrheit in der Politik finden.

Um diese These zu untermauern, habe ich die beiden basalen Einsichten der politischen Philosophie zum Verhältnis von Wahrheit und Politik exemplarisch anhand von John Rawls und Hannah Arendt rekonstruiert. Die Rawls-Einsicht zeigt uns den unvermeidlichen vernünftigen Pluralismus, der uns das zähneknirschende Eingeständnis abringt, mit Wahrheit keine politischen Auseinandersetzungen zwischen vernünftigen Personen lösen zu können. Die Arendt-Einsicht zeigt uns dagegen in voller Ambivalenz die zwingende Kraft von Wahrheit, die zwar Politik sinnvoll begrenzen kann, aber stets droht, sie despotisch zu dominieren – und umgekehrt selbst von Politik bedroht wird. Angesichts des Widerstreits der beiden basalen Einsichten scheinen wir uns für eine entscheiden zu müssen, doch führen einseitige Auflösungen entweder zum Autoritarismus der Zeitdiagnose »postfaktisch« oder in den Relativismus. Das Verhältnis von Wahrheit und Politik verstehen wir in beiden Fällen nicht.

Wir stehen damit vor demselben Problem wie am Ende von Kapitel 5, denn die beiden widerstreitenden Einsichten in den unvermeidlichen vernünftigen Pluralismus und die zwingende Kraft von Wahrheit zusammenbringen zu müssen, ist nur eine andere Beschreibung für die Schwierigkeit, Wahrheit plural und agonal zu verstehen. Das sollte keine große Überraschung darstellen, schließlich habe ich die Rawls-Einsicht in den unvermeidlichen vernünftigen Pluralismus bereits an verschiedenen Stellen als Einsicht in die Pluralität von Wahrheit bezeichnet, und die Arendt-Einsicht in die zwingende Kraft von Wahrheit lässt sich ebenso mühelos in die Erkenntnis übersetzen, dass Wahrheit agonal verfasst ist. Insofern liefert uns die Lösung des Problems, wie wir die beiden widerstreitenden Einsichten zusammendenken können, auch den Schlüssel dafür, wie wir Wahrheit zugleich agonal und plural verstehen können.

Im Falle der basalen Einsichten der politischen Philosophie ist der entscheidende Schritt, die verdeckte gemeinsame Prämisse zu erkennen, die uns daran hindert, beide Einsichten gleichermaßen anzuerkennen: die Voraussetzung, wonach Wahrheit und Politik nur eine *externe* Beziehung zueinander unterhalten. Mit »externer Beziehung« meine ich, dass Wahrheit und Politik als unabhängig voneinander zu verstehende Größen vorgestellt werden, deren Verhältnis wir erst untersuchen, nachdem wir sie uns isoliert voneinander erschlossen haben. Doch die Beziehung zwischen ihnen könnte entfallen, ohne dass wir unser Verständnis von Wahrheit oder Politik ändern müssten. Dagegen werde ich im Folgenden argumentieren, dass die Beziehung zwischen Wahrheit und Politik *intern* ist, dass wir also weder Wahrheit noch Politik ohne Bezugnahme auf die jeweils andere Größere vollständig erläutern können.[80]

Zwei Fragen stellen sich: Welche Gründe kann ich dafür geben, dass beide basalen Einsichten ein externes Verhältnis von Wahrheit und Politik voraussetzen, und was verändert sich, wenn wir diese Prämisse aufgeben? Im Falle der Rawls-Einsicht fällt die Begründung leicht, da wir schon gesehen haben, dass Rawls eine politische Konzeption von Gerechtigkeit für möglich hält, die sogar das Konzept »Wahrheit« gänzlich vermeidet. Der »Bereich des Politischen«

80 Dieser Gebrauch von »interner« und »externer Beziehung« folgt der Definition von G. E. Moore, »External and Internal Relations«, in: *Proceedings of the Aristotelian Society* 20 (1919), S. 40-62, hier S. 53. Eine externe Beziehung ist unwesentlich für die Relata, zwischen denen sie besteht: Diese existieren vollständig ausgebildet bereits vor der Beziehung und ihre Identität wird nicht durch sie verändert (vgl. ebd.). Eine einzelne ökonomische Transaktion kann als Beispiel einer externen Beziehung zwischen zwei Menschen dienen; Liebe wird oft als paradigmatisch für eine interne Beziehung verstanden, da sie die Identität der Beteiligten verändert.

(PL, IV: §1.2, S. 224) ist für Rawls durch zwei Merkmale der politischen Beziehung zwischen Bürger*innen gekennzeichnet. Erstens ist sie unfreiwillig (wir treten nur durch Geburt und Tod ein oder aus) und zweitens ist in ihr allein staatliche Macht legitim, die letztlich auf die »Macht der Öffentlichkeit« zurückgeführt werden kann (PL, IV: §1.2, S. 222). Das Politische ist durch seine Unfreiwilligkeit von anderen gesellschaftlichen Vereinigungen (Vereinen etc.) unterschieden, und von familiären oder persönlichen Beziehungen, weil Affekte für das Politische nicht in gleicher Weise konstitutiv sind wie für diese. Der Bereich des Politischen ist für Rawls damit der Bereich des Staates auf Basis einer geschlossenen Gesellschaft – eine bemerkenswerte Fusion von realitätsfernen Begriffen, die zu Recht viel Kritik auf sich gezogen hat,[81] uns hier jedoch nicht weiter beschäftigen muss. Deutlich sein dürfte, dass Wahrheit und Politik für Rawls unabhängige Konzepte sind, die voneinander getrennt zu verstehen sind und deren Verhältnis damit ein externes ist.

Dass dies auch für die Arendt-Einsicht gilt, ist genauso schnell einzusehen. Schließlich ist Wahrheit als Ziel des Denkens und Politik als Miteinander-Handeln mit dem Ziel, eine gemeinsame Welt zu erschaffen, eine der grundlegenden Dichotomien, mit denen Arendt ihren Essay beginnt. Damit setzt sie voraus, dass politischer Meinungsaustausch so wenig auf Wahrheit zielt, wie Denken auf ein Miteinander-Handeln gerichtet ist. Wahrheit und Politik bleiben fein säuberlich getrennt, und es macht gerade den Skandal aus, wenn Wahrheit sich despotisch anschickt, der Politik dreinzureden. Gleichfalls skandalös ist es für Arendt, wenn Politik sich anmaßt, (Tatsachen-)Wahrheit zu verformen, etwa indem sie um des zukünftigen Handelns willen die Vergangenheit retuschiert (WP, S. 55). Für Arendt lassen sich Wahrheit und Politik getrennt verstehen und erst auf dieser Basis in ihrem wechselnden Verhältnis begreifen, das nicht notwendig ist, um die beiden Konzepte zu erläutern. Abermals wird die Beziehung zwischen Wahrheit und Politik nur als externe verstanden.

81 Charles W. Mills, »Decolonizing Western Political Philosophy«, in: *New Political Science* 37 (2015), S. 1-24, hier S. 13-23, kritisiert schon Rawls' Gesellschaftsbegriff als exkludierend und kolonialistisch. Die Probleme, die ein methodologischer Nationalismus für die politische Philosophie im Allgemeinen verursacht, untersucht Alex Sager, »Methodological Nationalism, Migration and Political Theory«, in: *Political Studies* 64 (2014), S. 42-59.

Ein internes Verhältnis von Wahrheit und Politik zu postulieren, auf dessen Basis wir ein anderes Verständnis der beiden basalen Einsichten formulieren könnten, das an beiden festhalten kann, bedeutet (so werde ich im Folgenden argumentieren), eine nichtsouveräne Konzeption von Wahrheit zugrunde zu legen – und dabei hilft der Begriff eigenständig selbstformend wirksamen Wissens. Die enge Verbindung von Wahrheit und Wissen, die von diesem Gedanken vorausgesetzt wird, folgt schon aus dem traditionellen Verständnis von Wissen als *wahre* gerechtfertigte Überzeugung. Insofern ich von Wahrheit als einer notwendigen Bedingung für Wissen ausgehe (wie ich in der Einleitung angekündigt habe und in Teil III ausführen werde), ergibt sich, dass ein nichtsouveräner Wissensbegriff einen nichtsouveränen Wahrheitsbegriff voraussetzt (6.3.1). Mithilfe einer nichtsouveränen Konzeption von Wahrheit können wir das Verhältnis von Wahrheit und Politik so verstehen, dass wir an beiden basalen Einsichten in den unvermeidlichen vernünftigen Pluralismus und in die zwingende Kraft von Wahrheit festhalten können. Für die politische Philosophie ergibt sich so eine bessere Analyse jener Phänomene, mit denen uns die falsche Diagnose eines »postfaktischen Zeitalters« konfrontiert hat, da uns nun eine angemessenere Problematisierung zur Verfügung steht (6.3.2). Für das über dieses Kapitel hinaus verfolgte Ziel des Buches bereitet das Argument zugunsten eines nichtsouveränen Verständnisses von Wahrheit meine Erläuterung der Formel von »Wahrheit als Kraft« in Kapitel 7 vor, mit der wir Wahrheit materialistisch als zugleich plural und agonal verstehen können.

### 6.3.1 Nichtsouveränes Wissen

Von epistemischer Souveränität zu sprechen, weist auf die Parallelen zwischen unserem politischen Begriff von Souveränität und dem Status hin, der »Wahrheit« und »Wissen« für gewöhnlich verliehen wird. Wie der politische Souverän als einzig legitime letztinstanzliche Entscheidungsgewalt fungiert und (zumindest idealiter) nicht in die Konflikte seiner Untertanen involviert ist, über die er Recht spricht,[82] so markieren Wahrheit und Wissen in der traditio-

82 Vgl. die kritische Geschichte des Souveränitätsbegriffs in Daniel Loick, *Kritik der Souveränität*, Frankfurt/M., New York 2012, Teil I.

nellen (analytischen) Epistemologie, aber auch in der politischen Philosophie meist einen desinteressierten Standpunkt jenseits des Meinungsstreits. Selbst wenn von dort aus manche Meinungen als wahr und andere als falsch beurteilt werden, so werden dieser Vorstellung zufolge Wahrheit und Wissen dadurch nicht parteilich. Es gibt einfach keine Verbindung zwischen den Konflikten, in denen die Meinungen gegeneinander kämpfen, und der Tatsache, dass eine dieser Meinungen wahr ist oder auch nicht.[83] Politik und Wahrheit sind der Vorstellung eines souveränen epistemischen Standpunkts zufolge grundlegend getrennt und unterhalten allenfalls eine externe Beziehung miteinander.

Die feministische Epistemologie insistiert seit ihrer Entstehung darauf, dass dieser souveräne epistemische Standpunkt eine Fiktion ist, ein »Gottestrick«,[84] weil sie beizubehalten bedeutet, die Möglichkeit eines Standpunkts einzunehmen, der kein Standpunkt ist, um so den »Blick von nirgendwo«[85] zu genießen. Aber es ist unmöglich, keinen Standpunkt zu beziehen und dennoch etwas zu sehen oder zu wissen – genauso unmöglich, wie alle Standpunkte gleichermaßen einzunehmen. Auch der Relativismus ist ein »Gottestrick«, eine unmögliche Fiktion. Als Kehrseite einer unmöglichen, ortlosen epistemischen Souveränität erfindet er die ebenso unmögliche gleichzeitige Verortung überall – die jeden Standpunkt gleich gültig und damit gleichgültig macht.[86]

Weder der souveräne epistemische Standpunkt ohne Standpunkt noch die Situierung auf allen Standpunkten sind real ver-

83 Ich folge hier lose Überlegungen von Joseph Rouse, »Beyond Epistemic Sovereignty«, in: Peter Galison, David Stump (Hg.), *The Disunity of Science. Boundaries, Contexts, Power*, Stanford 1996, S. 398-416, hier S. 399-404, der Foucaults Analyse politischer Souveränität als Vorbild nimmt. Doch auf die Details, wie wir politische Souveränität verstehen, kommt es mir nicht an, da es für die Argumentation ausreicht, wenn wir die Letztentscheidungsbefugnis und eine mindestens zweistufige Hierarchie mit Souveränität verbinden, in der diese auf der oberen Stufe steht.

84 Haraway, »Situiertes Wissen«, S. 81.

85 Nagel, *Der Blick von nirgendwo*. Eine zeitgenössische Variante liefert Michael Esfeld, *Wissenschaft und Freiheit. Das naturwissenschaftliche Weltbild und der Status von Personen*, Berlin 2019.

86 Vgl. zur Unmöglichkeit des Relativismus das gleichartige Argument von Haraway, »Situiertes Wissen«, S. 84, und Theodor W. Adorno, *Erkenntnistheorie (1957/58). Nachgelassene Schriften*, Berlin 2018, S. 360 f.

fügbare Optionen. Schon eine detaillierte Auseinandersetzung mit den sozialen Praktiken der Wissenschaften, in denen wir tatsächlich nach Wahrheit suchen (in Kapitel 7.2 werden wir auch juristische und politische Wahrheitspraktiken betrachten), würde die Fiktion eines souveränen epistemischen Standpunkts zerstören – jedenfalls dann, wenn wir uns nicht von unserer »spontanen Ideologie«[87] blenden lassen, diese Praktiken müssten systematisch zusammenhängen, hätten eine lineare, fortschrittliche Geschichte und ließen sich als »rein wissenschaftliche« Praktiken verstehen, in denen ökonomische, politische oder sonstige Interessen und Ideale keine Rolle spielen würden.[88] Untersuchen wir stattdessen, wie Wissen in den sozialen Praktiken der verschiedenen Wissenschaften erzeugt wird, die in ökonomische und politische Kämpfe ebenso einbezogen sind wie in wissenschaftliche Kontroversen und sich auf keine dieser partialen Aspekte reduzieren lassen (wissenschaftliche Praktiken sind weder »nur« Machtspiele noch »reine« Umsetzungen auf Wahrheit zielender Methoden), sehen wir, wie die sozialen Praktiken der Wissenschaften ein dynamisches Netzwerk bilden, in denen Aussagen hergestellt, weitergetragen, geprüft, verworfen, wiederentdeckt, bestätigt oder reproduziert werden. Auf diese Weise gewinnen manche Aussagen epistemische Signifikanz und gelten als Wissen:

> […] Wissen ist kein Status, der bestimmten Aussagen, Fähigkeiten oder Modellen isoliert oder unmittelbar zukommt. Vielmehr hängt ihre epistemische Geltung von ihren Beziehungen zu vielen anderen Praktiken und Fähigkeiten ab, und insbesondere von der Art und Weise, wie diese

87 Der Begriff stammt von Louis Althusser, *Philosophie und spontane Philosophie der Wissenschaftler*, Berlin 1985, der mit seinen Überlegungen gleichzeitig einen Zugang zu den theoretischen Praktiken bahnt und mit seiner dogmatischen Trennung von »Ideologie« und »Wissenschaft« ein unüberwindliches Hindernis für ihre Analyse errichtet. Daher kann »spontane Ideologie« nur in distanzierenden Anführungszeichen gebraucht werden, weil weder Althussers Begriff von Ideologie noch von Wissenschaft ohne tiefgreifende Umarbeitungen brauchbar sind. Und doch ist »spontane Ideologie« für die unreflektierte Weise, in der wir uns wissenschaftliche Praktiken zumeist vorstellen, passend. Den ambivalenten Beitrag von Althusser bringt Hans-Jörg Rheinberger, *Rekurrenzen. Texte zu Althusser*, Berlin 2014, sehr schön zum Ausdruck.

88 Vgl. z. B. ES; Joseph Rouse, *Knowledge and Power. Toward a Political Philosophy of Science*, Ithaca 1987, der die philosophischen Konsequenzen aus den letzten sechzig Jahren Wissenschaftsgeschichte und post-positivistischer Wissenschaftstheorie zieht.

Beziehungen reproduziert, transformiert und erweitert werden. Wissen ist zeitlich gestreut oder aufgeschoben: etwas als Wissen zu behandeln bedeutet, mit seiner zukünftigen Verwendung als Ressource für eine Vielfalt von Aktivitäten zu rechnen – ob in weiteren Forschungsprojekten oder in verschiedenen Anwendungskontexten.[89]

Wissen wird auf diese Weise in epistemisch verketteten Praktiken[90] konstituiert; die Wahrheit bestimmter Aussagen zu verteidigen oder zu bestreiten bedeutet insofern, entweder auf innerhalb dieser Praktiken vorhergesehene Weise Aussagen aufzugreifen oder zu verwerfen, womit zugleich der Zusammenhang dieser Praktiken aufrechterhalten wird, oder zu versuchen, diesen Zusammenhang selbst zu verändern, um die epistemische Verkettung der wissenschaftlichen Praktiken zu transformieren.[91] In keinem Fall jedoch gibt es einen Standpunkt jenseits der wissenschaftlichen Praktiken und damit jenseits der in ihnen ausgetragenen Konflikte, von dem aus wir friedlich ein Urteil über die umstrittenen Wahrheitsansprüche fällen könnten – also keinen souveränen epistemischen Standpunkt.

Damit wird die Vorstellung hinfällig, Politik und Wahrheit seien nur extern miteinander verknüpft. Wenn Wahrheit und Wissen keinen souveränen epistemischen Standpunkt jenseits der Konflikte beziehen können, mit denen sie vollkommen unverbunden bleiben, sondern nur in diesen Konflikten erkämpft werden können und daher stets selbst an einen Standpunkt und eine Perspektive gebunden sind, ohne davon entwertet zu werden, dann sind Politik und Wahrheit (und damit Wissen) intern miteinander verknüpft. Wissen entwickelt sich in und ist abhängig von konkreten sozialen Praktiken; es zu erschaffen, zu verteidigen oder zu kritisieren bedeutet, sich in diesen sozialen Praktiken und ihren Kämpfen zu engagieren und nicht, sich daraus auf die Position des Souveräns

89 Rouse, Joseph, »Beyond Epistemic Sovereignty«, S. 408.

90 Die Übersetzung von »alignment« (ES, S. 185 f.) mit »Verkettung« übernehme ich von Eva von Redecker, *Praxis und Revolution. Eine Sozialtheorie radikalen Wandels*, Frankfurt/M., New York 2018, S. 89-97.

91 Letzteres radikal gegen zentrale Elemente dieser sozialen Praktiken durchzuführen, die für die Grenzziehung zwischen wahrheitswertfähigen Aussagen und nicht wahrheitswertfähigen Aussagen entscheidend sind, ist die Form von Kritik am herrschenden Wahrheitsregime, die wir in Kapitel 5.2 im Zusammenhang mit dem »sperrigen Wissen« untersucht haben.

zurückzuziehen und darüber neutral zu urteilen. Diese Bewegung gaukelt vor, einen Standpunkt der Standpunktlosigkeit beziehen zu können, und ist damit selbst als politischer Schachzug in den Konflikten zu verstehen, der im Erfolgsfall großen Einfluss garantiert.[92]

Deutlich wird, wie ein nichtsouveränes Verständnis von Wahrheit uns begreiflich machen könnte, dass »Wahrheit [...] von dieser Welt [ist]«.[93] Es zu erläutern, würde uns verständlich machen, dass die zwingende Kraft der Wahrheit bereits selbst eine politische Kraft ist, so dass Wahrheit Politik nie von außen begrenzt, sondern immer schon in der Politik und als politische Größe wirksam ist. Jeder Versuch, Wahrheit unpolitisch zu deuten und als neutrale Autorität der Politik entgegenzustellen, ist genau jene oben beschriebene Souveränitätsstrategie, die ihre eigene politische Agenda verschleiern muss und aus dieser Doppelbewegung – der Verschleierung des eigenen politischen Standpunkts, von dem aus Wahrheit als unpolitische Autorität dargestellt wird – ihre Macht gewinnt. Das nichtsouveräne Verständnis von Wahrheit und Wissen, das diese Strategie enttarnt, affirmiert sowohl den unvermeidlichen vernünftigen Pluralismus, insofern es Wahrheit plural in den sozialen Praktiken entstehen sieht, als auch die zwingende Kraft von Wahrheit, insofern es Wahrheit als (ein) Mittel für die Austragung von Konflikten begreift – und damit als agonal. Es ist die Pluralität von Wahrheit, die sie in den Konflikten lokalisiert; es ist die Agonalität von Wahrheit, die sie in den Konflikten so wichtig macht. Ein nichtsouveränes Verständnis von Wahrheit zu entwickeln bedeutet, diesen beiden Einsichten – und damit beiden basalen Einsichten der politischen Philosophie in das Verhältnis von Wahrheit und Politik – Rechnung zu tragen. Es bildet den Eckpfeiler einer im Wortsinn revolutionierten, weil vom Souverän befreiten Epistemologie.

Welche Ansätze können uns helfen, ein solches nichtsouveränes Verständnis von Wahrheit und damit eine nichtsouveräne Epistemologie zu formulieren, und warum glaube ich, dass der Begriff des eigenständig wirksamen Wissens dazu einen wichtigen Beitrag leisten kann? Feministische Standpunkttheorien sind eine der wichtigsten Inspirationsquellen,[94] und es ist kein Zufall, dass ich

92 Vgl. Rouse, »Beyond Epistemic Sovereignty«, S. 412 f.

93 Foucault, »Gespräch mit Michel Foucault«, S. 210.

94 Damit will ich nicht leugnen, dass Standpunkttheorien auch in anderen Theorieströmungen ausgearbeitet worden sind: neben der feministischen Erkenntnis-

die Metapher des »Standpunktes« bis hierher verwendet habe. Analytisch gesehen verbinden feministische Standpunkttheorien drei Kernaussagen – zwei Behauptungen und eine Erläuterung – miteinander.[95] Die erste Behauptung haben wir bereits kennengelernt, denn sie ist die These, dass alles Wissen sozial situiert ist: »unsere soziale Position formt und beschränkt systematisch, was wir wissen – implizites und erfahrungsbasiertes Wissen ebenso wie explizites Verstehen –, was wir für Wissen halten und dessen spezifischen epistemischen Gehalt«.[96]

Während diese erste Behauptung eine begriffliche These über die Perspektivität von Wissen ist, eröffnet die zweite Behauptung empirische Fragen, indem sie aus dieser Perspektivität folgert, dass bestimmte Phänomene von manchen sozialen Positionen aus besser erkennbar sind als von anderen. Dabei ist »besser« epistemisch zu verstehen, obwohl keine Einigkeit darüber besteht, wie dies auszubuchstabieren ist, ob etwa als »starke Objektivität« oder als genauer geprüft.[97] Im Gegensatz zu den vielen Missverständnissen feministischer Standpunkttheorie werden damit keine automatischen epistemischen Privilegien mit bestimmten sozialen Positionen verbunden.[98] Allerdings argumentieren (nicht: setzen voraus!) die meisten

theorie vor allem im Marxismus und in der Critical Race Theory. Zur historischen Entwicklung vgl. Sandra Harding, »How Standpoint Methodology Informs Philosophy of Social Science«, in: Stephen P. Turner, Paul A. Roth (Hg.), *The Blackwell Guide to the Philosophy of the Social Sciences*, Malden/MA 2003, S. 291-310; Dick Pels, »Strange Standpoints. Or, How to Define the Situation for Situated Knowledge«, in: *Telos* (1996), S. 65-91.

95 Ich folge damit der konzisen Zusammenfassung von Alison Wylie, »Feminist Philosophy of Science: Standpoint Matters«, in: *Proceedings and Addresses of the American Philosophical Association* 86 (2012), S. 47-76. Eine Übersicht über das Feld liefert Sandra Harding (Hg.), *The Feminist Standpoint Theory Reader. Intellectual and Political Controversies*, New York, London 2004.

96 Alison Wylie, »Why Standpoint Matters«, in: Robert Figueroa, Sandra G. Harding (Hg.), *Science and Other Cultures: Issues in Philosophies of Science and Technology*, New York, London 2003, S. 26-48, hier S. 31.

97 Vgl. respektive Sandra G. Harding, *Das Geschlecht des Wissens. Frauen denken die Wissenschaft neu*, Frankfurt/M., New York 1994; Helen E. Longino, *The Fate of Knowledge*, Princeton/NJ 2002.

98 Vgl. die Kritik von Bat-Ami Bar On, »Marginality and Epistemic Privilege«, in: Linda Martín Alcoff, Elizabeth Potter (Hg.), *Feminist Epistemologies*, London, New York 1993, S. 83-100; dagegen Wylie, »Feminist Philosophy of Science«, S. 59 f.

Standpunkttheorien, dass bestimmte marginalisierte Positionen ein besseres Verständnis der sozialen Strukturen von Herrschaft und Ungerechtigkeit ermöglichen.[99] Diese zweite Behauptung sollten wir also als die These verstehen, dass die epistemischen Vor- und Nachteile ungleich zwischen den sozialen Positionen verteilt sind und dass es eine empirische Frage ist, welche Phänomene von welchen Positionen aus besser zu verstehen sind.

Spätestens an dieser Stelle wird drittens die Erläuterung wichtig, dass eine soziale Position noch kein Standpunkt ist. Standpunkttheorien betonen, dass kein Individuum und keine Gruppe allein aufgrund ihrer natürlichen oder sozialen Position bzw. ihrer Identität einen Standpunkt einnehmen, sondern dass erst die Reflexion auf die epistemischen Vor- und Nachteile der jeweiligen sozialen Position und der daraus erwachsende kritische Umgang mit vermeintlich objektivem Wissen jenen Standpunkt schafft, der feministischer Standpunkttheorie ihren Namen gibt:

> Standpunkttheorie zielt also nicht nur auf die epistemischen Effekte sozialer Positionen, sondern auf die Effekte und das emanzipatorische Potenzial eines kritischen Standpunkts in Bezug auf die Wissensproduktion. So verstanden, ist Standpunkttheorie ein Projekt, das systematisch untersucht, welche epistemischen Effekte das Eingebettet-Sein in verschiedene Arten sozialer Beziehungen und in konkrete Aktivitäten in Systemen hierarchisch strukturierter sozialer Differenzierungen hat.[100]

99 Das scheinbare Paradoxon, die epistemischen Vor- und Nachteile von Positionen gegeneinander abzuwägen, während man zugleich alles Wissen als sozial situiert ansieht, ist nur dann problematisch, wenn wir daran festhalten, dass solche Urteile konstitutiv an einen unparteilichen souveränen epistemischen Standpunkt gebunden sind. Vgl. dazu Kristina Rolin, »The Bias Paradox in Feminist Standpoint Epistemology«, in: *Episteme* 3 (2006), S. 125-136.

100 Wylie, »Feminist Philosophy of Science«, S. 63. Vgl. auch Sandra Harding, »Standpoint Theories: Productively Controversial«, in: *Hypatia* 24 (2009), S. 192-200, hier S. 195: »[...] ein Standpunkt ist eine Errungenschaft, keine Zuschreibung. Außerdem ist es eine kollektive Leistung, keine individuelle. Der Begriff ›Standpunkt‹ wird gewöhnlich synonym mit ›Perspektive‹ verwendet. Doch in der Standpunkttheorie ist es ein technischer Terminus. Einen Standpunkt zu erreichen, erfordert wissenschaftliche Arbeit, um unter die ideologische Oberfläche sozialer Beziehungen zu sehen, die wir alle für natürlich zu halten gelernt haben. Und es erfordert politische Organisation, diese Arbeit zu leisten, weil die vermeintliche Natürlichkeit der Macht herrschender Gruppen darauf beruht, die wirkliche Funktionsweise sozialer Beziehungen zu verschleiern.«

Die epistemischen Vorteile einer marginalisierten sozialen Position zu nutzen, erfordert sowohl politische als auch epistemische Anstrengungen.

Wylies Fassung der Standpunkttheorie hat den Vorteil, dass sie viele der in der Diskussion besonders virulenten Missverständnisse vermeidet, insbesondere die Vorstellungen, feministische Standpunkttheorie müsste die Kategorie »Frau« essentialistisch gebrauchen oder ihr qua sozialer Position epistemische Privilegien zuerkennen. Beides ist falsch, wenngleich feministische Erkenntnistheorie selbstverständlich für sich in Anspruch nimmt, empirisch demonstrieren zu können, dass sie die unterschiedlichen Erfahrungen verschiedener Geschlechter, durchkreuzt von Rassifizierungen und Klassenzuschreibungen, in Erkenntnisgewinne ummünzen kann. Entgegen der Erwartung, die der Name wecken mag, sind feministische Standpunkttheorien mehrdimensionale Standpunkttheorien:

> […] Da Gender als ein abstrakter Universalbegriff keine analytisch brauchbare Kategorie ist und da die Forschung eine Fülle verschiedener Arten der Unterdrückung in den Produktionsprozessen von Wissen aufgedeckt hat, entsteht feministische Epistemologie als ein Forschungsprogramm mit multiplen Dimensionen. Feministische Epistemologie sollte nicht so verstanden werden, als beinhalte sie eine Festlegung auf Gender als die primäre Unterdrückungsachse, egal in welchem Sinn von »primär«, oder als setze sie voraus, dass Gender eine theoretisch von den anderen Unterdrückungsachsen zu separierende Variable sei, die einer besonderen Analyse bedürfe.[101]

Aus Alcoffs und Potters Perspektive sind feministische Standpunkttheorien als Teil feministischer Epistemologie ein Schritt auf dem Weg zu einer intersektionalen politischen Erkenntnistheorie. Im Folgenden will ich daran anschließend einen weiteren Schritt vor-

101 Linda Martín Alcoff, Elizabeth Potter, »Introduction: When Feminisms Intersect Epistemology«, in: Linda Martín Alcoff, Elizabeth Potter (Hg.), *Feminist Epistemologies*, London, New York 1993, S. 1-14, hier S. 3 f. Weiterführende Diskussionen, wie man die verschiedenen Formen der Überkreuzung von sozialen Strukturen beforschen kann und wie man mit den Unterschieden und Gemeinsamkeiten feministischer sowie anderer Standpunkttheorien umgehen kann, finden sich bei José Medina, *The Epistemology of Resistance. Gender and Racial Oppression, Epistemic Injustice, and Resistant Imaginations*, Oxford 2013; Pels, »Strange Standpoints«, S. 67-71; Harding, *Das Geschlecht des Wissens*, Kapitel 8.

schlagen: Drei Schwierigkeiten mit der Standpunktmetapher werde ich als Grund präsentieren, um für eine nichtsouveräne politische Epistemologie zu plädieren,[102] die ohne diese Metapher auskommt, obgleich sie die darin kondensierten Erkenntnisse übernimmt. Dabei liefert der Begriff eigenständig selbstformend wirksamen Wissens den entscheidenden Hinweis auf ein krafttheoretisches Vokabular.

Die erste Schwierigkeit für die mit der Standpunktmetapher hantierenden feministischen Erkenntnistheorien ist ein epistemologischer Zirkel: Woher wissen wir, wie wir unsere soziale Position beschreiben können, um von dort aus einen kritischen Standpunkt zu entwickeln? Von welchem Standpunkt aus wird dieses Wissen gewonnen und artikuliert?[103] Da Gesellschafts- und Sozialtheorien selbst nur partiale Perspektiven sind (die allerdings oft auf die Fiktion eines souveränen epistemischen Standpunkts zurückgreifen) und ihr Wissen meist androzentrisch geprägt ist,[104] kann feministische Standpunkttheorie nicht ohne weiteres von diesen Gesellschafts- und Sozialtheorien Gebrauch machen, um ihre eigene soziale Position zu bestimmen. Vielleicht kann sie, um einen Standpunkt zu erreichen, sich selbst am Schopf aus dem Sumpf androzentrischen

102 Dabei setze ich im Folgenden voraus, dass eine zeitgenössische politische Epistemologie als transformierende Verschränkung von politischer Philosophie bzw. Sozialphilosophie und Erkenntnistheorie intersektional verfasst sein muss. Mit Patricia Purtschert, Katrin Meyer, »Die Macht der Kategorien. Kritische Überlegungen zur Intersektionalität«, in: *Feministische Studien* 28 (2010), S. 130-142, hier S. 134 f., bedeutet das nicht nur, mit der Verflechtung und Differenzierung verschiedener sozial machtvoller Differenzierungskategorien zu rechnen und die eigenen Analysen entsprechend anzulegen, sondern auch, die eigene Situiertheit und Beschränktheit sowie die davon produzierten Ausschlüsse zu reflektieren.

103 Vgl. Janet A. Kourany, »The Place of Standpoint Theory in Feminist Science Studies«, in: *Hypatia* 24 (2009), S. 209-218, hier S. 210; Pels, »Strange Standpoints«, S. 88.

104 Gudrun-Axeli Knapp, *Soziale Verortung der Geschlechter. Gesellschaftstheorie und feministische Kritik*, Münster 2009. Um nur an einige konkrete Beispiele zu erinnern: Die feministische Kritik von Nancy Fraser, *Widerspenstige Praktiken. Macht, Diskurs, Geschlecht*, Frankfurt/M. 1994, Kapitel 6, richtet sich gegen Habermas' Theorie des kommunikativen Handelns, die von Annette Runte, »Die ›Frau ohne Eigenschaften‹ oder Niklas Luhmanns systemtheoretische Beobachtung der Geschlechterdifferenz«, in: Therese Wobbe, Gesa Lindemann (Hg.), *Denkachsen. Zur theoretischen und institutionellen Rede vom Geschlecht*, Frankfurt/M. 1994, S. 297-326, gegen Luhmanns Systemtheorie.

Wissens ziehen, aber das würde umso mehr verlangen, den politischen Prozess (Harding) und/oder die kritische Reflexionsleistung (Wylie) genauer zu bestimmen, dank der sie dies vermag. Diese erste Schwierigkeit feministischer Standpunkttheorien ist sicherlich überwindbar, doch wird sie immer noch zu wenig berücksichtigt.

Die zweite Schwierigkeit mit der Metapher des Standpunktes besteht in der räumlichen Konnotation der Metapher und der dadurch nahegelegten Trennung zwischen einem einheitlichen Wissensobjekt und der Vielfalt möglicher Perspektiven, die sich aus dem eingenommenen Standpunkt ergeben.[105] Standpunkttheorien müssen entweder die Prämisse begründen, dass die Welt stabile Objekte bereitstellt, die von verschiedenen Standpunkten aus wahrgenommen werden können, oder erklären, warum sie diese Prämisse nicht in Anspruch nehmen müssen, obgleich sie von der Metapher des Standpunkts impliziert wird. Haraway führt folgerichtig geduldig und im Detail aus, wie wir die in der visuellen Metapher der Perspektive von einem Standpunkt so leicht vermutete Distanzierung zwischen den Wissenden und dem Objekt des Wissens vermeiden können, wenn wir uns bewusst machen, dass Perspektiven verkörpert sind und dass Sehen keineswegs ein passives Geschehen, sondern eine anspruchsvolle Aktivität ist.[106] Ihr zufolge ist die beschriebene Konnotation daher keine Implikation des Begriffs der Perspektive, sondern bloß ein Missverständnis, das sich aus unserer Gewöhnung an eine souveräne Epistemologie ergibt. Dennoch korrespondiert auch bei ihr noch den vielen Perspektiven auf den Gegenstand des Wissens die Einheit ebenjenes Gegenstandes – denn nur dann können verschiedene Standpunkte auch verschiedene Perspektiven liefern. Wäre das Wissensobjekt nicht stabil genug, um gleichzeitig von verschiedenen Perspektiven aus wahrgenommen zu werden, verlöre die optische Metapher der Perspektive, die mit der Metapher des Standpunkts verbunden ist, ihren Sinn. Wie die erste Schwierigkeit ist auch diese zweite keine Widerlegung; sie gibt aber zu bedenken, dass die Metapher des Standpunkts bei aller Nützlichkeit mehr Ärger machen könnte, als sich auszuhalten lohnt.[107]

105 Vgl. Joseph Rouse, »Standpoint Theories Reconsidered«, in: *Hypatia* 24 (2009), S. 200-209, hier S. 203 f.

106 Vgl. Haraway, »Situiertes Wissen«, S. 80-83.

107 Zur Idee von »staying with the trouble« vgl. Donna J. Haraway, *Unruhig blei-*

Die dritte Schwierigkeit betrifft nicht das räumliche, sondern das ethische Verständnis der Metapher des Standpunktes. Standpunkttheoretiker*innen argumentieren, dass es die Praxis des »Stellungbeziehens« sei, die veranschauliche, dass das Einnehmen der jeweilige Perspektive und der damit verbundenen Wissensansprüche mit der Übernahme einer bestimmten Verantwortung einhergehe. Die unausweichliche politische und ethische Dimension von Wissen ergibt sich in der Metaphorik des Standpunktes bevorzugt über den Begriff der Verantwortung, wie an Haraways Überlegungen erkennbar wird:

> Positionierung ist daher die entscheidende wissenbegründende Praktik, die wie so viele wissenschaftliche und philosophische Diskurse des Westens auch um die Metaphorik der Vision herum organisiert ist. Positionierung impliziert Verantwortlichkeit für die Praktiken, die uns Macht verleihen. Politik und Ethik sind folglich die Grundlage für Auseinandersetzungen darüber, was als rationales Wissen gelten darf. Das heißt, ob eingestanden oder nicht, daß Politik und Ethik die Grundlage von Auseinandersetzungen über Forschungsprojekte in den exakten und in den Natur-, Sozial- und Humanwissenschaften darstellen.[108]

Die Eingängigkeit des Arguments wird mit der Affirmation eines Verantwortungsbegriffs erkauft, den zu übernehmen ich für unklug halte. »Verantwortung« ist begrifflich gesehen an eine Beziehung des Selbst zu sich gebunden, so habe ich anderenorts in einer ausführlichen Analyse des Begriffs und seiner Geschichte (nicht nur) in der Philosophie gezeigt, die unweigerlich auf eine Selbstobjektivierung und die Verschleierung von Machtausübung hinausläuft.[109] Das gilt sowohl für sogenannte klassische Theorien von »Verantwortung« auf der Basis eines Zurechnungsbegriffs als auch für die vermeintlich kritischen Theorien einer »responsiven« Verantwortung oder der »response-ability«, das heißt dem »(Ver)antworten-können«. Letztere gehen zudem – insbesondere wenn sie sich auf Levinas' Verantwortungsbegriff stützen – von einer totalisierenden Vor-

*ben. Die Verwandtschaft der Arten im Chthuluzän*, Frankfurt/M., New York 2018, Kapitel 1. Dort leider als »unruhig bleiben« übersetzt.

108 Haraway, »Situiertes Wissen«, S. 87. Vgl. dazu Katharina Hoppe, *Die Kraft der Revision. Epistemologie, Politik und Ethik bei Donna Haraway*, Frankfurt/M., New York 2021, Kapitel 5 und 6.

109 Vgl. Vogelmann, *Im Bann der Verantwortung*.

stellung des Antworten-Müssens aus, die ihre eigene epistemische Gewaltsamkeit mitbringt.[110] In dieser Begriffstradition steht auch Joseph Rouse' Weiterentwicklung der feministischen Standpunkttheorie, die letztlich auf eine Überwindung der Epistemologie insgesamt hinausläuft und stattdessen für eine ontologische Theorie der Welt als interaktive Praxiszusammenhänge argumentiert, in der allein »Verantwortung« die normative Kraft der in diesen Praktiken entstehenden Verbindlichkeiten explizieren soll.[111] Vor dem Hintergrund meiner Kritik an Verantwortung bedeutet das allerdings, sich vom Regen in die Traufe zu retten.

Auch die letzte dieser drei Schwierigkeiten ist nicht unüberwindlich, und angesichts der kontroversen Kritik am Verantwortungsbegriff, auf der sie beruht, mag man sie schlicht zurückweisen wollen. Dennoch liefern die drei Schwierigkeiten gemeinsam einen Grund dafür, sich von der Metapher des Standpunkts zu verabschieden, ohne die darin kondensierten Einsichten der feministischen Standpunkttheorien aufzugeben, allen voran die Notwendigkeit einer nichtsouveränen Epistemologie und eines kritischen Umgangs mit souveränen Wissensansprüchen. Der Begriff des eigenständig selbstformend wirksamen Wissens leistet genau dies. Weil Wissen mit seiner Hilfe als eine aktive Kraft verstanden wird, die nicht passiv auf Subjekte wartet, damit diese als Wissende dem Wissen zu Wirksamkeit verhelfen, sondern die selbst auf die dem Wissen ausgesetzten Subjekte einwirkt und sie zu anderen macht, kann Wissen nicht mehr als unpolitisch bestimmt werden. Der Begriff eigenständig selbstformend wirksamen Wissens, der die Zusammengehörigkeit der alethischen und der dynamischen Dimension von Wissen betont, also die Wirksamkeit von Wissen genauso wie seine Bezogenheit auf Wahrheit, drückt die Anerkennung der

110 François Raffoul, *The Origin of Responsibility*, Bloomington, Indianapolis 2010, schreibt eine Geschichte des Verantwortungsbegriffs entlang dieser Trennung zwischen traditionellen Vorstellungen von Verantwortung und den kritischen Ansätzen eines responsiven Verantwortungsbegriffs. Letztere werden meist im Zusammenspiel mit Emanuel Levinas' und Jacques Derridas Verantwortungsbegriffen entwickelt; so auch von Donna J. Haraway, *When Species Meet*, Minneapolis, London 2008, Kapitel 3. Zu meiner Kritik an dieser Trennung vgl. Vogelmann, *Im Bann der Verantwortung*, Kapitel 5, bes. S. 302-375.

111 Vgl. HSPM; Joseph Rouse, *Articulating the World. Conceptual Understanding and the Scientific Image*, Chicago, London 2015; dazu Vogelmann, *Im Bann der Verantwortung*, S. 400-410.

immer auch politischen Natur von Wissen aus, die daraus folgt, dass wir Wissen stets darauf befragen können (und müssen), welche Folgen es selbst (!) zeitigt.

Wissen als inhärent politisch zu begreifen, zwingt uns, die souveräne Vorstellung von Wahrheit aufzugeben, die sich nur rechtfertigen lässt, solange Wahrheit allen politischen Kämpfen enthoben ist. Wenn eigenständig selbstformend wirksames Wissen die Gleichzeitigkeit von Wahrheitsbezug und Wirksamkeit begrifflich zum Ausdruck bringt, so impliziert diese These auch, dass wir Wahrheit nichtsouverän verstehen müssen, ohne dass wir dieses Verständnis mit der Metapher des Standpunkts erläutern müssten. Genauso zwingt uns wirksames Wissen, wie wir bereits verschiedentlich gesehen haben, zu einer kritischen Auseinandersetzung mit souveränen und als solchen paradox entpolitisiert auftretenden Verständnissen von Wissen. Daher kann uns der Begriff eigenständig selbstformend wirksamen Wissens dabei helfen, eine nichtsouveräne politische Epistemologie zu konzipieren, die dennoch nicht auf die Metaphorik des Standpunktes zurückgreifen muss und deshalb die genannten Schwierigkeiten vermeidet. Anstelle von »Standpunkten« und »Perspektiven«, so dürfte inzwischen klar geworden sein, stützt sich die mit dem Begriff des wirksamen Wissens zusammenhängende politische Epistemologie auf das Vokabular von »Kraft« und »Wirksamkeit«. Dieses Programm für eine nichtsouveräne politische Epistemologie gilt es in Teil III zu entwickeln.

### 6.3.2 Unwahrheit in der Politik

Ein nichtsouveränes Verständnis von Wahrheit und Wissen ist allerdings kein Selbstzweck, sondern dient unter anderem dazu, das Verhältnis von Wahrheit und Politik als internes zu verstehen. Denn nur so lassen sich, so habe ich argumentiert, die beiden basalen Einsichten der politischen Philosophie in den unvermeidlichen vernünftigen Pluralismus und die zwingende Kraft der Wahrheit zugleich beibehalten. Das wiederum sollte eine bessere Analyse der Phänomene von Unwahrheit in der Politik ermöglichen, die derzeit mit der politisch wie epistemisch autoritären Diagnose des »postfaktischen Zeitalters« nur unzureichend erfasst werden. Während ich bereits gezeigt habe, wie ein Verständnis des Verhältnisses von Wahrheit und Politik als interne Beziehung die beiden basalen Einsichten in den unvermeidlichen vernünftigen Pluralismus und die zwingende Kraft von Wahrheit verbinden kann und weil ich weitergehende Erläuterungen des dabei vorausgesetzten Verständnisses von Wahrheit als Kraft in Kapitel 7 liefern werde, möchte ich dieses Kapitel zur politischen Philosophie mit einigen Hinweisen für eine Analyse von Unwahrheiten in der Politik beschließen. Was sagt eine die interne Beziehung von Politik und Wahrheit voraussetzende Analyse zu den beiden Beispielen, mit denen ich die Diagnose eines »postfaktischen Zeitalters« eingeführt habe, also zu Trumps falschen Aussagen über die Größe der Zuschauermenge bei seiner Amtseinführung und zur Falschbehauptung von *Vote Leave* über die Geldmassen, die nach einem EU-Austritt für den NHS zur Verfügung ständen?

Erstens lenkt die nichtsouveräne Epistemologie die Aufmerksamkeit auf die Konflikte, in denen Wahrheitsansprüche erhoben werden, sowie auf deren miteinander verbundene politische und epistemische Funktionen. Im speziellen Fall von Trumps falschen Aussagen über Zuschauermengen stechen zwei Merkmale hervor: ihre offensichtliche Unwahrheit und ihre Häufigkeit, denn der Falschbehauptung über die Zuschauer bei der Amtseinführung folgten zahlreiche weitere in Bezug auf alle möglichen Auftritte.[112] Verzichtet man darauf, sie vorschnell als Lügen zu qualifizieren, die andere von einer Unwahrheit überzeugen sollen, werden Trumps falsche Aussagen stattdessen als Aufforderungen, sich zu unterwerfen, als Fallen und als Loyalitätstests verständlich.[113] Ich habe schon darauf hingewiesen, dass es ein bekannter Mechanismus ist, die eigene Macht zu demonstrieren, indem man andere dazu bringt, offensichtliche Unwahrheiten öffentlich anzuerkennen. Trumps

112 Vgl. dazu Salvatore Rizzo, »President Trump's Crowd-Size Estimates: Increasingly Unbelievable«, in: *The Washington Post*, 19. November 2018, ⟨https://www.washingtonpost.com/politics/2018/11/19/president-trumps-crowd-size-estimates-increasingly-unbelievable/⟩, letzter Zugriff am 29. März 2022. Wie häufig diese Falschaussagen zu Zuschauergrößen waren, zeigt die Datenbank aller Falschaussagen von Donald Trump, die die *Washington Post* unter ⟨https://www.washingtonpost.com/graphics/politics/trump-claims-database/⟩ bereitstellt.

113 Die einzige ähnliche Diagnose, die mir bekannt ist, stammt von Patrick Lee Miller, »Truth, Trump, Tyranny. Plato and the Sophists in an Era of ›Alternative Facts‹«, in: Angel Jaramillo Torres, Marc Benjamin Sable (Hg.), *Trump and Political Philosophy. Leadership, Statesmanship, and Tyranny*, Cham 2018, S. 17-32, hier S. 24-26.

Falschaussagen sind solche Machtdemonstrationen – deshalb ist es, anders als viele Beobachter*innen behaupten, keineswegs rätselhaft, dass er immer wieder offensichtlich unwahre Behauptungen vorbringt.[114]

Zugleich funktionieren die offensichtlichen Unwahrheiten als kleine Fallen, denn wer nicht sofort Einspruch erhebt, wird mehr und mehr Schwierigkeiten dabei empfinden, sich nachträglich von Trump loszusagen, müsste er oder sie dafür doch zugeben, sich immer wieder schmählich untergeordnet und peinlich eindeutige Unwahrheiten mitgetragen zu haben. Psychologisch betrachtet wird das mit jeder akzeptierten Unwahrheit schwieriger; diese fesseln so nach und nach diejenigen an Trump, die nicht sofort widersprechen.[115]

Schließlich dienen die offensichtlichen Falschbehauptungen als Wahrheitsmanifestationen, indem sie sichtbar machen, wer loyal ist und Trumps Unwahrheiten verteidigt – und wer nicht. Sie sind nicht nur eine Weise der Machtausübung, sondern auch eine Art politischer Lackmustest, haben also eine epistemische Funktion. Diese aber können sie wiederum nur erfüllen, solange sie für alle klar als falsch erkennbar sind. Trumps Unwahrheiten haben daher nicht das Ziel, die Grenze zwischen Wahrheit und Falschheit zu verunklaren, um eine neue Realität zu schaffen.[116] Sie brauchen vielmehr die klare Einteilung in wahr und falsch, weil sie nur als offensichtliche Unwahrheiten funktionieren.

In diesem ersten Hinweis macht sich die Voraussetzung eines in-

114 Vgl. z. B. Douglas Kellner, »Donald Trump and the Politics of Lying«, in: Michael A. Peters u. a. (Hg.), *Post-Truth, Fake News. Viral Modernity & Higher Education*, Singapore 2018, S. 89-100.

115 Vgl. die (selbstentschuldigende) Schilderung von James Comey, »How Trump Co-opts Leaders Like Bill Barr«, *New York Times*, 1. Mai 2019, ⟨https://www.nytimes.com/2019/05/01/opinion/william-barr-testimony.html⟩, letzter Zugriff am 20. Oktober 2019.

116 Diese gegenteilige These vertreten beispielsweise Hendricks, Vestergaard, *Postfaktisch*, S. 158-161; McIntyre, *Post-Truth*, Kapitel 1; ihre klassische Formulierung stammt von Arendt (vgl. WP, S. 75-84). Wenn dagegen meine Analyse zutrifft, ist es auch nicht ganz richtig, das »System Trump & Co.« als ein neues Wahrheitsregime zu verstehen, wie Silke van Dyk, »Krise der Faktizität? Über Wahrheit und Lüge in der Politik und die Aufgabe der Kritik«, in: *PROKLA* 47 (2017), S. 347-367, und Susanne Krasmann, »Secrecy and the Force of Truth. Countering Post-Truth Regimes«, in: *Cultural Studies* 33 (2019), S. 690-710.

ternen Verhältnisses von Wahrheit und Politik nur in einer kleinen Akzentverschiebung bemerkbar: Die Analyse isoliert nicht zuerst die epistemische Dimension von Trumps Unwahrheiten, um anschließend nach deren politischer Pointe zu fragen, die dann im Inhalt liegen müsste, von dem uns diese Falschaussagen überzeugen wollen. Mein Vorschlag besagt stattdessen, dass die politische Funktion unmittelbar mit der offensichtlichen Falschheit der Aussagen verbunden ist, die insofern nicht (oder bestenfalls sekundär) der Mitteilung eines (falschen) Gehalts dienen. Zwar bleibt es auch mit dieser Perspektivverschiebung wichtig, solchen Unwahrheiten zu widersprechen. Doch dringender scheint es, diejenigen zu unterstützen, die sich nicht unterwerfen, und denjenigen eine Möglichkeit anzubieten, sich aus Trumps Fallen zu befreien, die sie zu spät durchschaut haben. Fakten-Checks mögen für den Widerspruch hilfreich sein, politische Solidarität und Ausstiegsmöglichkeiten bereitzustellen aber ist entscheidend.

Zweitens untersucht eine Analyse, die die interne Verbindung von Politik und Wahrheit anerkennt, neben den Kämpfen, in denen Wahrheitsansprüche gestellt werden, auch deren epistemisch-politische Kontexte. Sie betrachtet Wahrheiten also niemals isoliert, und das Beispiel der Versprechungen von *Vote Leave* demonstriert, warum. Zum engeren Kontext gehören sowohl die Wirtschaftsprognosen und anderen Statistiken, mit denen die Kampagne *Britain Stronger in Europe* (kurz: *Remain*) die Wähler*innen so sehr erschrecken wollte, dass sie lieber für den Status quo stimmen würden, als auch der bereits erwähnte Antiintellektualismus von *Vote Leave*.[117] Er hilft zu verstehen, wieso die Behauptung, 350 Millionen Britische Pfund wöchentlich an den NHS zu überweisen, überhaupt ernst genommen werden konnte. Aber die Analyse muss auch den weiteren historischen Kontext berücksichtigen, der insbesondere

117 »[...] Beide Seiten bauten stark auf Angst als eine negative ökonomische Motivation: Die Leavers fürchteten, die Kontrolle über das Schicksal ›unseres‹ Landes an ›Brüssel‹ zu verlieren (oder mit den Migrant*innen um Arbeitsplätze konkurrieren zu müssen), und die Remain-Seite fürchtete die widrigen ökonomischen Konsequenzen (für Arbeitsplätze, Handel, Investitionen, Wechselkurse) eines Brexits.« (Claus Offe, »Referendum vs. Institutionalized Deliberation. What Democratic Theorists Can Learn from the 2016 Brexit Decision«, in: *Daedalus* 146 (2017), S. 14-27, hier S. 18.) Zum Antiintellektualismus der *Leave*-Kampagne vgl. D'Ancona, *Post-Truth*, S. 16-23; seine Verteidigung übernimmt Fuller, *Post-Truth*, S. 9-23.

von der Verquickung aus Rassismus und Neoliberalismus geprägt ist. Zur neoliberalen Austeritätspolitik gehört der Fetisch eines ausgeglichenen Staatshaushaltes, den zwischen 1992 und 2015 mehr oder weniger die gesamte politische Klasse im Vereinigten Königreich propagiert hat.[118] Seine Umsetzung bestand nicht nur in der Kürzung von Sozialpolitikausgaben, sondern auch in einer Umstellung der normativen Grammatik wohlfahrtsstaatlicher Institutionen von Solidarität auf Leistung, im besten Fall begleitet von dem Versprechen, so einen zukunftsfähigen und immer noch helfenden statt nur disziplinierenden Sozialstaat erhalten zu können.[119] So gehört das gebrochene Versprechen von *Vote Leave* in die lange Reihe nicht erfüllter Versprechen des Neoliberalismus, der zudem sehr erfolgreich besorgte oder widersprechende Stimmen zum Schweigen bringen konnte und kann.

118 Auf diesen Punkt laufen eine Reihe ansonsten ganz unterschiedlich ansetzender Analysen des Brexit-Referendums hinaus: vgl. Bob Jessop, »The Organic Crisis of the British State. Putting Brexit in its Place«, in: *Globalizations* 14 (2016), S. 133-141; Jonathan Hopkin, Ben Rosamond, »Post-Truth Politics, Bullshit and Bad Ideas. ›Deficit Fetishism‹ in the UK«, in: *New Political Economy* (2017), S. 1-15; Insa Koch, »What's in a Vote? Brexit Beyond Culture Wars«, in: *American Ethnologist* 44 (2017), S. 225-230; Streeck, »Die Wiederkehr der Verdrängten«. Einen breiten Überblick über den politischen und sozio-ökonomischen Hintergrund liefern die Beiträge in William Outhwaite (Hg.), *Brexit. Sociological Responses*, London 2018.

119 »[...] Im gegenwärtigen Zeitalter der Austerität geht es um viel mehr als nur Ausgabenkürzungen. Dieses Zeitalter repräsentiert ein ökonomisches und politisches Umfeld, das dem *sozialen* Wohlfahrtsstaat zunehmend feindselig gesonnen ist. Dabei liefert Austerität selbst die Logik für seine Zerstörung.« (Kevin Farnsworth, Zoë Irving, »Austerity. More Than the Sum of its Parts«, in: Kevin Farnsworth, Zoë Irving (Hg.), *Social Policy in Times of Austerity. Global Economic Crisis and the New Politics of Welfare*, Bristol 2015, S. 9-41, hier S. 36.) Für Großbritannien vgl. die weiteren Beiträge in Kevin Farnsworth, Zoë Irving (Hg.), *Social Policy in Times of Austerity. Global Economic Crisis and the New Politics of Welfare*, Bristol 2015; eine allgemeine Übersicht bietet Sanford F. Schram, »Neoliberalizing the Welfare State. Marketizing Social Policy/Disciplining Clients«, in: Damien Cahill u. a. (Hg.), *The SAGE Handbook of Neoliberalism*, London 2018, S. 308-322. Nicht vergessen sollte man darüber, dass die Vermarktlichung des Sozialstaats nicht schon den Neoliberalismus definiert. Dieser ist als politische Rationalität wesentlich umfassender zu verstehen und zielt auf eine Neuausrichtung der Demokratie insgesamt sowie die Schaffung neoliberaler Subjekte: vgl. Brown, Wendy, *In the Ruins of Neoliberalism. The Rise of Antidemocratic Politics in the West*, New York 2019; Thomas Biebricher, *Die politische Theorie des Neoliberalismus*, Berlin 2021, Kapitel 3.

Wie wir gesehen haben, darf eine solche Kontextanalyse keine Rechtfertigung der falschen Behauptung von *Vote Leave* liefern – und muss es auch nicht. Sie steht zudem in der Pflicht, den widerwärtigen Rassismus der Brexiteers weder zu verharmlosen noch reduktionistisch wegzuerklären.[120] Die wachsende Akzeptanz rassistischer Äußerungen und (Straf)Taten,[121] die wir über Großbritannien hinaus in rechtsradikalen Parteien und Bewegungen sowie ihrem Umfeld sehen, sind keineswegs bloß Ausdruck von individuellen Ressentiments, die sich aus einer hoffnungslosen sozialen Lage und dem Eindruck bevorstehender Verschlechterungen durch neue Konkurrenz um noch die schlechtbezahltesten Jobs von frisch Eingewanderten ergeben. Die wachsende Akzeptanz rassistischer Worte und Taten ist auch nicht das Ergebnis besserer »Narrative« auf Seiten der Rechten oder arroganter Vernachlässigung der »besorgten« Arbeiter*innen durch die Linke. Diese Elemente einer Erklärung schon für die ganze zu halten, vernachlässigt den bereits zuvor fest etablierten strukturellen Rassismus und seine Verbindungen zum neoliberalen Kapitalismus – die hinreichend erforscht sind, um Ignoranz fahrlässig zu nennen.[122] Es vernachlässigt zudem die politische Indienstnahme von Rassismus, auf die Jacques Rancière aufmerksam macht: Indem Staat und Privatwirtschaft Rassismus planvoll fördern – zum Beispiel durch entsprechende Asylgesetze oder Kopftuchdebatten auf der einen Seite und systematische Diskriminierung bei Einstellungen oder Wohnungsvergaben auf der anderen Seite –, erschaffen sie ein »Volk«, das sich hervorragend dazu eignet, die Demokratie mithilfe des Begriffs »Populismus« zu diskreditieren:

120 Vgl. Gurminder K. Bhambra, »Locating Brexit in the Pragmatics of Race, Citizenship and Empire«, in: William Outhwaite (Hg.), *Brexit. Sociological Responses*, London 2018, S. 91-99; Jon Burnett, »Racial Violence and the Brexit State«, in: *Race & Class* 58 (2017), S. 85-97; Stefanie Graefe u. a., »Rückkehr des Hauptwiderspruchs?«, in: *Prokla* 47 (2017), S. 411-420.

121 Laut Burnett, »Racial Violence and the Brexit State«, S. 92, haben sich im ersten Monat nach dem Referendum rassistisch motivierte Gewalttaten in England im Vergleich zum Vorjahr versiebenfacht.

122 Vgl. z. B. zu den USA Randolph Hohle, *Racism in the Neoliberal Era. A Meta History of Elite White Power*, New York 2018, sowie als theoretischen Beitrag zu den Governmentality Studies Luca Mavelli, »Governing the Resilience of Neoliberalism Through Biopolitics«, in: *European Journal of International Relations* 23 (2017), S. 489-512.

Der Begriff des Populismus konstruiert ein Volk, das durch die furchterregende Kombination einer gewissen Fähigkeit – der rohen Macht der großen Zahl – und einer gewissen Unfähigkeit – die Unwissenheit, die man derselben großen Menge zuschreibt – charakterisiert ist. Dafür ist Rassismus als dritte Eigenschaft essenziell. Man will den des ›Idealismus‹ stets verdächtigen Demokrat*innen zeigen, was das Volk wirklich ist: ein Mob [...]. Der Begriff des Populismus malt ein Bild des Volkes, das im späten 19. Jahrhundert von Denkern wie H. Taine und Gustave Le Bon gezeichnet wurde, weil sie vor der Pariser Kommune und dem Aufstand der Arbeiterbewegung Angst bekamen [...].[123]

Auf dieser Grundlage aufbauend konnte die *Leave*-Kampagne über ihre rassistische Sprache eine temporäre Allianz von Anhänger*innen verschiedener Formen von Nationalismus herstellen: den antielitären Formen des Nationalismus in Teilen der Arbeiterklasse und den britisch-imperialen Formen des Nationalismus in den ökonomischen Eliten.[124]

Auf der Basis solcher sozialtheoretischen Untersuchungen erinnert die von einer nichtsouveränen Epistemologie ausgehende Analyse daran, dass Aussagen ihren epistemischen Status nur in sozialen Praktiken und den darin aufrechterhaltenen oder aufgegebenen Rechtfertigungsstandards gewinnen. Ohne die jahrelange neoliberale Austeritätspolitik mit ihren rassistischen Strukturen, die gezielt eine Erosion von Rechtfertigungsanforderungen verfolgte, um nicht selbst unter Druck zu geraten, hätten die »alternativen Fakten« von *Vote Leave* nicht so vielversprechend erscheinen können.[125] Politisch gesehen müssen wir aus Sicht der hier vorgeschlagenen Analyse also vor allem auf Rechtfertigungen bestehen, verlangen, dass auf ernsthafte Einwände mit Argumenten und nicht mit Gesprächsverweigerung oder Verächtlichmachung geantwortet wird, und diejenigen bekämpfen, die Kritik und Widerspruch mit

123 Jacques Rancière, »The People Are Not a Brutal and Ignorant Mass«, Verso 2013, ⟨https://www.versobooks.com/blogs/1226-the-people-are-not-a-brutal-and-ignorant-mass-jacques-ranciere-on-populism⟩, letzter Zugriff am 21. September 2021.

124 Vgl. Magne Flemmen, Mike Savage, »The Politics of Nationalism and White Racism in the UK«, in: *The British Journal of Sociology* 68 (2017), S. S233-S264, hier S. S261.

125 Das ist leider keine Besonderheit der Politik in Großbritannien; die Parallelen zu Deutschland sind unübersehbar.

schlimmeren Mitteln zum Schweigen bringen wollen. Die Analysen einer nichtsouveränen politischen Epistemologie richten diese Forderungen an alle (auch sich selbst). Statt scheinheilig zu fragen, ob denn schon Rassist sei, wer Flüchtlinge auf Konkurrent*innen um Arbeitsplätze und Sozialhilfe reduziert,[126] verlangen sie Solidarität mit all denen, die unter den politischen Verhältnissen leiden und auch noch mundtot gemacht werden. Aber sie stemmen sich zugleich gegen jene, die nur herausbrüllen, dass sie zum Schweigen gebracht werden, um andere zu übertönen, und sie erinnern schneidend daran, dass Redefreiheit keine Freiheit von Kritik bedeutet.

Damit ist eine Analyse, die von einem internen Verhältnis von Wahrheit und Politik ausgeht, notwendig selbst in die politischen und epistemischen Kämpfe verstrickt, die sie gemeinsam mit ihren weiteren Kontexten in den ersten beiden Schritten untersucht. Die aus dem nichtsouveränen Verständnis von Wahrheit und Wissen resultierende Reflexivität ist vor allem dort wichtig, wo die Unwahrheiten nicht so klar erkennbar sind wie in den beiden Beispielen. Aber auch in ihrem Fall gilt, dass eine Analyse, die mit ihrer nichtsouveränen Epistemologie von einem internen Verhältnis von Wahrheit und Politik ausgeht, stets eine doppelte Aufgabe erfüllen muss: Einerseits bezieht sie politisch wie epistemisch Stellung in diesen Konflikten, andererseits kritisiert sie all jene, die einen neuen souveränen epistemischen Standpunkt errichten wollen – und sei es in noch so guter Absicht. Weder Gott noch Moral, weder Staat noch Kapital, weder Wissenschaften noch Künste dürfen sich erneut zum epistemischen Souverän aufschwingen. Das interne Verhältnis von Wahrheit und Politik über eine nichtsouveräne Epistemologie anzuerkennen bedeutet, dass die Köpfe aller epistemischen Souveräne rollen müssen. Der Begriff des wirksamen Wissens trägt, so haben wir gesehen, zu dieser Revolution entscheidend bei.

126 Vgl. Wolfgang Streeck, »Wir müssen aufstehen«, *Die ZEIT*, 30. August 2018, ⟨https://www.zeit.de/2018/36/sammelbewegung-aufstehen-die-linke-unterstuetzung/komplettansicht⟩, letzter Zugriff am 18. Oktober 2018.

## *Zwischenbetrachtung II: Das Vokabular der Kraft*

In allen drei Kapiteln des zweiten Teils hat sich der Begriff eigenständig selbstformend wirksamen Wissens als nützlich erwiesen: Philosophisches Wissen über seine eigenständige selbstformende Wirksamkeit zu begreifen, ermöglicht es, eine Genealogie philosophischen Wissens am Leitfaden der Exklusionstechniken zu schreiben, die den konstitutiven Anspruch philosophischen Wissens auf exklusive Wirksamkeit in den philosophischen Praktiken absichern. In der Diskussion über die Tätigkeit des Kritik-Übens und seine theoretischen Reflexionen hilft uns der Begriff eigenständig selbstformend wirksamen Wissens, das Bild emanzipierender Kritik auszumalen, indem er die epistemologischen Voraussetzungen für eine kritische Theorie freilassender Kritik fassbar macht. Für die Debatte über das Verhältnis von Wahrheit und Politik schließlich übernimmt der Begriff eigenständig selbstformend wirksames Wissen die entscheidenden Einsichten feministischer Standpunkttheorien, ohne an die problematische Metapher des Standpunkts gebunden zu sein. Er bietet eine aussichtsreiche Alternative an, um die Beziehung zwischen Wahrheit und Politik als interne zu begreifen, und erlaubt so, an den beiden zentralen Einsichten der politischen Philosophie in die Pluralität und Agonalität von Wahrheit festzuhalten, ohne in Autoritarismus oder in Relativismus abzugleiten.

Damit habe ich im zweiten Teil den potenziellen Gewinn dargestellt, der es rechtfertigt, die Mühen einer präzisen Begriffsbildung auf sich zu nehmen. Ehe ich diese Aufgabe im dritten Teil des Buches angehe, möchte ich allerdings einen Umstand reflektieren, der ebenfalls in den drei vorangegangenen Kapiteln zu Tage getreten ist: Der Begriff eigenständig selbstformend wirksamen Wissens führt auf die Vorstellung von Wahrheit als Kraft und darüber zu einem um »Kraft« und »Wirksamkeit« zentrierten Vokabular.

»Kraft« hat eine bewegte Begriffsgeschichte hinter sich, in der sich immer wieder zwei Tendenzen gegenüberstehen: Auf der einen Seite wird Kraft als naturwissenschaftlicher Begriff angesehen, der in einer langen Entwicklung allmählich seiner metaphysischen

Komponenten entkleidet wurde, obgleich diese Einschätzung in der Wissenschaftstheorie umstritten bleibt.[1] Auf der anderen Seite wird Kraft als attraktiver Begriff gewertet, um die Wirksamkeit sowohl natürlicher Prozesse als auch menschlicher Machtausübung zu denken. In dieser zweiten Tradition verortet sich auch mein Gebrauch von Kraft; sie knüpft heute vor allem an Friedrich Nietzsche an, dessen Kraftbegriff sich zwar der Aneignung älterer Verwendungsweisen verdankt,[2] aber ein eigenständiges Konzept darstellt, auf das insbesondere Gilles Deleuze und Michel Foucault zurückgegriffen haben. Nietzsche bringt die Intuition hinter seinem Kraftbegriff gewohnt fulminant auf den Punkt:

Und wißt ihr auch, was mir »die Welt« ist? Soll ich sie euch in meinem Spiegel zeigen? Diese Welt: ein Ungeheuer von Kraft, ohne Anfang, ohne Ende, eine feste, eherne Größe von Kraft, welche nicht größer, nicht kleiner wird, die sich nicht verbraucht sondern nur verwandelt, als Ganzes unveränderlich groß, ein Haushalt ohne Ausgaben und Einbußen, aber ebenso ohne Zuwachs, ohne Einnahmen, vom »Nichts« umschlossen als von seiner Gränze, nichts Verschwimmendes, Verschwendetes, nichts Unendlich-Ausgedehntes, sondern als bestimmte Kraft einem bestimmten Raum eingelegt, und nicht einem Raume, der irgendwo »leer« wäre, vielmehr als Kraft überall, als Spiel von Kräften und Kraftwellen zugleich Eins und »Vieles«, hier sich häufend und zugleich dort sich mindernd, ein Meer in sich selber stürmender und fluthender Kräfte, ewig sich wandelnd, ewig zurücklaufend, mit ungeheuren Jahren der Wiederkehr, mit einer Ebbe und Fluth seiner Gestaltungen, aus den einfachsten in die vielfältigsten hinaustreibend, aus dem Stillsten, Starrsten, Kältesten hinaus in das Glühendste,

1 Eine ausführliche Begriffsgeschichte liefert Max Jammer, *Concepts of Force. A Study in the Foundations of Dynamics*, Mineola/NY 1999. Gegen seine These, der Kraftbegriff stelle in der heutigen Physik nicht mehr als eine Art verzichtbaren »Mittelbegriff« dar (vgl. ebd., S. 244 f.), protestiert Mary B. Hesse, »Max Jammer: *Concepts of Force* (Review)«, in: *The British Journal for the Philosophy of Science* 10 (1959), S. 69-73. Sie rekonstruiert den Streit um fernwirkende Kräfte als metaphysisch (in Mary B. Hesse, *Forces and Fields. The Concept of Action at a Distance in the History of Physics*, Mineola/NY 1962). Zur historisch und gegenwärtig strittigen Rolle von »Kraft« in der Physik vgl. auch Barry Dainton, »Force in Physics and in Metaphysics. A Brief History«, in: Shyam Wuppuluri, Francisco Antonio Doria (Hg.), *The Map and the Territory. Exploring the Foundations of Science, Thought and Reality*, Cham 2018, S. 199-231.

2 Zu nennen wären hier vor allem Spinoza, Leibniz und Bošković, vgl. Günter Abel, *Nietzsche. Die Dynamik der Willen zur Macht und die ewige Wiederkehr*, Berlin, New York 1998, Kapitel I bis V.

Wildeste, Sich-selber-widersprechendste, und dann wieder aus der Fülle heimkehrend zum Einfachen, aus dem Spiel der Widersprüche zurück bis zur Lust des Einklangs, sich selber bejahend noch in dieser Gleichheit seiner Bahnen und Jahre, sich selber segnend als das, was ewig wiederkommen muß, als ein Werden, das kein Sattwerden, keinen Überdruß, keine Müdigkeit kennt –: diese meine *dionysische* Welt des Ewig-sich-selber-Schaffens, des Ewig-sich-selber-Zerstörens, diese Geheimniß-Welt der doppelten Wollüste, dieß mein Jenseits von Gut und Böse, ohne Ziel, wenn nicht im Glück des Kreises ein Ziel liegt, ohne Willen, wenn nicht ein Ring zu sich selber guten Willen hat, – wollt ihr einen *Namen* für diese Welt? Eine *Lösung* für alle ihre Räthsel? ein *Licht* auch für euch, ihr Verborgensten, Stärksten, Unerschrockensten, Mitternächtlichsten? – *Diese Welt ist der Wille zur Macht – und nichts außerdem!* Und auch ihr selber seid dieser Wille zur Macht – und nichts außerdem![3]

Die Welt ist nichts als Kraft, oder richtiger: Kräfte, denn diese gibt es nicht im Singular, da jede Kraft in Beziehung zu anderen Kräften steht: »Das Sein der Kraft ist plural; es wäre geradezu absurd, die Kraft singulär zu denken.«[4] Wenn alles, jeder Körper und jedes Subjekt, sich aus Kräften zusammensetzt, können sich Kräfte nur auf andere Kräfte beziehen, nur mit ihnen, an ihnen oder gegen sie wirken – und es gibt keine Kraft, die nicht wirkt. Derselben Logik nach wird der Begriff Kraft für Deleuze und Foucault identisch mit dem der Macht: »jedes Kräfteverhältnis ist ein ›Machtverhältnis‹«.[5]

Kraft bezeichnet in dieser Tradition allgemein »das innere Prinzip der Hervorbringung einer Gestalt aus einer anderen«,[6] die auch Menschen als Subjekte konstituiert, jedoch nie als souveräne, vollkommen über sich selbst verfügende Subjekte, wie Christoph Menke erklärt:

Die essentielle Unbestimmtheit des Spiels dunkler Kräfte befreit den Menschen von der Herrschaft mechanischer Gesetze wie biologischer Zwecke und ermöglicht dadurch, den Menschen [...] zum Subjekt von Vermögen zu machen. Zugleich aber verhindert die essentielle Unbestimmtheit dun-

3 Friedrich Nietzsche, *Nachgelassene Fragmente 1884-1885. Kritische Studienausgabe*, Bd. 11, Berlin, München 1988, NF 1885 38[12], S. 610 f. Vgl. dazu grundlegend Abel, *Nietzsche*, Teil 1.

4 Gilles Deleuze, *Nietzsche und die Philosophie*, München 1976, S. 11.

5 Gilles Deleuze, *Foucault*, Frankfurt/M. 1987, S. 99.

6 Christoph Menke, *Kraft. Ein Grundbegriff ästhetischer Anthropologie*, Frankfurt/M. 2008, S. 55.

kel spielender Kräfte es, den Menschen mit (sich als) dem Subjekt von Vermögen zu identifizieren.[7]

Kraft ist konstitutiv für das Subjekt, weil sie seine praktischen Vermögen erschafft, bringt es dadurch aber als nichtsouverän hervor, insofern sie ihm vorhergeht und es bedingt. Deshalb wird in dieser Tradition Kraft nicht als anthropomorphe Verallgemeinerung der Handlungsfähigkeit von Subjekten gedacht,[8] sondern umgekehrt verdanken sich die Subjekte den Kräften. Abermals liefert Nietzsche die polemischste Formulierung:

> Ein Quantum Kraft ist ein eben solches Quantum Trieb, Wille, Wirken — vielmehr, es ist gar nichts anderes als eben dieses Treiben, Wollen, Wirken selbst, und nur unter der Verführung der Sprache (und der in ihr versteinerten Grundirrthümer der Vernunft), welche alles Wirken als bedingt durch ein Wirkendes, durch ein »Subjekt« versteht und missversteht, kann es anders erscheinen. [...] Aber es giebt kein solches Substrat; es giebt kein »Sein« hinter dem Thun, Wirken, Werden; »der Thäter« ist zum Thun bloss hinzugedichtet, — das Thun ist Alles.[9]

Drei Bemerkungen sind an dieser Stelle notwendig, um meinen eigenen Zugriff auf den Kraftbegriff zu konturieren. Denn obwohl ich mich auf das Verständnis von Nietzsche, Deleuze und Foucault stütze, müssen die metaphysischen, ontologischen und politischen Implikationen des Begriffs sorgsam bedacht werden.

Erstens verfolgt Nietzsche mit seinem Kraftbegriff eine antimetaphysische Absicht, wenn er die Realität der Kraft in ihrer Wirkung sieht. Damit wird die aristotelische Differenz zwischen Möglichkeit und Wirklichkeit einkassiert, um die ansonsten notwendige Voraussetzung einer Substanz zu vermeiden, der wir das nichtaktualisierte Potenzial zur Kraftentfaltung zusprechen müssten. Könnten Kräfte existieren, ohne ausgeübt zu werden, müssten wir einen Träger mit dem Vermögen oder der Fähigkeit zur entsprechenden Kraftausübung annehmen – und würden damit »hinter«

7 Ebd., S. 105.

8 So z. B. Jammer, *Concepts of Force*, S. 7. Dass diese Vorstellung auch historisch schwer haltbar ist, zeigt Werner Strombach, »Der Kraftbegriff«, in: *Philosophia naturalis* 8 (1964), S. 307-345, hier S. 310.

9 Nietzsche, *Zur Genealogie der Moral*, I/13, S. 279.

die Kräfte eben doch wieder ein Subjekt setzen.[10] Diese antimetaphysische Stoßrichtung gegen eine »Hinterwelt« der Kräfte bleibt für das Vokabular der Kraft bestimmend.

Nicht geklärt ist damit allerdings zweitens, inwieweit Nietzsche mit diesem Vokabular der Metaphysik entkommt oder ob er »nur« eine neue, relationale Metaphysik entwirft. Wie Wolfgang Müller-Lauter festhält, hängt das sowohl von unserer Deutung seines Kraft- als auch seines Metaphysikbegriffs ab[11] – und muss an dieser Stelle zum Glück nicht erörtert werden. Entscheidend ist, dass wir die Kräfte, aus deren Zusammen- und Gegenspiel sich die Welt zusammensetzt, nicht als feste letzte Einheiten (wie Leibniz' Monaden) missverstehen. »Es gibt kein ›Individuum‹, es gibt kein letztes unteilbares Quantum Macht, zu dem wir hinunterkommen.«[12] Selbst wenn man darauf beharren will, dass Nietzsche mit seinem Kraftbegriff eine relationale Ontologie entwirft, insofern er Kräfte als allein existierend annimmt, erlaubt diese formal richtige Feststellung nicht, eine Liste der verschiedenen »Grundkräfte« zu fordern. Nietzsches Ausruf, die Welt sei »ein Ungeheuer von Kraft«, ist ein Plädoyer für einen pluralistischen Dynamismus, nicht für eine verwaltende Kraftontologie. An Foucaults Machtbegriff haben wir (in Kapitel 5.2.1) gesehen, wie sich eine solche Position entwickeln lässt, ohne eine substanzielle Ontologie entwickeln zu müssen.

Drittens legt Nietzsche seinem Kraftbegriff allerdings eine Logik der Steigerung bei, die über das bisher Gesagte hinausgeht. Die Kräfte werden als vielfältige »Willen zur Macht« interpretiert – und dementsprechend wollen sie Macht, ja wollen stets mehr Macht.[13] Es ist allerdings keineswegs ausgemacht, dass wir mit dem Vokabular der Kraft, das auf Nietzsches Begriffe aufbaut, auch diese Steigerungslogik übernehmen müssen oder auch nur sollten. Die antimetaphysische Pointe, Kräfte als Wirksamkeit zu denken, wie auch der pluralistische Dynamismus, der seine Position gegen eine

10 Vgl. dazu Abel, *Nietzsche*, S. 6-9.

11 Vgl. Wolfgang Müller-Lauter, »Nietzsches Lehre vom Willen zur Macht«, in: *Nietzsche-Studien* 3 (1974), S. 1-60, hier S. 12-18.

12 Ebd., S. 17.

13 »Sich selbst erhalten wollen ist der Ausdruck einer Nothlage, einer Einschränkung des eigentlichen Lebens-Grundtriebes, der auf Machterweiterung hinausgeht [...].« (Friedrich Nietzsche, *Die fröhliche Wissenschaft. Kritische Studienausgabe*, Bd. 3, Berlin, München 2008, § 349, S. 585).

weitergehende Ontologisierung von Kraft behauptet, bedürfen der einheitlichen Interpretation aller Kräfte als aggressiv-expansiv nicht. Im Sinne des Pluralismus bietet es sich vielmehr an, auf allgemeine Aussagen über den »Willen«, die Ziele oder auch nur Richtungen der Kräfte zu verzichten, um diese Feststellung konkreten Analysen spezifischer Kräfte zu überlassen.

Wenn das Vokabular der Kraft in der Nachfolge Nietzsches so von seiner speziellen Interpretation der Kräfte als »Willen zur Macht« abgelöst werden kann, sprechen politisch-theoretische Gründe dafür, diese Möglichkeit auch zu ergreifen. Die Affinitäten und Überschneidungen des Vokabulars der Kraft mit der Lebensphilosophie legen es nahe, die Logik der Steigerung nicht auf begrifflicher Ebene einzuführen. Unweigerlich gerät man ansonsten in die Nähe von Überlegungen zur »Lebenssteigerung«, die eine Abstufung von Leben einführt: kräftigeres Leben, mehr Leben, besseres Leben... Man muss die Lebensphilosophie nicht zum Vorreiter des Faschismus erklären,[14] um zu erkennen, wie leicht eine solche Abstufung herangezogen werden kann, um die für den modernen Rassismus konstitutive Zäsur »zwischen dem, was leben, und dem, was sterben muß«[15] zu rechtfertigen.

Für den hier verwendeten Kraftbegriff lässt sich festhalten, dass (a) Kräfte nur im Plural auftreten und (b) nur in ihrer Wirksamkeit existieren. Zugleich erzwingt der Kraftbegriff (c) keine substanzielle Ontologie, weshalb (d) auch keine allgemeinen Sätze über ihre strategische Zielsetzung (wie Machtsteigerung) notwendig sind. Kraft gebrauche ich also als den allgemeinen Begriff von Wirksamkeit jedweder Art, der Naturkräfte, menschliche Affekte und soziale Machtbeziehungen umfasst.

14 Vgl. Georg Lukács, *Die Zerstörung der Vernunft. Der Weg des Irrationalismus von Schelling zu Hitler*, Neuwied, Berlin 1988.

15 Michel Foucault, *In Verteidigung der Gesellschaft. Vorlesung am Collège de France 1975/76*, Frankfurt/M. 2004, S. 301. Man lese vor diesem Hintergrund nochmal Nietzsche, *Zur Genealogie der Moral*, I/11, S. 274-277.

# Teil III:
# Der Begriff wirksamen Wissens

Weit herumgekommen sind wir inzwischen. Im ersten Teil habe ich den dreifachen Nachweis aus der Philosophiegeschichte erbracht, dass uns die Annahme einer eigenständig selbstformenden Wirksamkeit von Wissen überraschend häufig begegnet. Sie hat nicht nur einen zentralen Stellenwert für Platons Verständnis von Philosophie, was vielleicht kaum überrascht, sie ist außerdem Dreh- und Angelpunkt für die Konzeption von Kritik bei Adorno und Horkheimer sowie entscheidend für die Rolle der politischen Philosophie bei Rawls. Der zweite Teil hat uns vor Augen geführt, was zu gewinnen wäre, wenn wir den Begriff eigenständig selbstformend wirksamen Wissens nicht als mythisch-religiösen Restbestand in der Philosophiegeschichte entsorgen. Der Begriff erweist sich erstens als geeignet, Philosophiegeschichte als Genealogie des philosophischen Wissens zu schreiben, womit man dem Dilemma entgeht, Philosophie entweder auf die Texte großer (männlicher, *weißer*) Subjekte oder auf bloße Machtkämpfe und institutionelle Netzwerke zu reduzieren. Zweitens liefert das Konzept eigenständig selbstformend wirksamen Wissens den Schlüssel für die Ausarbeitung des Bildes emanzipierender Kritik, weil es die oft uneingestandenen epistemologischen Voraussetzungen emanzipierender Kritikmodelle wie denen von Adorno oder Foucault sichtbar machen und begründen kann. Drittens lässt sich mit dem Begriff auch das extern gedachte Verhältnis von Wahrheit und Politik in ein internes überführen, das die Analysen von Unwahrheit in der Politik unterstützt, anstatt sie auf die schale Alternative von Autoritarismus oder Relativismus festzulegen. In der zweiten Zwischenbetrachtung habe ich zuletzt kurz die wesentlichen Motive des Kraftbegriffs in der Tradition Nietzsches angesprochen, um ihn als plural, antimetaphysisch, nicht notwendig ontologisch und auch ohne Steigerungslogik verwendbar zu erweisen.

Damit wird es an dieser Stelle unumgänglich, den bisher nur vorläufig gebrauchten Begriff eigenständig selbstformend wirksamen Wissens präzise zu bestimmen. Dazu gehe ich möglichst direkt vor. Im zweiten Teil hat sich die Bedingung abgezeichnet, dass wir den Begriff nur dann sinnvoll so verwenden können, wie es die drei Kapitel vorwegnehmend getan haben, wenn es uns gelingt, Wahrheit – an die Wissen und auch eigenständig selbstformend wirksames Wissen konstitutiv gebunden ist – zugleich plural und agonal zu verstehen. Die Formel »Wahrheit als Kraft«, die als Chiffre für ein solches Verständnis von Wahrheit diente, erläutere ich in Kapitel 7 ausführlich. Dabei haben wir nicht nur Gelegenheit, Wahrheit als Kraft des Wissens von der rhetorischen Kraft der Rede abzugrenzen, um die schon in der Einleitung geäußerte Sorge zu beschwichtigen, dass die Wirksamkeit von Wissen zu denken in Sophisterei enden muss. Wir werden zudem sehen, dass das Verständnis von Wahrheit als Kraft ebenso wie der Begriff eigenständig selbstformend wirksamen Wissens nicht so weit vom »alltäglichen« philosophischen Wahrheitsverständnis entfernt ist, wie es den Anschein haben mag. Es bedarf »nur einer geringen Anstrengung des Geistes«,[1] um hinüberzuwechseln, letztlich nicht mehr als ein materialistisches Verständnis von Wahrheit.

Anschließend konfrontiere ich in Kapitel 8 die (analytische) Epistemologie sowie den Pragmatismus und die Praxistheorie mit der Frage, wie sie die Wirksamkeit von Wissen denken. Wie sich herausstellen wird, ist es in der (analytischen) Erkenntnistheorie kaum möglich, auch nur nach der Wirksamkeit von Wissen zu fragen, ohne sie auf das Handeln des Subjekts zu reduzieren. Das liegt an drei Grundzügen des philosophischen Bildes, innerhalb dessen die Epistemologie ihr analytisches Projekt einer Begriffsbestimmung von Wissen verfolgt: Wissen wird *atomistisch* als in einzelne Propositionen zerlegbar und von diesen Wissensatomen her erklärbar verstanden, Wissen wird *individualistisch* als Besitz eines von seiner Gesellschaft und ihrer Politik, Ökonomie und Geschichte unabhängigen Subjekts gedacht, und Wissen wird allem Fallibilismus zum Trotz überwiegend *starr* konzipiert, das heißt als ewige Wahrheiten. Alle drei Grundzüge des philosophischen Bildes erschweren es, die dynamische Dimension von Wissen über das Handeln eines Subjekts hinaus zu denken; gemeinsam verhindern sie es zuverlässig, Wissen als aktiv zu begreifen. Die Konzentration auf die Wahrheit von Wissen lässt es nicht zu, zugleich seine Wirksam-

1 Theodor W. Adorno, »Beitrag zur Ideologienlehre«, in: ders., *Gesammelte Schriften*, Bd. 8, Frankfurt/M. 2003, S. 457-477, hier S. 477.

keit zu denken, jedenfalls nicht in einem durch diese drei Merkmale geprägten philosophischen Bild. Pragmatismus und Praxistheorie setzen umgekehrt bei dieser Wirksamkeit von Wissen an, lösen sie jedoch entweder durch einen *handlungstheoretischen Subjektivismus* auf (und sind insofern wiederum nicht hilfreich dafür, eigenständig selbstformend wirksames Wissen zu denken) oder vernachlässigen die Wahrheit von Wissen aufgrund eines *anti-epistemischen Reduktionismus.*

Dieses überwiegend negative Ergebnis aus Kapitel 8 wende ich in Kapitel 9 konstruktiv. Mein Vorschlag ergibt sich insofern aus den ans Licht gebrachten impliziten Grundzügen des philosophischen Bildes der (analytischen) Erkenntnistheorie sowie von Pragmatismus und Praxistheorie, als er ausdrücklich so konzipiert ist, dass er sowohl Atomismus, Individualismus und Starrheit als auch handlungstheoretischen Subjektivismus und anti-epistemischen Reduktionismus vermeidet. Wissen, so lautet die Formel, die ich abschließend erläutern werde, können wir als mediatisierte Kraft der Wahrheit verstehen. Damit lassen sich, so werde ich zeigen, die drei philosophiehistorischen Beispiele aus dem ersten Teil und die drei programmatischen Studien aus dem zweiten Teil mit einem gemeinsamen, nun ausreichend präzisierten Begriff eigenständig selbstformend wirksamen Wissens einholen.

# Kapitel 7: Wahrheit als Kraft

Die Formel »Wahrheit als Kraft« habe ich in Teil II auf provozierend ungeklärte Weise immer wieder in Anspruch genommen. Aus Kapitel 6 kennen wir die Rawls-Einsicht eines irreduziblen vernünftigen Pluralismus und die Arendt-Einsicht einer zwingenden Kraft von Wahrheit. Beide basalen Einsichten der politischen Philosophie deuten das Verhältnis von Wahrheit und Politik als Zusammenprall zweier Kräfte, wobei Wahrheit entweder zu schwach (Rawls) oder zu stark (Arendt) ist. In Kapitel 5 sind wir über die Diskussion des Gehalts, der Funktionsweise und des epistemischen Status von durch die emanzipierende Kritik produziertem sperrigen Wissen auf zwei analoge Bedingungen gestoßen: Wahrheit muss demnach historisierbar und insofern plural gedacht werden können, ohne dass dadurch ihre konstitutive Agonalität verloren geht. Und schon in Kapitel 4 war von der schwachen Kraft der Wahrheit die Rede, welche die Quelle der eigenständig selbstformenden Wirksamkeit philosophischen Wissens ist und deren Schwäche den Einsatz der – teils hochproblematischen – philosophischen Exklusionstechniken nach sich zieht, um den konstitutiven Anspruch auf exklusive Wirksamkeit des philosophischen Wissens und seiner jeweiligen Konstruktion der Erfahrung von Wahrheit sicherzustellen. Alle drei Argumentationen erfordern, dass wir Wahrheit sowohl plural als auch agonal verstehen müssen – und zwar zugleich. »Wahrheit als Kraft« war bisher meine Formel, dieses Wahrheitsverständnis auszudrücken; sie gilt es nun zu erläutern.

Dazu gehe ich in zwei Schritten vor, die inzwischen vertraut sein sollten, weil sie den Aufbau des Buchs *en miniature* wiederholen. Die Vorstellung von Wahrheit als eine Art von Kraft wird bereits von sprachphilosophischen Überlegungen und rhetorischen Theorien angedacht, wenn auch nicht ausgearbeitet (7.1). Nachdem ich der Formel so ihre Exotik genommen habe, werde ich drei Beispiele geben, die Wahrheitspraktiken mit all ihrer Komplexität im Recht, in der Wissenschaft und in der Politik beschreiben. An ihnen entwickle ich meinen Vorschlag, Wahrheit als Kraft durch ihre Emergenz aus prekären Konfigurationen, ihre Schwäche im

Vergleich zu anderen Kräften wie Affekten oder physischer Gewalt, ihre exklusive Wirkung auf Subjektivitäten und ihren historisch disruptiven Sperrklinkeneffekt zu bestimmen (7.2). Auf Basis dieses Vorschlags setze ich im dritten Schritt das Verständnis von Wahrheit als Kraft ins Verhältnis zu drei prominenten Wahrheitstheoriefamilien (Korrespondenz, Kohärenz, Unverborgenheit), um zu zeigen, dass ein Verständnis von Wahrheit als Kraft zwar tatsächlich dazu führt, Wahrheit zugleich als plural und agonal verstehen zu können, aber noch keine Festlegung auf eine bestimmte Wahrheitstheorie beinhaltet (7.3). Letzteres sehe ich deshalb als einen Vorteil an, weil wir auch in der Erkenntnistheorie keine Wahrheitstheorie vor einer Begriffsbestimmung von Wissen verlangen.[1] Da das Verständnis von Wahrheit als Kraft der in Kapitel 8 und 9 erfolgenden Charakterisierung des Begriffs eigenständig selbstformend wirksamen Wissens dient, sollten wir diese Offenheit erwarten dürfen.

Im letzten Abschnitt dieses Kapitels fasse ich noch einmal zusammen, inwiefern die Erläuterung der Formel »Wahrheit als Kraft« zu einem Verständnis von Wahrheit als zugleich plural und agonal führt, ohne in den Relativismus abzugleiten (7.4).

## 7.1 Die Kraft der Sprache und die Kraft der Rede

Dass die Vorstellung, Wahrheit sei eine Art von Kraft, nicht zu den »Rudimente[n] auf dem Wege *vom Mythos zum Logos*«[2] gehört, dafür sprechen zwei zeitgenössische Modelle, in denen Wahrheit entweder in so enger Beziehung zur assertorischen Kraft gedacht wird, dass sie letztlich mit dieser Kraft verschmilzt, oder in denen Wahrheit als Überredungskraft erläutert wird. Gemeinsam ist ihnen, bei aller Differenz, dass sie Wahrheit konstitutiv agonal verstehen – und darin steckt bereits implizit der erste Gedanke, auf den

1 Zumindest heute werden Wahrheitstheorien zur Metaphysik und nicht zur Epistemologie gezählt. Analysen von Wissen beschäftigen sich daher nicht (mehr) allzu ausführlich mit dem Wahrheitsbegriff, den sie gebrauchen. Michael Williams, »Do We (Epistemologists) Need A Theory of Truth?«, in: *Philosophical Topics* 14 (1986), S. 223-242, gibt dieser Trennung einen eleganten *twist*, indem er für ein deflationäres Verständnis (nicht: Theorie) von Wahrheit in der Epistemologie plädiert.

2 Blumenberg, *Paradigmen zu einer Metaphorologie*, S. 10.

es mir ankommt: dass Wahrheit eine Kraft ist, die sich gegen etwas richtet, paradigmatisch gegen Falschheit und rivalisierende Kräfte. Aus der Sprachphilosophie werde ich also das erste Modell heranziehen (7.1.1), aus der Rhetorik das zweite (7.1.2), jedoch keines davon übernehmen. Das Modell der assertorischen Kraft ist ungeeignet, weil es die Kraft der Wahrheit letzten Endes auf die Figur des »verantwortlichen Subjekts« zurückführt. Es ist in diesem Modell eine primäre Subjektivität, die der Wahrheit erst ihre Kraft verleiht, was kontraproduktiv für die weitere Verwendung in der Konzeptualisierung eigenständig selbstformend wirksamen Wissens wäre.[3] Das rhetorische Modell von Wahrheit als Überzeugungskraft löst dagegen die besondere Kraft von Wahrheit in die allgemeine Wirksamkeit der Rede auf – und so ist abermals für die Erläuterung eigenständig selbstformend wirksamen Wissens nichts gewonnen. Dennoch hilft ein Durchgang durch diese beiden Modelle, da ich in Abschnitt 7.2 ihre zwei Einsichten übernehmen werde, dass wir mit dem Verständnis von Wahrheit als Kraft noch auf keine Wahrheits*theorie* festgelegt sind (assertorisches Modell) und dass Wahrheit als Kraft aus der Spannung einer Konfiguration von Welt und Bewusstsein hervorgeht (rhetorisches Modell).

### 7.1.1 Assertorische Kraft

Das erste Modell, Wahrheit implizit als eine Art von Kraft zu verstehen, finden wir dort, wo in der Sprachphilosophie ein enger Zusammenhang zwischen Wahrheit und assertorischer Kraft hergestellt wird. Es lässt sich gut anhand der drei Positionen von Gottlob Frege, Jürgen Habermas und Robert B. Brandom verdeutlichen, die sukzessive immer detaillierter auf die Frage eingehen, wie assertorische Kraft mit Wahrheit verknüpft ist. Weil es mir mehr auf die Gemeinsamkeiten als auf die Unterschiede ankommt, werde ich nicht sonderlich tief in die jeweiligen exegetischen und systematischen Debatten einsteigen. Stattdessen entfalte ich die Rekonstruktion stets nur so weit, wie es nötig ist, um die implizite Vorstellung von Wahrheit als Kraft zu explizieren, die in allen drei Positionen enthalten ist und auf der die Agonalität von Wahrheit gründet.

3 Unabhängig davon gibt es gravierende Einwände gegen die spezifische Subjektivität dieses Modells, die unweigerlich mit »Verantwortung« verbunden ist. Vgl. dazu Vogelmann, *Im Bann der Verantwortung*, Kapitel 4.2.1 und 5.3.1.

Für Freges Überlegungen zum Zusammenhang von propositionalem Gehalt und behauptender Kraft sind zwei Unterscheidungen von überragender Bedeutung, von denen die erste die Differenz zwischen dem Fassen eines Gedankens und seiner Anerkennung als wahr ist.[4] Frege kommt darauf nicht nur immer wieder in fast allen seinen Schriften zurück, er arbeitet diese Differenz auch in die Syntax der *Begriffsschrift* ein, indem er zwischen dem »Inhaltsstrich« (waagerecht) und dem »Urteilsstrich« (senkrecht) unterscheidet. Nur mit dem Urteilsstrich wird der Inhalt des in einer Formel ausgedrückten Gedankens behauptet, das heißt seine Wahrheit anerkannt:

> Bedeute z. B.
>
> $\vdash A$
>
> das Urtheil »die ungleichnamigen Magnetpole ziehen sich an«; dann wird
>
> — A
>
> nicht dies Urtheil ausdrücken, sondern lediglich die Vorstellung von der gegenseitigen Anziehung der ungleichnamigen Magnetpole in dem Leser hervorrufen sollen, etwa um Folgerungen daraus zu ziehen und an diesen die Richtigkeit des Gedankens zu prüfen.[5]

Was Frege in der *Begriffsschrift* noch Urteil und später (in den *Logischen Untersuchungen*) Gedanke nennt, ist der beurteilbare Gehalt, der wahr oder falsch sein kann. Er ist – zweite Unterscheidung – strikt vom mentalen Vorgang des Denkens zu trennen. Die Logik interessiert sich nach Frege nur für den »Gedanken« (beurteilbaren Gehalt), nicht für das Denken. Sie formuliert also, wenn sie die Gesetze der Wahrheit aufstellt, keine psychologischen Gesetze, die nur den kognitiven Prozess des Fassens eines Gedankens betreffen, nicht aber die (wahren oder falschen) Gedanken selbst.[6]

4 Vgl. z. B. Frege, »Funktion und Begriff«, S. 32; Gottlob Frege, »Der Gedanke«, in: ders., *Logische Untersuchungen*, Göttingen 1976, S. 30-53, hier S. 35; Gottlob Frege, »Die Verneinung«, in: ders., *Logische Untersuchungen*, Göttingen 1976, S. 54-71, hier S. 58 f.; Frege, »Gedankengefüge«, S. 73, bes. Fn. 3.

5 Gottlob Frege, *Begriffsschrift und andere Aufsätze. Mit E. Husserls und H. Scholz' Anmerkungen*, Hildesheim, Zürich u. a. 1993, § 2, S. 2.

6 Frege treibt das in einer bekannten Überlegung weiter: Da wir Gedanken nicht teilen könnten, wären sie Inhalte des Bewusstseins (denn dann könnten keine zwei

Während die antipsychologische Pointe der zweiten Unterscheidung auf der Hand liegt, ist der Witz der ersten weniger offensichtlich, obgleich Frege sie als das entscheidende Resultat seiner Forschung ansieht. Vor allem in seinen Tagebucheinträgen und einigen unvollständigen Manuskripten, aber auch in publizierten Aufsätzen stellt Frege immer wieder die Notwendigkeit heraus, explizit zu unterscheiden, ob ein Gedanke nur gefasst oder auch behauptet wird.[7] Ansonsten könnten wir die Beiträge von Teilsätzen zum vollständigen Satz in Operationen wie dem Verneinen unwahrer Gedanken, dem hypothetischen Schlussfolgern in Konditionalsätzen oder dem gemeinsamen Erwägen schließlich verneinter Gedanken nicht verstehen. »Wenn ich fliegen könnte, flöge ich nach Marseille« behauptet weder, dass ich fliegen kann, noch, dass ich nach Marseille

Menschen dieselben Gedanken haben), sie aber auch keine Dinge der Außenwelt seien, bleibe nur eines: »Ein drittes Reich [neben Innen- und Außenwelt; F. V.] muß anerkannt werden. Was zu diesem gehört, stimmt mit den Vorstellungen darin überein, daß es nicht mit den Sinnen wahrgenommen werden kann, mit den Dingen aber darin, daß es keines Trägers bedarf, zu dessen Bewusstseinsinhalten es gehört. So ist z. B. der Gedanke, den wir im pythagoreischen Lehrsatz aussprachen, zeitlos wahr, unabhängig davon wahr, ob irgend jemand ihn für wahr hält. Er bedarf keines Trägers.« (Frege, »Der Gedanke«, S. 43 f.) Es dürfte nicht verwundern, dass die Frege-Forschung heftig darüber diskutiert, wie dieses platonisch anmutende Zitat mit seiner Drei-Welten-Lehre zu verstehen ist. Eine ontologische Interpretation vertreten z. B. Michael Dummett, *Ursprünge der analytischen Philosophie*, Frankfurt/M. 1988, S. 33; Tyler Burge, »Frege on Knowing the Third Realm«, in: *Mind: A Quarterly Review of Philosophy* 101 (1992), S. 633-650; dagegen wollen unter anderem W. P. Mendonca, P. Stekeler-Weithofer, »Frege – ein Platonist?«, in: *Ratio* 29 (1987), S. 96-110; Thomas Ricketts, »Logic and Truth in Frege I«, in: *Proceedings of the Aristotelian Society Supplement* 70 (1996), S. 121-140; Erich H. Reck, »Frege on Numbers. Beyond the Platonist Picture«, in: *The Harvard Review of Philosophy* 13 (2005), S. 25-40, das Bild von Frege als »Platonist« korrigieren.

7 Vgl. Gottlob Frege, »Was kann ich als Ergebnis meiner Arbeit ansehen?«, in: Hans Hermes u. a., *Nachgelassene Schriften und Wissenschaftlicher Briefwechsel*, Bd. 1, Hamburg 1983, S. 200; Gottlob Frege, »Einleitung in die Logik«, in: Hans Hermes u. a., *Nachgelassene Schriften und Wissenschaftlicher Briefwechsel*, Bd. 1, Hamburg 1983, S. 201-212, hier S. 201 f.; Gottlob Frege, »Kurze Übersicht meiner logischen Lehren«, in: Hans Hermes u. a., *Nachgelassene Schriften und Wissenschaftlicher Briefwechsel*, Bd. 1, Hamburg 1983, S. 213-218, hier S. 214; Gottlob Frege, »Meine grundlegenden logischen Einsichten«, in: Hans Hermes u. a., *Nachgelassene Schriften und Wissenschaftlicher Briefwechsel*, Bd. 1, Hamburg 1983, S. 271-272, hier S. 272, sowie z. B. in Frege, »Die Verneinung«.

fliege, sondern fügt beide Gedanken – ohne sie zu behaupten – in einem Konditionalsatz zusammen.

Der berühmt-berüchtigte[8] Urteilsstrich soll diesen Unterschied festhalten, sprengt allerdings die logische Begriffsschrift von innen heraus, weil er zwar eine (Frege zufolge) logisch signifikante Differenz markiert, diese aber nicht den Gehalt, sondern die assertorische Kraft betrifft, mit der der Gehalt vorgebracht wird.[9] Einerseits lässt sich der Urteilsstrich nicht in den Gehalt integrieren, etwa mit der in der *Begriffsschrift* erwogenen Paraphrase »ist eine Tatsache«,[10] so dass aus »⊢A« also »—A ist eine Tatsache« würde, weil jeder Gehalt sowohl mit als auch ohne assertorische Kraft vorkommen kann. Mit anderen Worten: auch »A ist eine Tatsache« kann natürlich als Teil eines Konjunktivs vorkommen, würde darin aber nicht behauptet, obgleich die Paraphrase »ist eine Tatsache« dies ausdrücken soll. Andererseits ergibt sich auch ein Problem, wenn der Urteilsstrich aufgrund dieser Überlegungen nicht als Teil des beurteilbaren Gehalts angesehen wird. Denn dann hat er streng genommen nichts in der *Begriffsschrift* zu suchen, da diese ja nur solche Elemente enthalten soll, die für richtige Schlussfolgerungen notwendig sind: »Alles, was für eine richtige Schlussfolge nöthig ist, wird voll ausgedrückt; was aber nicht nöthig ist, wird meistens auch nicht angedeutet; *nichts wird dem Errathen überlassen.*«[11] Der Urteilsstrich außerhalb des Gehalts liefert aber keinerlei Beitrag zu richtigen Schlussfolgerungen.

Vergegenwärtigt man sich, dass der Urteilsstrich die behauptende Kraft ausdrücken soll, und diese von Frege als Zuerkennen der Wahrheit zu einem Satz bzw. einem Gedanken bezeichnet wird, ergibt sich der Zusammenhang von Wahrheit und Kraft. Denn Wahrheit spielt nur eine Rolle, wo sie behauptet wird; jenseits der behauptenden Kraft trägt sie nichts zu einem Gedanken bei, wie Frege 1915 festhält:

8 Die Debatte um Freges Urteilsstrich war zunächst vorwiegend von dessen Ablehnung (z. B. früh durch Russell und Wittgenstein) geprägt, doch gibt es inzwischen einige Verteidiger*innen. Vgl. dazu insgesamt Wayne M. Martin, *Theories of Judgement. Psychology, Logic, Phenomenology*, Cambridge 2005, S. 84-89.

9 Vgl. dazu und zum Folgenden ebd., Kapitel 3, bes. S. 90-95.

10 Frege, *Begriffsschrift*, § 3, S. 3 f.

11 Ebd., § 3, S. 3.

Das Wort »wahr« liefert [...] durch seinen Sinn keinen wesentlichen Beitrag zum Gedanken. Wenn ich behaupte »es ist wahr, daß das Meerwasser salzig ist«, so behaupte ich dasselbe wie wenn ich behaupte »das Meerwasser ist salzig«. Hierin ist zu erkennen, daß die Behauptung nicht in dem Worte »wahr« liegt, sondern in der behauptenden Kraft, mit der der Satz ausgesprochen wird.[12]

Man kann Frege an dieser Stelle als Wegbereiter einer semantischen Deflationstheorie von Wahrheit lesen, die allerdings an einer expressiven Rolle von »wahr« festhält, weil der Ausdruck »das Unmögliche möglich zu machen [scheint], nämlich das, was der behauptenden Kraft entspricht, als Beitrag zum Gedanken erscheinen zu lassen«.[13] Insofern können wir Frege so verstehen, dass er Wahrheit als die behauptende Kraft der Anerkennung von Gedanken konzipiert.

Damit ist die Intuition formuliert, die im ersten Modell von Wahrheit als Kraft ausgearbeitet wird. Wenn Habermas in seiner sprechakttheoretischen Deutung Frege vorwirft, die behauptende Kraft nicht wichtig genug zu nehmen,[14] so weil er (vermittelt vor allem über Michael Dummett, John L. Austin und John Searle) an Freges Trennung von assertorischer Kraft und propositionalem Gehalt anknüpft und sie mithilfe der Sprechakttheorie verallgemei-

12 Gottlob Frege, *Nachgelassene Schriften und Wissenschaftlicher Briefwechsel*, Bd. 1, Hamburg 1983, S. 271, vgl. auch Frege, »Der Gedanke«, S. 35 f.

13 Frege, *Nachgelassene Schriften*, S. 271; dazu Andreas Kemmerling, »Frege und die Redundanztheorie der Wahrheit«, in: Dirk Greimann (Hg.), *Das Wahre und das Falsche. Studien zu Freges Auffassung von Wahrheit*, Hildesheim, Zürich 2003, S. 29-38. Was ich damit nicht berücksichtige, ist Freges Idee, den Sinn eines Satzes als Referenz auf den Wahrheitswert zu verstehen und daher »das Wahre« als Gegenstand zu betrachten (in Gottlob Frege, »Über Sinn und Bedeutung«, in: ders., *Funktion, Begriff, Bedeutung. Fünf logische Studien*, Göttingen 1994, S. 40-65, hier S. 46-50). Gute Gründe, diese These zum Objekt »das Wahre« von Freges Erklärung von Wahrheit und »wahr« zu trennen, liefert Dirk Greimann, »Did Frege Really Consider Truth as an Object?«, in: *Grazer Philosophische Studien* 75 (2007), S. 125-148.

14 Vgl. Jürgen Habermas, »Hermeneutische und analytische Philosophie. Zwei komplementäre Spielarten der linguistischen Wende«, in: ders., *Wahrheit und Rechtfertigung. Philosophische Aufsätze. Erweiterte Ausgabe*, Frankfurt/M. 2004, S. 65-101, hier S. 77 f. Aber siehe Frege, »Meine grundlegenden logischen Einsichten«, S. 272: »Dasjenige nun, was den Hinweis auf das Wesen der Logik am deutlichsten enthält, ist die behauptende Kraft, mit der ein Gedanke ausgesprochen wird.«

nert. Wahrheit versteht Habermas im Rahmen seiner Theorie des kommunikativen Handelns[15] als einen der drei Geltungsansprüche, die mit (verständigungsorientierten) Sprechakten erhoben werden: auf die Wahrheit der Aussage, auf die Richtigkeit der Sprechhandlung im normativen Kontext und auf die Wahrhaftigkeit der allein der Sprecherin zugänglichen subjektiven Erlebnisse, die in der Sprechhandlung ausgedrückt werden.[16]

Von besonderem Interesse für uns ist, dass Habermas in seiner Theorie kommunikativen Handelns der Agonalität von Wahrheit eine prominentere Rolle gibt als Frege, der darauf nie explizit reflektiert, sondern sie nur implizit voraussetzt, insofern die assertorische Kraft der Wahrheit eines Gedankens stets gegen die Negation dieses Gedankens gerichtet ist. Habermas dagegen betont nicht nur den engen Zusammenhang von Wahrheit und (assertorischer) Kraft, sondern auch die konstitutive Bedeutung des Widerspruchs für Wahrheit. Implizit werden kognitive Geltungsansprüche mit jeder auf Wahrheit zielenden konstativen Aussage erhoben. Explizit verhandelt werden sie jedoch erst, wenn sie auf Widerspruch treffen und durch Begründungen verteidigt werden müssen. Reflexiv über Geltungsansprüche und die richtige Form ihrer Einlösung schließlich wird in theoretischen Diskursen gesprochen.[17] Jeweils ist die mögliche Ablehnung von Geltungsansprüchen – der Wider-

15 Habermas' Wahrheitsauffassung ändert sich bekanntlich. Hatte er noch in seinem Aufsatz »Wahrheitstheorien« (Jürgen Habermas, »Wahrheitstheorien«, in: ders., *Philosophische Texte*, Bd. 2: Rationalitäts- und Sprachtheorie, Frankfurt/M. 2009, S. 208-269) für eine Kohärenztheorie der Wahrheit argumentiert, geht er ab den 1980er Jahren dazu über, Wahrheit auch einen nicht-epistemischen, d. h. rechtfertigungstranszendenten Sinn beizulegen. Vgl. Jürgen Habermas, »Einleitung«, in: ders., *Philosophische Texte*, Bd. 2: Rationalitäts- und Sprachtheorie, Frankfurt/M. 2009, S. 9-28, hier S. 23-28; Jürgen Habermas, »Einleitung: Realismus nach der sprachpragmatischen Wende«, in: ders., *Wahrheit und Rechtfertigung. Philosophische Aufsätze. Erweiterte Ausgabe*, Frankfurt/M. 2004, S. 7-56, hier S. 15 f., 49-5. Das vorerst letzte Wort dazu scheint Habermas' These zu sein, dass wir den »warnenden« Gebrauch des Prädikats »wahr« als Ausdruck eines Glaubens an die Unabhängigkeit der Wahrheit von jeder Rechtfertigungspraxis verstehen müssen (Jürgen Habermas, »Zu Richard Rortys pragmatischer Wende«, in: ders., *Wahrheit und Rechtfertigung. Philosophische Aufsätze. Erweiterte Ausgabe*, Frankfurt/M. 2004, S. 230-270, hier S. 247 f.).

16 Vgl. Habermas, *Theorie des kommunikativen Handelns*, Bd. 1, S. 412 f.

17 Vgl. ebd., S. 65; Jürgen Habermas, *Kommunikatives Handeln und detranszendentalisierte Vernunft*, Stuttgart 2001, S. 37.

spruch – Anlass und Energiequelle für die Argumentationen und für den Wechsel auf ein höheres Reflexionsniveau. Mehr noch: Die negative Kraft des Widerspruchs, also die Agonalität von Geltungsansprüchen, ist konstitutiv für das kommunikative Handeln.[18] Geltungsansprüche sind auf Negativität, auf die gegen sie gerichtete Kraft angewiesen, um mehr als nur implizit mitlaufende Ansprüche zu werden. Etwas überspitzt formuliert, verdankt Wahrheit ihre Geltung potenzieller Widerrede, gegen die sie sich durchsetzen können muss.

Doch weil Habermas den »janusgesichtigen Wahrheitsbegriff«[19] sowohl intern an Rechtfertigungen gebunden als auch diese je transzendierend ansetzt, ließe sich an dieser Stelle einwenden, dass Wahrheit für Habermas nicht vollständig in assertorischer Kraft aufgeht. Vielmehr wird diese durch die nichtepistemische, »aber im Handeln immer schon operativ wirksame Wahrheit«[20] verstärkt. Wahrheiten müssen sich auf eine Weise im Handeln in der Lebenswelt bewähren, die zwar ihre Rechtfertigung nicht durch Evidenz ersetzt, aber ohne die keine in vom Handeln entlasteten Diskursen erreichte Rechtfertigung als »Einlösung« des Geltungsanspruchs Wahrheit gelten kann. Der nichtepistemische Wahrheitsbegriff, den Habermas nach seiner Selbstkorrektur für unabdingbar hält, widerspräche also der These, dass Wahrheit bei Habermas als assertorische Kraft zu verstehen sei.

Allerdings bleibt Habermas uns ein Argument schuldig, so die Erwiderung auf diesen Einwand, warum die beiden Kräfte, die Wahrheit speisen, uns normativ binden können. Für die Bewährung im lebensweltlichen Handeln reicht der Verweis auf das Scheitern nicht aus, um falsche Überzeugungen aufzuspüren, da weder das Ereignis konkreten Scheiterns noch dessen Ursachen uns direkt entgegentreten.[21] Daher überträgt sich die Geltung aufhebende Kraft scheiternder Handlungen nicht zwangsläufig auf die »richtigen«, nämlich die gescheiterten Geltungsansprüche; in allen nichttrivialen Fällen müssen wir erst diskursiv ermitteln, welche

18 Vgl. Tugendhat, *Vorlesungen zur Einführung in die sprachanalytische Philosophie*, S. 110; Klaus Günther, »Communicative Freedom, Communicative Power, and Jurisgenesis«, in: *Cardozo Law Review* 17 (1996), S. 1035-1058, hier S. 1037 f.

19 Habermas, »Zu Richard Rortys pragmatischer Wende«, S. 263.

20 Ebd., S. 264.

21 Wie Habermas sehr wohl weiß, vgl. z. B. Habermas, »Einleitung«, S. 51 f.

unserer Urteile durch das als Scheitern interpretierte Resultat unserer Handlungen fragwürdig geworden sind. Wenn wir bei der politischen Umgestaltung von Institutionen nicht einfach von deren Trägheit zermalmt werden, sondern scheitern, weil unsere eigenen Veränderungen ungeahnte und unerwünschte Wirkungen zeitigen, liegt keineswegs auf der Hand, welche unserer politischen Absichten und davon motivierten Handlungen durch den Fehlschlag entwertet werden. Genauso wenig lässt sich der Misserfolg aufgrund der Trägheit von Institutionen einfach identifizieren. Folgt man diesem Argument, liegt die Kraft der Wahrheit eben doch allein in der assertorischen Kraft von auf Verständnis abzielenden Sprechakten.[22]

Alles hängt daher von der Bindungskraft der Geltungsansprüche erhebenden Äußerungen ab. Sie führt Habermas bekanntlich auf die notwendigen Idealisierungen zurück, die dem kommunikativen Handeln – und damit dem »Originalmodus«[23] sprachlicher Verständigung – zugrunde liegen. Wollen zwei oder mehr Sprachverwender*innen ihre Handlungen einverständlich koordinieren, müssen sie wechselseitig idealisierende Voraussetzungen in ihren Sprechakten machen, damit diese überhaupt ernsthaft unternommen werden können. Zu diesen Idealisierungen gehört die Zuversicht, dass illokutionäre Erfolge verbindliche Konsequenzen zeitigen, dass also die Hörer*innen sowohl den propositionalen Gehalt des Gesagten als auch die damit verbundene illokutionäre Absicht (ob der Gehalt im Rahmen einer Frage, einer Bitte, einer Deklaration, eines Versprechens etc. geäußert wurde) verstehen und entsprechende Anschluss(sprech)handlungen vollziehen. Insbesondere müssen sie die Gewähr der Sprecher*innen ernst nehmen, die erhobenen Geltungsansprüche diskursiv einlösen zu können, sei es, indem sich die Hörer*innen auf die mit dem Erheben der Geltungsansprüche gegebenen Versprechen verlassen, dies im Zweifelsfall tun zu können, sei es durch Einwände oder Nachfragen, welche die diskursive Einlösung direkt einfordern. In dem Maße, wie beide Parteien sich dieser Idealisierung überlassen, wird der berühmte »zwanglose[]

22 Was Habermas' Bezug auf Rortys Ausdruck des »warnenden« Gebrauch von Wahrheit bereits unfreiwillig andeutet, denn Rorty versteht diesen Gebrauch gerade nicht als rechtfertigungstranszendent. Siehe oben, Kapitel 6, Fußnote 67.

23 Habermas, *Theorie des kommunikativen Handelns*, Bd. 1, S. 388.

Zwang des besseren Argumentes«[24] handlungskoordinierend. Da Sprechhandlungen ohne diese idealisierende Voraussetzung nur als Ausnahmen vor dem Hintergrund dieser Annahme – und damit letztlich nur vor der Unterstellung, dass »Verständigung [...] als Telos der menschlichen Sprache inne[wohnt]«[25] – eine sinnvolle Handlung bleiben, können wir diese Idealisierung als notwendig im Sinne von Wittgensteins »Grammatik« verstehen: »Nach formalpragmatischer Auffassung spiegelt sich die rationale Binnenstruktur des verständigungsorientierten Handelns in Unterstellungen, die Aktoren, wenn sie sich überhaupt auf diese Praxis einlassen, vornehmen *müssen*.«[26] Wahrheit als Geltungsanspruch wird von Habermas als Kraft, nämlich als illokutionäre Bindungskraft erläutert – letztlich damit als assertorische Kraft, wenn wir Behaupten als Praxis begreifen. Wir sehen daran erneut, dass Wahrheit als Kraft zu verstehen keineswegs ein exzentrischer Vorschlag ist.

Habermas weicht allerdings, wie Johannes Weiß darlegt, einer detaillierten Begründung für die Bindungskraft von Geltungsansprüchen aus.[27] Die beiden überzeugendsten Versuche, diese Feinstruktur der in der intersubjektiven Anerkennung von Sprechhandlungen und den damit erhobenen Geltungsansprüchen entwickelten Bindungskraft zu erhellen, kommen einerseits von Klaus Günther, der dabei im Rahmen der Theorie des kommunikativen Handelns verbleibt, und andererseits von Robert B. Brandom, dessen normative Pragmatik in Verbindung mit seiner inferentiellen Semantik eine eigenständige Theorie der Diskursivität und Normativität darstellt. Bemerkenswerterweise greifen jedoch beide auf die Figur verantwortlicher Subjektivität zurück.[28] Weil sich das am

24 Ebd., S. 47, 52.

25 Ebd., S. 387.

26 Habermas, *Kommunikatives Handeln und detranszendentalisierte Vernunft*, S. 11.

27 Vgl. Johannes Weiß, »Die ›Bindungseffekte‹ kommunikativen Handelns. Einige skeptische Bemerkungen«, in: Axel Honneth, Hans Joas (Hg.), *Kommunikatives Handeln. Beiträge zu Jürgen Habermas' »Theorie des kommunikativen Handelns«. Erweiterte und aktualisierte Ausgabe*, Frankfurt/M. 2002, S. 433-454, hier S. 439.

28 Auf beide bin ich andernorts bereits ausführlich eingegangen: zu Günther vgl. Vogelmann, *Im Bann der Verantwortung*, Kapitel 4.2.1; Frieder Vogelmann, »The Circle of Criminal Responsibility. Juridicism in Klaus Günther's Discourse Theory of Law«, in: *Archiv für Rechts- und Sozialphilosophie* 100 (2014), S. 413-428; Frieder Vogelmann, »Deliberative Bedürfnisse. Zur Natur der Diskurstheorie des Rechts«, in: Markus Abraham u. a. (Hg.), *Vorbedingungen des Rechts*, Stuttgart

einfachsten an Brandom zeigen lässt und weil dieser zudem explizit eine deflationistische Wahrheitstheorie vertritt, um die Kraft von Wahrheit auf die behauptende Kraft zurückzuführen, möchte ich diese Variante, Wahrheit als behauptende Kraft zu verstehen, kurz skizzieren, ehe ich mich dem alternativen Modell der Rhetorik zuwende.

Wahrheit, so übernimmt Brandom eine zentrale Prämisse des Pragmatismus, sollte »nicht als eine von unseren Einstellungen unabhängige Eigenschaft verstanden [werden], nach der diese sich letzten Endes richten müssen, sondern als Geschöpf des Als-wahr-Betrachtens und -Behandelns«.[29] Brandom legt diese Prämisse so aus, dass die wesentliche Bedeutung von »wahr« damit zusammenhängt, was man *tut*, wenn man den Ausdruck verwendet, nicht, was man damit *sagt*: »In Fregeschen Begriffen ist das die Auffassung, daß ›wahr‹ eine auf ›Kraft‹ verweisende und nicht Sinn ausdrückende Wendung ist.« (EV, S. 417)

Dass diese Kraft dieselbe ist wie die Kraft von Behauptungen, ist die Evidenz, auf die sich Redundanztheorien seit Frank P. Ramsey stützen.[30] Sie stößt bekanntlich bei eingebetteten Verwendungen von »… ist wahr« auf Probleme, weil dem Ausdruck beispielsweise in Konditionalen keine behauptende Kraft zukommt (auch das hatten wir mit Frege bereits bemerkt): »Wenn *p* wahr ist, dann ist *q* wahr« behauptet weder *p* noch *q*. Brandoms Antwort auf diese allgemeine Schwierigkeit von Kraft-Redundanz-Theorien besteht darin, von der pragmatischen auf die semantische Ebene zu wechseln und eine generellere Redundanz des Gehalts zu behaupten, aus der für freistehende Verwendungen eine Redundanz der Kraft folgt. Er stützt sich dazu auf die Prosatz-Theorie von Dorothy L. Grover, Joseph L. Camp und Nuel D. Belknap, die Ramseys Redundanztheorie so weit verfeinern, dass sie auch mit quantifizier-

2016, S. 27-42, zu Brandom vgl. Vogelmann, *Im Bann der Verantwortung*, Kapitel 5.3.1; Frieder Vogelmann, »Keep Score and Punish. Brandom's Concept of Responsibility«, in: *Philosophy and Social Criticism* 48 (2020), S. 922-941.

29 Robert B. Brandom, *Expressive Vernunft*, Frankfurt/M. 2000, S. 416. Im Folgenden zitiert als EV.

30 »Mit ›Es ist wahr, daß *p*‹ behauptet man *p*, und umgekehrt. Die Kraft oder Signifikanz beider Behauptungen ist die gleiche.« (EV, S. 417 f.) Vgl. Frank P. Ramsey, »Facts and Propositions«, in: *Proceedings of the Aristotelian Society, Supplementary Volume* VII (1927), S. 153-170, hier S. 157 f.

ten Satz-Nominalisierungen fertig wird.[31] »... ist wahr« muss, so Brandoms Version der Prosatz-Theorie, als Prosatz-bildender Operator verstanden werden, der Wiederholungen erspart: »Alles, was die Anarchistin gesagt hat, ist wahr« enthebt uns der Notwendigkeit, alle Sätze der Anarchistin nochmals vorzutragen. Die Verwendungsweisen, die diese Theorie nicht klären kann – zum Beispiel in dem Satz »Die Wahrheit ist eine, doch der Meinungen sind viele.« (EV, S. 463) –, seien nur solche, die den Gebrauch von »... ist wahr« fälschlicherweise prädikativ verstünden und sich zu Aussagen über die »Eigenschaft Wahrheit« hinreißen ließen – mit anderen Worten, es ist ein philosophischer Gebrauch, der uns Fliegen in das Glas sperrt, aus dem wir eigentlich entkommen wollen.

Diese deflationistische Wahrheitstheorie scheint auf den ersten Blick jede Rede von einer »Agonalität der Wahrheit« und damit die Vorstellung von Wahrheit als Kraft für Unsinn erklären zu müssen, da schon »die Wahrheit« in diesen Ausdrücken als schlechtes Philosophem gilt. Aber der Eindruck täuscht, denn die Prosatz-Theorie der Wahrheit hält an der zentralen Erkenntnis der Kraft-Redundanz-Theorie fest, wonach »... ist wahr« und die Behauptung, dass *p*, dieselbe Kraft besitzen – sie sieht lediglich ein, dass dies eine Folgerung aus einer allgemeineren Gehalt-Redundanz-Theorie ist, die »*p* ist wahr« als prosatzbildenden Operator versteht. Die Kraft von »... ist wahr« ist dort, wo dieser Operator freistehend Kraft entfaltet, schlicht die Kraft des Behauptens, die Brandom über seine Metapher deontischer Kontoführung erläutert: Die pragmatische Signifikanz einer Behauptung ist die Veränderung, die ihr Behaupten auf den diversen Konten sowohl im Register der Festlegungen als auch der Berechtigungen des Behauptenden verursacht (vgl. dazu EV, Kapitel 3). Beide deontischen Status wiederum werden anhand ihrer materialen Inkompatibilitäten[32] verstanden: Die Sig-

31 Vgl. Dorothy L. Grover u. a., »A Prosentential Theory of Truth«, in: *Philosophical Studies* 27 (1975), S. 73-125. Ihr Beispiel ist »Goldbachs Vermutung ist wahr«, wobei »Goldbachs Vermutung« eine Nominalisierung aller Sätze ist, die zusammen Goldbachs Vermutung – jede gerade Zahl größer als zwei kann als Summe zweier Primzahlen geschrieben werden – ergeben. (Bis heute ist die Vermutung weder bewiesen noch widerlegt; auch, ob sie unbeweisbar ist, ist unbekannt.)

32 »Material« bedeutet, dass nicht nur gehaltsunabhängige Unvereinbarkeiten der formalen Logik (wie zwischen *p* und *non-p*), sondern auch gehaltsabhängige Unvereinbarkeiten (wie zwischen »Frankfurt liegt östlich von Paris« und »Frank-

nifikanz, *p* zu behaupten, besteht (unter anderem) darin, dass ich danach auf *p* festgelegt bin, was wiederum bedeutet, dass ich alle Berechtigungen zu Behauptungen verliere, die mit *p* material inkompatibel sind. Die materialen Inkompatibilitäten von *p* liefern gewissermaßen die Kanäle, in denen die Kraft des Behauptungsakts fließt.

Erzeugt wird diese Kraft in den diskursiven Praktiken, in denen sich Begriffsverwender*innen wechselseitig für ihre Behauptungen zur Verantwortung ziehen bzw. für ihre Behauptungen zur Verantwortung gezogen werden. Brandom analysiert Behauptungspraktiken als ein Tun, in dem die Behauptende sich auf den behaupteten Satz *festlegt* und andere dazu *autorisiert*, den Satz unter Verweis auf sie erneut zu behaupten. Insofern entstehe der Sprechakt des Behauptens in einer »besonderen, sozial instituierten, autonomen Struktur aus Verantwortung und Autorität«.[33] Gut pragmatistisch ist das Behaupten also grundlegend für die Erklärung des propositionalen Inhalts dessen, was man behauptet; die Verknüpfung zwischen beidem erfolgt gemäß Brandoms Inferentialismus über die Schlussfolgerungen, welche die Behauptungstätigkeit strukturieren und den propositionalen Inhalt konstituieren. Der begriffliche Gehalt des Satzes »Stuttgart liegt südlich von Paris« leitet sich also aus allen damit verknüpften materialen Inferenzen her, etwa »Paris liegt nördlich von Stuttgart«. Behauptungen haben propositionalen Gehalt, so Brandom, weil das Vorbringen einer Behauptung eine inferentielle Struktur besitzt; allen voran autorisiert die Behauptende andere, ihre eigene Behauptung zu wiederholen, und übernimmt die Verantwortung, auf Verlangen Gründe für ihre Behauptung zu liefern. Diese »Leistungsverantwortung« (EV, S. 260) wird durch Sanktionen wirksam: Wer Behauptungen vorbringt, ohne sie auf Nachfrage begründen zu können, dem wird die Fähigkeit abgesprochen, andere zur Wiederholung seiner Behauptung autorisieren zu können; wem dies wiederholt passiert, dem wird prima facie keine solche Fähigkeit mehr zugeschrieben. Die als Behauptungen gemeinten Äußerungen verlieren damit den Status von Behauptungen, obgleich sie nach wie vor derselben Tätigkeit entspringen.

furt liegt westlich von Paris«) betrachtet werden (vgl. EV, Kapitel 2.4, besonders S. 163 f.).

33 Robert B. Brandom, »Asserting«, in: *Noûs* 17 (1983), S. 637-650, hier S. 640.

Hier zeigt sich Brandoms sozial-phänomenalistische Prämisse: Nur innerhalb einer Gemeinschaft, die die Tätigkeit des Behauptens als behauptende Tätigkeit behandelt, kann jemand eine Behauptung aufstellen.

So wie »Inferenz« den Inhalt von Begriffen erschließt, indem sie erklärt, warum sie propositionalen Gehalt haben, expliziert »Verantwortung« ihre Normativität, das heißt ihre Bindungskraft: Eben weil wir eine Leistungsverantwortung für Behauptungen übernehmen (müssen), verstricken wir uns in das Spiel des Gebens und Nehmens von Gründen. Insofern erläutert Brandom in seiner (hier nur angerissenen) Beschreibung von Behauptungspraktiken im Modell der deontischen Kontoführung die Details, die Habermas in Bezug auf die Bindungskraft offenlässt. Dabei trägt der Begriff der Verantwortung und die mit Verantwortung verbundene Subjektivität die Hauptlast der Erklärung, da die gemäß den Verantwortungsbeziehungen erfolgenden (normativen wie nichtnormativen) Bestrafungen letztlich die Kraft liefern, die zur normativen Bindungskraft von Behauptungen und damit zur Kraft von Wahrheit wird. Berücksichtigt man die Deflationierung von Wahrheit über die semantische Gehalts-Redundanz-Theorie und die Erläuterung von Wahrheit in freistehenden Ausdrücken als behauptende Kraft, vertritt Brandom eine Sanktionstheorie der Wahrheit: Wahrheit ergibt sich aus dem kreativen Spiel von Begriffsverwender*innen, die einander für die (in ihren Augen erfolgte) Überziehung des jeweiligen deontischen Kontos bestrafen, sowohl durch nichtnormative als auch durch normative Sanktionen (Brandoms Beispiele sind »Stockschläge« einerseits, Berechtigungsentzug andererseits, vgl. EV, S. 90).

An dieser Stelle lassen sich die beiden Gründe anführen, weshalb ich das Modell assertorischer Kraft nur als Beleg dafür heranziehe, dass ein Verständnis von Wahrheit als Kraft kein exzentrisches Unterfangen ist, aber für die genauere Explikation von Wahrheit als Kraft einen alternativen Ausgangspunkt wähle. Erstens führt die Erklärung von Wahrheit als behauptender Kraft – jedenfalls in ihren derzeitigen Versionen – eine ursprüngliche, leistende Subjektivität ein, von der die behauptende Kraft und damit auch Wahrheit als Kraft stammt. Damit aber konterkariert dieses Modell von Wahrheit als Kraft die Explikation eigenständig selbstformend wirksamen Wissens. Wenn dessen Wirksamkeit eine eigenständig selbstformende ist, können wir sie nicht auf eine leistende Subjektivität zurückführen. Insofern das Verständnis von Wahrheit als Kraft die Quelle der eigenständig selbstformenden Wirksamkeit von Wissen liefern soll, müssen wir ein anderes Modell als das der assertorischen Kraft finden, jedenfalls solange dieses nur pragmatistisch auf die sprechhandelnden Subjekte zurückverweist.

Zweitens sollten wir auch aus einem Grund, der mit dem Begriff wirksamen Wissens nichts zu tun hat, Abstand zumindest von den Vorstellungen behauptender Kraft nehmen, die ich als Standardmodell skizziert habe. Denn indem sie im Begriff der Verantwortung konvergieren, um die normative Bindungskraft von Behauptungen und damit die Kraft der Wahrheit zu erklären, bedienen sie sich eines ungemein problematischen Begriffs, der nur um den Preis einer in der Subjektivität vorgenommenen Objektivierung von Machtausübung die Rolle spielen kann, die er in den rekonstruierten Erklärungen spielt.[34] Einen Eindruck davon liefert Brandoms auf Bestrafung gegründete Normativitätstheorie.

Beide Gründe verhindern, dass wir das assertorische Modell von Wahrheit als Kraft für unsere Zwecke nutzen können, weil Wahrheit als assertorische Kraft des behauptenden Subjekts die Eigenständigkeit der selbstformenden Wirksamkeit von Wissen dementiert. Der Weg, den uns das sprachphilosophische Modell eröffnet, indem es Wahrheit als behauptende Kraft erläutert, können wir im Rahmen meines Vorhabens also nicht gehen. Festhalten können wir jedoch, dass die Bestimmung von Wahrheit als assertorische Kraft noch keine Entscheidung darüber fällt, ob Wahrheit beispielsweise als Korrespondenz, Kohärenz oder deflationistisch gefasst werden sollte.

### 7.1.2 Über Redekraft

An dieser Stelle bietet sich ein zweites Modell an, dem wir bereits in der Einleitung begegnet sind: das rhetorische Modell, das Wahrheit als die überzeugende Kraft der Rede erläutert. Seine wohl berühmteste Fassung stammt aus Nietzsches frühem, unveröffentlichtem Text *Ueber Wahrheit und Lüge im aussermoralischen Sinne*. Darin verschränkt Nietzsche Glanz und Elend dieses Modells unnachahmlich, indem er Wahrheit mindestens vierfach als sedimentierte,

34 Vgl. Vogelmann, *Im Bann der Verantwortung*.

vergessene, fortwirkende und verfälschende Kraft von Metaphern bestimmt:

Was ist also Wahrheit? Ein bewegliches Heer von Metaphern, Metonymien, Anthropomorphismen kurz eine Summe von menschlichen Relationen, die, poetisch und rhetorisch gesteigert, übertragen, geschmückt wurden, und die nach langem Gebrauche einem Volke fest, canonisch und verbindlich dünken: die Wahrheiten sind Illusionen, von denen man vergessen hat, dass sie welche sind, Metaphern, die abgenutzt und sinnlich kraftlos geworden sind, Münzen, die ihr Bild verloren haben und nun als Metall, nicht mehr als Münzen in Betracht kommen.[35]

Wahrheiten sind erstens nichts als der verhärtete Niederschlag alter Metaphern, deren Rhetorizität nicht mehr erkennbar ist (»abgenutzt«). Wahrheiten bestehen zweitens aus »vergessenen« Metaphern, die zwar noch als solche erkennbar wären, wenn man sich daran erinnern würde, die aber zu selbstverständlich dafür geworden sind. Wahrheit als rhetorische Kraft wirkt drittens gerade aufgrund dieses Vergessens fort, das ihre Festigkeit garantiert (»fest, canonisch und verbindlich«). Schließlich ist Wahrheit verfälschend (»Illusionen«), weil sie die »Verpflichtung [ist,] nach einer festen Convention zu lügen«.[36]

Es liegt auf der Hand, dass diese vierfache Bestimmung in sich Spannungen enthält, die nur gewaltsam aufzulösen sind; insbesondere ist die rhetorische Kraft »Wahrheit« für Nietzsche zugleich stark und schwach. Einerseits ist sie so stark, dass sie sich zur Konvention verfestigt hat und nun wirkt, ohne weitere Anstrengungen unternehmen zu müssen. Wahrheit ist insofern auf Dauer gestellte rhetorische Kraft. Andererseits hat Wahrheit dabei ihre eigene Rhetorizität verloren; als rhetorische Kraft ist sie insofern schwach, als sie keine Rhetorik mehr zu sein scheint. Ihre Bilder sind stumpf geworden, sie wirkt gerade nicht mehr als *rhetorische* Kraft. Wahr-

35 Nietzsche, »Ueber Wahrheit und Lüge«, S. 880 f. Zu den philologischen Details vgl. den Kommentar zu diesem Text von Sarah Scheibenberger, *Kommentar zu Nietzsches Ueber Wahrheit und Lüge im aussermoralischen Sinne. Historischer und kritischer Kommentar zu Friedrich Nietzsches Werken*, Bd. 1/3, Berlin 2016, zu Nietzsche und der Rhetorik im Allgemeinen die Beiträge in Josef Kopperschmidt, Helmut Schanze (Hg.), *Nietzsche oder ›Die Sprache ist Rhetorik‹*, München 1994.

36 Nietzsche, »Ueber Wahrheit und Lüge«, S. 881.

heit ist eine rhetorische Kraft, die ihren rhetorischen Charakter abgelegt hat.

Darüber hinaus ist Nietzsche unentschieden, ob er Wahrheit als Metapher insgesamt bloßstellen oder nur die konventionellen Wahrheiten zugunsten einer anderen Wahrheit überwinden will. Während der erste Gedanke sich schon in obigem Zitat ausdrückt, deutet sich der zweite in der ganz zu Anfang präsentierten Fabel an, in der die »klugen Tiere« das Erkennen und die Wahrheit erfinden. Nietzsche verwendet hier eine naturalistische Perspektive[37] für seine Kritik an der Sprache als verfälschende Vermittlerin. Wie diese Wahrheit einer im stetigen Fluss sich befindenden Welt allerdings abzugrenzen ist gegen die bloß nach Konventionen lügende »Wahrheit«, die mit ihr überwunden werden soll, bleibt ein ungelöstes Problem in Nietzsches Text.

Es ist umstritten, ob Nietzsches spätere Deutung des »Willens zur Wahrheit« als Verkörperung des asketischen Ideals in *Zur Genealogie der Moral* demselben rhetorischen Modell von Wahrheit als Kraft folgt oder ob er Wahrheit, die nun als eine spezifische Mutation des »Willens zur Macht« gedacht wird, damit nach einem anderen, von der Rhetorik unabhängigen Modell erläutert.[38] In beiden Fällen jedoch ist diese Fassung des rhetorischen Modells von Wahrheit als Kraft aufgrund seiner Reduktion von Wahrheit als »bloße Rhetorik« oder »bloße Macht« nur eingeschränkt attraktiv für die Erläuterung der Formel »Wahrheit als Kraft«. Das bedeutet nicht, dass man Nietzsche reduktiv lesen *muss*, aber fraglich ist, ob es sich lohnt, die Auseinandersetzung mit ihm zu vertiefen, wenn man Wahrheit als rhetorische Kraft verstehen will, ohne Wahrheit zu verabschieden.

37 Naturalismus bzw. Materialismus ist für Nietzsche in erster Linie eine antimetaphysische Position, die allenfalls diese kritische Stoßrichtung mit der gegenwärtigen szientistischen Doktrin gleichen Namens teilt. Vgl. dazu HSPM, S. 1-5, sowie anhand der Frage der Wahrheit Rex Welshon, »Nietzsche and Bernard Williams. Pessimism, Naturalism, and Truth«, in: Mark T. Conard (Hg.), *Nietzsche and the Philosophers* New York, London 2017, S. 231-257.

38 Vgl. Nietzsche, *Zur Genealogie der Moral*, III/24, 400. Die These, dass Nietzsche sich in seinen späteren Schriften von der Rhetorik als Erklärungsmodell abwendet, vertritt Philippe Lacoue-Labarthe, »Der Umweg«, in: Werner Hamacher (Hg.), *Nietzsche aus Frankreich*, Frankfurt/M. 1986, S. 75-110; die gegenteilige Meinung z. B. Paul de Man, *Allegorien des Lesens. Mit einer Einleitung von Werner Hamacher*, Frankfurt/M. 1988, Kapitel 5.

Stattdessen bietet es sich an, auf Andreas Hetzels ambitionierten Versuch zurückzukommen, die Reflexionen der klassischen Rhetorik auf das Sprechen als eine Theorie der Rede als Wirksamkeit zu deuten. Diese Theorie der Rede unterscheidet sich systematisch von den philosophischen Theorien der Sprache, weil die Rede keinen Grund für philosophische Systeme liefert und selbst nicht durch etwas anderes als sie selbst begründet ist (vgl. WR, S. 11). Mit anderen Worten: Die Rede ist ein Ab-Grund; Sprache sei dagegen im *linguistic turn* zum Grund der Philosophie schlechthin avanciert, werde jedoch von der Sprachphilosophie – Hetzel hat vor allem die »Sprachpragmatik« der sprechakttheoretischen Tradition vor Augen – reduktionistisch erklärt, da sie letztlich auf das sprechende Subjekt und seine Intentionalität zurückgeführt werde (vgl. WR, S. 54-68).

Rede sei im Gegensatz zur Sprache nicht als bedeutungsgenerierendes System oder Kommunikation zu verstehen, sondern als Wirksamkeit bzw. Performativität, der eine konstitutive Negativität zu eigen sei. Die Bestimmung der Rede durch Performativität und Negativität, die Hetzel in der Rekonstruktion der klassischen Rhetorik als deren Grundzüge sichtbar machen will, weisen darauf hin, dass Rede wirkt und nur in dieser Wirkung existiert. Rede gründet nicht in anderem, etwa den Intentionen oder Handlungen sprechender Subjekte. Stattdessen müssen wir das sprechende Subjekt »eher als Resultat der Rede denn als ihr[en] Ursprung« (WR, S. 29) begreifen. Sprachliche Äußerungen sind daher nicht mit dem uns vertrauten Handlungsbegriff zu fassen, sie erfordern eine »Pragmatik jenseits der Handlungstheorie« (WR, S. 40), die der Rede ihre konstitutive Negativität belässt. Dazu gehört für Hetzel die Einsicht, dass Rede immer schon jenseits ihrer selbst ist, weil jeder Satz, jede Äußerung über sich hinausweist und sich daher nie vollständig rational erfassen lasse (vgl. WR, S. 49).

Programmatisch definiert Hetzel Rede als »diejenige Kraft [...], die Welt und Bewusstsein (unter anderem grammatisch) voneinander trennt und damit allererst aufeinander bezieht« (WR, S. 69). Die Rede wird also grundlegend als welterschließend, nicht weltabbildend, eben in erster Linie performativ statt repräsentativ bestimmt. Auf Wahrheit geht Hetzel (daher) fast nur ein, um sie als philosophische Strategie gegen die Rhetorik zu entlarven, beispielsweise in seiner Deutung des Streits zwischen Philosophie und Rhetorik um die Form des *logos*, der entweder als Repräsentation einer ewigen Ordnung oder als politische Verhältnisse schaffende und abschaffende Wirksamkeit konzipiert wird. Deshalb ist schon die Form umkämpft, die der Streit zwischen Philosophie und Rhetorik annimmt:

> Die Philosophen suchen den Streit zwischen Rhetorik und Philosophie in erster Linie als einen theoretischen Streit um die Wahrheit und die Möglichkeit der Erkenntnis zu definieren; demgegenüber begreifen ihn die Rhetoriker als einen politisch-praktischen Streit um die Einrichtung des Gemeinwesens. (WR, S. 94)

Aus dieser Perspektive ist die Frage nach Wahrheit bereits eine Vorentscheidung darüber, welchem *logos* wir folgen sollten und welche Anforderungen an die Rede daher gestellt werden. Diese kritische Sichtweise bedeutet nicht, dass Hetzel den philosophischen *logos* einfach abtun möchte; vielmehr stellt er ihn als in den rhetorischen eingebettet dar, weshalb er nur durch seine Verselbstständigung zum alleinigen Grund problematisch wird. Dem setzt Hetzel beispielsweise eine »Re-Rhetorisierung« oder »Entformalisierung« der Logik entgegen, die sich mit Notwendigkeit und Wahrheit befasst. Leider bleiben seine diesbezüglichen Ausführungen sehr allgemein und beschränken sich zumeist darauf, verwandte rhetorische Kritiken an einer formalistischen Logik vorzustellen (WR, S. 156-186). Eine eigene Durchführung des Programms bleibt Hetzel schuldig – und wenngleich dies aus nachvollziehbaren Gründen geschieht, mindert es doch die Überzeugungskraft dieser Überlegungen.

Eine Andeutung, wie Wahrheit aus Sicht der Rhetorik zu verstehen wäre, findet man allerdings in seinen minutiösen Rekonstruktionen von Gorgias' und Isokrates' Helena-Reden (vgl. WR, S. 393-410). Beide erzeugen Evidenz für das Gesagte dadurch, dass die Rede eine ihrem Gegenstand innewohnende Möglichkeit verwirklicht. Nicht zwingende logische Gründe garantieren die Wahrheit des Gesagten, sondern »dass die Performativität der Rede die Vortrefflichkeit (Wahrheit) des Gesagten ans Licht bringt wie umgekehrt von der Vortrefflichkeit Helenas, die sich in der Rede erweist, ein Licht auf die Vortrefflichkeit der Rede fällt« (WR, S. 401). Wahrheit wird damit als eine spezifische Modulation der Kraft der Rede verstanden. Wenn Rede insgesamt jene Kraft ist, die Welt und Bewusstsein zuallererst trennt – weil sie, wie oft bemerkt wurde, Abstand von der Welt schafft – und gleichzeitig beides miteinander verbindet, dann ist Wahrheit Hetzels Vorschlag zufolge eine besonders gelungene Form dieser Wirksamkeit, in der aus der Trennung zugleich die Verbindung Evidenz bekommt (und umgekehrt). Wahrheit ist die konstitutiv negative Kraft der Rede, wenn sie Welt und Bewusstsein so scheidet, dass diese Scheidung aus dem Gesagten notwendig wird und das Gesagte zugleich als evidente Verbindung des Geschiedenen erscheint.

Wie im Fall des sprachphilosophischen Modells von Wahrheit als assertorischer Kraft bleiben damit die Kriterien noch offen, die Wahrheit über diese rein formale Anforderung hinaus bestimmen. Bei Gorgias ist es Hetzel zufolge die der Sache gemäße Rede, die gegen Platons Vorwurf, dafür müsse man vorab die Wahrheit der Sache kennen, diese Sache und folglich ihre Wahrheit erst erschafft. Gleichwohl bleibt hier Raum für den Streit, ob und wie die »Vortrefflichkeit« der Sache in der Rede ausgeführt wird, wie Isokrates' rhetorische Kritik an Gorgias zeigt (vgl. WR, S. 406-410). Aber in beiden Fällen wird Wahrheit als besondere – gelungene – Modulation der Wirksamkeit der Rede gefasst. Das rechtfertigt es, von einem rhetorischen Modell der Formel »Wahrheit als Kraft« zu sprechen, selbst wenn es Hetzel noch weniger expliziert als Frege, Habermas und Brandom ihr sprachphilosophisches Modell assertorischer Kraft.

Doch auch im Fall der Rhetorik gibt es gute Gründe, das Modell nicht einfach für die von mir verfolgte Absicht zu nutzen, die eigenständige Wirksamkeit des Wissens auf Wahrheit als Kraft zurückzuführen. Der erste liegt in der erwähnten Unvollständigkeit von Hetzels Erklärung. Rede als Wirksamkeit pragmatisch zu verstehen, ohne sich an einen Handlungsbegriff zu binden, der die Kraft der Rede – und damit gemäß dem rhetorischen Modell auch die Kraft der Wahrheit – doch wieder allein an die sprechenden Subjekte bindet, erfordert jene »Pragmatik jenseits der Handlungstheorie«, die Hetzel bislang nur angekündigt hat. Ohne sie stellt seine Behauptung, jede sprachliche Äußerung könne nicht vollständig rationalisiert werden, ein Problem dar und keine sinnvolle Begrenzung von Forderungen nach Erklärung. Denn einerseits weist die unausgeführte nichthandlungstheoretische Pragmatik darauf hin, dass jedenfalls ein Mehr an rationaler Erläuterung noch zu haben wäre. Andererseits halte ich die Rationalitätsabwertung ohnehin für philosophisch weder angemessen noch hilfreich. Sosehr nachvollziehbar ist, dass Hetzel sich gegen die spezifische Vorstellung formaler Rationalität und ihren übermächtigen Anspruch auf Allzuständigkeit wehren möchte, so wenig überzeugt seine pauschale Abwendung. Wäre es nicht sinnvoller, eine Pluralität verschiedener Rationalitäten anzunehmen und spezifischer nachzuforschen, welche davon uns helfen könnte, die Wirksamkeit der Rede genauer zu fassen? Auf weitere Explikation zu verzichten, weil sie unweigerlich rationalisiere, was nicht rationalisierbar sei, mutet wie eine Immunisierungsstrategie gegen einen unzureichend bestimmten Gegner an.

Der zweite Grund, nicht auf das rhetorische Modell zurückzugreifen, um das Verständnis von Wahrheit als Kraft zu erläutern, besteht darin, dass es Wahrheit als spezifische Modulation der rhetorischen Kraft vorschnell auf etwas anderes als sie selbst reduziert. Diese Reduktion, so hatten wir schon in der Einleitung (Abschnitt 3) gesehen, ruft die Sorge hervor, nicht zwischen Überreden und Überzeugen unterscheiden zu können – oder genereller und gröber: die Kraft von Wahrheit mit dem »Willen zur Macht« gleichzusetzen. Gesucht ist stattdessen eine Erläuterung von Wahrheit als Kraft, die diese Kraft als irreduzibel versteht und gleichwohl ihre Verbindung, Überlagerung oder Verdrängung durch andere Kräfte erklären kann. Einen Versuch in diese Richtung stelle ich im Folgenden vor.

## 7.2 Wahrheit als emergente Kraft aus prekären Konfigurationen

Obwohl wir beide Modelle für »Wahrheit als Kraft« nicht einfach übernehmen können, können wir von beiden etwas lernen. Vom rhetorischen Modell können wir den Gedanken übernehmen, dass Wahrheit eine Kraft ist, die aus der Spannung einer Konfiguration von Welt und Bewusstsein resultiert, wenn wir sie von der konkreten Bestimmung dieser Konfigurationselemente in der Rhetorik abstrahieren. Wahrheit wäre diesem Abstraktionsschritt zufolge zunächst ganz formal eine Kraft, die aus der spannungsgeladenen Konfiguration verschiedener Elemente resultiert. Ausführen müssen wir dann, welche Arten von Elementen dies sein können und warum zwischen ihnen überhaupt eine Spannung besteht. Doch macht schon diese formale Überlegung klar, dass wir diese Spannung nicht wiederum über die Kraft der Wahrheit erklären können, sondern sie aus anderen Kräften (etwa Affekten, soziale Macht oder Naturkräften) gespeist sehen müssen. Damit führt uns der zunächst so inhaltsleer anmutende Formalismus auf den Gedanken, dass wir über die Differenzen verschiedener Kräfte und ihre Umwandlung nachdenken müssen.

Vom sprachphilosophischen Modell können wir lernen, dass die abstrakte Bestimmung von Wahrheit als Kraft sich nicht als Alternative zu den klassischen Wahrheitstheorien verstehen muss. Wahrheit als behauptende Kraft zu erläutern, kann wie bei Brandom im Rahmen einer deflationistischen Wahrheitstheorie erfolgen, doch zeigt sich an Frege und Habermas, dass dies nicht notwendig ist. Wahrheit als Kraft zu begreifen ist ein Wahrheitsverständnis – ein »Bild« von Wahrheit –, das nicht in Konkurrenz zu den üblichen Wahrheitstheorien tritt, sondern ihnen eine jeweils spezifische Form verleiht.[39] Das werde ich unten an drei bekannten Wahrheitstheorien exemplifizieren, die Wahrheit als Korrespondenz, als Kohärenz und als Unverborgenheit bestimmen (siehe Abschnitt 7.3). Das Verständnis von Wahrheit als Kraft liefert keine eigenständige Wahrheitstheorie, sondern schränkt die Art und Weise ein, wie wir Wahrheitstheorien verstehen müssen, so dass Wahrheit zugleich agonal und plural sein kann. Diese beiden Bedingungen sind, so besagt das am sprachphilosophischen Modell gelernte Argument, nicht derart einschränkend, dass sie uns auf eine und nur eine Wahrheitstheorie verpflichten. Ich sehe darin einen Vorteil, weil es die Begründungslasten für das Verständnis von Wahrheit als Kraft erheblich ermäßigt.

Nach dieser zweiten Vorüberlegung stehen wir vor der Aufgabe, die oben angedeutete Erläuterung von Wahrheit als Kraft auszuführen, nach der Wahrheit die resultierende Kraft einer spannungsgeladenen Konfiguration verschiedener Elemente ist. Welche Elemente sollen das sein, warum erzeugen sie eine Spannung, und wie

39 Unter Wahrheitstheorien verstehe ich eine Erläuterung von Wahrheit, die ein Kriterium für Wahrheit einschließt (etwa Korrespondenz) und uns nicht nur über das Wesen von Wahrheit (z. B. eine Eigenschaft von Sätzen oder eben eine Kraft zu sein) aufklärt. Letzteres wäre, in meiner Terminologie, ein Verständnis von Wahrheit.

unterscheidet sich diese bereits bestehende Spannung, die ja nichts anderes als eine andere Art von Kraft sein kann, von der Kraft der Wahrheit? Diese drei Fragen möchte ich nicht ausschließlich abstrakt, sondern vor dem Hintergrund von drei Beispielen klären, in denen klassische Praktiken zur Wahrheitsfindung im Recht, in der Wissenschaft und in der Politik als solche spannungsreichen Konfigurationen anschaulich geschildert werden (7.2.1). Anschließend werde ich Wahrheit als Kraft als emergent, exklusiv auf Subjektivität wirkend, komparativ schwach und historisch disruptiv erläutern (7.2.2).

### 7.2.1 Drei Beispiele wahrheitsproduzierender Praktiken

Sehen wir uns also zunächst drei Beispiele für Praktiken an, in denen Wahrheiten erzeugt werden und die über eine hinreichend komplexe Geschichte verfügen, dass sie uns nicht durch Einfachheit in die Irre führen. Dazu habe ich das Gerichthalten im Recht (1), naturwissenschaftliche Experimente (2) und Wahrheit erzeugende politische Praktiken (3) ausgewählt.

(1) *Recht.* Mein erstes Beispiel entnehme ich Michel Foucaults Genealogie des Gerichtsverfahrens, in der er drei Weisen der Wahrheitsfindung vor Gericht unterscheidet, die zugleich die Gestalt des Rechts prägen.[40] Die älteste Form der Urteilsfindung ist der Zweikampf oder das Gottesurteil, dem sich die beiden streitenden Parteien stellen müssen. Wir finden es sowohl im antiken Griechenland – Foucault nennt den Streit zwischen Menelaos und Antilochos in der *Ilias*[41] – als auch im germanischen und fränkischen Recht.[42] In allen diesen Fällen werden Wahrheit und Recht über eine rituelle Konfrontation ermittelt, die einen Raum für das Erscheinen von Wahrheit erzeugt, welche sich im Ausgang der »Probe [*épreuve*]« manifestiert. Ihren ordnungsgemäßen Ablauf überwacht

40 Zusammengefasst in Foucault, »Die Wahrheit und die juristischen Formen«; vgl. dazu Vogelmann, *Im Bann der Verantwortung*, S. 184-189.

41 Vgl. Homer, *Ilias. Griechisch-deutsch, mit Urtext, Anhang und Registern*, Berlin 2013, 23. Gesang, Vers 262-652, und Foucault, »Die Wahrheit und die juristischen Formen«, S. 688-690.

42 Vgl. Foucault, »Die Wahrheit und die juristischen Formen«, S. 708-714; Uwe Wesel, *Geschichte des Rechts. Von den Frühformen bis zur Gegenwart*, München 2001, S. 268-272, 287-291.

ein Richter, der jedoch selbst keine Entscheidung fällt, sondern nur als Schiedsrichter fungiert.

Die zweite Form verändert diese Funktion des Richters, der jetzt über die Ergebnisse einer »Untersuchung [*enquête*]« urteilt: Er bewertet die im Verfahren herangeschafften Beweismittel, die vor allem in den Aussagen von Zeugen bestehen. Zudem wird eine neue Figur – eine Art Vorform des Staatsanwalts – in das Gerichtsverfahren eingeführt, welche die anklagende Partei im Namen der zentralen politischen Macht vertritt. Nicht länger ist der Rechtsstreit eine ritualisierte Probe der Streitenden, er wird über die Kategorie des Gesetzesverstoßes als Verletzung des Souveräns interpretiert, der den Konflikt an sich reißt und durch seinen Stellvertreter eine Untersuchung durchführen lässt. Der Richter entscheidet im Anschluss daran über die Plausibilität der Untersuchungsergebnisse. Eine ganz andere Rechtsauffassung verbindet sich also mit der Untersuchung als neuer Form der Wahrheitsfindung, die ab dem 14./15. Jahrhundert zur »allgemeinen Wissensform«[43] wird und die Probe fast vollständig verdrängt.

Die dritte Form der Wahrheitsfindung, die abermals mit einer veränderten Rechtsprechungspraxis einhergeht, ist die »Prüfung [*examen*]«. Sie kümmert sich nicht mehr nur um die Rekonstruktion des umstrittenen Ereignisses, sondern auch um die Beweggründe der beteiligten Personen. Das Gerichtsverfahren interessiert sich immer weniger für das Verbrechen und immer mehr für die Verbrecher*innen, so eine von Foucaults wichtigsten Thesen in *Überwachen und Strafen*, weil deren Bestrafung nun individuell zugemessen wird.[44] Die Wahrheitsfindung muss daher ebenfalls eine neue Form finden; die Prüfung zielt auf ein an Normen ausgerichtetes Wissen über die Individuen, das sich in den Humanwissenschaften mani-

43 Foucault, »Die Wahrheit und die juristischen Formen«, S. 726. Genau genommen ist die Wahrheitspraktik der Untersuchung älter, da sie schon im antiken Griechenland und im Römischen Recht auftaucht, ehe sie im Mittelalter vorübergehend »vergessen« wird (vgl. ebd., S. 706-708) und erst ab dem 12. Jahrhundert mit Macht zurückkehrt. Vgl. dazu aus der Perspektive der Rechtsgeschichte Wesel, *Geschichte des Rechts*, S. 295, 320-322, 344.

44 »Seitdem vor 150 oder 200 Jahren Europa seine neuen Strafsysteme geschaffen hat, sind die Richter Schritt für Schritt – im Zuge einer noch weiter zurückreichenden Entwicklung – darangegangen, über etwas anderes als die Verbrechen zu richten: über die ›Seele‹ der Verbrecher.« (Foucault, *Überwachen und Strafen*, S. 28.)

festiert.[45] Das Gerichtsverfahren muss diese Expert*innen hinzuziehen, um nicht mehr nur über die Plausibilität der Tatrekonstruktion, sondern auch über den Charakter der Täter*innen zu urteilen.

In diesem verkürzt wiedergegebenen Beispiel der verschiedenen Wahrheits- und Rechtsprechungsformen lässt sich gut erkennen, wie auf unterschiedliche Weise die jeweilige Konfiguration von Personen, Dingen und Machtbeziehungen im Gerichtsverfahren aus der ihnen innewohnenden Spannung Wahrheit erzeugt. Ist es in der Probe die direkte, agonale Konfrontation der streitenden Parteien, aus denen dank dem vom Richter überwachten rituellen Ablauf Wahrheit und damit Recht generiert wird, verändert sich diese Konfiguration und die Rollen der beteiligten Akteure in der Gerichtsverhandlung gemäß der Wissensform »Untersuchung« grundlegend. Nun ist der Konflikt den beiden streitenden Parteien enthoben; die Zentralmacht bringt sich in Form des Staatsanwalts ein, der Zeugen und Zeugnisse präsentiert, aus deren Gemeinsamkeiten die Wahrheit erwachsen soll, die der Richter nicht mehr bezeugt, sondern feststellt oder verweigert.

Foucaults Beispiel stellt damit anschaulich dar, was es bedeutet, Wahrheit als Kraft aus einer spannungsgeladenen Konfiguration hervorgehen zu sehen. Die Anordnung von Menschen und Dingen dient der Umwandlung anderer Kräfte, etwa physischer oder nervlicher Stärke im Fall der Probe oder sozialer Kräfteverhältnissen im Fall der Untersuchung, in die Kraft namens »Wahrheit«. Zugleich ist die Wahrheit nicht einfach zurückrechenbar auf diese Kräfte – dafür sorgt die spezifische Konfiguration der Elemente. Die Probe räumt dazu dem Willen Gottes explizit Raum ein, so dass die Stärke der Beteiligten gerade nicht nur ihre eigene Kraft ist; die Untersuchung und die Prüfung ordnen die streitenden Parteien, die Richter sowie Zeugen und Zeugnisse so an, dass sie die Unabhängigkeit der entstehenden Tatrekonstruktion von den einzelnen Willen der Beteiligten behaupten können, selbst wenn sich die Prüfung (anders als die Untersuchung) durchaus für den Inhalt des Willens der Täter*innen interessiert. Aber jeweils ist die resultierende Wahrheit nicht konvertierbar in die an der Konfiguration beteiligten Kräfte.

(2) *Wissenschaft*. Bruno Latours dichte Beschreibungen wissenschaftlicher Praktiken liefern uns viele Beispiele dafür, wie aus einer

45 Vgl. Foucault, »Die Wahrheit und die juristischen Formen«, S. 736.

spannungsgeladenen Konfiguration verschiedener Akteure und Dinge Wahrheit resultiert. Ich greife nur eine seiner vielen Studien und nur eine seiner vielen Beschreibungen auf, die der Frage nachgeht, wie aus kontroversen Entdeckungen unumstrittene Fakten entstehen: Frédéric Joliot-Curies[46] Experimente zur Kernspaltung 1939/40, die wesentlich um die Frage kreisten, ob bei der Spaltung von Uran durch Neutronen weitere freie Neutronen entstehen, so dass eine Kettenreaktion erfolgt. Latour interessiert sich für die schrittweise Umwandlung von Joliot-Curies Hypothese, dass tatsächlich jedes Neutron weitere Neutronen freisetzt, in eine wissenschaftliche Wahrheit, ein Prozess, den er mit dem Ausdruck »Abschütteln der Modalitäten« bezeichnet.[47] Latour führt vier dieser sukzessiven Schritte an:

(a) »Joliot behauptet, daß jedes Neutron drei bis vier Neutronen freisetzt, aber das ist unmöglich; außerdem hat er keinerlei Beweis; er ist viel zu optimistisch; typisch für Franzosen, sie verteilen das Fell des Bären, bevor er erlegt ist; außerdem ist es äußerst gefährlich, denn wenn die Deutschen das lesen, werden sie glauben, daß dies möglich ist, und ernsthaft daran arbeiten.«
(b) »Die Gruppe um Joliot scheint bewiesen zu haben, daß jedes Neutron drei Neutronen freisetzt; das ist sehr interessant.«
(c) »Zahlreiche Experimente haben bewiesen, daß jedes Neutron zwischen zwei und drei Neutronen freisetzt.«
(d) »Jedes Neutron setzt 2,5 Neutronen frei.«

In der Abfolge von (a) bis (d) wird aus einer umstrittenen Behauptung ein Fakt. Dabei verbirgt die letzte, modalitätenlose Version die wissenschaftliche Arbeit, die geleistet werden musste, damit weder ein Name noch eine Beurteilung an die Aussage gehängt wird. Diese Arbeit beschreibt Latour in *Die Hoffnung der Pandora* anhand von fünf Kreisläufen, die Joliot-Curie (und jede*r andere Wissen-

46 Frédéric Joliot-Curie erhielt mit seiner Frau Irène Joliot-Curie 1935 den Nobelpreis. Warum Latour den Doppelnamen konsequent auf den Namen des Mannes verkürzt, ist mir unbekannt.

47 Vgl. Bruno Latour, *Die Hoffnung der Pandora. Untersuchungen zur Wirklichkeit der Wissenschaft*, Frankfurt/M. 2002, S. 112 f.; Bruno Latour, *Science in Action. How to Follow Scientists and Engineers Through Society*, Milton Keynes 1987, S. 22-44.

schaftler*in) zu meistern hat:[48] Erstens muss er »die Welt mobilisieren«, das heißt über die entsprechenden Instrumente und das Versammeln der notwendigen Materialien die Welt in eine schwierig herzustellende und ebenso schwierig aufrechtzuerhaltende Konstellation bringen, in der sie gut erkennbar Position in der Kontroverse beziehen kann. Zweitens muss er Kolleg*innen und Institutionen einbeziehen, um überhaupt eine bedeutungsvolle Kontroverse zu führen. Drittens braucht es Allianzen – in Joliot-Curies konkretem Fall das Militär, um darüber die staatliche Unterstützung zu erhalten, die dazu notwendig war, schweres Wasser (Deuteriumoxid) als Teil der unabdingbaren Materialien zu beschaffen. Viertens muss die Öffentlichkeit gewonnen werden, da wissenschaftliche Entdeckungen bzw. Erschaffungen von Fakten unweigerlich in die Alltagswelt eingreifen werden und die entsprechenden Kontroversen Rückwirkungen auf die Forschung haben. Fünftens schließlich braucht es entsprechende wissenschaftliche Begriffe und Experimente, ein Verständnis der Vorgänge im Labor etc. Latour nennt diesen letzten Kreislauf »Bindeglieder und Knoten«[49] und legt großen Wert darauf, damit nicht die »eigentliche wissenschaftliche Arbeit« zu fassen, die sich von den anderen vier Kreisläufen abkoppeln ließe, da alle fünf voneinander abhängig seien und ohne die anderen zusammenbrechen würden:

> Ja, Joliot kann nur Erfolg haben, wenn er die Kettenreaktion versteht – und dies muß ihm eher heute gelingen, bevor Szilard es tut, bevor die Deutschen in Paris eintreffen, bevor die zweihundert Liter schweren Wassers von den Norwegern ausgehen und bevor Halban und Kowarksi von ihren Nachbarn als Ausländer denunziert und zur Flucht gezwungen werden. Ja, es gibt eine Theorie, ja, die nachts von Kowarski durchgeführte Berechnung der Reaktionswahrscheinlichkeit wird den ganzen Unterschied machen [...]. Doch man braucht alles übrige, damit diese Berechnung die Berechnung von etwas ist. Es gibt in der Tat einen begrifflichen Kern, doch er wird nicht durch Beschäftigungen definiert, die von den anderen *am weitesten entfernt liegen*; im Gegenteil, er bündelt sie, verstärkt ihren Zusammenhalt, *beschleunigt ihre Zirkulation.*[50]

Wissenschaftliche Praktiken funktionieren demnach als hochkomplexe, prekäre Konfigurationen von sehr unterschiedlichen

48 Vgl. zum Folgenden Latour, *Die Hoffnung der Pandora*, S. 119-131.
49 Ebd., S. 128.
50 Ebd., S. 130.

Elementen, die zueinander in ganz verschiedenen Verhältnissen stehen, aber durch die wissenschaftlichen Tätigkeiten so angeordnet werden, dass aus diesen Verhältnissen Wahrheit erzeugt wird, die im besten Fall von einer kontroversen Behauptung zu einem schmucklosen Lehrbuchfakt wird und in der Folge in den Bau von Apparaten eingeht, die ganz neue Aussagen und Praktiken ermöglichen werden. Sie stellen so eine lange Aneinanderreihung von Transformationen her, die Referenz garantieren, damit etwa der Begriff »Neutronen« auf etwas verweist. Eine lange, ununterbrochene Kette von Übersetzungen – von einer Materialität in eine andere, von Materie in Zahlen, von Zahlen in Grafiken und Texte etc. – ist erforderlich, damit die durchgeführten Berechnungen tatsächlich Berechnungen eines Elements der Wirklichkeit sind. »Die Wahrheit *zirkuliert* in ihr [dieser Referenzkette; F. V.] wie die Elektrizität entlang eines Drahtes, und zwar solange, wie er nicht zerschnitten wird.«[51] Mit anderen Worten: Wahrheit ist eine Kraft, die die Wissenschaft durch die prekäre Konfiguration der fünf Kreisläufe schafft. Dabei wandeln diese Konfigurationen die Spannung zwischen den beteiligten Elementen – im Beispiel: der Neutronen und der Messinstrumente, aber auch der Kolleg*innen mit ihren verschiedenen Deutungen, der Öffentlichkeit und dem Militär – in eine neue Kraft um, die anschließend in andere Konfigurationen eingehen kann, aber nicht einfach auf einzelne Bestandteile der prekären Konfiguration reduzierbar ist, aus der sie entstand.

(3) *Politik.* Ein letztes Beispiel dafür, wie Wahrheit als Kraft aus einer spannungsgeladenen, prekären Konfiguration heterogener Elemente resultieren kann, finden wir in Jacques Rancières Beschreibung von Politik. Er bestimmt Politik als Unterbrechung oder Störung der »Polizei«, die in seiner Terminologie die etablierte »Aufteilung des Sinnlichen« meint, das heißt die Logik, gemäß der die Gesellschaft sich und ihre Welt ordnet.[52] Das umfasst auch die Anordnung der – staatlichen und gesellschaftlichen – Mächte, doch die Aufteilung des Sinnlichen meint zuallererst die notwendig vorhergehende Arbeit der Identifizierung dessen, was man die Teile mit Anteil nennen könnte: die anerkannten Elemente der Gesellschaft (Teile) und die Formen ihrer Zugehörigkeit (Anteile). Politik

51 Ebd., S. 85.

52 Vgl. Rancière, *Das Unvernehmen*, S. 39-41.

ist dagegen jenes Ereignis, dass diese Aufteilung stört, indem es einen Teil ohne Anteil sichtbar macht und Teile mit Anteil von ihren angestammten Plätzen auf andere versetzt. Dabei wird ein neues politisches Subjekt erzeugt, das in der gegenwärtigen Aufteilung des Sinnlichen nicht vorkommt, ja nicht vorkommen kann.[53] Politik ordnet also stets die polizeiliche Ordnung um. Die so erzeugte Neuanordnung ist zwar unvereinbar mit der vorigen Aufteilung der Sinnlichkeit, ist aber selbst keine Politik mehr, sondern neue Polizei.

Politische Subjektivierung erfolgt dabei stets im Namen der Gleichheit, denn Politik demonstriert das Unrecht, das die Aufteilung der Sinnlichkeit jenen antut, die darin nicht erscheinen können – die aber genau deswegen auch erst mit der Demonstration der politischen Subjektivierung in Erscheinung treten. »Proletarier« oder »Frauen«, so Rancières wiederholt verwendete Beispiele, sind keine bereits existierenden politischen Subjekte, die darauf warten, in die Liste der offiziell anerkannten politischen Wesen aufgenommen zu werden. Sie werden durch die Demonstration des Unrechts erst als politische Subjekte hervorgebracht:

> Ein politisches Subjekt ist keine Gruppe, die sich ihrer selbst »bewusst wird«, sich eine Stimme gibt, ihr Gewicht in der Gesellschaft einsetzt. Es ist ein Operator, der Regionen, Identitäten, Funktionen und Fähigkeiten zusammen- und auseinander bringt, der in einer Gestaltung der gegebenen Erfahrung da ist, das heißt der Knoten ist zwischen den Aufteilungen der polizeilichen Ordnung und dem, was sich da bereits an Gleichheit eingeschrieben hat, so zerbrechlich und flüchtig diese Einschreibungen auch seien.[54]

Politik ist, mit anderen Worten, die Neukonfiguration der bestehenden Ordnung, die Erschaffung einer neuen Konfiguration aus zuvor nicht miteinander verknüpften Elementen, ja gerade solchen Elementen, die in der bisherigen Aufteilung des Sinnlichen unvereinbar waren oder »nichts miteinander zu tun hatten«.[55]

53 »Die Politik ist Sache der Subjekte oder vielmehr der Subjektivierungsweisen. Unter *Subjektivierung* wird man eine Reihe von Handlungen verstehen, die eine Instanz und eine Fähigkeit zur Aussage erzeugen, die nicht in einem gegebenen Erfahrungsfeld identifizierbar waren, deren Identifizierung also mit der Neuordnung des Erfahrungsfeldes einhergeht.« (Ebd., S. 47.)

54 Ebd., S. 52.

55 Ebd.

Vielleicht erscheint es gewagt, Rancière so zu deuten, dass aus dieser Konfiguration heterogener Elemente, deren Spannung untereinander durch die gegebene polizeiliche Ordnung aufgebaut wird, Wahrheit entsteht. Doch ist die Folgerung unausweichlich, wenn Rancière die Konfrontation zwischen Politik und Polizei, also den Dissens oder das Unvernehmen im Herzen seiner Überlegungen, als Gegenüberstellung zweier Logiken beschreibt, die jeweils Vernunft und Wahrheitsfindung für sich beanspruchen:[56] »es gibt nichts zu sehen« bzw. »es ist alles gezählt/benannt« auf Seiten der Polizei; »es gibt uns und wir zählen« auf Seiten der Politik. Ihre Wahrheit ist keine leere moralische oder epistemische Wahrheit einer formalen Gleichheit außerhalb der Zeit, als müsste diese Gleichheit nur aus ihrer Potenzialität in die Aktualität überführt werden. Die Wahrheit der Politik erscheint zwar als Demonstration der Gleichheit, aber diese Gleichheit existiert nicht vor ihrer Erscheinung. Sie resultiert aus der die polizeiliche Ordnung störenden Neukonfiguration von in dieser Aufteilung des Sinnlichen nicht vereinbaren oder unzusammenhängenden Elementen – so wie der Streik, in Rancières Analyse, die mit den Menschenrechten verkündete Gleichheit mit der »obskure[n] Angelegenheit von Arbeitsstunden oder von Betriebsregelungen«[57] zusammenzwingt oder Olympe de Gouges' feministische Wortergreifung die in der Erklärung der Menschenrechte garantierte Freiheit der Meinungsäußerung mit der Freiheit von Frauen verklammert, den Vater ihrer unehelichen Kinder zu benennen.[58] Auch diese politische Wahrheit, die aus der Neuordnung der bestehenden Aufteilung des Sinnlichen herrührt, ist nicht reduzierbar, nicht zurückrechenbar auf die Spannung zwischen ihren Elementen, aus denen sie hervorgeht, denn in der Ordnung, die diese Spannung erzeugt, ist für diese Wahrheit kein Ort. Rancière bestimmt Politik daher als Ereignis, weil er nur das Hereinbrechen dieser politischen Wahrheit als »echte Politik« ansieht, die erlischt, sobald die Aufteilung der Sinnlichkeit ihr einen Platz eingeräumt hat, und damit die Spannung zwischen den heterogenen Elementen beseitigt, aus deren Konfiguration sie resultierte.[59]

56 Vgl. ebd., S. 55-71; Jacques Rancière, *Zehn Thesen zur Politik*, Zürich, Berlin 2008, S. 28.

57 Rancière, *Das Unvernehmen*, S. 52.

58 Vgl. Olympe de Gouges, *Die Rechte der Frau*, Bern 1999, Artikel 11.

59 Mit all den bekannten Problemen, die diese Bestimmung nach sich zieht: Weder

### 7.2.2 Prekär emergent, exklusiv selbstformend, komparativ schwach und mit historisch disruptivem Sperrklinkeneffekt

Anhand dieser drei Beispiele für Praktiken, in denen Wahrheit hervorgebracht wird, können wir unsere drei Fragen – Aus welchen Elementen bestehen die Konstellationen, aus denen Wahrheit hervorgeht? Warum besteht in diesen Konstellationen eine Spannung? Was unterscheidet die Kräfte in der Konstellation von der Kraft der Wahrheit, die aus ihr entsteht? – Schritt für Schritt beantworten. Dabei nutze ich die dritte Frage als Leitfaden und differenziere Wahrheit als Kraft durch vier Eigenschaften von den anderen, in diesen Beispielen (und darüber hinaus) vorfindbaren Kräften: Wahrheit ist eine *emergente* Kraft aus *prekären Konfigurationen* (1), die direkt *nur mit Subjektivitäten interagiert* (2), *schwach* im Vergleich mit anderen Kräften ist (3) und einen *historisch disruptiven Sperrklinkeneffekt* hat (4).[60]

(1) *Ursprung*. Wahrheit als *emergente* Kraft zu verstehen, macht zunächst darauf aufmerksam, dass Wahrheit uns nicht unmittelbar begegnet, sondern erst hervorgebracht werden muss. Alle drei Beispiele verdeutlichen, dass Wahrheit jeweils nur aus einer prekären, das heißt leicht zu verfehlenden oder zu störenden Anordnung von Dingen, Akteuren und den zwischen ihnen waltenden Kräften

kann sie Institutionalisierungsfragen politisch verstehen, noch überzeugt ihre Heroisierung der Politik als rares Ereignis. Vgl. Ella Myers, »Presupposing Equality. The Trouble with Rancière's Axiomatic Approach«, in: *Philosophy & Social Criticism* 42 (2016), S. 45-69, hier S. 54-60; Thomas Bedorf, »Das Politische und die Politik – Konturen einer Differenz«, in: Thomas Bedorf, Kurt Röttgers (Hg.), *Das Politische und die Politik*, Berlin 2010, S. 13-37, hier S. 34; Oliver Marchart, »Politik und ontologische Differenz. Zum ›streng Philosophischen‹ am Werk Ernesto Laclaus«, in: Martin Nonhoff (Hg.), *Diskurs – radikale Demokratie – Hegemonie. Zum politischen Denken von Ernesto Laclau und Chantal Mouffe*, Bielefeld 2007, S. 103-121, hier S. 183 f.

60 Es sind überwiegend qualitative Merkmale, die ich damit zur Bestimmung von Wahrheit als Kraft gebrauche, und nicht bloß quantitative wie Richtung und Intensität, an die man vielleicht zuerst denken mag. Stattdessen nutze ich den Ursprung der Kraft, die Entitäten, mit denen sie interagiert, ihre relative Stärke und ihre spezifischen Effekte. Wem dies seltsam (oder unsystematisch) erscheint, dem sei empfohlen, sich anzusehen, wie die Physik (derzeit) die vier grundlegenden Kräfte – starke und schwache Wechselwirkung, Gravitation und elektromagnetische Kraft – differenziert. Vgl. dazu Dieter Meschede (Hg.), *Gerthsen Physik*, Berlin, Heidelberg 2015, S. 967 f.

resultiert. Weder den streitenden Parteien vor Gericht noch den Wissenschaftler*innen im Labor noch den politischen Subjekten tritt Wahrheit einfach so gegenüber – und wo es uns so erscheint, verdankt sich der Eindruck dem Ausblenden der historisch spezifischen sozialen, ökonomischen und politischen Bedingungen, unter denen Wahrheit uns »unvermittelt« entgegenschlägt. Darüber hinaus bedeutet Wahrheit als emergente Kraft zu verstehen, dass sie zwar aus einer prekären Konfiguration von Akteuren, Dingen und Kräften resultiert, aber nicht auf diese reduzierbar ist – auch nicht auf ihre Interaktion miteinander. Mit Paul Humphreys können wir Emergenz in Bezug auf Kräfte in einer ersten Annäherung so verstehen, dass eine emergente Kraft aus einer Konfiguration hervorgeht, die sie nicht schon enthält, neu gegenüber der Ausgangskonfiguration ist und sich autonom zu ihren Elementen und Kräften verhält.[61] Emergente Kräfte sind also *relational*, *neuartig* und *autonom*, was wiederum in allen drei Beispielen gut zu erkennen ist. Um nur das erste anzuführen: Im von Foucault geschilderten Gerichtsverfahren als Zweikampf geht Wahrheit aus dem Kräftemessen der streitenden Parteien hervor – allerdings nur, solange sie die vom Richter überwachten Regeln des Zweikampfes einhalten. Wahrheit ergibt sich, indem ein Ablauf inszeniert wird, in den sie als Gottesurteil eingreifend erscheinen kann. Wahrheit ist kein Bestandteil, der in die Gerichtspraxis eingeht, sondern ihr Resultat (Relationalität); sie ist eine gegenüber den Kräften zwischen den Parteien andere Kraft (Neuheit) und sie verhält sich nicht wie diese (Autonomie), denn anders als etwa physische Stärke ist Wahrheit nicht jederzeit verfügbar, und anders als soziale Macht kann sie we-

61 »Emergente Eigenschaften resultieren aus etwas Anderem, sie besitzen eine bestimmte Art von Neuheit gegenüber den Eigenschaften, aus denen sie hervorgehen, sie sind autonom gegenüber den Eigenschaften, aus denen sie hervorgehen, und sie weisen eine Form von Holismus auf.« (Paul Humphreys, *Emergence. A Philosophical Account*, Oxford 2016, S. 26.) Humphreys hält Relationalität und Neuartigkeit (die ersten beiden Eigenschaften) für notwendig, um von Emergenz zu sprechen; Autonomie und Holismus seien dagegen zwar häufig gegeben, aber nicht notwendig (vgl. ebd., S. 26 f.). Zur allgemeinen Diskussion über den Emergenzbegriff vgl. die Beiträge in Ansgar Beckermann u. a. (Hg.), *Emergence or Reduction? Essays on the Prospects of Nonreductive Physicalism*, Berlin 1992; Mark A. Bedau, Paul Humphreys (Hg.), *Emergence. Contemporary Readings in Philosophy and Science*, Cambridge/MA 2008; Jens Greve, Annette Schnabel (Hg.), *Emergenz. Zur Analyse und Erklärung komplexer Strukturen*, Berlin 2011.

der durch Verhandlungen erworben noch durch Gewalt erzwungen werden.[62] Wahrheit emergiert aus dem Gerichtsverfahren, gegenüber dessen Elementen sie relational, neu und autonom – und insofern irreduzibel – ist.

Da nicht alle Kräfte emergent sind, hilft es, Wahrheit als emergente Kraft auszuzeichnen, um sie von anderen Kräften zu unterscheiden. Zwar haben alle Kräfte einen Ursprung, doch ist die physische Stärke eines Menschen nicht emergent, sondern ergibt sich aus Muskeln und ihrem Zusammenspiel mit seinem Wuchs. Genauso wenig sind die Naturkräfte emergent, die in Latours Beschreibung der wissenschaftlichen Praktiken so gerahmt und gefördert werden, dass sie für die Beteiligten Wissenschaftler*innen, ihre Kolleg*innen und Verbündeten sowie die Öffentlichkeit sichtbar, ja im besten Fall wortwörtlich fassbar werden. Auch die sozialen Kräfte in Rancières politischer Praxis sind nicht emergent, sondern gerade durch ihre Reduzierbarkeit auf die wohlgeordneten Elemente der Aufteilung des Sinnlichen charakterisiert. Emergent ist in allen drei Fällen nur die Kraft der Wahrheit, die aus einer prekären Konfiguration aus Dingen, Menschen und bereits enthaltenen Kräften resultiert.

Zwei Präzisierungen zum Emergenzbegriff sind an dieser Stelle angemessen, weil er trotz intensiver Debatte nach wie vor als anrüchig gilt und weil ich der Unterscheidung von emergenten und reduzierbaren Kräften relativ viel argumentatives Gewicht zumuten werde. Anrüchig ist »Emergenz« für viele Philosoph*innen, weil der Begriff ein Taschenspielertrick zu sein scheint, mit dem sich trotz eines festen Bekenntnisses zum Materialismus (in der Debatte meist ein Physikalismus) mit der einhergehenden Ablehnung aller nichtnatürlichen Kräfte und Eigenschaften die Irreduzibilität emergenter Eigenschaften und Kräfte auf ihre konstitutiven Elemente behaupten lässt.[63] Der jede Emergenztheorie begleitende Verdacht

62 Vgl. Michel Foucault, *Die Macht der Psychiatrie. Vorlesung am Collège de France 1973/74*, Frankfurt/M. 2005, S. 341-343.

63 Deshalb konzentriert sich die Diskussion über Emergenz meist auf die Frage mentaler Entitäten und ihres Verhältnisses zu ihrer neuronalen Basis. Vgl. Jaegwon Kim, »Making Sense of Emergence«, in: *Philosophical Studies: An International Journal for Philosophy in the Analytic Tradition* 95 (1999), S. 3-36, hier S. 3-5; Achim Stephan, *Emergenz. Von der Unvorhersagbarkeit zur Selbstorganisation*, Paderborn 2005, S. 159-161.

ist, dass sie dubiose Eigenschaften oder Kräfte einführt, die ontologisch gesehen entweder epiphänomenal oder anti-materialistisch (sprich: übernatürlich) sind. Prominent ist Jaegwon Kims Einwand, dass emergente Eigenschaften oder Kräfte kausale Auswirkungen in der Welt haben müssen, wenn sie kein bloßes Epiphänomen sein sollen.[64] Deshalb seien Emergenztheorien darauf festgelegt, eine »abwärts gerichtete Kausalität« behaupten zu müssen: Sie müssten Kausalkräfte der emergierten Entitäten annehmen, die als solche nicht auf die Kausalkräfte der Emergenzbasis zurückführbar seien, was begrifflich inkohärent sei oder dazu zwinge, eine neue, nicht-materialistische Kausalkraft einführen zu müssen.

Zwei Antworten lassen sich darauf geben. Einerseits kann ich darauf hinweisen, dass wir als Materialisten nicht auf die engen Begriffe von Physikalismus und Kausalität festgelegt sind, die in der analytischen Metaphysik größtenteils angenommen werden. Schon die Emergenzbasis, nämlich die spannungsgeladene, prekäre Konfiguration, aus der Wahrheit emergiert, enthält Elemente, die selbst nicht trivial auf einen Physikalismus zu reduzieren sind: Menschen, komplexe Objekte oder Kräfte wie soziale Macht müssen, nur weil wir sie materialistisch betrachten, nicht physikalistisch verstanden werden. Wie auch immer ein solcher philosophischer Reduktionismus formuliert würde, er müsste mit derart extremen Vereinfachungen arbeiten, dass er unplausibel würde.[65] Außerdem trifft er philosophische Entscheidungen über wissenschaftliche Fragen, die in diesen Wissenschaften selbst bearbeitet werden müssen.[66] Darüber hinaus kann ich darauf hinweisen, dass Wahrheit als Kraft nicht notwendig als *kausale* Kraft verstanden werden muss; der Ausdruck

64 Ich stütze mich dabei vor allem auf Kim, »Making Sense of Emergence«, aber siehe bereits Jaegwon Kim, »›Downward Causation‹ in Emergentism and Non-Reductive Physicalism«, in: Ansgar Beckermann u. a. (Hg.), *Emergence or Reduction? Essays on the Prospects of Nonreductive Physicalism*, Berlin 1992, S. 119-138.

65 John Dupré, *The Disorder of Things. Metaphysical Foundations of the Disunity of Science*, Cambridge/MA 1993, S. 102.

66 Rouse weist hilfreich darauf hin, wie komplex der Naturalismus eigentlich ist, sobald man seine beiden konstitutiven Bedingungen erfüllen will, keinerlei übernatürliche Entitäten und keine philosophischen Beschränkungen für wissenschaftliche Praktiken zu postulieren. Vgl. Joseph Rouse, »Naturalism and Scientific Practices. A Concluding Scientific Postscript«, in: Chienkuo Michael Mi, Ruey-lin Chen (Hg.), *Naturalized Epistemology and Philosophy of Science*, Amsterdam 2007, S. 61-86.

einer »normativen Kraft von Wahrheit«, den wir in den Positionen von Frege, Habermas und Brandom betrachtet haben, zeigt, dass uns durchaus Alternativen offenstehen.

Andererseits mag diese erste Antwortmöglichkeit wie ein zu weit gehender Rückzug erscheinen, zumal fraglich wird, was Materialismus bedeuten soll, wenn wir Wahrheit als normative Kraft strikt von Kausalität trennen würden. Dann wird es attraktiv, mit Achim Stephan darauf hinzuweisen, dass »abwärts gerichtete Kausalität« vielleicht weniger problematisch ist, als die erste Antwortmöglichkeit annimmt:

> Freilich wäre, wenn es denn diese Form der »abwärts gerichteten Verursachung« geben sollte, damit kein Bruch allgemeiner Annahmen wie z. B. der kausalen Abgeschlossenheit des physischen Bereichs verbunden. Innerhalb des physischen Bereichs wären neben den basalen Wechselwirkungen lediglich weitere Formen der kausalen Einflußnahme zu akzeptieren.[67]

Kausalität müsste dann komplexer verstanden werden, und von Seiten der Sozialtheorie gibt es ein Angebot, das aufzugreifen aus unserer krafttheoretischen Perspektive auf die politischen Epistemologie naheliegt: den von Louis Althusser wirkmächtig eingeführten spinozistischen Begriff einer »strukturalen« oder »immanenten« Kausalität.[68] Althusser will damit die Art von Determination beschreiben, die ein soziales System auf seine Bestandteile ausübt, wobei weder diese Teile ohne das System noch dieses soziale System ohne seine Bestandteile existieren. Da das System und seine Kausalität insofern den Teilen »immanent« sind, greift Althusser an dieser Stelle auf Spinozas Theorie immanenter Kausalität zurück, um zu erläutern, dass

> die Struktur ihren Wirkungen immanent ist, als eine ihrer Wirkungen innewohnende Ursache im spinozistischen Sinne, und dass die gesamte

67 Stephan, *Emergenz*, S. 44. Vgl. Carl Gillett, »The Varieties of Emergence. Their Purpose, Obligations and Importance«, in: *Grazer Philosophische Studien* 65 (2002), S. 95-121, hier S. 110-115.

68 Vgl. Louis Althusser u. a., *Das Kapital lesen. Vollständige und ergänzte Ausgabe mit Retraktationen zum ›Kapital‹*, Münster 2015, S. 419-433; dazu Pierre Macherey, »Für eine Naturgeschichte der Normen«, in: François Ewald, Bernhard Waldenfels (Hg.), *Spiele der Wahrheit. Michel Foucaults Denken*, Frankfurt/M. 1991, S. 171-192, hier S. 183-192; Katja Diefenbach, *Spekulativer Materialismus. Spinoza in der postmarxistischen Philosophie*, Wien, Berlin 2018, S. 24-28, 526-581.

Existenz der Struktur in ihren Wirkungen besteht, kurzum, dass die Struktur, welche nur aus einer spezifischen Kombination ihrer eigenen Elemente besteht, außerhalb ihrer Wirkungen gar nichts weiter ist.[69]

Wahrheit als emergente Kraft ließe sich im Rückgriff auf dieses sozialtheoretische Vokabular also als strukturelle Kausalität der spannungsgeladenen prekären Konfiguration erklären.[70]

Bevor man nun einwendet, ich würde ein Rätsel mit einem Mysterium lösen wollen, sei auf den eingeschränkten argumentativen Status dieser Erklärung hingewiesen: Sie soll nur verdeutlichen, dass wir durchaus Möglichkeiten haben, die auf den ersten Blick metaphysisch verdächtige Vorstellung einer »abwärts gerichteten Kausalität« begrifflich kohärent auszuarbeiten, ja dass in der Sozialtheorie bereits eine interessante Alternative vorliegt, die nicht durch bloße metaphysische Intuitionen abgetan werden kann.[71] »Anrüchigkeit« reicht also als Vorwurf nicht aus, um den Emergenzbegriff als einer rationalen Erklärung entgegenstehend abzuweisen.

Selbst wenn sich Emergenz als Begriff sowohl von der analytischen Metaphysik als von der spinozistisch-postmarxistischen Sozialphilosophie her als anschlussfähig erweist, muss der Gegensatz zwischen Emergenz und Reduzierbarkeit genauer gefasst werden. Dazu können wir auf eine Definition und eine Unterscheidung von Stephan zurückgreifen, der die Irreduzibilität emergenter Eigenschaften (oder Kräfte) für die zentrale Annahme aller Emergenztheorien hält.[72] Seine begriffliche Explanation beginnt dabei mit der Definition systemischer Eigenschaften als Eigenschaften von Systemen (das heißt Teilen und ihren Relationen untereinander, die sie zu diesem System anordnen), die keiner der Bestandteile des Systems allein besitzt.[73] Dass Wahrheit als Kraft aus einer span-

69 Althusser u. a., *Das Kapital lesen*, S. 426 f. Zu finden ist Spinozas Theorie immanenter Kausalität in. Baruch de Spinoza, *Ethik in geometrischer Ordnung dargestellt. Lateinisch – Deutsch. Sämtliche Werke*, Bd. 2, Hamburg 2015, Teil I.

70 Dabei sollte der Ausdruck »abwärts gerichtete Kausalität« nicht irritieren; es widerspricht der Immanenzphilosophie nicht, interne Differenzierungen von Entitäten anzuerkennen (was der Emergenzbegriff voraussetzen muss).

71 Wie Kims erklärtermaßen ad hoc formuliertes »causal-power actuality principle« in Kim, »Making Sense of Emergence«, S. 29.

72 Vgl. Stephan, *Emergenz*, S. 32-44.

73 Triviale Beispiele systemischer Eigenschaften sind die Tatsache, dass Menschen laufen können (was kein einzelner Bestandteil des Menschen kann), oder die Konvergenz von mathematischen Reihen (kein einzelner ihrer Terme konvergiert).

nungsgeladenen prekären Konfiguration emergiert, ist eine Eigenschaft dieser Konfiguration, die keines der Elemente für sich hat, aus denen diese Konfiguration besteht.

Der zweite Schritt der begrifflichen Explanation besteht darin, die Irreduzibilität genauer zu fassen, wozu Stephan zunächst die zwei Bedingungen formuliert, unter denen eine systemische Eigenschaft auf die Elemente des Systems reduzierbar wäre: Erstens muss sich dazu die systemische Eigenschaft allein aus dem Verhalten der einzelnen Elemente ergeben. Zweitens muss dieses Verhalten der einzelnen Elemente im System aus ihrem Verhalten folgen, das sie isoliert oder in signifikant weniger komplexen Systemen zeigen. Nur wenn diese beiden Bedingungen erfüllt sind, lässt sich die in Frage stehende systemische Eigenschaft auf das Verhalten der Elemente im System reduzieren.[74]

Emergenz beinhaltet in allen interessanten Bestimmungen des Begriffs die These, dass was auch immer emergiert, nicht auf die Elemente seiner Emergenzbasis reduziert werden kann, so dass nach dem Vorhergehenden eine oder beide der folgenden Bedingungen erfüllt sein muss:

(a) Eine systemische Eigenschaft *E* eines Systems *S* ist *irreduzibel*, wenn sich aus dem Verhalten der Systembestandteile von *S* *nicht* ergibt, und zwar im Prinzip nicht, dass *S* die Eigenschaft *E* hat.
(b) Eine systemische Eigenschaft *E* eines Systems *S* ist *irreduzibel*, wenn sich aus dem Verhalten, das die Systembestandteile von *S* in anderen Konstellationen als der in S bestehenden Anordnung zeigen, *nicht* ergibt, und zwar im Prinzip nicht, wie sie sich in *S* verhalten.[75]

Stephan erläutert die erste Bedingung als »Nicht-Analysierbarkeit« von systemischen Eigenschaften, die zweite nennt er »Irreduzibilität des Komponentenverhaltens«.[76] Interessant für uns ist, dass er letztere mit der Voraussetzung von »abwärts gerichteter Kausalität« verbindet: Wenn die Elemente eines Systems *S* sich auf eine Weise in diesem System verhalten, wie sie sich sonst nicht verhalten, und die auch nicht aus dem anderweitigen Verhalten abgeleitet werden kann, muss das System *S* ihr Verhalten beeinflussen. Diese – aber

74 Vgl. Stephan, *Emergenz*, S. 38.
75 Ebd.
76 Ebd., S. 41 und 43.

nicht die erste – Form von Irreduzibilität impliziert also »abwärts gerichtete Kausalität«.[77]

Übertragen auf Wahrheit als Kraft bedeutet diese Erläuterung von Irreduzibilität, dass Wahrheit als Kraft eine unanalysierbare Eigenschaft der prekären Konfiguration ist, aus der sie emergiert, oder dass das Verhalten der Elemente dieser prekären Konfiguration irreduzibel ist, also prinzipiell nicht aus dem Verhalten in anderen Anordnungen oder in Isolation erschlossen werden kann. Während Stephan wegen der Implikation abwärts gerichteter Kausalität die erste Alternative für seinen Emergenzbegriff favorisiert,[78] scheint mir in unserem Fall die zweite aussichtsreicher, gerade wenn wir sie mit der Theorie strukturaler Kausalität verbinden.

Fassen wir zusammen: Die Emergenz von Wahrheit als Kraft auf spannungsgeladenen prekären Konstellationen von Menschen, Dingen und Kräften sollten wir so verstehen, dass diese Kraft irreduzibel ist, weil das Verhalten der Elemente in der Konfiguration nicht aus dem Verhalten dieser Elemente jenseits der Konfiguration ableitbar ist. Wahrheit als Kraft ist insofern mit der Annahme einer strukturalen Kausalität der prekären Konfiguration auf ihre Bestandteile verknüpft (oder eben, im Vokabular der analytischen Metaphysik, mit abwärts gerichteter Kausalität). Reduzierbar wäre dagegen eine aus der prekären Konfiguration resultierende Kraft, wenn wir sie aus dem in anderen Konstellationen beobachtbaren Verhalten der Bestandteile ableiten könnten, wie es beispielsweise für die Naturkräfte oder soziale Macht der Fall ist. Allerdings bin ich damit noch nicht auf die Behauptung festgelegt, Wahrheit sei die einzige emergente Kraft – Affekte könnten Kräfte sein, die ebenfalls nicht reduzierbar auf die Konfigurationen sind, aus denen sie hervorgehen.[79] Emergenz aus einer prekären Konfiguration ist daher ein wichtiges, notwendiges Merkmal, aber kein hinreichendes, um Wahrheit als Kraft von anderen Kräften zu unterscheiden.

(2) *Ziel.* Das zweite Merkmal ist, dass Wahrheit als Kraft *exklusiv auf Subjektivitäten wirkt.* Beide Bestandteile dieser Eigenschaft verdienen eine kurze Erläuterung, obwohl die Behauptung, Wahr-

77 Ebd., S. 44, vgl. 68.

78 Vgl. ebd., S. 210.

79 So etwa Melissa Gregg, Gregory J. Seigworth, »An Inventory of Shimmers«, in: Melissa Gregg, Gregory J. Seigworth (Hg.), *The Affect Theory Reader*, Durham, London 2010, S. 1-25, hier S. 2.

heit wirke auf Subjektivitäten, nach den vorangegangenen Kapiteln keine Überraschung darstellen kann. Wir haben inzwischen hinreichend Anschauungsmaterial, um die Auswirkung von Wissen auf Subjektivitäten sowohl gemäß dem Standardmodell als Überzeugungsänderung mit eventuell nachfolgender Veränderung des Handelns nachvollziehen zu können als auch gemäß dem für mich im Vordergrund stehenden Sinn von Einwirkung, in dem Wissen die Subjektivität oder das Selbst formt. Insofern Wissen wahr ist – und daran haben wir bisher eisern festgehalten – und wir ein Verständnis von Wahrheit als Kraft gewinnen wollen, dürfte es kaum verwundern, Subjektivitäten als Ziel der Wirkung von Wahrheit als Kraft auszumachen.

Interessanter ist die behauptete Exklusivität: Wahrheit wirkt *nur* auf Subjektivitäten.[80] Auf den ersten Blick mag es trivial erscheinen, weil es ohnehin kaum vorstellbar scheint, dass Wahrheit unmittelbar etwa auf Grashalme, Computer oder Sterne einwirkt. Wo Wahrheiten solche Gegenstände verändern, wirken sie direkt auf die Subjektivität derjenigen ein, die anschließend jene Veränderungen bewirken. Aber eine Konsequenz der exklusiven Wirkung auf Subjektivitäten ist, dass Wahrheit als Kraft nicht auf sich selbst einwirken kann. Eine Interaktion zwischen zwei Wahrheiten erfolgt nur über die Vermittlung durch ein Selbst, das beiden Wahrheiten ausgesetzt ist.

In der Folge scheint sich allerdings ein Widerspruch zu ergeben zwischen meiner Ankündigung eines materialistischen Verständnisses von Wahrheit sowie der in der Einleitung betonten materialistischen Vorstellung von Subjektivität einerseits und der exklusiven Wirksamkeit von Wahrheit auf Subjektivitäten andererseits. Muss Letzteres nicht doch heißen, dass Wahrheit in erster Linie auf Körper einwirkt, die schließlich von Subjektivität nicht abstrahiert werden können, ohne in ein idealistisches Verständnis von Subjekten zurückzufallen? Hier gilt es genau zu sein: Subjektivität haben wir als praktischen Selbstbezug verstanden; Wahrheit wirkt also direkt auf diesen praktischen Selbstbezug – und zwar indem sie ihn durch eine Polarisierung beeinflusst. Die Aufteilung der Welt in wahr und falsch, die als Wahrheit aus der prekären Konfiguration emergiert,

80 Wobei wir mit Blick auf Rancières Beispiel der Politik und der darin auftretenden politischen Subjektivierungen kollektive Subjektivitäten ausdrücklich einschließen sollten.

wird den Subjekten, auf die sie trifft, aufgezwungen und modifiziert ihren praktischen Selbstbezug. Insofern dieser Selbstbezug verkörpert ist, ist es richtig, dass Wahrheit mittelbar auch auf Körper wirkt – aber anders als Affekte, und das soll die Rede von der Exklusivität betonen, kann Wahrheit nicht erst auf den Körper und darüber vermittelt auf den praktischen Selbstbezug einwirken. Wahrheit als emergente Kraft aufzufassen, die exklusiv auf Subjektivitäten wirkt, betont damit in der Tat eine Dimension der Welt, die zwar materiell aus sozialen Praktiken hervorgeht, aber nicht einfach auf sie reduzierbar ist. Zwar ist sie nur relativ autonom gegenüber den sozialen Praktiken (ändern sich diese hinreichend drastisch, wird auch sie sich verändern), doch ist sie eben emergent. Solange wir daran festhalten, stellt es keinen Widerspruch dar, die emergente Kraft von Wahrheit als exklusiv auf Subjektivitäten einwirkend zu beschreiben, die erst in einem zweiten Schritt dank der Modifikation des praktischen Selbstbezugs auch Körper, Dinge und soziale Praktiken verändert.[81]

Man könnte versucht sein, in Latours Beschreibung der wissenschaftlichen Praxis einen Einwand gegen diese Erklärung zu sehen, da er großen Wert darauf legt, die vermeintlich unbelebten Dinge als Aktanten zu fassen, deren Handlungsfähigkeit wir nicht übergehen dürfen. Doch die Wahrheit, die in den aus den vielen kleinen Übersetzungsvorgängen von einem Aktanten zum nächsten gebildeten Referenzketten zirkuliert (und die Latour mit Elektrizität vergleicht), wirkt nicht auf alle Beteiligten. Sicher, sie alle wurden in eine prekäre Konfiguration gebracht, um diese Wahrheit »fließen zu lassen«, aber die »Entladung« muss daher noch lange nicht auf alle beteiligten Entitäten erfolgen. Stattdessen sind es auch in Latours Beschreibung wissenschaftlicher Praktiken nur die mit einem Selbst ausgestatteten Aktanten, die von Wahrheit direkt (und nicht von anderen Kräften in der sozialen Praktik) verändert werden.

Die Exklusivität der Wirksamkeit von Wahrheit als Kraft auf Subjektivitäten hilft dabei, sie von anderen Kräften zu unterscheiden, da diese zumeist *auch* auf andere Entitäten einwirken können.

81 Läuft diese Erläuterung auf die idealistische Trennung von Subjektivität und Körperlichkeit hinaus? Sicherlich erfordert sie, zwischen körperlichen und nichtkörperlichen Aspekten meines Selbst differenzieren zu können. Doch nichts zwingt uns dazu, diese Unterscheidung zu hypostasieren, und sie strikt zu verbieten, scheint mir einen sehr restriktiven Begriff von Materie einzuführen.

Wiederum stellen Affekte ein Beispiel dar, aber auch physische Stärke oder die vier physikalischen Grundkräfte. Beide können sicherlich direkte Auswirkungen auf das Selbst haben, weil der Körper ein integraler Bestand des Selbst ist, sind aber klarerweise nicht darauf beschränkt. Auch für dieses zweite Merkmal von Wahrheit als Kraft gilt allerdings, dass es notwendig, aber nicht hinreichend ist, um Wahrheit als Kraft zu identifizieren, denn die Kraft der Rhetorik, die ich schon mehrfach als Vergleich herangezogen habe, interagiert ebenfalls ausschließlich mit Subjektivitäten.

(3) *Stärke*. Dass die Kraft der Wahrheit *schwach* im Vergleich zu anderen Kräften ist, habe ich bereits so oft bemerkt, dass ich hier nur zwei Aspekte betonen möchte. Erstens können wir in allen drei Beispielen erkennen, inwiefern andere Kräfte die komparativ schwache Kraft der Wahrheit ständig zu überwältigen oder verdrängen drohen. So ist die im Gerichtsverfahren präsente physische Gewalt und soziale Macht zwar notwendig, um aus der prekären Konfiguration Wahrheit hervorzubringen, kann jedoch leicht ebenfalls auf Subjektivitäten so einwirken, dass die Effekte der Wahrheit überdeckt werden oder gar nicht erst zum Tragen kommen. In der wissenschaftlichen Praxis droht die prekäre Konfiguration der fünf Kreisläufe ständig so aus dem Takt zu geraten, dass die in den mühsam errichteten Referenzketten zirkulierende Wahrheit stockt und andere Kräfte überhandnehmen. Zuletzt ist auch die Wahrheit fragil, die aus der Neuanordnung jener Elemente geboren wird, die eigentlich einen festen Platz in der Aufteilung des Sinnlichen haben. Zwar kann nur sie allein die politische Subjektivität formen, doch ist sie genau deswegen so selten sichtbar, weil die Kräfte der polizeilichen Ordnung sie zumeist überlagern oder zurückdrängen. Rancières Beispiele für Politik sind nicht deshalb so wenige, aufsehenerregende Ereignisse, weil es so selten zu Politik kommt, sondern weil die Wahrheit der Gleichheit, die mit ihr aufscheint, meist sofort wieder vergeht.[82]

Die komparative Schwäche der Kraft der Wahrheit bedeutet zweitens nicht, dass ihre Effekte gering sind; schwach ist kompa-

82 Das jedenfalls wäre eine Lesart, die Rancières Bemerkungen ernst nehmen kann, wonach Politik ständig stattfindet und eben nicht nur in den seltenen, großen Ereignissen, die er allerdings zumeist als Beispiele wählt. Vgl. Jacques Rancière u. a., »›Republikanismus ist heute ein Rassismus für Intellektuelle‹«, in: *Deutsche Zeitschrift für Philosophie* 65 (2017), S. 727-761, hier S. 279.

rativ gemeint, weil sich diese Effekte nur einstellen, wenn andere Kräfte fehlen oder abgeblockt werden (siehe Kapitel 4). Diese Schwäche ist ein wichtiger Grund dafür, dass Wahrheit schwer zu erkennen und leicht zu verwechseln ist. Zeigt Foucaults Genealogie des Gerichtsverfahrens nicht, dass eigentlich bloße Macht diese Praxis bestimmt? Beweist Latours Beschreibung der wissenschaftlichen Praktiken nicht, dass Wahrheit nur eine politische Konstruktion von zahllosen Kompromissen ist, bei denen sich der handlungsfähigste Akteur in der Referenzkette durchsetzt? Läuft Rancières Deutung von Politik nicht auf die reine Konfrontation verschieden starker sozialer Gruppen hinaus? Gerade weil Wahrheit eine komparativ schwache Kraft ist, wird sie so leicht mit Affekten, rhetorischer Macht oder physischer Gewalt verwechselt. Obwohl sie sich selten gegen rivalisierende Kräfte durchsetzen kann, ist sie dennoch so begehrt, weil ihre Wirkungen auf Subjektivitäten, anders als die der meisten anderen Kräfte, verhältnismäßig stabil sind. Sie müssen nicht durch konstante Ausübung weiterer Gewalt aufrechterhalten werden und sind weniger anfällig für Schwankungen als Affekte. Wahrheit ist eine vergleichsweise schwache, doch effektive Kraft.

(4) *Wirkung*. Das hat mit dem vierten und letzten Merkmal zu tun: Wahrheit als Kraft erzeugt einen *historisch disruptiven Sperrklinkeneffekt*. Wahrheiten verändern Subjektivitäten auf eine Weise, die es diesen sehr schwer, sogar fast unmöglich macht, hinter die Auswirkungen dieser Wahrheiten zurückzugehen. Sie erkennen rückblickend nicht mehr dasselbe. Ihre eigene, ja die Vergangenheit überhaupt stellt sich anders dar, nachdem eine neue Wahrheit auf das Subjekt eingewirkt hat – und das betrifft alltägliche Wahrheiten ebenso wie epochale. Ein Beispiel für die historisch disruptive Kraft alltäglicher Wahrheiten beschreibt Linda Martín Alcoff (wenngleich zu einem anderen Zweck):

> Muss ich, nachdem ich neue aufwühlende Fakten über meinen Ex-Ehemann erfahren habe, die »Wirklichkeit« unserer Ehe insgesamt anders bewerten? War mein vorheriges Glück einfach das Ergebnis einer falschen Überzeugung? Mit wem war ich verheiratet: mit dem Mann, als den ich ihn heute kenne, oder mit dem Mann, für den ich ihn damals hielt? [...] Welchen Charakter hatte mein Ex-Ehemann und wie sah unsere Ehe aus? Ich war mehrere Jahre glücklich, wir entwickelten große emotionale Intimität und starke wechselseitige Unterstützung, und nachfolgende Offenbarungen über ihn können diese Geschichte niemals komplett verändern.

Aber meiner Bewertung von ihm und von unserer Beziehung fehlten einige wichtige Elemente, und die Kohärenz dieser Bewertung überlebte die erweiterte und veränderte Neukonstellation meines Wissens nicht. Das liegt nicht einfach daran, dass er sich verändert hat oder ich mich, obwohl wir uns natürlich beide verändert haben. Es liegt daran, dass die Wahrheit meiner gelebten Wirklichkeit und selbst unserer geteilt erlebten Wirklichkeit sich verändert hat. (RK, S. 214 f.)

Die Vergangenheit, in der Alcoffs Ehe glücklich war, ist nach der Einwirkung der neuen Wahrheit nicht völlig verloren, doch sie ist nicht mehr dieselbe. Die Kraft der Wahrheit verändert Alcoffs Selbst so, dass sie diese Vergangenheit nicht länger so betrachten und verstehen kann, wie sie es einst tat. In diesem Sinne ist die Kraft selbst alltäglicher Wahrheiten historisch disruptiv.[83]

Einige Beispiele für epochale Umbrüche liefert uns Rancières Darstellung von Politik. Wenn er Louis-Auguste Blanquis Angabe vor dem Schwurgericht zitiert, seine Profession sei »Proletarier«, so weil an diesem kleinen Austausch zwischen Gerichtspräsident und Revolutionär eine Aufteilung des Sinnlichen für uns erkennbar wird, in der »Proletarier« keine Existenz haben. Doch die von Blanqui und den vielen anderen Arbeiter*innen bekämpfte polizeiliche Ordnung ist nicht mehr die unsere, ihre durchgesetzte Wahrheit hat uns auf eine Weise verändert, die es schwierig macht, die alte Ordnung in ihrer Wahrheit ernst zu nehmen. Auf dieselbe Art von Veränderung durch die disruptive Kraft der Wahrheit macht das Beispiel von Olympe de Gouges' Erklärung der Rechte der Frauen aufmerksam: Die Wahrheit ihrer politischen Konfiguration der Welt hat unsere Subjektivitäten derart verändert, dass die Aufteilung des Sinnlichen, die keinen Platz für »Frauen« als politische Subjekte enthält, von uns nicht mehr so zu verstehen ist, wie sie vor Olympe des Gouges und dem ihr zeitgenössischen Feminismus verstanden wurde. Beide Szenen zeigen die historisch disruptive Kraft

83 Wer es dramatisch-christlich mag, kann stattdessen an die Verwandlung von Saulus zu Paulus denken (vgl. Alain Badiou, *Paulus. Die Begründung des Universalismus*, München 2002). Daran wird noch einmal deutlich, dass »komparativ schwach« nicht auf magere Effekte verweist, sondern auf die Leichtigkeit, mit der andere Kräfte die Wahrheit überlagern können. Badious Konzeption von Wahrheit und Wissen vergleiche ich mit meinen Begriffen erst nach Einführung der Begriffsbestimmung von eigenständig selbstformend wirksamem Wissen in Kapitel 9.1.

von Wahrheiten in epochalem Ausmaß – womit ich keineswegs behaupte, unsere Aufteilung des Sinnlichen hätte bereits die Gleichheit von Frauen und Arbeiter*innen eingelöst. Aber sie existieren in dieser Aufteilung des Sinnlichen anders als zuvor, und die vorherige Aufteilung des Sinnlichen wird nie wieder jene Unerschütterlichkeit mit sich führen können, die unsere heutige für sich hat.[84]

Gemeinsam ist Rancières Beispielen mit Alcoffs Deutung der Auswirkungen einer alltäglichen Wahrheit, dass die Kraft der Wahrheit so beschrieben wird, dass sie unser Verständnis nicht allein der Gegenwart, sondern auch der Vergangenheit, bevor wir diese Wahrheit kannten, verändert. Wir sehen nicht länger, was wir vor der Wirkung der Wahrheit gesehen haben.

An dieser Stelle mag sich Widerstand regen. Ist die Beschreibung der Kraft der Wahrheit im Allgemeinen als historisch disruptiv nicht eine fürchterliche Dramatisierung? Bleiben nicht die meisten neuen Wahrheiten ohne solche tiefgreifenden Veränderungen, so dass es falsch ist, Wahrheiten diese historisch disruptive Kraft insgesamt zuzuschreiben, die in Wirklichkeit nur einigen wenigen zukommt, die wir vielleicht besser unter dem Begriff »transformative Erfahrungen« absondern sollten, anstatt sie zum Normalfall zu erheben?[85]

Sicherlich ist das eine mögliche begriffliche Strategie, doch ich habe eine andere gewählt, die jeder Wahrheit diese disruptive Kraft zuschreibt und das Ausbleiben einer alltäglichen oder epochalen Veränderung wegen einer bestimmten Wahrheit durch das Zusammenspiel ihrer Kraft und der Subjektivität erklärt, auf die sie einwirkt. Wahrheiten, die mühelos mit den bereits auf das Subjekt einwirkenden oder eingewirkt habenden Wahrheiten vereinbar sind, werden kaum Erschütterungen auslösen. Eine Wahrheit dagegen, die die bisher vertraute Ordnung des Subjekts fundamental in Frage stellt, wird gravierende Änderungen zur Folge haben, wenn sie sich

84 Was nicht heißt, dass es nicht gegenwärtig erstarkende politische Bewegungen gibt, die diese alte Polizeiordnung wieder einführen wollen: vgl. Sabine Hark, Paula-Irene Villa (Hg.), *Anti-Genderismus. Sexualität und Geschlecht als Schauplätze aktueller politischer Auseinandersetzungen*, Bielefeld 2015; Eva von Redecker, »Anti-Genderismus and Right-Wing Hegemony«, in: *Radical Philosophy* 198 (2016), S. 2-7. – Zur Unverständlichkeit historisch vergangener Wahrheitsregime siehe Abschnitt 5.2.2.

85 Vgl. Laurie A. Paul, *Transformative Experience*, Oxford 2014.

nicht abweisen lässt. Der Vorteil dieser Erklärungsreihenfolge ist erstens, dass es im Alltag oft unscheinbare, für andere Menschen geradezu belanglose Wahrheiten sind, die auf Einzelne eine stark disruptive Kraft ausüben.[86] Zweitens hängt die Eigenschaft der Kraft der Wahrheit, historisch disruptiv zu sein, an ihrer konstitutiven Entgegensetzung zum Falschen: Wahrheit als Kraft ist agonal, insofern sie stets die Welt polarisiert in das ihr Entsprechende und das ihr nicht Entsprechende. Jeder Wahrheit ist ihre ureigene Falschheit mitgegeben; Wahrheit als Kraft wirkt mit dieser Aufteilung auf die Subjektivitäten ein, die ihr ausgesetzt sind. Wenn Wahrheit mit ihrer agonalen Aufteilung der Welt in wahr und falsch auf die Subjekte einwirkt, dann muss ihre Kraft in dem Maße historisch disruptive Effekte zeitigen, in dem diese Aufteilung noch keinen Platz innerhalb der Subjektivitäten hatte.

Wenn wir akzeptieren, dass Wahrheit als Kraft sich auch dadurch auszeichnet, dass sie einen historisch disruptiven Sperrklinkeneffekt hat, da ihre Wirkung auf die Subjektivitäten aufgrund ihrer agonalen Aufteilung der Welt in wahr und falsch so erfolgt, dass die betroffenen Subjekte anschließend nur mit großer Mühe noch dieselbe Perspektive einnehmen können wie ehemals, dann können wir an dieser Stelle einen Gedanken einholen, den ich bereits in der Einleitung angesprochen hatte. Was am Verständnis von Wahrheit als Kraft irritiert, so hatte ich dort gesagt, ist (unter anderem) eine falsch anmutende Reihenfolge, weil Wahrheit als Kraft einer prekären Aufteilung der Welt erst entspringen soll, deren Kriterium sie doch sein müsste und der sie insofern vorhergehen müsste. Dank der Beschreibung der komparativ schwachen, prekär emergenten Kraft der Wahrheit, die historisch disruptiv und exklusiv auf Subjektivitäten wirkt, können wir diese scheinbare Verwechslung von Ursache und Wirkung nun aufklären. Die prekären, spannungsgeladenen Konfigurationen, aus denen die Wahrheit als komparativ schwache Kraft emergiert, scheinen deshalb bereits gemäß dieser Wahrheit aufgeteilt zu sein, weil die Wahrheit so auf die Subjektivi-

86 Man könnte beispielsweise an William Stoners Erweckungserlebnis durch Archer Sloanes Einführungskurs in die englische Poesie denken (in John Williams, *Stoner*, München 2014, S. 18-21), in dem einige Sätze von Sloane Stoners weiteres Leben auf eine völlig neue Bahn setzen, alle anderen jedoch kaltlassen. Vgl. dazu ausführlich Frieder Vogelmann, »Sokrates in Missouri«, in: *WestEnd. Neue Zeitschrift für Sozialforschung* 12 (2015), S. 123-134.

täten wirkt, dass diese Konfiguration nachträglich betrachtet nur die Wahrheit hervorbringt, nach der sie bereits organisiert ist. Die Subjekte können kaum (nicht: überhaupt nicht!) anders, als nach der Emergenz der Wahrheit diese schon in der Konfiguration selbst zu entdecken. Wahrheit als Kraft ist auch in diesem Sinne historisch disruptiv, dass sie ihren eigenen Ursprung fortwährend verdeckt, so dass sie ewig zu sein scheint. All ihrer Schwäche im Vergleich mit anderen Kräften zum Trotz liegt in diesem Sperrklinkeneffekt eine besondere Stärke: Sie ist dank ihrer historisch disruptiven Veränderung von Subjektivitäten selbstvalidierend. Nachträglich gesehen wäre jede Alternative zu *dieser* Konfiguration falsch – nicht weil sie die einzig wahre ist, sondern weil die aus ihr emergierende Wahrheit sie alternativlos erscheinen lässt. So konserviert, ja verteidigt Wahrheit als Kraft jene prekäre Konfiguration, der sie entstammt.

Indem ich die Kraft der Wahrheit durch vier Merkmale – sie emergiert aus prekären Konfigurationen, sie ist komparativ schwach, sie wirkt exklusiv auf Subjektivitäten und sie ist historisch disruptiv – beschrieben habe, sind bereits einige Unterscheidungen zu anderen Kräften zur Sprache gekommen. Dass Wahrheit direkt *nur* auf Subjektivitäten wirkt, unterscheidet sie beispielsweise von der Kraft physischer Gewalt oder der Kraft von Affekten, die *auch* direkt mit Körpern interagiert. Es mag verlockend erscheinen, solche Differenzen zu systematisieren, um eine Tafel der verschiedenen Kräfte aufzustellen, die diesem Gedankengang zufolge als Ontologie meinen Ausführungen zugrunde liegen müsste. Diesen Weg werde ich *nicht* gehen. Es würde bedeuten, aus dem angebotenen Verständnis von Wahrheit als Kraft eine Metaphysik zu machen, die säuberlich auflistet, welche Kräfte existieren. Doch mit welchem Recht? Betrachten wir noch einmal den Status dieser Überlegungen, der sich aus dem Ort ergibt, den sie in der vorliegenden Arbeit innehaben. Das Verständnis von Wahrheit als Kraft ergibt sich einerseits aus den im zweiten Teil vorgestellten programmatischen Studien, die einen Begriff von Wissen voraussetzen, der neben der Wahrheit auch die eigenständig selbstformende Wirksamkeit von Wissen mitberücksichtigt, und die deshalb eine Erläuterung notwendig machen, wie Wahrheit zugleich plural und agonal zu verstehen ist. Andererseits habe ich mein Verständnis von Wahrheit als Kraft durch den Hinweis motiviert, dass es ohnehin mindestens zwei prominente Modelle gibt, die eine solche Perspektive auf Wahrheit nahelegen, selbst wenn sie sie kaum je explizit machen: das Modell von Wahrheit als assertorischer Kraft und das Modell von Wahrheit als rhetorischer Kraft. Keiner der beiden Wege, die mich zum Verständnis von Wahrheit als Kraft geführt haben, verlangt nach einer Ontologie, deren epistemischer Status hochgradig fragwürdig wäre. Was sie fordern, sind konzeptuelle Differenzierungen, so dass der Begriff der Wahrheit distinkt bleibt. Dazu haben die anhand der vier Merkmale markierten Unterschiede etwa zur Kraft von Affekten oder physischer Gewalt beigetragen. Nachzuholen ist »nur noch« die Unterscheidung zwischen meinem Verständnis von Wahrheit als Kraft und der Kraft der Rede.

Was das rhetorische Modell betrifft, hatten wir gesehen, dass Hetzel die Rede als jene Kraft bestimmt, »die Welt und Bewusstsein [...] voneinander trennt und damit allererst aufeinander bezieht« (WR, S. 69). Die Kraft der Wahrheit setzt diese Trennung von Welt und Subjektivität (oder Bewusstsein) voraus – sie emergiert ja aus prekären Konfigurationen der Welt, in der es bereits Subjektivitäten gibt. Die rhetorische Kraft der Rede liegt insofern vor der Wahrheit. So unterscheiden sich beide Kräfte mindestens durch ihren Ursprung, denn die Rede ist nicht emergent. Hetzels Charakterisierung der Rede durch ihre Negativität, die wir bereits oben kennengelernt haben, ist in dieser Hinsicht relevant, weil sie jede Relationalität zu anderem als sich selbst zurückweist.

> In ihrer Wirksamkeit lässt sich Rede nicht reduktionistisch erklären, nicht auf ihr vorgängige mentale Instanzen, soziale Institutionen oder gar physikalische Tatsachen zurückführen, die dann als Ursachen ihrer Wirksamkeit fungieren würden. In einer gewissen Hinsicht ist Rede nichts anderes als die sich verkörpernde Abwesenheit des Grundes im Subjekt, im Sozialen und in der Welt. (WR, S. 10)

Wahrheit als emergente Kraft zu bestimmen, bedeutet aber, dass sie aus anderem hervorgeht, selbst wenn sie nicht auf anderes reduzierbar ist. Die Kraft der Rede ist Hetzel zufolge die Performativität einer Kontingenz, die sich als Negativität des Seins zeigt und insofern tatsächlich ontologischen Charakter hat. Die Kraft der Wahrheit ist meinen Überlegungen zufolge eine distinkte Kraft, die aus prekären Konfigurationen einer bereits durch die Rede erschlossenen Welt emergiert.

Die zentrale Differenz im Ursprung beider Kräfte zu sehen, bedeutet nicht, dass sie in den drei anderen Merkmalen übereinstimmen. Traditionell wird der Rhetorik eine stärkere Kraft als der Wahrheit zugeschrieben, sie wäre also vergleichsweise stark gegenüber der schwachen Kraft der Wahrheit. Und obgleich wir wohl annehmen dürfen, dass auch die Wirksamkeit der Rede auf Subjektivität beschränkt ist, ist der historische disruptive Sperrklinkeneffekt keine notwendige Wirkung der Rede, da sie nicht zwangsläufig mit der polarisierenden Spannung zwischen wahr und falsch operiert.

Diese Differenzierung, die ich vollständig in krafttheoretischem Vokabular gegeben habe, erlaubt jene in der Einleitung bereits angesprochene und vermutlich meinen Leser*innen stets präsente Sorge zu zerstreuen, die Wahrheit sei meinem Verständnis nach nichts anderes als rhetorische Überwältigung, sprich: Überredung. Die Kraft der Rede überzeugt dort, wo sie Teil einer prekären Konfiguration ist, aus der Wahrheit emergiert; sie überredet, insofern die Emergenz von Wahrheit scheitert und die Rede einspringt, um die Kraft der Wahrheit zu ersetzen. Diese prekären Konfigurationen können die vertraute Form einer (formal)logischen Argumentation annehmen, die jedoch stets über diese sprachlichen Elemente hinausgeht. Wie jede*r weiß, bedarf die Emergenz von Wahrheit aus logisch korrekten Argumenten einer sorgfältig eingerichteten Situation, in der nicht Affekte, Gewalt oder andere Kräfte die Emergenz von Wahrheit von Anfang an verhindern oder überlagern. In Kapitel 4 hatten wir gesehen, dass die Philosophie versucht, mit teils unangemessen rabiaten Methoden solche prekären Konfigurationen zu schaffen, indem sie mithilfe von Exklusionstechniken gegen all das vorgeht, was sie (ob zutreffend oder nicht) als Bedrohung der komparativ schwachen Kraft der Wahrheit versteht.

Dagegen einzuwenden, die Wahrheit könne ausschließlich aus einer korrekten Argumentation emergieren, verkennt genau diese Bedingungen an die prekäre Konfiguration. Sie verwechselt das nachvollziehbare, wenngleich graue Ansinnen, alle Situationen sollten so gestaltet sein, dass die komparativ schwache Kraft der Wahrheit in ihr emergieren und sichtbare Auswirkungen zeitigen könne, mit der Realität, in der wir diese Konfiguration nicht einfach vorfinden.[87]

87 Die Erwartung mag auch deshalb so stark sein, weil wir so große Fortschritte dabei gemacht haben, die Welt auf spezifische Weise wahrheitsresponsiv zu gestal-

Treten wir nochmal einen Schritt zurück und blicken auf den Argumentationsgang bis hierher, so war das Verständnis von Wahrheit als Kraft notwendig geworden, um die in Teil II in allen drei vorweggenommenen Anwendungsbeispielen von eigenständig selbstformend wirksamem Wissen geforderte Bedingung zu erfüllen, Wahrheit zugleich als plural und agonal verstehen zu können. Mit den drei Modellen der assertorischen, der rhetorischen und der emergenten Kraft ist deutlich geworden, was es überhaupt bedeuten kann, Wahrheit als Kraft zu denken. Im Zuge meiner Erläuterung von Wahrheit als aus prekären Konfigurationen emergierender, komparativ schwacher und exklusiv auf Subjektivitäten einwirkender, historisch disruptiver Kraft habe ich einerseits gezeigt, inwiefern sich Wahrheit von anderen Kräften – Affekten, physischer Gewalt oder Rhetorik – unterscheiden lässt und warum sie andererseits aufgrund ihrer Schwäche häufig von diesen überlagert und daher leicht verwechselt wird. Die Veränderungen, die sie auf historisch disruptive Weise über die Polarität einer Aufteilung der Welt in wahr und falsch an der Subjektivität vornimmt und die selbstverstärkend diese Aufteilung retrospektiv zum Ursprung von Wahrheit verklären, liefern darüber hinaus den Grund, warum Wahrheit als Kraft trotz ihrer Schwäche so begehrt ist. Die Polarisierung, die Wahrheit befördert, ist ein erster Hinweis auf ihre konstitutive Agonalität. Sie lässt sich genauer erläutern, wenn wir das Verständnis von Wahrheit als Kraft ins Verhältnis zu drei prominenten Wahrheitstheorien setzen. Dann wird auch die im Kraftbegriff enthaltene Vorstellung von Pluralität sichtbar werden.

ten, etwa durch die Verwissenschaftlichung der Welt, gedeutet als Umgestaltung der Welt derart, dass die im Labor hergestellten Phänomene hinreichend laborähnliche Bedingungen vorfinden, um sich außerhalb der Labore zu verbreiten und vermehren. Vgl. Bruno Latour, »Give Me a Laboratory and I Will Raise the World«, in: Karin Knorr-Cetina, Michael Mulkay (Hg.), *Science Observed. Perspectives on the Social Study of Science*, London 1983, S. 141-170; Rouse, *Knowledge and Power*, S. 101-125.

## 7.3 Wahrheitstheorien im Verständnis von Wahrheit als Kraft

Wahrheit als Kraft über ihre Emergenz aus prekären Konfigurationen, ihre exklusive Wirkung auf Subjektivitäten, ihre komparative Schwäche und ihren historisch disruptiven Sperrklinkeneffekt zu beschreiben und von anderen Kräften abzugrenzen, antwortet erkennbar nicht auf die Fragen, die in den (analytischen) Diskussionen über Wahrheitstheorien so gerne über Fluss- oder Baumdiagramme visualisiert werden: Hat Wahrheit ein Wesen? Falls nicht, ist sie irgendeine Art von Eigenschaft? Falls ja, ist sie eine relationale Eigenschaft? Von Sätzen oder Propositionen?[88] Das Verständnis von Wahrheit als Kraft liefert keine Antworten darauf, aber es kann durch Wahrheitstheorien konkretisiert werden. »Wahrheit als Kraft« ist insofern ein philosophisches Bild von Wahrheit. Indem ich drei mögliche Konkretionen anhand von drei Wahrheitstheorien – besser: Wahrheitstheoriefamilien – darstelle, möchte ich erstens zeigen, dass Wahrheit als Kraft nicht so weit entfernt ist von unseren »alltäglichen« philosophischen Überlegungen zu Wahrheit, wie es nach dem vorhergehenden Abschnitt scheinen mag. Zweitens kann ich so belegen, dass ein Verständnis von Wahrheit als Kraft uns genauso wenig auf eine spezifische Wahrheitstheorie festlegt wie beispielsweise die traditionelle Definition von Wissen als »wahre gerechtfertigte Überzeugung«, so dass wir uns mit »Wahrheit als Kraft« auf dem richtigen theoretischen Abstraktionsniveau bewegen.[89]

Dazu werde ich in den kurzen Diskussionen der ersten beiden Wahrheitstheorien – Korrespondenz (7.3.1) und Kohärenz (7.3.2) – jeweils zunächst anhand einer relativ simplen Variante ihre Grundidee verdeutlichen. Im Anschluss demonstriere ich dann, inwiefern eine materialistische Interpretation ihrer Grundidee sie bereits so

88 Vgl. Wolfgang Künne, *Conceptions of Truth*, Oxford 2005, S. 3, 13, 15 und 21; Michael P. Lynch, »Introduction: The Mystery of Truth«, in: Michael P. Lynch (Hg.), *The Nature of Truth. Classic and Contemporary Perspectives*, Cambridge/MA, London 2001, S. 1-6, hier S. 4.

89 Die Tatsache, dass ich mich keiner der vorgestellten Wahrheitstheorien anschließe, ist also dem Umstand geschuldet, dass die weitere Argumentation des Buches es nicht erfordert. Sie drückt kein Urteil darüber aus, ob diese Theorien haltbar sind oder nicht.

nahe an ein Verständnis von Wahrheit als Kraft rückt, dass es nur einer wenig aufsehenerregenden Neubeschreibung bedarf, um zu sehen, inwiefern sie eine spezifische Ausformung der vier Eigenschaften prekäre Emergenz, exklusive Wirkung auf Subjektivitäten, komparative Schwäche und historische Disruptivität liefern, über die wir Wahrheit als Kraft definiert haben. Ich schließe jeweils mit einer kurzen Reflexion auf die Distanz zwischen einer krafttheoretischen Fassung von Korrespondenz und Kohärenz einerseits sowie ihren gebräuchlicheren Versionen andererseits.

Die Diskussion von Heideggers Wahrheitsbegriff (7.3.3) geht etwas darüber hinaus. Zwar interessiert mich auch in diesem Fall, wie nahe Heideggers Begriff der Unverborgenheit (*aletheia*) dem Verständnis von Wahrheit als Kraft kommt, doch möchte ich vor allem Ernst Tugendhats Kritik daran nutzen, um zumindest knapp auf die wichtige Frage einzugehen, wie wir Falschheit im Verständnis von Wahrheit als Kraft konzipieren können.

### 7.3.1 Korrespondenz

Die wohl bekannteste Wahrheitstheoriefamilie bestimmt Wahrheit als Übereinstimmung und weiß sich darin mit weiten Teilen der philosophischen Tradition einig. Schon Aristoteles lässt sich korrespondenztheoretisch deuten, wenn er schreibt: »Zu sagen nämlich, das Seiende sei nicht oder das Nicht-Seiende sei, ist falsch, dagegen zu sagen, das Seiende sei oder das Nicht-Seiende sei nicht, ist wahr.«[90] Wahrheit ist eine Entsprechung zwischen unseren Sätzen (was wir sagen) und der Wirklichkeit (wie es ist). Diese kaum von der Hand zu weisende, wenngleich schwer auszubuchstabierende Vorstellung von Wahrheit scheint denkbar weit entfernt vom oben erläuterten Verständnis von Wahrheit als Kraft zu sein. Doch dieser Eindruck hängt an der philosophischen Erläuterung der Wahrheitsrelation »Korrespondenz« sowie ihrer beiden Relata, den Wahrheitswertträgern (*truth bearers*), also wovon Wahrheit eine Eigenschaft ist, und den Wahrmachern (*truth makers*), das heißt welche Entität die Wahrheitswertträger wahr oder falsch sein lässt.

90 Aristoteles, *Metaphysik. Philosophische Schriften in sechs Bänden*, Hamburg 1995, 1011b.

Bertrand Russells bestechend klare, wenngleich umstrittene Version der Korrespondenztheorie liefert eine paradigmatische Verdeutlichung, die tatsächlich nicht mit dem Verständnis von Wahrheit als Kraft in Übereinstimmung zu bringen ist.[91] Russell bestimmt die drei notwendigen Elemente jeder Korrespondenztheorie ausgehend von drei Bedingungen, die er an jede Wahrheitstheorie gestellt sieht: Erstens muss Wahrheit so erläutert werden, dass zugleich ihr Gegenteil, Falschheit, verständlich wird. Zweitens sind Wahrheit und Falschheit nichtmateriell, nämlich Eigenschaften von Meinungen und Aussagen, die in einem rein materiellen Universum nicht vorkämen.[92] Drittens hängt die Wahrheit oder Falschheit von Aussagen oder Meinungen von dieser materiellen Welt ab, das heißt von etwas anderem als Meinungen oder Aussagen.

Wahrheitswertträger sind also Meinungen oder Aussagen, die Russell als nichtmaterielle Entitäten der materiellen Welt entgegensetzt. Die Meinung eines Subjekts – Russells Beispiel ist »Othello glaubt, daß Desdemona den Cassio liebt«[93] – entsteht durch einen »Akt des Glaubens oder Urteilens«,[94] der die verschiedenen »Objektglieder« (Desdemona, Cassio) und die Objektbeziehung (lieben) in der Beziehung des Fürwahrhaltens oder Glaubens vereint. Dabei fällt auf, dass in dieser Glaubensbeziehung bereits eine komplexe Einheit durch die Objektbeziehung und die Objektglieder gebildet wird (Desdemona liebt den Cassio). »Eine Meinung (bzw. ein Urteil oder ein Glaube) ist also *wahr*, wenn sie einem gewissen zu ihr gehörenden Komplex *korrespondiert*, und *falsch*, wenn sie das nicht tut.«[95] Die Tatsache muss in diesem Fall genauso gegliedert sein, wie die Objektbeziehung in der Meinung es vorgibt. Korrespondenz als Wahrheitsrelation erläutert Russell demnach als

91 Ich beziehe mich auf Bertrand Russell, »Wahrheit und Falschheit«, in: Gunnar Skirbekk (Hg.), *Wahrheitstheorien. Eine Auswahl aus den Diskussionen über Wahrheit im 20. Jahrhundert*, Frankfurt/M. 1977, S. 63-72, auch wenn das seiner fortwährenden Verfeinerung der eigenen Position nicht ganz gerecht wird.

92 »Wenn wir uns eine bloß materielle Welt vorstellen, dann gibt es keinen Platz für die Falschheit in dieser Welt. Sie würde zwar das enthalten, was wir ›Tatsachen‹ nennen, aber es gäbe in ihr keine Wahrheiten in dem Sinne, in dem Wahrheiten dieselbe Art von Dingen sind wie Falschheiten.« (Ebd., S. 64.)

93 Ebd., S. 71.

94 Ebd., S. 69.

95 Ebd., S. 71.

Isomorphismus zwischen komplexen Einheiten, die als Objektbeziehungen in Meinungen (Wahrheitswertträger) und als Tatsachen in der Welt (Wahrmacher) existieren.

Russells Theorie hat eine Reihe gravierender (und bekannter) Probleme,[96] die uns hier nicht weiter bekümmern müssen. Hinweisen aber möchte ich auf die starke Annahme einer ontologischen Kluft zwischen der materiellen Welt und den Meinungen oder Aussagen der wissenden Subjekte. Sie verführt nicht nur dazu, dem Skeptizismus als Schreckgespenst der Epistemologie zu viel Dringlichkeit zuzubilligen, sie verschuldet auch die Schwierigkeit, Meinungen oder Aussagen nichtmateriell bestimmen zu müssen, ohne in plumpe Dualismen zurückzufallen.

Doch Korrespondenztheorien sind nicht auf idealistische Voraussetzungen angewiesen, und sobald sie sich davon lösen, rücken sie deutlich näher an ein Verständnis von Wahrheit als Kraft heran. Max Horkheimers Überlegungen zur Wahrheit liefern dafür ein geeignetes Beispiel – nicht weil sie so überzeugend oder auch nur ausreichend ausgearbeitet wären (das sind sie, wie wir in Kapitel 2.2 gesehen haben, gerade nicht), sondern weil sie in den entscheidenden Punkten genauso klar formuliert sind wie Russells Auffassung.

Horkheimer widmet seine Aufmerksamkeit weniger den Wahrheitswertträgern, die er unbestimmt als Denken, Hypothesen und Theorien anspricht; er geht konventionell davon aus, dass Wahrheit eine Eigenschaft von sprachlich formulierbarem propositionalem Gehalt ist.[97] Im Zentrum steht vielmehr die Wahrheitsrelation. Hielt Russell diese für insofern trivial, als eine wahre Meinung eine komplex gegliederte Einheit enthält, die isomorph zu einer materiellen Tatsache ist und deshalb von einer »Korrespondenz« zwischen

96 Der wichtigste Einwand stammt von Austin: »Um wahr zu sein, braucht eine Aussage die ›Multiplizität‹ etwa oder die ›Struktur‹ bzw. ›Form‹ der Wirklichkeit ebensowenig zu reproduzieren, wie ein Wort das Echo oder etwas Geschriebenes der bildliche Abklatsch von etwas anderem zu sein braucht. Vertritt man aber diese Annahme, so bedeutet das einen erneuten Rückfall in den Irrtum, die Merkmale der Sprache in die Welt hineinzulesen.« (John L. Austin, »Wahrheit«, in: Gunnar Skirbekk (Hg.), *Wahrheitstheorien. Eine Auswahl aus den Diskussionen über Wahrheit im 20. Jahrhundert*, Frankfurt/M. 1977, S. 226-245, hier S. 232.) Zu weiteren Einwänden vgl. Künne, *Conceptions of Truth*, S. 121-126, sowie Kapitel 3.3.

97 Vgl. Amos Schmidt, *Materialismus zwischen Metaphysik und Positivismus. Max Horkheimers Frühwerk, Darstellung und Kritik*, Opladen 1993, S. 319.

Meinung und Tatsache gesprochen werden kann, geht Horkheimer mit allen Wahrheitstheorien hart ins Gericht, die »Übereinstimmung« als solch eine stabile Relation auffassen, da sie letztlich den eigenen Begriff nicht ernst nähmen:

> Die Übereinstimmung ist ja weder nur ein Faktum, eine unmittelbare Tatsache, als die sie in der Evidenz- und Intuitionslehre und der Mystik erscheint, noch kommt sie in der reinen Sphäre geistiger Immanenz zustande, wie es in der metaphysischen Legende Hegels aussieht, stets wird sie vielmehr durch reale Vorgänge, durch menschliche Aktivität hergestellt.[98]

»Übereinstimmung« oder »Korrespondenz« ist als Praxis auszulegen – und damit ist nicht vom individuellen Handeln eines a-sozialen Subjekts die Rede, das nur in den von jeder Wirklichkeit unbelasteten Beispielen der Erkenntnistheorie auftritt. Wie Horkheimer an anderer Stelle polemisch, aber treffend schreibt, vollzieht sich die »Beziehung von Hypothesen auf Tatsachen [...] schließlich nicht im Kopf der Gelehrten, sondern in der Industrie« (TkT, S. 170). Zudem verdrängt eine gesellschaftstheoretisch naive erkenntnistheoretische Deutung von Korrespondenz, dass nicht nur das Individuum »gesellschaftlich präformiert« (TkT, S. 174) ist. Auch die auf es einstürmenden Tatsachen bestehen nicht unabhängig von der Gesellschaft und tragen in sich deren Spuren – die in der Philosophie so beliebten Tische genauso wie die auf den Matten schlafenden Katzen. Wahrheit als Überstimmung resultiert, mit anderen Worten, aus einer sozialen Praxis; Korrespondenz ist eine Errungenschaft, keine unmittelbar vorfindbare oder abwesende Tatsache.

Neben der Wahrheitsrelation weichen auch Horkheimers Wahrmacher von Russells materiellen, in sich komplex gegliederten Tatsachen ab. Anhand des Begriffs der »Bewährung« argumentiert Horkheimer, dass die Vorstellung von Korrespondenz als gesellschaftlicher Praxis die Wahrheitstheorie des unabgeschlossenen Materialismus (so nennt er seine Position in »Zum Problem der Wahrheit«) zwar in die Nähe pragmatistischer Theorien zu rücken scheint. Doch dieser Eindruck sei falsch und lasse sich mit Blick auf die Bewährung schnell zerstreuen, da seine Wahrheitstheorie den Kurzschluss des Pragmatismus vermeiden könne, die Bewäh-

98 Horkheimer, »Zum Problem der Wahrheit«, S. 292 f.

rung von Wahrheit als Erfolg in der Praxis zu verstehen.[99] »Bewährung« als »Erfolg« zu bestimmen bedeute, so Horkheimers Kritik, eine harmonistische Wirklichkeit vorauszusetzen, die der Wahrheit entgegenkomme, anstatt korrekterweise von einer konflikthaft verfassten Realität auszugehen.[100] Bewährung von in der Praxis hergestellter Korrespondenz müsse als emanzipatorisches Vorantreiben von Geschichte verstanden werden. Wahrheiten blieben auch dann gültig, wenn ihre Bewährung deshalb ausbleibe, weil der historische Prozess durch reaktionäre Kräfte gehemmt oder verhindert werde. Gerade in solchen Fällen sei »[u]nbeirrbare Treue«[101] zur Wahrheit verlangt, nicht Anpassung an jene Überzeugungen, deren momentaner Erfolg mit Wahrheit verwechselt würde. Was den Wahrheitswertträgern in der sozialen Praxis der Übereinstimmung ihre je spezifischen Wahrheitswerte verleiht und im nüchternen Vokabular der Wahrheitstheorien als Wahrmacher zu bezeichnen wäre, ist bei Horkheimer also die Geschichte.

Wie schon in Kapitel 2 bemerkt, gelingt es Horkheimer nicht, diese Korrespondenztheorie der Wahrheit auszuarbeiten, was angesichts der geschichtsphilosophischen Begründungslasten, die seine Überlegungen zur Bewährung durch die Geschichte ihr aufbürden, kaum überraschen kann. Sie in dieser Fassung zu retten, ist aussichtslos. Doch so viel müssen wir uns ohnehin nicht vornehmen, um an einigen weniger schwer verdaulichen Gedanken Horkheimers anknüpfend zu erläutern, inwiefern eine materialistische

99 Inwiefern Horkheimer hier nur eine Karikatur des Pragmatismus kritisiert, ist oft diskutiert worden. Heute werden eher die Gemeinsamkeiten herausgestellt (z. B. Hauke Brunkhorst, *Kritik und kritische Theorie*, Baden-Baden 2014, Kapitel 2; Richard J. Bernstein, *The Pragmatic Turn*, Cambridge/UK 2010, S. 23-25; Andreas Hetzel, »Zum Vorrang der Praxis. Berührungspunkte zwischen Pragmatismus und kritischer Theorie«, in: Andreas Hetzel u. a. (Hg.), *Pragmatismus – Philosophie der Zukunft?*, Weilerswist 2008, S. 17-57) als die Unterschiede betont (aus pragmatistischer Sicht z. B. Roberto Frega, »Between Pragmatism and Critical Theory. Social Philosophy Today«, in: *Human Studies* 37 (2014), S. 57-82; aus Sicht der Kritischen Theorie etwa Michael J. Thompson, *The Domestication of Critical Theory*, London 2016, Kapitel 2).

100 »Die Wahrheit ist ein Moment der richtigen Praxis; wer sie jedoch unmittelbar mit dem Erfolg identifiziert, überspringt die Geschichte und macht sich zum Apologeten der je herrschenden Wirklichkeit; die unaufhebbare Differenz von Begriff und Realität verkennend, kehrt er zu Idealismus, Spiritismus und Mystizismus zurück.« (Horkheimer, »Zum Problem der Wahrheit«, S. 305.)

101 Ebd., S. 304.

Deutung von Korrespondenz als soziale Praxis das Verständnis von Wahrheit als Kraft zu konkretisieren erlaubt. Schon der Grundzug, die Wahrheitsrelation als soziale Praxis zu fassen, zeigt, wie sich die Emergenz von Wahrheit aus prekären Konfigurationen als Aufschein von Übereinstimmung erläutern lässt. Korrespondenz ist die subjektive Erfahrung der Kraft namens Wahrheit, die in sozialen Praktiken hergestellt wird, indem die beteiligen Elemente in eine sorgfältig orchestrierte Konfiguration gebracht werden. Die Wahrmacher müssen dann nicht mit Horkheimer als Geschichte, und schon gar nicht als deren »richtiger Verlauf« gefasst werden, sondern sind schlicht jene für die prekäre Konfiguration notwendigen Elemente, wie sie in den drei Beispielen der Gerichtspraktiken, der Wissenschaft und der Politik beschrieben wurden. Dass die aus diesen sozialen Praktiken emergierende Kraft als Übereinstimmung erlebt wird, verweist bereits auf die Tatsache, dass diese Kraft auf Subjektivitäten zielt. Ihr historisch disruptiver Sperrklinkeneffekt lässt sich so begreifen, dass es uns nicht ohne weiteres (bzw. oftmals gar nicht) möglich ist, hinter diese Wirkung der als Korrespondenz erlebten Kraft der Wahrheit zurückzugehen, da sie das gesamte Gewicht der sozialen Praxis hinter sich hat, aus der sie emergiert. Sie gleichwohl als komparativ schwach anzusehen, markiert jedoch, dass andere Kräfte diese Praxis leicht durchkreuzen oder überformen können.

Die Distanz dieser im Verständnis von Wahrheit als Kraft sich bewegenden Korrespondenztheorie von der Russells ist beträchtlich, und sie verschwindet nicht, wenn wir stattdessen andere zeitgenössische Varianten betrachten.[102] Doch sowohl die an Horkheimer orientierte Konkretion von Wahrheit als Kraft als auch neuere heterodoxe Varianten einer Korrespondenztheorie der Wahrheit, zu denen ich beispielsweise Latours Erläuterung der in Referenzketten zirkulierenden Wahrheit zähle, bleiben als Wahrheitstheorien erkennbar, deren Zentrum die Vorstellung der Übereinstimmung ist.[103] Meine krafttheoretische Umdeutung demonstriert vor allem, dass dem Verständnis von Wahrheit als Kraft materialistische Kor-

102 Vgl. z. B. Joshua Rasmussen, *Defending the Correspondence Theory of Truth*, Cambridge 2014; William P. Alston, »A Realist Conception of Truth«, in: Michael P. Lynch (Hg.), *The Nature of Truth. Classic and Contemporary Perspectives*, Cambridge/MA, London 2001, S. 41-66.

103 Vgl. Latour, *Die Hoffnung der Pandora*, Kapitel 2, bes. S. 84-90.

respondenztheorien entgegenkommen, besteht doch die größte Distanz zu Russells klassischer Vorstellung von Korrespondenz in dem tief in seine Begrifflichkeiten eingewobenen Anti-Materialismus und Individualismus.

### 7.3.2 Kohärenz

Liegen schon Russell und Horkheimer innerhalb der Korrespondenztheorie so weit auseinander, dass man sich fragen mag, ob Horkheimers Überlegungen wirklich in diese Theoriefamilie fallen,[104] so verschärft sich das Problem noch zwischen den Wahrheitstheorien, die unter dem Schlagwort »Kohärenz« zusammengefasst werden. Denn dazu werden in der (analytisch dominierten) Diskussion nicht nur die Wahrheitstheorien von Hegel und den britischen Idealisten wie Francis H. Bradley oder Harold H. Joachim gezählt, sondern auch von W. V. O. Quine, Donald Davidson oder Hilary Putnam, und Linda Martín Alcoff sieht darüber hinaus Hans-Georg Gadamer und Michel Foucault als Vertreter von kohärenztheoretischen Wahrheitsbegriffen. Tatsächlich scheint mir Alcoffs Beobachtung zutreffend, dass der (vorübergegangene?) Aufschwung von Kohärenztheorien in der Epistemologie bzw. der kontinentalen Philosophie in der zweiten Hälfte des 20. Jahrhunderts dem Bemühen geschuldet ist, ein philosophisches Bild auszuarbeiten, das ohne den ontologischen Dualismus auskommt, den wir in Russells Gegenüberstellung materieller Tatsachen und immaterieller Meinungen oder Aussagen gesehen haben (vgl. RK, S. 5-11). In Alcoffs eigener Version, auf die ich noch zurückkomme, wird »Kohärenz« zum Namen eines Programms, das die Erkenntnistheorie vor dem eigenen Hyperrationalismus retten soll und der »wachsenden Selbsterkenntnis der eigenen politischen, historischen und sozialen Einbettung« (RK, S. 6) gerecht werden kann, ohne trotzig auf fundamentalistische Theorien zurückzufallen oder einem »epistemischen Nihilismus« (RK, S. 6) zu erliegen und Episte-

104 Warum stellen wir diese Frage eher in Bezug auf Horkheimers Theorie denn mit Bezug auf Russells? Sicherlich auch, weil Russell viel weniger Hemmungen hat, seine eigene Wahrheitstheorie so zu bezeichnen (vgl. Russell, »Wahrheit und Falschheit«, S. 66 f.), aber vor allem, weil große Teile der Philosophie sich bis heute leichter damit tun, eher – egal wie fragwürdige – ontologische Thesen zu akzeptieren als auch nur eine Prise Gesellschaftstheorie.

mologie gänzlich zu verabschieden. Es liegt an solchen komplexen Beweggründen für eine Kohärenztheorie der Wahrheit, dass diese Theoriefamilie so heterogen zusammengesetzt ist.

Die Grundidee lässt sich gleichwohl einfach fassen und scheint bereits im Wunsch auf, Dualismen wie Sprache/Natur zu überwinden: Die Wahrheitsrelation »Kohärenz« besteht, wie auch immer sie genauer erläutert wird, grundlegend zwischen Elementen, die sich nicht in ontologisch unterschiedliche Kategorien von Wahrheitswertträgern einerseits und Wahrmachern andererseits differenzieren lassen. Diese auf den ersten Blick erstaunlich weite Formulierung kann noch Kohärenztheorien wie die von Alcoff einschließen, welche die relevante Menge von Elementen, mit denen Wahrheitswertträger »kohärieren« müssen, um wahr zu sein, nicht auf Überzeugungen oder Propositionen einschränken. Freilich tun die meisten Kohärenztheorien genau das: Sie erklären Wahrheit als die Eigenschaft einer Überzeugung oder Aussage dank ihres Verhältnisses zu einer Menge anderer Überzeugungen oder Aussagen – und nicht als »Korrespondenz« in der Konfrontation von Überzeugungen und materieller Welt.[105]

Ralph Walker, der die Kohärenztheorie energisch gegen die fünf häufigsten Gegenargumente verteidigt, weist darauf hin, wie divers verschiedene Kohärenztheorien die Wahrheitsrelation ausbuchstabieren, von bloßer Konsistenz im minimalen Fall bis zur wechselseitigen Implikation im maximalen Fall.[106] Seiner Meinung nach kann eine plausible Fassung der Kohärenztheorie jedoch nicht mit der

105 Davidson bringt Korrespondenz- und Kohärenztheorien nahe zusammen, wenn er als Slogan seiner Kohärenztheorie »Korrespondenz ohne Konfrontation« (Donald Davidson, »Eine Kohärenztheorie der Wahrheit und der Erkenntnis«, in: Donald Davidson, Richard Rorty, *Wozu Wahrheit? Eine Debatte*, Frankfurt/M. 2005, S. 46-75, hier S. 47, Übersetzung modifiziert) ausgibt. Freilich hat er später Rorty darin Recht gegeben, dass er in diesem Essay etwas vorbringt, das weder das eine noch das andere ist (vgl. ebd., S. 71 f.).

106 Ralph Walker, »The Coherence Theory«, in: Michael P. Lynch (Hg.), *The Nature of Truth. Classic and Contemporary Perspectives*, Cambridge/MA, London 2001, S. 123-158, hier S. 127-143; vgl. schon Ralph Walker, *The Coherence Theory of Truth. Realism, Anti-Realism, Idealism*, London, New York 1989. Konsistenz versteht Walker als Widerspruchsfreiheit, so dass für eine kohärente Menge M gilt: Es existiert mindestens eine Aussage, die sich nicht aus M ableiten lässt. Wechselseitige Implikation meint die Bedingung an M, das für jede zwei Elemente $p$ und $q$ aus M gilt, dass $p$ aus $q$ abgeleitet werden kann und umgekehrt.

Definition der Kohärenzbeziehung beginnen, da deren Bedeutung von der spezifischen Menge der Elemente abhängt, mit denen eine Überzeugung oder eine Aussage kohärent sein muss. Die richtige Reihenfolge für eine Kohärenztheorie ist laut Walker dadurch vorgegeben, dass sie zunächst festlegen muss, wie die relevante Menge der Wahrmacher beschaffen ist, ehe sie im zweiten Schritt die Wahrheitsrelation »Kohärenz« genauer bestimmt. Das ergebe sich, wenn man verstehe, warum der vermutlich häufigste Einwand fehlgeht, wonach Kohärenztheorien daran scheitern, dass sich für jede Überzeugung oder Aussage eine Menge weiterer Überzeugungen und Aussagen finden lässt, mit denen sie kohärent ist.[107] Der Einwand basiert auf einem fatalen Missverständnis, so Walker, weil Kohärenztheorien niemals behaupten, dass eine Überzeugung oder eine Aussage mit *irgendeiner* anderen Menge von Überzeugungen oder Aussagen kohärent sein müsste, um wahr zu sein.

Kein*e Kohärenztheoretiker*in wäre je versucht gewesen zu denken, dass die Kohärenzrelation einfach zwischen Propositionen im Allgemeinen erfüllt sein muss, unabhängig davon, ob irgendjemand diese Propositionen glaubt oder einmal glauben wird, da Propositionen im Allgemeinen kaum von den Fakten zu unterscheiden sind, die ein*e Korrespondenztheoretiker*in anführt. Stattdessen behaupten Kohärenzthereotiker*innen, dass Wahrheit in der Kohärenz mit einer Menge von Überzeugungen besteht, und zwar einer sehr spezifischen Menge von Überzeugungen [...].[108]

Walker selbst gibt keine Antwort darauf, welche Überzeugungsmenge er für angemessen hält; er zählt stattdessen einige der Alternativen auf, die von den verschiedenen Fassungen der Kohärenztheorie gewählt werden. Kaum jemand dürfte ernsthaft vertreten haben, einfach die Menge individueller Überzeugungen eines einzelnen Subjekts für eine sinnvolle Bestimmung der Überzeugungsmenge zu nehmen, mit der kohärent zu sein bedeutet, die Wahrheit zu sagen. Angesichts der Inkonsistenz der Überzeugungen der meisten Menschen qualifizieren sie die Menge der Überzeugungen so, dass es die maximal kohärente Menge geteilter Überzeugungen in einer Gesellschaft oder eine Untermenge fundamentaler Überzeugungen

107 Vgl. z.B. Bertrand Russell, »On the Nature of Truth«, in: *Proceedings of the Aristotelian Society* 7 (1906), S. 28-49, hier S. 32-37.
108 Walker, »The Coherence Theory«, S. 126.

davon ist, wenn sie nicht gleich zu Idealisierungen greifen und wie Pierce die Menge jener Überzeugungen heranziehen, die am Ende eines ideal vorgestellten Forschungsprozesses stünden.

Walker beschäftigt sich jedoch vor allem mit einer anderen Einschränkung der Kohärenztheorie, die seiner Meinung nach nicht »global« für alle Wahrheiten gelten kann, sondern nur für einige. Nur als »unreine« Wahrheitstheorie sei sie akzeptabel; ausgenommen werden müssten die Wahrheiten in Bezug darauf, ob eine bestimmte Überzeugung tatsächlich von jemandem geglaubt werde. Denn wenn die Wahrheit von »Subjekt S glaubt, dass *p*« kohärenztheoretisch erläutert würde, hieße sie als »wahr« zu beurteilen nur, dass dieser Satz mit der spezifischen Überzeugungsmenge, auf die es ankäme, kohärent sei. Doch die spezifische Überzeugungsmenge lässt sich nicht ohne Rekurs darauf bestimmen, dass jemand unter diesen oder jenen Bedingungen diese Überzeugungen hat bzw. hätte – und damit droht einer »reinen« Kohärenztheorie ein fataler Regress.[109]

Es ist nicht meine Absicht, dieses Argument zu beurteilen, das stark von Annahmen über die Art und Weise bestimmt ist, in der die für eine Kohärenztheorie ausschlaggebende Überzeugungsmenge bestimmt wird, mit der kohärent zu sein für Wahrheit konstitutiv ist. Mich interessiert nur die basale Prämisse des Einwands gegen reine Kohärenztheorien, dass die Wahrheitsrelation ausschließlich in Bezug auf eine Menge von Überzeugungen definiert wird.[110] Denn wie wir von Alcoff lernen können, ist gerade dies keine notwendige Annahme: Wir können eine Kohärenztheorie der Wahrheit auch materialistisch anlegen. Nach wie vor bestimmen wir Wahrheit dabei als Kohärenz in Bezug auf eine bestimmte Menge von Elementen, die keiner ontologisch gesehen anderen Kategorie angehören als die Wahrheitswertträger, und doch können wir eine flache Ontologie in Anschlag bringen, die viel mehr Bandbreite innerhalb dieser Menge zulässt. So müssen Aussagen oder Überzeugungen mit anderen Aussagen und Überzeugungen, aber auch mit den Elementen bestimmter sozialer Praktiken vereinbar sein,

109 Ebd., S. 147-149. Solche Überlegungen leiten leicht zum Wahrheitspluralismus über. Vgl. prominent Michael P. Lynch, *Truth as One and Many*, Oxford 2009.

110 Vgl. Walker, »The Coherence Theory«, S. 125; Ralph Walker, »The Coherence Theory of Truth«, in: Michael Glanzberg (Hg.), *The Oxford Handbook of Truth*, Oxford 2018, S. 219-237, hier S. 221 f.

zu denen architektonische Formen genauso wie technische Artefakte, Naturereignisse oder Affekte gehören können. Ein immanenter Materialismus, der keine kategorialen Differenzen in der Seinsweise postuliert, wäre von Walkers Argument nicht betroffen, das im Wesentlichen durch die Wiedereinführung distinkter ontologischer Kategorien funktioniert.

Zugegeben, Alcoff selbst ist weniger eindeutig in dieser Hinsicht, da sie beispielsweise im letzten Kapitel von *Real Knowing* vorwiegend auf das Vokabular von Überzeugungen zurückgreift. Doch im Lichte etwa ihrer Foucault-Interpretation (vgl. RK, Kapitel 4, bes. S. 140), ihres Plädoyers für einen »immanenten Realismus« (RK, S. 212 f.) und ihrer ontologischen Deutung von »Kontext«, die auch nichtdiskursive Elemente einschließt, die in der diskursiven Praxis des Wahrsprechens eine Rolle spielen (vgl. RK, S. 217-220), scheint mir diese stark materialistische Interpretation vertretbar.[111]

Alcoff eröffnet demnach die Möglichkeit einer Kohärenztheorie, in der die Wahrheitsrelation »Kohärenz« gerade nicht nur zwischen einer Überzeugung oder einer Aussage X mit einer spezifischen Menge von Überzeugungen oder Aussagen M bestehen muss, damit X wahr ist. Stattdessen sind viel mehr Elemente sozialer Praktiken als »wahrheitsfähig« (*truth-eligible*) zugelassen, darunter Affekte, Fiktionen, Fähigkeiten, aber auch Gegenstände oder Teile der Natur. All dies kann und wird zu der Kohärenzmenge M gehören, mit der kohärent zu sein bedeutet, wahr zu sein.[112] Es ist klar (und nach Walkers Argument zur Abhängigkeit der Wahrheitsrelation von der Kohärenzmenge nur folgerichtig), dass Kohärenz für Alcoff damit nicht als »wechselseitige Implikation« oder als Widerspruchsfreiheit erläutert werden kann. Kohärenz ist wesentlich breiter zu verstehen, nämlich als »wechselseitige explanatorische Unterstützung«

111 Das wird bestätigt durch ihre Erwiderung auf Kritik in Linda Martín Alcoff, »Real Knowing. A Response to my Critics«, in: *Social Epistemology* 12 (1998), S. 289-305, hier S. 293 f. Dort argumentiert sie, dass beispielsweise Emotionen oder Fiktionen »wahrheitsfähig« (*truth-eligible*) sind und daher nicht aus der Menge der epistemisch signifikanten Elemente ausgeschlossen werden können, auf welche die Wahrheitsrelation »Kohärenz« angewandt wird.

112 Das ist sehr nahe an der Vorstellung von »epistemic alignments«, die Rouse (ES, Kapitel 6 und 7) in Anlehnung an Thomas E. Wartenberg, *The Forms of Power. From Domination to Transformation*, Philadelphia 1990, entwickelt. Siehe dazu auch Kapitel 8.2.

der verschiedenen Elemente, worunter beispielsweise Beziehungen der »Inferenz, Korrelation, Analogie oder sogar Ähnlichkeit« (RK, S. 5) fallen. Insofern bestimmt Alcoff Kohärenz informell als das orientierende Prinzip epistemologischer Praktiken, die lokal und kontextsensibel danach streben, relevante Konflikte in unserem Wissen angemessen aufzulösen und so Verständnis zu befördern. Alle Qualifikationen in diesem Satz sind wichtig: Kohärenz als Prinzip muss sich nicht zwangsläufig auf alle Überzeugungen und alle wahrheitsfähigen Elemente aller sozialen Praktiken erstrecken, sondern kann lokal auf einen Kontext beschränkt bleiben.[113] Kohärenz ist kontextgebunden, aber welche Grenzen dieser Kontext hat, ist selbst eine zu klärende – und möglicherweise umstrittene – Frage, die in der epistemischen Praxis und nicht vorab beantwortet werden kann (RK, S. 230). Genauso ist die Weise, wie Kohärenz hergestellt wird, nicht auf eine bestimmte eingeschränkt, unterliegt sie doch Kritik und nachträglicher Beurteilung. So mag es in bestimmten Situationen annehmbar sein, unvereinbare Elemente aus dem Kontext auszuschließen und Kohärenz durch diesen Ausschluss sicherzustellen, während es unter anderen Bedingungen gerade geboten ist, Kohärenz nicht auf diese Weise herzustellen, weil sie dann nur oberflächlich bestünde. Das ist auch jeweils davon abhängig, welche Konflikte im Wissen als relevant beurteilt werden und welche nicht. Insgesamt machen diese vier Qualifikationen deutlich, dass Kohärenz zwar das wichtigste Prinzip epistemischer Praktiken ist, aber keineswegs ihr einziges Prinzip (RK, S. 226 f.). Relevanzbeurteilungen, Einschätzungen der Reichweite von Kontexten und kritische Urteilsfähigkeit in Bezug auf die Art und Weise, in der Kohärenz hergestellt wird, gehören zu den notwendigen epistemischen Fähigkeiten, ohne die Kohärenz allein keine vernünftige Praxis ergeben kann.

Damit zieht eine gewisse Unbestimmtheit ein, die zwar gut zu Alcoffs Beschreibung von Kohärenz als »Heuristik« (RK, S. 235) passt, aber ohne weitere Ausführungen droht, die materielle Variante bloß dem Namen nach zu einer Kohärenztheorie der Wahrheit zu machen. Doch einerseits dürfte schon die knappe Zusammen-

113 Alcoff (in RK, S. 220-228) setzt die Möglichkeit lokaler Kohärenz vor allem gegen die Argumentation von Michael Williams, *Unnatural Doubts. Epistemological Realism and the Basis of Scepticism*, Oxford 1991, Kapitel 7, wonach Kohärenztheorien global sein müssen.

fassung zeigen, dass es viele Möglichkeiten gibt, die notwendigen weiteren Präzisierungen zu liefern. Andererseits möchte ich keine materialistische Kohärenztheorie der Wahrheit entwerfen oder verteidigen, sondern darauf hinweisen, wie nahe wir mit Alcoffs materialistischer Kohärenztheorie bereits an das Verständnis von Wahrheit als Kraft herangerückt sind. Auch mit Alcoff können wir die Wahrheitsrelation (Kohärenz) als soziale Praxis begreifen, aus der die Kraft namens Wahrheit emergiert und die dazu eine prekäre Konfiguration verschiedenster Elemente herstellen muss, ohne dass Wahrheit auf diese Elemente oder ihre Anordnung reduzierbar wäre. Und wiederum ist »Kohärenz« zugleich eine (seltene) Erfahrung der wissenden Subjekte;[114] Wahrheit als Kraft, konkretisiert durch »Kohärenz«, wirkt also klarerweise auf Subjektivitäten. Schwach im Vergleich zu anderen Kräften bleibt Kohärenz, schon weil sie so mühsam zu erzeugen und so leicht zu stören ist. Aber wenn sie wirkt, so richtet sie die Subjektivitäten der Wissenden auf eine Weise neu aus, dass diese nur durch eine andere Erfahrung von Kohärenz davon überzeugt werden können, sich von der alten Wahrheit zu lösen, hinter die zurück kaum ein (gewaltfreier) Weg führt. Wahrheit als Kraft kohärenztheoretisch zu verstehen bedeutet, den historisch disruptiven Sperrklinkeneffekt von Wahrheit dadurch zu erklären, dass Kohärenz aus einer sozialen Praxis emergiert, was den Blick auf die Vergangenheit verändert und nicht einfach ungeschehen gemacht werden kann.

Spätestens an dieser Stelle dürfte das Muster meiner Re-Interpretationen erkennbar sein: Je materialistischer wir herkömmliche Wahrheitstheorien deuten, desto einfacher lassen sie sich als Konkretisierungen von Wahrheit als Kraft verstehen. Das ist selbstverständlich kein Zufall, sondern unterstreicht die Gemeinsamkeit materialistischer Versuche, Wahrheit als Bestandteil dieser Welt zu verstehen, statt sie als abstrakt-unweltliche Entität den historischen, sozialen und politischen Bedingungen zu entziehen. Wahrheit als Kraft, so erkennen wir nach und nach, ist nur das philosophische Bild, innerhalb dessen die verschiedenen Versuche materialistischer Wahrheitstheorien gemeinsam artikuliert und diskutiert werden

114 »Der Wert von Kohärenz selbst, unsere Motivation, sie zu suchen, und unser gefühltes Begehren, sie zu erlangen, entwickelt sich nur, weil Kohärenz so flüchtig und instabil ist, da wir inmitten von Dissonanz und Widerspruch leben.« (RK, S. 227)

können. Das möchte ich an einem letzten Beispiel verdeutlichen, das die Diskussion der Wahrheitstheorien nochmals erweitert: Heideggers Unverborgenheit.

### 7.3.3 Unverborgenheit

Wenn das Verständnis von Wahrheit als Kraft ein philosophisches Bild ist, das den exklusiven Fokus epistemischer Praktiken auf Überzeugungen und Aussagen insofern weitet, als es sie materialistisch konzipiert und auf die epistemische Signifikanz weiterer Elemente sozialer Praktiken wie Institutionen, Affekte, Fiktionen, Fähigkeiten, Objekte oder natürliche Kräfte aufmerksam macht, dann liegt die Vermutung nahe, Wahrheit als Kraft sei besonders eng mit einer Wahrheitstheorie verwandt, die ihren Ausgang sowohl von einer Überwindung von Dualismen als auch von einer Kritik an der Reduktion von Wahrheit auf »Aussagenwahrheit« nimmt: Martin Heideggers berühmt-berüchtigter Auffassung von Wahrheit als »Entdecktheit« oder »Unverborgenheit« (*aletheia*).[115] Seine Kritik der traditionellen Idee von Wahrheit als Übereinstimmung, die ihren Sitz im Urteil hat, mag nur einen Strohmann treffen,[116] doch Heideggers Ziel ist klar: Er will zeigen, dass Aussagenwahrheit nur eine abgeleitete Form von Wahrheit ist, die auf einem ontologischen Wahrheitsbegriff basiert, den sie zugleich verdeckt. Die Wahrheit einer Aussage sei nicht ihre Übereinstimmung, sondern ihr »Entdeckend-Sein«:

> Die Aussage ist wahr, bedeutet: sie entdeckt das Seiende an ihm selbst. Sie sagt aus, sie zeigt auf, sie »läßt sehen« (ἀπόφανσις) das Seiende in seiner Entdecktheit. Wahrsein (Wahrheit) der Aussage muß verstanden werden als entdeckend-sein.[117]

Von dieser Überlegung ausgehend bestimmt Heidegger Wahrheit als Existenzial, das heißt als fundamentalontologische Seinsverfassung des Daseins.[118] Wahrheit sei als eine Weise des In-der-Welt-

115 Vgl. Heidegger, *Sein und Zeit*, § 44, vor allem S. 219-226.

116 So Ernst Tugendhat, *Der Wahrheitsbegriff bei Husserl und Heidegger*, Berlin 1970, S. 331 f.

117 Heidegger, *Sein und Zeit*, § 44a, S. 218.

118 Was auch heißt, wie Heidegger ausdrücklich bekräftigt, dass es keine Wahrheit ohne Dasein gibt: »*Wahrheit ›gibt es‹ nur, sofern und solange Dasein ist.* Seiendes

seins von Dasein zu begreifen, als eine Form der Erschlossenheit von innerweltlichem Sein durch das Dasein. Als Existential garantiert sie die Zugänglichkeit von Welt, ist also eine Bedingung des In-der-Welt-Seins, dessen Modus wiederum bestimmt, ob diese Möglichkeit als eigentliche (Unverborgenheit) oder uneigentliche (Verborgenheit) realisiert wird. Heidegger identifiziert Wahrheit mit Erschlossenheit: »Sofern das Dasein wesenhaft seine Erschlossenheit *ist*, als erschlossenes erschließt und entdeckt, ist es wesenhaft ›wahr‹. *Dasein ist ›in der Wahrheit‹*.«[119] Das bedeute nicht, so Heidegger weiter, dass Dasein stets der Wahrheit des als Seienden Begegnenden gewahr sei, sondern dass noch sein Verfehlen der ontischen Wahrheit in der ontologischen Verfasstheit von Dasein als Erschlossenheit gründe. Insofern sei Dasein »gleichursprünglich in der Wahrheit und Unwahrheit«.[120]

Wahrheit, so können wir weniger jargonbelastet sagen, ist als Unverborgenheit (*aletheia*) die Bedingung der Möglichkeit, in einer Aussage diese Erschlossenheit der Welt zur Sprache zu bringen. Deshalb wird erst mit diesem primären Verständnis von Wahrheit als *aletheia* und damit als Seinsweise des Daseins die Wahrheit von Aussagen im Sinne der Übereinstimmung verständlich: Dasein erschließt die Welt, in der es je schon ist, und spricht sich darüber aus; diese Aussprache aber entdeckt Seiendes zumeist im Modus der Zuhandenheit, weshalb ihr Bezug zu Seiendem nur noch als Beziehung auf ein Referenzobjekt verständlich ist. Diese Beziehung wird mit den Kriterien der Korrespondenz als wahr oder falsch bewertet.[121] Die Aussagenwahrheit ist demnach zumeist eine verdinglichte Fassung von Wahrheit als Unverborgenheit.

Inwiefern ließe sich Heideggers Vorstellung von Wahrheit als Entbergen oder Unverborgenheit (*aletheia*) als Konkretion des Verständnisses von Wahrheit als Kraft begreifen? Indem wir sie mate-

ist nur *dann* entdeckt und nur *solange* erschlossen, als überhaupt Dasein *ist*. Die Gesetze *Newtons*, der Satz vom Widerspruch, jede Wahrheit überhaupt sind nur solange wahr, als Dasein *ist*.« (Ebd., § 44c, S. 226.)

119 Ebd., § 44b, S. 221.

120 Ebd., § 44b, S. 223.

121 »Die Entdecktheit des Seienden rückt mit der Ausgesprochenheit der Aussage in die Seinsart des innerweltlich Zuhandenen. Sofern sich nun aber in ihr *als Entdecktheit von…* ein Bezug zu Vorhandenem durchhält, wird die Entdecktheit (Wahrheit) ihrerseits zu einer vorhandenen Beziehung zwischen Vorhandenen (intellectus und res).« (Ebd., § 44b, S. 225.)

rialistisch als Beschreibung verstehen, dass Wahrheit innerweltlich aus sozialen Praktiken emergiert, in denen wir diese Welt erschließen. Den Hinweis, dass Wahrheit an Dasein gebunden ist, weil sie ein Existenzial von Dasein ist, können wir in unsere Rede von der exklusiven Wirksamkeit von Wahrheit auf Subjektivitäten übersetzen. Noch dieselbe Konfiguration von Elementen in einer sozialen Praxis, in der nur das die Wahrheit erfahrende Subjekt fehlte, würde keine solche Kraft liefern. Analog lässt sich die komparative Schwäche von Wahrheit im Idiom der Erschlossenheit rekonstruieren: In diesem Fall zeigt sie sich schon daran, dass sie uns zuerst und zumeist nur in ihrer verdinglichten Form der Aussagenwahrheit begegnet; die Kräfte der Uneigentlichkeit – das »Verfallen« als Herrschaft des Man[122] – überlagern die Wahrheit als Erschlossenheit, von der wir nur den Abglanz in unserem Erleben von Übereinstimmung mitbekommen.

Wirkt Wahrheit historisch disruptiv auf das Dasein, dem sie widerfährt? Heideggers Bestimmung des Wahrheitsbegriffs in *Sein und Zeit* gibt darauf keine Antwort. Doch in der Weiterentwicklung seiner Überlegungen zur Wahrheit, besonders in seiner Parmenides-Vorlesung aus dem Wintersemester 1942/43, steht für Heidegger von Anfang an fest, dass Wahrheit erstritten werden muss.[123] Sein Beharren auf der Agonalität von Wahrheit[124] fügt sich gut in das Verständnis von Wahrheit als Kraft ein und lässt sich mit dem historisch disruptiven Effekt von Wahrheit durch ihre Polarisierung der Welt als Weise, in der Wahrheit uns Welt erschließt, verbinden. Dazu passt auch Heideggers Tirade gegen »ewige Wahrheiten« als Bekräftigung der Tatsache, dass Wahrheit als Erschlossenheit zwangsläufig einen Zeitkern besitzt.[125]

Wie angekündigt, interessiert mich in Bezug auf Heideggers

122 »Zunächst und zumeist ist das Dasein an seine ›Welt‹ verloren. [...] Das Entdeckte und Erschlossene steht im Modus der Verstelltheit und Verschlossenheit durch das Gerede, die Neugier und die Zweideutigkeit. [...] Das Dasein ist, weil wesenhaft verfallend, seiner Seinsverfassung nach in der ›Unwahrheit‹.« (Ebd., § 44b, S. 221 f.)

123 Vgl. z. B. Martin Heidegger, *Parmenides. Gesamtausgabe*, Bd. 54, Frankfurt/M. 1992, S. 25.

124 Heidegger beharrt zwar darauf, dass »das Streithafte« vor seiner Spezifizierung als *agon, polemos* etc. liegt (vgl. ebd., S. 26 f.), liefert jedoch weder eine Erklärung noch eine Erläuterung, warum dies entscheidend wäre.

125 Vgl. Heidegger, *Sein und Zeit*, § 44c, S. 226-230.

Wahrheitsbegriff jedoch nicht nur, ob sich auch diese Auffassung im Verständnis von Wahrheit als Kraft artikulieren lässt. Vielmehr bietet Ernst Tugendhats fundamentale Kritik an Heideggers Wahrheitsbegriff die willkommene Gelegenheit, danach zu fragen, wie eigentlich Falschheit im Verständnis von Wahrheit als Kraft zu begreifen ist. Sie entzündet sich daran, dass die Erweiterung des Wahrheitsbegriffs auf Erschlossenheit ohne weitere Qualifikation seine Spezifizität verliert, worunter Tugendhat die minimale Anforderung an jeden Wahrheitsbegriff versteht, das Gegenteil des Falschen zu sein. Zwar gehe Heidegger von der (von Husserl übernommenen) Formel aus: »Die Aussage ist wahr, bedeutet: sie entdeckt das Seiende an ihm selbst«,[126] worin das »an ihm selbst« noch das notwendige Kriterium liefere, das es erlaube, zwischen Wahrheit und Falschheit zu unterscheiden. Doch da Heidegger anschließend zum Phänomen der Erschlossenheit als dem ursprünglicheren Sinn von Wahrheit übergehe und dabei jedes Kriterium wie das des »an ihm selbst« fallen lasse, gehe die für Wahrheit konstitutive Entgegensetzung zu Falschheit verloren:

> Indem die Erschlossenheit einfachhin Wahrheit genannt wird, bleibt die Frage nach dem Ort des spezifischen Phänomens der Wahrheit innerhalb der erweiterten Erschlossenheit ungestellt. Und die verbale Gleichsetzung von Erschlossenheit und Wahrheit läßt diese Frage gar nicht mehr aufkommen.[127]

Da Heidegger behaupte, auch falsche Aussagen seien entdeckend, weil auch die falsche Aussage etwas aufzeigen würde, bleibe offen, was sie von wahren Aussagen unterscheidet, was also von ihr »verdeckt« wird und wie dies erkannt werden kann.[128]

Tugendhats Kritik an Heideggers Wahrheitsverständnis ist Gegenstand einer langen und kontroversen Diskussion.[129] Der für un-

126 Ebd., § 44a, S. 218.

127 Tugendhat, *Der Wahrheitsbegriff bei Husserl und Heidegger*, S. 351.

128 Ebd., S. 333 f.

129 Christian Skirke, »Tugendhat's Idea of Truth«, in: *European Journal of Philosophy* 24 (2016), S. 831-854, fasst die Debatte hervorragend zusammen und liefert zudem eine interessante Verteidigung von Tugendhats Kritik. Vgl. zu sehr verschiedenen Deutungen außerdem Mark Wrathall, *Heidegger and Unconcealment. Truth, Language, and History*, Cambridge 2011; William Smith, »Why Tugendhat's Critique of Heidegger's Concept of Truth Remains a Critical

seren Zusammenhang interessante Punkt ist Tugendhats Insistenz, dass der Begriff Wahrheit seinen spezifischen Sinn verliert, wenn ihm die Entgegensetzung zur Falschheit genommen wird.[130] Denn wenngleich deutlich sein dürfte, dass Heideggers *aletheia* zwar eine mögliche, wenn auch nicht unbedingt die nächstliegende Ausdeutung des Verständnisses von Wahrheit als Kraft ist, stellt Tugendhats Kritik uns vor die Frage, was Falschheit ist, wenn Wahrheit als Kraft verstanden wird. Freilich sollten wir nicht mit einer konkreten Konzeption antworten, sondern mit dem Nachweis, dass die Möglichkeit einer solchen Konkretion von Falschheit im Rahmen des Verständnisses von Wahrheit als Kraft überhaupt besteht, so wie ich auch bisher mit den drei Wahrheitstheorien nur die Möglichkeit einer Konkretion dieses philosophischen Bildes belegt habe, ohne mich für eine davon auszusprechen.

Mein Vorschlag lautet, Falschheit nicht als eine andere, eigenständige Art von Kraft zu verstehen, sondern als Ausbleiben der Emergenz von Wahrheit aus der entsprechenden Konfiguration der verschiedenen Elemente. Das legen schon die oben gegebenen materialistischen Interpretationen von Korrespondenz und Kohärenz nahe: Falschheit muss in ihnen so verstanden werden, dass die entsprechende soziale Praxis fehlschlägt und keine Übereinstimmung hergestellt bzw. keine Kohärenzerfahrung gemacht werden kann. Dass eine Aussage – denn wir gehen in unserem Versuch, eigenständig selbstformend wirksames Wissen zu bestimmen, ja von propositionalem Wissen aus – falsch ist, bedeutet demnach, dass im Zusammenspiel mit den sozialen Praktiken, aus denen ihre Wahrheit emergieren sollte, keine Kraft hervorgeht. Genauer: Es emergiert keine Wahrheit, doch ist damit nicht gesagt, dass die sozialen Praktiken keine andere Kraft entfalten. Auch falsche Aussagen können Wirkungen nach sich ziehen, wie wir nur zu gut wissen, ja sie können sogar ebenfalls selbstformend wirken. Dann jedoch nicht, weil die Aussage als Medium der Kraft der Wahrheit fungiert, sondern weil eine andere Kraft – Affekte, physische Stärke oder soziale Macht etc. – diesen Ausfall von Wahrheit als Kraft kompensiert.

Problem«, in: *Inquiry* 50 (2007), S. 156-179; Jens Greve, »Heideggers Wahrheitskonzeption in *Sein und Zeit.* Die Interpretationen von Ernst Tugendhat und Carl Friedrich Gethmann«, in: *Zeitschrift für Philosophische Forschung* 54 (2000), S. 256-273.

130 Tugendhat, *Der Wahrheitsbegriff bei Husserl und Heidegger*, S. 337.

Im Verständnis von Wahrheit als Kraft stellt Falschheit keine eigenständige Kraft dar; sie ist das Ausbleiben von Wahrheit als Kraft, bei dem allerdings nur allzu häufig eine andere Kraft den Platz der Wahrheit usurpiert und sich als Wahrheit ausgibt.

Wie lässt sich eine als Wahrheit getarnte andere Kraft entlarven? Insbesondere an ihrer Nichtemergenz: Wir können die vermeintliche Kraft der Falschheit zumeist an ihrer vollständigen Reduzierbarkeit auf andere Kräfte erkennen. Falschheit emergiert nicht aus der sozialen Praxis, vielmehr setzen sich schlicht durch ein oder mehrere Elemente in diese soziale Praxis eingebrachte Kräfte durch und geben sich als Wahrheit aus. Im Rückgriff auf meine Erläuterungen zum Emergenzbegriff können wir sagen, dass eine aus einer prekären Konfiguration hervorgehende Kraft dann reduzierbar ist, wenn sie sich allein aus dem Verhalten der Elemente dieser Konfiguration ergibt und wir das Verhalten der Elemente auch beobachten können, wenn sie isoliert oder in wesentlich weniger komplexen Konfigurationen auftauchen. Prima facie ist das für physische Stärke oder soziale Macht plausibel, gilt aber vermutlich auch für natürliche Kräfte. (Affekte könnten dagegen selbst eine emergente Kraft sein, die allerdings durch die weiteren Eigenschaften von Wahrheit als Kraft unterschieden werden kann.) Falls dem so wäre, müssten wir die Abgrenzung von Wahrheit und Falschheit folgendermaßen präzisieren: *Falschheit ist das Ausbleiben von Wahrheit als Kraft oder das Ausgeben einer anderen Kraft für Wahrheit, die reduzibel und insofern nicht emergent oder durch eines der anderen Merkmale von Wahrheit unterscheidbar ist.*

Wahrheit zeichnet sich im Verständnis von Wahrheit als Kraft durch ihre Irreduzibilität auf die prekäre Konfiguration aus, aus der sie emergiert. Dass diese Irreduzibilität im Einzelfall sehr schwer nachzuweisen ist, verdeutlicht nur, was wir in Kapitel 6 schon von Raymond Geuss lernen mussten, nämlich dass Wahrheit niemals einfach zu haben ist:

> Wie die Griechen formulierten: Wahrheit steckt »tief unten im Brunnen« – man muss sie suchen und hervorholen – sie liegt nicht auf der Straße in der Sonne, nur darauf wartend, von jedem gesehen zu werden, die ungefähr in ihre Richtung blicken. Das bedeutet, dass die Wahrheit zu sehen und zu erkennen eine bestimmte Art systematischer Gewalt erfordert gegenüber der unausgereiften und formlosen Masse undifferenzierter Erscheinungen,

Wunschdenken, Fantasien und Halbwahrheiten, in der wir den größten Teil unseres Lebens verbringen.[131]

Dass wir Wahrheit als Kraft, die aus prekären Konfigurationen emergiert, exklusiv auf Subjektivitäten wirkt sowie komparativ schwach ist und einen historisch disruptiven Sperrklinkeneffekt hat, mittels dieser vier Merkmale von anderen Kräften abgrenzen können und damit auch abstrakt von Falschheit unterscheiden können, die keine irreduzible, eigenständig emergierende Kraft ist, sondern eine sich bloß als Wahrheit ausgebende, aber auf die Konfiguration reduzierbare Kraft ist (oder, seltener, zwar emergent, aber durch die anderen Eigenschaften unterscheidbar ist), besagt noch lange nicht, dass wir diese abstrakte Unterscheidung mühelos in eine Erkenntnis des Wahren und des Falschen umsetzen können. Dafür bedarf es – gut materialistisch – einer konkreten Untersuchung der sozialen Konfiguration, aus der die vermeintliche Wahrheit hervorgeht. Dass diese Investigationen nicht einfach durch ein abstraktes, a priori verfügbares Kriterium oder eine begriffliche Operation ersetzt werden können, ist allerdings nichts Besonderes, so sollten wir Geuss' Hinweis verstehen, denn einfach ist nichts an Wahrheiten.

## 7.4 Plural, agonal und nichtrelativistisch

Auf das Verständnis von Wahrheit als Kraft sind wir nicht grundlos gestoßen, sondern weil die drei Kapitel in Teil II uns gezeigt haben, dass der Begriff eigenständig selbstformend wirksamen Wissens zwingend voraussetzt, Wahrheit plural und agonal zugleich verstehen zu können. Die interne Beziehung von Politik und Wahrheit erfordert dies ebenso wie die Genealogie des philosophischen Wissens und die epistemologische Reflexion des sperrigen Wissens, das von emanzipierender Kritik verfertigt wird. Wahrheit als Kraft erfüllt diese Anforderung, so möchte ich in diesem Abschnitt darlegen, ohne in einen haltlosen Relativismus abzugleiten. Dazu er-

131 Geuss, »A Note on Lying«, S. 140. Der Satz »In Wahrheit wissen wir nichts, denn die Wahrheit liegt in unerreichlicher Tiefe« (in älteren Übersetzungen: »tief im Brunnen«) wird Demokrit zugeschrieben. Vgl. Laertius Diogenes, *Leben und Meinungen berühmter Philosophen*, Hamburg 2015, Buch IX, Abschnitt 72.

läutere ich, in welchem Sinne wir nach der Erklärung der Formel »Wahrheit als Kraft« behaupten können, dass Wahrheit als Kraft agonal (1) und plural (2) ist, ehe ich den Relativismusvorwurf zurückweise (3).

(1) *Agonal.* Wahrheit als Kraft ist agonal dank des Kraftbegriffs. Wenn Kräfte als Wirksamkeiten begriffen werden – als dasjenige, was eine Gestalt aus einer anderen erschafft, als »das Konstituierende«, so hatte ich mit Menke in der zweiten Zwischenbetrachtung gesagt – und wenn wir den Gedanken einer Kraft, die nicht wirkt, preisgeben, weil wir von Nietzsche gelernt haben, darin einen Restbestand metaphysischer Substanzvorstellungen zu erkennen (da allein in einer Substanz jene »Vermögen« verankert werden können, die auch als nichtausgeübte, also rein potenzielle Kraft existieren), dann ist Kraft stets gegen etwas gerichtet. Kraft ist agonal, da sie auf etwas wirkt, sich an etwas entlädt, ob gegen Widerstände oder mit Unterstützung. Eine Kraft ohne Wirkung kann es dieser materialistischen (das heißt anti-metaphysischen) Konzeption von Kraft zufolge nur dort geben, wo die Wirkung der Kraft durch eine andere, genauso große oder größere Kraft blockiert oder überformt wird. Aber selbst dann verliert die Kraft ihre Agonalität nicht, sie verliert nur den Kampf gegen die andere Kraft.

Wogegen also richten sich Wahrheiten als Kräfte? Wahrheit als Kraft wirkt exklusiv auf Subjektivitäten, Wahrheiten kämpfen insofern im Medium der Subjektivität mit anderen Kräften, die auf dieselben Subjektivitäten einwirken. An dieser Stelle können wir, die Diskussion von Falschheit im philosophischen Bild von Wahrheit als Kraft wieder aufnehmend, zwei Arten von Gegnern einer Wahrheit unterscheiden: wahrheitsfremde Kräfte, die sich oft als Wahrheit ausgeben, sowie andere Wahrheiten. Der erste Fall entspricht dem traditionellen Gedanken, dass Wahrheit insofern agonal zu nennen ist, als sie gegen Falschheiten kämpft. Ihn treffen wir in immer neuem Gewand in der Philosophie an, sei es als Kampf gegen die Welt der Erscheinungen bei Platon, als Kampf gegen inadäquate und verworrene Ideen bei Spinoza oder als moralischer Feldzug gegen Täuschungen bei Nietzsche.[132] Agonal ist Wahrheit als Kraft gegen Falschheit gerichtet, weil sie *gegen andere Kräfte,* die

132 Vgl. der Reihe nach Platon *Rep.* Buch VII, siehe Kapitel 1.3, Spinoza, *Ethik*, II P33-P43, und Nietzsche, *Morgenröte*, V/344, S. 574-577.

sich zudem oft als Wahrheiten tarnen, *auf die Subjektivität wirkt*, seien diese anderen Kräfte nun Affekte, physische Gewalt oder natürliche Kräfte.

(2) *Plural.* Doch Wahrheit als Kraft ist agonal noch in einem zweiten Sinne, denn eine Wahrheit wirkt auch gegen andere Wahrheiten, wiederum im Medium der Subjektivität. Damit kommt die Pluralität von Wahrheit in den Blick. Sie ist auf derselben begrifflichen Ebene durch »Kraft« mitgesetzt wie die Agonalität: eine Kraft wird nicht isoliert gedacht, sondern als Bestandteil von Kräfteverhältnissen, von einem Spiel vielfältiger Kräfte, woran nicht nur verschiedene Arten von Kräften beteiligt sind, sondern auch verschiedene Kräfte derselben Art, die in unterschiedlicher Weise wirken.

Die Pluralität von Wahrheit als Kraft ist historisch diachron und synchron zu verstehen. Sie lässt sich mit unserer Diskussion sperrigen Wissens im Rahmen emanzipierender Kritik verbinden, in der wir auf Foucaults Konzeption von Wahrheitsregimes gestoßen sind (Kapitel 5.2). Sperriges Wissen, so hatten wir gesehen, befreit uns vom gegenwärtigen Wahrheitsregime, indem es dessen Genese beschreibt. Mit dem ausformulierten philosophischen Bild von Wahrheit als Kraft lässt sich das so fassen, dass sperriges Wissen die Herstellung der sozialen Praktik rekonstruiert, in der routiniert jene Konstellation erzeugt wird, aus der Wahrheit emergiert. »Routiniert« wird diese dann nicht mehr prekär zu nennende Konfiguration erzeugt, weil die für die Emergenz von Wahrheit notwendigen Elemente und ihre Anordnung hinreichend fixiert (zum Beispiel institutionalisiert) wurden, um Wahrheit als Kraft verlässlich, kontinuierlich und gleichbleibend hervorzubringen. Sperriges Wissen ruft also die ehemalige Prekarität dieser wahrheitserzeugenden Praktiken in Erinnerung und die Kämpfe, in denen ihre Stabilisierung und Absicherung gegen historisch vorhandene, aber zumeist vergessene oder verdrängte Alternativen durchgesetzt wurde. Damit befreit sperriges Wissen uns – zumindest präfigurativ – von dem historisch disruptiven Sperrklinkeneffekt, der diese Wahrheiten als alternativlose, ewige Wahrheiten erscheinen lässt. Andere soziale Praktiken, die andere prekäre Konfigurationen erzeugen würden, könnten andere Wahrheiten emergieren lassen – ja tun oder taten dies bereits, wenn wir sie nicht unterworfen und verdeckt hätten bzw. daran arbeiten, dies zu tun.

Damit sind wir bei der synchronen Dimension von Pluralität angelangt. Denn wir erleben auch in der Gegenwart auf ganz verschiedenen Feldern aktive Kämpfe um die sozialen Praktiken, aus denen Wahrheit emergieren soll. Verschiedene prekäre Konfigurationen lassen unterschiedliche Wahrheiten als verschiedene Kräfte derselben Art emergieren, die miteinander darum ringen, welche von ihnen die Subjektivitäten formen, derer sie habhaft werden. Nachträglich können wir beispielsweise das philosophische Wissen aus der in Kapitel 4 entworfenen Perspektive einer Genealogie seiner Exklusionstechniken als einen Kampfplatz unterschiedlicher Wahrheiten aus zeitgleich existierenden, verschiedenen prekären Konfigurationen verstehen.

(3) *Nichtrelativistisch.* Pluralität und Agonalität von Wahrheit folgen also im philosophischen Bild von Wahrheit als Kraft zwangsläufig aus der Vorstellung, dass Wahrheit eine aus prekären Konfigurationen emergierende Kraft ist, die exklusiv auf Subjektivitäten wirkt sowie komparativ schwach ist und einen historisch disruptiven Sperrklinkeneffekt hat. Spätestens nach den zuletzt gelieferten Beschreibungen aber dürften bei einigen Leser*innen erneut alle Alarmglocken schrillen: Habe ich nicht doch, entgegen allen meinen Beteuerungen, einen ungezügelten Relativismus eingeführt, wenn in Vergangenheit und Gegenwart eine Vielzahl von Wahrheiten nicht nur gegen Falschheiten kämpfen, sondern auch untereinander um die Vorherrschaft ringen? Umgekehrt ließe sich von Seiten derer, die ausdrücklich eine Form von Relativismus vertreten, einwenden, es sei falsch von mir, dem traditionellen philosophischen Antirelativismus auch nur so weit entgegenzukommen, dass ich die abwertende Konnotation des Begriffs übernehme. Warum nicht stattdessen »Relativismus« als Selbstbeschreibung akzeptieren und als haltbare, ja vernünftige philosophische Position verteidigen?

Tatsächlich gibt es in der analytischen Philosophie seit einigen Jahren eine lebhafte Diskussion dazu. In ihr verteidigen eine ganze Reihe von Philosoph*innen, die als »neue Relativist*innen« zusammengefasst werden, bestimmte Formen des Relativismus in Bezug auf Wahrheit.[133] Allerdings ziehen sich diese »neuen Relativist*in-

133 Vgl. dazu Bernd Irlenborn, *Relativismus*, Berlin 2016, S. 83; Maria Baghramian, J. Adam Carter, »Relativism«, in: Edward N. Zalta (Hg.), *Stanford Encylopedia of Philosophy (Spring 2021 Edition).*

nen« auf technische Debatten in der Sprachphilosophie zurück und kappen absichtlich jede Verbindung zu Relativismusdiskussionen in der politischen Philosophie oder der Sozialphilosophie.[134] Mag sein, dass sich die Abwertung, die mit dem Begriff »Relativismus« zumeist verbunden wird, so umgehen lässt, doch blendet man dadurch zugleich die Verbindung von Wahrheit und Politik aus, die für mich maßgeblich ist.

Zudem ist kaum zu leugnen, dass »Relativismus« zuerst und zumeist als ein Begriff fungiert, der Positionen aus der ernsthaften Diskussion ausschließen soll und dessen subversive Aneignung mir weder erfolgversprechend noch hilfreich erscheint. Das liegt auch daran, dass ich unter Relativismus bisher (insbesondere in Kapitel 6) eine Kombination aus zwei Annahmen beschrieben habe, nämlich einen Pluralismus von Wahrheiten und eine Gleichgültigkeit zwischen diesen Wahrheiten. Dabei meint Pluralismus, dass es in Bezug auf denselben Sachverhalt konfligierende Wahrheiten geben kann, die untereinander nicht durch eine von jeder dieser Wahrheiten unabhängigen Methode hierarchisch geordnet werden können.[135] Es bedeutet zudem, wie wir uns an den drei Beispielen oben oder in Kapitel 5.2 klarmachen konnten, dass eine bestimmte Kon-

134 So z. B. John MacFarlane, *Assessment Sensitivity. Relative Truth and its Applications*, Oxford 2014. Natürlich gibt es Ausnahmen jenseits der »neuen Relativist*innen« wie z. B. Sally Haslanger, *Resisting Reality. Social Construction and Social Critique*, Oxford 2012, S. 418-423, oder Martin Kusch, *Knowledge by Agreement. The Programme of Communitarian Epistemology*, Oxford 2002, die diese Verbindung explizit herstellen.

135 Übertragen in die allgemeine Charakterisierung relativistischer Positionen von Martin Kusch, »Epistemischer Relativismus«, in: Martin Grajner, Guido Melchior (Hg.), *Handbuch Erkenntnistheorie*, Stuttgart, Weimar 2019, S. 338-344, hier S. 338 f., verstehe ich unter Pluralismus eine Kombination seiner ersten fünf Merkmale (Abhängigkeit, Pluralismus, Non-Absolutismus, Ausschließung, Symmetrie). Ich halte es für sinnvoll, einen stärkeren Begriff von Pluralismus zu verwenden, um einerseits die Parallele zur politischen Philosophie zu erhalten (siehe Kapitel 3 und 6) und weil andererseits Pluralismus ohne Non-Absolutismus, Ausschließung und Symmetrie nicht zu der behaupteten Vielfalt von Wahrheiten führen würde, da sie aufeinander rückführbar wären oder untereinander hierarchisch geordnet werden könnten. Was Kuschs Merkmal der Abhängigkeit betrifft, weicht meine Position in zwei Hinsichten ab: Weder reduziere ich Wahrheiten auf die Wahrheit von Überzeugungen, noch ist die Emergenz von Wahrheiten aus prekären Konfigurationen als Abhängigkeit »von epistemischen Prinzipien« oder »Präzedenzfällen« glücklich beschrieben.

figuration zumindest einige Wahrheiten anderer Konfigurationen gar nicht emergieren lassen kann.

Wenn Relativismus allein bedeuten würde, diese Art von Pluralismus anzunehmen, dann ließe sich meine Position durchaus als eine spezifische Form von Relativismus bezeichnen. Doch insofern der Ausdruck eben nicht neutral, sondern als Vorwurf gebraucht wird, beinhaltet er zweitens die Annahme, aus dem Pluralismus von Wahrheit würde die Gleichgültigkeit von Wahrheit folgen. Wenn es verschiedene Wahrheiten in Bezug auf denselben Gegenstand geben kann, so das einschlägige Argument, dann sind alle diese Wahrheiten gleichermaßen gültig. Folglich gibt es keine epistemischen Unterschiede zwischen ihnen, die mein Eintreten für oder gegen jede von ihnen begründen könnten. Daher ist es egal, welche der verschiedenen Wahrheiten ich anerkenne – diese Wahrheiten sind gleichgültig. Vielfach wird an dieser Stelle, so hatten wir in Kapitel 6 gesehen, die Argumentation fortgesetzt, indem man postuliert, dass angesichts der Gleichgültigkeit der verschiedenen Wahrheiten allein Macht und Willkür darüber entscheiden würden, welche sich am Ende durchsetze. Voilà, fertig ist die Anklage, durch Relativismus Wahrheit auf Macht zu reduzieren.[136]

Mittlerweile ist jedoch klar, dass diese Argumentation mein Verständnis von Wahrheit als Kraft verfehlt. Richtig ist, dass die verschiedenen Wahrheiten gleichermaßen gültig sein müssen, wenn wir am Pluralismus von Wahrheiten festhalten wollen. Falsch ist, dass daraus folgt, es gebe keine epistemischen Unterschiede, weil schon die Trennung in rein epistemische und rein nichtepistemische Faktoren an dieser Stelle nicht aufgeht. Wenn Wahrheit als Kraft aus prekären Konfigurationen emergiert, gibt es Wahrheit und Politik nicht als unabhängige Größen. Wenn sich also politisch-soziale Differenzen zwischen den verschiedenen Wahrheiten finden (was das Argument oben annimmt), so bestehen damit auch epistemische Differenzen. Die begriffliche Trennung in epistemische und politische oder soziale Faktoren mag je nach Kontext als analytische Trennung verteidigt werden können, sie kann jedoch gerade nicht so verwendet werden, dass die analytische Trennung durch Abstraktion verdinglicht und dann zum tragenden Element der Konfrontation zwischen dem Epistemischen und dem Poli-

136 Vgl. exemplarisch Boghossian, *Angst vor der Wahrheit.*

tisch-Sozialen gemacht wird, die jeweils als rein vorgestellt werden müssen, um das Argument erfolgreich abschließen zu können.

Die hier entwickelte Position, welche die Pluralität von Wahrheit mit ihrer Agonalität – und das bedeutet eben: mit ihrer Nichtgleichgültigkeit – verbindet, impliziert keine Reduktion von Wahrheit auf Macht oder politisch-soziale, »nichtepistemische« Faktoren. Sie artikuliert vielmehr die unauflösliche Verflochtenheit von Politik und Wahrheit, ohne beide ineinanderfallen zu lassen. Darin weiß sie sich mit den feministischen Standpunkttheorien (siehe Kapitel 6.3) einig, auch wenn ich die Metapher des Standpunkts (aus den dort entwickelten Gründen) gegen den Begriff der Kraft ausgewechselt habe, um das philosophische Bild eines agonalen und pluralen Verständnisses von Wahrheit als Kraft zu skizzieren.

# Kapitel 8: Wirksam oder wahrheitsbezogen: Zur Begriffsbestimmung von Wissen

Das materialistische Verständnis von Wahrheit als Kraft, die aus prekären Konfigurationen emergiert, exklusiv auf Subjektivitäten wirkt, komparativ schwach ist und einen historisch disruptiven Sperrklinkeneffekt hat, bringt uns einen wichtigen Schritt näher an die präzise Begriffsbestimmung von eigenständig selbstformend wirksamem Wissen. Denn es erlaubt uns, die Agonalität und Pluralität von Wahrheit gleichermaßen zu fassen – die zentrale Bedingung, auf die wir in allen drei Kapiteln des letzten Teils gestoßen sind. Dabei habe ich in Kapitel 7 durchgehend betont, dass das materialistische Verständnis von Wahrheit als Kraft noch keine Entscheidung für oder gegen eine bestimmte Wahrheitstheorie bedeutet, sondern nur ein materialistisches Verständnis der jeweiligen Wahrheitstheorie erfordert, einerlei, ob wir diese Wahrheit als Korrespondenz, Kohärenz oder Unverborgenheit auffassen. Insofern bleibt die Beziehung zwischen Wahrheit und Wissen genau so, wie sie in der Epistemologie zumeist vorausgesetzt wird: notwendig, aber unbestimmt. Dort wie hier wird angenommen, dass eine begriffliche Analyse von Wissen keine Festlegung auf eine bestimmte Wahrheitstheorie erfordert. Das Verständnis von Wahrheit als Kraft orientiert uns jedoch in zweifacher Hinsicht: Erstens liefert es ein Bild von Wahrheit als plural und agonal zugleich, und zweitens hat sich gezeigt, dass dieses Bild eine materialistische Schlagseite besitzt. Die begriffliche Bestimmung von eigenständig selbstformend wirksamem Wissen kann davon profitieren, indem sie sich an diesem Bild orientiert und *Wissen als mediatisierte Kraft von Wahrheit versteht*. Doch so wenig Wahrheit als Kraft mit einer Theorie von Wahrheit zu verwechseln ist, so wenig ist diese neue Formel bereits eine Begriffsbestimmung von Wissen. Eine solche werde ich vielmehr in diesem und dem folgenden Kapitel Schritt für Schritt entwickeln. Dazu beginne ich in diesem Kapitel mit zwei negativen Überlegungen, die ich in Kapitel 9 positiv wenden werde. Sie ergeben sich einerseits aus der Frage, wie die (analytische) Epistemologie sich vorstellt, dass Wissen wirkt, und decken drei Voraussetzungen auf, die es ihr unmöglich machen, darauf eine gehaltvolle Antwort zu geben (8.1).[1] Andererseits resultieren sie aus der komplementären Frage an pragmatistische und praxistheoretische Ansätze, wie diese die Wirksamkeit von Wissen verstehen; an ihnen gilt es die Voraussetzungen zu verstehen, die verhindern, dass sie die Wahrheit von Wissen gleichwertig mit seiner Wirksamkeit erfassen (8.2). Die beiden negativen Behauptungen, die ich in diesem Kapitel belegen möchte, lassen sich so zusammenfassen, dass die (analytische) Erkenntnistheorie zwar die alethische Dimension von Wissen, nicht aber seine dynamische Dimension erhellen kann, während die pragmatistischen oder praxistheoretischen Wissensverständnisse nur seine dynamische, nicht aber seine alethische Dimension verständlich machen können. Jeweils bleibt die begriffliche Bestimmung von Wissen unzureichend, wenn man sie daran misst, beide Dimensionen gemeinsam artikulieren zu müssen.

Insgesamt identifiziere ich fünf Prämissen, welche die Diskussionen in der (analytischen) Erkenntnistheorie sowie im Pragmatismus und der Praxistheorie so rahmen, dass Wahrheit und Wirksamkeit von Wissen in einen strikten Gegensatz gebracht werden. Drei Prämissen gehen aus meiner Diskussion der (analytischen) Erkenntnistheorie hervor (nämlich Atomismus, Individualismus und

1 Ich schreibe »(analytische) Erkenntnistheorie«, um darauf aufmerksam zu machen, dass die Epistemologie derzeit analytisch dominiert ist, aber durchaus alternative Projekte innerhalb der Erkenntnistheorie existieren. Dass ich mich mit meiner Frage überhaupt an die analytische Epistemologie wende, liegt einerseits an dieser Dominanz sowie andererseits daran, dass ich es für unabdingbar halte, Brücken zwischen systematischen Diskussionen zu bauen, die derzeit zumeist getrennt ablaufen. Damit schotten sich beide Seiten gegen wesentliche Einsichten ab, die sie zum Teil nachholend neu erfinden, ohne auch nur zu ahnen, dass es zu den jeweiligen Themen weit fortgeschrittene Debatten auf der jeweils anderen Seite gibt. Ein Paradebeispiel dafür ist die Debatte um epistemische Ungerechtigkeit in der Folge von Miranda Fricker, *Epistemic Injustice. Power and the Ethics of Knowing*, Oxford 2010; was alles nachzuholen ist, deutet Medina, *The Epistemology of Resistance*, immerhin an. Nun mag der hier unternommene Versuch weniger eine stabile Eisenbahnbrücke und mehr eine Art improvisierter Steg sein: immerhin! Und selbstredend ist die »kontinentale« Epistemologie mit diesem Adjektiv so unzureichend beschrieben wie die »analytische«: vgl. z. B. Linda Martín Alcoff, »Continental Epistemology«, in: Jonathan Dancy u. a. (Hg.), *A Companion to Epistemology*, Malden/MA 2010, S. 287-292; Christopher Norris, »Epistemology«, in: John Protevi (Hg.), *The Edinburgh Dictionary of Continental Philosophy*, Edinburgh 2005, S. 178-186.

Starrheit), zwei aus meiner Auseinandersetzung mit dem Pragmatismus und der Praxistheorie (nämlich handlungstheoretischer Subjektivismus und anti-epistemischer Reduktionismus). In Kapitel 9 werde ich daher nicht nur die Formel von Wissen als mediatisierter Kraft von Wahrheit erläutern, sondern auch zeigen, dass sie alle fünf problematischen Prämissen vermeidet.

## 8.1 Starr, atomistisch, individualistisch: Wissen in der (analytischen) Erkenntnistheorie

Sich für eine Antwort auf die Frage, wie Wissen begrifflich präzise bestimmt werden kann, an die (analytische) Erkenntnistheorie zu wenden, bedeutet, sich für ihr »analytisches Projekt« zu interessieren: den Versuch, Wissen als Begriff über eine Reihe von notwendigen und gemeinsam hinreichenden Bedingungen so zu definieren, dass alles, was diese Bedingungen erfüllt, Wissen ist – und nichts anderes.[2] Allerdings ist das analytische Projekt nur ein Thema der (analytischen) Erkenntnistheorie, wie Michael Williams betont, der die Fragen nach den Grenzen des uns möglichen Wissens, nach den Weisen, Wissen zu erlangen, nach einer Erwiderung auf Skeptiker*innen und nach dem Wert von Wissen als gleichrangige Themen der Erkenntnistheorie versteht.[3] Wir sollten nicht einmal

2 Das ist die stärkste Fassung des analytischen Projekts – andere sind natürlich möglich und werden verfolgt. Eine wunderbare Reflexion darüber, wie eine gute Antwort auf die Frage, was Wissen ist, überhaupt aussehen muss, stammt von Linda Zagzebski, »What is Knowledge?«, in: John Greco, Ernest Sosa (Hg.), *The Blackwell Guide to Epistemology*, Malden/MA 1999, S. 92-116.

3 Vgl. Michael Williams, *Problems of Knowledge. A Critical Introduction to Epistemology*, Oxford 2001, S. 2f. Im Folgenden zitiert als PK. Patrick Rysiew, »The Gettier Problem and the Program of Analysis«, in: Stephen Hetherington (Hg.), *The Gettier Problem*, Cambridge 2018, S. 159-176, hier S. 166-175, zählt darüber hinaus die prominentesten Alternativen auf, die auf die Schwierigkeiten mit Gettier-Beispielen mit einer Umorientierung des analytischen Projekts reagieren. Dazu zählt er *knowledge-first*-Epistemologien (bes. Timothy Williamson, *Knowledge and its Limits*, Oxford 2000), die Wissen für primitiv, d. h. nicht weiter analysierbar halten, Analysen, die »Wissen« nicht als einheitlichen Begriff zu bestimmen versuchen, sondern als Konzept, das Familienähnlichkeiten benennt (vgl. z. B. Elizabeth Fricker, »Is Knowing a State of Mind? The Case Against«, in: Patrick Greenough, Duncan Pritchard (Hg.), *Williamson on Knowledge*, Oxford 2009, S. 31-60, hier S. 44f.), oder Vorschläge, nicht den Begriff von Wissen, son-

davon ausgehen, so Williams weiter, dass dem analytischen Projekt Priorität vor den anderen Themen zukommt, nur weil wir in ihnen einen Begriff von Wissen verwenden müssen, dessen genauere Bestimmung ebenjenes analytische Projekt erst liefert. Denn diese Abhängigkeit ist nicht die einzige Interdependenz zwischen den verschiedenen epistemologischen Themen, und viele von ihnen verlaufen in die entgegengesetzte Richtung: Je nachdem, wie wir auf die Skeptiker*innen antworten oder den Wert des Wissens erläutern, müssen wir beispielsweise unsere begriffliche Bestimmung von Wissen anpassen (vgl. PK, S. 13).[4]

Die Einsicht, dass die Begriffsbestimmung von Wissen kein Fundament darstellt, das unabhängig von anderen (epistemologischen) Fragen errichtet werden kann, ist nach dem Vorangegangenen nichts Neues. Vor allem in Teil II habe ich den Begriff eigenständig selbstformend wirksamen Wissens ohne vorhergehende Begriffsbestimmung bereits als philosophisch fruchtbar erwiesen, und diese Erörterungen liefern für die jetzt anstehende Definition wichtige Hinweise, allen voran die Bedingung, die Wahrheit, an die eigenständig selbstformend wirksames Wissen gebunden ist, als plural und agonal zugleich denken können zu müssen. Eine zweite, unsere Bewertung von Begriffsbestimmungen anleitende Überlegung ergibt sich aus dem besonderen Interesse dieser Arbeit an der eigenständig selbstformenden Wirksamkeit von Wissen. Wir wollen nicht einfach wissen, wie wir den Begriff Wissen bestimmen können, wir wollen den Begriff so bestimmen, dass seine Wirksamkeit dabei berücksichtigt wird.

Dafür können wir vom analytischen Projekt lernen, aber eher in indirekter Form. Die These, die ich in diesem Abschnitt plau-

dern Wissen selbst zu analysieren (vgl. Hilary Kornblith, »Naturalism and Intuitions«, in: *Grazer Philosophische Studien* 74 (2007), S. 27-49). Nennen könnte man zudem Günter Abels Wissensforschung, die zugleich die Einschränkung auf propositionales Wissen aufgibt: vgl. Günter Abel, »Wissensforschung. Erweiterungen und Revisionen der Epistemologie«, in: Dirk Koppelberg, Stefan Tolksdorf (Hg.), *Erkenntnistheorie – wie und wozu?*, Münster 2015, S. 385-434.

4 Die Gegenthese, wonach das analytische Projekt allen anderen Fragen vorgeordnet ist, vertritt Thomas Grundmann, *Analytische Einführung in die Erkenntnistheorie*, Berlin 2017, S. 5, bes. Fn. 4. Diametral entgegengesetzt hält Dirk Koppelberg, »Zum Wert des Wissens: Das Menon-Problem«, in: *Philosophiegeschichte und logische Analyse* 8 (2005), S. 46-56, hier S. 46, die Frage nach dem Wert des Wissens für grundlegend.

sibilisieren möchte, besagt, dass die (analytische) Epistemologie die Wahrheit von Wissen auf eine Weise konzipiert, die sie daran hindert, in ihren Begriffsbestimmungen neben Wahrheit auch die selbstformende Wirksamkeit von Wissen zu berücksichtigen. In dem philosophischen Bild, in dem sich das analytische Projekt bewegt, lässt die Feststellung, dass was auch immer Wissen ist, in jedem Fall wahr ist,[5] es nicht zu, zugleich auch die Wirksamkeit dieses Wissens zu artikulieren. Wissen wird durch eine Reihe von Prämissen, die dem analytischen Projekt vorangestellt sind, von vornherein und ausschließlich *passiv* gedacht.

Zweierlei ist an dieser These zu präzisieren, bevor ich sie einlösen kann. Erstens könnte es so scheinen, als impliziere diese These, dass wir doch eine Wahrheitstheorie brauchen, um Wissen begrifflich zu bestimmen. Denn die These behauptet, dass die Art und Weise, wie Wissen im analytischen Projekt an Wahrheit gebunden wird, Schwierigkeiten dabei macht, die selbstformende Wirksamkeit von Wissen einzufangen. Insofern scheint eine Klärung von Wahrheit notwendig zu sein, um das Verhältnis von Wahrheit und Wissen anders zu bestimmen. Das widerspräche allerdings der oben behaupteten, gewöhnlichen Verhältnisbestimmung von Wissen und Wahrheit, wonach wir gerade *keine* Wahrheitstheorie zur Begriffsbestimmung von Wissen benötigen. Doch der Widerspruch besteht nur scheinbar, da ein anderes *Verständnis* von Wahrheit (wie das von Wahrheit als Kraft) ausreicht, um die Wahrheit von Wissen so denken zu können, dass die selbstformende Wirksamkeit von Wissen in unserer Begriffsbestimmung berücksichtigt werden

5 Der einzig mir bekannte Versuch in der Erkenntnistheorie, Wissen nicht als faktiv anzusehen, stammt von Allan Hazlett, »The Myth of Factive Verbs«, in: *Philosophy and Phenomenological Research* 80 (2010), S. 497-522. John Turri, »Mythology of the Factive«, in: *Logos & Episteme* 2 (2011), S. 143-152, stellt jedoch zu Recht in Frage, ob Hazletts Argumentation, die auf der Demonstration beruht, dass das Verb »to know« nicht faktiv gebraucht wird, selbst im Erfolgsfall überhaupt Relevanz für die Erkenntnistheorie besitzen kann (vgl. dagegen die Replik von Allan Hazlett, »Factive Presupposition and the Truth Condition on Knowledge«, in: *Acta Analytica* 27 (2012), S. 461-478). Instruktiv ist auch, dass Catherine Z. Elgin, *True Enough*, Cambridge/MA 2017, S. 16-23, zwar den Fokus der Epistemologie von Wahrheit auf epistemische Akzeptanz verschieben will, für die »wahr genug« ausreichend wäre. Sie hält jedoch die Gewohnheit, Wissen und Wahrheit zu verbinden, für so stark, dass sie nicht diesen Bezug, sondern den Begriff des Wissens aufgibt und zum Begriff des Verstehens übergeht (vgl. ebd., S. 18).

kann. Das philosophische Bild von Wahrheit muss sich ändern, aber wir müssen uns damit nicht auf eine spezifische Wahrheitstheorie innerhalb des neuen Verständnisses von Wahrheit festlegen.

Zweitens habe ich sowohl in der These als auch in der ersten Erläuterung nur von selbstformender Wirksamkeit und nicht von *eigenständig* selbstformendem Wissen gesprochen. Das hat seinen Grund in dem philosophischen Bild, das der (analytischen) Erkenntnistheorie zugrunde liegt: Grundsätzlich wird Wissen darin als etwas Passives verstanden, das Wirkungen allenfalls indirekt auslösen kann, nämlich durch das wissende Subjekt verursacht. Nicht das Wissen selbst wirkt, sondern das wissende Subjekt, wozu das Wissen beitragen kann. Diese indirekten Wirkungen fallen in zwei Register: Es sind entweder Handlungen oder Überzeugungsveränderungen. Von einer *eigenständig* selbstformenden Wirksamkeit von Wissen kann insofern nicht die Rede sein, und um eine Art *selbstformender* Wirksamkeit von Wissen jenseits ihrer Verknüpfung mit Handlungen auch nur andeutungsweise zu finden, müssen wir ein der (analytischen) Erkenntnistheorie stärker entgegenkommendes Vokabular wählen. Dann können wir im Rahmen einer Theorie der Überzeugungsänderung (*belief change* oder *belief revision*) unter der Wirksamkeit von Wissen die Auswirkung einer neuen Überzeugung auf unsere bisherigen Überzeugungen verstehen. Selbstformend wären diese Veränderungen, weil unsere Überzeugungen im Standardbild von Wissen und Subjektivität (dessen Umrisse ich bereits in der Einleitung, Abschnitt 2, gezeichnet habe) ausmachen, was wir denken, wie wir handeln und damit auch, wer wir sind. Eine neue Überzeugung zu formen, etwa dadurch, dass wir etwas Neues wahrnehmen oder mitgeteilt bekommen, wirkt diesem Bild zufolge so, dass sie unsere bestehenden Überzeugungen gemäß ihrer inferentiellen Beziehungen zu ihnen verändert. Im einfachsten Fall werden diese bloß um eine neue Überzeugung ergänzt; sollte die neue Überzeugung dagegen mit bereits bestehenden Überzeugungen im Konflikt stehen, müssen entweder diese modifiziert bzw. sogar aufgegeben werden oder aber die neue Überlegung wird angepasst bzw. zurückgewiesen.[6]

6 Das ist eine sehr einfache Beschreibung der Vorstellung, die den Theorien der *belief revision* zugrunde liegt, vgl. etwa Isaac Levi, *The Enterprise of Knowledge. An Essay on Knowledge, Credal Probability, and Chance*, Cambridge/MA, London 1980; Peter Gärdenfors, *Knowledge in Flux. Modeling the Dynamics of Epistemic*

In diesen Sätzen bin ich von »Wissen« zu »Überzeugungen« übergegangen, weil die Philosophie des Geistes, die Kognitionswissenschaft und die formalen *belief revision*-Theorien, in denen die Theorien des Überzeugungswandels hauptsächlich diskutiert werden, zumeist keinen Unterschied zwischen subjektiv gerechtfertigten, für wahr gehaltenen Überzeugungen und Wissen machen.[7] Die Dynamik des Wissens wäre demnach gleichbedeutend mit der Dynamik von Überzeugungen und ließe sich als ein vom Prinzip logischer Konsistenz getriebenes Überlegungsgleichgewicht begreifen: Jede neue Überzeugung wird im Lichte unserer bisherigen Überzeugungen evaluiert und je nach ihrer Passung entweder angenommen oder löst Überlegungsprozesse aus, wobei es auf die Stärke der jeweils nicht zueinander passenden Überzeugungen ankommen dürfte, welche davon beibehalten, verworfen oder modifiziert werden. Die selbstformende Wirksamkeit von Wissen ist in diesem Standardbild auf die Auswirkungen des logischen Kalküls beschränkt, der unseren Überzeugungshaushalt gemäß den inferentiellen Beziehungen zwischen den Überzeugungen verwaltet, und erreicht aus Prinzip niemals jenes rationale Kernselbst, dessen Aktivität in dieser Verwaltungsarbeit besteht. Insofern ist die selbstformende Wirksamkeit von Wissen, wenn sie als Dynamik von Überzeugungsänderungen gefasst wird, stark restringiert; den philosophiehistorischen Beispielen der Annahme eines eigenständig selbstformend wirksamen Wissens aus Teil I kann sie nicht gerecht werden.

Allerdings ließe sich gegen dieses Bild, das die Wirksamkeit von Wissen in die Dynamik von Überzeugungen übersetzt, aus erkenntnistheoretischer Perspektive einwenden, echtes Wissen habe bestenfalls eine noch viel stärker eingeschränkte, wenn nicht gar keine Dynamik, da es sich durch seine Stabilität von Überzeugun-

*States*, Cambridge/MA 1988, sowie den Überblick bei Sven Ove Hansson, »Logic of Belief Revision«, in: Edward N. Zalta (Hg.), *The Stanford Encyclopedia of Philosophy (Winter 2017 Edition)*.

7 Explizit sagt dies Levi, *The Enterprise of Knowledge*, S. 28: »Ich lehne tatsächlich den Wert solcher Unterscheidungen [zwischen Wissen und wahren, aber ungerechtfertigten Überzeugungen bzw. zwischen Wissen und gerechtfertigten falschen Überzeugungen; F. V.] ab, wenn sie von X zum Zeitpunkt *t* in Bezug auf seine Überzeugungen zum Zeitpunkt *t* gemacht werden. Aus der Perspektive von X gibt es keine Differenz zwischen dem, von dem er zum Zeitpunkt *t* vollständig überzeugt ist, und dem, was er zu diesem Zeitpunkt *t* weiß.«

gen unterscheide. Berufen könnte sich die Epistemologie dabei auf Platon:

Denn auch die richtigen Vorstellungen sind eine schöne Sache, solange sie bleiben [...]; lange Zeit aber pflegen sie nicht zu bleiben, sondern gehen aus der Seele des Menschen, so daß sie doch nicht viel wert sind, bis man sie bindet durch begründendes Denken. [...] Und deshalb nun ist die Erkenntnis höher zu schätzen als die richtige Vorstellung, und es unterscheidet sich eben durch das Gebundensein die Erkenntnis von der richtigen Vorstellung.[8]

Dieser Überlegung zufolge muss die Dynamik echten Wissens von der Dynamik von Überzeugungen unterschieden werden, da Wissen keine Kontraktionen erlaubt. Eliminiert würden ja nur solche Überzeugungen, die sich im Lichte der neuen als falsch herausstellten – einen Verlust von Wissen gäbe es folglich nie. Die Wirkung von Wissen im Standardbild, verstanden als Auswirkungen auf unser bisheriges Wissen, wäre monoton expansiv: Wissen könnte demnach angehäuft werden, doch ginge es niemals verloren, da es als Wissen nicht revidiert werden kann. Was sich als falsch herausstellt, wäre niemals Wissen gewesen. Die Dynamik von Wissen ist im Rahmen der Theorien von Überzeugungsänderungen also denkbar klein und das weitere Nachdenken über die selbstformende Wirksamkeit von Wissen (im Unterschied zu Überzeugungen) damit unnötig. Die Wahrheit von Wissen so zu verstehen, würde die Vorstellung von dessen selbstformender Wirksamkeit direkt verhindern, weil es eine »Starrheit« von Wissen erzwingt, die jede substanzielle selbstformende Wirksamkeit ausschließt.

Auf den ersten Blick scheint diese Vorstellung überholt zu sein, weil sie dem »demonstrativen Ideal« (PK, S. 40) der Antike verhaftet ist, wonach Wissen entweder »unmittelbar selbstevident [ist] oder von solchen selbstevidenten Wahrheiten in einer Reihe von selbstevident gültigen Schritten deduktiv abgeleitet werden kann« (PK,

8 Platon *Men.* 97d–98a. Platons Sokrates ist sich der Differenz zwischen wahrer Meinung und Wissen so sicher, dass er hinzufügt, zwar vermute er nur, dass Begründung den Unterschied mache, aber dass »richtige Vorstellung und Erkenntnis etwas verschiedenes sind, dies glaube ich nicht nur zu vermuten, sondern, wenn ich irgend etwas behaupten möchte zu wissen, und nur von wenigem möchte ich dies behaupten, so würde ich dies eine hierher setzen unter das, was ich weiß« (Platon *Men.* 98b).

S. 38). Wissen wir nicht inzwischen, dass das demonstrative Ideal unhaltbar, dass Wissen fallibel ist? So stellt beispielsweise Herbert Schnädelbach kategorisch fest, dass Wissen nicht erfordert,

> ganz sicher zu sein, dass der als Wissen präsentierte Aussagesatz auch wirklich wahr ist; hier muß man Wissen von Gewissheit unterscheiden. [...] Gewissheit ist ein subjektiver Zustand, Wissen ist dagegen wie Wahrheit ein Geltungsanspruch, den wir mit bestimmten Behauptungssätzen verbinden, und dabei können wir uns geirrt haben.[9]

Wenn Wissen fallibel ist, lässt sich die Frage nach seiner selbstformenden Wirksamkeit im Standardbild passiven Wissens sehr wohl im Rahmen von *belief change*-Theorien anhand der Dynamik von Überzeugungen erläutern. Die weit verbreitete, wenn nicht hegemoniale Überzeugung, dass Wissen fallibel ist, so ließe sich der Einwand gegen die Theorie der Überzeugungsänderung entwerten, habe die Prämisse der Starrheit von Wissen abgelöst, die uns insofern nicht länger im Weg stehen würde.

Doch leider ist diese Antwort zu einfach. Einerseits gilt nicht mehr, was Stewart Cohen 1988 noch schlicht postulieren konnte, nämlich dass die »Akzeptanz von Fallibilismus in der Epistemologie nahezu universell«[10] sei; gegenwärtig findet sogar eine »Renaissance« des Infallibilismus statt.[11] Andererseits ist alles andere als klar, inwiefern der Fallibilismus begrifflich an der Wahrheit von Wissen festhält;[12] träfe zu, dass er letztlich in eine skeptische Posi-

9 WPW, S. 31. Vgl. PK, S. 40-42.

10 Stewart Cohen, »How to be a Fallibilist«, in: *Philosophical Perspectives* 2 (1988), S. 91-123, hier S. 91.

11 Vgl. dazu (und dagegen) Jessica Brown, *Fallibilism. Evidence and Knowledge*, Oxford 2018, S. 2.

12 Allgemein nehmen Fallibilist*innen an, dass die Gründe für eine bestimmte wahre Überzeugung (die damit als begründete Wissen ist) deren Wahrheit nicht garantieren können, weil eine solche Forderung dazu führen würde, dass wir nahezu kein Wissen hätten. Wie schwierig es ist, diese Überlegung präzise auszubuchstabieren und zu verteidigen, zeigt schon das bekannte Lotteriebeispiel: Weiß ich, dass ich verlieren werde, wenn ich ein Los mit sehr geringer Gewinnwahrscheinlichkeit kaufe? Verhindert nicht jede Chance auf Gewinn, hier von Wissen zu sprechen? Vgl. Cohen, »How to be a Fallibilist«, S. 92 f., sowie zu einem Überblick über die Diskussion Trent Dougherty, »Fallibilism«, in: Sven Bernecker, Duncan Pritchard (Hg.), *The Routledge Companion to Epistemology*, New York 2011, S. 131-143.

tion zurückfällt,[13] wäre zwar eine schwache Weise selbstformender Wirksamkeit über *belief-change*-Theorien möglich, aber nur um den Preis der Wahrheit von Wissen.

Damit zeichnet sich schon ab, wie das Verhältnis von Wahrheit und Wissen mit der Frage zusammenhängt, ob eine Begriffsbestimmung auch die selbstformende Wirksamkeit von Wissen berücksichtigen kann. Dass dies im philosophischen Bild, das dem analytischen Projekt der (analytischen) Epistemologie zugrunde liegt, wenn überhaupt, dann nur mit einer sehr eingeschränkten Konzeption selbstformender Wirksamkeit möglich ist, will ich im Folgenden plausibilisieren. Dazu müssen wir uns zumindest die Umrisse der Diskussion über die Begriffsbestimmung von Wissen vergegenwärtigen, ausgehend von dem für das analytische Projekt entscheidenden »epistemologischen Ereignis« des 20. Jahrhunderts: von Edmund Gettiers Beispielen gegen die Standardanalyse von Wissen, die nach wie vor die Diskussion der Begriffsbestimmungen von Wissen innerhalb der (analytischen) Erkenntnistheorie prägen (8.1.1). An den Überlegungen von Michael Williams und Andrea Kern lässt sich dann studieren, inwiefern beide das Verhältnis von Wahrheit und Wissen als entscheidenden Faktor ansehen, um zu einer haltbaren Wissensdefinition zu kommen, dabei jedoch konträre Wege einschlagen. Plädiert Williams für einen epistemologischen Kontextualismus mit einem Vorschuss- und Anfechtungs-Modell (vgl. PK, S. 25; mit Bezug auf EV, S. 268), in dem Wissen tendenziell so dynamisch ist, wie Überzeugungen es sind (8.1.2), setzt Kern eine Fähigkeitskonzeption von Wissen dagegen, die insofern von infalliblen Fähigkeiten ausgeht, als deren erfolgreiche Ausübung wahrheitsgarantierende Gründe liefert (8.1.3). Damit stehen uns in Bezug auf das Verhältnis von Wahrheit und Wissen zwei extreme Positionen vor Augen, die gleichwohl beide keine gehaltvolle Vorstellung der selbstformenden Wirksamkeit von Wissen zulassen – was ich im letzten Schritt auf das beiden gemeinsame philosophische Bild zurückführen werde, innerhalb dessen sie operieren. Anschließend kann ich die drei Prämissen des philosophischen Bildes benennen, in dem das analytische Projekt gegenwärtig vorangetrieben wird: Atomismus, Individualismus und Starrheit (8.1.4).

13 So z. B. Andrea Kern, *Quellen des Wissens. Zum Begriff vernünftiger Erkenntnisfähigkeiten*, Frankfurt/M. 2006, S. 122-131. Im Folgenden zitiert als QW.

### 8.1.1 Was ist Wissen?

Die analytische Erkenntnistheorie ist eine andere, seit Edmund Gettier mit zwei Beispielen demonstrierte, dass es (viele) Fälle gibt, in denen wahre gerechtfertigte Überzeugungen kein Wissen sind.[14] Damit hebelt Gettier die gerne auf Platon zurückgeführte Standardanalyse aus, die Wissen als »gerechtfertigte wahre Überzeugung« (PK, S. 16-21) eines einzelnen Subjekts bestimmt:

| | | |
|---|---|---|
| S weiß, dass *p*, genau dann, wenn | (i) | *p* wahr ist (Wahrheitsbedingung) *und* |
| | (ii) | S überzeugt ist, dass *p* (Überzeugungsbedingung) *und* |
| | (iii) | die Überzeugung von S, dass *p*, gerechtfertigt ist (Rechtfertigungsbedingung). |

Die drei Bedingungen lassen sich als Ausschlussbedingungen verstehen: Die erste Bedingung schließt aus, dass wir etwas Unwahres wissen, da Wissen ein »Erfolgsbegriff« bzw. faktiv ist, die zweite Bedingung schließt aus, dass wir etwas wissen, ohne uns dessen bewusst zu sein, da niemand etwas weiß, ohne dies zu wissen, und die dritte Bedingung schließt aus, dass wir eine nur zufällig wahre Überzeugung als Wissen deklarieren, da Wissen nicht durch Glück zustande kommt (vgl. PK, S. 16-21; QW, S. 38-43). Gettiers Beispiele zeigen jedoch, dass die Rechtfertigungsbedingung, mit der zufällig wahre Überzeugungen von Wissen unterschieden werden sollen, selbst zufällig erfüllt sein kann.[15] Das lässt sich an Gettiers erstem Beispiel[16] verdeutlichen (das ich in Paraphrase wiedergebe):

14 Ich folge in meiner Darstellung einer häufig anzutreffenden Rekonstruktion des analytischen Projekts, z. B. in PK, S. 48-57; QW, S. 43-54; Stephen Hetherington, *What is Epistemology?*, Cambridge 2019, Kapitel 4. Begründete Zweifel, inwiefern die (analytische) Epistemologie gut beraten ist, Gettiers Beispielen diesen zentralen Platz einzuräumen, äußert Stephen Hetherington, *Knowledge and the Gettier Problem*, Cambridge 2016.

15 Orientierende Zusammenfassungen der Bibliotheken füllenden Literatur zu Gettier liefern Robert K. Shope, »Conditions and Analyses of Knowing«, in: Paul K. Moser (Hg.), *The Oxford Handbook of Epistemology*, Oxford 2002, S. 25-70; William G. Lycan, »On the Gettier Problem Problem«, in: Stephen Hetherington (Hg.), *Epistemology Futures*, Oxford 2006, S. 148-168; Stephen Hetherington (Hg.), *The Gettier Problem*, Cambridge 2018.

16 Vgl. Gettier, *Ist gerechtfertigte, wahre Überzeugung Wissen?*, S. 11.

Smith hat sich zusammen mit Jones auf einen Job beworben. Er ist davon überzeugt, [a] dass Jones ihn bekommt (weil die Vorsitzende der Firma ihm das gesagt hat) und [b] dass Jones zehn Cent in seiner Hosentasche hat (weil Smith Jones' Kleingeld zehn Minuten zuvor gezählt hat). Er ist daher gerechtfertigt überzeugt davon, [c] dass der Mann, der den Job bekommen wird, zehn Cent in seiner Tasche hat. Jedoch wird Smith, ohne dies zu wissen, selbst den Job bekommen, und hat, ebenfalls ohne dies zu bemerken, zehn Cent in seiner Hosentasche. Daher ist es zwar wahr, dass der Mann, der den Job bekommen wird, zehn Cent in seiner Hosentasche hat, und Smith ist zudem gerechtfertigt darin, es zu glauben – es fällt uns jedoch schwer, dies als Wissen von Smith anzuerkennen.

Smiths Rechtfertigung für seine Überzeugung (c), dass der Mann, der den Job bekommt, zehn Cent in seiner Hosentasche hat, ist seine falsche Überzeugung (a), dass Jones den Job bekommen wird, zusammen mit der richtigen Überzeugung (b), dass Jones zehn Cent in seiner Hosentasche hat. Obgleich die Überzeugung (a) falsch ist, ist die aus seinen Überlegungen resultierende Überzeugung (c) wahr, weil auch Smith (der den Job bekommt) zehn Cent in seiner Hosentasche hat (und weil sie Überzeugung [b] abschwächt).

Die erste Reaktion mag sein, falsche Überzeugungen aus der Rechtfertigung ausschließen zu wollen: Wenn wir Smith nicht durchgehen lassen, dass er seine wahre Überzeugung, dass derjenige, der den Job bekommt, zehn Cent in seiner Hosentasche hat, mithilfe der nachvollziehbar erworbenen, aber falschen Überzeugung rechtfertigt, dass Jones den Job bekommt, scheint das Problem gelöst.[17] Doch Gettier-Beispiele lassen sich aufstellen, ohne dass die problematische Rechtfertigung auf falschen Überzeugungen beruht, wie das berühmte Scheunenfassadenbeispiel[18] demonstriert (auch hier nur in Paraphrase):

17 So der Vorschlag von Michael Clark, »Knowledge and Grounds. A Comment on Mr. Gettier's Paper«, in: *Analysis* 24 (1963), S. 46-48. Vgl. dazu und zum Folgenden auch WPK, Kapitel 3, bes. S. 51-57.

18 Ursprünglich stammt das Beispiel von Carl Ginet, erstmals zu finden ist es bei Alvin I. Goldman, »Discrimination and Perceptual Knowledge«, in: *The Journal of Philosophy* 73 (1976), S. 771-791, hier S. 772f. Zur Urheberschaft vgl. die Bemerkungen von Alvin I. Goldman, »Williamson on Knowledge and Evidence«, in: Patrick Greenough, Duncan Pritchard (Hg.), *Williamson on Knowledge*, Oxford 2009, S. 73-91, hier S. 79, Fn. 5.

Henry sieht auf seiner Fahrt auf der Landstraße eine Scheune. In der Abwesenheit irgendwelcher besonderen Umstände, die seine Wahrnehmung stören, würden wir ihm ohne Zögern zuschreiben, dass er weiß, dass neben der Straße eine Scheune steht. Jedoch fährt Henry, ohne davon zu wissen, durch einen Landstrich, in dem viele Scheunenfassaden aus Pappmaché stehen, die allerdings von der Straße aus wie echte Scheunen aussehen. Angenommen, die Scheune, die Henry sieht, ist zufällig eine echte Scheune – weiß er dann, dass er eine Scheune sieht?

In diesem Beispiel gibt es keine falschen Überzeugungen, auf die Henry seine Rechtfertigung dafür basiert, dass er weiß, dass dort eine Scheune steht. Dennoch zögern wir (so die Annahme der Erkenntnistheoretiker*innen), ihm Wissen zuzuschreiben, da es reine Glückssache ist, dass seine Überzeugung wahr ist.

Obwohl es nicht reicht, falsche Gründe aus möglichen Rechtfertigungen auszuschließen, um Gettier-Gegenbeispielen zu entgehen, lässt sich die dahinterliegende Idee auf eine abstraktere Weise weiterentwickeln, die für die Frage danach bedeutsam ist, welche Rolle die Annahme der Stabilität von Wissen spielt. Statt einfach falsche Überzeugungen auszuschließen, fordern wir, dass es keine die Rechtfertigung unterminierenden Informationen geben darf: »Nach dem ›Unanfechtbarkeitsansatz‹ [*indefeasibility approach*] verlangt Wissen eine insofern unanfechtbare Begründung, als diese gegen Unterminierung durch die Akzeptanz weiterer wahrer Überzeugungen gefeit sein muss.« (PK, S. 49) Demnach wäre Wissen wahre, gerechtfertigte Überzeugung, sofern die Rechtfertigungen unanfechtbar sind, also nicht durch weitere wahre Erkenntnisse widerlegt werden können.

So intuitiv einleuchtend die Idee ist, so schwierig ist es, sie so zu formulieren, dass sie einerseits alle möglichen Variationen und Entwicklungen von Gettiers Beispielen berücksichtigt, ohne andererseits ein derart starkes Kriterium in Anschlag zu bringen, dass Wissen *de facto* unerreichbar wird (vgl. PK, S. 49 f.). Probleme bereiten insbesondere irreführende Informationen, wie ein bekanntes Beispiel von Keith Lehrer und Thomas Paxson illustriert:

[a] Angenommen, S sieht Tom Grabit, den S aus ihren Seminaren gut kennt, die Bibliothek betreten und ein Buch unter dem Mantel forttragen. Offenkundig weiß S, dass Tom Grabit das Buch gestohlen hat. [b] Doch ohne dass S Kenntnis davon hat, erklärt Tom Grabits Mutter, dass dieser einen identischen Zwillingsbruder John Grabit hat, dass dieser das Buch

gestohlen hat und dass Tom Grabit am fraglichen Tag gar nicht in der Stadt war. Die Begründung von S dafür, dass sie weiß, dass Tom Grabit das Buch gestohlen hat, wird also von Frau Grabits Aussage unterminiert. [c] In Wirklichkeit jedoch ist Frau Grabit eine pathologische Lügnerin und der vermeintliche Zwillingsbruder John existiert nicht.[19]

Weiß S also doch, dass Tom das Buch gestohlen hat, weil die ihre Begründung für diese Überzeugung unterminierende Aussage von Frau Grabit ihrerseits von der Information unterminiert wird, dass diese ständig lügt? Wusste S es die ganze Zeit, oder wusste sie es zunächst, hatte dann aber – nach (b) und vor (c) – vorübergehend kein Wissen mehr? Der Versuch der *indefeasibility*-Theoretiker*innen müsste dahin gehen, die Unanfechtbarkeitsbedingungen so zu verfeinern, dass das Wissen stabil bleibt. Doch dafür reicht es offenkundig nicht aus, die Abwesenheit unterminierender Informationen für das Wissen, dass *p*, zu fordern, weil es eine unterminierende Evidenz *q* geben kann, die ihrerseits durch weitere Informationen unterminiert wird.

An dieser Stelle unserer Überlegungen wird Robert J. Fogelins These relevant, dass die Strategie der *indefeasibility*-Theoretiker*innen auf subtile Weise in die Irre führt. Fogelin hält die Gettier-Beispiele insgesamt für überbewertet, da übersehen werde, dass sie sowohl auf einer Doppeldeutigkeit von »gerechtfertigt« als auch auf einem gezielten Informationsunterschied zwischen den Akteuren in den Beispielen und den die Beispiele erwägenden Philosoph*innen beruhen. Die beiden Bedeutungen von »gerechtfertigt sein« beziehen sich einerseits auf *epistemische Tadellosigkeit* und andererseits auf *Wahrheit*: Jemand kann gerechtfertigterweise eine Überzeugung haben, weil er sie auf epistemisch nicht zu beanstandende Weise gebildet hat (Fogelin spricht von einer epistemisch verantwortlichen Performanz) oder weil seine Gründe für die Überzeugung deren Wahrheit tatsächlich etablieren (Fogelin nennt dies »grounding«).[20]

Außerdem führen Gettiers Beispiele einen Informationsunterschied zwischen Smith und uns ein, der die beiden Weisen, gerechtfertigt zu sein, auseinanderdividiert: Während Smith über

19 Vgl. Keith Lehrer, Thomas Paxson, »Wissen: Unwiderlegt gerechtfertigte, wahre Meinung«, in: Peter Bieri (Hg.), *Analytische Philosophie der Erkenntnis*, Weinheim 1997, S. 94-107, hier S. 96 f.

20 Vgl. Robert J. Fogelin, *Pyrrhonian Reflections on Knowledge and Justification*, New York 1994, S. 17-21.

Informationen verfügt, denen zufolge seine Überzeugungs*bildung* gerechtfertigt, das heißt epistemisch tadellos ist, gibt Gettier uns Erkenntnistheoretiker*innen weitere Informationen, die zeigen, dass Smiths Gründe nicht ausreichen, um die Wahrheit seiner Überzeugung zu etablieren.[21] Gettier-Beispiele nutzen also den Informationsunterschied zwischen den Akteur*innen im Beispiel und den das Beispiel bedenkenden Philosoph*innen, um die beiden Rechtfertigungsanforderungen – Überzeugungen durch Gründe gerechtfertigt zu bilden und Gründe zu haben, welche die Wahrheit dieser Überzeugungen etablieren – auseinanderfallen zu lassen. Um den Beispielen zu entgehen, müssen wir Fogelin zufolge die Doppelbedeutung von »gerechtfertigt sein« in unserer Analyse von Wissen explizit berücksichtigen:[22]

| | | |
|---|---|---|
| S weiß, dass *p*, genau dann, wenn | (i) | *p* wahr ist *und* |
| | (ii) | S von *p* überzeugt ist *und* |
| | (iii) | S in beiden Bedeutungen gerechtfertigt ist, von *p* überzeugt zu sein:<br>(iii$_p$) S ist auf gerechtfertigte Weise zur Überzeugung gekommen, dass *p*, *und*<br>(iii$_g$) die Gründe, wegen der S gerechtfertigterweise zur Überzeugung gekommen ist, dass *p*, etablieren, dass *p* wahr ist. |

Weil in dieser Formulierung (iii$_p$) Bedingung (ii) impliziert und (iii$_g$) Bedingung (i) impliziert, geht Fogelin zu einer einfacheren Formulierung über:

| | |
|---|---|
| S weiß, dass *p*, genau dann, wenn | S wegen solcher Gründe gerechtfertigterweise zu der Überzeugung, dass *p*, gekommen ist, die etablieren, dass *p* wahr ist. |

Aus dieser Perspektive betrachtet sitzen die Bemühungen, ein Kriterium für die Unanfechtbarkeit von Wissen zu finden, einem grundlegenden Missverständnis auf. Denn sie versuchen, die Umstände, in denen S sich befindet, derart einzuschränken, dass jede für S epistemisch tadellose Überzeugungsbildung auch für die mit weiteren Informationen ausgestatteten Beobachter*innen akzepta-

21 Vgl. ebd., Kapitel 1, bes. S. 22 f.

22 Wobei das tiefergestellte »p« für »performance« und das tiefergestellte »g« für »grounding« steht (ebd., S. 18 f.).

bel ist: »*Indefeasibility*-Theoretiker*innen nehmen keine ($iii_g$)-Bedingung explizit in ihre Analysen auf, sondern versuchen, die Kraft einer solchen Bedingung durch idealisierte Beschreibungen der rechtfertigenden Umstände von S so einzufangen, dass sie unsere Zustimmung gewinnen«.[23] Sie versuchen also, die Situation, in der S epistemisch tadellose Gründe für *p* erwirbt, so zu beschreiben, dass sie zugleich eine Situation sein muss, in der epistemisch untadelige Gründe auch wahrheitsetablierende Gründe sind. Doch damit missverstehen sie das von Gettier aufgeworfene Problem, weil sie die Divergenz zwischen epistemisch untadeliger Überzeugungsbildung und wahrheitsetablierenden Gründen schließen wollen, anstatt zu sehen, dass sie aus dem Informationsunterschied hervorgeht, der sich in weiteren Beispielen immer wieder neu gegen jedes Unanfechtbarkeitskriterium herstellen lässt.

### 8.1.2 Anfechtbares Wissen

Das ist natürlich keineswegs das Ende der Versuche, »Gettier-feste« Wissensdefinitionen und deren Widerlegungen zu formulieren – diese sind Legion.[24] Doch die Überlegungen reichen aus, zwei grundlegend unterschiedlich an den erreichten Diskussionsstand anknüpfende Positionen verständlich zu machen, in denen auf exemplarische Weise das Verhältnis von Wahrheit und Wissen angesichts der Schwierigkeiten mit den Gettier-Beispielen ins Zentrum der Überlegungen rückt. An ihnen können wir erkennen, welche Auswirkungen die Art und Weise, die Wahrheit von Wissen zu artikulieren, für die Möglichkeit hat, auch die selbstformende Wirksamkeit von Wissen zu denken.[25]

23 Ebd., S. 39.

24 Eine übersichtliche Einführung liefert Grundmann, *Analytische Einführung in die Erkenntnistheorie*, S. 83-141. Siehe auch die in Fußnote 15 genannte Literatur.

25 Die beiden Positionen von Williams und Kern halten in gewisser Weise an der Standarddefinition von Wissen als gerechtfertigte, wahre Überzeugung fest, nehmen aber externalistische Elemente auf. Fehlt damit eine rein externalistische Wissensdefinition in meiner Betrachtung? Ja – aber: Die zugrundeliegende Idee externalistischer Wissensdefinitionen besteht darin, den dritten Faktor der Begriffsbestimmung (die Rechtfertigungsbedingung) gegen eine modale Beziehung zwischen der Welt und der Überzeugung, dass *p*, auszutauschen (vgl. dazu ebd., S. 92-110, bes. S. 95 f.). Aus meiner auf das Verhältnis von Wahrheit und Wissen sowie die Wirksamkeit von Wissen gerichteten Perspektive ist die Differenz zu

Die erste Position stammt von Michael Williams, der darauf hinweist, dass Fogelins Bedingung wahrheitsetablierender Gründe nicht kategorial von der Unanfechtbarkeitsanalyse unterschieden ist. Die philosophisch signifikante Differenz zwischen Fogelin und den *indefeasibility*-Theoretiker*innen liege vielmehr darin, wie beide jeweils die Instabilität von Wissen auslegen. Das lässt sich am leichtesten am Tom-Grabit-Beispiel sehen: Unanfechtbarkeitstheoretiker*innen insistieren darauf, dass Wissen stabil sein muss, selbst wenn unsere Bereitschaft, es zuzuschreiben, schwanken kann. Zwar mögen wir S anfangs Wissen zuschreiben (sie hat Tom gesehen, als er das Buch unter dem Mantel aus der Bibliothek trug), dann diese Zuschreibung zurücknehmen (weil S von Toms Mutter über dessen Zwillingsbruder informiert wurde), nur um schließlich doch Wissen zuzuschreiben (da S inzwischen weiß, dass Toms Mutter lügt), doch es gibt eine richtige und stabile Antwort darauf, ob S Wissen hat oder nicht. Fogelin dagegen mache uns darauf aufmerksam, »dass unsere Intuitionen darüber, ob wir Wissen zuschreiben sollen, deshalb schwanken, weil Wissen selbst nicht vollständig stabil ist, sondern je nach den Veränderungen der informationellen Umgebung mal vorhanden ist und mal nicht« (PK, S. 53). Für die Unanfechtbarkeitstheoretiker*innen ist Wissen stabil, auch wenn wir die Wahrheit oft verfehlen; für Fogelin ist das Wissen selbst und nicht nur unser Zugang zu ihm instabil.

Dem schließt sich Williams an und radikalisiert die Position noch. Für ihn ist es Fogelins Unterscheidung zwischen den beiden Perspektiven auf Rechtfertigung – epistemische Tadellosigkeit und Wahrheit, oder in Williams Terminologie: »epistemische Verantwortung« und »angemessene Begründung« (PK, S. 55) –, die uns die prinzipielle Fragilität von Wissen vor Augen führt. Aus der Perspektive der externen Beobachterin, die prüft, inwieweit die Gründe die Wahrheit der Rechtfertigung etablieren ($\text{iii}_g$, angemessene Begründung), mögen wir Wissen als stabil annehmen. Doch aus der Binnenperspektive der jeweiligen Akteure in den Beispielen, die nach und nach immer mehr Informationen bekommen und sich darum bemühen, davon ausgehend epistemisch untadelige Überzeugungen zu bilden ($\text{iii}_p$, epistemische Verantwortung), ist Wissen

Kerns Forderung, die Gründe müssten wahrheitsgarantierend sein, allerdings minimal; reine Externalist*innen geben dieser Forderung nur eine andere Deutung.

fallibel. Unanfechtbarkeitstheorien lassen sich insofern als Versuch verstehen, die Beobachter*innenperspektive zu verabsolutieren, um die Stabilität von Wissen zu gewährleisten. Aber damit ignorieren sie nicht nur, dass Wissen notwendig sowohl epistemische Verantwortung als auch angemessene Gründe verlangt, sie treten auch das Erbe einer – für Williams: überholten – Tradition an, die Wissen an Gewissheit bindet.[26]

Williams' Alternative deutete sich bereits in der Behauptung an, ob Wissen vorliege, hänge von der »informationellen Umgebung« ab. In seinem epistemischen Kontextualismus ist Wissen ein normativer Anspruch, der gemäß eines Vorschuss- und Anfechtungs-Modells prinzipiell berechtigt ist, solange keine relevanten Zweifel daran geäußert werden. Dabei sind die Kriterien, nach denen Wissen richtigerweise zugeschrieben und angefochten wird, selbst von verschiedenen Faktoren des epistemischen Kontexts abhängig. Williams unterscheidet fünf Arten von Faktoren (vgl. PK, S. 159-162):

(a) Semantische Bedingungen sichern die Intelligibilität von Wissenszuschreibungen und Zweifeln, die nicht isoliert, sondern nur vor dem Hintergrund einer relativ großen Menge akzeptierter gemeinsamer Überzeugungen verständlich sind.[27]
(b) Methodologische Bedingungen resultieren aus den notwendigen Anforderungen, die das Stellen einer bestimmten Frage erhebt, und bestimmen wesentlich die Richtung unserer Erkenntnisinteressen. Um ein Beispiel von Williams zu variieren: Wer den historischen Wandel

26 Die Analyse der Literatur zu Gettier-Gegenbeispielen in Hetherington, *Knowledge and the Gettier Problem*, läuft letztlich auf dasselbe Ergebnis hinaus, wenn er in Kapitel 5 den Schluss zieht, in die Überlegungen derjenigen, die sich auf Gettiers Beispiele einließen, schleiche sich unbemerkt die infallibilistische Überzeugung ein, dass die bloße Möglichkeit problematisch wäre, eine wahre gerechtfertigte Überzeugung könne falsch sein. So fragt Hetherington am Ende des Kapitels, »ob die üblichen epistemologischen Versuche einer Gettieristischen Erklärung [d. h. einer Erklärung, warum die Überzeugung, die im Zentrum von Gettier-Beispielen steht, wahr und gerechtfertigt, aber kein Wissen ist; F. V.] deshalb scheitern, weil in ihnen unabsichtlich infallibilistische Annahmen über Wissen zum Tragen kommen« (ebd., S. 164).

27 Pate stehen dafür die bekannten Überlegungen von Wittgenstein, *Über Gewißheit*, z. B. § 156, und Donald Davidson, »Was ist eigentlich ein Begriffsschema?«, in: ders., *Wahrheit und Interpretation*, Frankfurt/M. 1990, S. 261-282, hier S. 279 f.

wissenschaftlicher Praktiken untersuchen will, kann nicht voraussetzen, dass Gott die Welt erst vor fünf Minuten erschaffen hat.

(c) Dialektische Faktoren sind mögliche Einwände, die teilweise vorab bekannt sind. Ist das der Fall, rauben sie bestimmten Aussagen ihre Standardberechtigung. Wer trotz allgemein anerkannter Gegenargumente auf den davon in Frage gestellten Aussagen besteht, steht in der Pflicht, Widerlegungen dieser Standardeinwände mitzuliefern.

(d) »Ökonomische« (PK, S. 161) Faktoren beeinflussen die Abwägung, welche Einwände relevant sind und welche nicht. Je nach Kontext und Erkenntnissinteresse – Müssen wir rasch eine Entscheidung treffen? Hängt viel von Genauigkeit ab? – können und müssen epistemische Standards unterschiedlich angesetzt werden.

(e) Situationsbedingte Faktoren sind Fakten in Bezug auf die tatsächliche Situation und betreffen nicht, wie die ersten vier Faktoren, die epistemische Verantwortung, sondern die Wahrheit im Sinne der faktisch zutreffenden Begründung. Sie betonen den auf zwei Weisen externalistischen Charakter von Williams' epistemischem Kontextualismus: »Weil es eine Standardberechtigung gibt, muss jemand, der einen Wissensanspruch erhebt, nicht immer die Gründe für seine Überzeugung kennen, um epistemisch verantwortungsvoll zu sein. Doch die Angemessenheit seiner Gründe – ob er sich ihrer bewusst ist oder nicht – wird in Teilen davon abhängen, welche objektiven Möglichkeiten diese Gründe ausschließen müssen.« (PK, S. 162)

Williams' epistemischer Kontextualismus bestimmt Wissen also fallibel. Nicht nur erfolgreiche Wissenszuschreibungen und legitime Zweifel sind von den Kontextfaktoren und den damit gesetzten Rechtfertigungsstandards abhängig, Wissen selbst ist genauso situationsbedingt. Denn Wissen ist letztlich nichts jenseits dieser Wissenszuschreibungen. Dabei hält Williams insofern an der Standardanalyse fest, als er Wissen nach wie vor als wahre gerechtfertigte Überzeugung bestimmt, wenngleich gerechtfertigt im doppelten Sinne verstanden werden muss: Die Überzeugungen müssen den Anforderungen des jeweiligen Kontexts entsprechend auf epistemisch tadellose Weise zustande gekommen sein und sie müssen, wiederum entsprechend den vom Kontext gesetzten Kriterien, von dieser Rechtfertigung als wahr etabliert werden. Das Vorschuss- und Anfechtungs-Modell und die fünf Arten von Faktoren, welche die epistemischen Standards bestimmen, explizieren dieses Verständnis von Rechtfertigung (vgl. PK, S. 244 f.).

Wissen auf diese Weise als instabil zu verstehen, eröffnet uns die Möglichkeit, zumindest jene minimale selbstformende Wirksamkeit von Wissen zu denken, die ich in den Theorien der Überzeugungsveränderung hervorgehoben habe. Wenn Wissen selbst und nicht nur Wissenszuschreibungen instabil sind, hindert uns nichts daran, auch von Wissenskontraktionen auszugehen. Wer dagegen argumentiert, dass jede Wissenskontraktion – also ein Fall, in dem die Integration neuen Wissens dazu führt, bereits vorhandenes Wissen zu verwerfen – nur zeige, dass die verworfene Überzeugung *kein* Wissen war, hält an einer Bestimmung von Wissen fest, die Williams explizit ablehnt, weil sie darauf besteht, dass Wissen etwas ist, das jenseits unserer epistemischen Kontexte und der Wissenszuschreibungen liegt, die wir darin vornehmen. Damit aber würden wir abermals auf unsere infallibilistischen Intuitionen zurückfallen – ein verständlicher, aber vermeidbarer Fehler, so Williams, denn sie verdanken sich einer überlebten epistemologischen Tradition, die uns allzu lange beherrscht hat. Sie wurde von Platon und Aristoteles begründet und zeichnet sich durch das Ideal demonstrativen Wissens aus, in der die Rechtfertigungen, die eine wahre Überzeugung zu Wissen machen, die Wahrheit dieser Überzeugung *garantieren*.

> Weil sie in dieser älteren Tradition wurzeln, vertragen sich infallibilistische Intuitionen nicht gut mit den bescheideneren epistemologischen Zielen, die sich der Preisgabe des demonstrativen Ideals verdanken. Aber es besteht keine Notwendigkeit, diesen Intuitionen Rechnung zu tragen. Wir sollten sie ändern. (PK, S. 56)

Wir erkennen damit den Preis, den uns diese Berücksichtigung einer minimalen selbstformenden Wirksamkeit von Wissen in dem philosophischen Bild abverlangt, in dem (analytische) Erkenntnistheorie operiert: Das Verhältnis von Wahrheit und Wissen muss stark abgeschwächt werden. Der Fallibilismus, wie ihn Williams in seinem epistemischen Kontextualismus ausbuchstabiert, erlaubt zwar, eine restringierte Form selbstformender Wirksamkeit von Wissen zu konzipieren – selbst wenn Williams sie (natürlich) nicht selbst in die Begriffsbestimmung von Wissen aufnimmt.[28] Doch wird Wissen dadurch von Wahrheit partiell entkoppelt und

28 Nach wie vor können wir außerdem keine *eigenständige* selbstformende Wirksamkeit von Wissen denken.

die Anforderung an die Qualität der die Wahrheit rechtfertigenden Gründe geschwächt.

### 8.1.3 Infallible Fähigkeiten

Eine solche »Ermäßigung« unserer Anforderungen an den Wissensbegriff hält Andrea Kern für einen Skandal. Während Fogelin mithilfe seiner Überlegungen zu den Gettier-Beispielen und seiner darauf basierenden Wissensdefinition als »wahre gerechtfertigte Überzeugung, gerechtfertigt gebildet«[29] zu dem Schluss kommt, dass aufgrund der induktiven Natur empirischen Wissens die in ($iii_g$) geforderten wahrheitsetablierenden Gründe nie alle unterminierenden Faktoren ausschließen können, sieht Kern es als Kardinalfehler an, dass Gründe, die eine Wahrheit etablieren sollen, deren Nichtfalsifizierbarkeit nicht sicherstellen. Fogelin verweist an dieser Stelle darauf, dass unsere epistemischen Begriffe nun einmal so funktionieren, dass wir in gewisser Weise stets mehr sagen, als wir zu sagen berechtigt sind: »Wir behaupten etwas, wodurch wir uns darauf sowohl rückhaltlos festlegen als auch gleichzeitig prinzipiell ausschaltbare Widerlegungsmöglichkeiten bestehen lassen.«[30] Wie wir gesehen haben, ist dies auch Williams' leitende Vorstellung, die er zu seinem epistemischen Kontextualismus mit Wissenszuschreibungen im Rahmen eines Vorschuss- und Anfechtungs-Modell ausbaut: Wissen ist kontextabhängig, weil die epistemischen Standards (sowohl für Wissensansprüche als auch für Zweifel) an die konkrete Situation gebunden sind. Wissen kann daher nicht so stabil sein, wie das demonstrative Ideal wahrheitsgarantierender Begründungen verlangt.

Diese Bestimmung von Wissen können und sollten wir nicht akzeptieren, so Kern, denn dann würden

> unsere Überzeugungen über die Welt auf nicht mehr als der bloßen Annahme [beruhen], daß wir eine epistemische Rechtfertigung für sie haben. Doch Überzeugungen, die auf der Annahme beruhen, daß man eine epistemische Rechtfertigung hat, sind keine Überzeugungen, die den Status von Wissen haben, sondern eben Überzeugungen, von denen wir annehmen, daß sie diesen Status haben. Doch das wollten wir nicht verstehen: Wir

29 Fogelin, *Pyrrhonian Reflections*, S. 28.
30 Ebd., S. 94.

wollten verstehen, was es heißt, etwas zu wissen, nicht, was es heißt, anzunehmen, daß man etwas weiß. (QW, S. 53)

Kern hält Wissensbestimmungen wie die von Fogelin und Williams also für verfehlt, weil eine Begriffsbestimmung von Wissen dieses nicht als fallibel erläutern darf: Wenn Wissen ein »Erfolgsbegriff« ist, muss die Bestimmung von Wissen erklären, wie wir »wahrheitsgarantierende« Gründe haben können, das heißt Gründe, welche »die Frage ›Warum glaubst du, daß p‹ *so* beantworten, daß die Frage nach der Wahrheit von p *nicht mehr offen* ist« (QW, S. 64). Ungewisses Wissen ist ein hölzernes Eisen, das Verhältnis von Wahrheit und Wissen darf nicht ermäßigt werden.

Kerns Analyse von Wissen lässt sich in zwei Schritten zusammenfassen, die zusammen eine originelle Mischung aus transzendentalem Disjunktivismus und *knowledge-first*-Epistemologie ergeben. Den ersten Schritt haben wir in Umrissen bereits gesehen: Kern geht davon aus, dass jede Bestimmung von Wissen in Skeptizismus umschlägt, die es erlaubt, dass das Subjekt Gründe für *p* hat, die kompatibel mit der Falschheit von *p* sind.[31] Wissen ist Kern zufolge auf wahrheits*garantierende* Gründe angewiesen: auf Gründe, welche die Wahrheit der von ihnen begründeten Proposition absolut sicherstellen und daher eine weitere Nachfrage, warum *p*, nicht mehr zulassen. Auf diese Weise entkräften sie das sogenannte Agrippa-Trilemma, wonach jede Begründung entweder auf eine dogmatische Setzung führt, in einem Zirkelschluss endet oder in einen unendlichen Regress mündet: Wenn wahrheitsgarantierende Gründe für *p* die erneute Rückfrage, warum *p*, nicht mehr zulassen, entkommt man diesem Trilemma, weil man seine Prämisse verneint, dass nur Überzeugungen Gründe für Überzeugungen sein können. Nur dank dieser Annahme kann bei jedem genannten Grund weitergefragt werden nach dem Grund dieses Grundes. Wahrheitsgarantierende Gründe lassen diese Rückfrage nicht zu – sind also keine Überzeugungen (vgl. QW, S. 60-68).

Daraus folgt, dass wir den Begriff »Wissen« notwendig mit jenem starken Anspruch auf Gewissheit ausstatten müssen, den Fogelin dementiert und in dem Williams die Reste einer über-

31 Darauf beruhen Gettiers Beispiele, worauf Gettier, *Ist gerechtfertigte, wahre Überzeugung Wissen?*, S. 9, explizit hinweist.

kommenen Tradition der antiken – das heißt für ihn vor allem: vorwissenschaftlichen – Philosophie erblickt. Kern dagegen verteidigt diesen starken, ja maximalistischen Wissensbegriff. Wer seinen Anspruch ermäßigt, um sich gegen skeptische Zweifel zu verteidigen, weil er oder sie glaubt, skeptische Zweifel würden auf einem zu starken Wissensideal beruhen, wechsle damit bereits die Seiten.

So ergibt sich bei Kern eine Art epistemologischer Disjunktivismus,[32] denn um gleichwohl die Möglichkeit von Irrtümern denken zu können, muss sie behaupten, dass eine Aussage über eine sinnliche Wahrnehmung bzw. über das Verstehen einer Mitteilung *entweder* einen Akt beschreibt, in dem Wahrnehmung bzw. Verstehen ein wahrheitsgarantierender Grund für eine Überzeugung ist, *oder* einen Akt beschreibt, in dem das Subjekt nur scheinbar einen solchen Grund erwirbt (vgl. QW, Kapitel V, bes. S. 170 f.). Die scheinbare Gemeinsamkeit – in beiden Fällen erwirbt das Subjekt dieselbe Überzeugung – ergibt sich nur aus einer Abstraktion, die gerade vom entscheidenden Unterschied absieht. Mit anderen Worten: Die Überzeugungen sind nicht gleich, da sie im einen Fall ein wahrheitsgarantierender Grund für Wissen, im anderen Fall ein irreführender Eindruck sind.

Wissen ist also nicht einfach dasselbe wie eine Überzeugung, zu der weitere Faktoren (Wahrheit und Rechtfertigung) hinzutreten, um ihren epistemischen Status zu verändern. Wissen ist stattdessen als Begriff gleichursprünglich mit den Begriffen »Überzeugung«, »Grund« oder »Wahrheit« – die Begriffsbestimmung von Wissen als wahre gerechtfertigte Überzeugung sollten wir daher nicht als *Analyse* (Zergliederung) von Wissen in dem Begriff vorhergehende Elemente verstehen. Sie ist eine *Erläuterung* der Natur von Wissen, deren Elemente sich nicht verstehen lassen, wenn man nicht zugleich Wissen als dasjenige versteht, dessen Elemente sie sind (vgl.

32 Der Disjunktivismus entstand in der Philosophie der Wahrnehmung und basiert auf dem Gedanken, dass die tatsächliche Wahrnehmung eines Gegenstands und seine irrtümliche Wahrnehmung (Illusion, Verwechslung, Traum, Spiegelung etc.) keine Gemeinsamkeiten besitzen. Vor allem erzeugen sie nicht denselben sinnlichen Eindruck. Vgl. zum Überblick Adrian Haddock, Fiona MacPherson, »Introduction: Varieties of Disjunctivism«, in: Adrian Haddock, Fiona MacPherson (Hg.), *Disjunctivism. Perception, Action, Knowledge*, Oxford 2008, S. 1-24. Kern stützt sich vor allem auf Überlegungen von John McDowell, »The Disjunctive Conception of Experience as Material for a Transcendental Argument«, in: *Teorema* 25 (2006), S. 19-33.

QW, S. 177-182). Deshalb ist Wissen keine analytische Einheit, aber auch kein unanalysierbarer, »primitiver« Begriff.[33] Vielmehr müssen wir den Wissensbegriff als Beschreibung der Einheit einer vernünftigen Fähigkeit verstehen. In der Erläuterung dieser These wird auch Kerns tugendtheoretische Variante der *knowledge-first*-Epistemologie verständlich, denn wenn Wissen die Ausübung einer vernünftigen Fähigkeit ist, dann müssen Irrtümer als Scheitern der Ausübung dieser vernünftigen Fähigkeit verstanden werden. Der zweite Fall in der obigen Disjunktion – das Subjekt erwirbt eine Überzeugung, die auf einem nichtwahrheitsgarantierenden Grund beruht – ist also eine privative Möglichkeit, die abhängig davon ist, dass das Subjekt über eine vernünftige Fähigkeit verfügt, deren Erfolg Wissen ist. Zwischen Wissen und Irrtum besteht eine Asymmetrie, die einen logischen, einen explanatorischen und einen normativen Gehalt hat (vgl. QW, S. 279-281): Logisch gesehen sind Irrtümer davon abhängig, dass es Wissen gibt – aber nicht umgekehrt. Explanatorisch ist daher die Erklärung von Irrtümern an die vorhergehende Erläuterung von Wissen gebunden; wir können das Scheitern vernünftiger Erkenntnisfähigkeiten nur verstehen, wenn wir deren Erfolg verstehen, ohne dass die Umkehrung gilt. Zuletzt ist die Asymmetrie auch normativ: »Jemand, der etwas weiß, vollzieht einen Akt, in dem er genau jene Norm verwirklicht, die konstitutiv für diesen Akt ist. Jemand, der sich irrt, ist – aufgrund kontingenter Umstände – daran gescheitert, jene Norm zu verwirklichen, die konstitutiv für diesen Akt ist.« (QW, S. 280)

Die Fallibilität von Wissen verdankt sich in Kerns Analyse von Wissen als vernünftiger Fähigkeit also der prinzipiell jeder Fähigkeit innewohnenden Möglichkeit, dass ihre Ausübung unter ungünstigen Umständen scheitern kann. Der Irrtum als scheiternde Ausübung unserer vernünftigen Erkenntnisfähigkeit ist allerdings an eine prinzipiell vorgeordnete Möglichkeit des Gelingens gebunden. Wissen lässt sich laut Kern nur verstehen, wenn wir mit der Fähigkeitenkonzeption begreifen, dass wir im logisch, explanatorisch und normativ primären Fall einer erfolgreichen Ausübung unserer vernünftigen Erkenntnisfähigkeit einen wahrheitsgarantierenden Grund für unsere Überzeugung, dass *p*, erhalten. Im Unterschied zu Williams versteht Kern die Asymmetrie zwischen Wissen und

33 So die These von Williamson, *Knowledge and its Limits*, S. 27-48.

Irrtum jedoch nicht so, dass wir gemäß eines Vorschuss-und-Anfechtungs-Modells grundsätzlich begründungsfreie Behauptungen aufstellen dürfen, solange wir keinen Zweifeln daran begegnen; der infalliblen Fähigkeitenkonzeption zufolge liefert die erfolgreiche Ausführung der vernünftigen Erkenntnisfähigkeit tatsächlich wahrheitsgarantierende Gründe für die resultierende Überzeugung (vgl. QW, S. 303-309).

Kerns Position lässt sich dieser Rekonstruktion zufolge als Radikalisierung fähigkeitsbasierter Wissenskonzeptionen verstehen, die von Autor*innen wie Linda Zagzebski, Ernest Sosa, John Greco oder (schon viel früher in der feministischen Epistemologie) von Lorraine Code im Rahmen der sogenannten Tugendepistemologie (*virtue epistemology*) vertreten werden. Epistemische Fähigkeiten sollen jenes Element in der Begriffsbestimmung von Wissen liefern, von dem Linda Zagzebski argumentiert, dass Gettiers Beispiele es fordern: ein Element, das zur wahren Überzeugung hinzutritt, um ihre Zufälligkeit auszuschließen, und das daher die Wahrheit dieser Überzeugung notwendig implizieren muss.[34] Dann aber dürfen diese Fähigkeiten, so folgert Kern in ihrer exemplarischen Diskussion gegen Ernest Sosas Konzeption epistemischer Fähigkeiten als »Unvollkommenheiten«,[35] nicht gleichermaßen in den Fällen ins Spiel kommen, in denen wir uns irren, wie in Fällen, in den wir uns nicht irren. Wenn die Ausübung von Fähigkeiten auch unter günstigen Umständen schiefgehen kann (weil die Fähigkeiten bei Sosa dadurch definiert sind, dass sie hinreichend häufig erfolgreich sind[36]), können wir weder den Erfolgsfall noch das Scheitern auf

34 »Wir dürfen schließen, dass die vorherrschende Methode, Wissen als wahre Überzeugung plus irgendetwas anderes zu definieren, solange anfällig für Gegenbeispiele bleibt, solange ein kleiner Grad an Unabhängigkeit zwischen Wahrheit und dem irgendetwas anderen vorhanden ist. Daraus folgt, dass es eine notwendige Verbindung zwischen Wahrheit und den anderen Bedingungen für Wissen neben der Wahrheit geben muss, wie auch immer diese Bedingung aussehen mag. Im ersten Abschnitt [von Zagzebskis Text; F. V.] haben wir gesehen, dass diese anderen Bedingungen grob als ›auf richtige Weise überzeugt sein‹ definiert werden können. Der Sinn, in dem Wissen auf richtige Weise überzeugt zu sein ist, muss also Wahrheit implizieren.« (Zagzebski, »What is Knowledge?«, S. 102.)

35 Vgl. Andrea Kern, »Objektivität und Irrtum«, in: Markus Gabriel (Hg.): *Der Neue Realismus*, Berlin 2014, S. 200-229, hier S. 205-212.

36 Kern bezieht sich hier auf Ernest Sosa, *A Virtue Epistemology. Apt Belief and Reflective Knowledge*, Bd. I, Oxford 2007, S. 83 f. Vgl. auch Andrea Kern, »Know-

die Erkenntnisfähigkeit zurückführen, deren erfolgreiche Ausführung damit vom Zufall abhängt – und folglich die Notwendigkeit der Wahrheit unserer Überzeugung nicht wie gefordert garantieren kann. Kern schließt daraus, dass epistemische Fähigkeiten infallibel sein müssen. Dass wir uns gleichwohl irren können, lässt sich auf ungünstige Umstände bei der Ausführung unserer vernünftigen Erkenntnisfähigkeit zurückführen, deren Auftreten wiederum dadurch erklärt wird, dass wir als Menschen unsere Wirklichkeit sinnlich erfahren müssen. Deshalb ist ihre Wissenskonzeption eine Radikalisierung fähigkeitsbasierter Wissensbestimmungen, da sie Erkenntnisfähigkeiten als »Vollkommenheiten« begreift, deren Scheitern allein durch ungünstige Umstände zu erklären ist.

Vielleicht reicht eine einfache Überlegung an dieser Stelle aus, um die kategoriale Wucht von Kerns Argumentation ein wenig zu dämpfen. Eine Schwierigkeit ist, dass ihr Bild von infalliblen vernünftigen Erkenntnisfähigkeiten zu einem ähnlichen Problem führt, das auch ordinäre infallible Positionen haben, nämlich dass (fast) kein Wissen existiert, weil es sich nachträglich als falsche Überzeugung erweist. Kern mag für alltägliches Wissen – durch sinnliche Wahrnehmung oder Hörensagen – noch argumentieren können, dass es selten nachträglich korrigiert wird, doch gerade jene Praktiken, in denen wir normalerweise das Zentrum der Wissensproduktion verorten, können Kern zufolge eigentlich nie als Wissen erzeugend angesehen werden: wissenschaftliche Praktiken, für die schließlich konstitutiv ist, alte Erkenntnisse über den Haufen zu werfen. Eine zweite irritierende Eigenschaft von Kerns Position ist, dass wir in wissenschaftlichen Praktiken kaum je etwas über die erforschten Phänomene lernen, sondern vor allem darüber, dass unsere jeweiligen Umstände stets ungünstiger waren, als wir annahmen. Denn jede Korrektur muss ja – da vernünftige Erkenntnisfähigkeiten unter günstigen Umständen Wahrheit garantieren – zwangsläufig die jeweiligen Umstände als eben doch ungünstige enthüllen.

Diese irritierende Konsequenz, die sich aus Kerns transzendentalem Neoaristotelismus ergibt, stellt kein konklusives Gegenargument dar, sollte uns aber an der Tragweite dieses Ansatzes zweifeln lassen. Ein Teil der Schwierigkeiten entsteht aus Kerns überzogener

ledge as a Fallible Capacity«, in: Stefan Tolksdorf (Hg.), *Conceptions of Knowledge*, Berlin, Boston 2012, S. 215-241.

Argumentation (beispielsweise gegen Ernest Sosa), eine fallible Fähigkeit, deren Ausführung auch unter günstigen Umständen fehlschlagen könne, trage nichts zur Erklärung im Erfolgsfall bei. Denn Kern unterschlägt damit, dass eine genauere Beschreibung, wie diese Ausführung erfolgt, sehr wohl Unterschiede erklären könnte, wenn man Fähigkeiten nicht ganz so absolutistisch versteht. Das aber verhindert ihr »gelingensfixierter« Fähigkeitsbegriff. Wie Dirk Setton zeigt, macht Kerns Deutung von vernünftigen Fähigkeiten es unmöglich, dass »mit Bezug auf ein und dieselben (günstigen) Umstände mehr als eine Weise der Aktualisierung eines Vermögens möglich ist«.[37] Kern denkt die Ausübung von Fähigkeiten letztlich binär: entweder sie gelingen auf immer dieselbe Weise oder sie scheitern an ungünstigen Umständen. Kein Wunder, dass dieses Verständnis von Fähigkeiten nichts zur Erklärung beitragen kann, wie die Ausführung unter günstigen Umständen erfolgt, und dass Kern sich gezwungen sieht, die vernünftigen Erkenntnisfähigkeiten infallibel zu denken.

Es kommt mir allerdings nicht darauf an, ob Kerns radikale Fähigkeitenkonzeption von Wissen letztlich eine überzeugende Begriffsbestimmung von Wissen liefert, sondern darauf, ob Kerns alternative Explikation des Verhältnisses von Wahrheit und Wissen die selbstformende Wirksamkeit von Wissen zu artikulieren erlaubt. Zunächst könnte man glauben, Kern schaffe insofern Raum für den Gedanken selbstformender Wirksamkeit von Wissen, weil dieses ja die Einheit vernünftiger Erkenntnisfähigkeiten darstellt. Wäre so nicht eine Erläuterung möglich, wie sich deren Vollzug auf das Selbst auswirkt, das sie vollzieht? Doch Kerns infallible Konzeption von Wissen führt abermals dazu, die bereits im Standardbild der *belief-change*-Theorien stark restringierte selbstformende

37 Setton, *Unvermögen*, S. 63. Er bezieht sich auf Aristoteles' These, dass »von den mit Vernunft verbundenen Vermögen je ein und dasselbe auf das Entgegengesetzte [geht], die unvernünftigen dagegen gehen jeweils nur auf ein Objekt; z. B. das Warme ist nur Vermögen des Wärmens, die Heilkunst dagegen ist das Vermögen der Krankheit und der Gesundheit« (Aristoteles, *Metaphysik*, 1046b). Eine der Differenzen von Setton und Kern betrifft die Auslegung dieses Satzes: Kern versteht unter dem Gegenteiligen die Fälle der Privation, die anders erklärt werden müssen als der Erfolg des Fähigkeitenvollzugs (vgl. QW, S. 218-228). Setton hält das für unzureichend, da »eine *dynamis meta logou* mit Bezug auf identische Bedingungen zu gegenteiligen Ausübungen fähig [sein muss]« (Setton, *Unvermögen*, S. 64).

Wirksamkeit von Überzeugungen im Falle von Wissen noch weiter einzuschränken auf seine monotone Expansion. Kontraktionen sind durch das enge Verhältnis von Wahrheit und Wissen ausgeschlossen. In dieser Hinsicht stehen wir vor dem umgekehrten Ergebnis wie bei Williams: War dort zumindest die restringierte selbstformende Wirksamkeit aufgrund der Instabilität des Wissens und damit aufgrund des ermäßigten Verhältnisses von Wahrheit und Wissen denkbar, verhindert die Stabilität, ja Starrheit des Wissens, die sich bei Kern aus dem engen Verhältnis von Wahrheit und Wissen ergibt, selbst noch diese äußerst schwache Vorstellung selbstformender Wirksamkeit.

### 8.1.4 Wahrheit ohne Wirkung

Treten wir einen Schritt zurück, um einen Überblick über die bisherige Argumentation zu gewinnen, mit der ich die These plausibilisieren wollte, dass im philosophischen Bild der analytischen Epistemologie entweder die Wahrheit von Wissen oder seine selbstformende Wirksamkeit gedacht werden kann – und Letzteres nur auf extrem restringierte Weise. Diesen Sachverhalt habe ich exemplarisch an Bemühungen im Rahmen des analytischen Projekts einer Begriffsbestimmung von Wissen gezeigt. Williams' epistemologischer Kontextualismus lockert das Verhältnis von Wahrheit und Wissen zugunsten eines falliblen Wissensbegriffs so stark, dass die restringierte selbstformende Wirksamkeit, verstanden als Dynamik der Überzeugungsänderungen im Rahmen von *belief-change*-Theorien, auch für Wissen gilt. Kern dagegen betont die Unvereinbarkeit eines derartig instabilen Wissensbegriffs mit dem eigentlichen Anliegen der Erkenntnistheorie; ihre radikalisierte Fähigkeitenkonzeption von Wissen konzipiert dieses infallibel insofern, als jedes Scheitern der Erkenntnisfähigkeit an den Umständen kein Wissen hervorbringt. Von einer Dynamik des Wissens ist demnach nicht zu sprechen; das restringierte Verständnis selbstformender Wirksamkeit von Wissen als Dynamik der Überzeugungsänderungen schnurrt noch weiter zusammen auf monotone Expansion – die es freilich so gut wie nie gibt, da kaum je Wissen gewonnen wird. Angesichts dieser Ergebnisse gilt tatsächlich, dass dieses enge Verhältnis von Wahrheit und Wissen ausschließt, die selbstformende Wirksamkeit von Wissen zu berücksichtigen, während umgekehrt selbst die restringierte Form der selbstformenden Wirksamkeit von Wissen im Standardbild der *belief-change*-Theorien dieses Verhältnis von Wahrheit und Wissen deutlich lockern muss.[38] In beiden Fällen, und selbst unter Ermäßigung unseres Anspruchs an die dynamische Dimension von Wissen, stehen Wahrheit und Wirksamkeit von Wissen in einem antiproportionalen Verhältnis zueinander: Je mehr wir die dynamische Dimension von Wissen betonen, desto mehr entgleitet uns seine alethische Dimension; je stärker wir dagegen die Wahrheit von Wissen machen, desto weniger können wir seine Wirksamkeit denken. Die Ursache dieses Verhältnisses, so können wir vor dem Hintergrund der Diskussion in Kapitel 7 sagen, liegt in der Konzeption von Wahrheit als starrer Größe. Die Starrheit von Wahrheit – ob nun als Infallibilität von Wissen oder als Ewigkeitsklausel für wahre Sätze formuliert – ist der implizite Grundzug des philosophischen Bildes, der verhindert, dass die (analytische) Erkenntnistheorie die Wirksamkeit und die Wahrheit von Wissen gleichermaßen zu fassen bekommt.

Dass selbst ohne starres Verhältnis zur Wahrheit der Wissensbegriff im philosophischen Bild der (analytischen) Erkenntnistheorie die selbstformende Wirksamkeit von Wissen nicht so ausbuchstabiert werden kann, wie es für ein angemessenes Verständnis der drei philosophiehistorischen Beispiele von der Annahme eines eigenständig selbstformend wirksamen Wissens in Teil I erforderliche wäre, verweist uns auf einen zweiten Grundzug des philosophischen Bildes, innerhalb dessen die (analytische) Erkenntnistheorie operiert: den methodologischen Individualismus, der Aktivität und Passivität strikt aufteilt. Die (analytische) Erkenntnistheorie argumentiert ausgehend vom Bild einer prinzipiell passiven Welt, in der allein individuelle, autonome menschliche Subjekte als Akteure angesehen werden. Erstens stellt dieser vielfach beschriebene und kritisierte Individualismus der (analytischen) Erkenntnistheorie[39]

38 »Mit der Unterschiebung des Bleibenden als des Wahren wird der Anfang der Wahrheit zur Anfang der Täuschung.« (Theodor W. Adorno, *Zur Metakritik der Erkenntnistheorie. Gesammelte Schriften*, Bd. 5, Frankfurt/M. 2003, S. 25.)

39 Vgl. aus sehr unterschiedlichen Blickwinkeln heraus z. B. Kusch, *Knowledge by Agreement*; Lynne Hankinson Nelson, *Who Knows. From Quine to a Feminist Empiricism*, Philadelphia 1990, bes. Kapitel 6; Lorraine Code, *Epistemic Responsibility*, Hanover, London 1987; Alison M. Jaggar, *Feminist Politics and Human Nature*, Lanham/MD 1983, Kapitel 11.

die Subjekte des Wissens als isolierte Individuen dar, was schon bei der Berücksichtigung von wissenschaftlichem Wissen Probleme bereitet. Bereits Karl Popper monierte, dass die Konzentration auf einzelne Individuen als Wissende die Epistemologie »zur Irrelevanz verdammt«[40] habe. Welches Individuum »weiß« schon, was die Physik an Wissen gesammelt hat? Vor allem aber kritisiert die feministische Epistemologie zu Recht, dass nicht nur diese Konzentration auf einzelne Individuen problematisch ist, sondern auch die Art und Weise, wie diese Individuen selbst konzipiert werden: als »generische« und »selbstgenügsame« Subjekte, das heißt als unmarkierte Subjekte, die scheinbar ohne Zuschreibungen von Geschlecht, Klasse, Ethnie etc. existieren[41] – wohinter sich bekanntlich die unmarkierte und daher privilegierte Position des *weißen*, männlichen Mittelstandsbürgers verbirgt. Zudem werden diese generischen Individuen als derart autonom vorgestellt, dass sie in der Epistemologie als autark betrachtet werden dürfen, nämlich in ihren epistemischen Aktivitäten vollständig losgelöst von der Gesellschaft, in der sie leben. Heidi E. Grasswick hat dies treffend eine »atomistische Ansicht von Wissenden«[42] genannt. Dass beide Merkmale des methodologischen Individualismus' in der (analytischen) Epistemologie problematisch sind, liegt auf der Hand, selbst wenn diese die Kritik bislang größtenteils ignoriert. Für unsere Überlegungen möchte ich an dieser Stelle nur festhalten, dass dieser Individualismus, neben der untergründig vielfach ungebrochen fortwirkenden Stabilitätsannahme, der zweite wesentliche Grund dafür ist, weshalb es der (analytischen) Erkenntnistheorie schwer-

40 Karl R. Popper, »Epistemology Without a Knowing Subject«, in: ders., *Objective Knowledge. An Evolutionary Approach*, Cambridge 1994, S. 106-152, hier S. 108.

41 »Das wissende Subjekt irgendwie jenseits dieser Differenzen [*race*, Klasse, Geschlecht; F. V.] zu positionieren, als wären sie irgendwie fähig, diese wie bloße Merkmale ihrer jeweiligen Situation zu berücksichtigen [...], unterschätzt dramatisch die Tiefe, in der solche Strukturen in unserem Leben operieren. Ich bin kein generisches Selbst, das herausfinden muss, wie es mit einer Welt zurechtkommt, in der ich in der Position einer Frau situiert bin. Vielmehr ist mein Verständnis meiner selbst als Frau genauso tief wie mein Verständnis von mir als Person, ohne behaupten zu wollen, es wäre bereits klar, was das beides bedeuten würde.« (Naomi Scheman, »Feminist Epistemology«, in: *Metaphilosophy* 26 (1995), S. 177-190, hier S. 178.)

42 Heidi E. Grasswick, »Individuals-in-Communities. The Search for a Feminist Model of Epistemic Subjects«, in: *Hypatia* 19 (2004), S. 85-120, hier S. 85, 89 f.

fällt, auf die Frage, wie Wissen wirkt, anders zu antworten als: gar nicht. Denn er beinhaltet die strikte Einteilung der Welt in aktive Subjekte und passives Wissen.

Auf einen dritten Grundzug des philosophischen Bildes, innerhalb dessen die Debatte der (analytischen) Erkenntnistheorie stattfindet, habe ich bereits seit der Einleitung immer wieder hingewiesen: Nicht nur die wissenden Individuen, auch das Wissen selbst wird atomistisch konzipiert. Das zeigt sich an der kanonischen Formel »S weiß, dass *p*«, die suggeriert, dass Wissen in isolierten Propositionen vorliegt oder jedenfalls anhand von isolierten Propositionen verstanden werden kann.[43] Unser Ausflug in das analytische Projekt der Erkenntnistheorie sollte deutlich gezeigt haben, dass es angemessen ist, »S weiß, dass *p*« tatsächlich als kanonische Formel für die Definition von Wissen zu bezeichnen. Zudem können wir rückblickend sehen, dass bereits innerhalb dieses analytischen Projekts die engen Grenzen der impliziten Vorstellung sichtbar werden, Wissen als Brocken von einzelnen Propositionen zu erklären: Wir können die an Gettiers Beispielen anschließende Diskussion nämlich auch so deuten, dass die Trennung einer einzelnen Proposition von den sie erklärenden und rechtfertigenden Propositionen geradewegs in das Dilemma führt, aus dem uns Williams und Kern auf jeweils unterschiedliche Art herausführen wollen. Und beide greifen dabei nicht zufällig auf Annahmen zurück, die mit dem Atomismus in der kanonischen Formel brechen: Williams erklärt explizit, dass sein Kontextualismus »eine Art lokalen oder moderaten Holismus« (PK, S. 166) beinhaltet, der wie Martin Seels moderater Holismus ohne die Idee eines Ganzen – bei Williams: ohne eine »Pseudo-Totalität« (PK, S. 167) aller unserer Überzeugungen – auskommt, aber klar ablehnt, einzelnen Überzeugungen einen »intrinsischen epistemischen Status« (PK, S. 166) zuzuerkennen. Es gibt keine einzelne Proposition *p*, die ohne konstitutive Bezüge zu vielen anderen Propositionen in der kanonischen Formel auftauchen könnte. Insofern ist die Formel »S weiß, dass *p*« irreführend. Für Kern gilt ohnehin, dass diese Formel nur verständlich machen kann, was Wissen ist, wenn wir »dass *p*« als Resultat einer vernünftigen Erkenntnisfähigkeit verstehen, die gerade

43 Kritik daran wird in der Tugendepistemologie geübt. Vgl. z. B. Jonathan L. Kvanvig, *The Intellectual Virtues and the Life of the Mind. On the Place of the Virtues in Epistemology*, Savage/MD 1992, S. 182.

keine isolierten Propositionen liefert, sondern jeweils eine Vielfalt von Propositionen und deren wahrheitsgarantierenden Gründen (jedenfalls im Erfolgsfall). In beiden Positionen deutet sich damit an, dass die kanonische Formel selbst innerhalb des analytischen Projekts aufgrund des von ihr nahegelegten Atomismus für eine Begriffsbestimmung von Wissen unzureichend ist.

Damit komme ich zu einer letzten Überlegung: Was bedeuten die drei Grundzüge des philosophischen Bildes – Starrheit, Individualismus, Atomismus – für das analytische Projekt der Erkenntnistheorie? Zwar liegt es auf der Hand, dass sie für mein Vorhaben problematisch sind, doch ist damit noch nicht gesagt, dass die (analytische) Erkenntnistheorie aus sich selbst heraus Gründe hätte, mit ihnen unzufrieden zu sein. Erst recht ist unklar, inwiefern sie die von diesen drei Grundzügen errichteten Hindernisse für die Frage, wie Wissen wirkt, selbst als Hindernisse für eine berechtigte Frage beurteilen muss. Vielleicht trifft meine Frage zu schräg auf die in der (analytischen) Erkenntnistheorie verfolgten Ziele, um überhaupt beantwortbar zu sein? Vielleicht ist sie also schlicht irrelevant für die (analytische) Erkenntnistheorie, für die mein Befund damit ebenso folgenlos bleiben dürfte?

Doch ganz so einfach lässt sich die Frage nach der eigenständig selbstformenden Wirksamkeit von Wissen nicht mehr abtun. Erstens hatten wir bereits gesehen, dass der Atomismus des philosophischen Bildes, in dem die (analytische) Erkenntnistheorie operiert, auch von innen heraus unter Druck gerät. Analog dazu könnten wir die Entwicklung der sozialen Epistemologie als Anzeichen für die wachsende Erkenntnis deuten, dass der Individualismus ein Hindernis auch für die eigenen Fragen der (analytischen) Erkenntnistheorie darstellt.[44] Und auch der dritte Grundzug des philosophischen Bildes, die Starrheit, wird in der Diskussion über Fallibilismus mindestens implizit als problematisch diskutiert.

Zweitens scheint mir, dass Atomismus, Individualismus und Starrheit als auch für die (analytische) Erkenntnistheorie hinderliche Grundzüge ihres vorausgesetzten philosophischen Bildes er-

44 Das gilt allerdings nur für den Teil der sozialen Epistemologie, die nicht einfach die individualistische Wissensdefinition der klassischen Erkenntnistheorie übernimmt und auf Gruppen überträgt, wie etwa bei Goldman, *Knowledge in a Social World*. Vgl zu der internen Spaltung der sozialen Epistemologie den kritischen Überblick von Kusch, »Social Epistemology«.

kennbar werden, wenn das analytische Projekt der Erkenntnistheorie tatsächlich so verstanden wird, dass es nur ein Problem unter anderen Problemen ist, mit denen sich (analytische) Epistemologie beschäftigt, und dass es keinesfalls isoliert von diesen anderen Problemen ist. Denken wir an Williams' fünf grundlegende Probleme der (analytischen) Erkenntnistheorie zurück sowie an sein Argument, dass die Frage nach dem Wert von Wissen dazugehört (vgl. PK, S. 2) und jede Begriffsbestimmung von Wissen im Rahmen des analytischen Projekts auch zu einer Antwort auf die Frage nach dem Wert von Wissen passen muss,[45] dann lässt sich argumentieren, dass eine Erkenntnistheorie, die die Wirksamkeit von Wissen nicht berücksichtigen kann, einseitig bleiben muss, da sie ein Ideal untersuchen würde, ohne jemals die Frage nach seiner Wirkung stellen zu *können*. Denn so viel hat mein Durchgang demonstriert: Die (analytische) Erkenntnistheorie ist denkbar schlecht ausgerüstet, um Wissen überhaupt als wirksam zu verstehen. Insofern beschneidet das philosophische Bild, in dem sie größtenteils fraglos operiert, ihren zentralen Begriff des Wissens derart weitgehend, dass sie auf eine auch in ihrem Bild durchaus berechtigte Frage nur mit größter Verlegenheit reagieren kann. Damit aber hätte die (analytische) Erkenntnistheorie einen weiteren internen Grund, sich für die Frage nach der eigenständig selbstformenden Wirksamkeit von Wissen zu öffnen, um auf diese Weise den Rahmen ihres unangemessen engen philosophischen Bildes zu sprengen.

## 8.2 Wahres Handeln: Wissen in Pragmatismus und Praxistheorie

Selbst wenn die (analytische) Erkenntnistheorie ihrem eigenen Selbstverständnis nach Gründe hätte, die Frage nach der (eigenständigen) selbstformenden Wirksamkeit von Wissen zu beantworten, mögen manche denken, dass es unnötig ist, sich überhaupt mit ihren Bemühungen um eine Begriffsbestimmung von Wissen zu befassen. Angesichts der engen Beschränkungen des philosophischen Bildes, in dem die (analytische) Epistemologie operiert, hät-

45 So Jonathan L. Kvanvig, *The Value of Knowledge and the Pursuit of Understanding*, Cambridge 2003, S. x, 5 f.

ten wir doch von Anfang an wissen können, dass sie kaum etwas beizutragen hat, wenn es um die Wirksamkeit von Wissen geht. Hätten wir uns von vornherein jener Tradition zuwenden sollen, die wenn auch nicht die *eigenständig* selbstformende, so jedenfalls die Wirksamkeit von Wissen zum Ausgangspunkt ihrer Überlegungen macht? Hätten wir also philosophische Unterstützung im Pragmatismus suchen sollen? Zugegeben, auch der Pragmatismus setzt jenes Standardbild voraus, das ich in der Einleitung skizziert habe und dem zufolge die Wirksamkeit von Wissen nur als Handeln zu verstehen ist. Doch er geht darüber hinaus, so ließe sich argumentieren, weil er Wissen überhaupt als Handlungsfähigkeit – nämlich als *know-how* – bestimmt und insofern Wissen über seine Wirksamkeit definiert. So hat John Dewey in *Die Suche nach Gewissheit* die Erkenntnistheorie für ihre Prämisse der Starrheit von Wissen scharf attackiert, weil sie dadurch Erkenntnisse nur als Gewissheiten denke und damit grundlegend verfehle, was menschliches Wissen sei, wie es zustande komme und wie es sich bewähre. Erkenntnisse bzw. Wissen – »Ideen«, in Deweys Diktion – seien nicht repräsentational, sondern operativ zu verstehen: Ihre Gültigkeit bemesse sich an den Konsequenzen der Handlungen, zu denen sie Anlass geben – das heißt an ihrer Wirksamkeit, verstanden als Auswirkungen im Handeln derjenigen, die diese Ideen »haben« (sich also von ihnen leiten lassen).[46] Sowohl seine Kritik an der Erkenntnistheorie als auch seine Kopplung von Wissen und Handeln scheinen damit vielversprechend für diese Arbeit, wenngleich mit einem problematischen Primat des handelnden Subjekts behaftet (8.2.1).

Deweys pragmatische Erläuterung von Wissen als Handeln ist ein Versuch, Wissen von seiner Wirksamkeit her zu verstehen. Neben dem klassischen Pragmatismus und dem heutigen Neopragmatismus gibt es ähnliche Bemühungen in der sogenannten

46 Vgl. John Dewey, *Die Suche nach Gewißheit. Eine Untersuchung des Verhältnisses von Erkenntnis und Handeln*, Frankfurt/M. 1998, S. 139. Natürlich gibt es verschiedene Wissensbegriffe im Pragmatismus. Ich greife auf Dewey zurück, weil er einerseits sorgfältiger als James und andererseits radikaler als Peirce versucht, Wissen als Handeln zu begreifen. Vgl. zu den Gemeinsamkeiten und Unterschieden pragmatistischer Erkenntnistheorien Cheryl Misak, »Pragmatist Epistemology«, in: Sven Bernecker, Duncan Pritchard (Hg.), *The Routledge Companion to Epistemology*, New York 2011, S. 861-872.

Praxistheorie, in der Wissen tendenziell in Praxiszusammenhänge überführt und die Epistemologie als »überwunden« angesehen wird.[47] Gerade soziologische Praxistheorien ersetzen das Konzept »Wissen« oft implizit durch »Handeln«, indem sie Wissen jeder Form als rückführbar auf in Praktiken eingesetztes *know-how* begreifen. Solche Analysen bleiben häufig in einem Subjektivismus gefangen, weil sie (explizit oder implizit) von einem Handlungsbegriff ausgehen, der auf einem fundierenden Subjekt aufbaut. Für meine Absicht, eine Begriffsbestimmung von Wissen zu finden, die die eigenständig selbstformende Wirksamkeit von Wissen mitberücksichtigt, anstatt sie erneut auf das Subjekt als einzigen Quell von Aktivität zurückzuführen und so Wissen passiv zu konzipieren, ist dieser Weg daher nicht gangbar. Doch gibt es alternative, nicht-handlungstheoretische Praxistheorien, auf die ein Blick zu werfen sich lohnt (8.2.2).

Allerdings werden wir im Durchgang durch beide Theorieströmungen sehen, dass aus Sicht dieser Arbeit das grundlegende Problem an den Versuchen von Pragmatismus und Praxistheorie, Wissen über seine Wirksamkeit zu definieren, dasselbe ist wie das Problem mit der (analytischen) Epistemologie. Hier wie dort ist das Verhältnis von Wahrheit und Wissen antiproportional mit seiner selbstformenden Wirksamkeit verknüpft, beides also nicht gleichermaßen gemeinsam zu denken. Wo die (analytische) Erkenntnistheorie die Wahrheit betont und die Wirksamkeit von Wissen unberücksichtigt lässt, opfern Pragmatismus und Praxistheorie tendenziell die Wahrheit von Wissen, um dessen Wirksamkeit einfangen zu können. Wahrheit und Wirksamkeit von Wissen gleichberechtigt zu denken, gelingt auch ihnen nicht (8.2.3).

47 Klassisch ist Theodore R. Schatzki u. a. (Hg.), *The Practice Turn in Contemporary Theory*, London, New York 2001. Neuere Sammlungen sind Allison Hui u. a. (Hg.), *The Nexus of Practice. Connections, Constellations, Practitioners*, London, New York 2017; Hilmar Schäfer (Hg.), *Praxistheorie. Ein soziologisches Forschungsprogramm*, Bielefeld 2016; Thomas Alkemeyer u. a. (Hg.), *Praxis denken. Konzepte und Kritik*, Wiesbaden 2015. Hilfreiche Überblicke über das enorm heterogene Feld liefern Frank Hillebrandt, *Soziologische Praxistheorien. Eine Einführung*, Wiesbaden 2014; Joseph Rouse, »Practice Theory«, in: Stephen P. Turner, Mark W. Risjord (Hg.), *Philosophy of Anthropology and Sociology*, Dordrecht 2007, S. 630-681; Andreas Reckwitz, »Grundelemente einer Theorie sozialer Praktiken. Eine sozialtheoretische Perspektive«, in: *Zeitschrift für Soziologie* 32 (2003), S. 282-301.

Deweys begriffliche Konzeption von Wissen bzw. Ideen, die ich seiner späten Monografie *Die Suche nach Gewißheit* entnehme, verdankt sich vor allem seiner Abwehr der Überbewertung von Erkenntnis und der damit korrespondierenden Abwertung von Handlungen. Seiner Diagnose zufolge sind wir Menschen auf einer fortwährenden Suche nach Gewissheit, um die jede Situation bestimmende Unsicherheit beherrschen zu können. Diese Suche nach Gewissheit sei an sich keineswegs verfehlt, sondern stelle für Lebewesen eine Notwendigkeit dar, weil für sie die Situationen einen *problematischen* Charakter annehmen können und es teilweise eine Frage von Leben und Tod werde, richtig zu reagieren.[48] Falsch sei aber, mit den antiken griechischen Philosophen aus der Unsicherheit allen Handelns zu schließen, dass Erkenntnis etwas kategorisch anderes sein müsse, da sie auf eine Gewissheit ziele, die im Reich des Praktischen nicht zu haben sei. Dagegen argumentiert Dewey mit Blick auf den tatsächlichen Erkenntnisprozess der (Natur-)Wissenschaften, dass Erkenntnis selbst »eine Form praktischen Handelns [ist], und zwar *die* Art der Interaktion, durch die andere natürliche Interaktionen der Steuerung unterworfen sind«.[49] Erkenntnis ist zuallererst eine Form von Kontrolle.

Eine der weitreichenden Konsequenzen dieser Deutung der Wissenschaften und der daraus folgenden Reorientierung der Philosophie betrifft unser Verständnis von Wissen bzw. von »Ideen«. Sie können, wenn wir den Erkenntnisprozess als Praxis begreifen, keine inerten mentalen Repräsentationen »realer« Gegenstände in der Welt sein. Stattdessen sind Ideen »antizipatorische Pläne und Entwürfe, die in konkreten *Re*konstruktionen der vorgängigen Bedingungen der Wirklichkeit wirksam werden«.[50] Ideen sind, mit anderen Worten, Bündel von Absichten bzw. »zu vollziehenden

48 Vgl. Dewey, *Die Suche nach Gewißheit*, S. 224 f. Zur Unbestimmtheit von Situationen, die als Problem erfahren werden, wobei Teil des Problems gerade ist, dass die in der Situation sich befindenden Subjekte keine klare Beschreibung des Problems geben können, vgl. auch John Dewey, *Logik. Die Theorie der Forschung*, Frankfurt/M. 2002, Kapitel IV, bes. S. 132-135, sowie dazu Jörg Volbers, *Die Vernunft der Erfahrung. Eine pragmatistische Kritik der Rationalität*, Hamburg 2018, S. 287-296.

49 Dewey, *Die Suche nach Gewißheit*, S. 109.

50 Ebd., S. 168.

Operationen«,[51] deren Gültigkeit sich an den Konsequenzen der Verwirklichung dieser Operationen bemisst. Deshalb stellt »Handeln [...] den innersten Kern der Ideen dar«.[52] Wissen ist demnach nichts anderes als seine Wirksamkeit, verstanden als das Handeln des wissenden Subjekts.

Dewey wendet an dieser Stelle gegen sich selbst ein, dass damit Wissen allein auf eine bestimmte Art von Wissen reduziert würde (nämlich experimentelles Wissen) und so gerade die Ideen ausgespart würden, die für die antike Philosophie dem Ideal von Gewissheit am nächsten kamen: mathematische Ideen. Können wir wirklich behaupten, dass etwa Euklids Beweis unendlich vieler Primzahlen ein Bündel »antizipatorischer Pläne« ist und seine Gültigkeit von den Konsequenzen dieser Pläne abhängt? Ja, wir können – es sind Handlungspläne, die sich auf Symbole beziehen:

> Mathematische Ideen sind Bezeichnungen möglicher Operationen in einem anderen und sekundären Sinne, der oben dadurch charakterisiert worden ist, daß wir von der Möglichkeit symbolischer Operationen in ihrem wechselseitigen Bezug *aufeinander* gesprochen haben.[53]

Die Gültigkeit dieser symbolischen Operationen besteht in ihrer »Kom-Possibilität«, also ihrer »Nicht-Unvereinbarkeit«[54] mit weiteren möglichen Operationen. Euklids Beweis, dass es unendlich viele Primzahlen gibt, muss als symbolisches Handeln verstanden werden, das weitere symbolische Handlungen kontrolliert. Indem Euklid die Konsequenzen der symbolischen Handlungen verfolgt, die sich ergeben, wenn wir von bloß endlich vielen Primzahlen ausgehen, kommt er zu der Erkenntnis, seine eigene Annahme revidieren zu müssen, weil er zu jeder als größten angenommenen Primzahl eine größere konstruieren kann. Die Idee einer größten Primzahl hat die (im Bereich des symbolischen Handelns: praktische) Konsequenz, sich selbst zu unterminieren. In diesem Sinne ist sie falsch, das heißt ungeeignet, unser weiteres Handeln mit mathematischen Symbolen anzuleiten – denn eine widersprüchliche Idee erlaubt jede beliebige Handlung. So (oder ähnlich) ließe sich die mathematische Erkenntnis, dass es unendlich viele Primzahlen

51 Ebd., S. 117.
52 Ebd., S. 169.
53 Ebd., S. 161 f.
54 Ebd., S. 162.

gibt, mit Deweys Vorstellung von Wissen als »antizipatorischen Plänen« reformulieren.[55] Sein instrumentalistisches Wahrheits- und Wissensverständnis buchstabiert insofern in Bezug auf Ideen bzw. Wissen geradezu mustergültig das von Charles S. Peirce bereits 1878 formulierte pragmatistische Prinzip aus: »Überlege, welche Wirkungen, die denkbarerweise praktische Bezüge haben könnten, wir dem Gegenstand unseres Begriffs in Gedanken zukommen lassen. Dann ist unser Begriff dieser Wirkungen das Ganze unseres Begriffs des Gegenstandes.«[56] Zu wissen, dass *p*, ist demzufolge nichts anderes als die Gesamtheit der praktischen Wirksamkeit, die *p* entfalten kann.

Obgleich Dewey zu Beginn von *Die Suche nach Gewißheit* beteuert, die Unterordnung von Handeln unter Erkenntnis nicht einfach umkehren zu wollen,[57] zeigt das Beispiel mathematischer Ideen, dass er dies nur dadurch vermeidet, dass er Erkenntnis schlicht als eine besondere Handlungsform bestimmt, es also gar keine zwei getrennten Phänomene mehr gibt, die sich zueinander ins Verhältnis setzen ließen: »Die Unterscheidung zwischen Theorie und Praxis, die einstmals getroffen wurde, hat ihre Bedeutung nur als Unterscheidung zwischen zwei Arten des Handelns: dem blinden und dem intelligenten.«[58] Wissen ist damit eine – intelligente – Form des Handelns, nämlich jenes Handeln, das unsere Umgebung und

55 Interessanterweise scheint allerdings der Unvereinbarkeit eine größere Signifikanz zuzukommen als der »Kom-Possibilität«. Dass dies eventuell nicht nur Deweys Beispiel – Euklids Beweis durch Widerspruch – geschuldet ist, legt Brandoms Ausarbeitung der Inkompatibilitätssemantik nahe: vgl. Robert B. Brandom, *Between Saying and Doing. Towards an Analytic Pragmatism*, Oxford 2008, Kapitel 5.

56 Charles S. Peirce, *Über die Klarheit unserer Gedanken. Mit einem Nachwort von Edward Craig*, Frankfurt/M. 2018, S. 63.

57 Die Philosophie davon zu überzeugen, dass Handeln der Erkenntnis nicht untergeordnet ist, »impliziert nicht, daß Handeln höher und besser als Erkenntnis und Handeln der Erkenntnis von sich aus überlegen sei. Eine beständige und wirksame Wechselwirkung zwischen Erkenntnis und Praxis ist etwas ganz anderes als das Lob der Tätigkeit um ihrer selbst willen.« (Dewey, *Die Suche nach Gewißheit*, S. 41.) Dennoch spricht z. B. Jens Kertscher, »Erkenntnis als natürlicher Prozess. Natur, Mittel und Wissen«, in: Michael Hampe (Hg.), *John Dewey: Erfahrung und Natur. Klassiker auslegen*, Berlin 2017, S. 65-79, hier S. 66, von einem »Primat des Handelns« (wenn auch in Bezug auf John Dewey, *Erfahrung und Natur*, Frankfurt/M. 1995).

58 Dewey, *Die Suche nach Gewißheit*, S. 245.

unser weiteres Handeln kontrolliert und auf praktische Weise sichert. Wahrheit als das klassische Ziel von Erkenntnis wird damit durch Sicherheit und Kontrolle definiert; Wissen liegt dann vor, wenn unsere Kontrolle derart abgesichert ist, dass sie kaum oder gar nicht mehr zu erschüttern ist – wenn wir Stabilität hergestellt haben.[59]

Dewey liefert damit eine indirekte Begriffsbestimmung von Wissen, das nicht nur unser Handeln anleitet, sondern genau besehen in nichts anderem als dieser Handlungsleitung besteht: »Wissen ist wortwörtlich etwas, das wir tun«.[60] Die Handlungsform »Wissen« hat die Aufgabe, unsere anderen Handlungen zu stabilisieren. Im Unterschied zur Diskussion in der (analytischen) Erkenntnistheorie ist Wissen nicht so sehr starr als vielmehr stabilisierend. Die Ähnlichkeit mit dem Erfolgsbegriff »Wissen« der (analytischen) Epistemologie springt gleichwohl ins Auge.

Die bisherige Rekonstruktion von Deweys Wissensbegriff scheint auf den ersten Blick eine vielversprechende Bestimmung von Wissen über seine Wirksamkeit zu sein, zumal wir im Rückgriff auf Jörg Volbers' Interpretation auch die selbstformende Wirksamkeit in Deweys Ausführungen wiederfinden können. Denn ist Wissen die »Fähigkeit, bestimmte Konsequenzen verlässlich herzustellen«,[61] so ist das Selbst des – erst am Ende! – wissenden Subjekts ein »strukturierendes Moment der *inquiry*«,[62] das selbst in und von dieser Praxis strukturiert wird. Das Selbst ist sowohl Produkt als auch Vermittlungsinstanz jeder Erkenntnispraxis; Wissen als Fähigkeit, diese Praxis zu ihrem angestrebten Ziel zu steuern,[63] verändert das Selbst, das diese Steuerungsleistung zu erbringen bemüht ist und das zugleich ein Ergebnis voriger Untersuchungen ist.

59 Hier setzt die Kritik Horkheimers an, der dem Pragmatismus vorwirft, ein »harmonistisches« Bild von der Gesellschaft sowohl vorauszusetzen als auch zu proklamieren und Vernunft instrumentell auf ein Herrschaftsmittel zu verkürzen. Vgl. dazu Horkheimer, »Zum Problem der Wahrheit«, S. 302; Horkheimer, *Zur Kritik der instrumentellen Vernunft*, S. 60-74.

60 John Dewey, »An Added Note as to the ›Practical‹«, in: ders., *Essays in Experimental Logic*, Chicago 1916, S. 330-334, hier S. 331.

61 Volbers, *Die Vernunft der Erfahrung*, S. 301.

62 Ebd., S. 321.

63 Wahrheiten seien erfolgreiche Vorgänge, in denen Wissen ein Mittel sei: »Prozesse der Veränderung, die so gelenkt werden, daß sie ein beabsichtigtes Ziel erreichen« (Dewey, *Erfahrung und Natur*, S. 161).

Aus unserer Perspektive der Suche nach einer Begriffsbestimmung von Wissen, die Wahrheit und eigenständige Wirksamkeit gleichermaßen berücksichtigt, stellen sich zwei Probleme. Erstens ist das Verhältnis zwischen Wahrheit und Deweys Wissensbegriff nur schwer zu fassen. Man muss nicht die diversen Missverständnisse von Bertrand Russell reproduzieren,[64] um die mit der Übersetzung von Wissen und Handeln einhergehende Übersetzung von Wahrheit in Handlungserfolg für problematisch zu halten; es reicht, mit Richard Rorty darauf hinzuweisen, dass der »warnende Gebrauch« von Wahrheit dazu dient, Zweifel gerade an vermeintlich erfolgreichen Erkenntnisprozessen anzubringen.[65] Die zentrale Frage um den Wahrheitsbegriff des Pragmatismus (oder jedenfalls von Dewey) dreht sich um diese Transposition: Ist der Verlust, der damit einhergeht (nämlich einer Instanz, um Einspruch gegen *erfolgreiche* Praktiken zu erheben), angesichts des Gewinns (nämlich eines fallibilistischen, materialistischen Wissensbegriffs) gerechtfertigt?

Es wäre absurd, diese Frage auf der Basis meiner schmalen Rekonstruktion entscheiden zu wollen. Sie deutet aber darauf hin, dass uns auch Deweys Pragmatismus vor die Wahl stellt, entweder die Wirksamkeit oder die Wahrheit von Wissen zu berücksichtigen, nicht aber beides gleichermaßen. Der Grund dafür liegt in dem anti-epistemischen Reduktionismus von Wissen auf Handeln, der eine Reihe von Fragen der Epistemologie in Bausch und Bogen verwirft, statt die Möglichkeit zu erwägen, diese Fragen im Rahmen

64 Vgl. Bertrand Russell, *An Inquiry into Meaning and Truth. The William James Lectures for 1940*, London, New York 1995, S. 318-326, und die Antwort in John Dewey, »Propositions, Warranted Assertibility, and Truth«, in: *The Journal of Philosophy* 38 (1941), S. 169-186. Die erste Runde war Bertrand Russell, »Dewey's New *Logic*«, in: Paul Arthur Schilpp (Hg.), *The Philosophy of John Dewey*, LaSalle, Ill. 1989, S. 137-156; John Dewey, »Experience, Knowledge and Value. A Rejoinder«, *The Later Works, 1925-1953*, Bd. 14: 1939-1941, LaSalle, Ill. 1988, S. 3-90, hier S. 52-59.

65 Vgl. Rorty, »Pragmatismus, Davidson und der Wahrheitsbegriff«, S. 78. Brandom weist zudem zu Recht darauf hin, dass man der pragmatistischen Vorstellung, dass man etwas tut, wenn man etwas als wahr behauptet, viel abgewinnen kann, ohne ihrer spezifischen Analyse zu folgen. Mit Frege gesprochen, verweise »wahr« auf die behauptende Kraft, nicht auf einen begrifflichen Gehalt, und Brandom schlägt vor, Deweys Theorie als Vorform einer solchen Kraft-Redundanz-Theorie zu verstehen (vgl. EV, S. 415-421). Siehe Abschnitt 7.1.

einer anderen – nichtsouveränen politischen – Erkenntnistheorie zu stellen. Solange wir die Möglichkeit dieser anderen Epistemologie und damit eines zugleich und gleichermaßen wahren und wirksamen Wissens nicht endgültig abschlägig beurteilen müssen, sollten wir den anti-epistemischen Reduktionismus von Wissen auf Handeln ablehnen. Das in Kapitel 7 vorgestellte Verständnis von Wahrheit als Kraft eröffnet den Weg zu einem solchen alternativen Wissensbegriff, ohne Wahrheit mit Handlungserfolg zu identifizieren.

An dieser Stelle wird ein zweites Problem sichtbar, das mich davon abhält, den Begriff eigenständig selbstformend wirksamen Wissens mithilfe des Pragmatismus zu erläutern und das meiner Ansicht nach ebenso schwerwiegend ist wie der anti-epistemische Reduktionismus von Wissen auf Handeln. Wie wir bei Dewey gesehen haben, behält sein Pragmatismus durch den starken Fokus auf »Handeln« einen gewissen Subjektivismus bei, da er die Handlungsfähigkeit im Begriff eines fundierenden Subjekts verankert. Das Paradigma des Praktischen bleibt das Individuum in einer für es unsicheren Situation – kein Wunder, dass die verbreitetsten Wiederaufnahmen des Pragmatismus handlungstheoretischer Natur sind.[66] Damit aber verbleibt der Pragmatismus in jenem Standardbild, das die Wirksamkeit von Wissen einseitig dem Subjekt als Handeln zuschreibt und ein aktives Wissen durch seine Grundbegrifflichkeiten ausschließt.

Beide Probleme – der anti-epistemische Reduktionismus sowie der handlungstheoretische Subjektivismus – lassen sich auf die Einebnung des Unterschieds zwischen Wissen und Handeln zurückführen. Im krafttheoretischen Vokabular des vorigen Kapitels können wir das so beschreiben, dass der Pragmatismus zwar richtigerweise erkennt, dass Wissen als eine Form von Aktivität oder

66 Vgl. zum Subjektivismus im Begriff der Praktiken bei Dewey Volbers' erhellenden Vergleich mit Wittgensteins Vorstellung sozialer Praktiken in Jörg Volbers, »Wittgenstein, Dewey, and the Practical Foundation of Knowledge«, in: *European Journal of Pragmatism and American Philosophy* 4 (2012), S. 105-117. Zwar gibt es Bemühungen, an den Pragmatismus nicht handlungstheoretisch und damit nicht im genannten Sinne subjektivistisch anzuknüpfen (programmatisch: Andreas Hetzel u. a., »Vorwort der Herausgeber«, in: Andreas Hetzel u. a. (Hg.), *Pragmatismus – Philosophie der Zukunft?*, Weilerswist 2008, S. 7-14, hier S. 9), doch ist das derzeit keine prominente Deutung, wie Hetzel, »Zum Vorrang der Praxis«, S. 32, einräumt.

Kraft zu beschreiben ist, aber fälschlicherweise daraus schließt, diese Aktivität mit dem menschlichen Handeln identifizieren zu müssen, um den bekämpften Dualismus der »Erkenntnistheorie-Industrie« zwischen Welt und Geist oder Handeln und Wissen zu vermeiden. Mein Vorschlag läuft stattdessen darauf hinaus, zu einem Pluralismus verschiedener Kraftformen überzugehen, so dass Wissen zugleich wahr und wirksam verstanden werden kann, ohne es aus den sozialen Praktiken aussondern zu müssen, in denen es emergiert.

### 8.2.2 Die Wahrheit der Praxistheorie

Auch in der Praxistheorie ist das Problem des handlungstheoretischen Subjektivismus weit verbreitet, weil häufig mit einem Handlungsbegriff hantiert wird, der unbemerkt einen (oft individualistischen) Subjektbegriff zum Fundament sozialer Praktiken macht. Beispielsweise definiert Theodore R. Schatzki Praktiken als »offene, sich zeitlich entfaltende Handlungszusammenhänge«.[67] Diese Handlungszusammenhänge ließen sich in »Sprechen« und »körperliches Tun« unterteilen, wobei letzteres als »Basis-Handlungen« im Sinne von Arthur C. Danto erläutert werden. Das ist relevant, da Danto Basis-Handlungen von anderen Handlungen dadurch unterscheidet, dass erstere nicht in Ursache und Wirkung zerlegbar sind; Basis-Handlungen sind die kleinste Einheit intentionalen Handelns eines Subjekts.[68] Praktiken als temporal sich entfaltende Zusammenhänge von Basis-Handlungen und Sprechhandlungen zu bestimmen, setzt also den Begriff eines Subjekts voraus, das die Basis-Handlungen intentional vollzieht[69] – was kein Problem für

67 Theodore R. Schatzki, *The Site of the Social. A Philosophical Account of the Constitution of Social Life and Change*, University Park 2002, S. 72. Weitere Beispiele, die soziale Praktiken in einen vorhergehenden Subjektbegriff fundieren, sind Reckwitz, »Grundelemente einer Theorie sozialer Praktiken«, oder Robert Schmidt, *Soziologie der Praktiken. Konzeptionelle Studien und empirische Analysen*, Berlin 2012, S. 55-62.

68 »Wenn eine Person *M* eine Basis-Handlung *a* vollzieht, gibt es kein von *a* verschiedenes Ereignis, das sich zu *a* wie die Ursache zur Wirkung verhält und *zugleich* eine von *M* vollzogene Handlung ist. Wenn *M* eine Basis-Handlung vollzieht, dann tut er nichts vorher, was ihr Geschehen verursacht.« (Arthur C. Danto, »Basis-Handlungen«, in: Georg Meggle (Hg.), *Analytische Handlungstheorie*, Bd. 1: Handlungsbeschreibungen, Frankfurt/M. 1985, S. 89-110, hier S. 91 f.)

69 Vgl. dazu im Detail Vogelmann, *Im Bann der Verantwortung*, S. 96-98.

Schatzki ist, jedoch für uns, weil unsere Erläuterung der eigenständigen Wirksamkeit von Wissen von diesem Praktikenbegriff stets wieder auf das Handeln eines Subjekts zurückgeführt würde.

Allerdings machen auf diese Weise von einem vorgängigen Subjektbegriff abhängige Konzepte von Praktiken nur einen Teil des Feldes von Praxistheorien aus. Insbesondere poststrukturalistische und posthumanistische Praxistheorien betreiben dagegen oft beträchtlichen konzeptuellen Aufwand, um solche Abhängigkeiten zu vermeiden. Ein für uns besonders instruktives Beispiel ist Joseph Rouse' Praktikenbegriff, weil Rouse diesen mit der Absicht entwickelt, einen nichtsouveränen Begriff von Wissen einzuführen, der die Dynamik wissenschaftlichen Wissens angemessen beschreiben können soll.[70]

Um den Praktikenbegriff nicht von einem vorgängigen Subjektbegriff her zu bestimmen, konzipiert Rouse soziale Praktiken zunächst schlicht als Aktivitätsmuster. Sie differenzieren sich erst aufgrund des Zusammenspiels der in ihnen ablaufenden Vorgänge und der durch andere Praktiken auf sie einwirkenden Kräfte in Subjekte, Objekte, deren Umwelt (der für diese Praktik relevante Ausschnitt der Situation) und das zwischen ihnen verlaufende Handlungsgeflecht. Wie sich Subjekte und Objekte sowie ihre gemeinsame Umwelt voneinander abgrenzen bzw. abgegrenzt werden und wie das Aktivitätsmuster den Subjekten zugeschrieben und damit als *Handlungs*geflecht zwischen den Elementen der Praktik verteilt wird, hängt von den Intra-Aktionen[71] der Elemente innerhalb der Praktik und mit weiteren Praktiken ab. Subjekte, Objekte, Umwelt und Handlung sind also Begriffe, die Elemente von Praktiken herausgreifen, die sich erst in ihrem Verlauf und durch die Einwirkungen angrenzender Praktiken ausdifferenzieren. So wird die Vorstellung vermieden, dass Aktivitätsmuster einer Praktik aus Interaktionen zwischen bereits vor Beginn dieser Interaktionen

70 Rouse' nichtsouveränem Wissensbegriff sind wir bereits in Kapitel 6.3 begegnet. Für die folgende Darstellung greife ich hauptsächlich auf ES, Kapitel 5, zurück und ziehe HSPM ergänzend heran. Meine Rekonstruktion baut dabei auf der bereits in Vogelmann, *Im Bann der Verantwortung*, S. 71-73, 100-109, gegebenen Explikation von Rouse' Praktikenbegriff auf.

71 Intra-Aktionen ist ein von Karen Barad eingeführter Neologismus für performative Relationen, deren Relata erst in diesem Verhältnis entstehen. Vgl. Karen Barad, *Meeting the Universe Halfway. Quantum Physics and the Entanglement of Matter and Meaning*, Durham 2007, S. 33; HSPM, S. 147 und Kapitel 8.

bestehenden Elementen zusammengesetzt sind. Stattdessen differenziert sich die Praktik erst im Ablauf der Intra-Aktionen in ihre Elemente, das heißt in Subjekte, Objekte, ihre Umwelt und das Handlungsgeflecht zwischen ihnen. Dieser Differenzierungsprozess bestimmt die Identität der Praktik, auch weil die Ziele einer Praktik erst durch die interne Differenzierung von Handlungen erfolgt (vgl. ES, S. 142 f.).

Die äußerst abstrakte Einführung des Konzepts »Praktiken« und die begriffliche Reihenfolge, welche die Begriffe Subjekt und Objekt vom Praktikenbegriff abhängig macht, schließt keineswegs die Existenz stabiler Objekte und Subjekte mit dauerhaften Eigenschaften und Fähigkeiten aus. Diese müssen den Objekten bzw. Subjekten sowohl innerhalb einer speziellen Praktik als auch über verschiedene Praktiken hinweg zukommen können, soll überhaupt sinnvoll von Subjekten, Objekten und Handlungen als wiedererkennbaren Elementen von Praktiken gesprochen werden können. Rouse übernimmt für seine Argumentation die Substitutionsstrategie von Brandoms Herleitung singulärer Terme aus Propositionen (vgl. EV, Kapitel 6, bes. 521-533). Die einzelnen Elemente einer Praktik werden als stabile Subjekte, Objekte, Umwelten oder Handlungen bestimmbar, weil sie Inferenzbeziehungen, und zwar insbesondere Substitutionsbeziehungen, zu anderen Praktiken aufweisen (vgl. HSPM, S. 314-316). Wir können aus der Ersetzbarkeit von besonderen Elementen in den Intra-Aktionen einer Praktik durch Teile der Intra-Aktion in anderen Praktiken die (relativ) feste Identität etwa eines Objekts bestimmen. Rouse nennt als Beispiel Wasser, das Objekt-Status hat, weil es in so verschiedenen Vorgängen wie Schwimmen, Elektrolyse, Kochen etc. vorkommt. Der Begriff »Wasser« expliziert die praktisch-inferentiellen Verknüpfungen dieser Intra-Aktionen untereinander und bezeichnet damit das austauschbare Element in ihnen. Ob eine Substitution in einem bestimmten Fall gelingt, ist auch davon abhängig, worum es in der Praktik geht: Kommt es auf das Löschen von Feuer an, ist Wasser durch Sand und andersherum ersetzbar – es sei denn, es handelt sich um brennendes Öl. Das Ziel einer Praktik – das konstitutiv umstritten und nicht (unbedingt) identisch mit den Zielen der Subjekte dieser Praktik ist – bestimmt daher die jeweiligen Differenzierungen der Intra-Aktionen und damit auch die Abgrenzung der beteiligten Objekte und Subjekte mit.

Wie Objekte erhalten Subjekte ihren Status innerhalb einer Praktik aufgrund der spezifischen praktisch-inferentiellen Beziehungen ihrer Intra-Aktionen. Im Gegensatz zu Objekten werden Subjekte jedoch in einer Praktik so differenziert, dass ihnen die Fähigkeit zur praktischen Reflexivität zugeschrieben wird: Sie müssen Aktivität zur Selbstformung nutzen können. Die Differenz von handlungsfähigen Subjekten und Objekten (sowie von Handlungen und Geschehnissen) wird also erst in den Praktiken hervorgebracht (vgl. ES, S. 143-147). Weil diese Individuierung von Subjekten im Vollzug der Praktiken und nicht anhand von vorab spezifizierbaren Kriterien erfolgt, folgt daraus erstens, dass »›Praxis‹ eine grundlegendere Kategorie ist als ›Subjekt‹« (ES, S. 135). Zweitens ist das zuvor genannte Kriterium, Subjekte als jene Elemente anzusehen, denen Teile der Aktivität als reflexiv auf sich gewendete Handlungen (das heißt als praktischer Selbstbezug) zugeschrieben werden können, selbst als historisch anzusehen: Es ist das *gegenwärtig* in unseren – philosophisch-wissenschaftlichen wie alltäglichen – Praktiken etablierte Kriterium. Obgleich enorm stabil, weil zu seiner Veränderung die gesamten Praktikenkomplexe sich ändern müssten, ist sein historischer Wandel begrifflich nicht ausgeschlossen.

Um zu verstehen, wie Rouse vor dem Hintergrund dieses Praktikenbegriffs zu einer Neubestimmung von Wissen gelangt, fehlt uns noch die diskursive Dimension von Praktiken. Was in ihnen gesagt werden kann, ist davon abhängig, auf welche praktisch-inferentiellen Differenzierungen, also welche Subjekte, Objekte, Handlungen und Umwelten sie Bezug nehmen können. Erneut greift Rouse auf eine Strategie Brandoms zurück, wenn er den semantischen Gehalt aus den impliziten Normen in inferentiell gegliederten Praktiken expliziert (vgl. EV, S. 208-218, und siehe Kapitel 7.1). Der propositionale Gehalt einer Behauptung ergibt sich demnach aus den Rollen, die er in den diskursiven Praktiken spielen kann, und wird von den in diesen Praktiken impliziten material richtigen Inferenzen – genauer: den in Praktiken als material richtig behandelten Inferenzen – festgelegt. Der damit beschrittene Weg führt also von dem, was getan wird, zu dem, was damit gesagt wird (vom *know-how* zum *know-that*) und bleibt damit dem Grundgedanken einer Gebrauchstheorie der Bedeutung verpflichtet. Rouse modifiziert Brandoms Theorie jedoch insofern, als er nicht von der Autonomie der diskursiven Praktiken gegenüber Wahrnehmungen und

Handlungen ausgeht (so EV, S. 345), sondern diskursive Praktiken als immer schon körperliche, praktisch-perzeptuelle Fähigkeiten voraussetzend versteht, da Sprechen und Verstehen nichtsprachlicher Fähigkeiten bedürfen (vgl. HSPM, S. 210-233). Zwar ließen sich propositionale Gehalte nicht auf den Gebrauch dieser Fähigkeiten reduzieren, doch ohne diese könnten sie keine Bedeutung erlangen. Das heißt allerdings nicht, dass umgekehrt diese nichtsprachlichen Fähigkeiten unabhängig von den diskursiven Praktiken erklärt werden könnten. Anstatt eine solche Inversion der Erklärungsreihenfolge vorzunehmen, müsse die Unterscheidung zwischen diskursiven und nichtdiskursiven Elementen anders verstanden werden:[72] »Diskursive Praktiken und praktisch/perzeptuelle Reaktionsfähigkeiten sind keine innerhalb der Welt abtrennbaren Bereiche, sondern Dimension der gesamten Welt als eines bedeutungsvoll arrangierten praktischen Feldes.« (HSPM, S. 232)

Die diskursive Dimension ist also Teil des in der Praktik sich differenzierenden Handlungsgeflechts zwischen den Subjekten, Objekten und ihrer Umwelt. Artikulationen sind zugleich abhängig von der Weise, wie diese Ausdifferenzierung durch praktisches Verhalten in den Intra-Aktionen stattfindet, und bestimmen diese mit. Insofern ist das Diskursive weder eine nachträgliche und mechanische Abbildung einer zunächst nichtdiskursiv vorgestellten internen Differenzierung, noch determiniert es diese; stattdessen kann man im vollen Doppelsinn des Wortes davon sprechen, dass es sie *umschreibt*, das heißt sie sowohl beschreibt als auch – dadurch – verändert.

Wie die diskursive Dimension muss auch Wissen als in den Praktiken materialisiert und sich mit ihnen verändernd verstanden werden: Wissen bestimmt Rouse daher als nichtrepräsentational, heterogen und dynamisch. Die erste Korrektur ist für ihn zugleich die wichtigste; sein Anti-Repräsentationalismus speist sich aus seiner Gegnerschaft gegen das »Legitimationsprojekt« (ES, S. 10), worunter er eine allgemeine Rechtfertigung wissenschaftlicher Prak-

72 Denn man würde in diesem Fall die Intentionalität nicht von den diskursiven Praktiken her erläutern und anschließend nicht-diskursive einbeziehen, sondern umgekehrt von den praktisch-perzeptuellen Fähigkeiten starten und auf dieser Basis diskursive Praktiken erklären. Rouse lehnt beide Vorgehen ab und spricht daher vom »Umstülpen«, nicht vom »Umkehren« der Erklärungsreihenfolge Brandoms. Vgl. HSPM, S. 227-233.

tiken versteht. Diese »große Erzählung«, die Rouse zufolge den Großteil sowohl der Wissenschaftssoziologie als auch der Wissenschaftstheorie beeinflusst hat, kämpfe mit mindestens vier schwerwiegenden Problemen (vgl. ES, S. 21-25): Sie abstrahiere erstens so sehr von den konkreten wissenschaftlichen Praktiken, dass diese den politischen, sozialen oder ökonomischen Zusammenhängen enthoben würden, sie führe zweitens zu einer unkritischen Haltung gegenüber wissenschaftlichen Praktiken, sie erkläre drittens die Dynamik des Wissens nicht angemessen, weil ihre Grundbegriffe – zum Beispiel der »Inhalt« wissenschaftlichen Wissens, die gemeinsam geteilten Prämissen wissenschaftlicher Gemeinschaften etc. – dies verhindern würden, und sie könne viertens den eigenen Standpunkt nicht reflexiv ausweisen.

Erst die Vorstellung, Wissen von etwas allgemein als zutreffende oder verfehlte Repräsentation zu begreifen, ermögliche dieses Legitimationsprojekt, so Rouse; um es loszuwerden, müsse Wissen daher nichtrepräsentational konzipiert werden. Er greift für seine alternative Begriffsbestimmung von Wissen den von Thomas E. Wartenberg geprägten Begriff der »social alignments«[73] auf, um analog von »epistemic alignments« (vgl. ES, S. 180-195) zu sprechen. »Alignments« meint dabei in beiden Fällen »Verkettungen« von Praktiken, die von strategischen, das heißt zielgerichteten (wenngleich nicht unbedingt von »Strategen« gesteuerten) Prozessen miteinander verknüpft und in eine spezifische Ausrichtung gebracht werden. Mit »epistemischen Verkettungen« will Rouse also auf die fortdauernden, höchst unterschiedlichen Aktivitäten und Handlungen hinweisen, mit denen ein Satz, eine Technik oder ein Objekt, dem bzw. der zugeschrieben wird, über etwas anderes in der Welt zu informieren, immer wieder neu in Praktiken eingebracht, angepasst, transformiert oder bekämpft wird. Die Aktivitäten und Handlungen ergänzen, stabilisieren oder schließen sich gegenseitig aus, so dass sich ein Muster herausbildet, das dem gesamten Praktikenkomplex eine Orientierung verleiht. Diese Verkettung sei strategisch ausgerichtet, da sie auf das gesamte Feld zurückwirke und mit ihr im Einklang stehende Praktiken, inklusive der darin enthaltenen Aktivitäten und Objekte, der darin geäußerten Sätze und angewandten Techniken oder Fähigkeiten, fördere beziehungs-

73 Wartenberg, *The Forms of Power*, S. 149-153.

weise ihr entgegenstehende Praktiken hemme. Nur in Relation zu solchen »epistemischen Verkettungen« könnten Sätze, Fähigkeiten, etc. Wissen sein:

> Ich nehme an, dass diese strategischen Verkettungen konstitutiv dafür sind, was als Wissen zählt. Epistemische Signifikanz hat eine Behauptung, eine Fähigkeit oder ein Modell daher weder in Isolation noch unverzüglich. Sie hängt stattdessen von seinen oder ihren Beziehungen zu vielen anderen Praktiken und Fähigkeiten ab, und insbesondere von der Art und Weise, wie diese Beziehungen reproduziert, transformiert und erweitert werden. (ES, S. 185 f.)

Der Begriff der »Signifikanz« soll diese Abhängigkeit vom Gebrauch fassen: Ob ein in den wissenschaftlichen Praktiken erzeugter Satz, Apparat etc. als Wissen zählt, bestimmt seine Verwendung in weiteren wissenschaftlichen Praktiken. Diese anderen Praktiken konstituieren seine epistemische Signifikanz; sie formen (und sind eingebettet in) eine »epistemische Verkettung«, welche die Zirkulation von Sätzen, Apparaten etc. hemmt bzw. fördert und so der wissenschaftlichen Arbeit eine bestimmte Richtung gibt. Jedoch bestimmen »epistemische Verkettungen« nicht nur die Relevanz eines bestimmten Wissenselements, sie konstituieren auch dessen Gehalt, der wie im Fall der diskursiven Dimension vom Gebrauch bestimmt wird.[74] »Wissen« bezeichnet also keinen isolierbaren, aus Praktiken abtrennbaren Gegenstand, sondern eine dynamische Situation beziehungsweise ein Geschehen – »einen Aspekt des fortdauernden Engagements mit der Welt« (ES, S. 194).

Wie ist diese praxeologische Wissensbestimmung im Hinblick auf einen Wissensbegriff zu beurteilen, der Wahrheit und (eigenständig selbstformende) Wirksamkeit von Wissen gleichermaßen konzipieren kann? Hilfreich ist, dass Rouse' Praktikenbegriff Wissen nicht länger auf die praktischen Vermögen von Subjekten zurückführt. Die Wirksamkeit von Wissen wird stattdessen als eine eigenständige Dimension der Dynamik sozialer Praktiken erkenn-

74 Rouse nutzt so die beiden Bedeutungen von »Signifikanz«, insofern der Begriff nicht nur auf dasjenige verweist, was *wichtig* ist, sondern auch darauf, was überhaupt *Bedeutung* besitzt, also etwas bezeichnet. Das sei jedoch keine Zweideutigkeit, denn »die scheinbare Ambiguität des Begriffs der wissenschaftlichen Signifikanz repräsentiert de facto das Kontinuum von dem, was unverständlich oder sinnlos ist, bis hin zu dem, was von fundamentaler Bedeutung ist« (ES, S. 167).

bar; insofern der Gehalt von Wissen in dieser Dynamik konstituiert wird, können wir wie im Falle von Deweys Pragmatismus davon sprechen, dass Wissen über seine Wirksamkeit definiert wird – diesmal jedoch ohne die Wirksamkeit auf subjektives Handeln einzuschränken.

Um zu prüfen, ob Rouse auch den zweiten problematischen Grundzug im philosophischen Bild des Pragmatismus, den anti-epistemischen Reduktionismus, vermeiden kann, müssen wir bestimmen, wie Rouse' nichtrepräsentationaler Wissensbegriff auf Wahrheit bezogen ist. Offenkundig ist Wissen nicht wahr, weil es bestimmte Praktiken oder Elemente von Praktiken angemessen abbildet; vielmehr müssen wir innerhalb von Rouse' Praxistheorie, in der Wissen ein Engagement mit und in der Welt ist, die Differenz zwischen einem »wahren« und einem »falschen« Engagement bestimmen. So gefasst, wird deutlich, dass er mit seinem Wissensbegriff untergründig an Heideggers Wahrheitsbegriff anknüpft, also an Wahrheit als Unverborgenheit (siehe Kapitel 7.3).[75]

Die offizielle Antwort, die Rouse auf die Frage nach der Wahrheit seines dynamischen Wissens gibt, ist allerdings eine andere: Die beiden Begriffe »Wahrheit« und »Wissen« würden keine tiefgreifende Analyse benötigen, sie sollten stattdessen deflationiert werden:

> Ein deflationäres Verständnis von Wissen verneint […], dass »Wissen« (oder, mutatis mutandis, »wissenschaftliches Wissen«) ein einheitliches theoretisches Wesen [*theoretical kind*] konstituiert. Es gibt viele angemessene Zuschreibungen von »Wissen« in vielfältigen Praktiken, in denen Verständnisse und Rechtfertigungen beurteilt, zugewiesen, zur Grundlage weiterer Behauptungen gemacht oder bestritten werden, doch es gibt keine Natur des Wissens, die diesen Zuschreibungen zugrunde liegt. (HSPM, S. 179)[76]

Diese Kritik am analytischen Projekt der Erkenntnistheorie fügt sich in Rouse' Kritik am Legitimationsprojekt der Wissenschafts-

75 Zur Diskussion um Rouse' Heideggerinterpretation vgl. kritisch Jeff Kochan, »Getting Real with Rouse and Heidegger«, in: *Perspectives on Science* 19 (2011), S. 81-115, dem wiederum Anna de Bruyckere, Maarten Van Dyck, »Being in or Getting at the Real. Kochan on Rouse, Heidegger and Minimal Realism«, in: *Perspectives on Science* 21 (2013), S. 453-462, gravierende Missverständnisse vorwerfen.

76 Vgl. schon Rouse, *Knowledge and Power*, Kapitel 3.

philosophie sowie dem darin dominanten Repräsentationalismus ein, in denen die Unterstellung eines einheitlichen theoretischen Konzepts namens »Wissen« eine zentrale Rolle spielt. Hatte Rouse allerdings in seinen früheren Arbeiten noch eine alternative Theorie von Wissen zumindest für möglich gehalten, plädiert er inzwischen explizit für die Verabschiedung der Erkenntnistheorie: Da Epistemologie die Bemühung um eine »Beurteilung der Totalität unseres Wissens von der Welt [sei], die in ein Urteil mündet, das von einem besonderen, freistehenden Standpunkt gefällt wird und das ein Verdikt über unseren Anspruch darstellt, Wissen von einer objektiven Welt zu haben«,[77] müssten wir zu einer »postepistemologischen Konzeption wissenschaftlichen Wissens« (HSPM, S. 160) übergehen. Die Wahrheitsfrage in Bezug auf seine dynamische Konzeption von Wissen zu stellen, kann insofern nur als Rückfall in schlechte, einem überkommenen erkenntnistheoretischen Ideal verhaftete Philosophie erscheinen.

Doch diese offizielle Position gerät nicht nur schnell in Schwierigkeiten, sie ist auch nicht die einzige Antwort, die Rouse auf die Frage nach der Wahrheit seines dynamischen Wissens gibt. Die Schwierigkeiten entstehen schon, wenn er Epistemologie auf eine Form reduziert, die bereits Williams als »traditionell«[78] markiert und mit seinem eigenen Kontextualismus (siehe Abschnitt 8.1) überwinden will. Auf der einen Seite operiert Rouse' Verabschiedung also mit einer zu engstirnigen Vorstellung von (analytischer) Erkenntnistheorie. Auf der anderen Seite verweigert er Wissenszuschreibungen eine offenkundige Gemeinsamkeit, die auch ein deflationäres Verständnis von Wissen nicht einfach unberücksichtigt lassen sollte. Denn wie Rouse selbst zugesteht, schreiben sie bestimmten Praktiken, Sätzen, Apparaten etc. die Eigenschaft zu, von etwas in der Welt zu handeln, uns über etwas in der Welt zu informieren. Das Konzept der »epistemischen Verkettungen« solle nicht suggerieren, dass es

> Formen von Verkettungen gibt, die unverwechselbar an sich epistemisch sind, sondern nur auf das besondere Interesse an solchen Mustern und Zusammenhängen in der Welt hinweisen, die einigen Dingen ermöglichen, *informativ in Bezug auf andere Dinge zu sein*. (ES, S. 188, Hervorhebung F. V.)

77 Williams, *Unnatural Doubts*, S. 22; zit. in HSPM, S. 141.
78 Williams, *Unnatural Doubts*, S. 22.

Man muss keinem Repräsentationalismus anhängen, um anzuerkennen, dass Wissen eine repräsentationale Dimension hat, ohne die es sinnlos wäre, noch von Wissen zu sprechen (vgl. dazu EV, S. 399-413, 690). Rouse' Folgerung, Wissen nicht repräsentationalistisch erklären zu wollen, sollte nicht dazu führen, die repräsentationale Dimension von Wissen leugnen zu müssen.[79] Mit ihr tritt allerdings erneut die Frage der Bewertung von Wissenselementen auf: Informiert uns dieser Satz vor dem Hintergrund seiner zugehörigen »epistemischen Verkettungen« besser als jener Satz? Informiert er uns richtiger? Ohne diese Fragen zuzulassen, verschwänden die für Rouse zu Recht konstitutiven Konflikte innerhalb des Wissens. Die Frage läuft jedoch unvermeidlich auf die Frage nach der Wahrheit von Wissen zu – denn zumindest in vielen wissenschaftlichen Praktiken, die ja Rouse' primäres Beispiel darstellen, bedeutet »besser« zu informieren, wahr zu sein bzw. uns über die Unwahrheit alternativer Wissenselemente zu belehren.

Rouse hat zwei Möglichkeiten, darauf zu antworten. Einerseits könnte er die in Teilen ohnehin vorhandene Orientierung an Brandoms Erläuterung von Diskursivität (vgl. HSPM, Kapitel 6 und 7) ausbauen, um die repräsentationale Dimension von Wissen mit der pragmatistischen Strategie über das komplexe Zusammenspiel von Wissenszuschreibungen zu erklären. Daraus allerdings entstünden strukturell ähnliche Probleme, wie wir sie am Beispiel von Deweys Pragmatismus kennengelernt haben: Wenn Wissen als Handeln zu verstehen ist – und nichts anderes bedeutet Brandoms Programm, propositionales Wissen-dass auf praktisches Wissen-wie zurückführen zu können (vgl. EV, S. 211) –, dann muss es möglich sein, über »wahres« Handeln zu sprechen. Anders als Dewey hat Brandom dafür eine elaborierte Theorie der sozialen Konstitution jener repräsentationalen Dimension von Wissen, dank derer wir die Bewertung von Wissen als wahr überhaupt nur vornehmen können. Die im achten Kapitel von *Expressive Vernunft* gegebene Erläuterung gehört allerdings zu den umstrittensten Teilen von Brandoms Werk[80] –

79 In seinem letzten Buch nimmt diese Anerkennung die Form der Herausforderung an, inwiefern bestimmte Praktiken einen Teil unserer Umwelt artikulieren können, so dass sie etwas über diese Welt sagen und nicht nur über uns. Vgl. Rouse, *Articulating the World*.

80 Nur die Spitze des Eisbergs: Peter Grönert, »Brandom's Solution to the Objectivity Problem«, in: Pirmin Stekeler-Weithofer (Hg.), *The Pragmatics of Making*

Rouse müsste also entweder eine Verteidigung dieser Erläuterung anbieten (was er nicht tut) oder einen anderen Weg wählen, die Wahrheit des in Praktiken stattfindenden Handelns zu erklären.

Für diese andere Möglichkeit greift er Heideggers Wahrheitsverständnis auf. Sowohl seine Aneignung von Brandoms Erläuterung diskursiver Praktiken als auch sein eigener Versuch, Objektivität zu erklären, basieren auf der Strategie Heideggers, Wahrheit als Entbergungsgeschehen zu deuten.[81] Praktiken enthüllen uns Teile unserer Welt, indem sie uns und unsere Umgebung in jenem Netz aus Intra-Aktionen überhaupt erst als handelnde Subjekte, als Objekte und als Handlungen konstituieren. Weil wir auf diese Weise nie als Akteure auf eine externe Welt treffen, sondern unsere Praktiken als immer schon plurale, holistische Intra-Aktionen mit der Welt verstehen müssen (die selbstverständlich auch andere Akteure außer uns einschließen), finden wir uns in einer widerständigen Welt wieder, die sich nicht nur auf Weisen entwickelt, die keineswegs immer unseren Absichten entgegenkommen, sondern in der auch alle Akteure ebenso wie wir versuchen, diese Welt auf ihre Weise zu formen.[82] In diesen Praktiken entsteht daher normative Verbindlichkeit, weil für uns etwas auf dem Spiel steht, ohne das dasjenige, was auf dem Spiel steht, allein von unserer Vorstellung abhängt, was das sein könnte.

Normativität verlangt, dass es in meiner Aktivität um einen Einsatz geht, dessen Signifikanz für mich nicht allein von mir abhängen darf […]. Sol-

*it Explicit*, Amsterdam, Philadelphia 2008, S. 147-161; Jürgen Habermas, »Von Kant zu Hegel. Zu Robert Brandoms Sprachpragmatik«, in: ders., *Wahrheit und Rechtfertigung. Philosophische Aufsätze. Erweiterte Ausgabe*, Frankfurt/M. 2004, S. 138-185; Cristina Lafont, »Ist Objektivität perspektivisch? Ein Vergleich zwischen Brandoms und Habermas' Konzeption von Objektivität«, in: Lutz Wingert, Klaus Günther (Hg.), *Die Öffentlichkeit der Vernunft und die Vernunft der Öffentlichkeit. Festschrift für Jürgen Habermas*, Frankfurt/M. 2001, S. 192-216; Lutz Wingert, »Genealogie der Objektivität. Zu Robert B. Brandoms ›expressiver Vernunft‹«, in: *Deutsche Zeitschrift für Philosophie* 48 (2000), S. 738-761; Jay F. Rosenberg, »Brandom's *Making It Explicit*. A First Encounter«, in: *Philosophy and Phenomenological Research* 57 (1997), S. 179-187.

81 Vgl. HSPM, Kapitel 5 und 6, und Rouse, *Articulating the World*, S. 185-198.

82 In Vogelmann, *Im Bann der Verantwortung*, S. 400-407, habe ich zudem gezeigt, dass Rouse sich dabei auf einen problematischen Verantwortungsbegriff stützt. Diesen Aspekt greife ich hier nicht nochmal auf.

che Einsätze können aus der intra-aktiven Formgebung einer bestimmten, geteilten Konfiguration der Welt erwachsen. Wenn meine Aktivität nicht nur responsiv gegenüber meiner Umwelt sein muss, wie sie von meinem Tun signifikant konfiguriert wird, sondern auch zu derselben Umwelt, wie sie vom Tun anderer signifikant konfiguriert wird und deren Aktivitäten wiederum konfiguriert, dann sind die Einsätze in meinem Tun sowohl signifikant für mich als auch jenseits meiner Kontrolle. (HSPM, S. 259)

In wissenschaftlichen Praktiken (aber auch in anderen) ist Objektivität ein Teil dessen, was auf dem Spiel steht, um erfolgreiche Intra-Aktionen mit der Welt aufrechtzuerhalten. Objektivität als wahrheitsgemäße Vorstellung von einem Teil der Welt müssen wir uns demnach als eine Form jener normativen Kraft vorstellen, mit der wir an unsere Praktiken gebunden sind.

Solche Muster praktischen Engagements, durch welche prothetisch verkörperte Akteure verantwortlich für (und gegenüber) ihrem Engagement mit der Welt werden, *erlauben* der Welt in bestimmten Weisen zu erscheinen (und manchmal zeigt sie dabei die Inkohärenz oder Ineffektivität dieser Formen von Engagement). (HSPM, S. 288 f.)

Spätestens jetzt sollte erkennbar sein, dass Rouse auf ein heideggerianisches Verständnis von Wahrheit als Entbergen setzt: Es garantiert im Hintergrund, dass die an die erste (mit Brandom skizzierte) Strategie einer pragmatistischen Erklärung von Objektivität gestellte Frage nach der Wahrheit von Handeln nicht zum Problem für Rouse werden kann, weil er sie mit dem Entbergungsgeschehen in und durch Praktiken beantworten kann. Die Welt enthüllt sich (»artikuliert sich«[83]) in unseren Praktiken, die uns insofern gleichursprünglich Wahrheit und Falschheit erschließen.

Unbefriedigend ist an dieser Wahrheitstheorie jedoch, wie wir in Kapitel 7.3 gesehen haben, dass die Differenz zwischen Wahrheit und Falschheit verloren zu gehen droht. Bei Rouse zeigt sich das daran, dass unklar bleibt, was es eigentlich bedeuten würde, dass die Welt in einer Praxis unzutreffend erschlossen wird – denn jede Praxis, so lässt sich Tugendhats Einwand gegen Heidegger wiederholen, lässt die Welt auf eine bestimmte Weise »erscheinen«. Dass die Akteure in den Praktiken existenziell davon abhängen, wie die

83 Vgl. Rouse, *Articulating the World*.

Welt und die anderen Akteure erscheinen und sich deshalb diesen Praktiken nicht einfach entziehen können, reicht nicht hin, um zu begründen, dass daraus eine Form von objektiver Welterschließung hervorgeht, in der wir sowohl an Wahrheit orientiert sind als auch an der existenziellen Bedeutung, um die es in den Praktiken geht. Abermals wird in Rouse' nichtsubjektivistischer, weil nichthandlungstheoretischer Praxistheorie zwar die Wirksamkeit von Wissen erhellend beschrieben, darüber aber dessen Wahrheit problematisch. Dem anti-epistemischen Reduktionismus, so können wir demnach festhalten, entkommt Rouse' dynamischer Wissensbegriff nicht.

### 8.2.3 Wirkung versus Wahrheit

Damit ist das prinzipielle Ziel dieses Kapitels erreicht. In der (analytischen) Erkenntnistheorie verhindern Atomismus, Individualismus und Starrheit als drei Grundzüge des philosophischen Bildes, innerhalb dessen das analytische Projekt einer Begriffsbestimmung des Wissens situiert ist, die gleichzeitige Berücksichtigung von Wahrheit und Wirksamkeit des Wissens selbst in jenem schwachen Sinne, in dem wir dort überhaupt nur von selbstformend wirksamem Wissen sprechen können. Die Vorstellung eines *eigenständig* selbstformend wirksamen Wissens wird ohnehin aus der (analytischen) Erkenntnistheorie ausgeklammert, weil Wissen von vornherein passiv gedacht wird. Im Pragmatismus und in der Praxistheorie wird zwar die Wirksamkeit von Wissen ins Rampenlicht gerückt, so hatten wir im zweiten Abschnitt gesehen, jedoch über einen handlungstheoretischen Subjektivismus, der die Passivität von Wissen bewahrt. Zudem stellt sich das Problem des anti-epistemischen Reduktionismus, da die Auflösung von Wissen in Handeln die problematische Frage einer Bestimmung von »wahrem« und »falschem« Handeln nach sich zieht. Auch wenn nichthandlungstheoretische Praxistheorien den ersten Grundzug dieses philosophischen Bildes (den handlungstheoretischen Subjektivismus) vermeiden können, lösen sie Wissen dennoch in eine Dimension von Praktiken auf und können das Verhältnis von Wahrheit und Wissen nicht befriedigend explizieren. Auch sie enthalten einen anti-epistemologischen Reduktionismus, so hatten wir uns an Rouse' Praxistheorie klargemacht, die ansonsten der hier favorisierten nichtsouveränen politischen Epistemologie weit entgegenkommt. Doch selbst in ihr bleiben Wahrheit und Wirksamkeit von Wissen antiproportional verbunden. Die alethische und dynamische Dimension von Wissen gleichzeitig in einer Begriffsbestimmung einzuholen, wird damit von allen drei Theorieströmungen verfehlt und bleibt das Ziel des folgenden, im letzten Kapitel entwickelten Vorschlags.

# Kapitel 9: Eigenständig selbstformend wirksames Wissen

Die eigenwillig anmutende Vorstellung von eigenständig selbstformend wirksamem Wissen, von *aktivem* Wissen also, das von sich aus die Subjektivitäten derjenigen verändert, die ihm ausgesetzt sind, haben wir mittlerweile mehr als nur kennengelernt: Wir sind mit ihr vertraut geworden. Dass die Annahme eigenständig selbstformend wirksamen Wissens eine wichtige Rolle in der Geschichte der Philosophie spielt, habe ich in Teil I anhand dreier lateraler Lektüren von Platon, Adorno und Horkheimer sowie Rawls vorgeführt. Jeweils konnten wir uns dort von der Existenz der Annahme aktiven Wissens überzeugen, das nicht passiv darauf wartet, erst von den wissenden Subjekten durch ihre Handlungen in Aktivität überführt zu werden, sondern das selbst Effekte zeitigt. Die Bedeutung dieser Annahme variiert: Für Platon ist eigenständig selbstformend wirksames Wissen relevant, um die Besonderheit philosophischen Wissens zu beschreiben, Adorno und Horkheimer gründen ihre spezifische Vorstellung von emanzipierender Kritik darauf, und Rawls muss es für die vier Rollen politischer Philosophie voraussetzen. Doch in allen drei Fällen wird Wissen als aktiv gedacht und verändert die Subjektivitäten, die ihm ausgesetzt sind.

In Teil II habe ich anschließend anhand von drei programmatischen Fallstudien dargestellt, inwiefern der historische Fund in systematischer Hinsicht philosophisch fruchtbar gemacht werden kann. Der Begriff eigenständig selbstformend wirksamen Wissens ließe sich in der Philosophiegeschichte so einsetzen, dass mit seiner Hilfe die Philosophie als Konglomerat jener Praktiken bestimmt werden kann, die sich bemühen, ausschließlich die schwache Kraft philosophischen Wissens wirken zu lassen, und dazu rabiate Exklusionstechniken in Anschlag bringen, um die philosophischen Praktiken vor anderen Kräften – etwa der Autorität des Meisters, der Kraft von Offenbarungen oder sozialer Macht – abzuschirmen. Die Geschichte der Philosophie als Genealogie philosophischen Wissens anzulegen, bedeutet dieser Vorstellung zufolge, die für die philosophischen Praktiken und das in ihnen erzeugte Wissen konstitutiven Exklusionstechniken nachzuzeichnen, welche die exklusive Wirksamkeit der eigenständig selbstformenden Kraft des Wissens schützen.

Eine zweite philosophisch fruchtbare Verwendung des Begriffs eigenständig selbstformend wirksamen Wissens betrifft die Debatte um die verschiedenen Kritikbegriffe. Selbst wenn man die Pluralität der Bilder von Kritik akzeptiert, das heißt die Vielfalt der Praktiken des Kritik-Übens anerkennt, können wir das Bild emanzipierender Kritik bei Adorno, Horkheimer oder Foucault nur dann ausbuchstabieren, wenn wir die eigenständig selbstformende Wirksamkeit des von dieser Kritik produzierten »sperrigen« Wissens in Rechnung stellen. Der Begriff eigenständig selbstformend wirksamen Wissens liefert insofern das erkenntnistheoretische Rüstzeug, um das Bild emanzipierender Kritik verstehen und nutzen zu können.

Drittens konnten wir uns davon überzeugen, dass der Begriff eigenständig selbstformend wirksamen Wissens hilfreich ist, um das Verhältnis von Wahrheit und Politik neu zu denken – und zwar so, dass wir an beiden basalen Einsichten der politischen Philosophie zu diesem Verhältnis festhalten können. Weder auf die Erkenntnis der irreduziblen Pluralität von Wahrheit noch auf die Erkenntnis der zwingenden Kraft von Wahrheit können wir verzichten, so hatten wir gesehen, ohne politisch wie epistemisch in Autoritarismus oder Relativismus abzugleiten. Der Begriff eigenständig selbstformend wirksames Wissen gibt uns den entscheidenden Hinweis, wie wir eine nichtsouveräne politische Epistemologie anlegen können, ohne uns in die Schwierigkeiten feministischer Standpunkttheorien zu verstricken. Das dazu eingeführte krafttheoretische Vokabular ermöglicht eine adäquate Konzeption des Verhältnisses von Wahrheit und Politik, die Wahrheit plural und agonal zugleich denkt.

Damit ist die zentrale Anforderung an eine Bestimmung des Begriffs ausgesprochen, die in allen drei Fallstudien zu Tage getreten ist: Die Wirksamkeit gleichermaßen mit der Wahrheit von Wissen zu denken, erfordert ein Verständnis von Wahrheit, dem zufolge diese zugleich plural und agonal ist.

Teil III begann deshalb genau damit: Wahrheit als Kraft habe ich als ein neues Verständnis von Wahrheit eingeführt, in dem Wahrheit als schwache, historisch disruptive Kraft konzipiert wird, die exklusiv auf Subjektivitäten wirkt und aus prekären Konfigurationen von Akteuren und Objekten in sozialen Praktiken emergiert.

Wahrheit als Kraft zu verstehen, liefert uns auf der einen Seite eine überzeugende Vorstellung davon, wie Wahrheit plural und agonal zugleich sein kann, weil sie als Kraft konstitutiv gegen etwas gerichtet ist, an dem sie sich entladen kann (Agonalität), und weil sie als eine Kraft unter vielen Kräften in jeweils unterschiedlichen Kräfteverhältnissen gedacht werden muss (Pluralität). Auf der anderen Seite haben wir gesehen, dass dieses Verständnis von Wahrheit als Kraft nicht in Konkurrenz zu den bekannten Wahrheitstheorien tritt, die Wahrheit beispielsweise als Korrespondenz, Kohärenz oder Entbergung erläutern. Vielmehr ist mit Wahrheit als Kraft ein philosophisches Bild gezeichnet, innerhalb dessen diese Wahrheitstheorien materialistisch interpretiert werden; das neue Verständnis von Wahrheit gibt diesen Theorien einen »materialistischen Dreh«, ersetzt sie jedoch nicht.

Wahrheit als Kraft zu begreifen, ist ein wichtiger Schritt auf dem Weg zu einer präzisen Begriffsbestimmung von eigenständig selbstformend wirksamem Wissen, weil dieses Verständnis gewissermaßen dessen Unterbau liefert. Was den Wissensbegriff selbst betrifft, so habe ich im letzten Kapitel die Probleme ermittelt, die uns davon abhalten, seine Begriffsbestimmung aus der (analytischen) Erkenntnistheorie oder aus dem Pragmatismus bzw. der Praxistheorie zu übernehmen. In beiden Fällen sorgen die Charakteristika des zugrundeliegenden philosophischen Bildes, in dem diese Diskussionen sich abspielen, für ein antiproportionales Verhältnis zwischen der dynamischen und der alethischen Dimension von Wissen. Während die (analytische) Erkenntnistheorie sich auf die Wahrheit von Wissen (die alethische Dimension) konzentriert und seine Wirksamkeit nicht einmal in der beschränkten Form des Standardmodells eines nur im Rahmen von *belief-change*-Theorien wirkenden Wissens angemessen konzipieren kann, geht dem Pragmatismus und der Praxistheorie die Wahrheit verloren, wenn sie Wissen allein von seiner Wirksamkeit her verstehen. Methodologischer Individualismus, Atomismus und Starrheit des Wissens sind die Grundzüge des philosophischen Bildes der (analytischen) Erkenntnistheorie, die eine Konzeption von Wissen als sowohl wirksam als auch wahr verhindern; handlungstheoretischer Subjektivismus und anti-epistemischer Reduktionismus sind die Schwierigkeiten des philosophischen Bildes von Pragmatismus bzw. Praxistheorie. Zu zeigen gilt es daher, dass die auf den folgenden Seiten entwickelte

Begriffsbestimmung von eigenständig selbstformend wirksamem Wissen diese Schwierigkeiten vermeidet.

Die Begriffsbestimmung erfolgt stipulativ, das heißt, ich werde meinen Vorschlag zunächst erläutern und erst dann im Lichte der Erwägungen aus dem letzten Kapitel kritisch prüfen. Die leitende Intention, die nahtlos auf dem Verständnis von Wahrheit als Kraft aufbaut, ist es, *Wissen als mediatisierte Form der Kraft von Wahrheit* zu verstehen. Diese Formel werde ich in einem ersten Schritt begrifflich und mit Blick auf die Beispiele explizieren, mit denen wir bereits in Kapitel 7.2 hantiert haben (9.1). Im Anschluss daran prüfe ich den so gewonnenen Begriffsvorschlag anhand der in Kapitel 8 dargelegten problematischen Grundzüge des Bildes der (analytischen) Erkenntnistheorie und des Pragmatismus sowie der Praxistheorie. Außerdem beziehe ich den Vorschlag kurz auf die drei historischen Fälle zurück, mit denen ich dieses Buch begonnen habe (9.2). Ein Ausblick auf die Möglichkeiten einer politischen Epistemologie, die sich auf den Begriff eigenständig selbstformend wirksamen Wissens und die zu seiner Gewinnung vorgetragenen Überlegungen stützt, beschließt das Buch (9.3).

## 9.1 Wissen als mediatisierte Kraft der Wahrheit

Wie die Formel »Wahrheit als Kraft« wirft auch der darauf aufbauende Ausdruck »Wissen als mediatisierte Kraft der Wahrheit« zunächst mehr Fragen auf, als er Antworten gibt: Von welchem Medium – oder welchen Medien – ist die Rede, und wie wird der Begriff des Mediums überhaupt verstanden? Wie kann diese Begriffsbestimmung wirksamen Wissens gleichermaßen der alethischen und der dynamischen Dimension von Wissen gerecht werden und seine Wirksamkeit als eigenständig selbstformend spezifiziert werden?

In diesem Abschnitt werde ich mit einer Antwort auf die erste Frage beginnen, indem ich zunächst den Begriff des Mediums genauer fasse (9.1.1). Anschließend greife ich auf die drei Beispiele rechtlicher, wissenschaftlicher und politischer Praktiken zurück, die wir bereits in Abschnitt 7.2 kennengelernt haben, um zu erläutern, was es bedeutet, Wissen als mediatisierte Kraft der Wahrheit zu verstehen (9.1.2). Am Ende meiner Plausibilisierung der Formel setze ich mich mit Alain Badious Wahrheitsverständnis auseinander, weil es in einigen Punkten der hier explizierten Vorstellung nahekommt, aber auch eine Reihe wesentlicher Unterschiede aufweist, auf denen ich bestehen möchte (9.1.3).

### 9.1.1 Mediatisieren

Um den Medienbegriff zu erläutern, auf den ich mich mit der Formel »Wissen als mediatisierte Kraft der Wahrheit« beziehe, schließe ich an einen Vorschlag von Lambert Wiesing an, allerdings in einer historisierten und materialistisch gewendeten Deutung. Seine Überlegung ist hilfreich, da er einen weniger umfassenden Medienbegriff prägt als in den vielfach gängigen Medientheorien, die den Begriff oft derart ausweiten, dass er am Ende jedes Werkzeug (Marshall McLuhan) oder jede Bedingung von Möglichkeiten (Niklas Luhmann) umfasst.[1] Wiesing ist an einem Begriff interessiert, der es erlaubt, einige, aber nicht alle Werkzeuge sowie einige, aber nicht alle Ermöglichungsbedingungen als Medien zu begreifen. Sein Vorschlag lautet:

> Medien sind die Werkzeuge, welche die Trennung von Genesis und Geltung ermöglichen. Medien sind demnach Werkzeuge oder Mittel, die während der Benutzung transparent sind; aber es sind auch spezifische Werkzeuge, die etwas leisten, was durch andere Werkzeuge nicht erbracht werden kann: nämlich eine Trennung von Genesis und Geltung.[2]

Damit werden Medien zu Mittlern, die einen eigenen Beitrag leisten; wie McLuhan und nach ihm (fast) die ganze moderne Medientheorie hervorgehoben hat, sind Medien nicht bloß passive Übermittler. Anders als McLuhan muss man diese Eigenleistung allerdings nicht so stark fassen, dass sie die Botschaft dominiert, die im Medium transportiert wird, obwohl es sie beeinflusst.[3] Außer-

1 Scharfe Kritik an der begrifflichen Unschärfe vieler Medientheorien übt auch Matthias Vogel, *Medien der Vernunft. Eine Theorie des Geistes und der Rationalität auf Grundlage einer Theorie der Medien*, Frankfurt/M. 2001, S. 114-136.

2 Lambert Wiesing, »Was sind Medien?«, in: Stefan Münker, Alexander Roesler (Hg.), *Was ist ein Medium?*, Frankfurt/M. 2012, S. 235-248, hier S. 240.

3 McLuhans bekanntes Diktum, »daß das Medium die Botschaft ist« (Marshall McLuhan, *Die magischen Kanäle. ›Understanding Media‹*, Düsseldorf, Wien, New York, Moskau 1992, S. 18), ist in seiner Übertreibung anschaulich und war sicherlich historisch gerechtfertigt, um auf den eigenen Beitrag von Medien hinzuweisen, die bis dato eher als neutrale technische Apparate betrachtet wurden. Heute

dem können Medien verschachtelt sein. Wenn Sprache ein Medium ist – ein Werkzeug, das im Gebrauch tendenziell transparent wird und Geltung von Genesis trennt –, so ist das Radio oder das Buch ein Medium, das auf dem Medium Sprache aufbaut.[4]

Für Wiesing ist das entscheidende Merkmal von Medien ihre Leistung, Genesis von Geltung zu trennen. Im Rückgriff auf Husserl erläutert er diese Differenz über die Zeit: Die Entstehung (Genesis) sei ein Vorgang in der Zeit und insofern rein empirischer Natur, als er sich mittels empirischer Wissenschaften erschöpfend erklären lasse.[5] Geltung sei dagegen der Zeit (und dem Raum) enthoben, denn mit ihr sei eine Bedeutungsdimension angesprochen, die für alle und über alle Zeit hinweg gleich bleibe. Wiesing greift mit der Aussage »Zwei mal zwei ist gleich vier« ein Beispiel Husserls auf, um zu verdeutlichen, dass der physische Akt des Aussagens – ob nun gesprochen oder geschrieben – als Genesis zwar eine Handlung in Raum und Zeit ist, die Geltung der Aussage jedoch jenseits des Aussagens erhalten bleibt.[6] Dabei ist mit Geltung nicht einfach ihre Wahrheit gemeint, sondern ihr Anspruch auf Gültigkeit, der eine dauerhafte Identität voraussetzt, denn nur wer mit anderen Personen zusammen dasselbe mit »Zwei mal zwei ist gleich vier« meint, kann ihnen widersprechen. Diese Trennung einer über die Zeit mit sich selbst identischen Geltung von der in der Zeit verhafteten Genesis ist für Wiesing die originäre Leistung von Medien:

ist es ein Gemeinplatz: vgl. Stefan Münker, »Was ist ein Medium? Ein philosophischer Beitrag zu einer medientheoretischen Debatte«, in: Stefan Münker, Alexander Roesler (Hg.), *Was ist ein Medium?*, Frankfurt/M. 2012, S. 322-337, hier S. 327-330.

4 Vgl. Wiesing, »Was sind Medien?«, S. 241-243. Luhmanns Bestimmung von Medien über die Unterscheidung loser (Medium) und fest gekoppelter Elemente (Form) ist ausdrücklich iterierbar: Was Form in einem Medium ist (Sätze in der Sprache), kann Medium für weitere Formbildung werden (Beiträge in Massenmedien). Vgl. Niklas Luhmann, *Die Gesellschaft der Gesellschaft*, Frankfurt/M. 1997, S. 190-202; ähnlich McLuhan, *Die magischen Kanäle*, S. 18.

5 »Die Genesis ist der genetische Vorgang, der etwas generiert. Diese Vorgänge finden in Raum und Zeit statt; sie sind empirische Tatsachen und lassen sich dementsprechend mit den Mitteln unterschiedlicher empirischer Wissenschaften erforschen.« (Wiesing, »Was sind Medien?«, S. 241.)

6 Vgl. Edmund Husserl, *Logische Untersuchungen. Band 1: Prolegomena zur reinen Logik. Husserliana*, Bd. 18, Den Haag 1975, S. 126.

Nur mittels Medien können verschiedene Menschen zu verschiedenen Zeiten nicht nur das gleiche, sondern auch dasselbe denken und meinen. Man kann den etwas angestaubt wirkenden Begriff »Geltung« geradezu so bestimmen: Geltung ist artifizielle Selbigkeit, und Medien sind die Mittel zur Herstellung von artifizieller Selbigkeit.[7]

Die Trennung von Genesis und Geltung, die allein Medien ermöglichen, bedeutet allerdings auch für Wiesing nicht, dass Medien beide Bestandteile vollständig voneinander isolieren. Medien würden ihre empirische Seite niemals los; ihre Leistung, dieselbe Geltung gleichzeitig an verschiedenen Orten und Zeiten zu präsentieren, beruhe gerade auf ihrer technischen, materiellen Gestalt. Medien seien allerdings – wie alle Werkzeuge – so beschaffen, dass sie selbst in ihrem Gebrauch unauffällig würden: Je reibungsloser sie funktionieren würden, desto stärker trete die physische Präsenz der Medien hinter die von ihnen übermittelte Präsenz der Geltung zurück.

Nun besitzt der Geltungsbegriff selbst eine Entstehungsgeschichte.[8] Das heutige Paradigma der Normativität als Perspektive auf die Welt (siehe Kapitel 5.1.2) beruht auf der Geburt des Geltungsbegriffs bei Herrmann Lotze und den Neukantianern des 19. Jahrhunderts und gewinnt besondere Schärfe, ja Rigidität in deren Konflikten mit der Lebensphilosophie, dem Psychologismus und dem Naturalismus. Wenn wir Medien durch die Trennungsleistung von Geltung und Genesis bestimmen, müssen wir daher sorgfältig vermeiden, diesen Unterschied ahistorisch misszuverstehen oder ontologisch zu hypostasieren.[9] Deshalb sollten wir Wie-

7 Wiesing, »Was sind Medien?«, S. 243.

8 Vgl. dazu ausführlich Vogelmann, »›Geltung‹ versus ›Leben‹«.

9 Wie akzeptiert diese Hypostasierung ist, demonstriert Gottfried Gabriel, »Geltung und Genese als Grundlagenproblem«, in: *Erwägen, Wissen, Ethik* 23 (2012), S. 475-486, der damit in der Zeitschrift *Erwägen, Wissen, Ethik* auf erschreckend viel Zustimmung trifft. Immerhin wendet Gert Albert ein paar hilfreiche Beispiele ein; so ist offensichtlich die Geltung des Satzes »Ich habe diesen Satz in meinem Büro geschrieben.« (Gert Albert, »Probleme der strikten Trennung von Geltung und Genese«, in: *Erwägen, Wissen, Ethik* 23 (2012), S. 487-489, hier S. 487) von seiner Genese abhängig. Dass diese triviale Ausnahme nicht die einzige ist, kann man sich daran klarmachen, dass demokratische Rechtstheorien die Geltung von Rechtsnormen an ihre legitime Genese binden und Gerichtsurteile aufgrund ihrer Genese außer Kraft gesetzt werden können. Markus Wild, »›Hier gibt's zu unterscheiden.‹ Aber was? Und warum?«, in: *Erwägen, Wissen, Ethik* 23 (2012), S. 586-588, liefert die angemessene Fundamentalkritik.

sings Behauptung einer kategorialen Unerklärbarkeit der empirischen Herstellung einer jeder Empirie entrückten Geltung nicht übernehmen.[10] Medien als diejenigen Werkzeuge zu bestimmen, die Geltung von Genesis trennen, sollten wir stattdessen als Beitrag zu einer Erklärung verstehen, die Geltung in die empirische Welt einfügt, ohne einer Zwei-Welten-Theorie Vorschub zu leisten. Schließlich wird Geltung mit diesem Medienbegriff konditional an die jeweilige mediale Infrastruktur gebunden.[11] Wo immer legitimerweise von Geltung gesprochen werden kann, können wir nach ihren Existenzbedingungen fragen: Welches Medium erzeugt auf welche Weise *diese* Geltung, und inwiefern können wir die Spuren dieser medialen Herstellung in dem, was gilt, noch nachverfolgen? Geltung ist hier also *nicht*, wie im klassischen Paradigma der Normativität als Perspektive auf die Welt, eine ahistorische Dimension unserer Welt, sondern eine Leistung spezieller Arrangements in der Welt, genauer: ein Erfolg von Medien, die in sozialen Praktiken durch Genesis von Geltung abspalten.

### 9.1.2 Wissenschaft, Recht, Politik

Wissen lässt sich mithilfe dieses Medienbegriffs als mediatisierte Kraft der Wahrheit verstehen: als die Abspaltung der Geltung von der Genesis der Wahrheit, das heißt als Entkopplung von ihrer Emergenz in prekären Konfigurationen durch ein Medium.[12] Diese abstrakte These lässt sich an den drei Beispielen rechtlicher, wissenschaftlicher und politischer Praktiken konkretisieren, mit denen ich das Verständnis von Wahrheit als Kraft illustriert hatte (Abschnitt 7.2). Beginnen wir diesmal mit Latours Beschreibung

10 Vgl. Wiesing, »Was sind Medien?«, S. 243.

11 Ob Wiesing dieser historisierenden Wendung seiner Definition von Medien zustimmen würde, ist eher fraglich, da er Geltung von Husserl her geradezu platonisch – als ewige Entität jenseits von Raum und Zeit – aufzufassen scheint (vgl. Husserl, *Logische Untersuchungen, Bd. 1*, § 46-§ 48). Aber seine Begriffsbestimmung bleibt offen genug für meine Aneignung. Die Neigung Husserls, in der Polemik gegen den Psychologismus die Differenz von Genesis und Geltung zu hypostasieren, kritisiert schon Adorno, *Zur Metakritik der Erkenntnistheorie*, S. 79-85.

12 Dieses Medium ist vornehmlich die Sprache (bzw. darauf aufbauende Medien wie Schrift), aber wie wir unten sehen werden, können auch Bilder oder Musik diese Aufgabe übernehmen.

wissenschaftlicher Praktiken, in denen Wahrheit emergiert und in einer Vielzahl anscheinend kleiner, aber in sich hochkomplexer Schritte von einer kontroversen Einsicht zu einem langweiligen Lehrbuchfakt transformiert wird. Die ursprüngliche Emergenz der Wahrheit in Latours Beispiel ist Joliot-Curies Experiment zur Kernspaltung 1940; sie findet in einer prekären Konfiguration statt, zu der Latour zufolge nicht allein das experimentelle Setting gehört, sondern darüber hinaus die gesamte Konstellation der fünf Kreisläufe verschiedener »Tätigkeitstypen«, die Latour »Mobilisierung der Welt«, »Autonomisierung«, »Allianzen«, Öffentliche Repräsentation« und »Bindeglieder und Knoten« nennt.[13] Es handelt sich darum, (a) Materialien für die wissenschaftliche Arbeit zu rekrutieren, (b) Kolleg*innen zu überzeugen und eigene Relevanz- und Bewertungsstandards auszubilden, (c) das Eigeninteresse anderer Institutionen oder Gruppen an das eigene Unterfangen zu binden, (d) die Öffentlichkeit zu gewinnen und (e) all diese Kreisläufe durch Begriffsbildung, experimentelle Arbeit etc. zusammenzuhalten. Die aus dieser Anordnung von Menschen und Dingen emergierende Wahrheit wird, so Latours Beschreibung, nach und nach von einer zunächst nur mit äußerster Vorsicht und Skepsis überhaupt ausgesprochenen Behauptung zu einem Lehrbuchfakt – wenn sie in diesem Prozess nicht verloren geht, was stets eine Möglichkeit darstellt. So steht, um an Latours Beispiel zu erinnern, am Anfang eine umkämpfte Aussage über die Emergenz der Wahrheit, dass jedes Neutron weitere Neutronen freisetzt. Am Ende dagegen findet sich der in seiner Schlichtheit alle Streitigkeiten und Zwischenschritte auslöschende Satz »Jedes Neutron setzt 2,5 Neutronen frei.«[14]

Was Latour als »Wegfallen von Modalitäten« bezeichnet, möchte ich als Mediatisierung der Kraft von Wahrheit verstehen, durch die (wirksames) Wissen entsteht: Nach und nach wird die Kraft der Wahrheit von der prekären Situation getrennt, in der sie emergiert; sie hängt nun an den jeweiligen Medien, in denen diese Kraft transportiert wird. Damit erreicht sie (zumindest potenziell) ein weitaus größeres Publikum als in der ursprünglichen Situation. Zugleich wird ihre Genesis – ihre Emergenz in der prekären Konfiguration aus Dingen und Menschen – von ihrer Geltung abgetrennt. Je nach

13 Vgl. Latour, *Die Hoffnung der Pandora*, S. 120-131.

14 Ebd., S. 112.

Intention lässt sich diese Abtrennung entweder als Abstraktion und Präzisierung der jeweiligen Wahrheit verstehen (sie streift die kontingenten Bestandteile ihres »Entdeckungszusammenhangs« ab[15]) oder als Vergessen und Verschleiern ihrer Entstehung,[16] um der Wahrheit jenen Hauch von Ewigkeit zu verleihen, für den sie so geschätzt wird. Der springende Punkt ist, beide Behauptungen als einseitige Deutungen der Mediatisierung von Wahrheit zu erkennen. Wissen als mediatisierte Kraft der Wahrheit zu verstehen bedeutet, Wissen als Resultat einer (nie vollständigen) Entkopplung von Genesis und Geltung anzusehen, die einen selbstverstärkenden Prozess in Gang setzt. Denn jede Überführung der emergierten Kraft von Wahrheit in ein Medium – und insbesondere ihre initiale Transformation in eine sprachliche Form – erleichtert weitere Umformungen sowie die Iteration der Mediatisierung: aus dem Gespräch in der Forschungsgruppe über die neusten Experimente werden erste Entwürfe von Artikeln, die schließlich publiziert, in Vorträgen erläutert, in anderen Forschungsarbeiten zitiert und in Internetvideos beworben werden.

Natürlich kann der Prozess auch umgekehrt ablaufen: Die Videos können lächerlich gemacht, die Forschungsergebnisse bestritten und die Vorträge kritisiert werden. Da die Abspaltung von Genesis und Geltung, wie schon Wiesing bemerkt, nie vollständig gelingt, besteht immer die Möglichkeit, sie wieder fester aneinanderzukoppeln – was, wie man mit Latour sagen kann, den Zweifel daran bestärkt, dass es tatsächlich Wahrheit war, was in der prekären Situation als Kraft emergierte. Das Wegfallen von Modalitäten, das ich als durch Medien ermöglichte Abkopplung von Geltung und Genesis gefasst habe, ist stets umkehrbar: Wir können auch

15 Der Begriff des »Entdeckungszusammenhangs« im Gegensatz zum »Rechtfertigungszusammenhang« geht zurück auf Hans Reichenbach, *Erfahrung und Prognose. Eine Analyse der Grundlagen und der Struktur der Erkenntnis. Gesammelte Werke*, Bd. 4, Wiesbaden 1983, S. 3. Zur wichtigen Kritik an dieser Unterscheidung aus der feministischen Epistemologie vgl. Heather Douglas, *Science, Policy, and the Value-Free Ideal*, Pittsburgh/PA 2009, Kapitel 3; Margaret A. Crouch, »A ›Limited‹ Defense of the Genetic Fallacy«, in: *Metaphilosophy* 24 (1993), S. 227-240.

16 So z. B. Nietzsche, »Ueber Wahrheit und Lüge«, S. 875, in seiner Fabel von der Erfindung der Erkenntnis, oder Donna J. Haraway, *Modest_Witness@Second_Millennium. FemaleMan© meets OncoMouse™. Feminism and Technoscience*, New York 2018, S. 135-137, in ihrer Aneignung des Fetisch-Begriffs.

Modalitäten hinzusetzen und so die Abkopplung zurücknehmen oder jedenfalls versuchen, Genesis und Geltung wieder einander anzunähern.[17]

Dieser Vorgang der Mediatisierung der Kraft von Wahrheit ist keineswegs auf die Wissenschaft und ihre Praktiken beschränkt. Mit Foucaults Beispiel vom Wandel der Gerichtspraktiken – von der Probe zur Untersuchung und schließlich zur Prüfung (siehe Abschnitt 7.2) – können wir aus einer zweiten Perspektive einen Blick auf Wissen als mediatisierte Kraft der Wahrheit werfen. Foucault zeigt, dass die Mediatisierung, das heißt die Abkopplung von Genesis und Geltung, in den Gerichtspraktiken anders vonstattengeht, und offenbart ihre eigene historische Kontingenz. Beides wird vor allem am Umbruch von der Probe zur Untersuchung und der veränderten Rolle der Richter*in deutlich. Denn in der Probe, in der die Entscheidung des Rechtsstreits in einem rituell kodifizierten Kampf herbeigeführt wird (ob nun in einem tatsächlichen Zweikampf der beiden Kontrahenten oder in einer symbolischen Mutprobe wie dem Ertragen körperlicher Schmerzen, dem Ablegen eines Eides etc.), kommt der Mediatisierung der emergierenden Wahrheitskraft keine große Bedeutung zu. Der Rechtsstreit wird von der Probe gewissermaßen »automatisch«[18] entschieden, die Richter*innen bezeugen bloß den ordnungsgemäßen Ablauf. Das dürfte auch der Grund für Foucaults Schwanken sein, ob die Probe überhaupt als Wahrheitspraxis anzusehen ist, denn selbst wenn man sie als solche deutet (wie ich es in Kapitel 7.2 getan habe), bleibt diese Wahrheit so eng an die prekäre Konfiguration ihrer Emergenz gebunden, dass man mit etwas Mut zur Zuspitzung davon sprechen könnte, dass durch die Probe kein Wissen entsteht. Es ist eine andere Art von Wahrheit, deren Geltung fest an ihre Genesis gebunden ist, die kaum mediatisiert wird und insofern schlecht »transportabel« ist. Vor diesem Hintergrund lässt sich die Unter-

17 Latour unterscheidet daher auch negative von positiven Modalitäten: »Wir werden jene Sätze *positive* Modalitäten nennen, die eine Aussage von ihren Produktionsbedingungen wegführen und sie solide genug machen, um einigen anderen Folgerungen daraus Notwendigkeit zu verleihen. Wir werden jene Sätze *negative* Modalitäten nennen, die eine Aussage umgekehrt näher an ihre Produktionsbedingungen heranführt und im Detail erklärt, warum sie solide oder schwach ist, anstatt dazu zu dienen, andere Folgerungen notwendiger zu machen.« (Latour, *Science in Action*, S. 23.)

18 Foucault, »Die Wahrheit und die juristischen Formen«, S. 713 f.

scheidung zweier verschiedener Wahrheitsauffassungen verstehen, auf die Foucault viel Wert legt und die er in einer Vorlesung am Collège de France so erläutert:

Jedenfalls ist die Wahrheit für die wissenschaftliche Praxis im allgemeinen immer vorhanden; [...] Das bedeutet nicht nur, daß die Wahrheit überall wohnt und man in jedem [Augenblick] die Frage nach der Wahrheit stellen kann, sondern auch, daß es niemanden gibt, der ausschließlich dazu berufen ist, die Wahrheit zu sagen; es gibt auch niemanden, der von vornherein ausgeschlossen wäre, die Wahrheit zu sagen, wohlgemerkt ab dem Moment, in dem man die nötigen Mittel zu ihrer Entdeckung hat, die nötigen Kategorien, um sie zu denken, und eine angemessene Sprache, um sie in Aussagen zu formulieren. [...]

Nun glaube ich aber, daß es in unserer Kultur noch eine ganz andere Auffassung der Wahrheit gegeben hat. [...] Das wäre die Auffassung einer verstreuten, diskontinuierlichen, unterbrochenen Wahrheit, die nicht spräche oder die sich nur von Zeit zu Zeit ereignen würde, und zwar dort, wo sie will, an bestimmten Orten; eine Wahrheit, die sich nicht überall und immer ereignet und auch nicht für jedermann; eine Wahrheit, die nicht auf uns wartet, denn sie ist eine Wahrheit, die bevorzugte Augenblicke, geeignete Orte, privilegierte Wegbereiter und Träger hat.[19]

Der grundlegende Unterschied zwischen Probe (seltene Wahrheit) und Untersuchung (allgegenwärtige Wahrheit) lässt sich demnach so verstehen, dass in der Untersuchung mit ihren Beweisprozeduren eine Form von Wahrheit emergiert, die wesentlich besser zu mediatisieren ist. Das fängt schon mit der Tatsache an, dass im Rahmen des nach der Untersuchung organisierten Gerichtsverfahrens den Richter*innen die Feststellung dieser Wahrheit überlassen wird, sie also nicht mehr in ihrem »rohen« Zustand als automatisch emergierende Kraft aus dem ritualisierten Zweikampf, sondern erst in einer ersten Überführung in das Medium der Sprache anerkannt wird.[20] Foucaults historisch gewagte, wenngleich faszinierende These ist, dass dieser Wandel der juristischen Wahrheitsfindung in den Gerichtspraktiken nicht nur etablierte Vorgehensweisen in der Kirchenverwaltung und der politischen Administration zum Vorbild hatte, sondern dass die entstehende Wahrheitspraktik der Untersuchung ihrerseits das Muster für die sich entwickelnden Na-

19 Foucault, *Die Macht der Psychiatrie*, S. 340 f.
20 Vgl. Foucault, »Die Wahrheit und die juristischen Formen«, S. 717.

turwissenschaften abgab.[21] Demnach ließe sich seine Genealogie der juristischen Wahrheitspraktiken vor Gericht als Teil der Vorgeschichte jener Wissenschaftspraktiken lesen, die Latour beschreibt.

Was das dritte Beispiel – Rancières Darstellung politischer Praktiken – anbelangt, lässt sich die Mediatisierung der Kraft von Wahrheit, die aus dem politischen Ereignis der Konfrontation einer Polizeiordnung mit dem in ihr unsichtbaren Anteil der Anteillosen emergiert (wie wir in Abschnitt 7.2 gesehen hatten), vielleicht am einfachsten an den ästhetischen Thesen ablesen, mit denen Rancière seine politische Theorie unterfüttert. Schon die Begriffswahl »Aufteilung des Sinnlichen« und die Bedeutung, die Rancière der Demonstration als Umgestaltung dieser Aufteilung des Sinnlichen zumisst, weisen darauf hin, dass die Wahrheit der Politik auf ihre Mediatisierung angewiesen ist, um in der Breite wirksam zu werden.[22] Anders als in den beiden vorherigen Beispielen der wissenschaftlichen und der juristischen Praktiken ist die Form, in der diese Mediatisierung stattfindet, weit weniger reglementiert. Rancières Ausgrabungsarbeit, in der er die poetischen Texte von Arbeiter*innen zwischen 1830 und 1850 liest, ist dieser These genauso geschuldet wie seine Überlegungen zur politischen Kunst:

> Der Politik liegt mithin eine Ästhetik zugrunde, die jedoch nicht das Geringste mit jener »Ästhetisierung der Politik« im »Zeitalter der Massen« zu tun hat, von der Benjamin spricht. [...] Wenn man nach einer Analogie sucht, kann man diese Ästhetik im Sinne Kants als System der Formen *a priori* auffassen [...], insofern sie bestimmen, was der sinnlichen Erfahrung überhaupt gegeben ist. Die Unterteilung der Zeiten und Räume, des Sichtbaren und Unsichtbaren, der Rede und des Lärms geben zugleich den Ort und den Gegenstand der Politik als Form der Erfahrung vor.[23]

Rancières Insistenz darauf, dass Gleichheit der Demonstration bedarf, dass Politik also im Erscheinen eines politischen Subjekts besteht, um eine Gleichheit sichtbar zu machen, die in der herrschenden polizeilichen Ordnung des Sichtbaren verborgen bleibt, lässt sich aus unserer Perspektive als Anerkennung der Notwendigkeit

21 Vgl. ebd., S. 720-726; , S. 354-357.

22 Vgl. Rancière, *Das Unvernehmen*, S. 67.

23 Jacques Rancière, *Die Aufteilung des Sinnlichen. Die Politik der Kunst und ihre Paradoxien*, Berlin 2008, S. 26. Vgl. zur Poetik der Arbeiter*innen Jacques Rancière, *Die Nacht der Proletarier. Archive des Arbeitertraums*, Wien 2013.

verstehen, die emergierende Kraft der Wahrheit zu mediatisieren, weil sie nur so über die unmittelbare prekäre Situation heraus wirksam werden kann. Ja, genau genommen bedarf sie selbst in dieser Situation, aus der sie emergiert, einer ersten Mediatisierung, um nicht wirkungslos zu verpuffen. Was wir über die ersten beiden Beispiele von Latour und Foucault hinaus von Rancière in Bezug auf die These der Mediatisierung der Kraft der Wahrheit als Entkopplung von Genesis und Geltung lernen können, ist, dass diese Mediatisierung zwar möglicherweise ihren bevorzugten Ort in der behauptenden Sprache findet, aber nicht daran gebunden ist. Poesie, Malerei, Theater, Tanz – alle Künste können die Wahrheit des politischen Ereignisses mediatisieren und damit in ein Wissen von Politik transformieren, das so dauerhafter, verbreitbarer und verlässlicher wird.

Sprache ist diesem erneuten Durchgang durch die drei Beispiele zufolge also das bevorzugte, aber keineswegs das einzige Medium, in dem die Kraft von Wahrheit zu Wissen wird. Darunter verstehen wir prinzipiell die (nie vollständige) Abkopplung der Kraft namens Wahrheit von der prekären Konfiguration, aus der sie emergiert: die Abkopplung der Geltung von der Genesis. Dieser Beitrag des Mediums erhöht die Reichweite und intensiviert den historisch disruptiven Sperrklinkeneffekt von Wahrheit auf Subjektivitäten. Hatten wir schon in Kapitel 7.2 gesehen, dass die Polarisierung der Welt in wahr und falsch dazu führt, die prekäre Konfiguration, aus der Wahrheit als Kraft emergiert, rückwirkend so darzustellen, als sei sie bereits gemäß dieser Wahrheit eingerichtet worden (und sie damit zu stabilisieren), verstärkt die Mediatisierung den Ewigkeitseffekt von Wahrheit.

Ist Wissen dieser Bestimmung zufolge also ein rhetorischer Effekt, nämlich eine mediale Darstellungskunst von Wahrheit als Kraft? Man kann sicherlich so sprechen, wenn man den Rhetorikbegriff entsprechend weit auffasst und wenn man die Beziehung von Wahrheit und Rhetorik so konzipiert, dass Rhetorik ein Vehikel für die Kraft von Wahrheit sein kann und ihr nicht schon begrifflich entgegengesetzt wird. Mir scheint es angesichts dieser Qualifikationen jedoch sinnvoller, von Wissen als mediatisierter Wahrheit als Kraft zu sprechen; als Kraft der Rede verstanden, ist Rhetorik eine andere Kraft als Wahrheit – nämlich »diejenige Kraft […], die Welt und Bewusstsein (unter anderem grammatisch) voneinander trennt und damit allererst aufeinander bezieht« (WR, S. 69) – und sollte auch als solche markiert werden.

### 9.1.3 Die Wahrheit und das Ereignis

Wissen als mediatisierte Kraft der Wahrheit zu fassen, also als verfeinerte, raffinierte, in Form gebrachte Wahrheit, indem diese Kraft von ihrem Ursprung so weit wie möglich getrennt wird, ohne sie versiegen zu lassen, bindet Wahrheit und Wissen eng zusammen und unterscheidet sie zugleich. Ich möchte dieses Verständnis im Folgenden Alain Badious Konzeption von Wahrheit und Wissen gegenüberstellen, denn schon mein in Kapitel 7 vorgestelltes Verständnis von Wahrheit als Kraft, die in prekären Konfigurationen emergiert und daher nicht auf die Elemente dieser Konfiguration und ihre Verhältnisse untereinander zurückführbar ist, mag für die eine oder den anderen je nach Neigung bedenklich oder erfreulich nach Badious Wahrheitsbegriff geklungen haben. Der Vorschlag, Wissen als mediatisierte Kraft der Wahrheit zu fassen, könnte diesen Eindruck noch verstärken, wenn man bedenkt, dass Wissen für Badiou normalisierte Wahrheit ist. Daher erscheint es mir sinnvoll, die unleugbar bestehenden Gemeinsamkeiten ebenso wie die vorhandenen Differenzen auszuweisen. Dazu werde ich so kurz wie möglich Badious axiomatische Definition von Wahrheit rekonstruieren, ehe ich mein Verständnis davon abhebe.[24]

Für Badiou ist Wahrheit das Resultat einer generischen Treueprozedur, das heißt der handlungswirksamen Entscheidung eines Individuums in einer gegebenen Situation, einem Ereignis die Treue zu halten, wodurch das Individuum zum Subjekt wird. Wahrheit ergibt sich aus dem Festhalten an einem Ereignis in Form

24 Ich beziehe mich dabei hauptsächlich auf Alain Badiou, *Das Sein und das Ereignis*, Zürich, Berlin 2016, im Folgenden zitiert als SE, verzichte allerdings größtenteils darauf, seine mengentheoretische Grundierung wiederzugeben. Sie ergibt sich aus Badious These, dass allein die Mathematik Ontologie im strengen Sinne ist: Nur sie denkt das Sein als Sein. Die Philosophie hat daher andere Themen, sie denkt »Was-nicht-Sein-als-Sein-ist« (SE, S. 29) – was nicht vorschnell als »Nicht-Sein« verstanden werden sollte, da es auch noch das Ereignis und damit Wahrheit und Subjekte gibt. Eine hervorragende Einführung in Badious Werk, die auch seinen mengentheoretischen »Zitaten« (SE, S. 32) gerecht wird, stammt von seinem Englisch-Übersetzer: Peter Hallward, *Badiou. A Subject to Truth. With a Foreword by Slavoj Žižek*, Minneapolis 2005.

einer Spurensuche, da das Ereignis nicht in demselben Sinne in der Situation existiert wie die Elemente dieser Situation. Deshalb muss man sich dafür (oder dagegen) entscheiden, die Situation, in die das Ereignis einbricht, von diesem Ereignis her zu denken und auf von ihm erzeugte Differenzen zu untersuchen. Badiou unterscheidet genau vier generische Treueprozeduren und kennt daher genau vier Typen von Wahrheit: Liebe, Kunst, Wissenschaft und Politik (vgl. SE, S. 369-386). Mir geht es im Folgenden weder um eine Beschreibung dieser verschiedenen Wahrheitstypen noch darum, Badious Gründe dafür zu rekapitulieren, dass allein diese Wahrheiten existieren (woraus beispielsweise folgt, dass es keine philosophischen Wahrheiten gibt; vgl. SE, S. 383 f.), sondern allein um die gemeinsame »metaontologische« Definition von Wahrheit.

Badious Ausgangspunkt ist stets eine gegebene Situation: eine Vielheit, deren Elemente (die selbst Vielheiten sind) durch eine Struktur (»Zählung-als-Eins«) zusammengefasst werden. Zu existieren bedeutet, von dieser Zählung erfasst zu werden und damit als Element zu der Situation zu gehören. Zu jeder Situation gehört zudem eine zweite Zählung,[25] die Badiou die »Verfassung« (SE, S. 115) der Situation nennt und die nicht über die Zugehörigkeit von Elementen zur Situation entscheidet, sondern die Zählung selbst zählt (die als Gesetz der Situation nicht zur Situation gehört, da sie sich nicht selbst als Element zählen kann[26]). Die »Verfassung« ordnet nicht die Elemente der Situation, sondern ihre Teilmengen. Wenn, um ein Beispiel von Peter Hallward aufzugreifen, die Situation die vom Zensus erfasste Menge der Individuen einer Nation ist, können diese Individuen in ganz verschiedenen Teilmengen – Steuerzahler*innen, Soldat*innen, Empfänger*innen von sozialstaatlichen Leistungen etc. – gruppiert werden.[27] Solche Teilmengen einer

25 Streng genommen gibt es eine Ausnahme, nämlich die Situation der allgemeinen Ontologie selbst. »Dass die Ontologie eine Situation ist« (SE, S. 41), bezeichnet Badiou als die »Wette« (SE, S. 41, vgl. 41-45) seines Buches; dass sie keine Verfassung hat, argumentiert er in »Meditation 8« (SE, S. 120 f.).

26 Eine Zählung-als-Eins, die sich selbst als Element zählt, würde die Konstruktion einer »außerordentlichen« Menge erlauben, die sich selbst als Element beinhaltet. Das Fundierungsaxiom der Zermelo-Fraenkel-Axiomatik verbietet solche Mengen – was Badiou dazu nutzt, das Ereignis als außerordentliche Menge zu definieren (vgl. SE, S. 206, 217 f.). Es liegt damit jenseits des von der Ontologie Erfassbaren, im Bereich des »Was-kein-Sein-als-Sein-ist«.

27 Vgl. Hallward, *Badiou: A Subject to Truth*, S. 85 f., 95 f.

Situation zu benennen, ist laut Badiou die »weiteste mögliche Definition des Wissens«.[28] Unter der Voraussetzung, dass jede Situation eine Sprache beinhaltet (grob definiert als das Vokabular, mit dem die Zählung-als-Eins und die Verfassung operieren), ist das »Wissen die Fähigkeit, in der Situation die Vielheiten zu unterscheiden, die diese oder jene Eigenschaft besitzen, welche ein expliziter Satz (oder eine Menge von Sätzen) der Sprache bezeichnen kann« (SE, S. 370). Was Badiou abschätzig »Enzyklopädie« (SE, S. 370) nennt, sind solche klassifizierten Teilmengen einer Situation.

Davon ist eine Wahrheit in der Situation strikt zu unterscheiden – sie ist kein Wissen:

> Eine Wahrheit ist eine Teilmenge der Situation, deren Bestandteile nicht unter einem Prädikat der Sprache, so raffiniert es sein mag, totalisiert werden können. Sie ist also eine undeutliche Teilmenge, die in der Sammlung ihrer Bestandteile derart beliebig ist, dass kein Zug, den ihre Bestandteile gemeinsam haben, sie im Wissen zu identifizieren erlaubt.[29]

Eine Wahrheit ist eine *generische* Teilmenge der Situation, die so verfasst ist, dass sie innerhalb der Situation durch keine Teilmenge der Enzyklopädie (das heißt durch kein Wissen) erfasst wird.[30] Sie benennt eine in der Situation selbst unnennbare Teilmenge – unnennbar nicht aus dem Grund, dass die Sprache unvollständig wäre, sondern weil sie sich auf ein Ereignis bezieht, das nicht zur Situation gehören kann. Denn das Ereignis wird nicht von der Struktur der Situation gezählt (es existiert nicht als Element der Situation), es kann nur retroaktiv über seine Spuren verifiziert werden. Dazu bedarf es der individuellen Entscheidung für dieses Ereignis: des Entschlusses, die Situation von diesem Ereignis her zu denken und

28 Alain Badiou, »Die Wahrheit. Die Erzwingung und das Unbenennbare«, in: ders., *Bedingungen*, Zürich, Berlin 2011, S. 221-239, hier S. 226. Vgl. dazu ausführlich Hallward, *Badiou: A Subject to Truth*, S. 95.

29 Badiou, »Die Wahrheit«, S. 228. Dass eine solche Teilmenge existiert, garantiert Paul Cohens zentrales Ergebnis, dass in einer gegebenen Situation (unter bestimmten Bedingungen) generische – d. h. nichtkonstruierbare – Teilmengen existieren. Vgl. SE, S. 401 f.

30 Zu dieser Differenz von Wissen einerseits sowie Wahrheit und Wissenschaft andererseits vgl. Gernot Kamecke, »Die ontologische Wahrheit der Revolution. Politik bei Alain Badiou«, in: Ulrich Bröckling, Robert Feustel (Hg.), *Das Politische denken. Zeitgenössische Positionen*, Bielefeld 2010, S. 159-180, hier S. 160-162.

ihm insofern treu zu sein. Wahrheit gibt es laut Badiou nur in Bezug auf solch ein Ereignis:

Man nennt »Wahrheit« (*eine* Wahrheit) den wirklichen Prozess der Treue zu einem Ereignis. Das, was diese Treue in einer Situation hervorbringt. Zum Beispiel die Politik der französischen Maoisten zwischen 1966 und 1976, die eine Treue zu zwei verflochtenen Ereignissen zu denken und zu praktizieren trachteten: zur chinesischen Kulturrevolution und zu Mai 68 in Frankreich. [...] Im Grunde ist eine Wahrheit die materielle Spur des ereignishaften Zusatzes in der Situation.[31]

Wahrheit und Ereignis mit Badiou zu verstehen, erfordert zuletzt noch einen dritten Begriff: den des Subjekts bzw. der Subjektivierung. Das Subjekt entsteht im Wahrheitsprozess, den es zugleich erst ermöglicht, denn es ist das Subjekt, das die generische Treueprozedur durchführt: Es »zählt das, was mit dem Namen des Ereignisses treu verknüpft ist« (SE, S. 35). Subjekte sind »lokale Vorkommnisse des Wahrheitsprozesses (›Wahrheitspunkte‹)«;[32] sie nehmen mit ihren Aussagen das Ereignis und seine Wahrheit vorweg, die stets nur retrospektiv gültig – und gewusst – werden können, das heißt, sie sprechen im Futur II: Ihre Sätze werden gültig gewesen sein (vgl. SE, S. 468-454). Wissen und Wahrheit sind unvereinbar, aber das Auftauchen eines Ereignisses und die generische Treueprozedur, die seine Wahrheit erzeugt, führen zu einer Transformation der Situation, in der diese Wahrheit in Wissen überführt werden kann:

Eine Wahrheit »locht« die Kenntnisse, sie ist ihnen heterogen, aber sie ist auch die einzige bekannte Quelle der neuen Kenntnisse. Man wird sagen, dass Wahrheit die Kenntnisse *erzwingt*. Das Zeitwort *erzwingen (forcer)* zeigt an, dass die Macht einer Wahrheit in der des Bruchs besteht [...]. Wenn auch eine Wahrheit als solche nie mitgeteilt werden kann, so impliziert sie, auf weitere Entfernung von sich selbst, mächtige Umgestaltungen der Formen und Referenten der Kommunikation [...].[33]

Wahrheit entsteht für Badiou also durch das beharrliche Denken einer Situation aus der Perspektive eines in ihr eingebrochenen

31 Alain Badiou, *Ethik. Versuch über das Bewusstsein des Bösen*, Wien 2003, S. 63.

32 Ebd., S. 65.

33 Ebd., S. 93 f. »Erzwingen« verweist erneut auf Cohens Arbeiten, die zeigen, inwiefern die generische Menge der Ausgangssituation gültige Aussagen hinzufügt. Vgl. SE, S. 459-480; dazu Hallward, *Badiou: A Subject to Truth*, S. 135-139.

Ereignisses. Die Existenz dieser Wahrheit verdankt sich der Treue eines Subjekts und seine Aussagen können allenfalls retrospektiv, nach einer grundlegenden Transformation, zu gültigem Wissen in der Situation werden. Wahrheit hat die Kraft, diese Transformation zu forcieren – und erzeugt zugleich die Subjekte dieser Wahrheit.

Diese Skizze erlaubt es, zwei Verwandtschaftsbeziehungen zu meinem Vorschlag zu benennen, Wahrheit als Kraft zu verstehen, die aus prekären Konfigurationen emergiert, und Wissen als Mediatisierung dieser Kraft. Fraglos überwiegen die Unterschiede, da schon Badious Ausgangspunkt, die metaontologische These »Mathematik = Ontologie« (SE, S. 20), ein ganz anderer ist. Dennoch gibt es zwei so ähnliche Aspekte, dass die Unterschiede darzustellen meinen eigenen Vorschlag schärfer konturiert. Diese Differenzen betreffen die zugleich situierte und der Situation enthobene Wahrheit (1) und ihre Wirkungen (2).

(1) *Emergenz und Ereignis*. Was mein Vorschlag, Wahrheit als Kraft und Wissen als mediatisierte Kraft von Wahrheit zu verstehen, mit Badious Definition von Wahrheit als generischer Treueprozedur zu einem Ereignis teilt, ist das Beharren darauf, dass Wahrheit ein eigenständiges, also ein nicht auf andere Kräfte reduzierbares Phänomen ist, das gleichwohl weltlich, materialistisch verstanden werden muss. Badiou betont dies, wenn er von einer sowohl situierten als auch mit dieser Situation brechenden Wahrheit spricht. Jede Wahrheit ist seiner Definition zufolge ein »immanenter Bruch«[34] mit der Situation, in der ihr zugehöriges Ereignis lokalisiert ist.[35] Wahrheit zeugt vom Neuen in der Welt; sie verifiziert in der unendlichen generischen Treueprozedur die Spur dieses Neuen und erzwingt so eine Transformation der Situation im Namen dieses Neuen.

Von der Emergenz der Kraft der Wahrheit in prekären Konfigurationen von Dingen und Menschen zu sprechen, wie ich es vorgeschlagen habe, teilt die Vorstellung von Wahrheit als etwas, das nicht auf die prekäre Konfiguration reduzierbar ist, in der sie emergiert. Wahrheit wird auch hier einerseits in der Welt verortet und andererseits von ihr getrennt. Beide Aspekte sind Anlässe für Kritik, weil man entweder unter den Verdacht der Nivellierung von

34 Badiou, *Ethik*, S. 63.

35 Diese Lokalisierung bestimmt Badiou ausführlich über den Begriff der Ereignisstätte (vgl. SE, S. 205-210).

Wahrheit gerät (»Am Ende sind Sie also doch nur ein Relativist, der Wahrheit auf die Macht des Stärkeren in der sozialen Praxis reduziert, aus der sie entspringen soll!«) oder umgekehrt dem Verdacht eines unaufgeklärten Philosophismus verfällt (»Am Ende sind Sie also doch nur ein Idealist, der Wahrheit jenseits der sozialen Praxis ansiedelt, aus der sie entspringen soll!«). Angesichts dieser (wie ich bereits in Kapitel 7 argumentiert habe: nur scheinbaren) Zwickmühle ist es tröstlich, einen philosophischen Titanen wie Badiou an meiner Seite zu wissen.

Doch kaum aufgezeigt, endet die Ähnlichkeit bereits. Denn »Emergenz« ist ein weitaus schwächeres Konzept als »Ereignis« – weniger dramatisch, weniger einschneidend und weniger ontologisch dualistisch. Badious Wahrheiten sind so selten wie die Ereignisse, die sie bezeugen: politische Revolutionen wie die Französische, wissenschaftliche Revolutionen wie die eines Paul Cohen, persönliche Revolutionen einer neuen Liebe oder künstlerische Revolutionen wie die eines Arnold Schönberg (das sind Badious Beispiele, in dessen Geschichte Frauen nicht vorkommen). Emergenz ist zwar kompatibel mit solchen seltenen Geburten des Neuen, impliziert aber nicht, dass Wahrheit nur diesen entspringt. Insofern gibt es keinen tiefgreifenden Bruch zwischen Wahrheit und Wissen, der erst durch die Normalisierung von Wahrheit überwunden wird (vgl. SE, S. 385). Im Gegenteil, Wahrheitspraktiken gelingen meiner Emergenzvorstellung zufolge auch deshalb, weil sie kontinuierlich ablaufen und die emergierende Kraft der Wahrheit routiniert mediatisieren, so dass diese Wahrheit als Wissen schnell Verbreitung finden kann.

Diese Entdramatisierung stellt den Kontrast heraus, der zwischen Badious metaontologischer Meditation und meiner bescheidenen Begriffsarbeit besteht. Indem er sich an der mathematischen Mengenlehre orientiert, kann Badiou nicht nur eine Axiomatik für das Ereignis anbieten, das kein Sein-als-Sein ist, sondern über die Berücksichtigung generischer Mengen auch den metaontologischen Status von Wahrheit bestimmen. Im Hinblick darauf kann man von einem Dualismus sprechen, da Badiou grundlegend zwischen dem Sein-als-Sein (das die Mathematik denkt) und dem Was-kein-Sein-als-Sein-ist (zu dem die Themen der Philosophie wie Ereignis, Wahrheit, Subjekt gehören) unterscheidet. Dagegen biete ich ein philosophisches Bild, das die übliche Perspektive auf Wissen so verschiebt, dass die Wirksamkeit von Wissen gleichberechtigt mit seiner Wahrheit zusammengedacht werden kann – sicherlich immer noch ambitioniert, aber weit entfernt davon, »die Philosophie« neu zu begründen (vgl. nur SE, S. 15-18). Denn nichts muss »die Philosophie« heute stärker vermeiden als die erneute heroische Geste und den begründenden Diskurs des Meisters.

(2) *Kraft und Erzwingung.* Mit Badious Definition von Wahrheit teilt mein Vorschlag nicht nur die komplexe Situierung von Wahrheit innerhalb und jenseits von Situationen bzw. sozialen Praktiken. Gemeinsam ist ihnen auch, wie sich diese Wahrheit auswirkt, denn Subjektivitäten spielen jeweils die Hauptrolle. Für Badiou ist das Subjekt Träger*in einer generischen Treueprozedur und existiert nicht unabhängig von dieser, das heißt nur dank des Ereignisses und seiner Wahrheit. Das Subjekt entsteht aus der zufälligen Abfolge von Ermittlungen, in denen die generische Treueprozedur Schritt für Schritt prüft, welche Terme der Situation mit dem Ereignis verknüpft sind und welche nicht (vgl. SE, S. 371-380, 442-444). Insofern das Subjekt endlich ist und eine »lokale Konfiguration« der Treueprozedur darstellt, muss »die Wahrheit ›für es‹ (aus seiner Sicht) [...] ununterscheidbar [sein]« (SE, S. 444). Denn sie überschreitet jedes Subjekt, das sie in die Welt bringt. Das Subjekt ist mit der Wahrheit verknüpft, indem es stur daran festhält, die Situation aus der Perspektive eines Ereignisses zu betrachten, dessen Existenz es nur postulieren und retrospektiv verifizieren kann: »Die Aussage der Subjekt-Sprache wird gültig gewesen sein, wenn die Wahrheit diese oder jene ist.« (SE, S. 449)[36]

Gegenüber diesem exzentrischen, möglicherweise revolutionären Verständnis des Subjekts mutet mein Vorschlag abermals bescheiden an: Ich gehe nicht davon aus, dass allein Wahrheiten Subjekte erschaffen, da diese genauso – und häufiger – von anderen Kräften subjektiviert werden: von ökonomischen Kräften, politischen Kräften, Naturkräften usw. Worin mein Vorschlag mit Badious Definitionen übereinstimmt, ist jedoch, dass Wahrheit als

36 Vgl. auch Badiou, *Ethik*, S. 65: »Die Ereignisse sind Einzigartigkeiten, die nicht auf etwas anderes zurückgeführt werden können, es sind die ›Gesetzwidrigen‹ (›hors-la-loi‹) der Situationen. Die der Wahrheit treuen Prozesse sind immanente Brüche, die jedes Mal neu erfunden werden. Die Subjekte, die *lokale* Vorkommnisse des Wahrheitsprozesses (›Wahrheitspunkte‹) sind, sind besondere und unvergleichliche Induktionen.«

emergente Kraft auf Subjektivitäten – und nur auf diese – wirkt und dass daraus eine Transformation der Situation entstehen kann. Für Badiou lässt sich diese metaontologisch als »Erzwingung (*forcing*)« beschreiben, also als der Prozess, in dem das Resultat der generischen Treueprozedur – die generische Menge, das heißt die Wahrheit – in die Situation hineingezwungen wird und damit deren Sprache revolutioniert.[37] In meinem philosophischen Bild habe ich dagegen die Art und Weise, wie Wahrheit auf die Subjekte wirkt, die ihr bzw. dem Wissen ausgesetzt sind, in das die Kraft der Wahrheit mediatisiert wurde, größtenteils offengelassen. Die schwache Kraft von Wahrheit wirkt auf vielfältige Weise, weil diese Wirksamkeit nicht allein von der je spezifischen Wahrheit abhängt, sondern auch von der Subjektivität, auf die sie trifft. Nur den historisch disruptiven Sperrklinkeneffekt habe ich Wahrheit als Kraft in der Situation, aus der sie emergiert, fest zugeschrieben: Sie lässt den beteiligten Subjekten diese Situation dank ihrer Polarisierung der Welt in wahr und falsch so in einem neuen Licht erscheinen, als sei die Situation bereits gemäß der Wahrheit eingerichtet worden, die aus ihr hervorgeht. Durch ihre historisch disruptive Wirksamkeit erzeugt die Kraft von Wahrheit rückwirkend eine Illusion von Ewigkeit – ihre »Unendlichkeit« ist also in meinem philosophischen Bild keineswegs ein Merkmal von Wahrheit selbst, sondern der erste Effekt ihrer eigenständig selbstformenden Wirksamkeit.[38] Wahrheiten bleiben an die prekäre Konfiguration gebunden, aus der sie emergieren, und streben deren Erhaltung an, da ihr Zusammenbruch auch das Ende dieser Wahrheiten bedeuten würde.

Es ergibt sich damit ein bedeutender Unterschied zu Badious Definition: Wahrheiten sind *nicht* ewig: sie müssen nicht nur geboren werden – dem würde auch Badiou noch zustimmen –, sie müssen zudem kontinuierlich erzeugt werden, um nicht zu vergehen. Hier trennen sich erkennbar die Wege einer politischen

37 Vgl. SE, S. 459-479; dazu Hallward, *Badiou: A Subject to Truth*, S. 135-139.

38 Deshalb knüpft mein philosophisches Bild an die kritische Tradition einer nichtsouveränen politischen Epistemologie an, die dem Sperrklinkeneffekt von Wahrheit und der resultierenden Ewigkeitsanmutung misstraut, ohne Wahrheit zu verwerfen. Haraways Begriff des Fetischs und Foucaults Begriff des Wahrheitsregimes sind nur zwei Beispiele aus dieser Tradition. Ihre Geschichte hoffe ich in einer kommenden Publikation zu den vernachlässigten Wurzeln der politischen Epistemologie ausführlicher beschreiben zu können.

Epistemologie und einer metaontologischen Ereignisphilosophie, die Wahrheit in ihrem immanenten Bruch mit der Situation deutlich weiter im »Jenseits« verortet als mein philosophisches Bild einer historisch-materialistischen Wahrheit, das die innerweltliche Herstellung von Wahrheit und ihre Verbreitung als Wissen ins Zentrum rückt.

Diese Bestimmung von Gemeinsamkeiten und Differenzen ist nicht dazu geeignet (und auch nicht dazu gedacht), ein Urteil über Badious Philosophie zu fällen. Meine Überlegungen sollen lediglich zeigen, inwiefern die Übereinstimmungen von Differenzen durchkreuzt werden, die größtenteils auf ein unterschiedliches Verständnis der Praxis von Philosophie zurückgehen. So treten drei Grundzüge meines philosophischen Bildes hervor: die materialistische Historisierung, die ontologische Bescheidenheit und die normative Gleichwertigkeit von Wahrheit und Wissen. Wissen ist nicht »bloß« Klassifizierung, Sortierung – kurz: »Enzyklopädie«. Es ist die mediatisierte Kraft von Wahrheit und insofern zugleich wirksam und wahr. Wenn mein philosophisches Bild von Wissen Sprengkraft besitzt, dann durch diese Kontinuität von Wahrheit als Kraft und Wissen als seiner Mediatisierung: denn sie erzwingt, Erkenntnistheorie in politische Epistemologie zu verwandeln, um der eigenständig selbstformenden Wirksamkeit von Wissen gerecht werden zu können. Dieser Begriffsbestimmung wende ich mich im folgenden Abschnitt nochmal zu, um darzulegen, wie sie sich zu den Wissensbegriffen der (analytischen) Erkenntnistheorie und des Pragmatismus bzw. der Praxistheorie verhält.

## 9.2 Wirksam und wahr

Wissen ist als mediatisierte Kraft von Wahrheit zu verstehen, so habe ich im letzten Abschnitt vorgeschlagen. Es ist damit stets eigenständig selbstformend wirksam, wenngleich seine Wirksamkeit leicht (und zumeist) von anderen Kräften überlagert wird. Woraus »besteht« Wissen dieser Begriffsbestimmung nach? Wissen ist ein Netz aus Propositionen, in denen die aus einer prekären Konfiguration von Dingen und Menschen emergierende Kraft der Wahrheit transportiert wird. Dabei wird, das ist die besondere Eigenart von Medien, die Geltung dieses Wissens von der Genesis seiner Wahrheit entkoppelt. Dadurch erhöht sich die Reichweite des Wissens, geht jedoch mit dem Risiko einher, vollständig von der Quelle seiner Wahrheit abgetrennt zu werden. Wo dies geschieht oder die prekäre Konfiguration, aus der die Wahrheit emergiert, nicht länger besteht, verliert Wissen seine Kraft – oder die Kraft der Wahrheit wird durch andere Kräfte (Affekte, Autorität, soziale Macht etc.) ersetzt. Wo dies systematisch vorkommt und mit der Stabilisierung von Herrschaft verknüpft ist, können wir von »Ideologien« sprechen.[39]

So verstanden, wirkt Wissen (wie Wahrheit) exklusiv auf Subjektivitäten und ist insofern selbstformend – wenngleich in den meisten Fällen nur als eine vergleichsweise schwache Kraft von vielen. Welche Effekte die schwache Kraft des Wissens im Einzelnen erzielt, hängt vom Gehalt dieses Wissens und der Verfassung der jeweiligen Subjektivität ab, auf die es trifft. Doch der historisch disruptive Sperrklinkeneffekt ist fest mit Wissen verknüpft und ergibt sich durch die Polarisierung der Welt in wahr und falsch: Sie lässt jene prekären Konfigurationen, aus denen Wahrheit emergiert, so erscheinen, als seien sie gemäß der ihr entspringenden Wahrheit eingerichtet. Dieser strukturelle Effekt von Wahrheit wird durch ihre Mediatisierung zu Wissen verstärkt und erzeugt den besonderen Anschein ewiger Geltung von Wissen, der dazu verführt, die Geltung auf einer anderen Seinsebene zu lokalisieren und Normativität als Perspektive auf die Welt dieser gegenüberzustellen, statt sie als Phänomen in der Welt zu begreifen (siehe Kapitel 5.1.2). Die Wirksamkeit von Wissen selbst begünstigt insofern die Geburt des Dualismus von Normativität und Faktizität.

Dieser Wissensbegriff scheint unendlich weit entfernt von jenen zu sein, die in der (analytischen) Erkenntnistheorie diskutiert werden. Der Eindruck ist richtig, da ich Wissen in einem anderen philosophischen Bild erläutere, doch lässt sich die Kluft verringern. Dazu werde ich im Folgenden die drei beanstandeten Grundzüge im philosophischen Bild der (analytischen) Erkenntnistheorie –

39 Diesen Begriff von Ideologie innerhalb einer nichtsouveränen politischen Epistemologie zu entwickeln, halte ich angesichts der in Kapitel 6 besichtigten Phänomene von Unwahrheit in der Politik für eine wichtige und dringende Aufgabe. Erste Überlegungen finden sich in Frieder Vogelmann, »Critical Theory and Political Epistemology: Six Theses on Untruth in Politics«, in: *Azimuth* 16 (2020), S. 89-102.

Atomismus, Individualismus und Starrheit – mit den hier vertretenen Alternativen kontrastieren und an allen drei Fällen zeigen, wie sich die diskutierten Probleme bzw. Thesen der (analytischen) Erkenntnistheorie aus der Perspektive des von mir gezeichneten Bildes und des darin erläuterten Begriffs eigenständig selbstformend wirksamen Wissens darstellen. Damit beantworte ich zugleich die zweite der in Abschnitt 9.1 gestellten Fragen, inwiefern Wissen in meinem philosophischen Bild zugleich wahr und wirksam ist (9.2.1). Analog, wenngleich knapper gehe ich anschließend auf die beiden problematischen Grundzüge des philosophischen Bildes von Pragmatismus und Praxistheorie – den handlungstheoretischen Subjektivismus und den anti-epistemischen Reduktionismus – ein (9.2.2). Zuletzt kehre ich zum Beginn dieses Buches zurück, um zu demonstrieren, dass der vorgeschlagene Begriff von Wissen als mediatisierte Kraft von Wahrheit jenes eigenständig selbstformend wirksame Wissen erhellen kann, das Platon, Adorno und Horkheimer sowie Rawls für die Beschreibung von Philosophie, von Kritik oder der vier Rollen politischer Philosophie benötigen (9.2.3).

### 9.2.1 Zwei philosophische Bilder von Wissen

In der Rekonstruktion der Debatte um die angemessene Bestimmung des Wissensbegriffs in der (analytischen) Erkenntnistheorie hatten wir gesehen, dass drei Grundzüge des philosophischen Bildes, innerhalb dessen diese Diskussion erfolgt, dazu führen, dass die Wahrheit und die Wirksamkeit von Wissen in einem antiproportionalen Verhältnis zueinander stehen. Weil Wissen von vornherein atomistisch (von isolierten Propositionen her erklärbar), individualistisch (als Besitz eines autonomen, ja ohne Bezug zur Gesellschaft gedachten Subjekts) und starr (unwandelbar) konzipiert wird, ließ es sich grundsätzlich nur passiv (nicht eigenständig wirksam) begreifen. Selbst die restringierte Form von Wirksamkeit, die ihm im Rahmen von *belief-change*-Theorien zugebilligt wird, in denen die Wirkung von Wissen als Erweiterung oder Kontraktion der Überzeugungsmenge eines Subjekts verstanden wird, ließ sich entweder nur über eine deutliche Abschwächung seines Verhältnisses zur Wahrheit einholen (Williams) oder musste noch weiter auf monotone Erweiterung eingeschränkt werden (Kern).

Alle drei Grundzüge des philosophischen Bildes der (analytischen) Epistemologie gelten nicht für das philosophische Bild, in dem ich den Begriff eigenständig selbstformend wirksamen Wissens als mediatisierte Kraft von Wahrheit konzipiert habe. Daraus folgen auch andere Ansichten auf einige der Schwierigkeiten, mit denen sich das analytische Projekt herumschlagen muss. Zwar kann mein Wissensbegriff nicht alle diese Schwierigkeiten auflösen, doch er führt mindestens zu einer neuen Perspektive auf sie, die hilft, sie als Symptome der drei genannten Grundzüge des philosophischen Bildes der (analytischen) Erkenntnistheorie zu erkennen: als Konsequenzen aus Atomismus (1), Individualismus (2) und Starrheit (3).

(1) *Holismus statt Atomismus.* Das philosophische Bild, in dem Wissen als eigenständig selbstformend wirksam verstanden wird, bricht vollständig mit der Vorstellung, Wissen könne anhand einzelner, isolierter Propositionen erklärt werden. In ihm ist die Formel »S weiß, dass *p*« nur eine abgeleitete, besondere Form propositionalen Wissens, das als Netz aus untereinander in vielfältigen Beziehungen stehenden Propositionen verstanden werden muss. Dem Atomismus der (analytischen) Erkenntnistheorie, in der die Formel »S weiß, dass *p*« als kanonischer Ausgangspunkt dient, um Wissen zu definieren und zu verstehen, setzt mein philosophisches Bild also einen Holismus entgegen, der die Erklärungsreihenfolge umkehrt: Der Wissensbegriff wird nicht an einzelnen Propositionen gewonnen und dann auf größere Zusammenhänge ausgeweitet, sondern wo Wissen in einzelnen Propositionen vorliegt, haben wir es mit einem Sonderfall des normalerweise in größeren Zusammenhängen vorliegenden Wissens zu tun.[40] Phänomenologisch hat diese Umkehrung einiges für sich, weil wir weder in den Wissenschaften Wissen in einzelnen Bestandteilen vorfinden noch beim Lernen basaler Kenntnisse in der Schule einzelne Sätze gefüttert bekom-

40 Diese Vorstellung taucht durchaus auch in der (analytischen) Epistemologie auf, z. B. bei Kvanvig, *The Intellectual Virtues*, Kapitel 7, der für eine neue Perspektive in der Erkenntnistheorie wirbt, die von der »sozialen und temporalen Natur der kognitiven Vorgänge« ausgeht, weshalb »die wichtigsten epistemologischen Aspekte [von Wissen] in Bündeln erscheinen: Bündel von Leuten statt isolierten Individuen, Wissensbestände statt einzelne Propositionen und erfahrene, prozessuale Zeiträume statt abstrakten, individuellen Zeitpunkten« (ebd., S. 185 f.). Allerdings zeigt Martin Kusch, »Testimony and the Value of Knowledge«, in: Adrian Haddock u. a. (Hg.), *Epistemic Value*, Oxford 2009, S. 60-94, dass Kvanvig selbst diese Perspektive nicht übernimmt.

men.[41] Wissen ist uns im Normalfall in ganzen Wissensbeständen gegeben, als ein Netz einander ergänzender und sich in ihrem jeweiligen Gehalt wechselseitig konstituierender Propositionen, die sich nicht voneinander isolieren lassen, ohne ihren Gehalt zu verändern. Deshalb lässt sich die kanonische Formel nicht retten, indem wir »S weiß, dass *p*« so verstehen, dass *p* für die korrekte Verknüpfung aller im Netz befindlichen Propositionen $p_1 \ldots p_n$ stehen könnte. Denn abermals würden wir so von atomaren Propositionen ausgehen. Wo einzelne Propositionen als Wissen angesprochen werden, müssen wir dies stattdessen als elliptische Formulierung auffassen und können in der jeweiligen Situation rasch zeigen, welche weiteren Propositionen implizit mit der hervorgehobenen verbunden sind und diese überhaupt erst isoliert verständlich machen.

Das wirft ein anderes Licht sowohl auf die Standardanalyse von Wissen als auch auf die Gettier-Beispiele, die gegen sie vorgebracht werden. Schon aus der Begriffsbestimmung von Wissen als »wahre, gerechtfertigte Überzeugung« lässt sich die Einsicht herauslesen, dass Wissen nicht aus isolierten Propositionen besteht – wenn man die Rechtfertigungsbedingung ernst nimmt. Denn sie gibt offen zu erkennen, dass Wissen selbst in der kanonischen Formel »S weiß, dass *p*« nicht ausschließlich aus der Proposition *p* besteht, sondern in der Kombination aus *p* und den weiteren Propositionen, welche die geforderte Rechtfertigung von *p* ausmachen. Ein erster Fehler der Standardanalyse besteht aus der Sicht des philosophischen Bildes, in dem Wissen als mediatisierte Kraft von Wahrheit verstanden wird, also nicht so sehr in ihrer Formulierung als in der Weise, wie diese verstanden wird: nämlich so, als sei das Wissen, dass *p*, auch abgetrennt von seiner Rechtfertigung noch als Wissen zu begreifen. Damit wird fälschlicherweise angenommen, dass die Verbindung von Wissen und Rechtfertigung eine externe sei, so dass wir beide als voneinander unabhängige Entitäten behandeln könnten. Geben wir dieses Verständnis auf, gehen wir bereits einen Schritt weg vom Atomismus der (analytischen) Erkenntnistheorie.

Gettier-Beispiele setzen allerdings eine starke Trennung von der als Wissen behaupteten Proposition und ihrer Rechtfertigung voraus.[42] Das ist keine neue Einsicht: Schon Zagzebski weist darauf

41 Vgl. Wittgensteins Überlegungen zum Lernen in Wittgenstein, *Philosophische Untersuchungen*, § 1-§ 39.

42 Vgl. Gettier, *Ist gerechtfertigte, wahre Überzeugung Wissen?*, S. 9.

hin, dass die Wahrheitsbedingung und die Rechtfertigungsbedingung von Wissen nicht unabhängig voneinander sein dürfen, wenn wir Gettier-Gegenbeispiele ausschließen wollen.[43] Dass dieser enge Zusammenhang zwischen Wahrheits- und Rechtfertigungsbedingung auch einen engen Zusammenhang zwischen der Proposition *p* und ihrer Rechtfertigung bedeutet, ergibt sich schon daraus, dass die Wahrheitsbedingung von der Bedeutung von *p* abhängt.[44] Schon Zagzebskis Beobachtung liefert insofern Gründe, vom Atomismus abzurücken.

Kern zieht aus Zagzebskis Beobachtung, dass es keine Kluft zwischen der Wahrheit von *p* und ihrer Rechtfertigung geben darf, den Schluss, dass unsere Gründe für Wissen wahrheitsgarantierende Gründe sein müssen (vgl. QW, S. 68). Daraus resultiert ihr starres Verständnis von Wissen. Aber die anti-atomistische Begriffsbestimmung von Wissen als mediatisierter Kraft von Wahrheit taucht Zagzebskis Einsicht in ein neues Licht: Erstens ist Wissen dieser Bestimmung nach tatsächlich nicht von Wahrheit zu trennen, so dass die Gettier-Beispiele keine Widerlegung darstellen, weil sie kein Einfallstor mehr finden. Doch liegt das nicht an einer vermeintlichen Stabilität von Wissen und Wahrheit, sondern schlicht daran, dass Wissen die mediatisierte Kraft der Wahrheit *ist*. Die Beziehung von Wissen und Wahrheit ist konstitutiv, nicht nur notwendig. Zweitens, und an dieser Stelle wichtiger, wird das Wissen dabei nicht von seiner Rechtfertigung getrennt. Denken wir an das Tom-Grabit-Beispiel:[45] Es wäre falsch zu glauben, die Überzeugung, dass Tom das Buch nicht gestohlen hat, wäre Wissen, solange die Rechtfertigung dafür (die Aussage von Toms Mutter) unange-

43 »Es sieht demnach so aus, als könne keine Definition von Wissen als wahr plus weitere Bedingungen den Gettier-Widerlegungen standhalten, solange es einen kleinen Grad von Unabhängigkeit zwischen der Wahrheit und den anderen Bedingungen für Wissen gibt.« (Linda Zagzebski, »The Inescapability of Gettier Problems«, in: *The Philosophical Quarterly* 44 (1994), S. 65-73, hier S. 72.)

44 Wenn man nicht sogar annimmt, die Bedeutung von Propositionen bestehe in ihren Wahrheitsbedingungen, gemäß dem Postulat von Wittgenstein, *Tractatus logico-philosophicus*, 4.024: »Einen Satz verstehen, heißt, wissen was der Fall ist, wenn er wahr ist.« Michael Dummett, »What Is a Theory of Meaning? (II)«, in: ders., *The Seas of Language*, Oxford 1996, S. 34-93, hier S. 34, hält dies zu Recht für die am weitesten verbreitete Bedeutungstheorie, der er freilich skeptisch gegenübersteht.

45 Siehe Abschnitt 8.1.1.

fochten Bestand hat, und kein Wissen mehr, sobald die Rechtfertigung hinfällig geworden ist (weil Toms Mutter eine pathologische Lügnerin ist). Das Wissen über Toms vermeintlichen Diebstahl beinhaltet seine Rechtfertigungen; es besteht nicht in der Proposition »Tom ist (kein) Dieb«, sondern im Netz der Propositionen, in dem die Beobachtung, dass Tom ein Buch unter seinem Mantel aus der Bibliothek trägt, mit meiner Beurteilung seiner Handlung zusammenkommt, gefärbt durch die Aussage seiner Mutter, und die Beurteilung dieser Aussage, beeinflusst durch Gerüchte über ihren geistigen Zustand. Folgen wir Alcoffs Überlegungen (siehe Kapitel 7.3), müssen wir das Netz sogar noch weiter spannen, um auch Affekte, Machtbeziehungen, Fiktionen und andere Elemente der sozialen Praktiken einzubeziehen, in deren Rahmen wir Tom beobachten (vgl. RK, S. 208-220). Etwas »Wissen« zu nennen, hängt dann zwangsläufig auch von der Entscheidung ab, wo wir mit welchen Gründen die Grenzen dieses Netzes ziehen. In Bezug auf die Gettier-Beispiele lernen wir aus diesen Überlegungen, dass wir sie im hier skizzierten philosophischen Bild aktiven Wissens nicht nur vermeiden, weil Wahrheit und Wissen enger miteinander verkoppelt sind als in der Standardanalyse, sondern weil der Holismus, den wir dem Atomismus entgegensetzen, auch Wissen und seine Rechtfertigung weniger streng trennt, als es im philosophischen Bild der (analytischen) Erkenntnistheorie der Fall ist.

Dabei wird Wissen weder unfehlbar und starr (wie bei Kern), noch entkräften wir die Gettier-Beispiele durch Unklarheit. Erstens tritt Wissen als mediatisierte Kraft von Wahrheit, wie Wahrheit als Kraft, im Plural auf; insofern gibt es zwar kein unwahres Wissen, aber einander bekämpfendes Wissen. Gleichwohl ist damit Wissen nicht subjektivistisch auf Fürwahrhalten reduziert; seine Pluralität und Agonalität entspringt der Pluralität und Agonalität von Wahrheit als emergente Kraft aus prekären Konfigurationen und ist insofern keineswegs mit einem bloßen Vermeinen gleichzusetzen (darauf komme ich in Punkt 3 nochmal zurück).

Zweitens geht auch der Vorwurf ins Leere, der Holismus verunklare, was eigentlich als Wissen zu bezeichnen wäre, weil wir nun keine isolierten Propositionen mehr vor Augen hätten, die als kanonische Form von Wissen gelten dürfen. Nach wie vor können wir Wissen als Propositionen verstehen, die wahr und gerechtfertigt sind – nur bedeutet dies in meinem philosophischen Bild, sie als Propositionen zu verstehen, die an eine soziale Konfiguration angeschlossen sind, in denen Wahrheit als Kraft emergiert und in diesen Propositionen mediatisiert wird. Und es bedeutet, die Abspaltung zurückzunehmen, mit der eine solche Proposition *p* aus dem Netz der weiteren Propositionen herausgebrochen wird, die allein ihr Gehalt verleihen. Dazu gehören auch jene Propositionen, die begründen, dass *p*. Aber für alle diese Verbindungen lassen sich Gründe anführen, wenn sie fragwürdig erscheinen, wobei wir zugleich berechtigt sind, ungerechtfertigte Zweifel zurückzuweisen. Nicht vage wird es, etwas als Wissen zu behaupten – allenfalls anstrengend. Doch das ist, angesichts der Tatsache, dass Wissen ein »Erfolgsbegriff« ist, durchaus angemessen.

Abschließend sei daran erinnert, dass ich mit der holistischen These keine besondere Form des Holismus in Anspruch nehme. Argumentativ verwendet haben wir für den Begriff eigenständig selbstformend wirksamen Wissens allein jene basale anti-atomistische Prämisse, dass jede einzelne Proposition nicht unabhängig von unbestimmt vielen anderen Propositionen existieren kann, weil ihr Gehalt (und damit das, was sie ist) von den Beziehungen zu diesen unbestimmt vielen anderen Propositionen konstituiert wird. Das aber ist mit jeder Form des Holismus kompatibel; insofern lässt das philosophische Bild, in dem ich die Wirksamkeit und Wahrheit von Wissen zugleich konzipieren kann, einiges an Raum, wie der damit einhergehende Holismus auszuführen wäre.

(2) *Selbstformendes statt individualistisches Wissen.* Der zweite problematische Grundzug des philosophischen Bildes, in dem die (analytische) Erkenntnistheorie den Begriff von Wissen bestimmt, ist die individualistische Fassung, die sie dem Wissen als Besitz eines a-sozialen, autarken Subjekts verleiht. Im hier skizzierten alternativen Bild ist dies aus mindestens zwei Gründen ausgeschlossen: Erstens wird schon Wahrheit als Kraft so verstanden, dass sie aus prekären Konfigurationen emergiert, die in sozialen Praktiken hergestellt werden. Zwar ist damit nicht ausgeschlossen, dass Wahrheit aus Konfigurationen hervorgeht, in denen ein einzelnes Subjekt mit seiner Umgebung interagiert. Doch haben uns die drei Beispiele von juristischen, wissenschaftlichen und politischen Wahrheitspraktiken vor Augen geführt, dass normalerweise eine Vielzahl von Subjekten und Dingen an diesen Praktiken beteiligt ist. Außerdem müssen die prekären Konfigurationen, in denen Wahrheit emer-

giert, sozial eingerichtet und gepflegt werden; selbst wenn darin also ein einziges Subjekt agiert, ist es dabei nicht jenseits der Gesellschaft und schon gar nicht ohne sie zu denken. Wissen als mediatisierte Kraft von Wahrheit ist zweitens auf die Übertragung in ein Medium angewiesen, was wiederum keine von der Gesellschaft abzukoppelnde Praktik ist. Mit der hier vorgestellten Begriffsbestimmung eigenständig selbstformend wirksamen Wissens als mediatisierte Kraft der Wahrheit kann Wissen nicht von einem autarken, a-sozialen Individuum her verstanden werden.

Aber gibt es nicht, selbst wenn wir uns vom Individualismus der (analytischen) Erkenntnistheorie verabschieden, eine sinnvolle Redeweise davon, dass eine Person »Wissen hat«? Und welche Konsequenzen hat die a-subjektivistische, sozial eingebettete Konzeption von Wissen für die Fragen und Schwierigkeiten der Erkenntnistheorie?

Wie zu erwarten, ist meine Antwort auf die erste Frage eine Beschwichtigung: Wir können auch mit dem hier vertretenen Verständnis von Wissen den alltäglichen Redewendungen wie »Sie weiß, dass *p*« einen Sinn verleihen. Zwar ist diese Isolierung einer Proposition kein guter Ausgangspunkt für die epistemologische Erklärung von Wissen, doch wird dadurch keineswegs bestritten, dass diese Aussage nach wie vor sinnvoll verwendet werden kann. Was damit im philosophischen Bild von Wissen als mediatisierter Kraft der Wahrheit gesagt wird, ist, dass die fragliche Person an das Medium, in dem diese Wahrheit zirkuliert, angeschlossen und insofern ihrer Kraft ausgesetzt ist. Wir müssen diese Phrase also nicht als Besitzanspruch eines Subjekts auffassen, sondern können sie als Behauptung der Inklusion in das Medium Wissen verstehen.

Interessanter sind die Konsequenzen für die Fragen und Schwierigkeiten der (analytischen) Erkenntnistheorie. Festhalten sollten wir zunächst, dass die Verabschiedung des individualistischen Wissenssubjekts nicht auf die These festgelegt ist, dass statt den Individuen die Gesellschaft das »primäre Wissenssubjekt« sein sollte. Wie Heidi E. Grasswick in ihrer Auseinandersetzung mit Lynne H. Nelson richtig feststellt, geht es vielmehr um ein anderes Verständnis von Individuen, das diese nicht in starrer Opposition zur Gesellschaft sieht.[46] Wir sollten uns in diesem Zusammenhang ganz

46 Vgl. Grasswick, »Individuals-in-Communities«, S. 98 f.

von dem Ausdruck eines »primären Wissenssubjekts« freimachen, der die Reifizierung von Individuum und Gesellschaft zu vermeintlich unabhängigen Entitäten begünstigt. Schließlich ist es eine der ältesten Einsichten der Soziologie, Individuen und Gesellschaft als einander wechselseitig konstituierend zu fassen,[47] hinter die wir nicht zurückfallen sollten.

Die erste Konsequenz einer in diesem Sinne nichtsouveränen politischen Erkenntnistheorie, die Wissen nicht von den sozialen Praktiken abtrennt, in denen Wahrheit aus prekären Konfigurationen emergiert und zu Wissen mediatisiert wird, können wir uns erneut an dem Tom-Grabit-Beispiel vor Augen führen. Relevant wird zunächst einmal, in welcher sozialen Situation die Beobachtung erfolgt und die Wissensansprüche erhoben werden: Geht es um eine Runde von Freund*innen und Bekannten, in der ich berichte, dass Tom ein Buch aus der Bibliothek gestohlen hat? Melde ich es den Bibliothekar*innen? Sage ich in einer Gerichtsverhandlung als Zeuge aus? In allen drei Fällen werden unterschiedliche Rechtfertigungsstandards an meinen Wissensanspruch erhoben (so schon Williams in PK, S. 159-162), und verschiedene Machtbeziehungen strukturieren meine Aussage und die der anderen. Das wird noch deutlicher, wenn wir uns der Frage zuwenden, ob die Behauptung von Tom Grabits Mutter richtig ist, dass nicht Tom, sondern sein Zwillingsbruder John das Buch gestohlen hat. Was bedeutet es, wie im Beispiel zu sagen, Toms Mutter sei eine »zwanghafte und pathologische Lügnerin«?[48] Ist damit eine medizinisch-juristische Beurteilung vorgenommen oder soll es nur einer drastischen Widerlegung ihrer Behauptung dienen? Welche Geschlechterstereotypen werden implizit aufgerufen – die unglaubwürdige (hysterische) Frau, die zum Schutz ihres Lieblingskindes lügende Mutter – und wieso geht es angesichts solcher komplexen Fragen, die das Beispiel aufwirft, nur um das vermeintliche Wissen des (männlichen?) Zeugen? Was überhaupt bringt ihn dazu, einen Diebstahl zu melden – trägt Tom das Buch unter seinem Mantel vielleicht nur, weil es draußen regnet und er keine Tasche bei sich hat?

Aus der Perspektive der (analytischen) Epistemologie müssen

47 Vgl. z. B. Georg Simmel, *Grundfragen der Soziologie (Individuum und Gesellschaft)*, Berlin, New York 1984, S. 7-15.

48 Lehrer, Paxson, »Wissen: Unwiderlegt gerechtfertigte, wahre Meinung«, S. 97, Übersetzung modifiziert.

solche Erwägungen von vornherein verfehlt erscheinen, tragen sie doch in dem philosophischen Bild, in dem das analytische Projekt situiert ist, nichts dazu bei, den epistemischen Status der Einzelbeobachtung zu klären. Das ist in dem philosophischen Bild, das den Individualismus der Erkenntnistheorie überwindet, anders, weil Wissen in dieser Perspektive aus der stets sozial vermittelten Zusammenarbeit (bzw. den stets sozial vermittelten Konflikten) zwischen den beteiligten Subjekten resultiert. Selbst die isolierte Beobachtung, mit der unser Zeuge allein Tom Grabit das Buch unter seinem Mantel aus der Bibliothek tragen sieht, ist keine a-soziale Situation und keineswegs frei von gesellschaftlicher Vermittlung: Vielleicht reproduziert der Zeuge mit seinem Verdacht ja nur den in Deutschland latenten Alltagsrassismus oder -klassismus, wenn er Tom des Diebstahls verdächtigt, weil Tom »nach Migrationshintergrund« oder »nach Arbeiterkind« aussieht?

Eine überraschende, weil methodologisch weitreichende Konsequenz zeichnet sich an dieser Stelle ab: Die Vorgehensweise, mithilfe von Gedankenexperimenten den Wissensbegriff zu klären, gerät unter enormen Druck. Das liegt nicht daran, dass sie mit kontrafaktischen Szenarien arbeiten oder unrealistische Elemente beinhalten – Wie hat eigentlich Smith das Kleingeld in Jones' Hosentasche gezählt?[49] Wer hat die Scheunenfassaden aufgestellt, und warum nur?[50] –, sondern daran, dass sie als fiktive Narrative so viele unhinterfragte Vorentscheidungen darüber treffen, was sie alles vernachlässigen dürfen.[51] Einerseits sehen wir darin eine Folge der philosophischen Exklusionstechniken, die das philosophische Wissen dadurch zur exklusiven Wirksamkeit auf die Subjektivitäten der philosophierenden Subjekte verhelfen sollen, indem sie alle anderen Kräfte ausschalten. Am Beispiel des Ausschlusses der Geschichte hatten wir in Kapitel 4.3 gesehen, wie die philosophischen Praktiken dabei auch versuchen, alles, was sie als nichtphilo-

49 Vgl. Gettier, *Ist gerechtfertigte, wahre Überzeugung Wissen?*, S. 11.

50 Vgl. Goldman, »Discrimination and Perceptual Knowledge«, S. 772 f.

51 Georg W. Bertram, *Philosophische Gedankenexperimente. Ein Lese- und Studienbuch*, Stuttgart 2016, S. 46-75, verteidigt Gedankenexperimente sinnvoll gegen den Vorwurf, »nur« kontrafaktische Erzählungen zu sein, bleibt aber merkwürdig stumm, wenn es um den hier stark gemachten Einwand ihrer systematischen sozialen Beeinflussung geht. Einige Überlegungen dazu finden sich in Schwartzman, »Intuition«.

sophisches Außen betrachten, entweder für irrelevant zu erklären oder nur durch philosophische Überlegungen gefiltert zulassen. Andererseits sind die Vorentscheidungen darüber, welche Vernachlässigungen erlaubt sind, in hohem Maße systematisch beeinflusst durch die soziale Welt, in der die Philosoph*innen leben und ihre Beispiele erfinden. Je mehr philosophische Gedankenexperimente mit der Abwesenheit von Reflexionen auf die eigene soziale Situiertheit und auf die eigene partielle Perspektive glänzen, desto stärker prägen diese die eigene Produktion von Beispielen.

Eine Konsequenz der Ablehnung des a-sozialen Individualismus der (analytischen) Erkenntnistheorie liegt also darin, die soziale Verfassung von Wissen und Wissenden anzuerkennen, eine zweite darin, dass es deshalb weitaus sinnvoller ist, reale Praktiken statt erdachter Szenarien zu untersuchen, in denen Wahrheit aus prekären Konfigurationen emergiert und in Wissen mediatisiert wird. Die drei wiederholt diskutierten Beispiele juristischer (Foucault), wissenschaftlicher (Latour) und politischer Praktiken (Rancière) demonstrieren, dass dies möglich und hilfreich ist – ja längst praktiziert wird. Sie machen zudem darauf aufmerksam, dass Erkenntnistheorie sich in dem hier skizzierten philosophischen Bild genötigt sieht, mit Sozialphilosophie, Wissenschaftstheorie und politischer Philosophie zu kooperieren. Damit wird deutlich, was ich in der Einleitung vorweggenommen hatte: Politische Epistemologie – nämlich das Resultat dieser Kooperation auf Augenhöhe – ist eine transformative Aufgabe, bei der weder die politische Philosophie bzw. die Sozialphilosophie noch die Erkenntnistheorie unverändert addiert werden können, sondern sich in ihrer Verschränkung wechselseitig verändern.

(3) *Wirksamkeit statt Starrheit.* Damit sind wir beim letzten problematischen Grundzug des philosophischen Bildes angekommen, in dem die (analytische) Erkenntnistheorie operiert: der Starrheit von Wissen, dessen Verhältnis zur Wahrheit antiproportional zu seiner Wirksamkeit ist, solange wir in diesem Bild verbleiben. Daraus resultiert auch ein Problem für die (analytische) Epistemologie selbst, so hatte ich am Ende von Abschnitt 8.1 behauptet, weil sich mit den Begriffsbestimmungen ihres unwirksamen Wissens nur schwer auf die Frage nach dem Wert von Wissen antworten lässt, obgleich diese Frage auch innerhalb der (analytischen) Erkenntnistheorie zu ihren Grundproblemen gezählt wird (vgl. z. B.

PK, S. 2). Die naheliegende Idee, den Wert von Wissen in seiner Nützlichkeit oder seinen Vorteilen für das Handeln zu verankern, trifft schon bei Platon auf die Entgegnung, warum dann nicht eine wahre Überzeugung ausreiche.[52] Den Wert von Wissen an seinen externen Konsequenzen festzumachen, scheint generell anfällig für diesen Einwand zu sein, weshalb der Wert von Wissen stattdessen meist als intrinsischer Wert erklärt werden soll, als Wert von Wissen an sich. Wie Kvanvig zeigt, ist jedoch auch dieser Versuch keineswegs einfach; seiner Argumentation zufolge lässt sich der Wert von Wissen weder über den Wert seiner Komponenten (in der Standardanalyse etwa anhand von Wahrheit, Rechtfertigung und Überzeugung) noch als irreduzibler Wert von Wissen an sich begründen.[53] Für ihn folgt daraus, dass die üblichen Begriffsbestimmungen von Wissen unzureichend sind, weil ihre Antworten auf die Frage des analytischen Projekts eine Antwort auf die genauso zentrale Frage nach dem Wert von Wissen verunmöglichen. Ohne an dieser Stelle seinen Vorschlag diskutieren zu können,[54] ist die Struktur meiner Argumentation ähnlich: Auch ich habe behauptet, dass die Schwierigkeit, auf den Wert von Wissen einzugehen, für eine Transformation der (analytischen) Erkenntnistheorie spricht, indem sie die eigenständige Wirksamkeit von Wissen als zum Begriff von Wissen dazugehörig versteht.

Anders als bei Kvanvig, der trotz seiner Forderung nach einem »radikalen Wandel in der Disziplin Epistemologie«[55] in ihrem philosophischen Bild verbleibt, eröffnet der Begriff eigenständig selbstformend wirksamen Wissens eine relativ einfache Möglichkeit, auf die Frage nach dem Wert von Wissen zu antworten, weil die Wirkung von Wissen darin nichts dem Wissen Externes mehr ist. So lässt sich behaupten, dass eigenständig selbstformend wirksames Wissen in erster Linie wertvoll ist, eben weil es wirkt – zwar nicht immer kraftvoll genug, um sich gegen rivalisierende Kräfte

52 Vgl. Platon *Men.* 97a-d und dazu Kvanvig, *The Value of Knowledge*, Kapitel 1.

53 Vgl. ebd., Kapitel 2-5 zur ersten, Kapitel 6 zur zweiten Alternative.

54 Kvanvig will den engen Fokus der Erkenntnistheorie auf den Begriff des Wissens durch eine Umstellung auf den Begriff des Verstehens überschreiten (vgl. ebd., Kapitel 8). Aus meiner Perspektive interessant ist, dass er dafür von der Konzentration auf einzelne Propositionen (Atomismus) abrückt: vgl. ebd., S. 192, sowie schon Kvanvig, *The Intellectual Virtues*, S. 164-186.

55 Kvanvig, *The Value of Knowledge*, S. 186.

durchzusetzen, aber im Erfolgsfall besonders dauerhaft. Weil sein Sperrklinkeneffekt es drastisch erschwert, hinter erfolgreich durchgesetzte Wahrheiten zurückzufallen, ist es gerade in Konflikten von großem Wert. Diesem Gedanken sind wir bereits mehrmals begegnet, beispielsweise in der Warnung von Sokrates an seinen Schützling Hippokrates, dass er ein anderer wird, wenn er sich Protagoras' Wissen aussetzt, oder im immensen Aufwand, den die emanzipierende Kritik (etwa in Foucaults Fassung) betreiben muss, um die Existenzbedingungen wahrheitswertfähiger Aussagen anzugreifen. Der Wert von Wissen kann im von mir skizzierten philosophischen Bild also durch seine eigenständig selbstformende Wirksamkeit erklärt werden, ohne dass diese Erklärung damit einen dem Wissen externen Aspekt ins Spiel bringen müsste. Diese Wirksamkeit ist auch nichts der Wahrheit Entgegengesetztes, denn es ist ja die Kraft der Wahrheit, die dem Wissen seine eigenständige selbstformende Wirksamkeit verleiht.

An dieser Stelle ist es vielleicht hilfreich, ein letztes Mal auf einen Einwand zu reagieren, der uns schon zuvor in vielfältigen Varianten begegnet ist: Ist nicht Wissen in Meinung und Wahrheit in Fürwahrhalten aufgelöst, nachdem Wahrheit als Kraft plural und agonal und Wissen als mediatisierte Kraft von Wahrheit bestimmt wurde? Scheitert mein Begriff eigenständig selbstformend wirksamen Wissens damit schon an der einfachsten epistemologischen Frage, wieso dieses Wissen überhaupt Wissen sein soll?

Wir hatten oben gesehen, dass der Einwand zum Teil in die Irre führt, weil Wahrheit als Kraft ein materialistisches Verständnis von Wahrheit ist, das die jeweils von den Kritiker*innen präferierte Wahrheitstheorie integrieren und damit dem ungerechtfertigten Eindruck begegnen kann, Wahrheit werde als Kraft subjektivistisch bestimmt. Wie auch immer die Kritiker*innen Wahrheit bestimmen wollen – solange sie keine idealistischen oder theologischen Annahmen voraussetzen, ist das hier skizzierte philosophische Bild damit nicht inkompatibel, sondern gibt den Erklärungen lediglich einen materialistischen Dreh. Es insistiert auf nichts anderem, als dass Wahrheit eine weltliche Entität, eine in prekären Konfigurationen emergierende, schwache, exklusiv auf Subjektivitäten und historisch disruptiv wirkende Kraft ist. Welche Theorie die richtige ist, um mehr über Wahrheit zu erfahren, wird von meinem philosophischen Bild nicht festgelegt.

Mit diesem nichtsouveränen Wahrheitsverständnis geht, so weit liegt der Einwand richtig, die Pluralität von Wahrheit einher. Doch abermals verwechselt der Einwand diese Pluralität mit Relativismus, weil er Vielfalt in Beliebigkeit ummünzt. Aber der hier vertretene Pluralismus von Wahrheit beinhaltet zugleich die Agonalität von Wahrheit und verbindet damit die Einsicht, dass die verschiedenen Wahrheiten sich nicht gleichgültig gegenüberstehen. Diese Wahrheiten kämpfen mit- und gegeneinander, sie unterscheiden sich und müssen unterschieden werden. Hier nun hat der Einwand seinen großen Auftritt, indem er das bisher Gesagte akzeptiert und behauptet, damit sei zwar der Meinungskampf gut beschrieben, doch gelte es, Wahrheit davon streng zu unterscheiden. Wahrheit sei dasjenige, worum gekämpft werde, nicht dasjenige, was in diesen Kampf selbst verstrickt sei.

Richtig an dieser Fassung des Einwands ist, auf der Differenz zwischen Meinung und Wissen zu beharren. Sie muss allerdings im philosophischen Bild eigenständig selbstformend wirksamen Wissens anders gezogen werden als im philosophischen Bild der (analytischen) Erkenntnistheorie. Formal gesehen, unterscheiden sich Meinungen von Wissen als mediatisierter Kraft der Wahrheit dadurch, dass wir sie entweder als kraftlos oder als mediatisierte Form anderer Kräfte – ökonomischer oder politischer Macht, Autorität etc. – beschreiben müssen, die sich als Wahrheit ausgeben bzw. mit ihr verwechselt werden. Wie der Vorgang der Mediatisierung für Wahrheit als Kraft bedeutet, dass Genesis und Geltung voneinander getrennt werden, so können wir auch die Mediatisierung anderer Kräfte als (niemals vollkommene) Abkopplung der Geltung dieser Kraft von ihrem Ursprung verstehen.[56] Letztlich basiert damit die Unterscheidung von Meinung und Wissen im hier skizzierten philosophischen Bild auf der bereits vertrauten Differenz zwischen Wahrheit als Kraft, die aus prekären Konfigurationen emergiert, und anderen Kräften, die ebenfalls aus solchen prekären Konfigurationen resultieren können.

Daraus ergibt sich eine uns ebenfalls bereits vertraute Konsequenz: Meinung und Wissen teilen keinen »kleinsten gemeinsamen Nenner« (in der Standardanalyse von Wissen wäre das die Überzeu-

56 Man beachte, dass »Geltung« nicht einmal im philosophischen Standardbild auf Wahrheit beschränkt ist: auch Währungen oder Rechtsordnungen gelten. Meine krafttheoretische Fassung des Geltungsbegriffs ist insofern keine Ausweitung.

gung). Diesen Gedanken des Disjunktivismus kennen wir aus der Diskussion von Andrea Kerns transzendental-aristotelischer Fähigkeitenkonzeption von Wissen (siehe Abschnitt 8.1.3). Meinungen sind nur das: subjektive Überzeugungen ohne Anschluss an eine Wahrheit emergierende Konfiguration. Eine ungewohntere Konsequenz ist, dass die Unterscheidung zwischen wahrer Meinung und eigenständig selbstformend wirksamem Wissen verschwindet, weil die Differenz von Wissen im Sinne einer isolierten Proposition und ihrer Rechtfertigung im hier skizzierten philosophischen Bild nicht mehr sinnvoll ist. Da wir Wissen nicht mehr atomistisch nach dem Schema »S weiß, dass *p*« begreifen, zu der die Propositionen, die gemeinsam die Rechtfertigung von *p* ergeben, als etwas dem Wissen, dass *p*, Externes hinzutreten, um zufällig wahre Meinungen von Wissen zu unterscheiden, besteht eigenständig selbstformend wirksames Wissen stets aus einem ganzen Netz von miteinander verbundenen Propositionen, ist also gar nicht ohne den durch eine Rechtfertigung gestifteten Zusammenhang denkbar. Umgekehrt sind Meinungen, wenn sie sich der Mediatisierung einer anderen Kraft als der von Wahrheit verdanken, eben keine »wahren Meinungen«, denen zum Status als Wissen nur die Rechtfertigung fehlt.

Wer angesichts dieser Erklärung immer noch einwendet, ich würde durch ein Verständnis von Wahrheit als plural und agonal Wahrheit in Fürwahrhalten und Wissen in Meinung auflösen, muss dazu die Differenz zwischen einer emergierenden Kraft von Wahrheit aus in sozialen Praktiken hergestellten prekären Konfigurationen sowie ihrer Mediatisierung und der bloß subjektiven Erfahrung von Gewissheit oder der Mediatisierung von anderen Kräften ignorieren. Im hier skizzierten philosophischen Bild aber ist diese Differenz eine Differenz in der Welt – wer sie ausblendet, kann in der Tat nicht zwischen Wahrheit und Für-Wahr-Halten, zwischen Meinung und Wissen unterscheiden. Doch das bedeutet nur, dass man im Einzelfall nachforschen muss, ob sich eine Gewissheitserfahrung der Anbindung an emergierte Wahrheit verdankt oder nicht. Die Pluralität und Agonalität von Wahrheiten verweist auf den objektiven – in der Welt existierenden – Tatbestand, dass diese Welt auf vielfältige Weise so eingerichtet werden kann, dass Wahrheit emergiert und dass nicht alle diese Weisen miteinander kompatibel sind. Was es nicht heißt, ist, dass diese Inkompatibilität Wahrheit »an sich« oder die Differenz von Meinungen und Wissen bedroht. Dieser Schluss kann sich nur ergeben, wenn wir in das atomistische, individualistische und starre philosophische Bild der (analytischen) Erkenntnistheorie zurückwechseln.

Hartnäckige Opponent*innen könnten an dieser Stelle ein weiteres, zum genannten Einwand komplementäres Gegenargument vorbringen, das meine Verwendung des Begriffs der Emergenz und mein Verständnis der Mediatisierung als Trennung von Genesis und Geltung als bloßen Taschenspielertrick problematisiert. Gegen den zuerst erhobenen Einwand würde ich auf den Unterschied zwischen der emergierten Kraft der Wahrheit und den sich fälschlicherweise als Wahrheit ausgebenden, aber auf die prekären Konfigurationen restlos reduzierbaren anderen Kräfte zurückgreifen. Schon dieser Unterschied sei jedoch entweder idealistisch oder ganz und gar unerklärbar, weshalb ich auf den suspekten Begriff der Emergenz zurückgreifen würde. Die Befestigung des Unterschieds durch die im Wissen erfolgende Abkopplung von Genesis und Geltung führe sogar eine Differenz wieder ein, die ich für das materialistische Verständnis von Wahrheit als Kraft zurückweisen müsse. Nach außen würde ich also den Materialisten spielen, im Inneren jedoch eine letztlich auf eine idealistische oder unerklärliche Differenz gegründete Konzeption von Wahrheit vertreten.

Doch auch dieser Einwand ist unzutreffend. Zunächst habe ich nirgends die Unterscheidung von Genesis und Geltung angegriffen. In Frage gestellt habe ich ihre ontologische Hypostasierung in eine Zwei-Welten-Lehre und ihre ahistorische Reifizierung zu einer ersten Philosophie im Paradigma von Normativität als Perspektive auf die Welt. Als eine in sozialen Praktiken erbrachte Leistung – also als ein materialistisch zu verstehendes Trennverfahren – ist gegen diese Differenzierung nichts einzuwenden. Im Gegenteil ist es für eine Untersuchung beispielsweise von wissenschaftlichen Praktiken enorm aufschlussreich, die einzelnen Etappen dieses Trennvorgangs detailliert zu rekonstruieren, wie wir an Latours Darstellung von Frédéric Joliot-Curies Kernspaltungsexperimenten gesehen haben. Es ist nur ein kleiner Dreh, bedarf »nur einer geringen Anstrengung des Geistes«,[57] um aus einer als gegeben vorausgesetzten begrifflichen Unterscheidung eine Leistung in unseren sozialen Praktiken zu machen und zu verstehen, dass wir Geltung von Genesis unter-

57 Adorno, »Beitrag zur Ideologienlehre«, S. 477.

scheiden können, ohne diese Unterscheidung ahistorisch ausweiten oder ontologisch versteifen zu müssen.

Was den Emergenzbegriff betrifft, lässt sich auf den Vorwurf sowohl offensiv als auch defensiv reagieren. Defensiv argumentiert, ist das Verständnis von Wahrheit als emergierender Kraft nicht deshalb problematisch, weil es sich auf die Vorstellung einer Emergenz stützt. Man muss schon einen starken, szientistischen Reduktionismus verteidigen, um den Emergenzbegriff so strikt abzulehnen: sicherlich keine weniger problematische Voraussetzung als Emergenz selbst. Offensiver würde ich behaupten, dass der Emergenzbegriff nicht mysteriöser ist als nichtmaterialistische Begriffe von Normativität, fundierender Subjektivität oder Wahrheit. Mir scheint das hier skizzierte philosophische Bild sogar weitaus weniger spekulativ als die uns bekannten Alternativen.

### 9.2.2 Handlungen und Falschheit

Auch im Pragmatismus und in der Praxistheorie stehen Wirksamkeit und Wahrheit von Wissen in einem antiproportionalen Verhältnis zueinander, so hatte ich in Kapitel 8.2 gezeigt und den Grund dafür in zwei Grundzügen des philosophischen Bildes ausgemacht, die ich als handlungstheoretischen Subjektivismus und anti-epistemischen Reduktionismus bezeichnet habe. Erstens führt der Fokus auf Handlungen in Deweys Pragmatismus sowie in einer Reihe von Praxistheorien den Begriff eines fundierenden Subjekts ein, der unvereinbar mit dem Begriff eigenständig selbstformend wirksamen Wissens ist, weil Wissen dann nur noch als subjektive Handlung verstanden werden kann, so dass seine eigenständig selbstformende Wirksamkeit verloren geht. Zweitens begegnet uns sowohl in Deweys Auflösung von Wissen in Handeln als auch in Rouse' Auflösung von Wissen in eine Dimension von Praktiken ein anti-epistemologischer Reduktionismus. Er erfordert entweder, »wahres« von »falschem« Handeln unterscheiden zu können, oder er erzwingt den Rückgriff auf einen heideggerianischen Wahrheitsbegriff, gegen den zumindest auch bei Rouse Tugendhats Einwand sticht, dass Falschheit unverständlich wird.

Es ist schnell einzusehen, dass weder der handlungstheoretische Subjektivismus noch der anti-epistemische Reduktionismus im hier skizzierten philosophischen Bild einer nichtsouveränen politischen Epistemologie auftreten. Dass meine Begriffsbestimmung keinen fundierenden Subjektbegriff voraussetzt, sondern im Gegenteil Wissen als eine an der Subjektkonstitution beteiligte Kraft konzipiert, ist bereits im Vergleich zwischen Badious Begriffen von Wissen und Wahrheit und den hier entwickelten deutlich geworden. Zwar teile ich Badious einseitige These nicht, dass allein Wahrheit (und das heißt für ihn: allein die Treue zu Ereignissen) Subjekte erzeugt, sondern habe die eigenständig selbstformende Wirksamkeit von Wissen, zu der die Kraft von Wahrheit mediatisiert wird, als eine subjektkonstituierende Kraft unter anderen beschrieben. Gleichwohl sind Wahrheit und Wissen als eine subjektkonstituierende Kraft zu verstehen und nicht als Handlung eines vorgängig gesetzten Subjekts.

Wir können an dieser Stelle einen Bogen zurück zur Einleitung schlagen, in der ich gegen das Standardbild der Wirksamkeit von Wissen, das diese exklusiv in den Handlungen der wissenden Subjekte verortet, eingewandt habe, dass es diese subjektkonstituierende Wirksamkeit von Wissen nicht als dessen eigene Kraft beschreiben kann. Als aus der Handlungstheorie entgegenkommenden Vorschlag habe ich die Überlegungen von Ian Hacking bezeichnet, dass die in einem historisch und sozial situierten Moment zur Verfügung stehenden Handlungsbeschreibungen den Möglichkeitsraum subjektiven Handelns abstecken und dass darin eine Wirksamkeit von Wissen vor jedem Handeln liegt. In dieser Vorstellung können wir nun eine spezifische Weise erkennen, wie Wissen auf die Subjektivität der ihm Ausgesetzten wirkt, die jedoch nicht die einzige Weise ist, eben weil es auch den praktischen Selbstbezug von Subjekten verändert, was weniger einer Beschränkung oder Erweiterung des Raums möglicher Handlungen geschuldet ist als der Veränderung des Selbstverständnisses. Aus streng handlungstheoretischer (oder pragmatistischer) Perspektive mag man versucht sein, das Selbstverständnis als bloße Antizipation von zukünftigen Handlungsmöglichkeiten zu verstehen – dann aber trifft man, wie wir gesehen haben, auf den zweiten problematischen Grundzug des philosophischen Bildes, in dem Pragmatismus und Praxistheorie Wissen explizieren: den anti-epistemischen Reduktionismus.

Dass die restlose Auflösung von Wissen in Handlungen keinen fundierenden Subjektbegriff einführen muss, haben wir uns an Joseph Rouse' Praxistheorie klargemacht. Allerdings wird Wissen darin letztlich als Entbergung der Welt verstanden, das heißt als ein Geschehen in Praktiken, in dem eine Aussage (oder ein Objekt, ein Apparat etc.) als informativ über einen Teil dieser Welt konstituiert wird. Rouse' heideggerianische Beschreibung dieser repräsentativen Dimension von Praktiken bleibt jedoch vage und antwortet insbesondere nicht auf die Frage, was eine informative (wahre) Aussage von einer nichtinformativen (falschen) unterscheidet. Letztlich ist das eine Variation von Tugendhats Einwand gegen Heideggers Wahrheitsbegriff, der darauf pocht, dass Wahrheit unzureichend erklärt bleibt, solange wir nicht wissen, was sie von Falschheit unterscheidet.

Im hier skizzierten philosophischen Bild übernimmt der Begriff der Emergenz diese Aufgabe. Nur wo die aus der prekären Situation hervorgehende Kraft nicht restlos auf die Elemente und Kräfte in dieser Situation zurückgeführt werden kann, sprechen wir von der Kraft der Wahrheit. Falschheit ist damit keine eigene Art von Kraft, sondern je nach Situation entweder als Kraftlosigkeit zu verstehen oder als eine andere Kraft, die sich als Wahrheit ausgibt (siehe Kapitel 7.3). Insofern Wahrheit als emergente Kraft zwar aus der in sozialen Praktiken erzeugten prekären Situation hervorgeht, aber nicht vollständig auf sie reduziert werden kann, vermeiden wir also den anti-epistemischen Reduktionismus von Wahrheit auf eine bloße Dimension von Praktiken oder auf Handeln. Deshalb entgeht der hier als Mediatisierung der Kraft von Wahrheit bestimmte Wissensbegriff den beiden Problemen, die ich im philosophischen Bild von Pragmatismus und Praxistheorie diagnostiziert habe.

Gleichwohl sollte auch deutlich geworden sein, dass zu beiden größere Affinitäten bestehen als zur (analytischen) Erkenntnistheorie. Vor allem poststrukturalistische und posthumanistische Praxistheorien sind in dem hier entwickelten philosophischen Bild einer nichtsouveränen politischen Epistemologie in hohem Maße anschlussfähig – solange man sie (anders als Rouse) nicht explizit als Überwindung von Erkenntnistheorie und als Ontologie im Sinne einer ersten Philosophie anlegt, die uns endlich darüber aufklärt, dass ein bestimmter Begriff sozialer Praktiken das Fundament alles Seienden ist. Selbst als politische Ontologie ausgeführt,[58] bleibt

58 Vgl. z. B. Marchart, *Die politische Differenz*, S. 248 f.; Oliver Marchart, *Thinking Antagonism. Political Ontology After Laclau*, Edinburgh 2018, Kapitel 7, bes. S. 170-173.

Ontologie ein Fundierungsspiel, gegen das die politische Epistemologie an die notwendige Skepsis erinnert, die wir diesen Spielen entgegenbringen sollten. Statt die alte Feindschaft zwischen Ontologie und Epistemologie zu pflegen oder grandiose Vereinheitlichungstheorien aufzustellen,[59] plädiert nichtsouveräne politische Erkenntnistheorie dafür, die vielfältigen Verschränkungen von Ontologie und Epistemologie zu durchdenken, ohne der Versuchung nachzugeben, eine neue *prima philosophia* zu entwickeln. Dagegen steht das skeptische Erbe, das die Erkenntnistheorie, wenn auch oft widerwillig, stets bewahrt hat; dieses Erbe pflegt auf ihre eigene Weise auch die nichtsouveräne politische Epistemologie.

### 9.2.3 Rückblick

Es bleibt zuletzt die Aufgabe, den Kreis zu schließen, indem wir auf unseren Ausgangspunkt – die Annahme eigenständig selbstformend wirksamen Wissens in Platons Dialogen, der frühen kritischen Theorie von Adorno und Horkheimer sowie Rawls' politischem Liberalismus – zurückblicken. Platon muss eine eigenständig selbstformende Wirksamkeit des philosophischen Wissens annehmen, so hatte ich argumentiert, weil er das spezifische Wissen der Philosophie weder über seine Inhalte noch über die Methode seiner Gewinnung, sondern allein über seine besondere Wirksamkeit auszeichnet (Kapitel 1). Diese sich durch die frühen, mittleren und späten Dialoge hindurchziehende Annahme nötigt ihn allerdings dazu, auch das Wissen der Sophisten als philosophisches Wissen zu zählen, das deswegen eine so große Gefahr darstellt, weil es ebenfalls eigenständig selbstformend wirksam ist. In Kapitel 4 habe ich in losem Anschluss daran gezeigt, dass diese Idee ernst zu nehmen einen interessanten Weg eröffnet, Philosophiegeschichte als Genealogie philosophischen Wissens zu betreiben. Dazu müssen wir nur erkennen, dass die philosophischen Praktiken den konstitutiven Anspruch haben, allein das in ihnen produzierte Wissen auf die Subjektivitäten derjenigen wirken zu lassen, die an diesen Praktiken beteiligt sind. Aufgrund der komparativen Schwäche des eigenständig selbstformend wirksamen Wissens greifen sie auf Ex-

59 Etwa als »onto-epistem-ology« oder gleich als »ethico-onto-epistem-ology«: vgl. Barad, *Meeting the Universe Halfway*, S. 185.

klusionstechniken zurück, die alle echten oder vermeintlichen Störungen aus den philosophischen Praktiken fernhalten sollen, mit teilweise äußerst problematischen Konsequenzen, wie wir mit Blick auf die (nie ganz »erfolgreichen«) Ausschlüsse von Frauen und der Geschichte aus der Philosophie gesehen haben.

Der präzisierte Begriff eigenständig selbstformend wirksamen Wissens erlaubt uns rückblickend, die in Kapitel 4 eher vorläufig in Anspruch genommene Idee der Immanenzebene bzw. der Erfahrung von Wahrheit klarer zu fassen. Wir hatten darunter in einem ersten Schritt (mit Deleuze und Guattari) die vorbegrifflichen Bedingungen verstanden, die jeder eigenständige Ansatz in der Philosophie als Grundlage konstruieren muss, um seine eigenen philosophischen Aussagen behaupten zu können. Der synonym verwendete Begriff der Erfahrung von Wahrheit (von Foucault) verdeutlichte, dass es bei dieser vorbegrifflichen Immanenzebene um die Bedingungen wahrheitswertfähiger Aussagen geht: Um »Ich denke, also bin ich« als wahren philosophischen Satz mit allen seinen weitreichenden Konsequenzen behauptbar zu machen, muss schon ein bestimmtes Verständnis von »Denken« vorausgesetzt werden. Mit der Begriffsbestimmung eigenständig selbstformend wirksamen Wissens als mediatisierter Kraft der Wahrheit können wir die Schaffung einer Immanenzebene bzw. einer Erfahrung von Wahrheit nun als einen solchen Mediatisierungsprozess in der Philosophie verstehen: Jeweils müssen die Philosoph*innen eine prekäre Situation einrichten, aus der Wahrheit emergieren kann, und diese mediatisieren, das heißt in eine Sprache überführen (in ein neues Vokabular, wie Rorty sagen würde). Descartes' Beschreibung der Voraussetzungen, um seine Meditation durchzuführen, aber auch Wittgensteins Darstellung des alltäglichen Sprachgebrauchs oder Rawls' Ausschluss von Konflikten aus der politischen Philosophie mithilfe der Unterscheidung von idealer und nichtidealer Theorie sind Versuche, jene prekäre Konfiguration zu erzeugen, aus der die Wahrheit emergiert, die ihre im Folgenden formulierten philosophischen Aussagen zunehmend von diesem Ursprung ablösen und mit allgemeiner Geltung versehen (zu den Beispielen siehe Kapitel 4.3). Das Verfahren, das wir mit Gutting als »einleuchtende Ausarbeitung« bezeichnet haben und in dem wir eine spezifische Technik gesehen haben, um besonders effektiv selbstformend wirksames Wissen zu erzeugen, verstehen wir rückblickend also als eine

Weise, den Anschluss an eine prekäre Konfiguration herzustellen, aus der Wahrheit emergiert, und diese Wahrheit zu mediatisieren.

In den beiden frühen Texten der Frankfurter kritischen Theorie von Adorno und Horkheimer (Kapitel 2) war die Annahme eigenständig selbstformend wirksamen Wissens notwendig, um das besondere Kritikmodell zu verteidigen, das dem in der Kritik verfertigten Wissen die Kraft zuspricht, Probleme zu zerstören (Adorno) bzw. zur gesellschaftlichen Emanzipation unmittelbar beizutragen (Horkheimer). Sowohl Adorno als auch (insbesondere) Horkheimer gehen nicht davon aus, dass allein kritische Theorie (im Unterschied zu traditioneller Theorie) eigenständig selbstformend wirksames Wissen erzeugt, sondern setzen voraus, dass Wissen im Allgemeinen derart verfasst ist. Die traditionell vorgehenden Wissenschaften verkennen und/oder verschleiern nur, dass auch ihrem Wissen diese Wirksamkeit zu eigen ist. Horkheimer hält es daher für einen gravierenden Fehler, ja für ideologische Verblendung, ihnen zuzugestehen, ein derart passives Wissen zu produzieren, wie sie es ihrer Selbstbeschreibung nach tun. Darin können wir mit dem Begriff eigenständig selbstformend wirksamen Wissens eine besonders durchschlagende Form des »Ewigkeitseffekts« von Wissen erkennen, das durch die Abkopplung der Genesis von der Geltung den historisch disruptiven Sperrklinkeneffekt der Kraft von Wahrheit verstärkt, so dass die prekäre Konfiguration, aus der Wahrheit emergiert, bereits nach dieser Wahrheit eingerichtet zu sein scheint.

Angeknüpft habe ich in Kapitel 5 an die ungewöhnliche Form von Kritik, die ich als emanzipierende Kritik von anderen Formen – etwa vermessender oder störender Kritik – unterschieden und im Detail vor allem mit Bezug auf Foucaults Ausarbeitung verteidigt habe. Dabei ging es mir in erster Linie um das »sperrige Wissen«, das emanzipierende Kritik produzieren muss, und seine epistemischen Eigenschaften. Sperriges Wissen zeichnet sich dadurch aus, so hatten wir gesehen, dass es die Existenzbedingungen wahrheitswertfähiger Aussagen attackiert: Es untergräbt das herrschende Wahrheitsregime, indem es die Genealogie seiner zentralen Bestandteile erzählt. Sperriges Wissen muss dabei einerseits hinreichend nahe am herrschenden Wahrheitsregime bleiben, damit die Kritik weiterhin verständlich und nachprüfbar ist. Andererseits muss sperriges Wissen eine alternative Erfahrung von Wahrheit erschließen und so die Veränderung des herrschenden Wahrheitsregimes präfigurieren. Die zentralen epistemischen Voraussetzungen emanzipierender Kritik sind damit ein Verständnis von Wahrheit als zugleich plural und agonal sowie von Wissen – allen voran sperriges Wissen – als eigenständig selbstformend wirksam.

Diese Bringschuld habe ich im dritten Teil eingelöst. Was ich in Kapitel 5 noch etwas vage »Erschließen einer Erfahrung von Wahrheit« genannt habe, können wir nun als Mediatisierung der Kraft von Wahrheit verstehen, selbst wenn sperriges Wissen darüber hinaus der weiteren Bedingung unterliegt, zum herrschenden Wahrheitsregime alternative Wahrheitspraktiken ausfindig machen zu müssen. An Foucaults Beispielen für Wahrheit, die aus ganz anderen als den von uns gewohnten prekären Konfigurationen emergiert und die er in der Kunst, in der Folter oder in der Ökonomie der Lüste findet, lässt sich der Prozess der Mediatisierung von emergenter Wahrheit nochmals plastisch nachvollziehen: Es ist die schrittweise Übersetzung, das geduldige Verständlich-Machen uns zunächst fremd und irrational erscheinender sozialer Praktiken, indem man zeigt, gemäß welchen Regeln sie die prekären Konfigurationen herstellen, in denen Wahrheit emergieren kann, und wie sie diese Wahrheit mediatisieren, also welche meist sprachliche Form sie ihr verleihen, wie sie weitertransportiert wird und welche Modifikationen zur Abspaltung ihrer Geltung von ihrer Genesis vorgenommen werden. Die Beispiele aus Foucaults Werk demonstrieren zudem, dass emanzipierende Kritik diese historischen Alternativen zu unserem Wahrheitsregime nicht einfach empfiehlt: Weder die lyrische Stimme des Wahnsinns noch die Peinigung von gefangenen Körpern sind prekäre Konfigurationen zur Emergenz von Wahrheiten, die wir herstellen und pflegen wollen (obgleich Letzteres nicht nur politisch populär geworden ist, sondern auch seine philosophischen Fürsprecher*innen hat[60]). Die Genealogie des herrschenden

60 Vgl. Bob Brecher, *Torture and the Ticking Bomb*, Malden/MA 2007, zu den »intellektuellen Hofnarren« (Bob Brecher, »Torture«, in: Richard Jackson (Hg.), *Routledge Handbook of Critical Terrorism Studies*, Abingdon, New York 2016, S. 170-180, hier S. 178), welche die sogenannte »Rettungsfolter« moralisch legitimieren, darunter Michael Walzer, »The United States in the World. Just Wars and Just Societies. An Interview with Michael Walzer«, in: *Imprints: Egalitarian Theory and Practice* 7 (2003), S. 4-19, hier S. 10 f., und Alan M. Dershowitz, *Why Terrorism Works. Understanding the Threat, Responding to the Challenge*, New Haven 2002, Kapitel 4.

Wahrheitsregimes, die das sperrige Wissen emanzipierender Kritik erzählt, findet kein Vorbild in dieser Vergangenheit, sondern nutzt sie, um uns von der Gegenwart zu emanzipieren: Um uns so weit von herrschenden Wahrheitsregimes zu distanzieren, dass alternative Konfigurationen mit anderen emergierenden Wahrheiten in der Zukunft vorstellbar, ja begehrenswert werden. Der Begriff eigenständig selbstformend wirksamen Wissens klärt in diesem Fall die von der emanzipierenden Kritik in Anspruch genommenen epistemischen Voraussetzungen, die weder Foucault noch Adorno noch Horkheimer zufriedenstellend expliziert haben, obgleich sie emanzipierende Kritik üben.

Bei Rawls schließlich fanden wir (in Kapitel 3) die Annahme eigenständig selbstformend wirksamen Wissens in der Beschreibung der vier Aufgaben politischer Philosophie, meisterhaft umgesetzt in den drei Überzeugungstechniken der indirekten Offenheit, der geneigt-machenden Vorwegnahme und der Variation des Konkretheitsgrades. Die vielleicht größte eigenständig selbstformende Wirksamkeit von Rawls' eigenem Wissen erzeugt er allerdings über seine Trennung von idealer und nichtidealer Theorie, die Konflikte ausblendet und letztlich apolitisch befriedete Subjekte formen soll.

Weitergeführt habe ich in Kapitel 6 die Grundeinsicht von Rawls' politischem Liberalismus in den unvermeidlichen vernünftigen Pluralismus, den wir als eine weithin geteilte Überzeugung der politischen Philosophie entziffert haben, wonach die Wahrheit plural ist und nicht ausreicht, um vernünftige politische Konflikte eindeutig zu lösen. Ihr zur Seite gestellt habe ich eine zweite weit verbreitete, allerdings scheinbar unvereinbare Grundeinsicht, die man mit Arendt als zwingende Kraft von Wahrheit bezeichnen kann und als Agonalität von Wahrheit verstehen muss. Die Auseinandersetzung mit den problematischen Deutungen von Unwahrheiten in der Politik mithilfe des Begriffs »postfaktisch« hat uns drastisch vor Augen geführt, in welche Schwierigkeiten man gerät, wenn man eine der beiden Einsichten aufgibt. Um der dann unausweichlichen Alternative zwischen Relativismus und Autoritarismus zu entkommen, habe ich für ein nichtsouveränes Verständnis von Wahrheit plädiert, das beide Einsichten zugleich aufrechterhalten kann.

Dieses nichtsouveräne Verständnis von Wahrheit als Kraft ist nach den letzten drei Kapiteln vertraut genug, um hier auf jede

Wiederholung zu verzichten. Der Begriff eigenständig selbstformend wirksamen Wissens, den ich als Mediatisierung der Kraft von Wahrheit bestimmt habe, ist der in demselben philosophischen Bild wie »Wahrheit als Kraft« formulierte Wissensbegriff; gemeinsam liefern das materialistische, nichtsouveräne Verständnis von Wahrheit und der Begriff eigenständig selbstformend wirksamen Wissens zwei zentrale Grundbegriffe für eine nichtsouveräne politische Erkenntnistheorie. Dass diese auch in der konkreten Deutung von Unwahrheiten in der Politik weiterhelfen, die den Leitfaden für Kapitel 6 abgab, habe ich dort an den fälschlicherweise mit »postfaktisch« analysierten Beispielen von Trumps Unwahrheiten und den Lügen der Vote Leave-Kampagne demonstriert. An einem weiteren, besonders prominenten und problematischen Beispiel von Unwahrheit in der Politik möchte ich kurz andeuten, inwiefern die nun präzise bestimmten Begriffe hilfreich sind: an der Leugnung des anthropogenen Klimawandels.

Das Beispiel bietet sich schon deshalb an, weil die Pluralität und Agonalität von Wahrheit im hier skizzierten philosophischen Bild dazu verführen könnte, der nichtsouveränen politischen Epistemologie eine naive Hilflosigkeit gegen diese Form von Antiwissenschaftlichkeit vorzuwerfen. Muss ich nicht anerkennen, dass es sich bei den Leugnern[61] des anthropogenen Klimawandels um Beteiligte

61 An dieser Stelle ist das generische Maskulinum angemessen, denn die Leugnung des Klimawandels wird fast ausschließlich von Männern betrieben. Statistische Daten dazu liefern Aaron M. McCright, Riley E. Dunlap, »Cool Dudes. The Denial of Climate Change Among Conservative White Males in the United States«, in: *Global Environmental Change* 21 (2011), S. 1163-1172, eine qualitative Einordnung, wie sich der neue Autoritarismus mit toxischer Männlichkeit und der Leugnung des Klimawandels verbindet, Cara Daggett, »Petro-Masculinity. Fossil Fuels and Authoritarian Desire«, in: *Millennium* 47 (2018), S. 25-44. Dabei spreche ich bewusst von Klimawandelleugnern statt von Klimaskeptikern. Letzteres ist doppelt ungenau, weil es (zumeist) nicht um Skepsis, sondern um dogmatische Leugnung und nicht um das Klima, sondern seinen anthropogen induzierten Wandel geht. Vgl. Haydn Washington, John Cook, *Climate Change Denial. Heads in the Sand*, London, New York 2011, S. 1-13; Riley E. Dunlap, »Climate Change Skepticism and Denial«, in: *American Behavioral Scientist* 57 (2013), S. 691-698, hier S. 692 f. Gegenargumente bringen Willem Van Rensburg, »Climate Change Scepticism. A Conceptual Re-Evaluation«, in: *SAGE Open* 5 (2015), S. 1-13; Jens Soentgen, Helena Bilandzic, »Die Struktur klimaskeptischer Argumente. Verschwörungstheorie als Wissenschaftskritik«, in: *GAIA – Ecological Perspectives for Science and Society* 23 (2014), S. 40-47, hier S. 42 f.

an sozialen Praktiken handelt, die eine der Klimawissenschaften antagonistisch entgegengesetzte prekäre Konfiguration errichten, aus der eine »alternative Wahrheit« emergieren kann? Die Strategie der organisierten Klimawandelleugner soll diesen Eindruck hervorrufen. Ihr wichtigstes Element ist die Produktion von Ungewissheit durch das gezielte Säen von Zweifeln an den Klimawissenschaften. Zu ihren konkreten Taktiken gehört, neben der Kritik des Begutachtungsprozesses wissenschaftlicher Fachzeitschriften oder der Betonung von Dissens in den Wissenschaften, vor allem die Klage, dass die Praktiken der Klimawissenschaften politisch manipuliert würden und die beteiligten Wissenschaftler*innen politisch und/oder ethisch befangen seien.[62] Daher ist der Aufbau von vermeintlich unpolitischen Gegen-Wissenschaften und die damit einhergehende Kritik an den »Mainstream«-Klimawissenschaften eine wichtige Taktik der organisierten Klimawandelleugner.[63] Zeigt sich daran, dass die nichtsouveräne politische Epistemologie diese Selbstdarstellung übernehmen muss, in welche Schwierigkeiten ich mich mit dem nichtsouveränen Verständnis von Wahrheit als Kraft manövriere?

Keineswegs, denn nichts zwingt uns dazu, die Selbstpräsentation der organisierten Klimawandelleugner zu akzeptieren. Die sozialen Praktiken der organisierten Bewegung von Klimawandelleugnern sind vielmehr auch deswegen ein hervorragendes Beispiel, weil sie die abstrakte Differenz fassbar machen zwischen Wahrheit als emergenter Kraft und anderen Kräften, die sich zwar als Wahrheit

62 Vgl. Naomi Oreskes, Erik M. Conway, *Die Machiavellis der Wissenschaft. Das Netzwerk des Leugnens*, Weinheim 2014, Kapitel 6; Riley E. Dunlap, Aaron M. McCright, »Challenging Climate Change. The Denial Countermovement«, in: Riley E. Dunlap, Robert J. Brulle (Hg.), *Climate Change and Society: Sociological Perspectives*, Oxford 2015, S. 300-332, hier S. 305-320. Diese Angriffe erfolgen keineswegs aus einer neutralen Position: Inzwischen ist hervorragend dokumentiert, wie sehr die organisierten Klimawandelleugner mit Geld, Personal und Ideen beispielsweise von der Ölindustrie, aber auch von konservativen Politiker*innen, Medien und Institutionen unterstützt werden. Vgl. dazu ebd; John S. Dryzek u. a., *Climate-Challenged Society*, Oxford 2013, S. 30-32; Riley E. Dunlap, Aaron M. McCright, »Organized Climate Change Denial«, in: John S. Dryzek u. a. (Hg.), *The Oxford Handbook of Climate Change and Society*, Oxford 2012, S. 144-160, hier S. 148-156; Peter J. Jacques u. a., »The Organisation of Denial. Conservative Think Tanks and Environmental Scepticism«, in: *Environmental Politics* 17 (2008), S. 349-385.

63 Vgl. Oreskes, Conway, *Die Machiavellis der Wissenschaft*, S. 313-315.

maskieren, aber restlos auf die in der prekären Situation bereits vorhandenen Elemente und Kräfte reduzieren lassen. Um das einzusehen, können wir uns an Latours Beschreibung der fünf Kreisläufe wissenschaftlicher Praktiken erinnern und erkennen dann, wie die vermeintliche Gegen-Wissenschaft der organisierten Klimawandelleugner gerade den ersten und den fünften Kreislauf – die Mobilisierung der Welt und die Produktion wissenschaftlicher Begriffe zur Verknüpfung aller fünf Kreisläufe – vernachlässigen. Weder liefern sie unabhängige Daten aus eigenen Beobachtungen, Experimenten oder vergleichbaren Simulationen, noch lassen sie sich auf die wissenschaftlichen Kontroversen über das richtige Verständnis dieser Daten ein.

Das können wir an den tatsächlich vorgebrachten Behauptungen von Klimawandelleugnern belegen. Der Großteil ihrer Argumente, die nicht von vornherein Verschwörungstheorien, Schein-Expert*innen oder logische Fehlschlüsse bemühen und die daher überhaupt nur geeignet sind, die Deutungen einer »Gegenwissenschaft« zu stützen, präsentiert einseitig ausgewählte, aus dem Kontext gerissene Brocken von Daten.[64] Weit verbreitet sind beispielsweise die Behauptungen, nicht Treibhausgase, sondern die verstärkte Sonnenaktivität sei für die globale Erderwärmung verantwortlich, oder dass die Daten vom Met Office Hadley Centre for Climate Science and Services sowie der Climate Research Unit (der Datensatz wird auch als HadCRUT bezeichnet) demonstrieren würden, dass die globale Erwärmung seit 1998 stagniere. Doch beides sind nur zwei einzelne Beobachtungen von vielen verschiedenen, unabhängigen Messungen, die in die Schlussfolgerungen des IPCC eingehen, und müssen in diesem Kontext betrachtet werden. Darüber hinaus sind beide schon für sich genommen nicht haltbar. Zwar gibt es eine Korrelation der Sonnenaktivität mit der globalen Erderwärmung, doch ist letztere seit 1975 weiter fortgeschritten, obwohl die Sonnenaktivität keinen vergleichbaren Trend aufweist. Mindestens in den letzten 45 Jahren muss daher eine andere Ursache zur Erklärung der globalen Erderwärmung herangezogen wer-

64 Ich übernehme diese Einteilung aus Washington, Cook, *Climate Change Denial*, Kapitel 3, die als fünfte Kategorie »überzogene Erwartungen« – beispielsweise Beweise statt mit Unsicherheit behafteter Klimamodelle – nennen. Vgl. auch die Analyse von 97 Sachbüchern, die den anthropogenen Klimawandel bezweifeln, von Soentgen, Bilandzic, »Die Struktur klimaskeptischer Argumente«.

den.[65] Der HadCRUT-Datensatz wiederum berücksichtigt erstens nicht alle Regionen der Erde (darunter einige mit der größten Erwärmung) und bezieht zweitens die Erwärmung der Ozeane nicht mit ein, die den Großteil der Hitze speichern.[66]

Schon dieser kleine Einblick in die konkreten Argumente sollte zeigen, dass unsere Erwiderung an keiner Stelle durch einen nichtsouveränen Wahrheitsbegriff behindert wird. Richtig ist allenfalls, dass wir im hier skizzierten philosophischen Bild dem Fakt, dass 97 Prozent aller Klimawissenschaftler*innen davon ausgehen, dass die globale Erderwärmung menschengemacht ist, weniger Relevanz einräumen, als dies oft geschieht. Denn nicht der Konsens der Expert*innen, sondern die Art und Weise seines Zustandekommens ist ausschlaggebend.[67]

Das bedeutet nicht, dass wissenschaftliche Praktiken »frei« von ökonomischen, politischen oder sonstigen anderen Kräften als der Kraft von Wahrheit sind. Meine Unterscheidung beruht nicht auf einem erneuten »Reinigungsprogramm« von wissenschaftlichen Praktiken, sondern darauf, dass in ihnen diese und weitere Kräfte sowie die beteiligten Menschen und Dinge in eine Konfiguration gebracht werden, aus der Wahrheit als Kraft emergiert. In wissenschaftlichen Praktiken passiert *mehr* als in ideologischen Praktiken, nicht weniger. Nicht weil in wissenschaftlichen Praktiken allein Wahrheit wirkt, sondern weil überhaupt Wahrheit in ihnen emergiert, sind sie von ideologischen Praktiken unterschieden. Ganz im Einklang mit dem »materialistischen Dreh«, der das Verständnis von Wahrheit als Kraft und Wissen als dessen Mediatisierung auszeichnet, ist es auch in diesem Fall nicht notwendig, die bekannten Argumente und Überzeugungen aufzugeben; sie müssen nur etwas anders verstanden werden: Sie zeigen, dass Klimawandelleugner gerade keine alternative prekäre Konfiguration gefunden haben, aus der Wahrheit emergiert, sondern diese Arbeit überspringen, um ihren Behauptungen mithilfe anderer Kräfte – insbesondere öko-

65 Washington, Cook, *Climate Change Denial*, S. 57 f.

66 Ebd., S. 53-56. In neueren Versionen des Datensatzes hat sich die Abdeckung deutlich verbessert.

67 Vgl. zur Relevanz von Studien über den Konsens in den Klimawissenschaften die Diskussion im Anschluss an Warren Pearce u. a., »Beyond Counting Climate Consensus«, in: *Environmental Communication* 11 (2017), S. 723-730, in derselben Ausgabe der Zeitschrift.

nomischer und medialer Macht – Nachdruck zu verleihen. Tatsächlich legen die genannten Studien zu den Unterstützern der organisierten Klimawandelleugner nahe, dass es sich lohnen könnte, für dieses Phänomen einen in das philosophische Bild der politischen Epistemologie eingepassten Ideologiebegriff zu formulieren. Aber das ist eine andere Geschichte, die ein andermal erzählt werden muss.

## 9.3 Nichtsouveräne politische Epistemologie

Drei Anforderungen hatte ich am Ende der Einleitung formuliert: Wissen als eigenständig selbstformend wirksam zu konzipieren, dürfe diese eigenständige Wirksamkeit nicht in Handlungen von Subjekten auflösen, müsse zeigen können, was verloren geht, wenn wir die selbstformende Wirksamkeit von Wissen vernachlässigen, und müsse die Wirksamkeit des Wissens von der Kraft der Rede unterscheiden können. Spätestens im soeben gegebenen Rückblick dürfte klargeworden sein, dass und wie ich diese Anforderungen erfüllt habe. Die Eigenständigkeit der Wirksamkeit von Wissen wird vom Verständnis von Wahrheit als Kraft garantiert. Das Argument gegen das Standardbild von strikt passivem Wissen und aktiven Subjekten liefern sowohl die lateralen Lektüren von Platon, Adorno und Horkheimer sowie Rawls als auch ihre produktive Verwendung in den drei Fallstudien zur Genealogie philosophischen Wissens, zum sperrigen Wissen emanzipierender Kritik und zum Verhältnis von Wahrheit und Politik. Die Unterscheidung zwischen politischer Epistemologie und Rhetorik wird von der krafttheoretischen Begriffsbestimmung von Wissen als mediatisierter Kraft von Wahrheit ermöglicht.

Wissen so als eigenständig selbstformend wirksam zu verstehen, legt, so habe ich im letzten Abschnitt behauptet und in der Einleitung vorweggenommen, zwei wichtige Grundsteine für das Fundament einer nichtsouveränen politischen Epistemologie, denn es führt neben dem neuen Wissensbegriff zugleich ein materialistisches, nichtsouveränes Verständnis von Wahrheit als Kraft ein. Politische Erkenntnistheorie ist die transformative Zusammenführung von Epistemologie und politischer Philosophie (und Sozialphilosophie), die weder erkenntnistheoretische Konzepte unverändert in die politische Philosophie übernimmt noch Konzepte der politischen Philosophie unverändert in die Epistemologie überträgt. Der nichtsouveräne Wahrheitsbegriff und das Konzept eigenständig selbstformend wirksamen Wissens liefern dafür zwei anschauliche Beispiele.

In welchem Verhältnis steht meine nichtsouveräne politische Epistemologie damit zur (analytischen) Erkenntnistheorie? Auf der Ebene des philosophischen Bildes habe ich für eine gravierende Veränderung plädiert. Der am Leitfaden des Begriffs eigenständig selbstformend wirksamen Wissens entwickelte Gedankengang läuft darauf hinaus, das der (analytischen) Epistemologie zugrundeliegende Bild als zu starr, individualistisch sowie atomisch und daher für drängende Fragen unzureichend zu bewerten. Allerdings entwertet das nicht einfach alle ihre Einsichten. Wie meine Diskussion in den letzten beiden Kapiteln zeigt, ziele ich auf eine verändernde Aneignung ihrer Überlegungen im neuen Rahmen einer nichtsouveränen politischen Epistemologie, nicht auf eine pauschale Abwertung. Als Slogan formuliert: Nichtsouveräne politische Epistemologie liefert den richtigen Rahmen, in den sich die (analytische) Erkenntnistheorie neu einpassen muss. Dass sie dabei nicht unverändert bleiben kann, haben wir gesehen; dass auch die politische Philosophie bzw. Sozialphilosophie sich verändern muss, wenn sie dazu herangezogen wird, diesen Rahmen zu formulieren, wäre zu zeigen. Insofern hat mein Buch eine Schlagseite in Richtung Epistemologie, denn die notwendigen Veränderungen von Begriffen der politischen Philosophie standen weit weniger im Fokus als die Neufassung des epistemologischen Wissensbegriffs. Nur am Rande und in Beispielen habe ich erwähnt, dass etwa die gegenwärtigen Diagnosen von Unwahrheit in der Politik mit Begriffen wie »postfaktisch«, Lügen, Ideologie oder Propaganda neu begonnen werden müssen, wenn man die hier erarbeiteten Grundbegriffe von Wissen als wahr und wirksam sowie von Wahrheit als Kraft verwendet. Das letzte Beispiel zur Auseinandersetzung mit den Behauptungen der organisierten Klimawandelleugnern weist in diese Richtung. Es unterstreicht noch einmal, warum der Anspruch auf den Titel einer *politischen* Epistemologie gerechtfertigt ist: Weil allein die transformative Verschränkung von politischer Philosophie und Erkenntnistheorie uns jene politischen Diagnosen liefern kann, derer wir derzeit dringend bedürfen.

Was nach so vielen Seiten enttäuschend klingen könnte, weil der gesamte begriffliche Aufwand nun als lediglich ein Teil der noch zu leistenden Arbeit erscheint, ist in Wirklichkeit Anlass zu philosophischer Freude: Die geschaffenen Begriffe eröffnen die politische Epistemologie als ein weites Feld, auf dem Philosophie in interdisziplinärer Zusammenarbeit mit Sozial-, Kultur- und Naturwissenschaften und in intradisziplinärer Überwindung allzu gern gepflegter innerphilosophischer Grenzziehungen etwa zwischen analytischer Philosophie, Poststrukturalismus und kritischer Theorie sich mit drängenden Problemen der Gegenwart konfrontiert sieht. Was wäre schöner, als diese Reflexionen mit der Aussicht zu beschließen, mit den gewonnenen Begriffen radikal gegenwärtig forschen und in die öffentlichen Auseinandersetzungen eingreifen zu können?

# Danksagung

Dieses Buch zu schreiben, war Privileg und Pflicht, Kraftakt und Vergnügen in einem. Das hätte ich nicht ohne die Hilfe von vielen anderen geschafft; tatsächlich staune ich immer noch, dass dieses Buch nach so langer Zeit, großen Zweifeln an den vorgebrachten Überlegungen und zähem Ringen um die richtigen Formulierungen nun existiert. Ob es auch überzeugt, darüber werden andere richten müssen.

Da es sich bei diesem Buch um die überarbeitete Fassung meiner Habilitationsschrift handelt, die ich 2020 am Fachbereich Philosophie und Geschichtswissenschaften der Johann Wolfgang Goethe-Universität Frankfurt am Main eingereicht habe, gebührt der erste Dank Axel Honneth, Martin Nonhoff, Christoph Menke, Martin Saar und Martin Seel. Sie haben mich mit ihren ebenso scharfsinnigen wie großzügigen Gutachten vor zahlreichen Ungereimtheiten und Idiosynkrasien bewahrt. Die dennoch verbliebenen sind allein mir anzulasten und liegen mir am Herzen.

Habilitationen lassen sich nicht ohne Unterstützer*innen in den Forschungsinstitutionen schreiben. Die Anstellung am Institut für Interkulturelle und Internationale Studien (InIIS) sowie später am Forschungszentrum Ungleichheit und Sozialpolitik (SOCIUM) an der Universität Bremen haben nicht nur meine materiellen Grundlagen gesichert, die gemeinsame Arbeit mit Martin Nonhoff und Frank Nullmeier hat zudem viel Spaß gemacht und viele der hier verhandelten Fragen überhaupt erst aufgeworfen. Vorarbeiten zur Habilitation konnte ich wiederholt im Bremer Kolloquium für Politische Theorie diskutieren und danke für die intensiven Nachfragen insbesondere Anna Hollendung, Christian Leonhardt, Gundula Ludwig und Karsten Schubert. In Frankfurt am Main waren es vor allem Martin Saar und Christoph Menke, die mir geholfen haben, einige Umwege zu vermeiden, und die mir in der schwierigsten Zeit zur Seite standen, als mir das Buch über den Kopf zu wachsen drohte. Darüber hinaus habe ich ungeheuer viel aus den langen Diskussionen im »Frankfurter Arbeitskreis für Politische Theorie & Philosophie« gelernt – und lerne noch immer. Für mich verwirklicht sich darin auf gelungene

Weise die Idee eines auf Dauer gestellten Seminars unter Gleichen.

Viele für meine Überlegungen folgenreiche Diskussionen fanden in diversen Workshops und auf vielen Tagungen statt, von denen ich nur einige hervorheben kann. Nennen möchte ich den intensiven Austausch in zwei Kolloquien an der FU Berlin, wofür ich mich herzlich bei Jan Slaby und Jörg Volbers bedanke – und bei allen Teilnehmer*innen, nicht zuletzt bei Kerstin Andermann. Enorm beflügelt hat mich auch der von Ute Tellmann veranstaltete Workshop »Politik der Wahrheit und Praxis der Kritik« an der Universität Erfurt sowie die dortige Diskussion insbesondere mit Bernhard Kleeberg. Weitergeholfen hat mir zudem Claire Woodfords großzügige Einladung an die University of Brighton und die produktiv verunsichernde Diskussion mit ihr, Mark Devenney und all den anderen.

Eine Reihe von Freund*innen hat (große) Teile des Manuskripts gelesen und kommentiert, darunter Javier Burdmann, Boris Eßmann, Fabian Freyenhagen, Katharina Hoppe, Kristina Lepold, Daniel Loick, Jonas Heller, Marina Martinez Mateo, Eva von Redecker und Titus Stahl. Ihnen verdanke ich nicht nur unendlich wichtige Einsichten und entscheidende Korrekturen, sie haben schlicht mein Denken in den letzten Jahren maßgeblich mitgeprägt. Darüber hinaus gibt es so viele weitere Gesprächspartner*innen, dass ich kaum hoffen kann, allen gerecht zu werden. Immerhin erwähnt seien Thomas Alkemeyer, Amy Allen, Sidonia Blättler, Robin Celikates, Jeanette Ehrmann, Matthias Flatscher, Andreas Gelhard, Federica Gregoratto, Andreas Kaminski, Regina Kreide, Oliver Marchart, Peter Niesen, Gerald Posselt, Francesca Raimondi, Arvi Särkelä und Sergej Seitz. Ihre Anregungen, Zweifel und Ermutigungen haben dieses Buch erst zu dem gemacht, was es heute ist.

Dem Suhrkamp Verlag danke ich für die Aufnahme des Buches in sein Programm und Jan-Erik Strasser für die angenehme Betreuung sowie das hilfreiche Lektorat. Jennie Biesenbach schließlich hat mich tatkräftig bei der Erstellung des Index unterstützt.

Was ich Christina Müller verdanke, ist längst nicht mehr in Worten abzugelten, sondern nur in unserem gemeinsamen Leben.

# Nachweise

In einigen Teilen dieser Arbeit greife ich bereits früher publizierte Arbeiten auf, die ich jedoch stark überarbeitet habe:

Kapitel 2: »Kritische Theorie. Die Idee einer emanzipatorischen Wissenschaft«, in: *Max Horkheimer, Traditionelle und kritische Theorie*. Hg. von Frieder Vogelmann. Stuttgart 2021, S. 94-151.

Kapitel 3: »Liberale Subjekte. Eine affirmative Streitschrift«, in: *Mittelweg 36* 25.2 (2016), S. 74-90.

Kapitel 5: »Measure, Disrupt, Emancipate. Three Pictures of Critique«, in: *Constellations* 24.1 (2017), S. 101-112, und »Critique as a Practice of Prefigurative Emancipation«, in: *Distinktion* 18.2 (2017), S. 196-214.

Kapitel 6: »The Problem of Post-Truth. Rethinking the Relationship between Truth and Politics«, in: *Behemoth. A Journal on Civilisation* 11.2 (2018), S. 18-37, »Mit Unwahrheit kämpfen. Zur Aktualität von Vernunftkritik«, in: *WestEnd. Neue Zeitschrift für Sozialforschung* 16.2 (2019), S. 25-46, und »Should Critique be Tamed by Realism? A Defense of Radical Critiques of Reason«, in: *Le foucaldien* 5.1 (2019), S. 1-34.

# Siglen

Die folgenden Abkürzungen werden für häufig zitierte Texte verwendet:

AP Adorno, Theodor W., »Die Aktualität der Philosophie«, in: *Philosophische Frühschriften. Gesammelte Schriften, Band 6*. Frankfurt/M. 2003 [1931], S. 325-344.

ES Rouse, Joseph, *Engaging Science. How to Understand Its Practices Philosophically*. Ithaca 1996.

EV Brandom, Robert B., *Expressive Vernunft*. Frankfurt/M. 2000 [1994].

GF Rawls, John, *Gerechtigkeit als Fairneß. Ein Neuentwurf*. Übersetzt von Joachim Schulte. Berlin 2014 [2001].

HSPM Rouse, Joseph, *How Scientific Practices Matter. Reclaiming Philosophical Naturalism*. Chicago 2002.

ND Adorno, Theodor W., *Negative Dialektik. Gesammelte Schriften, Band 6*. Frankfurt/M. 2003 [1966].

PK Williams, Michael, *Problems of Knowledge. A Critical Introduction to Epistemology*. Oxford 2001.

PL Rawls, John, *Politischer Liberalismus*. Übersetzt von Wilfried Hinsch. Frankfurt/M. 1998 [1993].

QW Kern, Andrea, *Quellen des Wissens. Zum Begriff vernünftiger Erkenntnisfähigkeiten*. Frankfurt/M. 2006.

RK Alcoff, Linda Martín, *Real Knowing. New Versions of the Coherence Theory*. Ithaca, NY 1996.

SE Badiou, Alain, *Das Sein und das Ereignis*. Übersetzt von Gernot Kamecke. Zürich/Berlin 2016 [1988].

TG Rawls, John, *Eine Theorie der Gerechtigkeit*. Übersetzt von Hermann Vetter. Frankfurt/M. 2003 [1971].

TkT Horkheimer, Max, »Traditionelle und kritische Theorie«, in: *Schriften 1936-1941. Gesammelte Schriften, Band 4*. Frankfurt/M. 2009 [1937], S. 162-216.

WP Arendt, Hannah, »Wahrheit und Politik«, in: *Wahrheit und Lüge in der Politik. Zwei Essays*. München 1972 [1967], S. 44-92.

WPK Gutting, Gary, *What Philosophers Know. Case Studies in Recent Analytic Philosophy*. Cambridge 2009.

WPW Schnädelbach, Herbert, *Was Philosophen wissen und was man von ihnen lernen kann*. München 2013 [2012].

WR Hetzel, Andreas, *Die Wirksamkeit der Rede. Zur Aktualität klassischer Rhetorik für die moderne Sprachphilosophie*. Bielefeld 2011.

# Literatur


Abel, Günter, *Nietzsche. Die Dynamik der Willen zur Macht und die ewige Wiederkehr*. 2., um ein Vorwort erweiterte Aufl. Berlin, New York 1998 [1984].

Abel, Günter, »Wissensforschung. Erweiterungen und Revisionen der Epistemologie«, in: Dirk Koppelberg, Stefan Tolksdorf (Hg.): *Erkenntnistheorie – wie und wozu?* Münster 2015, S. 385-434.

Abromeit, John, *Max Horkheimer and the Foundations of the Frankfurt School*. Cambridge 2011.

Ackeren, Marcel van, *Das Wissen vom Guten. Bedeutung und Kontinuität des Tugendwissens in den Dialogen Platons*. Amsterdam 2003.

Ackeren, Marcel van, »*technê*-Analogie«, in: Christoph Horn u. a. (Hg.): *Platon-Handbuch. Leben – Werk – Wirkung*. Stuttgart, Weimar 2009, S. 334-339.

Adorno, Theodor W., »Wozu noch Philosophie«, in: ders.: *Gesammelte Schriften*, Band 10.2. Hg. von Rolf Tiedemann. Frankfurt/M. 1977 [1962], S. 459-473.

Adorno, Theodor W., »Resignation«, in: ders.: *Gesammelte Schriften*, Band 10.2. Hg. von Rolf Tiedemann. Frankfurt/M. 1977 [1969], S. 794-799.

Adorno, Theodor W., »Marginalien zu Theorie und Praxis«, in: ders.: *Gesammelte Schriften*, Band 10.2. Hg. von Rolf Tiedemann. Frankfurt/M. 1977, S. 759-782.

Adorno, Theodor W., *Jargon der Eigentlichkeit. Zur deutschen Ideologie*, Gesammelte Schriften, Band 6. Hg. von ders., Frankfurt/M. 2003 [1964].

Adorno, Theodor W., *Kierkegaard. Konstruktion des Ästhetischen*, Gesammelte Schriften, Band 2. Hg. von ders. Frankfurt/M. 2003 [1933].

Adorno, Theodor W., »Beitrag zur Ideologienlehre«, in: ders.: *Gesammelte Schriften*, Band 8. Hg. von Rolf Tiedemann. Frankfurt/M. 2003 [1954], S. 457-477.

Adorno, Theodor W., »Die Idee der Naturgeschichte«, in: ders.: *Gesammelte Schriften*, Band 1. Hg. von Rolf Tiedemann. Frankfurt/M. 2003 [1932], S. 345-365.

Adorno, Theodor W., *Zur Metakritik der Erkenntnistheorie*, Gesammelte Schriften, Band 5. Hg. von ders., Frankfurt/M. 2003 [1956].

Adorno, Theodor W., *Erkenntnistheorie (1957/58)*, Nachgelassene Schriften. Hg. von Karel Markus. Berlin 2018.

Aichele, Alexander, »Verdient Protagoras sein Geld? Was der junge Hippokrates lernen konnte, aber nicht darf«, in: *Allgemeine Zeitschrift für Philosophie* 27.2 (2002), S. 131-147.

Albert, Gert, »Probleme der strikten Trennung von Geltung und Genese«, in: *Erwägen, Wissen, Ethik* 23.4 (2012), S. 487-489.

Albert, Karl, *Über Platons Begriff der Philosophie*. Sankt Augustin 1989.
Alcoff, Linda Martín, »Real Knowing. A Response to my Critics«, in: *Social Epistemology* 12.3 (1998), S. 289-305.
Alcoff, Linda Martín, »Continental Epistemology«, in: Jonathan Dancy u. a. (Hg.): *A Companion to Epistemology*. Malden/MA 2010, S. 287-292.
Alcoff, Linda Martín, »Philosophy's Civil Wars«, in: *Proceedings and Addresses of the American Philosophical Association* 87 (2013), S. 16-43.
Alcoff, Linda Martín (Hg.), *Singing in the Fire. Stories of Women in Philosophy*. Lanham/MD 2003.
Alcoff, Linda Martín, Elizabeth Potter, »Introduction: When Feminisms Intersect Epistemology«, in: Linda Martín Alcoff, Elizabeth Potter (Hg.): *Feminist Epistemologies*. London, New York 1993, S. 1-14.
Alkemeyer, Thomas, u. a. (Hg.), *Praxis denken. Konzepte und Kritik*. Wiesbaden 2015.
Allen, Amy, *Das Ende des Fortschritts. Zur Dekolonisierung der normativen Grundlagen der kritischen Theorie*. Übersetzt von Frank Lachmann. Frankfurt/M., New York 2019 [2016].
Alston, William P., »A Realist Conception of Truth«, in: Michael P. Lynch (Hg.): *The Nature of Truth. Classic and Contemporary Perspectives*. Cambridge/MA, London 2001, S. 41-66.
Althusser, Louis, *Philosophie und spontane Philosophie der Wissenschaftler*. Berlin 1985.
Althusser, Louis, »Ideologie und ideologische Staatsapparate«, in: ders.: *Ideologie und ideologische Staatsapparate. 1. Halbband*. Hg. von Frieder Otto Wolf. Hamburg 2010 [1969/70], S. 37-102.
Althusser, Louis, u. a., *Das Kapital lesen. Vollständige und ergänzte Ausgabe mit Retraktationen zum ›Kapital‹*. Übersetzt von Frieder Otto Wolf u. a. Münster 2015 [1965].
Anscombe, G. E. M., *Absicht*. Übersetzt von Joachim Schulte. Berlin 2011 [1957].
Antony, Louise, »Different Voices or Perfect Storm. Why Are There So Few Women in Philosophy?«, in: *Journal of Social Philosophy* 43.3 (2012), S. 227-255.
Arendt, Hannah, »Wahrheit und Politik«, in: dies.: *Wahrheit und Lüge in der Politik. Zwei Essays*. München 1972 [1967], S. 44-92.
Aristoteles, *Metaphysik*, Philosophische Schriften in sechs Bänden. Übersetzt von Hermann Bonitz. Hamburg 1995.
Aristoteles, *Rhetorik*. Übersetzt und hg. von Gernot Krapinger. Stuttgart 2007.
Ashenden, Samantha, David Owen (Hg.), *Foucault contra Habermas. Recasting the Dialogue between Genealogy and Critical Theory*. London, Thousand Oaks, New Delhi 1999.

Austin, John L., »Wahrheit«, in: Gunnar Skirbekk (Hg.): *Wahrheitstheorien. Eine Auswahl aus den Diskussionen über Wahrheit im 20. Jahrhundert*. Frankfurt/M. 1977 [1950], S. 226-245.

Badiou, Alain, *Paulus. Die Begründung des Universalismus*. Übersetzt von Heinz Jatho. München 2002 [1977].
Badiou, Alain, *Ethik. Versuch über das Bewusstsein des Bösen*. Übersetzt von Jürgen Brankel. Wien 2003 [1993].
Badiou, Alain, »Die Wahrheit. Die Erzwingung und das Unbenennbare«, in: ders.: *Bedingungen*. Zürich, Berlin 2011 [1992], S. 221-239.
Baghramian, Maria, J. Adam Carter, »Relativism«, in: Edward N. Zalta (Hg.): *Stanford Encyclopedia of Philosophy (Spring 2021 Edition)*. ⟨https://plato.stanford.edu/entries/relativism/⟩, letzter Aufruf am 19. Oktober 2021.
Ball, James, *Post-Truth. How Bullshit Conquered the World*. London 2017.
Bar On, Bat-Ami, »Marginality and Epistemic Privilege«, in: Linda Martín Alcoff, Elizabeth Potter (Hg.): *Feminist Epistemologies*. London, New York 1993, S. 83-100.
Barad, Karen, *Meeting the Universe Halfway. Quantum Physics and the Entanglement of Matter and Meaning*. Durham 2007.
Baron, Ilan Zvi, *How to Save Politics in a Post-Truth Era. Thinking Through Difficult Times*. Oxford 2018.
Barry, Brian, »John Rawls and the Search for Stability«, in: *Ethics* 105.4 (1995), S. 874-915.
Beckermann, Ansgar, u. a. (Hg.), *Emergence or Reduction? Essays on the Prospects of Nonreductive Physicalism*. Berlin 1992.
Bedau, Mark A., Paul Humphreys (Hg.), *Emergence. Contemporary Readings in Philosophy and Science*. Cambridge/MA 2008.
Bedorf, Thomas, »Das Politische und die Politik – Konturen einer Differenz«, in: Thomas Bedorf, Kurt Röttgers (Hg.): *Das Politische und die Politik*. Berlin 2010, S. 13-37.
Beiner, Ronald, »Rereading ›Truth and Politics‹«, in: *Philosophy & Social Criticism* 34.1/2 (2008), S. 123-136.
Benhabib, Seyla, *Kritik, Norm und Utopie. Die normativen Grundlagen der kritischen Theorie*. Übersetzt von Peter Kohlhaas. Frankfurt/M. 1992 [1986].
Benhabib, Seyla, u. a. (Hg.), *Der Streit um Differenz. Feminismus und Postmoderne in der Gegenwart*. Frankfurt/M. 1993.
Benjamin, Walter, *Ursprung des deutschen Trauerspiels*. Frankfurt/M. 1972.
Bernasconi, Robert, »Will the Real Kant Please Stand Up. The Challenge of Enlightenment Racism to the Study of the History of Philosophy«, in: *Radical Philosophy* 117 (2003), S. 13-22.

Bernstein, Richard J., *The Pragmatic Turn*. Cambridge/UK 2010.

Bertram, Georg W., »Philosophie als Kultur des Streits«, in: Gregor Betz u. a. (Hg.): *Weiter denken – über Philosophie, Wissenschaft und Religion*. Berlin, München, Boston 2015, S. 137-149.

Bertram, Georg W., *Philosophische Gedankenexperimente. Ein Lese- und Studienbuch*. 2., durchgesehene und ergänzte Aufl. Stuttgart 2016.

Bertram, Georg W., »Rhetorik und Argumentation in der Philosophie«, in: Andreas Hetzel, Gerald Posselt (Hg.): *Handbuch Rhetorik und Philosophie*. Berlin, Boston 2017, S. 451-471.

Bertram, Georg W., Jasper Liptow, »Holismus in der Philosophie. Eine Einleitung«, in: Georg W. Bertram (Hg.): *Holismus in der Philosophie. Ein zentrales Motiv der Gegenwartsphilosophie*. Weilerswist 2002, S. 7-29.

Bertram, Georg W., Jasper Liptow (Hg.), *Holismus in der Philosophie. Ein zentrales Motiv der Gegenwartsphilosophie*. Hg. von Georg W. Bertram. Weilerswist 2002.

Bhambra, Gurminder K., »Locating Brexit in the Pragmatics of Race, Citizenship and Empire«, in: William Outhwaite (Hg.): *Brexit. Sociological Responses*. London 2018, S. 91-99.

Biebricher, Thomas, *Die politische Theorie des Neoliberalismus* Berlin 2021 [2019].

Bishop, Glenys, u. a., »Seeing the Trends in the Data«, in: Katrina Hutchison, Fiona Jenkins (Hg.): *Women in Philosophy. What Needs to Change?* Oxford 2013, S. 231-252.

Bittner, Rüdiger, »Kritik, und wie es besser wäre«, in: Rahel Jaeggi, Tilo Wesche (Hg.): *Was ist Kritik?* Frankfurt/M. 2009, S. 134-149.

Blackburn, Simon, »The Professor of Complacence«, in: *The New Republic* 225 (2001), S. 39-42.

Blumenberg, Hans, »Anthropologische Annäherung an die Aktualität der Rhetorik«, in: Josef Kopperschmidt (Hg.): *Rhetorik*, Band 2: Wirkungsgeschichte der Rhetorik. Darmstadt 1991 [1970], S. 285-312.

Blumenberg, Hans, *Paradigmen zu einer Metaphorologie*. Frankfurt/M. 1998.

Boettcher, James W., »What is Reasonableness?«, in: *Philosophy and Social Criticism* 30.5/6 (2004), S. 597-621.

Boggs, Carl, »Marxism, Prefigurative Communism and the Problem of Workers' Control«, in: *Radical America* 11.6 (1977), S. 99-122.

Boghossian, Paul A., *Angst vor der Wahrheit. Ein Plädoyer gegen Relativismus und Konstruktivismus*. Übersetzt von Jens Rometsch. Berlin 2015 [2006].

Bonacker, Thorsten, *Die normative Kraft der Kontingenz. Nichtessentialistische Gesellschaftskritik nach Weber und Adorno*. Frankfurt/M., New York 2000.

Bonß, Wolfgang, »Empirie und Dechiffrierung von Wirklichkeit. Zur Methodologie bei Adorno«, in: Ludwig von Friedeburg, Jürgen Habermas (Hg.): *Adorno-Konferenz 1983*. Frankfurt/M. 1983, S. 201-225.

Bormann, Claus von, »Kritik I 1-4«, in: Joachim Ritter u. a. (Hg.): *Historisches Wörterbuch der Philosophie*, Band 4: I–K. Darmstadt 1976, S. 1249-1267.

Bourdieu, Pierre, *Meditationen. Zur Kritik der scholastischen Vernunft*. Übersetzt von Achim Russer u. a. 3. Aufl. Frankfurt/M. 2013 [1997].

Brandom, Robert B., »Asserting«, in: *Noûs* 17.4 (1983), S. 637-650.

Brandom, Robert B., *Between Saying and Doing. Towards an Analytic Pragmatism*. Oxford 2008.

Brandom, Robert B., *Wiedererinnerter Idealismus*. Übersetzt von Falk Hamann, Aaron Shoicher. Berlin 2015.

Brecher, Bob, *Torture and the Ticking Bomb*. Malden/MA 2007.

Brecher, Bob, »Torture«, in: Richard Jackson (Hg.): *Routledge Handbook of Critical Terrorism Studies*. Abingdon, New York 2016, S. 170-180.

Breitenstein, Peggy H., *Die Befreiung der Geschichte. Geschichtsphilosophie als Gesellschaftskritik nach Adorno und Foucault*. Frankfurt/M., New York 2013.

Brown, Jessica, *Fallibilism. Evidence and Knowledge*. Oxford 2018.

Brown, Wendy, *In the Ruins of Neoliberalism. The Rise of Antidemocratic Politics in the West*. New York 2019.

Brunkhorst, Hauke, »Dialektischer Positivismus des Glücks. Max Horkheimers materialistische Dekonstruktion der Philosophie«, in: *Zeitschrift für Philosophische Forschung* 39.3 (1985), S. 353-381.

Brunkhorst, Hauke, *Theodor W. Adorno. Dialektik der Moderne*. München 1990.

Brunkhorst, Hauke, *Kritik und kritische Theorie*. Baden-Baden 2014.

Bublitz, Hannelore, u. a. (Hg.), *Das Wuchern der Diskurse. Perspektiven der Diskursanalyse Foucaults*. Frankfurt/M., New York 1999.

Buck-Morss, Susan, *The Origin of Negative Dialectics. Theodor W. Adorno, Walter Benjamin, and the Frankfurt Institute*. Hassocks 1977.

Burge, Tyler, »Frege on Knowing the Third Realm«, in: *Mind: A Quarterly Review of Philosophy* 101.404 (1992), S. 633-650.

Burnett, Jon, »Racial Violence and the Brexit State«, in: *Race & Class* 58.4 (2017), S. 85-97.

Burnyeat, Myles, *The Theaetetus of Plato*. Indianapolis/IN, Cambridge/MA 1990.

Butler, Judith, *Psyche der Macht. Das Subjekt der Unterwerfung*. Übersetzt von Reiner Ansén. Frankfurt/M. 2001 [1997].

Butler, Judith, »Was ist Kritik? Ein Essay über Foucaults Tugend«, in: *Deutsche Zeitschrift für Philosophie* 50.2 (2002), S. 249-265.

Butler, Judith, *Das Unbehagen der Geschlechter*. Übersetzt von Kathrina Menke. Frankfurt/M. 2003 [1990].

Butler, Judith, *Körper von Gewicht. Die diskursiven Grenzen des Geschlechts*. Übersetzt von Karin Wördemann. Frankfurt/M. 2004 [1993].

Butler, Judith, *Gefährdetes Leben. Politische Essays*. Übersetzt von Karin Wördemann. Frankfurt/M. 2005.

Butler, Judith, *Raster des Krieges. Warum wir nicht jedes Leid beklagen*. Übersetzt von Reiner Ansén. Frankfurt/M., New York 2010 [2009].

Butler, Judith, »Kann das ›Andere‹ der Philosophie sprechen?«, in: dies.: *Die Macht der Geschlechternormen und die Grenzen des Menschlichen*. Frankfurt/M. 2011 [2004], S. 367-393.

Caballero, Ricardo J., »Macroeconomics after the Crisis. Time to Deal with the Pretense-of-Knowledge Syndrome«, in: *The Journal of Economic Perspectives* 24.4 (2010), S. 85-102.

Caputo, John D., »Against Principles. A Sketch of an Ethics Without Ethics«, in: Edith Wyschogrod, Gerald P. McKenny (Hg.): *The Ethical*. Oxford 2003, S. 169-180.

Cavell, Stanley, *Der Anspruch der Vernunft. Wittgenstein, Skeptizismus, Moral und Tragödie*. Übersetzt von Christiana Goldmann. Frankfurt/M. 2006 [1979].

Celikates, Robin, *Kritik als soziale Praxis. Gesellschaftliche Selbstverständigung und kritische Theorie*. Frankfurt/M., New York 2009.

Celikates, Robin, »Ziviler Ungehorsam und radikale Demokratie. Konstituierende vs. konstituierte Macht?«, in: Thomas Bedorf, Kurt Röttgers (Hg.): *Das Politische und die Politik*. Berlin 2010, S. 274-300.

Celikates, Robin, »Kritik der pädagogischen Vernunft. Bourdieu, Rancière und die Idee einer kritischen Sozialwissenschaft«, in: Jens Kastner, Ruth Sonderegger (Hg.): *Pierre Bourdieu und Jacques Rancière. Emanzipatorische Praxis denken*. Wien 2014, S. 123-146.

Chalmers, David J., »Why Isn't There More Progress in Philosophy?«, in: *Philosophy* 90.1 (2015), S. 3-31.

Christ, Julia, *Kritik des Spiels – Spiel als Kritik. Adornos Sozialphilosophie heute*. Baden-Baden 2017.

Clack, Beverley (Hg.), *Misogyny in the Western Philosophical Tradition. A Reader*. Basingstoke 1999.

Clark, Michael, »Knowledge and Grounds. A Comment on Mr. Gettier's Paper«, in: *Analysis* 24.2 (1963), S. 46-48.

Code, Lorraine, *Epistemic Responsibility*. Hanover, London 1987.

Cohen, Joshua, »Truth and Public Reason«, in: *Philosophy & Public Affairs* 37.1 (2009), S. 2-42.

Cohen, Stewart, »How to be a Fallibilist«, in: *Philosophical Perspectives* 2 (1988), S. 91-123.

Colander, David, u. a., »The Financial Crisis and the Systemic Failure of the Economics Profession«, in: *Critical Review* 21.2/3 (2009), S. 249-267.

Collins, Randall, *The Sociology of Philosophies. A Global Theory of Intellectual Change*. Cambridge/MA, London 1998.

Comey, James, »How Trump Co-opts Leaders Like Bill Barr«, in: *New York Times*, 1. Mai 2019, ⟨https://www.nytimes.com/2019/05/01/opinion/william-barr-testimony.html⟩, letzter Aufruf am 1. Mai 2019.

Comtesse, Dagmar, u. a. (Hg.): *Radikale Demokratietheorie. Ein Handbuch*. Berlin 2019

Conklin, Sherri Lynn, u. a., »The State of the Discipline: New Data on Women Faculty in Philosophy«, in: *Ergo* 6.30 (2019), S. 841-868.

Cook, Deborah, »Adorno, Foucault and Critique«, in: *Philosophy & Social Criticism* 39.10 (2013), S. 965-981.

Cook, Deborah, *Adorno, Foucault and the Critique of the West*. London 2018.

Cossutta, Frédéric, »Pour une analyse du discours philosophique«, in: *Langages* (1995), S. 12-39.

Cossutta, Frédéric, »Philosophy as Self-Constituting Discourse. The Case of Dialogue«, in: *Philosophy and Rhetoric* 39.3 (2006), S. 181-207.

Crouch, Margaret A., »A ›Limited‹ Defense of the Genetic Fallacy«, in: *Metaphilosophy* 24.3 (1993), S. 227-240.

Cummins, Robert, »Reflection on Reflective Equilibrium«, in: Michael Raymond DePaul, William M. Ramsey (Hg.): *Rethinking Intuition. The Psychology of Intuition and its Role in Philosophical Inquiry*. Lanham/MD 1998, S. 113-141.

D'Ancona, Matthew, *Post-Truth. The New War on Truth and How to Fight Back*. London 2017.

Daggett, Cara, »Petro-Masculinity. Fossil Fuels and Authoritarian Desire«, in: *Millennium* 47.1 (2018), S. 25-44.

Dainton, Barry, »Force in Physics and in Metaphysics. A Brief History«, in: Shyam Wuppuluri, Francisco Antonio Doria (Hg.): *The Map and the Territory. Exploring the Foundations of Science, Thought and Reality*. Cham 2018, S. 199-231.

Dancy, Jonathan, *Ethics Without Principles*. Oxford 2004.

Daniel, Ute, *Beziehungsgeschichten. Politik und Medien im 20. Jahrhundert*. Hamburg 2018.

Danto, Arthur C., »Basis-Handlungen«, in: Georg Meggle (Hg.): *Analytische Handlungstheorie*, Band 1: Handlungsbeschreibungen. Frankfurt/M. 1985 [1965], S. 89-110.

Daston, Lorraine, Peter Galison, *Objektivität*. Übersetzt von Christa Krüger. Frankfurt/M. 2007.

Davidson, Donald, »Handeln«, in: ders.: *Handlung und Ereignis*. Frankfurt/M. 1985 [1971], S. 73-98.

Davidson, Donald, »Handlungen, Gründe und Ursachen«, in: ders.: *Handlung und Ereignis*. Frankfurt/M. 1985 [1963], S. 19-42.

Davidson, Donald, »Was ist eigentlich ein Begriffsschema?«, in: ders.: *Wahrheit und Interpretation*. Frankfurt/M. 1990 [1974], S. 261-282.

Davidson, Donald, »Eine Kohärenztheorie der Wahrheit und der Erkenntnis«, in: Donald Davidson, Richard Rorty: *Wozu Wahrheit? Eine Debatte*. Hg. von Mike Sandbothe. Frankfurt/M. 2005 [1983], S. 46-75.

de Boer, Karin, Ruth Sonderegger (Hg.), *Conceptions of Critique in Modern and Contemporary Philosophy*. New York 2012.

de Bruyckere, Anna, Maarten Van Dyck, »Being in or Getting at the Real. Kochan on Rouse, Heidegger and Minimal Realism«, in: *Perspectives on Science* 21.4 (2013), S. 453-462.

de Man, Paul, *Allegorien des Lesens. Mit einer Einleitung von Werner Hamacher*. Übersetzt von Werner Hamacher, Peter Krumme. Frankfurt/M. 1988 [1979].

Deleuze, Gilles, *Nietzsche und die Philosophie*. Übersetzt von Bernd Schwibs. München 1976 [1962].

Deleuze, Gilles, *Foucault*. Übersetzt von Hermann Kocyba. Frankfurt/M. 1987 [1986].

Deleuze, Gilles, *Differenz und Wiederholung*. Übersetzt von Joseph Vogl. München 2007 [1968].

Deleuze, Gilles, Félix Guattari, *Was ist Philosophie?* Übersetzt von Bernd Schwibs, Joseph Vogl. Frankfurt/M. 2000 [1991].

Demirović, Alex, »Spirit that Wants to Fly. Adorno under a Spell«, in: *Trans/Form/Ação* 27 (2004), S. 27-37.

Demirović, Alex, u. a. (Hg.), *Emanzipation. Zur Geschichte und Aktualität eines politischen Begriffs*. Münster 2019.

Derrida, Jacques, *Gesetzeskraft. Der ›mystische Grund der Autorität‹*. Übersetzt von Alexander García Düttmann. Frankfurt/M. 1998 [1990].

Dershowitz, Alan M., *Why Terrorism Works. Understanding the Threat, Responding to the Challenge*. New Haven 2002.

Descartes, René, *Meditationes de prima philosophia. Lateinisch/deutsch*. Hg. von Gerhart Schmidt. Stuttgart 2012 [1641].

Dewey, John, »An Added Note as to the ›Practical‹«, in: ders.: *Essays in Experimental Logic*. Chicago 1916, S. 330-334.

Dewey, John, »Propositions, Warranted Assertibility, and Truth«, in: *The Journal of Philosophy* 38.7 (1941), S. 169-186.

Dewey, John, »Experience, Knowledge and Value. A Rejoinder«, in: ders.: *The Later Works, 1925-1953*, Band 14: 1939-1941. Hg. von Jo Ann Boydston. LaSalle, Ill. 1988 [1939], S. 3-90.

Dewey, John, *Erfahrung und Natur*. Übersetzt von Martin Suhr. Frankfurt/M. 1995 [1929].

Dewey, John, *Die Suche nach Gewißheit. Eine Untersuchung des Verhältnisses von Erkenntnis und Handeln*. Übersetzt von Martin Suhr. Frankfurt/M. 1998 [1929].

Dewey, John, *Logik. Die Theorie der Forschung*. Übersetzt von Martin Suhr. Frankfurt/M. 2002 [1938].

Diefenbach, Katja, *Spekulativer Materialismus. Spinoza in der postmarxistischen Philosophie*. Wien, Berlin 2018.

Diogenes Laertius, *Leben und Meinungen berühmter Philosophen*. Übersetzt von Otto Apelt. Hg. von Klaus Reich. Hamburg 2015.

Dougherty, Trent, »Fallibilism«, in: Sven Bernecker, Duncan Pritchard (Hg.): *The Routledge Companion to Epistemology*. New York 2011, S. 131-143.

Douglas, Heather, *Science, Policy, and the Value-Free Ideal*. Pittsburgh/PA 2009.

Dreyfus, Hubert L., Paul Rabinow, *Michel Foucault. Jenseits von Strukturalismus und Hermeneutik. Mit einem Nachwort von und einem Interview mit Michel Foucault*. Übersetzt von Claus Rath, Ulrich Raulff. Frankfurt/M. 1987 [1983].

Dryzek, John S., u. a., *Climate-Challenged Society*. Oxford 2013.

Dubiel, Helmut, *Wissenschaftsorganisation und politische Erfahrung. Studien zur frühen Kritischen Theorie*. Frankfurt/M. 1978.

Duhem, Pierre Maurice Marie, *Ziel und Struktur der physikalischen Theorien. Mit einem Vorwort von Ernst Mach*. Übersetzt von Friedrich Adler. Hg. von Lothar Schäfer. Hamburg 1978 [1906].

Dummett, Michael, *Ursprünge der analytischen Philosophie*. Übersetzt von Joachim Schulte. Frankfurt/M. 1988.

Dummett, Michael, »What Is a Theory of Meaning? (II)«, in: ders.: *The Seas of Language*. Oxford 1996 [1976], S. 34-93.

Dunlap, Riley E., »Climate Change Skepticism and Denial«, in: *American Behavioral Scientist* 57.6 (2013), S. 691-698.

Dunlap, Riley E., Aaron M. McCright, »Organized Climate Change Denial«, in: John S. Dryzek u. a. (Hg.): *The Oxford Handbook of Climate Change and Society*. Oxford 2012, S. 144-160.

Dunlap, Riley E., Aaron M. McCright, »Challenging Climate Change. The Denial Countermovement«, in: Riley E. Dunlap, Robert J. Brulle (Hg.): *Climate Change and Society: Sociological Perspectives*. Oxford 2015, S. 300-332.

Dupré, John, *The Disorder of Things. Metaphysical Foundations of the Disunity of Science*. Cambridge/MA 1993.

Ebert, Theodor, *Phaidon*, Platon. Werke. Übersetzung und Kommentar, Band I.4. Hg. von Ernst Heitsch, Carl Werner Müller. Göttingen 2004.

Ede, Lisa S., »Rhetoric versus Philosophy. The Role of the Universal Audience in Chaim Perelman's *The New Rhetoric*«, in: *Central States Speech Journal* 32.2 (1981), S. 118-125.

Egan, David, »Pictures in Wittgenstein's Later Philosophy«, in: *Philosophical Investigations* 34.1 (2011), S. 55-76.

Ehrmann, Jeanette, »›Jenseits der Linie‹. Ausnahmezustand, Sklaverei und Thanatopolitik zwischen Aufklärung und (Post-)Kolonialismus«, in: Daniel Loick (Hg.): *Der Nomos der Moderne. Die politische Philosophie Giorgio Agambens*. Baden-Baden 2011, S. 128-149.

Elgin, Catherine Z., *True Enough*. Cambridge/MA 2017.

Ellmers, Sven, Philip Hogh (Hg.), *Warum Kritik? Begründungsformen kritischer Theorien*. Weilerswist 2017.

Erler, Michael, *Platon*, Die Philosophie der Antike, Band 2/2. Hg. von Hellmuth Flashar. Basel 2007.

Esfeld, Michael, *Wissenschaft und Freiheit. Das naturwissenschaftliche Weltbild und der Status von Personen*. Berlin 2019.

Estlund, David M., »The Insularity of the Reasonable. Why Political Liberalism Must Admit the Truth«, in: *Ethics* 108.2 (1998), S. 252-275.

Estlund, David M., *Democratic Authority. A Philosophical Framework*. Princeton/NJ 2008.

Fandos, Nicholas, »White House Pushes ›Alternative Facts.‹ Here Are the Real Ones«, in: *New York Times*, 22. Januar 2017, ⟨https://www.nytimes.com/2017/01/22/us/politics/president-trump-inauguration-crowd-white-house.html⟩, letzter Aufruf am 22. Januar 2017.

Farnsworth, Kevin, Zoë Irving, »Austerity. More Than the Sum of its Parts«, in: Kevin Farnsworth, Zoë Irving (Hg.): *Social Policy in Times of Austerity. Global Economic Crisis and the New Politics of Welfare*. Bristol 2015, S. 9-41.

Farnsworth, Kevin, Zoë Irving (Hg.), *Social Policy in Times of Austerity. Global Economic Crisis and the New Politics of Welfare*. Bristol 2015.

Fassin, Eric, *Revolte oder Ressentiment. Über den Populismus*. Übersetzt von Daniel Fastner. Berlin 2019 [2017].

Feige, Daniel Martin, »Werden wir von Virologen regiert? Über Wissenschaftsfeindlichkeit und Wissenschaftsgläubigkeit in Zeiten von Covid-19«, in: *Philosophische Rundschau* 67.2 (2020), S. 120-125.

Feldmann, Dorina, u. a., *Klassifikation politisch rechter Tötungsdelikte – Berlin 1990 bis 2008*. Berlin 2018.

Finlayson, James Gordon, »The Question of Praxis in Adorno's Critical

Theory«, in: Stefano Giacchetti Ludovisi (Hg.): *Critical Theory and the Challenge of Praxis. Beyond Reification*. Farnham 2015, S. 51-68.

Finlayson, Lorna, »What to Do with Post-Truth«, in: *Nordic Wittgenstein Review* Special Issue (2019), S. 63-79.

FitzGerald, Frances, u. a., »Can the Press Tell the Truth?«, in: *Harper's* 270.1616 (1985), S. 37-51.

Flasch, Kurt, *Theorie der Philosophiehistorie*, Philosophie hat Geschichte, Band 2. Frankfurt/M. 2005.

Flemmen, Magne, Mike Savage, »The Politics of Nationalism and White Racism in the UK«, in: *The British Journal of Sociology* 68.S1 (2017), S. S233-S264.

Flikschuh, Katrin, »Philosophical Racism«, in: *Aristotelian Society Supplementary Volume* 92.1 (2018), S. 91-110.

Fogelin, Robert J., *Pyrrhonian Reflections on Knowledge and Justification*. New York 1994.

Forst, Rainer, *Toleranz im Konflikt. Geschichte, Gehalt und Gegenwart eines umstrittenen Begriffs*. Frankfurt/M. 2003.

Foucault, Michel, *Wahnsinn und Gesellschaft. Eine Geschichte des Wahns im Zeitalter der Vernunft*, übersetzt von Ulrich Köppen. Frankfurt/M. 1989 [1961].

Foucault, Michel, *Was ist Kritik?*, übersetzt von Walter Seitter. Berlin 1992 [1990].

Foucault, Michel, »›Wer sind Sie, Professor Foucault?‹ (Nr. 50)«, in: Dits et Écrits I. Frankfurt/M. 2001 [1967], S. 770-793.

Foucault, Michel, »Dies ist keine Pfeife (Nr. 53)«, in: Dits et Écrits I. Frankfurt/M. 2001 [1968], S. 812-830.

Foucault, Michel, »Nietzsche, die Genealogie, die Historie (Nr. 84)«, in: Dits et Écrits II. Frankfurt/M. 2002 [1971], S. 166-191.

Foucault, Michel, »Brief von Michel Foucault (Nr. 96)«, in: Dits et Écrits II. Frankfurt/M. 2002 [1971], S. 255-262.

Foucault, Michel, »Monstrositäten der Kritik (Nr. 97)«, in: Dits et Écrits II. Frankfurt/M. 2002 [1971], S. 262-272.

Foucault, Michel, »Mein Körper, dieses Papier, dieses Feuer (Nr. 102)«, in: Dits et Écrits II. Frankfurt/M. 2002 [1972], S. 300-331.

Foucault, Michel, »Die Wahrheit und die juristischen Formen (Nr. 139)«, in: Dits et Écrits II. Frankfurt/M. 2002 [1974], S. 669-792.

Foucault, Michel, *Archäologie des Wissens*, übersetzt von Ulrich Köppen. Frankfurt/M. 2003 [1969].

Foucault, Michel, *Die Ordnung der Dinge. Eine Archäologie der Humanwissenschaften*, übersetzt von Ulrich Köppen. Frankfurt/M. 2003 [1966].

Foucault, Michel, »Gespräch mit Michel Foucault (Nr. 192)«, in: Dits et Écrits III. Frankfurt/M. 2003 [1977], S. 186-213.

Foucault, Michel, *Geschichte der Gouvernementalität II: Die Geburt der Biopolitik. Vorlesung am Collège de France 1978/79*, übersetzt von Jürgen Schröder. Frankfurt/M. 2004.

Foucault, Michel, *Der Gebrauch der Lüste. Sexualität und Wahrheit 2*, übersetzt von Ulrich Raulff, Walter Seitter. Frankfurt/M. 2004 [1984].

Foucault, Michel, *In Verteidigung der Gesellschaft. Vorlesung am Collège de France 1975/76*, übersetzt von Michaela Ott. Frankfurt/M. 2004 [1996].

Foucault, Michel, *Überwachen und Strafen. Die Geburt des Gefängnisses*, übersetzt von Walter Seitter. Frankfurt/M. 2004 [1975].

Foucault, Michel, *Die Macht der Psychiatrie. Vorlesung am Collège de France 1973/74*, übersetzt von Claudia Brede-Konersmann, Jürgen Schröder. Frankfurt/M. 2005.

Foucault, Michel, *Der Wille zum Wissen. Sexualität und Wahrheit 1*, übersetzt von Ulrich Raulff, Walter Seitter. Frankfurt/M. 2005 [1976].

Foucault, Michel, »Diskussion vom 20. Mai 1978 (Nr. 278)«, in: Dits et Écrits IV. Frankfurt/M. 2005 [1980], S. 25-43.

Foucault, Michel, »Gespräch mit Ducio Trombadori (Nr. 281)«, in: Dits et Écrits IV. Frankfurt/M. 2005 [1980], S. 51-119.

Foucault, Michel, »Das wahre Geschlecht (Nr. 287)«, in: Dits et Écrits IV. Frankfurt/M. 2005 [1980], S. 142-152.

Foucault, Michel, »›Omnes et singulatim‹: zu einer Kritik der politischen Vernunft (Nr. 291)«, in: Dits et Écrits IV. Frankfurt/M. 2005 [1981], S. 165-198.

Foucault, Michel, »Über sich selbst schreiben (Nr. 329)«, in: Dits et Écrits IV. Frankfurt/M. 2005 [1983], S. 503-521.

Foucault, Michel, »Strukturalismus und Poststrukturalismus (Nr. 330)«, in: Dits et Écrits IV. Frankfurt/M. 2005 [1983], S. 521-555.

Foucault, Michel, »Was ist Aufklärung? (Nr. 339)«, in: Dits et Écrits IV. Frankfurt/M. 2005 [1984], S. 687-707.

Foucault, Michel, »Die Ethik der Sorge um sich als Praxis der Freiheit (Nr. 356)«, in: Dits et Écrits IV. Frankfurt/M. 2005 [1984], S. 875-902.

Foucault, Michel, *Die Regierung des Selbst und der anderen. Vorlesung am Collège de France 1982/83*, übersetzt von Jürgen Schröder. Frankfurt/M. 2009 [2008].

Foucault, Michel, *Über den Willen zum Wissen. Vorlesung am Collège de France 1970/71 gefolgt von Das Wissen des Ödipus*, übersetzt von Michael Bischoff. Berlin 2012 [2011].

Foucault, Michel, *Die Regierung der Lebenden. Vorlesung am Collège de France 1979/80*, übersetzt von Andreas Hemminger. Berlin 2014 [2012].

Frances, Bryan, »Extensive Philosophical Agreement and Progress«, in: *Metaphilosophy* 48.1-2 (2017), S. 47-57.

Frankfurt, Harry G., *On Truth*. New York/NY 2006.

Fraser, Nancy, *Widerspenstige Praktiken. Macht, Diskurs, Geschlecht.* Übersetzt von Karin Wördemann. Frankfurt/M. 1994 [1989].

Frede, Michael, »Wissen und Bildung in der Antike«, in: *Zeitschrift für Philosophische Forschung* 66.2 (2012), S. 169-186.

Freedman, Des, »Populism and Media Policy Failure«, in: *European Journal of Communication* 33.6 (2018), S. 604-618.

Freeman, Samuel, »Introduction. John Rawls – An Overview«, in: Samuel Freeman (Hg.): *The Cambridge Companion to Rawls.* Cambridge 2003, S. 1-61.

Frega, Roberto, »Between Pragmatism and Critical Theory. Social Philosophy Today«, in: *Human Studies* 37.1 (2014), S. 57-82.

Frege, Gottlob, »Der Gedanke«, in: ders.: *Logische Untersuchungen.* Hg. von Günther Patzig. Göttingen 1976 [1918], S. 30-53.

Frege, Gottlob, »Die Verneinung«, in: ders.: *Logische Untersuchungen.* Hg. von Günther Patzig. Göttingen 1976 [1919], S. 54-71.

Frege, Gottlob, »Gedankengefüge«, in: ders.: *Logische Untersuchungen.* Hg. von Günther Patzig. Göttingen 1976 [1923], S. 72-91.

Frege, Gottlob, »Meine grundlegenden logischen Einsichten«, in: Hans Hermes u. a.: *Nachgelassene Schriften und Wissenschaftlicher Briefwechsel,* Band 1. Hamburg 1983, S. 271-272.

Frege, Gottlob, »Was kann ich als Ergebnis meiner Arbeit ansehen?«, in: Hans Hermes u. a.: *Nachgelassene Schriften und Wissenschaftlicher Briefwechsel,* Band 1. Hamburg 1983, S. 200.

Frege, Gottlob, *Nachgelassene Schriften und Wissenschaftlicher Briefwechsel,* Band 1. Hg. von Hans Hermes u. a. 2., erweiterte Aufl. Hamburg 1983.

Frege, Gottlob, »Einleitung in die Logik«, in: Hans Hermes u. a.: *Nachgelassene Schriften und Wissenschaftlicher Briefwechsel,* Band 1. Hamburg 1983, S. 201-212.

Frege, Gottlob, »Kurze Übersicht meiner logischen Lehren«, in: Hans Hermes u. a.: *Nachgelassene Schriften und Wissenschaftlicher Briefwechsel,* Band 1. Hamburg 1983, S. 213-218.

Frege, Gottlob, *Begriffsschrift und andere Aufsätze. Mit E. Husserls und H. Scholz' Anmerkungen.* Hg. von Ignacio Angelelli. 2. Aufl. Hildesheim, Zürich, New York 1993 [1879].

Frege, Gottlob, »Funktion und Begriff«, in: ders.: *Funktion, Begriff, Bedeutung. Fünf logische Studien.* Hg. von Günther Patzig. Göttingen 1994 [1891], S. 18-39.

Frege, Gottlob, »Über Sinn und Bedeutung«, in: ders.: *Funktion, Begriff, Bedeutung. Fünf logische Studien.* Hg. von Günther Patzig. Göttingen 1994 [1892], S. 40-65.

Freud, Sigmund, *Die Traumdeutung. Über den Traum,* Gesammelte Werke, Band 2.3. Frankfurt/M. 1987 [1899].

Freyenhagen, Fabian, »Taking Reasonable Pluralism Seriously. An Internal Critique of Political Liberalism«, in: *Politics, Philosophy & Economics* 10.3 (2011), S. 323-342.

Freyenhagen, Fabian, *Adorno's Practical Philosophy. Living Less Wrongly*. Cambridge 2013.

Freyenhagen, Fabian, »Adorno's Politics. Theory and Praxis in Germany's 1960s«, in: *Philosophy & Social Criticism* 40.9 (2014), S. 867-893.

Freyenhagen, Fabian, »Critical Theory's Philosophy«, in: Giuseppina D'oro, Søren Overgaard (Hg.): *The Cambridge Companion to Philosophical Methodology*. Cambridge 2017, S. 390-415.

Fricker, Elizabeth, »Is Knowing a State of Mind? The Case Against«, in: Patrick Greenough, Duncan Pritchard (Hg.): *Williamson on Knowledge*. Oxford 2009, S. 31-60.

Fricker, Miranda, *Epistemic Injustice. Power and the Ethics of Knowing*. Oxford 2010.

Friedman, Marilyn, »John Rawls and the Political Coercion of Unreasonable People«, in: Victoria Davion, Clark Wolf (Hg.): *The Idea of a Political Liberalism. Essays on Rawls*. Lanham 2000, S. 16-33.

Fuller, Steve, *Post-Truth. Knowledge as a Power Game*. London 2018.

Gabriel, Gottfried, »Geltung und Genese als Grundlagenproblem«, in: *Erwägen, Wissen, Ethik* 23.4 (2012), S. 475-486.

Gadamer, Hans-Georg, »Praktisches Wissen«, in: ders.: *Griechische Philosophie 1*, Band 5. Tübingen 1985 [1930], S. 230-248.

Galston, William A, »Realism in Political Theory«, in: *European Journal of Political Theory* 9.4 (2010), S. 385-411.

Ganter, Gösta, *Möglichkeit. Über einen Grundbegriff der praktischen Philosophie und kritischen Gesellschaftstheorie*. Bielefeld 2021.

Gärdenfors, Peter, *Knowledge in Flux. Modeling the Dynamics of Epistemic States*. Cambridge/MA 1988.

Gauchat, Gordon, »Politicization of Science in the Public Sphere«, in: *American Sociological Review* 77.2 (2012), S. 167-187.

Gaus, Gerald F., »Reason, Justification and Consensus. Why Democracy Can't Have it All«, in: James Bohman, William Rehg (Hg.): *Deliberative Democracy. Essays on Reason and Politics*. Cambridge/MA, London 1997, S. 207-242.

Gaus, Gerald F., »Reasonable Pluralism and the Domain of the Political. How the Weaknesses of John Rawls's Political Liberalism Can Be Overcome by a Justificatory Liberalism«, in: *Inquiry* 42.2 (1999), S. 259-284.

Gerhardt, Volker, »Ausübende Rechtslehre. Kants Begriff der Politik«, in: Gerhard Schönrich, Yasushi Kato (Hg.): *Kant in der Diskussion der Moderne*, Frankfurt/M. 1996, S. 464-488.

Gesellschaft für deutsche Sprache, »GfdS wählt ›postfaktisch‹ zum Wort des Jahres 2016« 2016, ⟨https://gfds.de/wort-des-jahres-2016/#postfaktisch⟩, letzter Aufruf am 21. September 2021.
Gess, Nicola, *Halbwahrheiten. Zur Manipulation von Wirklichkeit*. Berlin 2021.
Gettier, Edmund L., *Is Justified True Belief Knowledge?/Ist gerechtfertigte, wahre Überzeugung Wissen?* Übersetzt und hg. von Marc Andree Weber, Nadja-Mira Yolcu. Stuttgart 2019 [1963].
Geuss, Raymond, *Die Idee einer kritischen Theorie*. Königstein 1983 [1981].
Geuss, Raymond, »On the Very Idea of a Metaphysics of Right«, in: ders.: *Politics and the Imagination*. Princeton/NJ 2010, S. 43-60.
Geuss, Raymond, *Kritik der politischen Philosophie. Eine Streitschrift*. Hamburg 2011 [2008].
Geuss, Raymond, »Must Criticism Be Constructive?«, in: ders.: *A World Without Why*. Princeton/ NJ 2014, S. 68-90.
Geuss, Raymond, »A Note on Lying«, in: ders.: *A World Without Why*. Princeton/NJ 2014, S. 135-144.
Gillett, Carl, »The Varieties of Emergence. Their Purpose, Obligations and Importance«, in: *Grazer Philosophische Studien* 65.1 (2002), S. 95-121.
Glock, Hans-Johann, »Analytic Philosophy and History. A Mismatch?«, in: *Mind* 117.468 (2008), S. 867-897.
Glüer, Kathrin, »Bedeutung zwischen Norm und Naturgesetz«, in: *Deutsche Zeitschrift für Philosophie* 48.3 (2000), S. 449-468.
Glüer, Kathrin, Åsa Wikforss, »Against Content Normativity«, in: *Mind* 118.469 (2009), S. 31-70.
Glüer, Kathrin, Åsa Wikforss, »The Normativity of Meaning and Content«, in: Edward N. Zalta (Hg.): *The Stanford Encyclopedia of Philosophy (Fall 2020 Edition)*. ⟨https://plato.stanford.edu/archives/fall2020/entries/meaning-normativity/⟩, letzter Aufruf am 22. November 2021.
Goldberg, Sanford, »Defending Philosophy in the Face of Systematic Disagreement«, in: Diego E. Machuca (Hg.): *Diasgreement and Scepticism*. Hoboken 2013, S. 277-294.
Goldman, Alvin I., »Discrimination and Perceptual Knowledge«, in: *The Journal of Philosophy* 73.20 (1976), S. 771-791.
Goldman, Alvin I., *Knowledge in a Social World*. Oxford 1999.
Goldman, Alvin I., »Williamson on Knowledge and Evidence«, in: Patrick Greenough, Duncan Pritchard (Hg.): *Williamson on Knowledge*. Oxford 2009, S. 73-91.
Gottl-Ottlilienfeld, Friedrich von, *Wirtschaft und Technik*. 2., neubearb. Aufl. Tübingen 1923.
Gouges, Olympe de, *Die Rechte der Frau*. Übersetzt von Karl Heinz Burmeister. Bern 1999 [1791].

Graeber, David, *Direkte Aktion. Ein Handbuch*. Übersetzt von Sophia Deeg. Hamburg 2013 [2009].

Graefe, Stefanie, u. a., »Rückkehr des Hauptwiderspruchs?«, in: *Prokla* 47.188 (2017), S. 411-420.

Grass, Karl Martin, Reinhart Koselleck, »Emanzipation«, in: Otto Brunner u. a. (Hg.): *Geschichtliche Grundbegriffe. Historisches Lexikon zur politisch-sozialen Sprache in Deutschland. Band 2: E–G*. Stuttgart 1975, S. 153-197.

Grasswick, Heidi E., »Individuals-in-Communities. The Search for a Feminist Model of Epistemic Subjects«, in: *Hypatia* 19.3 (2004), S. 85-120.

Gregg, Melissa, Gregory J. Seigworth, »An Inventory of Shimmers«, in: Melissa Gregg, Gregory J. Seigworth (Hg.): *The Affect Theory Reader*. Durham, London 2010, S. 1-25.

Greimann, Dirk, »Did Frege Really Consider Truth as an Object?«, in: *Grazer Philosophische Studien* 75 (2007), S. 125-148.

Greve, Jens, »Heideggers Wahrheitskonzeption in *Sein und Zeit*. Die Interpretationen von Ernst Tugendhat und Carl Friedrich Gethmann«, in: *Zeitschrift für Philosophische Forschung* 54.2 (2000), S. 256-273.

Greve, Jens, Annette Schnabel (Hg.), *Emergenz. Zur Analyse und Erklärung komplexer Strukturen*. Berlin 2011.

Grönert, Peter, »Brandom's Solution to the Objectivity Problem«, in: Pirmin Stekeler-Weithofer (Hg.): *The Pragmatics of Making it Explicit*. Amsterdam, Philadelphia 2008, S. 147-161.

Grover, Dorothy L., u. a., »A Prosentential Theory of Truth«, in: *Philosophical Studies* 27.2 (1975), S. 73-125.

Grundmann, Thomas, »Doubts about Philosophy? The Alleged Challenge from Disagreement«, in: Tim Henning, David P. Schweikard (Hg.): *Knowledge, Virtue, and Action*. New York, London 2013, S. 72-98.

Grundmann, Thomas, *Analytische Einführung in die Erkenntnistheorie*. 2., überarbeitete und erweiterte Aufl. Berlin 2017 [2008].

Günther, Klaus, »Communicative Freedom, Communicative Power, and Jurisgenesis«, in: *Cardozo Law Review* 17.4/5 (1996), S. 1035-1058.

Guthoff, Heike, *Kritik des Habitus. Zur Intersektion von Kollektivität und Geschlecht in der akademischen Philosophie*. Bielefeld 2013.

Guthrie, W. K. C., *The Sophists*. Cambridge 1971 [1969].

Guttandin, Friedhelm, *Genese und Kritik des Subjektbegriffs. Zur Selbstthematisierung der Menschen als Subjekte*. Marburg 1980.

Gutting, Gary, »Can Philosophical Beliefs Be Rationally Justified?«, in: *American Philosophical Quarterly* 19.4 (1982), S. 315-330.

Gutting, Gary, *Michel Foucault's Archaeology of Scientific Reason*. Cambridge 1989.

Habermas, Jürgen, »Bemerkungen zur Entwicklungsgeschichte des Horkheimerschen Werkes«, in: Alfred Schmidt, Norbert Altwicker (Hg.): *Max Horkheimer heute: Werk und Wirkung*. Frankfurt/M. 1986, S. 163-179.

Habermas, Jürgen, *Theorie des kommunikativen Handelns. Band I: Handlungsrationalität und gesellschaftliche Rationalisierung*. Frankfurt/M. 1992 [1981].

Habermas, Jürgen, »Versöhnung durch öffentlichen Vernunftgebrauch«, in: ders.: *Die Einbeziehung des Anderen. Studien zur politischen Theorie*. Frankfurt/M. 1996, S. 65-94.

Habermas, Jürgen, »›Vernünftig‹ versus ›wahr‹ – oder die Moral der Weltbilder«, in: ders.: *Die Einbeziehung des Anderen. Studien zur politischen Theorie*. Frankfurt/M. 1996, S. 95-127.

Habermas, Jürgen, *Kommunikatives Handeln und detranszendentalisierte Vernunft*. Stuttgart 2001.

Habermas, Jürgen, »Einleitung: Realismus nach der sprachpragmatischen Wende«, in: ders.: *Wahrheit und Rechtfertigung. Philosophische Aufsätze. Erweiterte Ausgabe*. Frankfurt/M. 2004, S. 7-56.

Habermas, Jürgen, »Hermeneutische und analytische Philosophie. Zwei komplementäre Spielarten der linguistischen Wende«, in: ders.: *Wahrheit und Rechtfertigung. Philosophische Aufsätze. Erweiterte Ausgabe*. Frankfurt/M. 2004, S. 65-101.

Habermas, Jürgen, *Der philosophische Diskurs der Moderne. Zwölf Vorlesungen*. Frankfurt/M. 2004 [1985].

Habermas, Jürgen, »Von Kant zu Hegel. Zu Robert Brandoms Sprachpragmatik«, in: ders.: *Wahrheit und Rechtfertigung. Philosophische Aufsätze. Erweiterte Ausgabe*. Frankfurt/M. 2004, S. 138-185.

Habermas, Jürgen, »Zu Richard Rortys pragmatischer Wende«, in: ders.: *Wahrheit und Rechtfertigung. Philosophische Aufsätze. Erweiterte Ausgabe*. Frankfurt/M. 2004, S. 230-270.

Habermas, Jürgen, »Einleitung«, in: ders.: *Philosophische Texte*, Band 2: Rationalitäts- und Sprachtheorie. Frankfurt/M. 2009, S. 9-28.

Habermas, Jürgen, »Wahrheitstheorien«, in: ders.: *Philosophische Texte*, Band 2: Rationalitäts- und Sprachtheorie. Frankfurt/M. 2009 [1973], S. 208-269.

Habermas, Jürgen, *Im Sog der Technokratie. Kleine politische Schriften XII*. Berlin 2013.

Habgood-Coote, Joshua, »Stop Talking about Fake News!«, in: *Inquiry* 62.9/10 (2018), S. 1033-1065.

Hacking, Ian, »A Leibnizian Theory of Truth«, in: Michael Hooker (Hg.): *Leibniz. Critical and Interpretive Essays*. Minneapolis 1982, S. 185-195.

Hacking, Ian, *Einführung in die Philosophie der Naturwissenschaften*. Stuttgart 1996 [1983].

Hacking, Ian, *Multiple Persönlichkeit. Zur Geschichte der Seele in der Moderne*. Übersetzt von Max Looser. Frankfurt/M. 2001 [1995].

Hacking, Ian, »Indeterminacy in the Past. On the Recent Discussion of Chapter 17 of Rewriting the Soul«, in: *History of the Human Sciences* 16.2 (2003), S. 117-124.

Hacking, Ian, »Michel Foucaults unreife Wissenschaft«, in: ders.: *Historische Ontologie*. Zürich 2006 [1986], S. 105-118.

Haddock, Adrian, Fiona MacPherson, »Introduction: Varieties of Disjunctivism«, in: Adrian Haddock, Fiona MacPherson (Hg.): *Disjunctivism. Perception, Action, Knowledge*. Oxford 2008, S. 1-24.

Hadot, Pierre, *Philosophie als Lebensform. Antike und moderne Exerzitien der Weisheit*. Übersetzt von Ilsetraut Hadot, Christiane Marsch. Frankfurt/M. 2005 [1981].

Hallward, Peter, *Badiou. A Subject to Truth. With a Foreword by Slavoj Žižek*. Minneapolis 2005.

Hampe, Michael, *Die Lehren der Philosophie. Eine Kritik*. Berlin 2014.

Hannan, Jason, »Trolling Ourselves to Death? Social Media and Post-Truth Politics«, in: *European Journal of Communication* 33.2 (2018), S. 214-226.

Hansson, Sven Ove, »Logic of Belief Revision«, in: Edward N. Zalta (Hg.): *The Stanford Encyclopedia of Philosophy (Winter 2017 Edition)*. ⟨http://plato.stanford.edu/archives/sum2016/entries/logic-belief-revision/⟩, letzter Aufruf am 23. Oktober 2021.

Haraway, Donna J., »Situiertes Wissen«, in: dies.: *Die Neuerfindung der Natur. Primaten, Cyborgs und Frauen*. Frankfurt/M., New York 1995 [1988], S. 73-97.

Haraway, Donna J., *When Species Meet*. Minneapolis, London 2008.

Haraway, Donna J., *Unruhig bleiben. Die Verwandtschaft der Arten im Chthuluzän*. Übersetzt von Karin Harrasser. Frankfurt/M., New York 2018 [2016].

Haraway, Donna J., *Modest_Witness@Second_Millennium. FemaleMan© meets OncoMouse™. Feminism and Technoscience*. New York 2018 [1997].

Harding, Sandra, »How Standpoint Methodology Informs Philosophy of Social Science«, in: Stephen P. Turner, Paul A. Roth (Hg.): *The Blackwell Guide to the Philosophy of the Social Sciences*. Malden/MA 2003, S. 291-310.

Harding, Sandra, »Standpoint Theories: Productively Controversial«, in: *Hypatia* 24.4 (2009), S. 192-200.

Harding, Sandra (Hg.), *The Feminist Standpoint Theory Reader. Intellectual and Political Controversies*. New York, London 2004 [1996].

Harding, Sandra G., *Das Geschlecht des Wissens. Frauen denken die Wissenschaft neu*. Übersetzt von Helga Kelle. Frankfurt/M., New York 1994 [1991].

Hardy, Jörg, *Platons Theorie des Wissens im ›Theaitet‹*. Göttingen 2001.
Hark, Sabine, »Was ist und wozu Kritik? Über Möglichkeiten und Grenzen feministischer Kritik heute«, in: *Feministische Studien* 29.1 (2009), S. 22-35.
Hark, Sabine, Paula-Irene Villa (Hg.), *Anti-Genderismus. Sexualität und Geschlecht als Schauplätze aktueller politischer Auseinandersetzungen*. Bielefeld 2015.
Hartmann, Michael, »Klassenkampf von oben. Die gezielte soziale Desintegration« *Deutsche Zustände*, Band 9. Berlin 2010, S. 267-277.
Haslanger, Sally, »Changing the Ideology and Culture of Philosophy: Not by Reason (Alone)«, in: *Hypatia* 23.2 (2008), S. 210-223.
Haslanger, Sally, *Resisting Reality. Social Construction and Social Critique*. Oxford 2012.
Hattiangadi, Anandi, »Is Meaning Normative?«, in: *Mind & Language* 21.2 (2006), S. 220-240.
Hazlett, Allan, »The Myth of Factive Verbs«, in: *Philosophy and Phenomenological Research* 80.3 (2010), S. 497-522.
Hazlett, Allan, »Factive Presupposition and the Truth Condition on Knowledge«, in: *Acta Analytica* 27.4 (2012), S. 461-478.
Hegel, Georg Wilhelm Friedrich, *Vorlesungen über die Geschichte der Philosophie I*, Werke, Band 18. Hg. von Eva Moldenhauer, Karl Markus Michel. Frankfurt/M. 1975 [1833].
Hegel, Georg Wilhelm Friedrich, *Grundlinien der Philosophie des Rechts oder Naturrecht und Staatswissenschaft im Grundrisse. Mit Hegels eigenhändigen Notizen und den mündlichen Zusätzen*, Werke, Band 7. Hg. von Eva Moldenhauer, Karl Markus Michel. Frankfurt/M. 2010 [1821].
Heidegger, Martin, *Sein und Zeit*. Tübingen 1963 [1927].
Heidegger, Martin, *Vom Wesen der Wahrheit. Zu Platons Höhlengleichnis und Theätet*, Gesamtausgabe, Band 34. Hg. von Hermann Mörchen. Frankfurt/M. 1988.
Heidegger, Martin, *Parmenides*, Gesamtausgabe, Band 54. Hg. von Manfred S. Frings. Frankfurt/M. 1992.
Heise, Arne, u. a., *Das Ende der Heterodoxie? Die Entwicklung der Wirtschaftswissenschaften in Deutschland*. Wiesbaden 2017.
Heitsch, Ernst, *Apologie des Sokrates*, Platon. Werke. Übersetzung und Kommentar, Band I.2. Hg. von Ernst Heitsch, Carl Werner Müller. Göttingen 2002.
Hendricks, Vincent F., Mads Vestergaard, »Verlorene Wirklichkeit? An der Schwelle zur postfaktischen Demokratie«, in: *Aus Politik und Zeitgeschichte* 67.13 (2017), S. 4-10.
Hendricks, Vincent F., Mads Vestergaard, *Postfaktisch. Die neue Wirklich-*

*keit in Zeiten von Bullshit, Fake News und Verschwörungstheorien*. Übersetzt von Thomas Borchert. München 2017.

Herrmann, Ulrich, »Emanzipation. Materialien zur Geschichte eines politisch-sozialen und politisch-pädagogischen Begriffs der Neuzeit, vornehmlich im 19. Jahrhundert«, in: *Archiv für Begriffsgeschichte* 18 (1974), S. 85-143.

Hesse, Mary B., »Max Jammer: *Concepts of Force* (Review)«, in: *The British Journal for the Philosophy of Science* 10.37 (1959), S. 69-73.

Hesse, Mary B., *Forces and Fields. The Concept of Action at a Distance in the History of Physics*. Mineola/NY 1962.

Hetherington, Stephen, *Knowledge and the Gettier Problem*. Cambridge 2016.

Hetherington, Stephen, *What is Epistemology?* Cambridge 2019.

Hetherington, Stephen (Hg.), *The Gettier Problem*. Cambridge 2018.

Hetzel, Andreas, »Zum Vorrang der Praxis. Berührungspunkte zwischen Pragmatismus und kritischer Theorie«, in: Andreas Hetzel u. a. (Hg.): *Pragmatismus – Philosophie der Zukunft?* Weilerswist 2008, S. 17-57.

Hetzel, Andreas, u. a., »Vorwort der Herausgeber«, in: Andreas Hetzel u. a. (Hg.): *Pragmatismus – Philosophie der Zukunft?* Weilerswist 2008, S. 7-14.

Hillebrandt, Frank, *Soziologische Praxistheorien. Eine Einführung*. Wiesbaden 2014.

Hobbes, Thomas, *Leviathan oder Stoff, Form und Gewalt eines kirchlichen und bürgerlichen Staates*. Übersetzt von Walter Euchner. Hg. von Iring Fetscher. Frankfurt/M. 2006 [1651].

Hofmann, Hasso, »Norm I«, in: Joachim Ritter u. a. (Hg.): *Historisches Wörterbuch der Philosophie*, Band 6: Mo–O. Darmstadt 1984, S. 906-910.

Hogh, Philip, *Kommunikation und Ausdruck. Sprachphilosophie nach Adorno*. Weilerswist 2015.

Hohle, Randolph, *Racism in the Neoliberal Era. A Meta History of Elite White Power*. New York 2018.

Homer, *Ilias. Griechisch-deutsch, mit Urtext, Anhang und Registern*. Übersetzt von Hans Rupe. Berlin 2013.

Honneth, Axel, »Foucault und Adorno. Zwei Formen einer Kritik der Moderne«, in: ders.: *Die zerrissene Welt des Sozialen. Sozialphilosophsche Aufsätze*. Frankfurt/M. 1990 [1986], S. 73-92.

Honneth, Axel, »Über die Möglichkeit einer erschließenden Kritik. Die ›Dialektik der Aufklärung‹ im Horizont gegenwärtiger Debatten über Sozialkritik«, in: ders.: *Das Andere der Gerechtigkeit. Aufsätze zur praktischen Philosophie*. Frankfurt/M. 2000, S. 70-87.

Honneth, Axel, »Rekonstruktive Gesellschaftskritik unter genealogischen Vorbehalten. Zur Idee der ›Kritik‹ in der Frankfurter Schule«, in: *Deutsche Zeitschrift für Philosophie* 48.5 (2000), S. 729-737.

Honneth, Axel, »Eine soziale Pathologie der Vernunft. Zur intellektuellen Erbschaft der Kritischen Theorie«, in: ders.: *Pathologien der Vernunft. Geschichte und Gegenwart der Kritischen Theorie*. Frankfurt/M. 2007, S. 28-56.

Honneth, Axel, »Das Gewebe der Gerechtigkeit. Über die Grenzen des zeitgenössischen Prozeduralismus«, in: Axel Honneth (Hg.): *Das Ich im Wir. Studien zur Anerkennungstheorie*. Berlin 2010 [2008], S. 51-77.

Honneth, Axel, *Das Recht der Freiheit. Grundriß einer demokratischen Sittlichkeit*. Berlin 2011.

Honneth, Axel, »Gibt es ein emanzipatorisches Erkenntnisinteresse? Versuch der Beantwortung einer Schlüsselfrage kritischer Theorie«, in: ders.: *Die Armut unserer Freiheit. Aufsätze 2012–2019*. Berlin 2020 [2017], S. 290–319.

Hopkin, Jonathan, Ben Rosamond, »Post-Truth Politics, Bullshit and Bad Ideas. ›Deficit Fetishism‹ in the UK«, in: *New Political Economy* (2017), S. 1-15.

Hoppe, Katharina, *Die Kraft der Revision. Epistemologie, Politik und Ethik bei Donna Haraway*. Frankfurt/M., New York 2021.

Horkheimer, Max, *Nachgelassene Schriften 1931-1949*, Gesammelte Schriften, Band 12. Hg. von Gunzelin Schmid Noerr, Alfred Schmidt. Frankfurt/M. 1985.

Horkheimer, Max, *Zur Kritik der instrumentellen Vernunft*, Gesammelte Schriften, Band 6. Hg. von ders., Frankfurt/M. 1988 [1947].

Horkheimer, Max, »Zum Problem der Wahrheit«, in: ders.: *Gesammelte Schriften*, Band 3. Hg. von Alfred Schmidt. Frankfurt/M. 1988 [1935], S. 277-325.

Horkheimer, Max, »Nachtrag«, in: ders.: *Gesammelte Schriften*, Band 4. Hg. von Alfred Schmidt. Frankfurt/M. 2009 [1937], S. 217-225.

Horkheimer, Max, Theodor W. Adorno, *Dialektik der Aufklärung. Philosophische Fragmente*. Frankfurt/M. 2012 [1947].

Hubig, Christoph, *Technikphilosophie als Reflexion der Medialität*, Die Kunst des Möglichen. Grundlinien einer dialektischen Philosophie der Technik, Band I. Bielefeld 2006.

Hui, Allison, u. a. (Hg.), *The Nexus of Practice. Connections, Constellations, Practitioners*. London, New York 2017.

Humphreys, Paul, *Emergence. A Philosophical Account*. Oxford 2016.

Husserl, Edmund, *Logische Untersuchungen. Band 1: Prolegomena zur reinen Logik*, Husserliana, Band 18. Hg. von Elmar Holenstein. Den Haag 1975 [1900].

Hutchison, Katrina, Fiona Jenkins (Hg.), *Women in Philosophy. What Needs to Change?* Oxford 2013.

Ijsseling, Samuel, *Rhetorik und Philosophie. Eine historisch-systematische Einführung*. Übersetzt von Michael Astroh. Stuttgart-Bad Cannstatt 1988.
Irlenborn, Bernd, *Relativismus*. Berlin 2016.
Iser, Mattias, »Gesellschaftskritik«, in: Gerhard Göhler u. a. (Hg.): *Politische Theorie. 25 umkämpfte Begriffe zur Einführung*. Wiesbaden 2012 [2004], S. 142-157.

Jacques, Peter J., u. a., »The Organisation of Denial. Conservative Think Tanks and Environmental Scepticism«, in: *Environmental Politics* 17.3 (2008), S. 349-385.
Jacquette, Dale, »Measure for Measure? Wittgenstein on Language-Game Criteria and the Paris Standard Metre Bar«, in: Arif Ahmed (Hg.): *Wittgenstein's Philosophical Investigations. A Critical Guide*. Cambridge 2010, S. 49-65.
Jaeger, Werner, *Paideia. Die Formung des griechischen Menschen*. Berlin 1947.
Jaeggi, Rahel, *Kritik von Lebensformen*. Berlin 2013.
Jaeggi, Rahel, Tilo Wesche (Hg.), *Was ist Kritik?* Frankfurt/M. 2009.
Jaggar, Alison M., *Feminist Politics and Human Nature*. Lanham/MD 1983.
Jammer, Max, *Concepts of Force. A Study in the Foundations of Dynamics*. Mineola/NY 1999 [1957].
Jaster, Romy, David Lanius, *Die Wahrheit schafft sich ab. Wie Fake News Politik machen*. Stuttgart 2019.
Jessop, Bob, »The Organic Crisis of the British State. Putting Brexit in its Place«, in: *Globalizations* 14.1 (2016), S. 133-141.
Jonch-Clausen, Karin, Klemens Kappel, »Social Epistemic Liberalism and the Problem of Deep Epistemic Disagreements«, in: *Ethical Theory and Moral Practice* 18.2 (2015), S. 371-384.

Kahn, Charles H., *Plato and the Socratic Dialogue. The Philosophical Use of a Literary Form*. Cambridge 1996.
Kahn, Charles H., *Plato and the Post-Socratic Dialogue. The Return to the Philosophy of Nature*. Cambridge 2013.
Kamecke, Gernot, »Die ontologische Wahrheit der Revolution. Politik bei Alain Badiou«, in: Ulrich Bröckling, Robert Feustel (Hg.): *Das Politische denken. Zeitgenössische Positionen*. Bielefeld 2010, S. 159-180.
Kaminski, Andreas, *Technik als Erwartung. Grundzüge einer allgemeinen Technikphilosophie*. Bielefeld 2010.
Kant, Immanuel, »Lose Blätter zu den Fortschritten der Metaphysik«, in: ders.: *Kants Gesammelte Schriften*, Band XX. Hg. von Preußische Akademie der Wissenschaften. Berlin 1902, S. 333-351.
Kant, Immanuel, *Kritik der reinen Vernunft*. Hg. von Jens Timmermann. Hamburg 1998 [1781].

Kant, Immanuel, »Was heißt: sich im Denken orientieren?«, in: Wilhelm Weischedel (Hg.): *Werkausgabe Band V*. Frankfurt/M. 2006 [1784], S. 267-283.

Kant, Immanuel, »Zum ewigen Frieden. Ein philosophischer Entwurf« *Werkausgabe*, Band IX. Hg. von Wilhelm Weischedel. Frankfurt/M. 2006 [1795], S. 191-251.

Kant, Immanuel, »Beantwortung einer Frage: Was ist Aufklärung?«, in: ders.: *Werkausgabe*, Band IX. Hg. von Wilhelm Weischedel. Frankfurt/M. 2006 [1784], S. 51-61.

Kaulbach, Friedrich, »Weltorientierung, Weltkenntnis und pragmatische Vernunft bei Kant«, in: Friedrich Kaulbach, Joachim Ritter (Hg.): *Kritik und Metaphysik. Heinz Heimsoeth zum achtzigsten Geburtstag*. Berlin 1966, S. 60-75.

Keenan, Thomas, *Fables of Responsibility. Aberrations and Predicaments in Ethics and Politics*. Stanford 1997.

Kellner, Douglas, »Donald Trump and the Politics of Lying«, in: Michael A. Peters u. a. (Hg.): *Post-Truth, Fake News. Viral Modernity & Higher Education*. Singapore 2018, S. 89-100.

Kelly, Mark G. E., *For Foucault. Against Normative Political Theory*. New York 2018.

Kelly, Michael (Hg.), *Critique and Power. Recasting the Foucault/Habermas Debate*. Cambridge/MA, London 1994.

Kemmerling, Andreas, »Frege und die Redundanztheorie der Wahrheit«, in: Dirk Greimann (Hg.): *Das Wahre und das Falsche. Studien zu Freges Auffassung von Wahrheit*. Hildesheim, Zürich 2003, S. 29-38.

Kern, Andrea, »Knowledge as a Fallible Capacity«, in: Stefan Tolksdorf (Hg.): *Conceptions of Knowledge*. Berlin, Boston 2012 [1999], S. 215-241.

Kern, Andrea, »Objektivität und Irrtum. Über die Möglichkeit und Wirklichkeit von Erkenntnis«, in: Markus Gabriel (Hg.): *Der Neue Realismus*. Berlin 2014, S. 200-229.

Kertscher, Jens, »Erkenntnis als natürlicher Prozess. Natur, Mittel und Wissen«, in: Michael Hampe (Hg.): *John Dewey: Erfahrung und Natur*. Berlin 2017, S. 65-79.

Keyes, Ralph, *The Post-Truth Era. Dishonesty and Deception in Contemporary Life*. New York 2004.

Kieser, Alfred, »Unternehmen Wissenschaft?«, in: *Leviathan* 38.3 (2010), S. 347-367.

Kim, Jaegwon, »›Downward Causation‹ in Emergentism and Non-Reductive Physicalism«, in: Ansgar Beckermann u. a. (Hg.): *Emergence or Reduction? Essays on the Prospects of Nonreductive Physicalism*. Berlin 1992, S. 119-138.

Kim, Jaegwon, »Making Sense of Emergence«, in: *Philosophical Studies: An International Journal for Philosophy in the Analytic Tradition* 95.1/2 (1999), S. 3-36.

Klonschinski, Andrea, »Frauen in der akademischen Philosophie in Deutschland. Eine Bestandsaufnahme«, in: *Zeitschrift für Philosophische Forschung* 74.4 (2020), S. 593-616.

Knab, Rainer, *Platons Siebter Brief. Einleitung, Text, Übersetzung, Kommentar*. Hildesheim 2006.

Knapp, Gudrun-Axeli, *Soziale Verortung der Geschlechter*, Gesellschaftstheorie und feministische Kritik. Münster 2009 [2001].

Koch, Insa, »What's in a Vote? Brexit Beyond Culture Wars«, in: *American Ethnologist* 44.2 (2017), S. 225-230.

Kochan, Jeff, »Getting Real with Rouse and Heidegger«, in: *Perspectives on Science* 19.1 (2011), S. 81-115.

Kolmer, Petra, »Plädoyer für die nichtphilosophische Philosophiegeschichtsschreibung«, in: *Studia Philosophica* 61 (2002), S. 87–111.

Koopman, Colin, *Genealogy as Critique. Foucault and the Problems of Modernity*. Bloomington/IN 2013.

Koppelberg, Dirk, »Zum Wert des Wissens: Das Menon-Problem«, in: *Philosophiegeschichte und logische Analyse* 8 (2005), S. 46-56.

Kopperschmidt, Josef, »Das Ende der Verleumdung. Einleitende Anmerkungen zur Wirkungsgeschichte der Rhetorik«, in: Josef Kopperschmidt (Hg.): *Rhetorik*, Band 2: Wirkungsgeschichte der Rhetorik. Darmstadt 1991, S. 1-33.

Kopperschmidt, Josef, Helmut Schanze (Hg.), *Nietzsche oder ›Die Sprache ist Rhetorik‹*. München 1994.

Kornblith, Hilary, »Naturalism and Intuitions«, in: *Grazer Philosophische Studien* 74 (2007), S. 27-49.

Kornblith, Hilary, »Is Philosophical Knowledge Possible?«, in: Christoph Jäger, Winfried Löffler (Hg.): *Epistemology. Contexts, Values, Disagreement*. Frankfurt/M., Paris, Lancaster, New Brunswick 2012, S. 285-304.

Kourany, Janet A., »The Place of Standpoint Theory in Feminist Science Studies«, in: *Hypatia* 24.4 (2009), S. 209-218.

Krämer, Hans, »Zur aktuellen Diskussion um den Philosophiebegriff Platons«, in: *Perspektiven der Philosophie* 16 (1990), S. 85-107.

Krämer, Hans, »Zwischenbilanz der Tübinger Platon-Forschung«, in: ders.: *Gesammelte Aufsätze zu Platon*. Berlin 2014, S. 220-235.

Krämer, Sybille, »Tatsachenwahrheiten und Vernunftwahrheiten (§§ 28-37)«, in: Hubertus Busche (Hg.): *Gottfried Wilhelm Leibniz: Monadologie*, Band 2009. Berlin 2009, S. 95-111.

Krasmann, Susanne, »Secrecy and the Force of Truth. Countering Post-Truth Regimes«, in: *Cultural Studies* 33.4 (2019), S. 690-710.

Kraut, Richard, »Return to the Cave. Republic 519-521«, in: *Proceedings of the Boston Area Colloquium in Ancient Philosophy* 7 (1991), S. 43-62.

Kreis, Guido, »Das richtige Leben. Stifter als Antwort auf Adorno«, in: *Deutsche Vierteljahrsschrift für Literaturwissenschaft und Geistesgeschichte* 78.1 (2004), S. 55-94.

Kreis, Guido, »›Nichtidentität‹ als Reflexionskategorie. Zum systematischen Zentrum der Negativen Dialektik«, in: Marc Nicolas Sommer, Mario Schärli (Hg.): *Das Ärgernis der Philosophie. Metaphysik in Adornos Negativer Dialektik*. Tübingen 2019, S. 13-47.

Kripke, Saul A., *Name und Notwendigkeit*. Übersetzt von Ursula Wolf. Frankfurt/M. 2005 [1972].

Krüger, Lorenz, »Why Do We Study the History of Philosophy?«, in: Richard Rorty u. a. (Hg.): *Philosophy in History. Essays on the Historiography of Philosophy*. Cambridge 1984, S. 77-101.

Kube, Jörg, *Technē und aretē. Sophistisches und platonisches Tugendwissen*. Berlin 1969.

Kuhn, Thomas S., »Logik der Forschung oder Psychologie der wissenschaftlichen Arbeit?«, in: Imre Lakatos, Alan Musgrave (Hg.): *Kritik und Erkenntnisfortschritt*. Braunschweig 1974 [1970], S. 1-24.

Kuhn, Thomas S., *Die Struktur wissenschaftlicher Revolutionen*. 2., revidierte und um das Postskriptum von 1969 ergänzte Aufl. Frankfurt/M. 1991 [1962].

Künne, Wolfgang, *Conceptions of Truth*. Oxford 2005 [2003].

Kusch, Martin, *Psychologism. A Case Study in the Sociology of Philosophical Knowledge*. London 1995.

Kusch, Martin, *Knowledge by Agreement. The Programme of Communitarian Epistemology*. Oxford 2002.

Kusch, Martin, »Testimony and the Value of Knowledge«, in: Adrian Haddock u. a. (Hg.): *Epistemic Value*. Oxford 2009, S. 60-94.

Kusch, Martin, »Social Epistemology«, in: Sven Bernecker, Duncan Pritchard (Hg.): *The Routledge Companion to Epistemology*. New York 2011, S. 873-884.

Kusch, Martin, »Epistemischer Relativismus«, in: Martin Grajner, Guido Melchior (Hg.): *Handbuch Erkenntnistheorie*. Stuttgart, Weimar 2019, S. 338-344.

Kusch, Martin (Hg.), *The Sociology of Philosophical Knowledge*. Dordrecht 2000.

Kvanvig, Jonathan L., *The Intellectual Virtues and the Life of the Mind. On the Place of the Virtues in Epistemology*. Savage/MD 1992.

Kvanvig, Jonathan L., *The Value of Knowledge and the Pursuit of Understanding*. Cambridge 2003.

Lacoue-Labarthe, Philippe, »Der Umweg«, in: Werner Hamacher (Hg.): *Nietzsche aus Frankreich*. Frankfurt/M. 1986 [1971], S. 75-110.

Laden, Anthony S., »The House That Jack Built. Thirty Years of Reading Rawls«, in: *Ethics* 113.2 (2003), S. 367-390.

Laden, Anthony S., »Constructivism as Rhetoric«, in: Jon Mandle, David A. Reidy (Hg.): *A Companion to Rawls*. Malden/MA 2010, S. 59-72.

Lærke, Mogens, u. a. (Hg.), *Philosophy and Its History. Aims and Methods in the Study of Early Modern Philosophy*. Oxford 2013.

Lafont, Cristina, »Ist Objektivität perspektivisch? Ein Vergleich zwischen Brandoms und Habermas' Konzeption von Objektivität«, in: Lutz Wingert, Klaus Günther (Hg.): *Die Öffentlichkeit der Vernunft und die Vernunft der Öffentlichkeit. Festschrift für Jürgen Habermas*. Frankfurt/M. 2001, S. 192-216.

Landemore, Hélène, *Democratic Reason. Politics, Collective Intelligence, and the Rule of the Many*. Princeton/NJ 2013.

Landemore, Hélène, »Beyond the Fact of Disagreement? The Epistemic Turn in Deliberative Democracy«, in: *Social Epistemology* 31.3 (2017), S. 277-295.

Latour, Bruno, »Give Me a Laboratory and I Will Raise the World«, in: Karin Knorr-Cetina, Michael Mulkay (Hg.): *Science Observed. Perspectives on the Social Study of Science*. London 1983, S. 141-170.

Latour, Bruno, *Science in Action. How to Follow Scientists and Engineers Through Society*. Milton Keynes 1987.

Latour, Bruno, *Die Hoffnung der Pandora. Untersuchungen zur Wirklichkeit der Wissenschaft*. Frankfurt/M. 2002 [1999].

Latour, Bruno, Steve Woolgar, *Laboratory Life. The Construction of Scientific Facts*. Princeton 1986 [1979].

LeDœuff, Michèle, *Hipparchia's Choice. An Essay Concerning Women, Philosophy, Etc*. Oxford 1991.

Lehrer, Keith, Thomas Paxson, »Wissen: Unwiderlegt gerechtfertigte, wahre Meinung«, in: Peter Bieri (Hg.): *Analytische Philosophie der Erkenntnis*. Weinheim 1997 [1969], S. 94-107.

Leibniz, Gottfried Wilhelm, Hartmut Hecht, *Monadologie. Französisch/deutsch*. Stuttgart 2012 [1714].

Lemke, Thomas, *Foucault, Governmentality, and Critique*. Boulder, London 2012.

Lettow, Susanne, »Philosophiegeschichte als Verflechtungsgeschichte. Globalität, Naturwissen und Kants Theorie der Menschenrassen«, in: *Zeitschrift für Kritische Theorie* 30/31 (2010), S. 26-46.

Levi, Isaac, *The Enterprise of Knowledge. An Essay on Knowledge, Credal Probability, and Chance*. Cambridge/MA, London 1980.

Levitin, Daniel J., *Weaponized Lies. How to Think Critically in the Post-Truth Era*. New York/NY 2017.

Lloyd, Moya, »Towards a Cultural Politics of Vulnerability. Precarious Lives and Ungrievable Deaths«, in: Terrell Carver, Samuel A. Chambers (Hg.): *Judith Butler's Precarious Politics: Critical Encounters*. London, New York 2008, S. 92-105.

Logvinov, Michail, *Rechtsextreme Gewalt. Erklärungsansätze – Befunde – Kritik*. Wiesbaden 2017.

Loick, Daniel, *Kritik der Souveränität*. Frankfurt/M., New York 2012.

Longino, Helen E., *The Fate of Knowledge*. Princeton/NJ 2002.

Luck, Georg (Hg.), *Die Weisheit der Hunde. Texte der antiken Kyniker in deutscher Übesetzung mit Erläuterungen*. Darmstadt 2002.

Lucke, Albrecht von, »Eindringende Eiszeiten. Der neue Jargon der Verachtung«, *Deutsche Zustände*, Band 9. Berlin 2010, S. 257-266.

Luhmann, Niklas, *Die Gesellschaft der Gesellschaft*. Frankfurt/M. 1997.

Lukács, Georg, »Die Verdinglichung und das Bewußtsein des Proletariats«, in: ders.: *Geschichte und Klassenbewußtsein. Politische Aufsätze, Bd. 4*. Darmstadt, Neuwied 1978 [1923], S. 170-355.

Lukács, Georg, *Die Zerstörung der Vernunft. Der Weg des Irrationalismus von Schelling zu Hitler*. Neuwied, Berlin 1988 [1955].

Lycan, William G., »On the Gettier Problem Problem«, in: Stephen Hetherington (Hg.): *Epistemology Futures*. Oxford 2006, S. 148-168.

Lynch, Michael, »STS, Symmetry and Post-Truth«, in: *Social Studies of Sciences* 47.4 (2017), S. 593-599.

Lynch, Michael P., »Introduction: The Mystery of Truth«, in: Michael P. Lynch (Hg.): *The Nature of Truth. Classic and Contemporary Perspectives*. Cambridge/MA, London 2001, S. 1-6.

Lynch, Michael P., *Truth as One and Many*. Oxford 2009.

Lyotard, Jean-François, *Der Widerstreit*. Übersetzt von Joseph Vogl. 2., korrigierte Aufl. München 1989 [1983].

MacFarlane, John, *Assessment Sensitivity. Relative Truth and its Applications*. Oxford 2014.

Macherey, Pierre, »Für eine Naturgeschichte der Normen«, in: François Ewald, Bernhard Waldenfels (Hg.): *Spiele der Wahrheit. Michel Foucaults Denken*. Frankfurt/M. 1991, S. 171-192.

MacIntyre, Alasdair C., »Epistemological Crises, Dramatic Narrative and the Philosophy of Science«, in: *The Monist* 60.4 (1977), S. 453.

MacIntyre, Alasdair C., *Whose Justice? Which Rationality?* Notre Dame/IN 1988.

Maingueneau, Dominique, »Analysing Self-Constituting Discourses«, in: *Discourse Studies* 1.2 (1999), S. 175-199.

Mangold, Lisa, Jekaterina Markow, »Das Geschlecht der Philosophie«, in: *Deutsche Zeitschrift für Philosophie* 63.2 (2015), S. 407-414.

Manuwald, Bernd, *Protagoras*, Platon. Werke. Übersetzung und Kommentar, Band VI.2. Hg. von Ernst Heitsch, Carl Werner Müller. Göttingen 1999.

Marcano, Donna-Dale L., »Race/Gender and the Philosopher's Body«, in: Emily S. Lee (Hg.): *Living Alterities: Phenomenology, Embodiment, and Race*. Albany 2014, S. 65-78.

Marchart, Oliver, »Politik und ontologische Differenz. Zum ›streng Philosophischen‹ am Werk Ernesto Laclaus«, in: Martin Nonhoff (Hg.): *Diskurs – radikale Demokratie – Hegemonie. Zum politischen Denken von Ernesto Laclau und Chantal Mouffe*. Bielefeld 2007, S. 103-121.

Marchart, Oliver, *Die politische Differenz. Zum Denken des Politischen bei Nancy, Lefort, Badiou, Laclau und Agamben*. Berlin 2010.

Marchart, Oliver, *Das unmögliche Objekt. Eine postfundamentalistische Theorie der Gesellschaft*. Berlin 2013.

Marchart, Oliver, *Thinking Antagonism. Political Ontology After Laclau*. Edinburgh 2018.

Marcuse, Herbert, »Philosophie und Kritische Theorie«, in: ders.: *Aufsätze aus der Zeitschrift für Sozialforschung. 1934-1941*, Band 3. Frankfurt/M. 1979 [1937], S. 227-249.

Martin, Wayne M., *Theories of Judgement. Psychology, Logic, Phenomenology*. Cambridge 2005.

Marx, Karl, »Zur Judenfrage«, in: *MEW*, Band 1. Berlin 1962 [1844], S. 347-377.

Marx, Karl, »Brief an Ferdinand Lassalle (22. Februar 1858)«, in: *MEW*, Band 29. Berlin 1978 [1858], S. 549-552.

Mavelli, Luca, »Governing the Resilience of Neoliberalism Through Biopolitics«, in: *European Journal of International Relations* 23.3 (2017), S. 489-512.

McCarthy, Thomas, »The Idea of a Critical Theory and Its Relation to Philosophy«, in: Seyla Benhabib u. a. (Hg.): *On Max Horkheimer. New Perspectives*. Cambridge/MA, London 1993, S. 127-151.

McCright, Aaron M., Riley E. Dunlap, »Cool Dudes. The Denial of Climate Change Among Conservative White Males in the United States«, in: *Global Environmental Change* 21.4 (2011), S. 1163-1172.

McDowell, John, »Towards Rehabilitating Objectivity«, in: Robert Brandom (Hg.): *Rorty and His Critics*. Malden/MA 2000, S. 109-123.

McDowell, John, »The Disjunctive Conception of Experience as Material for a Transcendental Argument«, in: *Teorema* 25.1 (2006), S. 19-33.

McIntyre, Lee, *Post-Truth*. Cambridge/MA, London 2018.

McIntyre, Lee, *Wir lieben Wissenschaft. Mit einer wissenschaftlichen Grundhaltung gegen Betrug, Leugnung und Pseudowissenschaft*. Übersetzt von Alexa Waschkau. Berlin, Heidelberg 2020 [2019].

McLuhan, Marshall, *Die magischen Kanäle. ›Understanding Media‹*. Übersetzt von Meinrad Amann. Düsseldorf, Wien, New York, Moskau 1992 [1964].
McMahon, Christopher, »Rawls, Reciprocity and the Barely Reasonable«, in: *Utilitas* 26.01 (2013), S. 1-22.
McMillan, Kevin, »Under a Redescription«, in: *History of the Human Sciences* 16.2 (2003), S. 129-150.
Medina, José, *The Epistemology of Resistance. Gender and Racial Oppression, Epistemic Injustice, and Resistant Imaginations*. Oxford 2013.
Mendonca, W. P., P. Stekeler-Weithofer, »Frege – ein Platonist?«, in: *Ratio* 29 (1987), S. 96-110.
Menke, Christoph, *Kraft. Ein Grundbegriff ästhetischer Anthropologie*. Frankfurt/M. 2008.
Meschede, Dieter (Hg.), *Gerthsen Physik*. Berlin, Heidelberg 2015.
Meyer, Martin F., »Formen des Wissens in Platons *Protagoras*«, in: *Bochumer Philosophisches Jahrbuch für Antike und Mittelalter* 14 (2009), S. 57-83.
Miller, Mitchell, »Beginning the ›Longer Way‹«, in: G. R. F. Ferrari (Hg.): *The Cambridge Companion to Plato's Republic*. Cambridge 2007, S. 310-344.
Miller, Patrick Lee, »Truth, Trump, Tyranny. Plato and the Sophists in an Era of ›Alternative Facts‹«, in: Angel Jaramillo Torres, Marc Benjamin Sable (Hg.): *Trump and Political Philosophy. Leadership, Statesmanship, and Tyranny*. Cham 2018, S. 17-32.
Mills, Charles W., »›Ideal Theory‹ as Ideology«, in: *Hypatia* 20.3 (2005), S. 165-184.
Mills, Charles W., »Decolonizing Western Political Philosophy«, in: *New Political Science* 37.1 (2015), S. 1-24.
Misak, Cheryl, »Pragmatist Epistemology«, in: Sven Bernecker, Duncan Pritchard (Hg.): *The Routledge Companion to Epistemology*. New York 2011, S. 861-872.
Möllers, Christoph, *Die Möglichkeit der Normen. Über eine Praxis jenseits von Moralität und Kausalität*. Berlin 2015.
Moore, G. E., »External and Internal Relations«, in: *Proceedings of the Aristotelian Society* 20 (1919), S. 40-62.
Moulton, Janice, »The Paradigm of Philosophy: The Adversary Method«, in: Cressida J. Heyes (Hg.): *Philosophy and Gender*, Band 1: »Gender« and »Philosophy«: Contested Terms. Abingdon 2012 [1983], S. 52-65.
Müller-Lauter, Wolfgang, »Nietzsches Lehre vom Willen zur Macht«, in: *Nietzsche-Studien* 3.1 (1974), S. 1-60.
Müller, Jan-Werner, »Fake Volk? Über Wahrheit und Lüge im populistischen Sinne«, in: *Kursbuch* 189 (2017), S. 113-128.

Müller, Jan, »Begriffliches Sprechen. Zur sprachphilosophischen Grundkonstellation der frühen Kritischen Theorie«, in: Malte Völk u. a. (Hg.): *»... wenn die Stunde es zuläßt.« Zur Traditionalität und Aktualität kritischer Theorie*. Münster 2012, S. 172-202.

Münch, Richard, *Akademischer Kapitalismus. Zur politischen Ökonomie der Hochschulreform*. Berlin 2011.

Münker, Stefan, »Was ist ein Medium? Ein philosophischer Beitrag zu einer medientheoretischen Debatte«, in: Stefan Münker, Alexander Roesler (Hg.): *Was ist ein Medium?* Frankfurt/M. 2012 [2008], S. 322-337.

Münster, Daniel, »Postkoloniale Ethnologie. Vom Objekt postkolonialer Kritik zur Ethnografie der neoliberalen Globalisierung«, in: Julia Reuter, Alexandra Karentzos (Hg.): *Schlüsselwerke der Postcolonial Studies*. Wiesbaden 2012, S. 191-202.

Myers, Ella, »Presupposing Equality. The Trouble with Rancière's Axiomatic Approach«, in: *Philosophy & Social Criticism* 42.1 (2016), S. 45-69.

Nagel, Thomas, *Der Blick von nirgendwo*. Übersetzt von Michael Gebauer. Frankfurt/M. 1992 [1986].

Nassehi, Armin, *Die Rolle der Wissenschaften in der modernen Welt*, Beiträge zur Hochschulpolitik 2/2017. Berlin 2017.

Neiman, Susan, *Widerstand der Vernunft. Ein Manifest in postfaktischen Zeiten*. Salzburg 2017.

Nelson, Lynne Hankinson, *Who Knows. From Quine to a Feminist Empiricism*. Philadelphia 1990.

Niesen, Peter, »The Cautionary Use of Fakes«, in: *Behemoth. A Journal on Civilisation* 11.2 (2018), S. 38-54.

Nietzsche, Friedrich, *Nachgelassene Fragmente 1884-1885*, Kritische Studienausgabe, Band 11. Hg. von Giorgio Colli, Mazzino Montinari. Berlin, München 1988.

Nietzsche, Friedrich, »Ueber Wahrheit und Lüge im aussermoralischen Sinne«, in: ders.: *Kritische Studienausgabe*, Band 1. Hg. von Giorgio Colli, Mazzino Montinari. Berlin, München 1997, S. 873-890.

Nietzsche, Friedrich, *Also sprach Zarathustra I-IV*, Kritische Studienausgabe, Band 4. Hg. von Giorgio Colli, Mazzino Montinari. 2., durchgesehene Aufl. Berlin, München 1998 [1883].

Nietzsche, Friedrich, *Die fröhliche Wissenschaft*, Kritische Studienausgabe, Band 3. Hg. von Giorgio Colli, Mazzino Montinari. Berlin, München 2008 [1881].

Nietzsche, Friedrich, *Zur Genealogie der Moral. Eine Streitschrift*, Kritische Studienausgabe, Band 5. Hg. von Giorgio Colli, Mazzino Montinari. Berlin, München 2010 [1887].

Nigro, Roberto, *Wahrheitsregime*. Zürich, Berlin 2015.

Norris, Christopher, »Epistemology«, in: John Protevi (Hg.): *The Edinburgh Dictionary of Continental Philosophy*. Edinburgh 2005, S. 178-186.

Oakeshott, Michael, »The Voice of Poetry in the Conversation of Mankind«, in: ders.: *Rationalism in Politics and Other Essays*. London 1962 [1959], S. 197-247.

Offe, Claus, »Referendum vs. Institutionalized Deliberation. What Democratic Theorists Can Learn from the 2016 Brexit Decision«, in: *Daedalus* 146.3 (2017), S. 14-27.

Okrent, Mark, »The Truth, the Whole Truth, and Nothing but the Truth«, in: *Inquiry: An Interdisciplinary Journal of Philosophy. Dec* 36.4 (1993), S. 381-404.

Oreskes, Naomi, Erik M. Conway, *Die Machiavellis der Wissenschaft. Das Netzwerk des Leugnens*. Übersetzt von Hartmut S. Leipner, Anna-Maria Leipner. Weinheim 2014 [2011].

Outhwaite, William (Hg.), *Brexit. Sociological Responses*. London 2018.

Owen, David, »Genealogy as Examplary Critique. Reflections on Foucault and the Imagination of the Political«, in: *Economy and Society* 24.4 (1995), S. 489-506.

Owen, David, »Kritik und Gefangenschaft. Genealogie und Kritische Theorie«, in: Axel Honneth, Martin Saar (Hg.): *Michel Foucault – Zwischenbilanz einer Rezeption. Frankfurter Foucault-Konferenz 2001*. Frankfurt/M. 2003, S. 122-144.

Owen, David, »Nietzsche, Ethical Agency and the Problem of Democracy«, in: Herman W. Siemens, Vasti Roodt (Hg.): *Nietzsche, Power and Politics. Rethinking Nietzsche's Legacy for Political Thought*. Berlin, New York 2008, S. 144-167.

Oxford Dictionaries, »Word of the Year 2016 is…« 2016, ⟨https://languages.oup.com/word-of-the-year/2016/⟩, letzter Aufruf am 21. September 2021.

Paracelsus, *Astronomia magna*, Sämtliche Werke. Hg. von Karl Sudhoff. München 1929 [1538].

Paul, Laurie A., *Transformative Experience*. Oxford 2014.

Paulsen, Friedrich, *Geschichte des gelehrten Unterrichts auf den deutschen Schulen und Universitäten vom Ausgang des Mittelalters bis zur Gegenwart*. Berlin 1965 [1885].

Pearce, Warren, u. a., »Beyond Counting Climate Consensus«, in: *Environmental Communication* 11.6 (2017), S. 723-730.

Peirce, Charles S., *Über die Klarheit unserer Gedanken. Mit einem Nachwort von Edward Craig*. Übersetzt von Klaus Oehler. 4., erweiterte Aufl. Frankfurt/M. 2018.

Pels, Dick, »Strange Standpoints. Or, How to Define the Situation for Situated Knowledge«, in: *Telos* 108 (1996), S. 65-91.
Perelman, Chaim, Lucie Olbrechts-Tyteca, *Die neue Rhetorik. Eine Abhandlung über das Argumentieren*, Band 1. Übersetzt von Freyr Roland Varwig. Hg. von Josef Kopperschmidt. Stuttgart 2004.
Peters, Michael A., u. a. (Hg.), *Post-Truth, Fake News. Viral Modernity & Higher Education*. Singapore 2018.
Pieper, Josef, »Über den Philosophie-Begriff Platons«, in: Josef Pieper, Walter Weizel (Hg.): *Über den Philosophie-Begriff Platons. Die Mathematik und die physikalische Realität*. Wiesbaden 1955, S. 19-33.
Platon, *Briefe*, Sämtliche Dialoge, Band VI. Übersetzt von Otto Apelt. Hamburg 1988 [1921].
Platon, *Theätet. Griechisch – Deutsch. Kommentar von Alexander Becker*. Übersetzt von Friedrich Schleiermacher. Hg. von Alexander Becker. Frankfurt/M. 2007.
Platon, *Sämtliche Werke*. Übersetzt von Friedrich Schleiermacher. Hg. von Ursula Wolf. Reinbek bei Hamburg 2011.
Plutarch, *Große Griechen und Römer*. Übersetzt von Konrat Ziegler. München 1979.
Popper, Karl R., »Epistemology Without a Knowing Subject«, in: ders.: *Objective Knowledge. An Evolutionary Approach*. Cambridge 1994 [1968], S. 106-152.
Posselt, Gerald, »Rhetorizing Philosophy. Toward a ›Double Reading‹ of Philosophical Texts«, in: *Philosophy & Rhetoric* 52.1 (2019), S. 24-46.
Posselt, Gerald, Andreas Hetzel, »Rhetorisches Philosophieren«, in: Andreas Hetzel, Gerald Posselt (Hg.): *Handbuch Rhetorik und Philosophie*. Berlin, Boston 2017, S. 1-20.
Purtschert, Patricia, »Postkoloniale Philosophie. Die westliche Denkgeschichte gegen den Strich lesen«, in: Julia Reuter, Alexandra Karentzos (Hg.): *Schlüsselwerke der Postcolonial Studies*. Wiesbaden 2012, S. 343-354.
Purtschert, Patricia, Katrin Meyer, »Die Macht der Kategorien. Kritische Überlegungen zur Intersektionalität«, in: *Feministische Studien* 28 (2010), S. 130-142.

Raatzsch, Richard, *Philosophiephilosophie*. Stuttgart 2000.
Raffoul, François, *The Origin of Responsibility*. Bloomington, Indianapolis 2010.
Railton, Peter, »Normative Force and Normative Freedom. Hume and Kant, but not Hume versus Kant«, in: Jonathan Dancy (Hg.): *Normativity*. Oxford, Malden/MA 2000, S. 1-33.
Ramsey, Frank P., »Facts and Propositions«, in: *Proceedings of the Aristotelian Society, Supplementary Volume* VII (1927), S. 153-170.

Rancière, Jacques, *Das Unvernehmen. Politik und Philosophie*. Übersetzt von Richard Steurer. 2. Aufl. Frankfurt/M. 2007 [1995].

Rancière, Jacques, *Der unwissende Lehrmeister. Fünf Lektionen über die intellektuelle Emanzipation*. Übersetzt von Richard Steurer. Wien 2007 [1987].

Rancière, Jacques, *Die Nacht der Proletarier. Archive des Arbeitertraums*. Übersetzt von Brita Pohl. Wien 2013 [1981].

Rancière, Jacques, *Zehn Thesen zur Politik*. Übersetzt von Marc Blankenburg. Zürich, Berlin 2008 [2000].

Rancière, Jacques, *Die Aufteilung des Sinnlichen. Die Politik der Kunst und ihre Paradoxien*. Übersetzt von Maria Muhle u.a. 2., durchgesehene Aufl. Berlin 2008 [2000].

Rancière, Jacques, »The People Are Not a Brutal and Ignorant Mass«, Verso 2013, ⟨https://www.versobooks.com/blogs/1226-the-people-are-not-a-brutal-and-ignorant-mass-jacques-ranciere-on-populism⟩, letzter Aufruf am 21. September 2021.

Rancière, Jacques, »The Method of Equality. Politics and Poetics«, in: Katia Genel, Jean-Philippe Deranty (Hg.): *Recognition or Disagreement. A Critical Encounter on the Politics of Freedom, Equality, and Identity*. New York/NY 2016, S. 133-155.

Rancière, Jacques, *Aux bords du politique*. Paris 2018 [1998].

Rancière, Jacques, u. a., »›Republikanismus ist heute ein Rassismus für Intellektuelle‹«, in: *Deutsche Zeitschrift für Philosophie* 65.4 (2017), S. 727-761.

Rapp, Christof, »Rhetorik und Philosophie in Aristoteles' Rhetorik«, in: *Rhetorik* 18 (1999), S. 94-113.

Rasmussen, Joshua, *Defending the Correspondence Theory of Truth*. Cambridge 2014.

Raulet, Gérard, »Kritik der Vernunft und kritischer Gebrauch des Pessimismus«, in: Alfred Schmidt, Norbert Altwicker (Hg.): *Max Horkheimer heute: Werk und Wirkung*. Frankfurt/M. 1986, S. 31-51.

Rawls, John, *Die Idee des politischen Liberalismus. Aufsätze 1978-1989*. Übersetzt von Wilfried Hinsch. Frankfurt/M. 1992.

Rawls, John, *Das Recht der Völker. Enthält: ›Nochmals: Die Idee der öffentlichen Vernunft‹*. Übersetzt von Wilfried Hinsch. Berlin 2002 [1999].

Rawls, John, *Geschichte der politischen Philosophie*. Übersetzt von Joachim Schulte. Hg. von Samuel Freeman. Frankfurt/M. 2008 [2007].

Ray, John W., »Perelman's Universal Audience«, in: *Quarterly Journal of Speech* 64.4 (1978), S. 361-375.

Raz, Joseph, »Facing Diversity. The Case of Epistemic Abstinence«, in: *Philosophy & Public Affairs* 19.1 (1990), S. 3-46.

Reck, Erich H., »Frege on Numbers. Beyond the Platonist Picture«, in: *The Harvard Review of Philosophy* 13.2 (2005 [2000]), S. 25-40.

Reckwitz, Andreas, »Grundelemente einer Theorie sozialer Praktiken. Eine sozialtheoretische Perspektive«, in: *Zeitschrift für Soziologie* 32.4 (2003), S. 282-301.

Redecker, Eva von, »Anti-Genderismus and Right-Wing Hegemony«, in: *Radical Philosophy* 198 (2016), S. 2-7.

Redecker, Eva von, *Praxis und Revolution. Eine Sozialtheorie radikalen Wandels*. Frankfurt/M., New York 2018.

Ree, Jonathan, »Women Philosophers and the Canon«, in: *British Journal for the History of Philosophy* 10.4 (2002), S. 641-652.

Reeve, C. D. C., »The Role of *Technē* in Plato's Conception of Philosophy«, in: *Proceedings of the Boston Area Colloquium in Ancient Philosophy* 16 (2000), S. 207-222.

Reichenbach, Hans, *Erfahrung und Prognose. Eine Analyse der Grundlagen und der Struktur der Erkenntnis*, Gesammelte Werke, Band 4. Hg. von Andreas Kamlah, Maria Reichenbach. Wiesbaden 1983 [1938].

Rheinberger, Hans-Jörg, *Rekurrenzen. Texte zu Althusser*. Berlin 2014.

Ricken, Norbert, u. a. (Hg.), *Die Idee der Universität – revisited*. Wiesbaden 2014.

Ricketts, Thomas, »Logic and Truth in Frege I«, in: *Proceedings of the Aristotelian Society Supplement* 70 (1996), S. 121-140.

Rizzo, Salvatore, »President Trump's Crowd-Size Estimates: Increasingly Unbelievable«, in: *The Washington Post*, 19. November 2018, ⟨https://www.washingtonpost.com/politics/2018/11/19/president-trumps-crowd-size-estimates-increasingly-unbelievable/⟩, letzter Aufruf am 29. März 2022.

Rolin, Kristina, »The Bias Paradox in Feminist Standpoint Epistemology«, in: *Episteme* 3.1/2 (2006), S. 125-136.

Rorty, Amélie Oksenberg, »Plato's Counsel on Education«, in: *Philosophy* 73.284 (1998), S. 157-178.

Rorty, Richard, »Zur Lage der Gegenwartsphilosophie in den USA«, in: *Analyse & Kritik* 3.1 (1981), S. 3-22.

Rorty, Richard, »The Historiography of Philosophy. Four Genres«, in: Richard Rorty u. a. (Hg.): *Philosophy in History. Essays on the Historiography of Philosophy*. Cambridge 1984, S. 49-75.

Rorty, Richard, *Der Spiegel der Natur. Eine Kritik der Philosophie*. Übersetzt von Michael Gebauer. Frankfurt/M. 1984 [1979].

Rorty, Richard, *Truth, Politics and ›Post-Modernism‹*. Assen 1997.

Rorty, Richard, »Hilary Putnam und die relativistische Bedrohung«, in: ders.: *Wahrheit und Fortschritt*. Frankfurt/M. 2000 [1993], S. 63-91.

Rorty, Richard, »Pragmatismus, Davidson und der Wahrheitsbegriff«, in: Donald Davidson, Richard Rorty: *Wozu Wahrheit? Eine Debatte*. Hg. von Mike Sandbothe. Frankfurt/M. 2005 [1986], S. 76-115.

Rorty, Richard, *Philosophie als Kulturpolitik*. Übersetzt von Joachim Schulte. Frankfurt/M. 2008 [2007].

Rorty, Richard, »Philosophie als Übergangsgenre«, in: ders.: *Philosophie als Kulturpolitik*. Frankfurt/M. 2008 [2007], S. 160-185.

Rorty, Richard, »Analytische Philosophie und Philosophie des Gesprächs«, in: ders.: *Philosophie als Kulturpolitik*. Frankfurt/M. 2008 [2007], S. 211-228.

Rorty, Richard, u. a. (Hg.), *Philosophy in History. Essays on the Historiography of Philosophy*. Cambridge 1984.

Rosenberg, Jay F., »Brandom's *Making It Explicit*. A First Encounter«, in: *Philosophy and Phenomenological Research* 57.1 (1997), S. 179-187.

Röttger, Bernd, »Kritik«, in: Otto Brunner u. a. (Hg.): *Geschichtliche Grundbegriffe. Historisches Lexikon zur politisch-sozialen Sprache in Deutschland. Band 3: H–Me*. Stuttgart 1975, S. 651-675.

Rouse, Joseph, *Knowledge and Power. Toward a Political Philosophy of Science*. Ithaca 1987.

Rouse, Joseph, »Beyond Epistemic Sovereignty«, in: Peter Galison, David Stump (Hg.): *The Disunity of Science. Boundaries, Contexts, Power*. Stanford 1996, S. 398-416.

Rouse, Joseph, »Naturalism and Scientific Practices. A Concluding Scientific Postscript«, in: Chienkuo Michael Mi, Ruey-lin Chen (Hg.): *Naturalized Epistemology and Philosophy of Science*. Amsterdam 2007, S. 61-86.

Rouse, Joseph, »Practice Theory«, in: Stephen P. Turner, Mark W. Risjord (Hg.): *Philosophy of Anthropology and Sociology*. Dordrecht 2007, S. 630-681.

Rouse, Joseph, »Standpoint Theories Reconsidered«, in: *Hypatia* 24.4 (2009), S. 200-209.

Rouse, Joseph, *Articulating the World. Conceptual Understanding and the Scientific Image*. Chicago, London 2015.

Rowe, Christopher, »Philosophy and Literature. The Arguments of Plato's ›Phaedo‹«, in: *Proceedings of the Boston Area Colloquium in Ancient Philosophy* 7 (1991), S. 159-181.

Runte, Annette, »Die ›Frau ohne Eigenschaften‹ oder Niklas Luhmanns systemtheoretische Beobachtung der Geschlechterdifferenz«, in: Therese Wobbe, Gesa Lindemann (Hg.): *Denkachsen. Zur theoretischen und institutionellen Rede vom Geschlecht*. Frankfurt/M. 1994, S. 297-326.

Russell, Bertrand, »On the Nature of Truth«, in: *Proceedings of the Aristotelian Society* 7 (1906), S. 28-49.

Russell, Bertrand, »Wahrheit und Falschheit«, in: Gunnar Skirbekk (Hg.): *Wahrheitstheorien. Eine Auswahl aus den Diskussionen über Wahrheit im 20. Jahrhundert*. Frankfurt/M. 1977 [1912], S. 63-72.

Russell, Bertrand, »Dewey's New *Logic*«, in: Paul Arthur Schilpp (Hg.): *The Philosophy of John Dewey*. LaSalle, Ill. 1989 [1939], S. 137-156.

Russell, Bertrand, *An Inquiry into Meaning and Truth. The William James Lectures for 1940.* 2., rev. Aufl. London, New York 1995 [1940].
Ruth, Sheila, »Methodocracy, Misogyny, and Bad Faith. Sexism in the Philosophical Establishment«, in: *Metaphilosophy* 10.1 (1979), S. 48-61.
Rysiew, Patrick, »The Gettier Problem and the Program of Analysis«, in: Stephen Hetherington (Hg.): *The Gettier Problem.* Cambridge 2018, S. 159-176.

Saar, Martin, *Genealogie als Kritik. Geschichte und Theorie des Subjekts nach Nietzsche und Foucault.* Frankfurt/M., New York 2007.
Sager, Alex, »Methodological Nationalism, Migration and Political Theory«, in: *Political Studies* 64.1 (2014), S. 42-59.
Särkelä, Arvi, *Immanente Kritik und soziales Leben. Selbsttransformative Praxis nach Hegel und Dewey.* Frankfurt/M. 2018.
Schäfer, Hilmar (Hg.), *Praxistheorie. Ein soziologisches Forschungsprogramm.* Bielefeld 2016.
Schatzki, Theodore R., *The Site of the Social. A Philosophical Account of the Constitution of Social Life and Change.* University Park 2002.
Schatzki, Theodore R., u. a. (Hg.), *The Practice Turn in Contemporary Theory.* London, New York 2001.
Schaub, Jörg, *Gerechtigkeit als Versöhnung. John Rawls' politischer Liberalismus.* Frankfurt/M., New York 2009.
Schaub, Jörg, »Ideale und/oder nicht-ideale Theorie – oder weder noch? Ein Literaturbericht zum neuesten Methodenstreit in der politischen Philosophie«, in: *Zeitschrift für Philosophische Forschung* 64.3 (2010), S. 393-409.
Scheibenberger, Sarah, *Kommentar zu Nietzsches Ueber Wahrheit und Lüge im aussermoralischen Sinne*, Historischer und kritischer Kommentar zu Friedrich Nietzsches Werken, Band 1/3. Hg. von Heidelberger Akademie der Wissenschaften. Berlin 2016.
Scheman, Naomi, »Feminist Epistemology«, in: *Metaphilosophy* 26.3 (1995), S. 177-190.
Schmidt, Amos, *Materialismus zwischen Metaphysik und Positivismus. Max Horkheimers Frühwerk, Darstellung und Kritik.* Opladen 1993.
Schmidt, Robert, *Soziologie der Praktiken. Konzeptionelle Studien und empirische Analysen.* Berlin 2012.
Schnädelbach, Herbert, *Reflexion und Diskurs. Fragen einer Logik der Philosophie.* Frankfurt/M. 1977.
Schnädelbach, Herbert, »Dialektik als Vernunftkritik. Zur Konstruktion des Rationalen bei Adorno«, in: Ludwig von Friedeburg, Jürgen Habermas (Hg.): *Adorno-Konferenz 1983.* Frankfurt/M. 1983, S. 66-93.
Schnädelbach, Herbert, *Was Philosophen wissen und was man von ihnen lernen kann.* München 2013.

Schneider, Ulrich Johannes, *Die Vergangenheit des Geistes. Eine Archäologie der Philosophiegeschichte*. Frankfurt/M. 1990.

Schneider, Ulrich Johannes, *Philosophie und Universität. Historisierung der Vernunft im 19. Jahrhundert*. Hamburg 1999.

Schott, Robin May, »Feminism and the History of Philosophy«, in: Linda Martín Alcoff, Eva Feder Kittay (Hg.): *The Blackwell Guide to Feminist Philosophy*. Malden/MA 2007 [2003], S. 43-63.

Schram, Sanford F., »Neoliberalizing the Welfare State. Marketizing Social Policy/Disciplining Clients«, in: Damien Cahill u.a. (Hg.): *The SAGE Handbook of Neoliberalism*. London 2018, S. 308-322.

Schwartz, Maria, *Der philosophische bios bei Platon. Zur Einheit von philosophischem und gutem Leben*. Freiburg, München 2013.

Schwartzman, Lisa H., »Intuition, Thought Experiments, and Philosophical Method. Feminism and Experimental Philosophy«, in: *Journal of Social Philosophy* 43.3 (2012), S. 307-316.

Scott, Gary Alan (Hg.), *Does Socrates Have a Method? Rethinking the Elenchus in Plato's Dialogues and Beyond*. University Park, Pennsylvania 2002.

Seel, Martin, »Für einen Holismus ohne Ganzes«, in: Georg W. Bertram, Jasper Liptow (Hg.): *Holismus in der Philosophie. Ein zentrales Motiv der Gegenwartsphilosophie*. Weilerswist 2002, S. 30-40.

Seel, Martin, »Sich bestimmen lassen. Ein revidierter Begriff der Selbstbestimmung«, in: ders.: *Sich bestimmen lassen*. Frankfurt/M. 2002, S. 279-298.

Seel, Martin, »Das Potential der Sprache. Adorno – Habermas – Brandom«, in: Philip Hogh, Stefan Deines (Hg.): *Sprache und Kritische Theorie*. Frankfurt/M. 2016, S. 275-295.

Sen, Amartya, »What Do We Want from a Theory of Justice?«, in: *The Journal of Philosophy* 103.5 (2006), S. 215-238.

Setton, Dirk, *Unvermögen. Die Potentialität der praktischen Vernunft*. Zürich, Berlin 2012.

Sharrock, Wes, Ivan Leudar, »Indeterminacy in the Past?«, in: *History of the Human Sciences* 15.3 (2002), S. 95-115.

Shomali, Alireza, *Politics and the Criteria of Truth*. Basingstoke 2010.

Shope, Robert K., »Conditions and Analyses of Knowing«, in: Paul K. Moser (Hg.): *The Oxford Handbook of Epistemology*. Oxford 2002, S. 25-70.

Shotwell, Alexis, »Appropriate Subjects. Whiteness and the Discipline of Philosophy«, in: George Yancy (Hg.): *The Center Must Not Hold. White Women Philosophers on the Whiteness of Philosophy*. Lanham 2012, S. 110-121.

Simmel, Georg, *Grundfragen der Soziologie (Individuum und Gesellschaft)*. 4., unveränderte Aufl. Berlin, New York 1984 [1917].

Simmons, A. John, »Ideal and Nonideal Theory«, in: *Philosophy & Public Affairs* 38.1 (2010), S. 5-36.

Sinnerbrink, Robert, u. a. (Hg.), *Critique Today*. Leiden, Boston 2006.

Sismondo, Sergio, »Post-Truth?«, in: *Social Studies of Sciences* 47.1 (2017), S. 3-6.

Skinner, Quentin, »Bedeutung und Verstehen in der Ideengeschichte«, in: Martin Mulsow, Andreas Mahler (Hg.): *Die Cambridge School der politischen Ideengeschichte*. Berlin 2010 [1969], S. 21-87.

Skirke, Christian, »Tugendhat's Idea of Truth«, in: *European Journal of Philosophy* 24.4 (2016), S. 831-854.

Sky News, »Sky News Interview of Michael Gove with Faisal Islam« 2016, ⟨https://www.youtube.com/watch?v=GGgiGtJk7MA⟩, letzter Aufruf am 7. Januar 2021.

Smith, Barry, »Letter against Derrida's Honorary Degree«, in: *The Times*, 9. Mai 1992, letzter Aufruf am 9. Mai 1992.

Smith, William, »Why Tugendhat's Critique of Heidegger's Concept of Truth Remains a Critical Problem«, in: *Inquiry* 50.2 (2007), S. 156-179.

Söder, Joachim, »Zu Platons Werken«, in: Christoph Horn u. a. (Hg.): *Platon-Handbuch. Leben – Werk – Wirkung*. Stuttgart, Weimar 2009, S. 19-59.

Soentgen, Jens, Helena Bilandzic, »Die Struktur klimaskeptischer Argumente. Verschwörungstheorie als Wissenschaftskritik«, in: *GAIA – Ecological Perspectives for Science and Society* 23.1 (2014), S. 40-47.

Sorell, Tom, G. A. J. Rogers (Hg.), *Analytic Philosophy and History of Philosophy*. Oxford 2005.

Sosa, Ernest, *A Virtue Epistemology*, Apt Belief and Reflective Knowledge, Band I. Oxford 2007.

Spaemann, Robert, »Die kontroverse Natur der Philosophie«, in: ders.: *Philosophische Essays. Erweiterte Ausgabe*. Stuttgart 2012 [1983], S. 104-129.

Spinoza, Baruch de, *Ethik in geometrischer Ordnung dargestellt. Lateinisch – Deutsch*, Sämtliche Werke, Band 2. Übersetzt von Wolfgang Bartuschat. 4., durchgesehene und verbesserte Aufl. Hamburg 2015 [1677].

Stahl, Titus, *Immanente Kritik. Elemente einer Theorie sozialer Praktiken*. Frankfurt/M., New York 2013.

Stemmer, Peter, *Platons Dialektik. Die frühen und mittleren Dialoge*. Berlin, New York 1992.

Stemplowska, Zofia, »What's Ideal about Ideal Theory?«, in: *Social Theory and Practice* 34.3 (2008), S. 331-340.

Stemplowska, Zofia, Adam Swift, »Ideal and Non-Ideal Theory«, in: David M. Estlund (Hg.): *The Oxford Handbook of Political Philosophy*. Oxford 2012, S. 373-389.

Stenmark, Mikael, u. a. (Hg.), *Relativism and Post-Truth in Contemporary Society. Possibilities and Challenges*. Cham 2018.

Stephan, Achim, *Emergenz. Von der Unvorhersagbarkeit zur Selbstorganisation*. Paderborn 2005 [1999].

Streeck, Wolfgang, *Gekaufte Zeit. Die vertagte Krise des demokratischen Kapitalismus*. Berlin 2013.

Streeck, Wolfgang, »Die Wiederkehr der Verdrängten als Anfang vom Ende des neoliberalen Kapitalismus«, in: Heinrich Geiselberger (Hg.): *Die große Regression. Eine internationale Debatte über die geistige Situation der Zeit*. Berlin 2017, S. 253-273.

Streeck, Wolfgang, »Wir müssen aufstehen«, in: *Die ZEIT*, 30. August 2018, ⟨https://www.zeit.de/2018/36/sammelbewegung-aufstehen-die-linke-unterstuetzung/komplettansicht⟩, letzter Aufruf am 30. August 2018.

Strohschneider, Peter, »Wahrheit und Macht. Populistische und szientokratische Kurzschlüsse«, in: Günter Blamberger u. a. (Hg.): *Vom Umgang mit Fakten. Antworten aus Natur-, Sozial- und Geisteswissenschaften*. Paderborn 2018, S. 1-10.

Strombach, Werner, »Der Kraftbegriff«, in: *Philosophia naturalis* 8.3 (1964), S. 307-345.

Swift, Adam, »The Value of Philosophy in Nonideal Circumstances«, in: *Social Theory and Practice* 34.3 (2008), S. 363-387.

Szlezák, Thomas Alexander, »Das Höhlengleichnis (Buch VII 514a–521b und 539d–541b)«, in: Otfried Höffe (Hg.): *Platon: Politeia*. Berlin 2005, S. 205-228.

Talisse, Robert B., »Rawls on Pluralism and Stability«, in: *Critical Review* 15.1-2 (2003), S. 173-194.

Taureck, Bernhard, »Rhetorik und Philosophie im klassischen Griechenland«, in: Andreas Hetzel, Gerald Posselt (Hg.): *Handbuch Rhetorik und Philosophie*. Berlin, Boston 2017, S. 23-52.

Taylor, Charles, »Rorty in the Epistemological Tradition«, in: Alan R. Malachowski (Hg.): *Reading Rorty. Critical Responses to Philosophy and the Mirror of Nature (and Beyond)*. Oxford 1990, S. 257-275.

Temmar, Malika, »Der Text als ›Bedienungsanleitung‹. Eine philosophische Diskursanalyse der Metaphyischen Meditationen von René Descartes«, in: Johannes Angermüller u. a. (Hg.): *Diskursanalyse: Theorien, Methoden, Anwendungen*. Hamburg 2001, S. 77-83.

Tesich, Steve, »A Government of Lies«, in: *Nation* 254.1 (1992), S. 12-14.

The White House, »Remarks by President Trump and Vice President Pence at CIA Headquarters« 2017, ⟨https://trumpwhitehouse.archives.gov/briefings-statements/remarks-president-trump-vice-president-pence-cia-headquarters/⟩, letzter Aufruf am 21. September 2021.

Theunissen, Michael, *Kritische Theorie der Gesellschaft. Zwei Studien*. 2., erw. Aufl. Berlin, New York 1981 [1969].

Thompson, Michael J., *The Domestication of Critical Theory*. London 2016.
Thompson, Michael J., »Critique as the Epistemic Framework of the Critical Social Sciences«, in: Michael J. Thompson (Hg.): *The Palgrave Handbook of Critical Theory*. New York 2017, S. 231-252.
Thompson, Michael J., »Introduction: What Is Critical Theory?«, in: Michael J. Thompson (Hg.): *The Palgrave Handbook of Critical Theory*. New York 2017, S. 1-14.
Thompson, Michael J. (Hg.), *The Palgrave Handbook of Critical Theory*. New York 2017.
Toscano, Alberto, »Anti-Sociology and Its Limits«, in: Paul Bowman, Richard Stamp (Hg.): *Reading Rancière*. London, New York 2011, S. 217-237.
Trautmann, Felix, »Entgegnungen der Rede«, in: *Rhetorik* 32.1 (2013), S. 58-70.
Travis, Alan, »The Leave Campaign Made Three Key Promises – Are They Keeping Them?«, in: *The Guardian*, 27. Juni 2016, ⟨https://www.theguardian.com/politics/2016/jun/27/eu-referendum-reality-check-leave-campaign-promises⟩, letzter Aufruf am 27. Juni 2016.
Tugendhat, Ernst, *Der Wahrheitsbegriff bei Husserl und Heidegger*. Berlin 1970.
Tugendhat, Ernst, *Vorlesungen zur Einführung in die sprachanalytische Philosophie*. Frankfurt/M. 2000.
Turda, Marius, »Race, Science, and Eugenics in the Twentieth Century«, in: Alison Bashford, Philippa Levine (Hg.): *The Oxford Handbook of the History of Eugenics*. Oxford 2012, S. 62-79.
Turri, John, »Mythology of the Factive«, in: *Logos & Episteme* 2.1 (2011), S. 143-152.

Urbinati, Nadia, *Democracy Disfigured. Opinion, Truth, and the People*. Cambridge/MA 2014.

Valentini, Laura, »Ideal vs. Non-Ideal Theory. A Conceptual Map«, in: *Philosophy Compass* 7.9 (2012), S. 654-664.
van Dyk, Silke, »Krise der Faktizität? Über Wahrheit und Lüge in der Politik und die Aufgabe der Kritik«, in: *PROKLA* 47.3 (2017), S. 347-367.
Van Rensburg, Willem, »Climate Change Scepticism. A Conceptual Re-Evaluation«, in: *SAGE Open* 5.2 (2015), S. 1-13.
Vlastos, Gregory, *Socrates. Ironist and Moral Philosopher*. Cambridge 1991.
Vlastos, Gregory, »The Socratic elenchus. Method is All«, in: ders.: *Socratic Studies*. Hg. von Myles Burnyeats. Cambridge 1994, S. 1-29.
Vogel, Matthias, *Medien der Vernunft. Eine Theorie des Geistes und der Rationalität auf Grundlage einer Theorie der Medien*. Frankfurt/M. 2001.

Vogelmann, Frieder, »Foucaults *parrhesia* – Philosophie als Politik der Wahrheit«, in: Petra Gehring, Andreas Gelhard (Hg.): *Parrhesia. Foucaults letzte Vorlesungen – philosophisch, philologisch, politisch*. Zürich, Berlin 2012, S. 203-229.

Vogelmann, Frieder, »The Circle of Criminal Responsibility. Juridicism in Klaus Günther's Discourse Theory of Law«, in: *Archiv für Rechts- und Sozialphilosophie* 100.4 (2014), S. 413-428.

Vogelmann, Frieder, *Im Bann der Verantwortung*. Frankfurt/M., New York 2014.

Vogelmann, Frieder, »Kraft, Widerständigkeit, Historizität. Überlegungen zu einer Genealogie der Wahrheit«, in: *Deutsche Zeitschrift für Philosophie* 62.6 (2014), S. 1062-1086.

Vogelmann, Frieder, »Sokrates in Missouri«, in: *WestEnd. Neue Zeitschrift für Sozialforschung* 12.2 (2015), S. 123-134.

Vogelmann, Frieder, »Deliberative Bedürfnisse. Zur Natur der Diskurstheorie des Rechts«, in: Markus Abraham u. a. (Hg.): *Vorbedingungen des Rechts*. Stuttgart 2016, S. 27-42.

Vogelmann, Frieder, *Foucault lesen*, Springer Essentials. Wiesbaden 2016.

Vogelmann, Frieder, »Critique as a Practice of Prefigurative Emancipation«, in: *Distinktion* 18.2 (2017), S. 196-214.

Vogelmann, Frieder, »Biopolitics as a Critical Diagnosis«, in: Beverley Best u. a. (Hg.): *Handbook of Frankfurt School Critical Theory*, Band III: Contexts. London, Thousand Oaks, New Delhi 2018, S. 1419-1435.

Vogelmann, Frieder, »Unwissenschaftlich, unphilosophisch, unkritisch? Zeitdiagnostisches Wissen im Spiegel der Kritik«, in: Thomas Alkemeyer u. a. (Hg.): *Gegenwartsdiagnosen. Kulturelle Formen gesellschaftlicher Selbstproblematisierung in der Moderne*. Bielefeld 2019, S. 601-620.

Vogelmann, Frieder, »Keep Score and Punish. Brandom's Concept of Responsibility«, in: *Philosophy and Social Criticism* 48.8 (2020), S. 922-941.

Vogelmann, Frieder, »Critical Theory and Political Epistemology: Six Theses on Untruth in Politics«, in: *Azimuth* 16 (2020), S. 89-102.

Vogelmann, Frieder, »›Geltung‹ versus ›Leben‹, ›Normativität‹ versus ›Kraft‹. Genealogie einer philosophischen Verwerfungslinie«, in: *Allgemeine Zeitschrift für Philosophie* 46.2 (2021), S. 207-228.

Volbers, Jörg, »Wittgenstein, Dewey, and the Practical Foundation of Knowledge«, in: *European Journal of Pragmatism and American Philosophy* 4.2 (2012), S. 105-117.

Volbers, Jörg, *Die Vernunft der Erfahrung. Eine pragmatistische Kritik der Rationalität*. Hamburg 2018.

Walker, Ralph, *The Coherence Theory of Truth. Realism, Anti-Realism, Idealism*. London, New York 1989.

Walker, Ralph, »The Coherence Theory«, in: Michael P. Lynch (Hg.): *The Nature of Truth. Classic and Contemporary Perspectives*. Cambridge/MA, London 2001, S. 123-158.

Walker, Ralph, »The Coherence Theory of Truth«, in: Michael Glanzberg (Hg.): *The Oxford Handbook of Truth*. Oxford 2018, S. 219-237.

Walzer, Michael, »The United States in the World. Just Wars and Just Societies. An Interview with Michael Walzer«, in: *Imprints: Egalitarian Theory and Practice* 7.1 (2003), S. 4-19.

Wartenberg, Thomas E., *The Forms of Power. From Domination to Transformation*. Philadelphia 1990.

Washington, Haydn, John Cook, *Climate Change Denial. Heads in the Sand*. London, New York 2011.

Weber, Max, »Die protestantische Ethik und der Geist des Kapitalismus«, in: ders.: *Aufsätze zur Religionssoziologie*. Tübingen 1986 [1920], S. 17-236.

Weir, Lorna, »The Concept of Truth Regime«, in: *The Canadian Journal of Sociology* 33.2 (2008), S. 367-389.

Weiß, Johannes, »Die ›Bindungseffekte‹ kommunikativen Handelns. Einige skeptische Bemerkungen«, in: Axel Honneth, Hans Joas (Hg.): *Kommunikatives Handeln. Beiträge zu Jürgen Habermas' »Theorie des kommunikativen Handelns«. Erweiterte und aktualisierte Ausgabe*. Frankfurt/M. 2002 [1985], S. 433-454.

Welshon, Rex, »Nietzsche and Bernard Williams. Pessimism, Naturalism, and Truth«, in: Mark T. Conard (Hg.): *Nietzsche and the Philosophers*. New York, London 2017, S. 231-257.

Wenar, Leif, »Political Liberalism. An Internal Critique«, in: *Ethics* 106.1 (1995), S. 32-62.

Werning, Markus, Viviana Haase, »Kompositionalität«, in: Nikola Kompa (Hg.): *Handbuch Sprachphilosophie*. Stuttgart 2015, S. 326-333.

Wesche, Tilo, »Reflexion, Therapie, Darstellung. Formen der Kritik«, in: Rahel Jaeggi, Tilo Wesche (Hg.): *Was ist Kritik?* Frankfurt/M. 2009, S. 193-220.

Wesel, Uwe, *Geschichte des Rechts. Von den Frühformen bis zur Gegenwart*. 2., überarbeitete und erweiterte Aufl. München 2001.

Wieland, Wolfgang, *Platon und die Formen des Wissens*. Göttingen 1982.

Wiesing, Lambert, »Was sind Medien?«, in: Stefan Münker, Alexander Roesler (Hg.): *Was ist ein Medium?* Frankfurt/M. 2012 [2008], S. 235-248.

Wild, Markus, »›Hier gibt's zu unterscheiden.‹ Aber was? Und warum?«, in: *Erwägen, Wissen, Ethik* 23.4 (2012), S. 586-588.

Wilhelm, Isaac, u. a., »New Data on the Representation of Women in Philosophy Journals, 2004-2015«, in: *Philosophical Studies* 175.6 (2017), S. 1441-1464.

Williams, Bernard, *Wahrheit und Wahrhaftigkeit*. Übersetzt von Joachim Schulte. Frankfurt/M. 2003 [2002].

Williams, John, *Stoner*. Übersetzt von Bernhard Robben. München 2014 [1965].

Williams, Michael, »Do We (Epistemologists) Need A Theory of Truth?«, in: *Philosophical Topics* 14.1 (1986), S. 223-242.

Williams, Michael, *Unnatural Doubts. Epistemological Realism and the Basis of Scepticism*. Oxford 1991.

Williamson, Timothy, *Knowledge and its Limits*. Oxford 2000.

Wingert, Lutz, »Genealogie der Objektivität. Zu Robert B. Brandoms ›expressiver Vernunft‹«, in: *Deutsche Zeitschrift für Philosophie* 48.5 (2000), S. 738-761.

Wissenschaft im Dialog/Kantar, *Wissenschaftsbarometer 2020*. Berlin 2020, ⟨https://www.wissenschaft-im-dialog.de/medien/publikationen-fotos-videos/wissenschaftsbarometer-2020/⟩, letzter Aufruf am 20. August 2020.

Wittgenstein, Ludwig, *Philosophische Untersuchungen*, Werkausgabe, Band 1. Hg. von G. E. M. Anscombe u. a. Frankfurt/M. 2000 [1953].

Wittgenstein, Ludwig, *Tagebücher 1914-1916*, Werkausgabe, Band 1. Hg. von G. E. M. Anscombe u. a. Frankfurt/M. 2000 [1960].

Wittgenstein, Ludwig, *Tractatus logico-philosophicus*, Werkausgabe, Band 1. Frankfurt/M. 2000 [1921].

Wittgenstein, Ludwig, *Über Gewißheit*, Werkausgabe, Band 8. Hg. von G. E. M. Anscombe, Georg Henrik von Wright. Frankfurt/M. 2005.

Wolf, Ursula, »Übergreifender Konsens und öffentliche Vernunft«, in: Philosophische Gesellschaft Bad Homburg, Wilfried Hinsch (Hg.): *Zur Idee des politischen Liberalismus. John Rawls in der Diskussion*. Frankfurt/M. 1997, S. 52-66.

Wolf, Ursula, *Die Philosophie und die Frage nach dem guten Leben*. Reinbek bei Hamburg 1999.

Wolf, Ursula, *Die Suche nach dem guten Leben. Einführung in Platons Frühdialoge*. 2., aktualisierte Aufl. Frankfurt/M. 2013 [1996].

Wrathall, Mark, *Heidegger and Unconcealment. Truth, Language, and History*. Cambridge 2011.

Wussow, Philipp von, *Logik der Deutung. Adorno und die Philosophie*. Würzburg 2007.

Wylie, Alison, »Why Standpoint Matters«, in: Robert Figueroa, Sandra G. Harding (Hg.): *Science and Other Cultures: Issues in Philosophies of Science and Technology*. New York, London 2003, S. 26-48.

Wylie, Alison, »Feminist Philosophy of Science: Standpoint Matters«, in: *Proceedings and Addresses of the American Philosophical Association* 86.2 (2012), S. 47-76.

Young, Charles M., »The Socratic Elenchus«, in: Hugh H. Benson (Hg.): *A Companion to Plato*. Malden/MA 2006, S. 55-69.

Zagzebski, Linda, »The Inescapability of Gettier Problems«, in: *The Philosophical Quarterly* 44 (1994), S. 65-73.
Zagzebski, Linda, »What is Knowledge?«, in: John Greco, Ernest Sosa (Hg.): *The Blackwell Guide to Epistemology*. Malden/MA 1999, S. 92-116.
Zerilli, Linda M. G., »Truth and Politics«, in: *Theory & Event* 9.4 (2006).
Zerilli, Linda M. G., *Feminismus und der Abgrund der Freiheit*. Übersetzt von Bettina Engels. Wien, Berlin 2011 [2005].

# Namenregister

NF 123/1/11.21

**Rahel Jaeggi**

- Entfremdung. Zur Aktualität eines sozialphilosophischen Problems. Mit einem neuen Nachwort. stw 2185. 337 Seiten
- (zus. mit Nancy Fraser) Kapitalismus. Ein Gespräch über kritische Theorie. Herausgegeben von Brian Milstein. Aus dem Amerikanischen von Jürgen Schröder. stw 2307. 329 Seiten
- Kritik von Lebensformen. stw 1987. 451 Seiten

**Zhao Tingyang**

- Alles unter dem Himmel. Vergangenheit und Zukunft der Weltordnung. stw 2282. 266 Seiten

NF 123/2/11.21

## Michel Foucault
## im Suhrkamp Verlag
## Eine Auswahl

**Ästhetik der Existenz.** Schriften zur Lebenskunst. Mit einem Nachwort von Martin Saar. stw 1814. 346 Seiten

**Analytik der Macht.** Ausgewählt und mit einem Nachwort von Thomas Lemke. stw 1759. 349 Seiten

**Archäologie des Wissens.** Übersetzt von Ulrich Köppen. stw 356. 312 Seiten

**Der Mensch ist ein Erfahrungstier.** Gespräch mit Ducio Trombadori. Aus dem Französischen von Horst Brühmann. Vorwort von Wilhelm Schmid. stw 1274. 144 Seiten

**Die Hauptwerke.** Mit einem Nachwort von Axel Honneth und Martin Saar. Quarto. Broschur. 1686 Seiten

**Die Heterotopien. Der utopische Körper.** Zwei Radiovorträge. Zweisprachige Ausgabe. Aus dem Französischen von Michael Bischoff. stw 2071. 103 Seiten

**Die Ordnung der Dinge.** Eine Archäologie der Humanwissenschaften. Aus dem Französischen von Ulrich Köppen. stw 96. 480 Seiten

**Die Wahrheit und die juristischen Formen.** Aus dem Französischen von Michael Bischoff. Mit einem Nachwort von Martin Saar. stw 1645. 192 Seiten

**Einführung in Kants Anthropologie.** Aus dem Französischen von Ute Frietsch. Mit einem Nachwort von Andrea Hemminger. Broschur. 140 Seiten

NF 116/1/02.14

**Geometrie des Verfahrens.** Schriften zur Methode. Herausgegeben von Daniel Defert und François Ewald unter Mitarbeit von Jacques Lagrange. Ausgewählt und mit einem Nachwort von Petra Gehring. Aus dem Französischen von Michael Bischoff, Horst Brühmann, Hans-Dieter Gondek u. a. stw 1934. 396 Seiten

**Kritik des Regierens.** Schriften zur Politik. Herausgegeben von Ulrich Bröckling. stw 1933. 441 Seiten

**Psychologie und Geisteskrankheit.** Aus dem Französischen von Anneliese Botond. es 272. 132 Seiten

**Schriften zur Literatur.** Aus dem Französischen von Michael Bischoff, Hans-Dieter Gondek und Hermann Kocyba. Auswahl und Nachwort von Martin Stingelin. stw 1675. 402 Seiten

**Schriften. Dits et Ecrits.** Herausgegeben von Daniel Defert und François Ewald unter Mitarbeit von Jacques Lagrange. Aus dem Französischen von Michael Bischoff, Hans-Dieter Gondek, Hermann Kocyba, Reiner Ansén und Jürgen Schröder.
Einzeln und im Schuber.
- Band 1. 1954-1969. Gebunden und kartoniert. 1088 Seiten
- Band 2. 1970-1975. Gebunden und kartoniert. 1031 Seiten
- Band 3. 1976-1979. Gebunden und kartoniert. 1028 Seiten
- Band 4. 1980-1988. Mit Gesamtregister. Gebunden und kartoniert. 1129 Seiten

NF 116/2/02.14

**Sexualität und Wahrheit**
- Band 1. Der Wille zum Wissen. Aus dem Französischen von Ulrich Raulff und Walter Seitter. stw 716. 190 Seiten
- Band 2. Der Gebrauch der Lüste. Aus dem Französischen von Ulrich Raulff und Walter Seitter. stw 717. 327 Seiten
- Band 3. Die Sorge um sich. Aus dem Französischen von Ulrich Raulff und Walter Seitter. stw 718. 316 Seiten

**Überwachen und Strafen.** Die Geburt des Gefängnisses. Aus dem Französischen von Walter Seitter. Mit Abbildungen. stw 184 und st 2271. 408 Seiten

**Vorlesungen am Collège de France**
- Über den Willen zum Wissen. (1970-1971). Aus dem Französischen von Michael Bischoff. Gebunden. 394 Seiten
- Die Macht der Psychiatrie. (1973-1974). Aus dem Französischen von Claudia Brede-Konersmann und Jürgen Schröder. Gebunden. 595 Seiten
- Die Anormalen. (1974-1975). Aus dem Französischen von Michaela Ott und Konrad Honsel. Gebunden. stw 1853. 476 Seiten
- In Verteidigung der Gesellschaft. (1975-1976). Aus dem Französischen von Michaela Ott. Gebunden. 313 Seiten. stw 1585. 341 Seiten
- Geschichte der Gouvernementalität I. Sicherheit, Territorium, Bevölkerung. (1977-1978). Aus dem Französischen von Claudia Brede-Konersmann und Jürgen Schröder. stw 1808. 600 Seiten
- Geschichte der Gouvernementalität II. Die Geburt der Biopolitik. (1978-1979). Aus dem Französischen von Jürgen Schröder. stw 1809. 517 Seiten
- Geschichte der Gouvernementalität I und II. (1977-1979). Aus dem Französischen von Jürgen Schröder. stw 1808. 1136 Seiten

NF 116/3/02.14

- Die Regierung der Lebenden. (1979-1980). Aus dem Französischen von Andrea Hemminger. Gebunden. 400 Seiten
- Hermeneutik des Subjekts. (1981-1982). Aus dem Französischen von Ulrike Bokelmann. Gebunden. stw 1935. 694 Seiten
- Die Regierung des Selbst und der anderen. (1982–1983). Aus dem Französischen von Jürgen Schröder. Gebunden. stw 2019. 505 Seiten
- Die Regierung des Selbst und der anderen II. Der Mut zur Wahrheit. (1983-1984). Aus dem Französischen von Jürgen Schröder. Gebunden. stw 2020. 478 Seiten
- Die Regierung des Selbst und der anderen I und II. (1982-1984). Aus dem Französischen von Jürgen Schröder. Broschur. 983 Seiten

**Wahnsinn und Gesellschaft.** Eine Geschichte des Wahns im Zeitalter der Vernunft. Aus dem Französischen von Ulrich Köppen. stw 39. 576 Seiten

**Herculine Barbin/Michel Foucault.** Über Hermaphrodismus. Herausgegeben von Wolfgang Schäffner und Joseph Vogl. Aus dem Französischen von Annette Wunschel. es 1733. 247 Seiten

*Zu Michel Foucault*

**Gilles Deleuze.** Foucault. Aus dem Französischen von Hermann Kocyba. Kartoniert und stw 1023. 192 Seiten

**Wolfgang Detel.** Foucault und die klassische Antike. Macht, Moral, Wissen. stw 1362. 359 Seiten

**Didier Eribon.** Michel Foucault. Eine Biographie. Aus dem Französischen von Hans-Horst Henschen. st 3086. 528 Seiten

NF 116/4/02.14

**Foucault und die Künste.** Herausgegeben im Auftrag des Zentrums für Kunst- und Medientechnologie von Peter Gente. stw 1667. 338 Seiten

**Gouvernementalität der Gegenwart.** Studien zur Ökonomisierung des Sozialen. Herausgegeben von Ulrich Bröckling, Susanne Krasmann und Thomas Lemke. stw 1490. 320 Seiten

**Thomas Schäfer.** Reflektierte Vernunft. Michel Foucaults philosophisches Projekt einer antitotalitären Macht- und Wahrheitskritik. stw 1219. 215 Seiten

**Wilhelm Schmid**

- Auf der Suche nach einer neuen Lebenskunst. Die Frage nach dem Grund und die Neubegründung der Ethik bei Foucault. stw 1487. 466 Seiten
- Die Geburt der Philosophie im Garten der Lüste. Michel Foucaults Archäologie des platonischen Eros. st 3215. 224 Seiten

**Zwischenbilanz einer Rezeption.** Frankfurter Foucault-Konferenz 2001. Herausgegeben von Axel Honneth und Martin Saar. stw 1617. 400 Seiten

NF 116/5/02.14